MANUAL DE ARQUITETURA ECOLÓGICA

OS AUTORES

Alison G. Kwok, Doutora em Arquitetura, Membro do American Institute of Architects, é professora na University of Oregon, onde leciona as disciplinas de projeto de arquitetura, sistemas de controle ambiental e projeto ecológico. Também ministrou aulas em Nova York, Califórnia, Havaí, Hong Kong e Japão.

Walter T. Grondzik, Engenheiro Civil, é professor sênior de arquitetura na Florida A&M University. Também lecionou disciplinas de arquitetura e engenharia civil em Okhaloma, Arábia Saudita, Flórida e Oregon.

K98m Kwok, Alison G.
    Manual de arquitetura ecológica / Alison G. Kwok, Walter T. Grondzik ; tradução técnica: Alexandre Salvaterra. – 2. ed. – Porto Alegre : Bookman, 2013.
    x, 422 p. : il. color. ; 28 cm.

    ISBN 978-85-7780-805-2

    1. Arquitetura. 2. Arquitetura sustentável. I. Grondzik, Walter T. II. Título.

    CDU 728

Catalogação na publicação: Ana Paula M. Magnus – CRB 10/2052

Alison G. Kwok | Walter T. Grondzik

MANUAL DE ARQUITETURA ECOLÓGICA

2ª EDIÇÃO

Tradução técnica
Alexandre Salvaterra
Arquiteto e Urbanista pela Universidade Federal do Rio Grande do Sul
CREA nº 97.874

2013

Obra originalmente publicada sob o título
The Green Studio Handbook, Second Edition, autoria de Alison Kwok
Tradução autorizada por Elsevier Limited.
ISBN 9780080890524

Copyright © 2007, 2011 Alison G. Kwok and Walter T. Grondzik. Published by Elsevier Inc.
All rights reserved.

This edition of The Green Studio Handbook by Alison Kwok is published by arrangement with Elsevier Limited of The Boulevard, Langford Lane, Kidlington, Oxford OX5 1GB, UK.
The accuracy of this translation is the responsibility of Bookman Companhia Editora Ltda., a Grupo A Educação S.A. Company, and is not the responsibility of Elsevier Limited.
A exatidão desta tradução é de responsabilidade de Bookman Companhia Editora Ltda., uma empresa do Grupo A Educação S.A., e não é responsabilidade de Elsevier Limited.

Capa: *Viriato Surreaux Vargas* (arte sobre capa original)

Preparação de originais: *Renata Ramisch*

Coordenadora editorial: *Denise Weber Nowaczyk*

Projeto e editoração: *Techbooks*

Reservados todos os direitos de publicação, em língua portuguesa, à
BOOKMAN EDITORA LTDA., uma empresa do GRUPO A EDUCAÇÃO S.A.
Av. Jerônimo de Ornelas, 670 – Santana
90040-340 – Porto Alegre – RS
Fone: (51) 3027-7000   Fax: (51) 3027-7070

É proibida a duplicação ou reprodução deste volume, no todo ou em parte, sob quaisquer formas ou por quaisquer meios (eletrônico, mecânico, gravação, fotocópia, distribuição na Web e outros), sem permissão expressa da Editora.

Unidade São Paulo
Av. Embaixador Macedo Soares, 10.735 – Pavilhão 5 – Cond. Espace Center
Vila Anastácio – 05095-035 – São Paulo – SP
Fone: (11) 3665-1100   Fax: (11) 3667-1333

SAC 0800 703-3444 – www.grupoa.com.br

IMPRESSO NO BRASIL
PRINTED IN BRAZIL

AGRADECIMENTOS

Assim como o processo de projeto, *Manual de Arquitetura Ecológica* é, em grande parte, resultado de um esforço de colaboração. Há muitas pessoas a agradecer. Dito isso, os autores são, em última análise, responsáveis pela decisão de o que aparece neste livro e pela organização e apresentação das informações.

Muitas mentes e mãos são necessárias para definir os aspectos práticos que sustentam um projeto dessa natureza. Pelo desenvolvimento de um banco de dados, a solução de problemas e a ordenação das imagens somos extremamente gratos a você, Theodore J. Kwok (University of Hawaii). A equipe de produção interna da segunda edição dessa obra incluiu Tom Collins, Matt Hogan e Luzanne Smith. Não temos palavras para expressar o quanto essas pessoas se dedicaram à tarefa, se comprometeram com a qualidade e trabalharam incansavelmente de maneira ética. (Kate Beckley e Sam Jensen-Augustine desempenharam funções similares na primeira edição.) Tom reuniu e editou todos os estudos de caso – uma tarefa hercúlea. Matt fez vários desenhos, processou muitas imagens e editorou as páginas. Luzanne processou inúmeras imagens e desenvolveu vários desenhos novos e revisados. Muitas das novas imagens incluídas nessa segunda edição foram preparadas por Jonathan Thawaites; outras são obra de Ben Vaughn. Os créditos das imagens no texto indicam suas contribuições específicas. Seyad Iman Rejaie Shoshtari processou centenas de imagens e contribui com outras tantas. David Bartley ajudou na compilação e verificação do Glossário de Edificações.

Muitas das estratégias presentes no livro foram inicialmente desenvolvidas em um seminário sobre o ensino de disciplinas técnicas na arquitetura, realizado na University of Oregon. Alison Kwok era a professora encarregada do curso – auxiliada por Walter Grondzik. Os participantes do curso incluíram os alunos: Sam Jensen-Augustine, Juliette Beale, Kathy Bevers, Martha Bohm, Jessica Gracie, Dan Goldstein, Jeff Guggenheim, Will Henderson, Daniel Meyers, Daniel Safarik, Alison Smith, Aaron Swain, Amelia Thrall e Jason Zook. Essas estratégias iniciais foram alteradas, otimizadas e transformadas substancialmente, em inúmeras rodadas de revisão e edição, até assumir sua forma atual. Nicholas Rajkovich (Cornell University) e Emily Wright (Einhorn Yaffee Prescott Architecture and Engineering) desenvolveram várias estratégias preliminares para ajudar a preencher as lacunas em termos de abrangência. O professor Donald Corner (University of Oregon) desenvolveu materiais para a estratégia de projeto de fachadas duplas. Esses materiais foram preparados dentro de um cronograma apertado e com datas de entrega concomitantes; por isso, se tornaram ainda mais valiosos.

Os estudos de caso apresentados no Capítulo 5 foram gentilmente oferecidos por projetistas que estiveram diretamente envolvidos em cada um dos projetos. Muito obrigado aos inúmeros arquitetos, engenheiros e proprietários que contribuíram com informações, ofereceram análises e responderam às nossas questões. Bruce Haglund, da University of Idaho, desenvolveu o estudo de caso do Portal John Hope. Alison Kwok desenvolveu o estudo de caso da Casa Passiva. Tom Collins desenvolveu os demais estudos de caso.

Dois ensaios específicos foram escritos expressamente para a primeira edição dessa obra. Um texto sobre o processo de projeto foi elaborado por Laura Briggs (Parsons: The New School for Design) e Jonathan Knowles (Rhode Island School of Design), do escritório de arquitetura Briggs Knowles Design, da Cidade de Nova York. Um ensaio sobre o projeto integrado foi preparado por David Posada (com GBD Architects, de Portland, Oregon). Para a segunda edição, esses dois ensaios (editados pelos autores desse livro) foram incorporados ao Capítulo 2. David Posada também contribuiu com a maioria das informações sobre os sistemas de certificação de edificação sustentável que aparecem no Capítulo 1.

Também gostaríamos de agradecer a Kathy Bevers, Martha Bohm, Christina Bollo (SMR Architects, Seattle, Washington), Bill Burke (Pacific Energy Center, São Francisco, Califórnia), John Quale (University of Virginia), John Reynolds (professor emérito da University of Oregon), Amelia Thrall e Emily Wright (EYP), pelos comentários inteligentes sobre as versões preliminares desta obra. Suas preciosas considerações ajudaram a melhorar o produto final. Após revisar o manuscrito inicial, Bill Burke também esboçou resumos "de abertura parciais" para os seis tópicos que organizam as estratégias apresentadas no Capítulo 4.

O projeto gráfico deste livro – que muito nos agradou – foi preparado por Noreen Rei Fukumori (NRF Studio, Berkeley, Califórnia). As imagens utilizadas em todo o livro foram fornecidas por inúmeros estudantes, professores, projetistas e fotógrafos profissionais. Todas elas estão creditadas logo após a legenda. Essas imagens são de importância vital para a apresentação das estratégias de projeto sustentável, assim as várias contribuições são muito apreciadas. Também gostaríamos de agradecer a Tom Arban (Tom Arban Photography) pela instigante fotografia da capa.

A primeira edição (e, por extensão, também a segunda) se baseou muito nos desenhos feitos por Greg Hartman (que ilustrou as aberturas de tópico), Amanda Hills e Jonathan Meendering. Kathy Bevers preparou diversos gráficos de dimensionamento de sistemas para substituir equações complexas. Todos nos encantaram pela facilidade com a qual representaram tecnologias ecológicas e dados em uma forma gráfica visualmente agradável e inspiradora.

Nosso muito obrigado aos funcionários da Architectural Press por perceber o valor deste livro e também por seus esforços para produzi-lo e pô-lo em suas mãos exatamente como está. Agradecimentos especiais a Hanna Shakespeare, Editora Responsável por Contratações; Mike Travers, Editor de Desenvolvimento; Kara Milne, Editora de Aquisições Sênior; Carol Barber, Assistente Editorial; Renata Corbani, Gerente de Projetos; e Soo Hamilton, Editora Assistente. Também cumprimentamos Fred Rose e Mike Travers por sua dedicação e criatividade no desenho da capa.

E por fim, mas não com menos importância, gostaríamos de reconhecer o débito que as muitas pessoas envolvidas com o movimento da edificação ecológica têm com a visão, a obra, os escritos e o humanismo de Malcom Wells. Acreditamos que podemos usar a sabedoria do passado para canalizar os conhecimentos do presente a fim de alcançar nossos objetivos para o futuro próximo (como aqueles descritos no Desafio 2030) e também para o mais distante.

Alison G. Kwok e Walter T. Grondzik

PREFÁCIO

A primeira edição do *Manual de Arquitetura Ecológica* foi escrita para servir de manual de consulta e fonte de inspiração para estudantes nos ateliês das faculdades de arquitetura e também para arquitetos, já em seus escritórios. Ele se baseia na premissa de que haveria mais edificações ecológicas se as técnicas da construção ecológica – as estratégias fundamentais que economizam energia, água e recursos materiais – estivessem mais ao alcance dos projetistas. Essa premissa permanece como força motriz da segunda edição.

O estudante encontrará neste livro uma introdução muito útil às estratégias e ao processo de projeto ecológico associado. Um arquiteto, já ciente dos méritos da edificação ecológica e familiarizado com o processo de projeto, pode usá-lo como um suplemento acessível que o ajudará a aumentar seu conhecimento básico sobre as estratégias de construção ecológica.

Manual de Arquitetura Ecológica não pretende servir de lista de conferência para a edificação ecológica nem como livro-texto para a tecnologia ambiental. Na verdade, o livro fornece as informações necessárias para a tomada de decisões quanto ao uso apropriado das estratégias ecológicas e à validação de escolhas de projeto em relação a elas. Também oferece ferramentas para fazer o seu dimensionamento preliminar e de seus componentes durante as etapas iniciais do projeto. Esperamos que os projetistas tenham condições de incorporar de maneira realista tais estratégias aos desenhos esquemáticos. A estética depende do projetista e do contexto do projeto, mas são fornecidos inúmeros exemplos para fomentar ideias e gerar conceitos.

Cada estratégia apresentada neste manual inclui a descrição de um princípio e de um conceito, sugestões para integrá-las a um projeto de edificação ecológica, procedimentos passo a passo para auxiliar no pré-dimensionamento dos componentes e referências acerca de padrões e diretrizes. Croquis conceituais e exemplos ilustram cada estratégia que, para se aproximar do objetivo de projeto integrado, é relacionada a estratégias complementares relevantes.

Manual de Arquitetura Ecológica foi feito para ser usado nos ateliês das faculdades de arquitetura, em seminários e em escritórios profissionais. Os proprietários de edificações interessados também podem usar este livro para aprender mais sobre os projetos de edificações ecológicas. O foco está nas estratégias que mais interessam aos arquitetos e projetistas, que mais afetam a forma da edificação e que devem ser consideradas ainda nas etapas preliminares do processo de projeto. O livro pressupõe que seus usuários tenham um conhecimento básico de conceitos de tecnologia ambiental e do processo de projeto, bem como acesso a recursos de projeto convencional, como cartas solares, valores-R dos materiais, informações sobre o cálculo da carga térmica, padrões de iluminação e diretrizes de qualidade do ar, entre outros.

SUMÁRIO

CAPÍTULO 1	**A sustentabilidade**	**1**
CAPÍTULO 2	**O processo de projeto**	**11**
CAPÍTULO 3	**O manual**	**23**
CAPÍTULO 4	**Estratégias de projeto**	**27**

    Vedações   29
        Análise do terreno   31
        Materiais isolantes   39
        Construção com fardos de palha   45
        Painéis estruturais isolados   51
        Vidraças   57
        Fachadas duplas   63
        Coberturas verdes   69

    Iluminação   77
        Coeficiente de luz diurna (CLD)   79
        Zoneamento da iluminação natural   85
        Iluminação zenital   91
        Iluminação lateral   97
        Estantes de luz   103
        Refletâncias internas   109
        Elementos de proteção solar   115
        Iluminação elétrica   123

    Calefação   129
        Ganho direto   131
        Ganho indireto   137
        Ganho isolado   145
        Sistemas ativos de energia térmica solar   151
        Bombas de calor geotérmicas   157

    Refrigeração   163
        Ventilação cruzada   165
        Ventilação por efeito chaminé   171
        Torres de resfriamento por evaporação   177
        Ventilação noturna de massas térmicas   185
        Tubos de resfriamento subterrâneos   191
        Edificações subterrâneas ou contra taludes   197
        Resfriadores de absorção   203

    Geração de energia   209
        Cargas de eletrodomésticos   211
        Trocadores de calor ar-ar   215
        Sistemas de recuperação de energia   221
        Sistemas fotovoltaicos   225

	Turbinas eólicas	233
	Microusinas hidrelétricas	241
	Células de combustível a hidrogênio	247
	Sistemas de cogeração de energia térmica e elétrica	253
	Água e esgoto	261
	Bacias sanitárias de compostagem	263
	O reúso ou a reciclagem de água	267
	Máquinas vivas	273
	Sistemas de captação de água	279
	Superfícies permeáveis	285
	Biodigestores	291
	Bacias de retenção	297
CAPÍTULO 5	**Estudos de caso**	**303**
	Guia das estratégias de sustentabilidade empregadas nos estudos de caso	305
	Águas termais de Bad Aibling	307
	Edifício-sede da Biblioteca Pública de Cambridge	315
	Portal John Hope do RBGE	323
	Kenyon House	333
	Escritórios do Grupo Bancário KfW, Frankfurt	341
	Manitoba Hydro Place	349
	Centro de Recursos de Aprendizado da Escola de Ensino Fundamental do Condado de Marin	357
	One Brighton	367
	Casa passiva – Estados Unidos	373
	Complexo Comunitário de Yodakandiya	379
APÊNDICES		
	1. Estimativa das perdas térmicas e da carga de resfriamento do projeto	387
	2. Cartas psicrométricas	389
	3. Glossário de edificações	391
	4. Estudos de caso da primeira edição	395
	5. Como ser cada vez mais sustentável	397
	6. Glossário de termos	399
ÍNDICE		**413**

CAPÍTULO 1

A SUSTENTABILIDADE

Sustentável

A palavra "sustentável" é importante e é a palavra-chave deste livro. Em termos mais críticos, é um adjetivo importante, pois descreve com precisão os limites daquilo que um recurso como este livro consegue abordar de modo racional e honesto neste momento. O sustentável é digno de discussão.

Seria fácil chamar este livro de *Manual da Arquitetura Sustentável*. Contudo, a sustentabilidade não é definida no sentido operacional cotidiano. Não existe uma maneira (hoje) de demonstrar facilmente que uma edificação é sustentável. No entanto, é muito fácil afirmar isso. Não queremos contribuir para a baboseira sem significado sobre elementos "sustentáveis", sistemas "sustentáveis" e/ou edificações "sustentáveis", que é tão comum nos círculos de projeto de hoje. O que *realmente* queremos é contribuir para a capacidade dos projetistas de produzir edificações ecológicas de alto desempenho. A sustentabilidade virá (e deve vir) – mas isso precisa acontecer de forma racional, não por meio de declarações de vitória convencidas e totalmente equivocadas que horrorizaram a Federal Trade Commission.

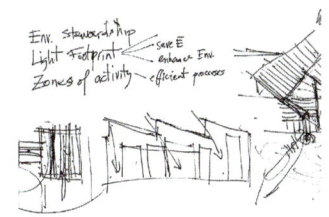

Figura 1.1 Explorando intenções com um croqui gestual inicial. ALEX WYNDHAM

Por outro lado, o projeto de edificações sustentáveis é um conceito relativamente bem-definido e compreendido. Nem sempre foi assim, mas o desenvolvimento e a adoção imediata de diversos sistemas de certificação transparentes (como LEED, Green Globes, BREEAM do Building Research Establishment, Smart Homes, Built Smart, EcoHomes, Norma 189 da ASHRAE e International Green Construction Code, entre outros) permitiram que as profissões da área de projetos utilizem o termo "sustentável" com confiança e segurança. Essa confiança chega até as conversas com clientes e o público em geral. Se um projeto for descrito como sustentável, seria lógico e razoável que o cliente pedisse uma comprovação. A prova desejada pode ser difícil de ser obtida, mas a busca pela verificação – em relação a uma referência nacional ou internacional respeitada de maneira geral – não é uma tarefa impossível.

Definimos a edificação ecológica ou verde como aquela que atende aos requisitos mínimos das certificações, conforme um dos muitos sistemas de certificação de edificações sustentáveis disponíveis (como os mencionados acima). Já as edificações sustentáveis e as edificações de alto desempenho são outra história. A sustentabilidade ainda está um pouco distante. O alto desempenho já está entre nós. Uma edificação de alto desempenho vai além dos requisitos ecológicos mínimos para alcançar um desempenho espetacular. Para tanto, o projeto adotará uma "abordagem de sistemas" mais completa e irá além, de modo a incluir as operações e a manutenção da edificação.

Em relação às edificações ecológicas ou sustentáveis, não importa muito qual sistema de certificação é utilizado. Este livro não pretende auxiliar no processo de certificação da edificação; ele busca auxiliar com o projeto de edificações mais ambientalmente responsivas. Ainda assim, é útil discutir as certificações de edificações sustentáveis para compreender essa grande força que nos está fazendo repensar o projeto e o desempenho das edificações.

Sistemas de certificação de edificações sustentáveis

Introdução. Como os projetistas decidem quais ferramentas irão usar? Quão sustentável será o projeto proposto? Como as práticas de projeto e construção podem ser modificadas para produzir edificações mais sustentáveis – que podem finalmente resultar em um desempenho cada vez mais alto e, então, em sustentabilidade? Os sistemas de certificação podem oferecer orientações de projeto, servir como uma ferramenta de tomada de decisão, fornecer sistemas de mensuração do impacto ambiental e funcionar como uma ferramenta para mudanças. Se usados com habilidade, os sistemas de certificação podem promover um processo de projeto mais integrado, reduzir os impactos ambientais e os custos do ciclo de vida e, ainda, contribuir para mudanças importantes na indústria da edificação. Todavia, como qualquer ferramenta poderosa, os sistemas de certificação podem ser usados de maneira confusa ou incompreendida. Nesses casos, talvez levem a expectativas irreais e ao aumento dos custos e da complexidade do projeto; além disso, podem ser "acusados" quando uma edificação não tem o desempenho esperado.

Além de terem dificuldades para lidar com as tecnologias emergentes e com as estratégias mais antigas descritas neste livro, os projetistas também enfrentam problemas relacionados à evolução da linguagem e às novas exigências dos sistemas de certificação de edificações sustentáveis. Assim como as estratégias são avaliadas em termos de adequação para determinado projeto, é possível que a estrutura fornecida por determinado sistema de certificação seja avaliada quanto à aplicação em um projeto específico.

Contexto dos sistemas de certificação. Desde o Código de Hamurabi, escrito por volta do ano 2000 a.C., as leis têm governado alguns aspectos da edificação com o objetivo de proteger a vida humana. Os arquitetos e os engenheiros são juridicamente obrigados a proteger a saúde, segurança e bem-estar do público; por sua vez, os governos adotam códigos que definem exatamente como isso será feito. Até certo ponto, tais códigos tornaram nossas edificações mais ecológicas, pois exigem ventilação, janelas ou isolamento térmico e proíbem determinadas toxinas/práticas nocivas (como amianto, tinta com chumbo e o esvaziamento de pinicos na rua). No entanto, a preocupação do público com saúde e bem-estar sempre é afetada por preocupações com o preço das edificações.

As normas e diretrizes têm um *status* diferente daquele dos códigos. Os códigos são adotados e exigidos por alguma entidade governamental (um país, um estado, um município). As normas e diretrizes são aplicadas por contrato na medida em que fazem parte de especificações e contratos de prestação de serviços profissionais para projetos de edificações. Em geral, as diretrizes não são tão refinadas quanto as normas. Com frequência, algum aspecto de orientação de projeto começa como uma diretriz, é aperfeiçoado até se tornar uma norma e, finalmente, é adotado como um código. A maioria dos sistemas de certificação de sustentabilidade (mas não todos) atualmente está no estágio de diretriz, mas se refere a normas industriais aceitas em muitas áreas de desempenho, com o objetivo de evitar recomeçar do zero.

Na longa história dos códigos e normas, os sistemas de certificação de sustentabilidade são recém-nascidos. Autores de meados do século XX, como Aldo Leopold, começaram a articular uma ética do uso do solo que valoriza a conservação da natureza, não apenas pelo que ela nos fornece, mas pelo seu próprio bem. O livro *Silent Spring*, de Rachel Carson, mostrou como nossas indústrias produziam substâncias químicas que se acumulavam na fauna e na flora – chegando ao ponto de colocar a saúde e a sobrevivência humana em risco. O embargo do petróleo da OPEC, na década de 1970, surpreendeu a sociedade ocidental e incentivou a indústria da edificação a melhorar a eficiência em energia. Códigos que exigiam melhor isolamento térmico e redução da infiltração/ventilação foram rapidamente implementados (começando com a Norma 90–75 da ASHRAE).

Com uma compreensão relativamente limitada de como os equipamentos e sistemas das edificações interagiam em um sistema complexo, essas primeiras exigências de códigos costumavam ter uma consequência indesejada: a "síndrome da edificação doente". O vapor de água e a emissão de gases dos compostos orgânicos voláteis de carpetes, tintas e colas passavam despercebidos nas edificações não estanques e bem-ventiladas, enquanto as edificações estanques permitiam que o surgimento de mofo e as concentrações de substâncias químicas provocassem doenças generalizadas. Essencialmente, ficou claro para muitos que a responsabilidade ambiental envolvia mais do que a redução do consumo de energia.

Por muitos anos, os processos judiciais foram as principais ferramentas dos defensores das edificações (e ambientes) sustentáveis. Nos Estados Unidos, a Lei do Ar Limpo, a Lei da Água Limpa e a Lei de Espécies Ameaçadas, aprovadas nas décadas de 1960 e 1970, permitiram que os ambientalistas contestassem o desenvolvimento, visto como algo que ameaçava o meio ambiente e a saúde humana; contudo, essa abordagem deixou um legado de confrontos entre o desenvolvimento e o meio ambiente que perdurou por muitas décadas. Quando a onda de preocupação com edificações ambientalmente responsivas entrou no consciente coletivo, no início da década de 1990, eram feitas muitas assertivas sem fundamento (e impossíveis de embasar) sobre o desempenho da edificação (e do projetista). Foi então que nasceu a ideia de um sistema de certificação de edificações sustentáveis.

Exemplos de sistemas de certificação

O **BRE Environmental Assessment Method (BREEAM)** é um sistema de certificação voluntária para edificações sustentáveis que foi criado no Reino Unido, pelo Building Research Establishment (BRE), na década de 1990. Desde o início, seu escopo aumentou e ele se espalhou geograficamente, sendo exportado para todo o planeta em diferentes roupagens. Sua prole em outras regiões inclui o LEED e o Green Globes, na América do Norte, e o Green Star, na Austrália.

O **LEED** surgiu nos Estados Unidos em 1993, com a formação de uma coalisão da indústria da construção para promover estratégias para edificações sustentáveis e inserir produtos e sistemas mais sustentáveis no mercado. Usando o BREEAM como base, o LEED buscou colocar uma cenoura em frente à indústria da construção, em vez de ameaçá-la com um pedaço de pau (no caso, uma ação judicial).

A versão 1.0 do LEED (um sistema de certificação voluntária por terceiros) criou um parâmetro para que as edificações sustentáveis abordassem o crescente problema da "lavagem sustentável". Como as edificações construídas de acordo com o código às vezes são descritas como "a pior edificação que se pode construir sem que você vá para a prisão", o LEED elevou o nível de exigência ao colocar os níveis de desempenho acima dos mínimos do código. Desde o foco inicial em edificações institucionais/comerciais, o LEED expandiu sua cobertura e passou a incluir uma ampla gama de tipos de edificação. As edificações recebem a certificação LEED com base principalmente em seu potencial (conforme revelado pelos documentos de projeto e construção – *versus* o desempenho em uso) e buscam representar os primeiros 25% do mercado em termos de desempenho ambiental.

O LEED tem recebido críticas por não ser baseado total ou parcialmente no desempenho real. Ele é o primeiro sistema de certificação a ter aceitação generalizada nos Estados Unidos, embora muitos acreditem que a adoção não seria tão ampla caso o acompanhamento do desempenho *in loco* fosse fundamental.

O sistema de certificação **Green Globes** começou em 1996, como um sistema de certificação canadense baseado no BREEAM. Foi adotado pela Green Building Initiative (GBI) para utilização nos Estados Unidos em 2002, em parte para oferecer uma alternativa ao LEED. Ele busca fornecer maior flexibilidade às equipes de projeto, com menos esforços e custos administrativos.

Inicialmente, esse sistema recebeu críticas por ser menos rigoroso que o LEED, uma vez que se baseava mais em relatos individuais de medidas ecológicas ou sustentáveis; ademais, acreditava-se que o órgão responsável era influenciado por grupos industriais, que forneceram boa parte dos recursos financeiros e da administração iniciais. Conforme evoluiu, a norma passou a incluir uma revisão mais rigorosa por terceiros. Já o órgão responsável se expandiu, passando a ter uma participação mais ampla dos campos do projeto e da construção.

Grande parte do debate entre os defensores do LEED e do Green Globes está centrada na emissão de certificação de produtos de madeira. Historicamente, o LEED tem aceitado somente a certificação do Forest Stewardship Council (FSC) para madeiras obtidas de maneira sustentável, enquanto o Green Globes adotou a norma da Sustainable Forestry Initiative (SFI). A SFI foi desenvolvida com o apoio da indústria de produtos florestais e tem recebido críticas por ser menos rigorosa que o FSC.

O **Living Building Challenge** foi lançado em 2006 e é controlado pelo Cascadia Region Green Building Council, um capítulo do U.S. Green Building Council e do Canada Green Building Council. O programa foi concebido como uma maneira de complementar o LEED (e outros sistemas de certificação), ao mesmo tempo em que desafiava a indústria a se aproximar o máximo possível de uma edificação "totalmente sustentável". Usando a metáfora de uma flor, o Living Building Challenge (LBC) é composto por sete áreas de desempenho (ou "Pétalas"): Terreno, Água, Energia, Saúde, Materiais, Equidade e Beleza. As pétalas são divididas em um total de 20 imperativos, cada um deles focado em um conjunto específico de questões.

O LBC talvez tenha estipulado o padrão mais elevado até hoje para os sistemas de certificação de sustentabilidade: ele busca criar edificações que, como uma flor, sejam autônomas e regenerativas. Ele parte do conceito de "energia zero tripla", no qual um projeto gera toda a sua energia *in loco* com sistemas de energia renovável, como painéis fotovoltaicos ou energia eólica; coleta toda a água das chuvas que caem no terreno; e processa toda a água e o esgoto que saem do terreno. Os materiais que contêm substâncias químicas presentes em uma "Lista Vermelha" – como PVC, formaldeído e ftalatos – são proibidos, exceto quando não há alternativas. Em vez de escolher entre muitos créditos opcionais, os projetos devem demonstrar que atendem às 20 exigências do programa mediante a apresentação de um ano inteiro de dados operacionais.

Enquanto desafio aspiracional e uma ferramenta para promover mudanças, o LBC permite algumas exceções quando os projetos não podem ser enquadrados em exceções do código ou não conseguem encontrar produtos que atendam às exigências. Diversos projetos candidatos estão hoje em construção ou foram concluídos recentemente, mas, na época em que o presente livro foi escrito, nenhum estava operando há tempo suficiente para ganhar a certificação.

A **Norma 189 da ASHRAE**, *Norma para o Projeto de Edificações Sustentáveis de Alto Desempenho Exceto para Edificações Residenciais Baixas*, foi lançada em 2009. Seu objetivo é criar orientações para edificações sustentáveis escritas na linguagem e no formato prescritivos de uma norma que pode ser adotada como código ou citada em especificações. Desenvolvido em conjunto com o U.S. Green Building Council (USGBC) e a Illuminating Engineering Society of North America (IESNA), o comitê 189 também incluía atores das indústrias de projeto, construção e manufatura.

Com muitas semelhanças com o LEED, a norma representa o próximo passo na progressão de diretriz à norma e ao código, que indica um corpo maduro de conhecimentos e práticas.

A "norma" **PassivHaus** foi desenvolvida na Alemanha como uma extensão do movimento de "superisolamento" da década de 1970. A norma funciona de modo bastante parecido com um sistema de certificação, pois oferece orientações de projeto, uma ferramenta para modelagem do desempenho e requisitos de desempenho para estanqueidade ao ar que exigem uma abordagem de sistemas integrada ao projeto de edificações. O objetivo são níveis muito altos de economia de energia. Aplicada a edificações residenciais e comerciais, a norma almeja isolamento térmico, vidraças e vedações com um desempenho significativamente superior em termos de estanqueidade ao ar, o que permitirá uma drástica redução na capacidade do sistema de calefação. A ventilação mecânica com recuperação de calor assegura a boa qualidade do ar e reduz as perdas térmicas. Muitas casas passivas de climas frios são confortavelmente aquecidas com uma resistência pouco maior que a de um secador de cabelo.

Ao se concentrar quase que exclusivamente na eficiência em energia e na estanqueidade ao ar, a PassivHaus reflete a crença de que as mudanças climáticas são um problema que ofusca preocupações como conteúdo reciclado, projeto de paisagismo ou certificação florestal. Pesquisas pós-ocupação extensivas mostraram que a ferramenta de modelagem PassivHaus é mais eficiente que a maioria para prever o consumo real de energia da edificação – e muitos projetos atingiram uma redução de 70 a 80% no consumo de energia para calefação, bem como uma redução de 50 a 70% no consumo total de energia. A norma PassivHaus foi lançada nos Estados Unidos em 2006 pelo Passive House Institute U.S. (PHIUS), com o apoio dos fundadores alemães.

O **Comprehensive System for Built Environment Efficiency (CASBEE)** foi desenvolvido no Japão, em 2005 – e também se baseou no trabalho do BREEAM e do LEED. Uma diferença notável é a criação de quatro ferramentas de certificação para abordar o desempenho ambiental em quatro estágios do ciclo de vida da edificação: partido de arquitetura, construção, operações de edificações preexistentes e reformas. Também foi desenvolvido para abordar condições específicas do Japão e da Ásia, além de ser o mais simples de implementar possível. A criação se deve a parceiros governamentais, acadêmicos e industriais; ele é administrado pelo JSBC (Japan Sustainable Building Consortium).

O **International Green Construction Code (IGCC)** representa a sequência evolucionária de uma diretriz de sistema de certificação (como o LEED) a uma norma (como a ASHRAE 189) e a um código modelo (como o International Building Code). Desenvolvido em colaboração com o USGBC, a GBI e a ASHRAE, o primeiro esboço público foi liberado em 2010.

Em vez de um sistema de certificação voluntário, o IGCC define as exigências de projeto e construção que podem ser adotadas por autoridades de construção. Ainda oferece flexibilidade às equipes de projeto ao dar diversas opções de cumprimento – tanto nos tipos de estratégias que podem ser usadas como nos meios pelos quais elas são documentadas.

O **National Green Building Standard** foi criado nos Estados Unidos pela National Association of Homebuilders (NAHB) especificamente para moradias unifamiliares, projetos multifamiliares e projetos de terraplanagem e reforma associados. Lançado em 2008, cobre um território bastante parecido com o do sistema de certificação LEED-Homes. O LEED-Homes enfatiza um pouco mais questões de localização e escolha do terreno, com custos de certificação levemente mais baixos e exigências um pouco menos rigorosas. O NGBS da NAHB é considerado similar ao LEED-Homes, apesar de ser um pouco menos rigoroso.

Certificações de edificações sustentáveis locais também são comuns. Diversos estados e prefeituras municipais desenvolveram suas próprias certificações sustentáveis, especialmente para projetos residenciais, em resposta à demanda local e ao contexto – sendo que, em alguns locais, isso aconteceu antes que houvesse um sistema de certificação nacional disponível ou amplamente adotado. Com o tempo, essas certificações locais provavelmente serão substituídas por códigos e normas nacionais/internacionais, mas podem continuar sendo do agrado de construtores que desejem diferenciar seus projetos do restante do mercado.

Os desafios do sistema de certificação

Inicialmente, os sistemas de certificação ofereciam um parâmetro voluntário de terceiros que dava maior credibilidade às assertivas sustentáveis de projetos e projetistas. Com o passar do tempo, se transformaram em um guia para aumentar o número de projetos convencionais que quisessem atingir um desempenho mais alto (seja para diferenciação no mercado, benefícios percebidos para os usuários, missão organizacional ou economias de custo a longo prazo). Hoje, com o crescente apoio público e político às edificações sustentáveis, as exigências para um desempenho que vá além do código estão começando a aparecer em programas de clientes, contratos de desenvolvimento municipal e regulamentos de construção de algumas entidades governamentais. Quando um sistema anteriormente voluntário se torna obrigatório, seja por lei, para se qualificar a incentivos ou para cumprir um contrato, diversas coisas podem acontecer. Alguns desses desafios estão descritos abaixo.

Pressão da indústria. Os fabricantes que virem seus produtos em posição de ligeira desvantagem em função de um sistema de certificação se sentirão motivados a lutar por exigências que deixem tudo "em pé de igualdade". Quanto mais têm a perder, mais irão lutar.

Problemas de crescimento. Com frequência, organizações novas e sem fins lucrativos que estão desenvolvendo sistemas de certificação crescem rapidamente e precisam lidar com o caos associado a isso. Esse rápido crescimento também está acompanhado por maior escrutínio, possíveis conflitos de interesse e concorrência por uma "participação no mercado" no mundo das certificações.

Metas em movimento. Os sistemas de certificação frequentemente exigem melhorias graduais em relação a um nível de desempenho de linha de base (ou típico). Como essa linha de base é definida? O projeto é comparado com o desempenho médio de todas as edificações ou com aquelas construídas de acordo com o código atual em determinada área? Quando um software é usado para prever como uma edificação provavelmente irá se comportar, quantas mudanças podem ser feitas entre o caso de linha de base e o projeto proposto?

Natureza humana. As edificações não consomem energia de maneira inerente – quem o faz são os usuários e o modo como utilizam as edificações. Uma edificação projetada com cuidado pode ser usada de formas imprevistas ou por pessoas com hábitos, prioridades, expectativas de conforto ou preferências diferentes do esperado. Se as contas de energia do primeiro ano vierem mais altas do que o estimado, os implicados (ou "implicantes") podem ficar alerta rapidamente.

Complexidade. Como as edificações precisam satisfazer exigências mais variadas, específicas e ambiciosas, seus sistemas muitas vezes se tornam substancialmente mais complexos. O maior número de funções, a maior automação – e as pressões para adotá-la – e novas tecnologias mais eficientes geram seu próprio caos sistêmico. Especialistas buscam depurar tais sistemas e suas interconexões, mas edificações grandes podem levar até um ano para serem calibradas de maneira adequada.

Responsabilização legal. Projetos que não conseguem atingir as metas previstas podem levar os proprietários, empreendedores ou até mesmo usuários das edificações a fazer uso de ações judiciais para recuperar perdas percebidas monetárias, de vantagem de marketing, de valor ou de desempenho. Um sistema de certificação voluntário, que não esteja escrito na linguagem prescritiva dos códigos, pode se transformar em um campo minado para litígios judiciais.

Gestão de riscos. Para lidar com expectativas mais altas, maior complexidade, maior pressão regulatória e/ou responsabilização legal, as equipes de projeto podem gastar mais tempo e esforços para administrar as exigências do sistema de certificação a fim de controlar os riscos do que trabalhando em um projeto criativo.

Foco na pontuação. Como nenhum sistema de certificação consegue abordar todas as circunstâncias, os projetistas talvez precisem escolher entre uma estratégia com benefícios ambientais questionáveis que atenda com precisão a uma exigência de crédito ou uma estratégia alternativa com benefícios substanciais, mas com credenciais de crédito questionáveis. Quando há pouco dinheiro ou responsabilidade legal associada a um nível de certificação específico, é mais provável que os projetistas "façam a coisa certa", em vez de "focar na pontuação".

Aplicabilidade/utilidade. Desde que surgiram códigos e normas que governam o que e como construímos, existem pessoas que têm objeções a eles. Algumas objeções são simplesmente obstrucionistas, enquanto outras são, sem dúvida, bem-embasadas e podem aumentar a qualidade e a relevância das exigências regulatórias. Para permanecerem vibrantes, os sistemas de certificação de sustentabilidade necessitam de procedimentos acessíveis e transparentes para interpretações e apelações. Com relação às exigências, sempre haverá tensão entre uma linguagem que seja demasiadamente genérica ou vaga para que a compreendamos com facilidade e uma linguagem que seja demasiadamente específica e prescritiva para que a apliquemos com justiça no mundo real. Em casos ambíguos, os projetos devem ser avaliados de forma geral para determinar se estão de acordo com a *intenção* de uma exigência, e não com a descrição exata.

Liderando mudanças. Frequentemente, os críticos afirmam que "não precisamos de um sistema de certificação para construir uma edificação melhor e mais sustentável" – e isso talvez seja verdade. Porém, caso deseje mudar as práticas, melhorar o desempenho ambiental e aumentar a demanda por produtos mais sustentáveis em toda a indústria, o sistema de certificação precisa trabalhar para a grande maioria dos projetos. Sempre haverá um grupo de líderes entre os inovadores e pioneiros que considerarão que todos os sistemas de certificação estabeleceram um padrão muito baixo. Contudo, também haverá 10 vezes mais projetos nos quais o sistema de certificação é suficiente como guia para a promoção de mudanças significativas e não tão difícil de implementar a ponto de se tornar negativo ou inviável. O desafio é criar um sistema de classificação que possa ser apoiado pelos pioneiros e ao mesmo tempo sirva de inspiração e possa ser alcançado pelos projetos "feijão com arroz" que são construídos por pequenas equipes em cronogramas apertados e com pequenas margens para modificação.

Além das edificações ecológicas

Os termos "verde ou ecológico" e "sustentável" são empregados como se fossem sinônimos por muitos dos envolvidos com o projeto de arquitetura e engenharia. Isso não é uma boa ideia. Ser "sustentável" é mais abrangente do que ser "ecológico" ou "verde", pois aborda os impactos de longo prazo do ambiente construído para as futuras gerações e exige o exame das relações entre a ecologia, a economia e o bem-estar social. Nessa noção também está implícita a sugestão (frequentemente chamada de "resultado final triplo") de que o processo de projeto buscará examinar e abordar questões que fogem ao escopo dos processos tradicionais de projeto de edificações.

Uma edificação verde ou ecológica será eficiente em consumo de energia, água e demais recursos, além de abordar os impactos ambientais no local e fora dele. Isso contribui para a sustentabilidade, mas não é idêntico a ela. Acreditamos que a sustentabilidade implica a inexistência de impactos líquidos negativos sobre o meio ambiente. Parafraseando o Relatório Brundtland (*Nosso Futuro Comum*): a sustentabilidade significa atender as necessidades da geração atual sem prejudicar a capacidade das gerações futuras de atender suas necessidades. O projeto ecológico é um precursor (ou componente) de um passo positivo em direção ao projeto sustentável. O projeto ecológico é um meio, mas não o fim. Sem dúvida o mínimo deve ser o projeto sustentável, mas devemos ir além.

Este livro não pretende abordar o projeto verdadeiramente sustentável. O projeto ecológico e as edificações ecológicas são um passo em direção ao projeto sustentável e à sustentabilidade – e, sendo honestos, ser "verde" ou ecológico talvez seja o melhor que possamos conseguir em grande escala no contexto social da atualidade. A necessidade (e demanda) por edificações sustentáveis está se tornando cada vez mais clara. Os meios para a definição das metas específicas e as conquista mensuráveis das edificações sustentáveis também vem sendo aprimoradas por meio do desenvolvimento de inúmeros sistemas de certificação.

Um dos grandes desafios enfrentados pelos projetistas – e um dos aspectos do "ir além" que precisa ser considerado ativamente – é o problema das mudanças climáticas, agravadas pelas emissões de gases que causam o efeito estufa. O dióxido de carbono é um dos principais produtos derivados do projeto de edificações, construção e práticas de operação atuais. Enquanto o projeto ecológico está focado na redução dos impactos ambientais do consumo de energia, água e material (incluindo, em tese, as emissões de carbono), os projetos realmente inspirados devem diminuir *de maneira explí-*

cita as emissões de dióxido de carbono pelas edificações. As iniciativas de projeto ecológico atuais podem até reduzir as emissões de carbono – mas não de modo facilmente quantificável ou passível de avaliação. Hoje, há pouca informação disponível para ajudar a orientar os projetistas quanto ao uso de produtos e processos neutros em carbono; mas, infelizmente, parece ser tarde demais para começar a lidar de forma séria com os resultados de tais projetos. Devido a essa incerteza, e até que estejam disponíveis diretrizes precisas de projeto neutro em carbono, o melhor caminho talvez seja tornarmos "ecológicas" todas as edificações e sermos cada vez mais ecológicos em nossos projetos, em vez de apenas sermos um pouco menos perdulários.

O conceito de edificação verde ou ecológica talvez um dia se torne obsoleto. No futuro, o que é universalmente considerado como uma edificação "boa", "econômica" ou "eficiente em custo" também inclua o conceito de que ela é ecológica – mas ainda não chegamos lá. Grandes mudanças devem acontecer antes disso: um entendimento de que os objetivos de longo prazo precisam "derrotar" as conveniências de curto prazo; um sistema econômico que contabilize melhor os custos sociais dos impactos ambientais; e um consenso sobre como regular as emissões de carbono. Até lá, precisaremos ter recursos para aqueles que escolherem construir de modo a reduzir os impactos sobre o meio ambiente, além de estar cientes dos limites de tais recursos.*

Este capítulo foi escrito como um ensaio sobre edificações ecológicas por David Posada, de Portland, Oregon, nos Estados Unidos. O artigo foi adaptado pelos autores do The Green Studio Handbook, *para utilização nesta obra.*

---

* N. de T.: Apesar das considerações feitas pelos autores, a tradução desta obra não diferencia os conceitos de edificação "ecológica" ou "sustentável", já que atualmente, no Brasil, o primeiro conceito está caindo em desuso, e cada dia mais se fala em "edificação verde" ou "edificação sustentável" como se fossem sinônimos.

NOTAS

CAPÍTULO 2

O PROCESSO DE PROJETO

O ESCRITÓRIO OU ATELIÊ DE ARQUITETURA é o local onde surge a arquitetura. Há muitas maneiras para que uma edificação obtenha o *status* de ecológica ou sustentável (seja formalmente, por meio de um sistema de certificação, ou informalmente, devido a um desempenho superior). Uma edificação sustentável pode ter bom desempenho principalmente em função de estratégias ativas implementadas por um engenheiro consultor. Tais estratégias costumam ser implementadas durante o desenvolvimento do projeto e têm pouco impacto sobre a forma ou a orientação de um prédio. Também é possível produzir uma edificação sustentável principalmente como resultado do uso de sistemas passivos (isto é, de arquitetura) que são incorporados durante as etapas de definição do conceito de arquitetura e definição do partido. Embora o resultado ambiental final dessas duas abordagens possa equivaler, o método de chegar lá sem dúvida é muito distinto. A diferença está no processo do projeto de arquitetura. E o projeto de arquitetura – seja em uma faculdade ou na vida profissional – com sua cultura própria (boa ou ruim) ocorre dentro de um ateliê.

Figura 2.1 Croqui conceitual de proposta para uma sala de aula.
DANIEL JOHNSON

O desafio é fazer com que o projeto de arquitetura seja bem embasado. Os arquitetos devem ser participantes ativos na criação de edificações sustentáveis – por meio da integração justificada, apropriada e apaixonada das estratégias de projeto sustentável desde o início. Como educadores, acreditamos que esse processo deve ocorrer no ateliê da escola de arquitetura, onde os alunos podem aprender, desenvolver habilidades, testar soluções e ser criticados de maneira construtiva. Dessa maneira, sinceramente acreditamos que uma filosofia de projeto sustentável bem arraigada irá passar para a prática de modo automático – no escritório dos profissionais. Os estudantes são os agentes da mudança. Os profissionais irão implementar as mudanças. O ateliê é o lugar.

O processo de projeto[1]

"O especialista, no projeto total, é uma síntese emergente de artista, inventor, mecânico, economista objetivo e estrategista evolutivo. Ele tem a mesma relação com a sociedade nas novas continuidades interativas da industrialização global que tinha o arquiteto com as respectivas independências remotas da sociedade feudal."

Buckminster Fuller, Comprehensive Designing,
in *Ideas and Integrities*

O projeto é uma busca multifacetada. É, ao mesmo tempo, cultural, técnico, formal e programático. A ênfase em uma ou outra faceta afeta o resultado dessa busca e de sua expressão resultante na arquitetura. Se compararmos duas edificações projetadas por arquitetos italianos no início do século XX, encontraremos diferenças significativas na ênfase de projeto. A obra de Luigi Nervi é definida pela lógica estrutural na qual os diagramas de força se transformam na forma, enquanto a de Gio Ponte se baseia em uma lógica de composição que prioriza o desenvolvimento da superfície. Embora as edificações de Ponte também tenham lógica estrutural, e as de Nervi também sejam sempre compositivas, a ênfase única fica clara nas obras de cada arquiteto.

O foco no projeto ecológico muda de modo similar a articulação da edificação ou altera apenas os valores fundamentais? Essa questão é única para cada equipe de projetistas e reflete o grau no qual as técnicas são escondidas ou reveladas, exauridas ou subutilizadas, e se as preocupações ecológicas são ênfases primárias ou secundárias. Não obstante, o processo de projeto, em especial nas etapas iniciais de definição do partido, é necessariamente transformado pelo foco ecológico. É uma ironia que, o foco no desempenho ambiental exija a busca de um maior conjunto de questões. O processo exige, portanto, que o arquiteto seja um misto de naturalista,

---

[1] Esse material sobre o processo de projeto constava na primeira edição do *Green Studio Handbook* e constitui um ensaio preparado por Laura Briggs e Jonathan Knowles, da firma BRIGGSKNOWLES Architecture + Design, da Cidade de Nova York. O material sofreu pequenas alterações para esta segunda edição.

cientista de materiais e projetista ou engenheiro de luminotécnica, para poder interagir com os especialistas de modo criativo. A função do arquiteto se transforma: de especialista da forma, ele passa a ser um generalizador do desempenho da edificação – talvez uma volta ao projeto à moda antiga. Esse foco representa uma oportunidade de inovação, afetando significativamente nossa compreensão de projeto.

A definição do problema

Conceito. A primeira etapa do projeto inclui o momento em que ele é conceitualizado, a intenção é elaborada e a lógica geométrica, estabelecida – seja ela rígida, internalizada ou esboçada como um gesto. O formal e o abstrato devem combinar. Os primeiros movimentos do projeto consistem em um esboço gráfico ou croqui, um plano de ação, uma estrutura sistemática ou organizada. Eles oferecem oportunidades para definir metas e estabelecer critérios. Esse momento faz parte de um processo de projeto muito maior. É hora de estabelecer uma direção para a forma, além de registrar ideias e conceitos. Não é hora, porém, de deixar as possibilidades de lado ou cristalizar todas as relações. Por ser a etapa inicial, permanece aberta. As ideias gerais que se formam na mente são passadas para a folha de papel em branco. Embora seja útil articular as intenções antes de começar a desenhar, também é útil esclarecer e aprimorar as ideias usando o método de tentativa e erro. O processo de desenhar/modelar lenta, experimental e hipoteticamente revela a direção do projeto. O papel pode estar em branco, mas a mente não. Por trás do primeiro croqui encontram-se valores, atitudes, pressuposições e conjuntos de conhecimento. Para melhor ou para pior, a arbitrariedade, a inspiração e outras influências interferem quando menos se espera. Um forte senso de valores de projeto e valores ambientais pode ajudar a filtrar esses inúmeros impulsos.

Intenção. No início do projeto, é importante definir as expectativas para o desempenho da edificação. É necessário decidir se a edificação atenderá aos padrões mínimos (aqueles incluídos pelos códigos de edificação) ou se esforçará para superá-los – o que deve acontecer no caso da edificação ecológica. Que aspecto do desempenho será enfatizado: o consumo eficiente de energia, a qualidade da luz ou a qualidade do ar? Qual grau de projeto ecológico deve ser considerado? Uma edificação de energia zero, a redução do consumo de energia, a mímica da natureza ou uma arquitetura "selvagem" que, segundo o arquiteto Malcolm Wells, é regenerativa por natureza? A intenção deve ser clara porque aponta para o tipo de processo, o tipo de equipe e possíveis estratégias e tecnologias que serão mais apropriadas para determinado projeto. Esse processo de projeto exige que o arquiteto seja tanto pragmático quanto especulador.

Critérios. Os critérios de projeto são os padrões utilizados para testar julgamentos e decisões. Com frequência, eles são estabelecidos por uma autoridade, um costume ou um consentimento geral; no caso de projetos inovadores, no entanto, costumam ser estabelecidos internamente. O que realmente significa ser ecológico? Quem decide? Os critérios podem se basear em padrões quantitativos (como no consumo eficiente de energia) ou qualitativos (como o tipo de efeito de iluminação). Os critérios precisam ser realistas para então serem seguidos. Assim como devem ser rigorosos o bastante para criar um desafio e cumprir com a intenção do projeto.

Validação. É preciso ter consciência dos tipos de questões a serem abordadas e dos métodos e estratégias de projeto apropriados a serem utilizados. O modo como o projetista determina um conjunto de questões reflete nos resultados. O método usado implica em um ciclo de retroalimentação. As profissões baseadas no conhecimento refletem esforços anteriores e aprendem especificamente com os erros e acertos. Ocorreram colapsos durante a construção da Catedral de Chartres. Os cálculos e as fórmulas relativos ao trabalho dos materiais submetidos às forças da gravidade foram repensados, culminando na construção da famosa basílica. Isso também se aplica às forças do meio ambiente, embora geralmente sejam mais sutis, complexas e variáveis que a da gravidade. Faz-se necessário outro tipo de ciclo de retroalimentação, um que não se deva ao colapso, mas integre uma disciplina maior – aprendendo com outros e a partir da análise. A análise de um projeto preexistente se transforma na hipótese de como as coisas devem funcionar.

Estabelecimento de prioridades. Finalmente, é importante ordenar as intenções e metas. A priorização das metas ajuda o projetista e o cliente a entender o que é mais importante, o que pode ser descartado e quão flexíveis são as soluções propostas. Como nos demais processos de projeto, devemos trabalhar com conjuntos de ideias para chegar ao esclarecimento das metas. Isso é especialmente importante porque uma estratégia pode negar ou entrar em conflito com outra.

Estudos preliminares

Coleta de dados. Fotografias do escritório de Charles e Ray Eames mostram grandes armários e paredes que exibem belos objetos. Esses mostruários definem um espaço mais semelhante a um museu que a um espaço de trabalho. A sala espaçosa estava cheia com uma magnífica coleção de itens (além dos trabalhos em andamento), todos sugerindo algo provocador (por exemplo, ordens geométricas e estruturas independentes). A imagem resume e registra um momento importante no processo de projeto, isto é, os estudos preliminares.

Os estudos preliminares de Eames incluíam coletar e interpretar um conjunto curioso de elementos que variavam em escala e função. Enquanto "copistas", eles se baseavam livremente em seus meios. Sua obra buscava pesquisar o funcionamento e a criação das coisas. Suas imagens eram inspiradoras. No caso do projeto ecológico, cada projeto diferente exige um arquivo próprio. Aquilo que é pesquisado afeta o modo como o arquiteto vê o projeto e, consequentemente, o que faz com ele e o que pode ser feito. A ecologia opera em muitas escalas; portanto, a pesquisa começa com a coleta de dados em diferentes escalas.

Análise do terreno. O projetista precisa olhar o terreno bem de perto e também de longe. É preciso ler o terreno e aprender com aquilo que é aparente, invisível e efêmero. Os efeitos da inclinação da Terra geram os gradientes dos ângulos solares, bem como as variações atmosféricas que produzem vento. Alguns dados, como a velocidade do vento e a insolação, geralmente são encontrados reunidos de forma sintética na Internet ou em uma biblioteca. Outros dados, incluindo os níveis de ruído e padrões de circulação, precisam ser observados no local. A essência da análise do terreno é encontrar os recursos e identificar os seus problemas no contexto do projeto e conforme os valores do projetista.

Também é útil examinar a arquitetura vernacular que, por necessidade, usava as vedações externas e os materiais para mitigar os impactos climáticos nas edificações. O conhecimento de uma resposta climática apropriada está implícito em muitos modos tradicionais de construção e nos padrões de uso dos usuários. Às vezes, fazer um grande projeto é uma questão de compreender e aplicar modos de construção tradicionais.

Escolha do terreno. Por meio da interação com o entorno (ou o resultado de sua falta), cada edificação modifica um clima externo e também interno. Cada projeto cria seu próprio microclima e afeta as condições sentidas posteriormente no terreno. Uma nova edificação afeta o perfil topográfico, a vegetação, o tipo de solo e as obstruções do terreno. Compreendendo os efeitos dos diversos elementos no terreno, é possível manipular tais elementos de maneira a modificar o microclima para diferentes fins. Por exemplo: o plantio de uma árvore para sombreamento ou a construção de um simples muro pode transformar positivamente as características térmicas de uma parte do terreno. Embora o processo de escolha do terreno enfatize a relação da edificação com os fenômenos ecológicos localizados, a lógica da otimização climática também se aplica à escala urbana e à planta da edificação.

Definidores da forma

Iluminação natural/insolação. Sabe-se que a luz tem sido vista como uma definidora da forma ao longo de toda a história da arquitetura. No Panteon, o arquiteto do imperador romano Adriano capturou belissimamente a luz que entrava por um enorme óculo; todos os edifícios de Alvar Aalto usam *sheds* para tirar partido do sol baixo nos extremos do hemisfério norte. O projeto solar tradicional utiliza vidraças voltadas para o norte (no hemisfério sul) junto com massas termoacumuladoras para promover a calefação passiva. No entanto, as janelas têm de ser dimensionadas e distribuídas cuidadosamente para gerar um equilíbrio entre quantidade correta de luz, paredes bem isoladas e coleta da energia solar. Para se chegar a uma estratégia de iluminação, é necessário determinar níveis de iluminação apropriados com base nas funções e necessidades dos diversos espaços e, a seguir, testar e avaliar possíveis soluções utilizando modelos de simulação de iluminação natural ou outras ferramentas. Cartas solares que expressam o percurso aparente do sol também facilitam o estudo dos efeitos da luz natural. Os resultados desses estudos costumam proporcionar efeitos e formas de iluminação distintas.

Estratégias passivas e ativas. Com frequência, as edificações solares são caracterizadas pela escolha excludente de técnicas passivas ou ativas. Os sistemas passivos usam estrategicamente a orientação, a forma da edificação e as aberturas para capturar e controlar os ganhos solares, ao passo que os sistemas ativos empregam bombas, tubulações e dispositivos industrializados para coletar, armazenar e redistribuir tais recursos. As escolhas são frequentemente complexas e podem proporcionar na adoção de um híbrido de ambas as abordagens.

No projeto passivo, a natureza (e o arquiteto) faz todo o trabalho. As estratégias passivas se ajustam às condições ambientais especialmente com o uso da arquitetura; o ideal é que tenham preferência em relação às ativas. Isso significa que o arquiteto precisa ser um estrategista. Implica usar os recursos disponíveis *in loco* em vez de importar energia de uma fonte remota. A distribuição cuidadosa de paredes, janelas, beirais e elementos de sombreamento pode ajudar a tornar um projeto "ecológico"; senão, equipamentos mecânicos (e consultores em engenharia) serão forçados a fazer o trabalho.

Os sistemas híbridos costumam criar uma simbiose entre as vedações externas da edificação e os sistemas de calefação e refrigeração, sendo que todos trabalham para mitigar o consumo de energia. Os componentes da edificação tradicionalmente estáticos podem se mover (por meio de equipamentos computadorizados e meios biológicos), enquanto os componentes de um sistema mecânico, que são visualmente inertes, circulam fluidos internos. O sistema híbrido permite que o usuário se envolva de modo singular com a variabilidade do ambiente natural ao redor.

É importante perceber quando e com que frequência a variabilidade do clima do terreno ultrapassa a zona de conforto e, por consequência, começa a definir a direção a ser seguida por um projeto – a combinação lógica do passivo e do ativo.

Ciclos de retroalimentação

É possível empregar várias ferramentas de projeto para prever o desempenho de determinada edificação antes de sua construção. Estas incluem cálculos manuais, simulações computadorizadas e desenhos (mapeamento). O desempenho de um sistema ambiental é mais difícil de prever que o desempenho da estrutura, do material ou da vedação externa. Com frequência, podemos prever os efeitos do clima e dos esforços nos materiais; porém, é mais difícil perceber o movimento do ar misturado em um cômodo. Hoje, estão disponíveis excelentes ferramentas computadorizadas que fazem previsões, como EnergyPlus, DesignBuilder, Energy-10, ECOTECT e eQUEST. Com essas ferramentas, o projetista pode visualizar como o calor se move dentro dos espaços, ao redor deles e na forma da edificação. Contudo, tais programas requerem treinamento para saber o que desejamos "ver" – já que sua enorme capacidade chega a ser desanimadora.

Os desenhos e diagramas que documentam os fenômenos variáveis da luz e do vento conseguem atestar, de maneira tangível, tudo o que determinado terreno pode oferecer. Cada terreno é único e possui características únicas. É possível esboçar onde está o sol, como ele muda ao longo do dia e as possibilidades de sombreamento. Podemos usar cartas solares e diagramas para obter informações sobre os ângulos do sol de modo rápido. Os modelos eletrônicos dinâmicos são maneiras relativamente novas de acompanhar a posição do sol. Já os níveis de iluminação podem ser testados com o uso da matemática usando-se diferentes métodos de projeto de iluminação natural ou maquetes de iluminação natural.

As edificações devem ser avaliadas por um órgão independente, mas com participação ativa da equipe de projetistas. O objetivo da avaliação é verificar se os equipamentos e sistemas da edificação foram instalados corretamente e se estão funcionando conforme o previsto. A avaliação pós-ocupação (APO) é uma ferramenta de retorno relacionada. A criação de um banco de dados com informações de pós-ocupação para auxiliar em projetos futuros (muito provavelmente como estudo de caso) é essencial. É possível aplicar a situações mais genéricas aquilo que se aprende por experiência direta a partir do desempenho dos sistemas em um projeto de sucesso. Pesquisas de qualidade disponibilizadas para o público ajudariam a desenvolver a disciplina do projeto ambiental.

Organização e sistemas da edificação

O programa de necessidades desenvolvido pelo arquiteto e pelo cliente (no jargão dos certificadores – as Exigências de Projeto do Proprietário) determina o potencial fundamental para o desempenho da edificação. Baseadas no leiaute e na orientação solar, as formas implícitas em todas as edificações potenciais trazem em si a possibilidade de responder bem ou mal a determinado clima. Reyner Banham, no livro *The Architecture of the Well-Tempered Environment*, ressalta a maneira inteligente com que Frank Lloyd Wright manipulava a forma para obter conforto por meio do uso de beirais, janelas de sacada e lareira. A organização da edificação pode aumentar a iluminação no inverno, coletar e direcionar o vento e fornecer sombreamento. A forma e o formato da edificação são capazes de orientar o fluxo dos fenômenos naturais. Os princípios simples incluem distribuir as edificações e a vegetação para possibilitar o acesso solar durante a estação de aquecimento, além de colocar as edificações mais altas ao sul (no hemisfério sul) de maneira a evitar o sombreamento excessivo das edificações mais baixas.

Espaços de transição. Em resumo, o espaço de transição é uma conexão entre dois ambientes. Portas giratórias e vestíbulos com portas de entrada e de saída são os exemplos mais comuns. Esses recursos são úteis, mas têm apenas uma finalidade. Conceitos de espaços de transição muito mais sofisticados podem ser encontrados na obra de Louis Kahn, adepto da ideia de que as respostas ambientais também podem ser arquitetonicamente ricas. Os projetos que fez para a Biblioteca Salk (não construída), o Indian Institute of Management e a Assembleia de Dhaka usam os espaços de transição para fins de circulação e para refletir a iluminação natural por toda a edificação. Essas construções com duas camadas de vedação, utilizadas em corredores e escadas, são termicamente neutras. Elas são usadas com pouca frequência pelos usuários e exigem menos consumo de energia; ao mesmo tempo, separam o calor do sol de sua luz. Os espaços de transição são essencialmente zonas "de amortecimento" intermediárias entre exterior e interior e podem reduzir radicalmente os ganhos térmicos de uma edificação e de uma comunidade.

Estrutura. A estrutura determina a forma. Sistemas diferentes permitem diferentes oportunidades, mas têm consequências inerentes. Uma parede de alvenaria portante, por exemplo, cria uma massa termoacumuladora que pode ser usada para atenuar passivamente a temperatura da edificação tanto em climas quentes como frios. Construções leves, como os prédios com estrutura de madeira, são muito mais suscetíveis às oscilações abruptas de temperatura e devem receber um isolamento eficiente; porém, são boas opções em climas nos quais a temperatura varia pouco durante o dia ou quando oscilações na temperatura interna são desejáveis.

Vedações – material. Projetar os detalhes de uma edificação é como testar uma hipótese; no entanto, a diferença entre a ideia, a intenção e a realidade do artefato em escala real pode ser imensa. A especificidade infinita da realidade dificulta prever exatamente como os materiais irão se conectar, interagir e se comportar. Por essa razão, a concepção de um projeto deve ser examinada constantemente ao longo de seu desenvolvimento e ser embasada em um processo e uma intuição rigorosos quanto ao comportamento dos materiais. A escolha dos materiais e a relação entre eles reforçam a organização espacial e a legibilidade da ideia e vice-versa. O papel desempenhado pelas vedações da edificação (paredes, coberturas, pisos e aberturas) junto com os sistemas mecânicos é crucial na hora de fornecer conforto visual e térmico. Já o desenvolvimento consciente e rigoroso dos detalhes fica mais complexo à medida que a edificação propriamente dita ajuda a mitigar a variabilidade e os extremos climáticos. A escolha dos materiais lida diretamente com a natureza inter-relacionada dos sistemas de estrutura, construção e controle ambiental quando se busca integrar essas tecnologias à ideia de arquitetura.

Vedações – isolamento. Com vedações bem isoladas, o projetista pode reduzir o tamanho dos sistemas de controle ambiental. É preciso isolar paredes, pisos e coberturas externas da edificação de maneira apropriada ao clima e aos códigos de obras. Paredes, pisos, coberturas e fenestração de uma edificação ecológica devem ir além do desempenho mínimo exigido pelos códigos. A infiltração precisa ser controlada; isso significa que o ar não pode passar por aberturas imprevistas nas vedações. As janelas e as portas de vidro devem ser selecionadas e especificadas de modo a contribuir para as metas do projeto – seja por meio da admissão solar, iluminação natural e/ou rejeição solar.

A cobertura verde pode oferecer muitas vantagens. Ela desempenha uma função estética ao ampliar a forma do projeto e criar um refúgio. É necessário selecionar espécimes de gramíneas e plantas que exijam o mínimo de água e manutenção, sombreiem o projeto quando adultas, no verão, e consigam gerar produtos (flores, por exemplo) que possam ser aproveitados na edificação. A camada leve de solo pode servir de isolamento adicional e absorver o escoamento pluvial. É possível usar a água da chuva na rega do jardim ou em um sistema de aproveitamento da água servida. Uma cobertura verde pode ampliar a área de estar útil do projeto, tanto em dimensão física como espiritual e expandir o hábitat ecológico para a fauna.

Sistemas de controle climático. Os sistemas de calefação e resfriamento (ou refrigeração) aproveitam ao máximo as condições naturais do ambiente para oferecer o controle climático a uma edificação. Essas formas de energia ambiental geralmente são renováveis e não poluentes (reduzindo as emissões de carbono e poupando os recursos não renováveis para as gerações futuras). As estratégias passivas têm a capacidade de proporcionar calefação e refrigeração apenas com base nos recursos ambientais de um terreno. Um sistema de controle climático sustentável deveria ser projetado para ser simples, tanto em sua operação como na instalação

Conclusão

O processo de projeto nunca é "convencional", embora os meios pelos quais a edificação assume uma forma geralmente se encaixem em etapas específicas e incluam a geração, a testagem e o desenvolvimento de ideias em múltiplas escalas. Em geral, a integração das tecnologias é vista como uma tarefa desagradável e/ou delegada a consultores em engenharia – em vez de ser vista como uma oportunidade de projeto constante. Trabalhar com projetos ambientais é muito mais que reunir peças ou escolher sistemas como se fossem itens de um catálogo. Como em uma grande colagem, é importante que as peças se mesclem. Além disso, podem ser executadas com variações infinitas.

Cada estratégia apresentada de modo geral no Capítulo 4 é como um pedacinho de uma colcha de retalhos. Mas o uso de uma estratégia apenas não torna um projeto ecológico. Isso fica claro se considerarmos as estratégias descritas. Por exemplo: se dimensionássemos um sistema fotovoltaico (FV) sem antes usar estratégias eficientes em energia, nós acabaríamos com uma estratégia de FV inviável – o que não é uma solução responsiva ao ambiente. Uma cobertura inteira cheia de fotovoltaicos talvez atenda a apenas 20% do consumo de eletricidade do projeto. É preciso equilibrar o quantitativo e o qualitativo. É importante trabalhar com as estratégias como parte de uma intenção definida de maneira a fechar o ciclo.

A melhor maneira de utilizar as estratégias é compreender seus fundamentos da física, da ecologia e da química, adequando a tecnologia à necessidade. Evite usar tecnologias de ponta em tarefas elementares. Não use água purificada na descarga de uma bacia sanitária nem eletricidade fotovoltaica no secador de cabelo. É importante buscar soluções comuns para problemas banais. Essa é a chamada redundância funcional, a base do projeto ecológico e deste livro.

Projeto integrado[2]

A maneira de alcançar os objetivos de projeto integrado pode ser complexa ou, no mínimo, desafiadora. Em alguns casos, a equipe de projeto talvez tenha um senso intuitivo sobre o que parece ser "a coisa certa a fazer", mas careça das ferramentas para argumentar claramente por que a abordagem proposta seria eficaz. Ou talvez o projetista se depare com uma variedade

[2] Esse material sobre o processo de projeto constava na primeira edição do *Green Studio Handbook* e constitui um ensaio preparado por David Posada, de Portland, Oregon. O material sofreu pequenas alterações para esta segunda edição.

atordoante de estratégias de projeto sustentável e não tenha uma ideia clara de como proceder. Uma equipe de projeto comprometida pode ter diversas opções promissoras sobre a mesa, mas as preocupações com a viabilidade técnica ou as implicações sobre o orçamento reprimem a implementação de tais estratégias. Frequentemente o ritmo e a sequência das etapas de um projeto não oferecem o tempo adequado para explorar as opções ou examinar as alternativas. Os objetivos podem ser claros, mas alcançá-los continua sendo inviável.

O projeto integrado de edificações oferece-nos um veículo para alcançar os objetivos de sustentabilidade. Os últimos anos têm nos oferecido grandes avanços em termos de conhecimentos técnicos sobre o consumo da energia nas edificações e sobre sistemas que podem melhorar o aproveitamento do calor e da luz solar, do ar e dos materiais. Inúmeras edificações (veja o Capítulo 5, por exemplo) têm mostrado avanços incríveis em relação aos padrões convencionais de consumo de energia, conforto humano e impacto ambiental. O fato de que tais prédios sejam construídos evidencia que não são apenas as formas edificadas, os materiais e os sistemas que estão evoluindo – os meios pelos quais projetamos e os construímos também estão sendo revolucionados.

A definição de projeto integrado

O projeto integrado é um processo que aplica as habilidades e os conhecimentos de diferentes disciplinas, bem como as interações de diferentes sistemas de edificação para produzir, com sinergia, uma edificação melhor, mais eficiente e mais responsável – ocasionalmente com custo inicial mais baixo, mas, em geral, com custo de ciclo de vida mais baixo. O projeto integrado considera as relações entre elementos que, frequentemente, eram vistos como não relacionados.

O processo de projeto é investigativo. Cada projeto é único – apresentando uma resposta única às combinações particulares de terreno, clima, usuário, orçamento e programa de necessidades que definem o contexto. O projeto de edificação é uma hipótese daquilo que representa uma resposta aceitável, boa ou excelente a esses elementos do contexto. Ainda temos muito que aprender acerca do desempenho da edificação; além disso, pesquisas correntes e crescentes sobre o desempenho das edificações ecológicas construídas estão resultando em muitos elementos de equipamentos, materiais e sistemas capazes de contribuir para soluções ecológicas.

O processo de projeto é colaborativo. Nenhum indivíduo ou profissão detém sozinho todos os conhecimentos ou habilidades necessários para se compreenderem todos os sistemas, materiais e compostos que constituem uma edificação moderna típica. As melhores soluções de projeto refletem um conhecimento profundo desenvolvido a partir de contribuições feitas por muitas disciplinas.

O processo de projeto é integrado. Conhecimentos abundantes devem ser filtrados, retirando-se da mistura os princípios mais relevantes e aplicáveis. Isso deve ser feito por um grupo de pessoas com diferentes históricos, especializações e personalidades por meio de canais congestionados, incluindo reuniões, e-mails, mensagens de voz, contratos e cronogramas de trabalho. O ideal é que todos os envolvidos possuam um conjunto de valores comuns.

Podemos definir o projeto integrado por aquilo que ele não é. Não é necessariamente um projeto com alta tecnologia. A era tecnológica resultou em maior especialização e fragmentação do conhecimento. Quando um conhecimento muito especializado é aplicado a problemas, os resultados frequentemente acarretam problemas maiores – seguindo a lei das consequências imprevistas. Embora o conhecimento da alta tecnologia não seja mal-vindo no projeto integrado, o processo basicamente tenta entender o funcionamento do sistema como um todo, em vez de obter apenas uma resposta técnica. Para muitos, o processo de projeto convencional é um desdobramento inevitável da revolução industrial, assim como a aplicação de maneiras mecanicistas de ver como se comporta um sistema com definição estreita. A "máquina de morar" não cumpriu com suas promessas; alguns até diriam que piorou nossa situação.

Não é projeto sequencial. Com frequência, o processo de projeto convencional é visto como aquele em que uma especialidade "passa o bastão" para outra; o projetista passa para o desenhista, que passa para o engenheiro, que passa para o empreiteiro, que, por sua vez, passa para o subempreiteiro. Os custos sobem quando um envolvido toma decisões sem a participação dos demais; também se perdem possíveis benefícios conjuntos. É possível descrever o projeto convencional como a "aplicação de conhecimentos em série". O projeto integrado é a "aplicação de conhecimentos em paralelo".

O projeto integrado não é projeto feito por um comitê. A contribuição dos membros da equipe é uma maneira de testar ideias de projeto em um ciclo rápido, buscando benefícios múltiplos a partir de alternativas inesperadas. É um modo de aumentar a inteligência total do projeto aplicada a um problema, promovendo rápidas verificações de viabilidade e correções de direção. A liderança continua sendo necessária, mas os líderes precisam ser sinceros ao solicitar e integrar a colaboração dos demais membros da equipe.

O projeto integrado não é o mesmo processo antigo aplicado com um conjunto de regras diferentes. É compreensível que as equipes de projetistas tendam a aplicar os métodos e as abordagens que usaram no passado. A solução só fica visível, porém, se nos afastarmos da situação e examinarmos os pressupostos e regras subjacentes. Há um paralelo contemporâneo no argumento de Amory Lovins, que afirma que as pessoas querem banhos quentes e cerveja gelada – e não uma gosma de cor escura. Os proprietários querem produtividade, os usuários querem conforto – não estão interessados em sistemas de climatização ou estantes de luz.

O projeto integrado não é um jogo para ver quem faz mais pontos. As exigências dos sistemas de certificação, como o LEED, podem resultar, em alguns casos, em uma mentalidade na qual as estratégias não são adotadas devido à possibilidade de benefícios de longo prazo, mas pela meta da certificação no curto prazo. Os créditos do LEED também podem assumir a aparência de um nível adicional de pseudoexigências do código, e, ao tentar atender a elas, as equipes podem perder a noção da intenção original do projeto. As exigências da Lei dos Norte-Americanos com Deficiências Físicas são vistas por algumas pessoas como incômodas ou limitadoras, mas também alertaram os projetistas para soluções que melhoram a qualidade do espaço para todos os usuários.

O projeto integrado não é fácil. Hábitos, convenções, contratos e regulamentos evoluíram para responder a um sistema que derivou de uma visão particular daquilo que era esperado ou exigido. O sistema existente é concebido para abordar as coisas de modo paliativo. Para construir edificações, comunidades e cidades que produzem energia, oferecem suporte à saúde e às atividades humanas, e melhoram o ambiente em vez de degradá-lo, não podemos utilizar um processo de projeto que cria exatamente o oposto.

O projeto integrado examina o modo como todas as partes do sistema interagem e utiliza esse conhecimento para evitar armadilhas e encontrar soluções com benefícios múltiplos.

Avançando rumo ao projeto integrado

Exigência de comprometimento. O desejo de sustentabilidade e o comprometimento com essa ideia devem partir dos proprietários ou clientes, pois, em última análise, são eles que orientam e pagam pelo trabalho da equipe de projetistas. A insistência dos clientes e o desejo de inovação podem persuadir os membros relutantes da equipe a seguir em frente. Isso não quer dizer que a equipe de projetistas observa os valores de projeto com neutralidade. Em geral, o proprietário e a equipe de projetistas compartilham valores e objetivos similares. Quando for apropriado, um projetista carismático poderá convencer o cliente a abraçar a ideia de um projeto sustentável. Contudo, se o proprietário for o líder do projeto, as possíveis barrreiras a um projeto de alto desempenho poderão desaparecer.

Formação da equipe e definição dos objetivos. O ideal é que a equipe de projetistas seja composta por pessoas com a experiência e o conhecimento técnicos necessários para identificar rapidamente novas oportunidades e soluções. No entanto, se fosse tão fácil quanto parece, todos já estaríamos fazendo isso. A falta de conhecimento e experiência pode ser compensada pelo desejo de explorar novos territórios e deixar de lado os pressupostos e hábitos anteriores.

Coleta de informações. Cada disciplina do projeto precisa coletar informações que não se refiram apenas à sua área de conhecimento convencional, expandindo a busca para ver como suas experiências interagem com as outras partes do sistema e como as afetam. Ao procurar interações e prever problemas e oportunidades, é possível identificar soluções em potencial. Fazer um *brainstorming* para essas soluções serve de ponto de partida para uma discussão colaborativa.

Definição do conceito e do partido do projeto. Nas etapas de definição do conceito e do partido do projeto, a equipe de projetistas geralmente se envolve pela primeira vez com o programa de necessidades do proprietário (ou exigências do projeto). Durante a definição do conceito se tudo der certo, o proprietário se convencerá de que a equipe de projetistas tem uma visão que vale a pena ser perseguida. Durante a definição do partido, a equipe de projetistas se convence de que a visão vendida ao proprietário é realmente viável. Raramente ideias grandes (ou estratégias principais) conseguem entrar no processo de projeto após as etapas iniciais. Se não forem incorporadas durante essa etapa, o potencial de muitas estratégias de projeto ecológico se perderá para sempre.

Testagem. A equipe de projetistas pode testar as consequências das diversas opções em termos de energia, custo e material. A modelagem por computador é capaz de simular o consumo de energia na edificação; os modelos financeiros, o custo do ciclo de vida e as demonstrações financeiras consolidadas *pro forma* podem testar as implicações econômicas dos custos e retorno sobre investimento de curto e longo prazo. Assim, é possível explorar a disponibilidade, os custos e as implicações dos materiais e sistemas. Isso leva ao aprimoramento do projeto em desenvolvimento. Inevitavelmente, surgem problemas que forçam a equipe a reavaliar as estratégias sendo consideradas – e, às vezes, as intenções e critérios do projeto. Quando a equipe faz o "dever de casa" e estuda com atenção os recursos e condicionantes do terreno, clima, programa de necessidades e orçamento, é possível encontrar soluções alternativas com mais facilidade e rapidez. As intenções e os critérios de projeto precisam ser defendidos com vigor (exceto se estiverem evidentemente equivocados) – eles representam as aspirações do projeto original. Nesse ponto, o comprometimento do proprietário é fundamental.

O empreiteiro. Em geral, o término da etapa de desenvolvimento do projeto culmina no preparo do projeto executivo (desenhos e especificações) que serve de base para a orçamentação do empreiteiro geral e contratação de subempreiteiros. Caso se una à equipe de projetistas nesse momento tardio, o empreiteiro estará pouco familiarizado com as intenções e compromissos por trás do projeto executivo; assim, é mais provável que ele proponha substituições ou modificações capazes de alterar a intenção original. Além disso, o proprietário e os projetistas ainda não puderam se beneficiar dos conhecimentos e da experiência do empreiteiro. O empreiteiro deve se unir à equipe de projetistas ainda no início; nesse caso, estaria familiarizado com as intenções do projeto e teria chance de sugerir modificações com base nos condicionantes e oportunidades inerentes ao processo de construção.

A filosofia do projeto integrado

Diferentes ideias conceituais foram usadas para descrever esse processo de projeto integrado – usando a linguagem e os *insights* de campos distintos. Para um filósofo, tal discussão poderia ser uma extensão da ética, expandindo o círculo de populações e questões consideradas merecedoras de tratamento ético. O projeto ecológico, por exemplo, geralmente envolve a análise de impactos que ultrapassam o terreno nas pessoas que não estão diretamente conectadas ao desenvolvedor do projeto. Um biólogo talvez tenha uma abordagem biofílica. Pensamento nos Sistemas, Organizações que Aprendem, O Passo Natural, O Resultado Tríplice, Sistemas da Edificação Integrados – todas são diferentes maneiras de descrever um processo e uma meta similares. O processo se baseia na compreensão da interação dos componentes dos sistemas complexos; o objetivo é orientado pela chamada intenção "utilitária", que costuma ter um componente moral ou ético.

A noção do "pensamento nos sistemas" surgiu em meados do século XX e tem sido aplicada a muitas disciplinas diferentes, desde ciências sociais, recursos humanos e ciências biológicas até desenvolvimento de *software* e planejamento militar. É fundamentalmente diferente da visão de mundo cartesiana, que estuda um objeto ou função isoladamente, tentando minimizar as interações de outras forças para compreender sua função essencial. O pensamento nos sistemas sabe que nada acontece no vácuo. Cada elemento e cada evento são vistos como partes de um sistema maior com o qual interagem; esse sistema, por sua vez, faz parte de um sistema de interações ainda maior. Em vez de ignorar tais interações, o pensamento nos sistemas descreve os diferentes subsistemas e supersistemas, esclarecendo as fronteiras que separam um sistema do outro.

Às vezes, essas ideias são aplicadas metaforicamente ao projeto da edificação. O projeto integrado é frequentemente facilitado buscando-se orientação em modelos biológicos. A interação de muitos organismos em um ambiente biótico é similar à maneira na qual os seres humanos interagem com seus ambientes físicos e sociais. Os modelos biológicos podem ajudar a explicar as interações entre os diferentes componentes ou a rede de relacionamentos; além disso, ajudam a entender como as partes da edificação podem interagir com o sistema social.

Wendell Berry, escritor e fazendeiro, descreve a noção de "solucionar por padrões", na qual boas soluções tendem a resolver muitos problemas simultaneamente e em muitas escalas diferentes. Um latifúndio de monocultura, por exemplo, lida com pragas aplicando maiores quantidades de pesticidas; porém, os efeitos colaterais se tornam tão problemáticos quanto o problema inicial. Quando solucionamos por padrões, isso se torna um problema de escala: se colocarmos a fazenda em uma escala que possa ser supervisionada por apenas um fazendeiro, poderemos cultivar diversas plantações e usar técnicas que reduzam as pragas sem aplicar produtos químicos em grande escala. A fazenda menor também pode contribuir para um padrão mais amplo de feiras de produtos agrícolas ou comércio geral, gerando benefícios para a família do agricultor e também para a comunidade.

No projeto de arquitetura, a solução por padrões se reflete na utilização das formas da edificação para maximizar o uso da iluminação natural. As cargas elétricas são reduzidas (por meio de controles apropriados), mas o conforto e a produtividade aumentam, os ganhos térmicos diminuem, a ventilação natural fica mais fácil, pode ocorrer uma maior articulação da forma da edificação com os valores estéticos e podem surgir padrões de circulação e uso mais apropriados para o bem-estar social.

A capacidade de entender os padrões de energia, luz, água e ar à medida que se aplicam ao ambiente construído é um passo na direção do desenvolvimento de habilidades de projeto integrado. Algumas pessoas entendem tais padrões com a ajuda de livros grossos ou longas palestras; para muitas outras, no entanto, o caminho mais curto é a aplicação de estratégias apropriadas aos problemas de projeto por meio do uso de estimativas genéricas, cálculos feitos em guardanapos ou diretrizes gerais. No Capítulo 4, veremos exemplos de abordagens de definição de partido para muitas estratégias.

CAPÍTULO 3

O MANUAL

ESTE MANUAL busca fornecer informações focadas que possam ajudar os projetistas a tomar decisões racionais com relação ao uso de *estratégias* de construção sustentáveis durante a definição do partido de um projeto. Foram incluídos estudos de caso de projetos exemplares que ilustram uma diversidade de tipos e contextos de edificações sustentáveis; o objetivo é incentivar a utilização de tais estratégias e destacar alguns dos projetos sustentáveis extraordinários que estão sendo feitos em todo o mundo.

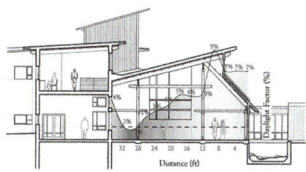

Figura 3.1 Desenhos esquemáticos mostrando os fatores de iluminação natural para um centro de teatro – medidos por um modelo físico de simulação da iluminação natural.
JONATHAN MEENDERING

A ênfase na fase de definição do partido é intencional. É nela que a tomada de decisões bem-embasadas pode exercer o máximo impacto no desempenho do projeto e com os menores custos. As decisões relativas à forma e à orientação da edificação são tomadas durante a definição do partido – e os impactos negativos de decisões de implantação e volumetria ruins são praticamente impossíveis de reverter (exceto usando ajustes tecnológicos atenuantes – o equivalente a uma reparação no contexto de projeto). Acreditamos que as edificações de alto desempenho – especialmente as sustentáveis, mas também as com consumo zero de energia líquida e as neutras em carbono – devem empregar com agressividade estratégias arquitetônicas passivas. Essas estratégias devem ser incorporadas bem no início do processo de projeto; geralmente, ainda nos primeiros dias de seu desenvolvimento.

Durante a fase de definição do partido, a compreensão das possibilidades do sistema é fundamental para a adoção de estratégias apropriadas. Da mesma forma, uma noção dos requisitos de tamanho do sistema é vital para a implementação de muitas estratégias na arquitetura. Será que um coletor térmico-solar de 10 m² é suficiente para suprir a demanda doméstica por água quente ou serão necessários 100 m²? Um reservatório de 5 mil litros consegue armazenar a água da chuva ou precisaremos de uma capacidade de 50 mil litros? Um sistema de resfriamento passivo conseguirá manter uma temperatura de 26°C em condições de projeto de pico ou o cliente deve se preparar para 32°C? Na fase de definição do partido, é essencial que o projetista decida se irá "seguir adiante ou não" com relação às possíveis estratégias; em seguida, ele precisa determinar se os componentes principais "se encaixam ou não". As nuances não são críticas nessa etapa – mas as questões preliminares corretas são.

Nós acreditamos que os arquitetos precisam entender a natureza geral das estratégias sustentáveis (as características, as condicionantes e as variáveis que definem o sistema), além de compreender conceitualmente como cada estratégia funciona. Eles também precisam ter condições de fazer julgamentos preliminares sobre o dimensionamento do sistema. A primeira razão para atribuirmos isso às funções do arquiteto é filosófica: a maioria dessas estratégias é de arquitetura, ou seja, deve caber ao arquiteto. A segunda razão é pragmática: a menos que o projeto esteja sendo conduzido de acordo com um processo de projeto integrado, não haverá um consultor de engenharia mecânica, elétrica ou civil para dar ideias durante a definição do partido.

Este manual apresenta 42 estratégias de definição do partido que merecem ser consideradas no projeto de uma edificação sustentável. Existem muitas outras estratégias que normalmente serão aplicadas a um projeto sustentável, mas estas costumam entrar em cena em etapas posteriores do processo de projeto – os exemplos incluem a seleção de materiais e acabamentos, o projeto do sistema de climatização, controles de iluminação e assim em diante. As estratégias que têm probabilidade de influenciar orientação, forma, organização e/ou aberturas da edificação estão incluídas neste livro.

As 42 estratégias são apresentadas em um formato consistente. Todas começam com uma introdução, seguida pela apresentação das principais questões de arquitetura, uma discussão das considerações de implementação, um panorama dos procedimentos de projeto relacionados à estratégia, alguns exemplos da estratégia em uso em edificações construídas e recursos para mais informações. Paralelamente ao texto principal, informações nas colunas laterais resumem questões contextuais importantes para cada estratégia, fornecem um exemplo prático de dimensionamento ou coordenação (se aplicável) e sugerem esforços de projeto relacionados à estratégia que ocorrerão após a definição do partido.

O Capítulo 4 (o principal do livro) apresenta estratégias de projeto ativas e passivas. Muitas edificações sustentáveis de alto desempenho alcançaram tal *status* principalmente por meio do uso habilidoso de soluções ativas. Outras edificações sustentáveis de prestígio seguiram um caminho predominantemente passivo para chegar ao alto desempenho. A maioria das edificações sustentáveis em grande escala inclui ambos. Os 10 projetos de estudo de caso apresentados no Capítulo 5 incluem tanto sistemas ativos como passivos. Mas qual é a diferença entre ativo e passivo?

Em resumo, um sistema passivo:

- ◆ não utiliza energia adquirida (nada de eletricidade, gás natural, etc.);
- ◆ utiliza componentes que costumam fazer parte de outro sistema (janelas, pisos, etc.);
- ◆ está fortemente integrado às vedações de toda a edificação (não é agregado posteriormente nem fácil de remover).

Os sistemas ativos têm, essencialmente, características opostas – exigindo compra de energia da rede pública (não renovável) para a operação e utilizando componentes com uma única finalidade, que, com frequência, estão pouco integrados aos outros sistemas da edificação. As estratégias ativas e passivas não são inerentemente boas ou ruins – são apenas meios para se chegar a um fim. Entretanto, a equipe de projeto e o proprietário podem e devem atribuir um valor aos meios. Este livro e muitos projetistas sustentáveis valorizam estratégias passivas em detrimento das ativas. Essa preferência deve estar equilibrada com a praticidade e com a compreensão daquilo que os diversos sistemas podem e não podem realizar de forma racional, seja em âmbito geral ou no contexto de uma edificação específica. O principal objetivo deste livro é fornecer uma noção de "possibilidade/ impossibilidade" para os sistemas, algo que normalmente precisa ser considerado durante a definição do partido.

É importante ressaltar que este não é um manual sobre "como obter uma certificação sustentável". Cada organização certificadora possui inúmeras informações para auxiliar no processo de certificação. Este manual fala sobre "o que se pode fazer para obter uma edificação sustentável que funcione". A diferença é sutil, mas fundamental. As edificações sustentáveis têm um desempenho ambiental superior. As edificações sustentáveis com certificação conseguem reunir créditos suficientes para se qualificarem como tal. Os dois conceitos devem se sobrepor e o fazem com frequência – mas nem sempre. Daremos prioridade ao desempenho, não à certificação.

Tomamos a decisão consciente de concentrar este livro em estratégias que ainda não são convencionais e, portanto, não necessariamente bem-abordadas por referências padrão de projetos e sistemas. Informações básicas de projeto – como cálculos de perdas térmicas, cartas solares e estimativas de consumo de água – não foram incluídas propositalmente com o objetivo de assegurar um escopo, um tamanho e um preço viáveis para este manual. Algumas exceções a essa regra podem ser encontradas nos apêndices limitados.

Finalmente, por estarmos tratando de 42 estratégias separadas, seria fácil pressupor que cada uma pode ser utilizada como um catálogo de peças. Nada poderia estar mais distante da verdade. As estratégias de projeto são conectivas – podem apoiar umas às outras ou podem ser antagônicas. Algumas podem ser contraproducentes em um contexto e mais benéficas em outro. As estratégias são ferramentas que devem ser manipuladas por um projetista talentoso. Este manual tem como objetivo aumentar as habilidades de projeto preexistentes.

Em uma equipe de projeto integrado, o ideal seria que alguém pudesse perguntar para um especialista: "Como fazemos isso?". Este livro tenta ser esse "companheiro sábio". O processo de projeto integrado não exige explicações extensas de opções e estratégias; na verdade, prima por sugestões concisas sobre o que considerar e como começar. Tais orientações podem levar a uma hipótese inicial de como uma edificação de alto desempenho talvez funcione na realidade. Obter a comprovação do conceito em relação às possíveis estratégias durante a definição do partido permite que a equipe de projeto transforme suas primeiras ações em ações realmente magníficas. A definição do partido deve permitir a viabilização e a aprovação das ideias de projeto sustentável. Modelos e maquetes aprofundados, mais croquis e/ou testes serão utilizados para avaliar essas hipóteses formativas durante iterações posteriores do projeto.

NOTAS

CAPÍTULO 4

ESTRATÉGIAS DE PROJETO

As estratégias ecológicas deste capítulo estão organizadas em seis grandes tópicos e incluem as que mais influenciam a tomada de decisões na definição do partido. Cada estratégia descreve um princípio ou conceito ecológico fundamental. As remissões da barra lateral sugerem estratégias relacionadas e questões mais amplas do projeto a serem consideradas. A essência de cada estratégia é um procedimento passo a passo do projeto para orientar o pré-dimensionamento da edificação e dos componentes dos sistemas. Quando a estratégia é mais conceitual do que física, os procedimentos de projeto fornecem orientação para ajudar a incorporar o conceito durante a definição do partido. Os croquis de conceito ilustram cada estratégia para reforçar os princípios, e as fotografias mostram as estratégias aplicadas para executar os projetos.

Vedações
Análise do terreno 31
Materiais isolantes 39
Construção com fardos de palha 45
Painéis estruturais isolados 51
Vidraças 57
Fachadas duplas 63
Coberturas verdes 69

Iluminação
Coeficiente de luz diurna (CLD) 79
Zoneamento da iluminação natural 85
Iluminação zenital 91
Iluminação lateral 97
Estantes de luz 103
Refletâncias internas 109
Elementos de proteção solar 115
Iluminação elétrica 123

Calefação
Ganho direto 131
Ganho indireto 137
Ganho isolado 145
Sistemas ativos de energia térmica solar 151
Bombas de calor geotérmicas 157

Refrigeração
Ventilação cruzada 165
Ventilação por efeito chaminé 171
Torres de resfriamento por evaporação 177
Ventilação noturna de massas térmicas 185
Tubos de resfriamento subterrâneos 191
Edificações subterrâneas ou contra taludes 197
Resfriadores de absorção 203

Geração de energia
Cargas de eletrodomésticos 211
Trocadores de calor ar-ar 215
Sistemas de recuperação de energia 221
Sistemas fotovoltaicos 225
Turbinas eólicas 233
Microusinas hidrelétricas 241
Células de combustível a hidrogênio 247
Sistemas de cogeração de energia térmica e elétrica 253

Água e esgoto
Bacias sanitárias de compostagem 263
O reúso ou a reciclagem de água 267
Máquinas vivas 273
Sistemas de captação de água 279
Superfícies permeáveis 285
Biodigestores 291
Bacias de retenção 297

NOTAS

VEDAÇÕES

As considerações sobre vedações da edificação começam com a escolha do terreno e a subsequente implantação do prédio, a geração das formas em planta e corte e a distribuição das janelas e claraboias. Ao colocar a edificação no eixo leste-oeste e distribuir a maior parte das aberturas de janela nas elevações norte e sul, é mais fácil o controle solar e a iluminação natural.

O isolamento é fundamental para qualquer projeto de edificação ecológica. Como a redução do consumo de energia é prioridade nas edificações ecológicas, geralmente se dá preferência a uma camada espessa não tão ecológica do que ao isolamento mais ecologicamente correto, porém de espessura inadequada. Todavia, se for possível obter valores adequados de isolamento e uma instalação de qualidade, escolha um isolamento ecológico.

Na hora de selecionar os materiais usados na estrutura e nas vedações, menos geralmente é mais. O uso mais eficiente dos materiais conserva recursos, diminui os desperdícios e ajuda a reduzir os custos de construção. Se usar uma estrutura de madeira, não se esqueça de otimizar o espaçamento e os detalhes para tornar os recursos mais eficientes. Considere os produtos de madeira tratada certificada pelo Forest Stewardship Council (FSC). Se usar concreto, procure empregar os materiais de modo mais eficiente e diminuir o conteúdo de cimento ao incorporar cinzas de carvão mineral. No caso do aço, desenvolva os detalhes do isolamento de maneira a evitar as pontes térmicas.

Durante a definição do partido, considere os benefícios de se admitir ou rejeitar os ganhos térmicos e comece a pensar no uso de vidraças com coeficiente de ganhos térmicos solares (CGTS) para melhor abordar as preocupações solares. A escolha das vidraças é determinada por muitos fatores. As opções mais indicadas para um projeto talvez não sejam apropriadas para outro. Os beirais e elementos de sombreamento são capazes de reduzir ou eliminar a necessidade de vidraças com controle solar.

Considere o uso de materiais alternativos – como fardos de palha – em edificações comerciais ou residenciais nos climas apropriados. As coberturas oferecem várias opções. A cobertura verde oferece muitos benefícios, pois reduz o efeito de ilha térmica, pode gerar altos valores de isolamento, diminui o escoamento pluvial e, possivelmente, cria um hábitat para a fauna e a flora local. Quando a cobertura verde não é viável, dê preferência aos materiais de cobertura frios nos climas dominados pela carga de resfriamento. A cobertura fria consegue reduzir a carga solar na edificação e, ao diminuir a dilatação e retração dos materiais, prolonga a vida útil do telhado.

Os materiais que duram mais tempo reduzem a demanda de recursos e, em muitos casos, resultam em menos energia incorporada. Materiais de qualidade também diminuem as despesas de manutenção e, assim, podem ser mais baratos pela perspectiva do ciclo de vida, apesar de envolverem custos iniciais mais altos.

VEDAÇÕES

Estratégias
Análise do terreno
Materiais isolantes
Construção com fardos de palha
Painéis estruturais isolados
Vidraças
Fachadas duplas
Coberturas verdes

NOTAS

ANÁLISE DO TERRENO

A ANÁLISE DO TERRENO é uma etapa preliminar fundamental para o desenvolvimento de uma solução sustentável para um problema de arquitetura. O objetivo de uma análise do terreno é fundamental: entender quais características de um terreno podem ser benéficas, ou vice-versa, para o processo de projeto; por exemplo, quais características do terreno podem ser usadas como recursos e quais são uma desvantagem (isto é, um problema que precisa ser resolvido). Nas faculdades de arquitetura, quase todo projeto que lida com uma edificação inclui a exigência de análise do terreno. Com poucas exceções, a maioria das "análises" resultantes tem pouco valor. Em geral, a análise do terreno costuma ser vista como uma barreira que precisa ser rompida antes que o "projeto" possa começar. Em geral, a maior parte das "análises do terreno" são descrições incompletas de algumas características do terreno selecionadas. Em um mundo ideal, tais deficiências seriam encontradas com menos frequência na prática profissional.

Para ser útil e bem-sucedida, a análise do terreno precisa considerar o tipo e a escala do projeto proposto. É uma residência unifamiliar, uma escola, um escritório, um teatro? É provável que o projeto seja dominado pela carga de pele ou pela carga interna? O cliente deseja um desempenho de energia que atenda os requisitos mínimos do código ou uma edificação com consumo líquido de energia zero? As descobertas de uma análise do terreno para um único terreno localizado em Memphis, Tennessee (ou no Porto de Londres ou nas estepes da Turquia) serão diferentes em cada contexto sugerido para o projeto. O programa do projeto é, no mínimo, tão importante quanto o próprio terreno para o resultado da análise.

Uma boa análise do terreno precisa incluir a validação. O que a equipe de projeto valoriza em um projeto? A iluminação natural é considerada um recurso importante, algo a ser considerado se houver tempo para tal ou algo que não faz o investimento de tempo valer a pena? Esses são valores subjetivos e irão variar conforme as personalidades envolvidas no projeto e também conforme o próprio projeto. Uma análise do terreno bem feita é muito mais importante para uma edificação sustentável ou de alto desempenho do que para uma edificação que atende minimamente o código. Os recursos naturais do terreno (normalmente associados com os sistemas passivos) são mais importantes para o sucesso de um projeto de alto desempenho.

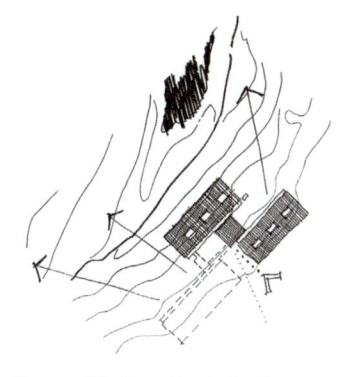

Figura 4.2 Conceito de implantação para o Arup Campus, Solihull. ARUP ASSOCIATES

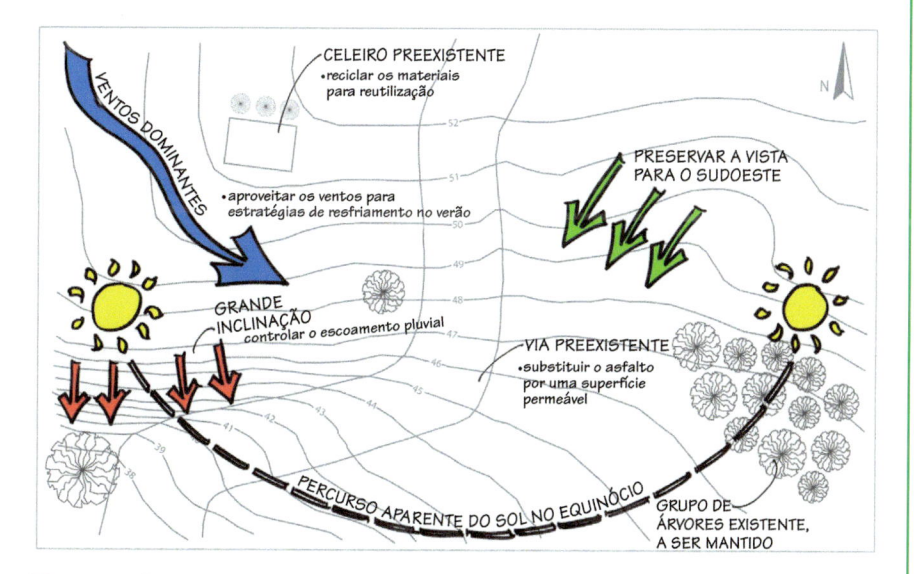

Figura 4.1 Análise do terreno típica; apresentada em planta baixa e proporcionando uma noção das oportunidades de projeto. MATT HOGAN

OBJETIVO
Compreender claramente os pontos positivos e negativos associados com o terreno em relação ao projeto subsequente

EFEITO
Uma compreensão dos recursos do terreno que facilitará o uso benéfico destes em um projeto específico

OPÇÕES
Análise gráfica, análise computacional, híbrida

QUESTÕES DE COORDENAÇÃO
Uma análise do terreno é uma iniciativa de coordenação — coordenar as necessidades do projeto com os recursos do terreno; os resultados terão impacto positivo em muitas estratégias sustentáveis

ESTRATÉGIAS RELACIONADAS
Todas as estratégias passivas (iluminação natural, calefação solar passiva, resfriamento passivo) e muitas estratégias básicas de projeto de arquitetura

PRÉ-REQUISITOS
Os objetivos fundamentais do projeto, uma noção da escala do projeto, a intenção do projeto, os critérios de projeto

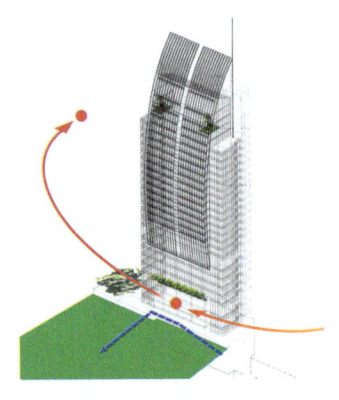

Figura 4.3 One Peking Road, edifício de escritórios de Hong Kong. A fachada foi projetada para aproveitar o percurso aparente do sol e permitir a entrada de luz natural pelas fachadas norte e sul. ROCCO DESIGN LTD

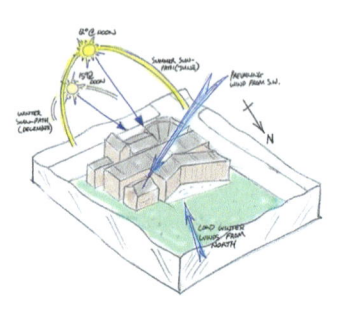

Figura 4.4 Diagrama de análise do terreno para o projeto do Portal John Hope, em Edimburgo, Escócia. MAX FORDHAM ENGINEERS

Pontos-chave para o projeto de arquitetura

A seguir, veremos alguns dos sistemas de arquitetura que serão influenciados pelos resultados de uma análise do terreno. A lista não é completa, mas é típica; os detalhes do projeto modificarão a importância e as especificidades dos sistemas de arquitetura afetados. Além disso, o foco, aqui, está em projetos de arquitetura sustentáveis – outras questões, como condições do subsolo, serão importantes para muitos projetos.

Iluminação natural. Uma iluminação diurna de sucesso depende de acesso imediato às partes da abóbada celeste que podem proporcionar uma luminância adequada sem a necessidade de projeto de elementos de sombreamento caros e complexos. A localização de tais recursos celestes benéficos é razoavelmente genérica. No entanto, a real disponibilidade de acesso a bons recursos celestes pode ser bastante específica para o terreno. Edificações contíguas, árvores e colinas, entre outros, podem bloquear o acesso à abóbada celeste e, consequentemente, aos principais recursos de iluminação natural. Para mais informações sobre os recursos celestes, leia as diversas estratégias relacionadas à iluminação natural.

Calefação solar passiva. Uma calefação solar passiva de sucesso depende de acesso imediato à radiação solar direta durante o período mais frio do ano. A extensão do período mais frio é influenciada pelas temperaturas do terreno (clima) – mas também pelo projeto da pele da edificação e pelas cargas internas (já que estas afetam a temperatura de ponto de equilíbrio). No momento da análise do terreno, os detalhes das vedações da edificação e das cargas de eletrodomésticos, equipamentos e iluminação elétrica não são conhecidos. Mesmo assim, é necessário estimar a temperatura de ponto de equilíbrio da edificação para que se possa definir antecipadamente o período mais frio.

O percurso aparente do sol no céu é genérico para qualquer latitude (enquanto o horário de tal percurso é genérico para qualquer longitude). Já os obstáculos que podem impedir o fluxo da radiação solar direta desde sua "origem" na abóbada celeste até uma abertura solar passiva não são genéricos. Como acontece com a iluminação natural, edificações adjacentes, árvores e acidentes geográficos podem bloquear a radiação que, do contrário, seria usada para aquecer a edificação. Essas obstruções críticas devem ser identificadas durante a análise do terreno – e serão influenciadas pelas características do terreno, assim como pela localização pretendida das aberturas.

Resfriamento passivo. Existem inúmeros sistemas de resfriamento passivo. Alguns dependem dos padrões eólicos do ambiente, outros das temperaturas de bulbo úmido do ambiente, outros do acesso ao céu noturno ou das temperaturas de solo de subsuperfície. Todos os sistemas de resfriamento passivo exigem acesso desimpedido ao dissipador de calor que determina seu desempenho. Os sistemas de resfriamento passivo geralmente vivem no limite, com pouca ou nenhuma capacidade disponível nas condições dos períodos mais quentes do projeto.

No caso de sistemas de resfriamento por ventilação cruzada, a velocidade e a direção dos ventos (durante os meses do uso proposto do sistema) são fundamentais para o sucesso e o dimensionamento do sistema. Uma análise do terreno que valorize o potencial de ventilação cruzada reunirá informações macroclimáticas sobre os ventos de verão e informações locais (microclimáticas) sobrepostas sobre características topográficas que obstruem ou melhoram o fluxo; além disso, fará projeções sobre os efeitos do terreno no potencial de ventilação cruzada. As características do terreno e os padrões climáticos que poderão afetar outros sistemas de resfriamento passivo também precisam ser mapeados a fim de determinar as localizações das edificações, *wing walls* e outros elementos capazes de melhorar ou obstruir o fluxo eólico.

Escoamento pluvial e de água. Com frequência, as edificações sustentáveis tentam atender as necessidades de água a partir de recursos *in loco* e/ou reduzir o impacto do escoamento do terreno. Para avaliar o potencial de tais estratégias, é necessário compreender os índices e padrões pluviais, a permeabilidade e os contornos do terreno. Informações sobre essas características serão parte de uma boa análise do terreno – se tais estratégias forem valorizadas.

Acústica. Embora uma acústica confortável não seja uma exigência expressa da maioria dos sistemas atuais de certificação de edificações sustentáveis, a criação de ambientes internos confortáveis é crucial para a maioria das iniciativas de projeto sustentável. Uma acústica apropriada faz parte de qualquer ambiente de qualidade. Pela perspectiva do terreno, a tentativa de proporcionar uma boa acústica normalmente implica reduzir o ingresso de ruídos. As fontes de ruídos são bastante específicas do terreno e só podem ser avaliadas mediante uma visita ao local. Elas também dependem do horário; por isso, as visitas precisam ser organizadas de modo a fornecer informações sobre características de ruídos típicos e "do terreno".

Qualidade do ar. Embora a qualidade do ar possa ser caracterizada de maneira genérica em base regional, os níveis de poluentes podem e irão variar de acordo com o terreno, em função de fontes industriais localizadas, do trânsito e até mesmo das edificações vizinhas. Medições em microescala dos muitos poluentes que podem afetar os usuários da edificação são caras e difíceis de obter. No mínimo, uma análise do terreno deve identificar questões de qualidade ao ar observáveis e intuitivas – como a probabilidade de valores de CO_2 superiores perto de rotas de tráfego intenso. Diversas medições *in loco* de padrões de CO_2 dentro e ao redor de edificações ocupadas revelaram diferenças mensuráveis nos níveis de CO_2 do ambiente entre um lado e outro de um terreno urbano.

Figura 4.5 Roda dos ventos do Climate Consultant utilizada como ferramenta de análise para o terreno de um projeto em São Francisco.

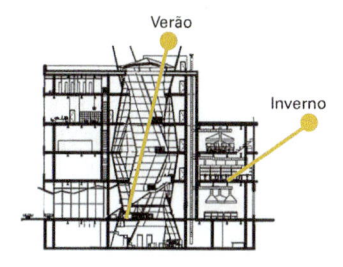

Figura 4.6 Corte utilizado para estudar a penetração de radiação solar em um átrio no verão e no inverno.

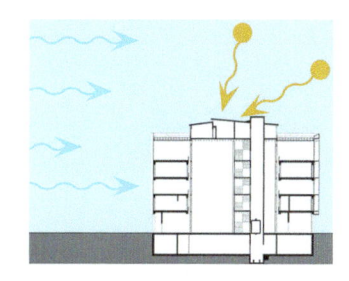

Figura 4.7 Corte esquemático para o estudo da posição solar no inverno e no verão.

Considerações sobre a implementação

O desenvolvimento de uma boa análise do terreno exige um equilíbrio entre projetar a edificação antes de compreender os impactos do terreno e esperar que sejam atribuídos valores a todas as características do terreno antes de projetar qualquer coisa. Isso não é tão difícil quanto parece. Um sistema de calefação solar passiva geralmente envolverá aberturas voltadas para o norte, em busca de um desempenho razoável (hemisfério sul). Pressupor aberturas voltadas para o norte durante uma análise preliminar do terreno é uma abordagem razoável que gerará foco e diminuirá as demandas de tempo e recurso. Caso tal pressuposto se mostre inviável em uma etapa mais avançada do processo de projeto, talvez seja necessário repensar os aspectos de acesso solar da análise do terreno.

Alguns aspectos da análise do terreno podem ser feitos à distância (fora do terreno). Estes incluem a determinação de fenômenos em macroescala, como dados de posição solar e informações macroclimáticas – por exemplo, dados de temperatura de projeto, de radiação solar, de precipitações e dados eólicos. Outros aspectos só podem ser determinados a partir de uma visita física ao terreno. Estes incluem dados sobre ruídos, preferências de vista e dados de obstrução solar/celeste.

Faz sentido coletar primeiramente os dados genéricos (de macroescala) disponíveis e, em seguida, visitar o terreno para obter os dados específicos do local (de microescala). O horário da observação é relevante para algumas características (ruídos, densidade do tráfego), mas menos importante para questões como vistas e mapeamento das obstruções. Alguns dados, como as vistas, podem ser observados e registrados sem a necessidade de equipamentos em campo. Outros dados, como os níveis de pressão sonora, a localização e altura das árvores ou os níveis de CO_2, exigem a utilização de instrumentos portáteis (nos exemplos citados: um medidor de nível de pressão sonora, uma bússola com inclinômetro e um gráfico de desvio magnético, e um medidor de CO_2). O planejamento é importante para assegurar que os instrumentos necessários estejam disponíveis no terreno no momento necessário.

Lembre-se de que é importante ter uma noção do "valor" potencial das características observadas. Se um recurso for considerado excepcionalmente valioso, terá maior probabilidade de ser bem-descrito e analisado do que um recurso considerado pouco relevante.

PROBLEMA TÍPICO

Como pode-se observar no projeto passo a passo ao lado, não há uma maneira única ou simples de aproveitar os recursos oferecidos pelo terreno. Contudo, o bom aproveitamento destas oportunidades afetará a escolha e o dimensionamento das estratégias de sustentabilidade, como o uso de painéis fotovoltaicos, a coleta de água da chuva e o uso da iluminação natural.

Projeto passo a passo

A análise do terreno faz parte do processo de projeto da edificação – e não existe um procedimento correto a ser seguido. Contudo, sugerimos abaixo um procedimento que deve levar a melhores resultados para projeto sustentáveis do que normalmente acontece na maioria dos contextos acadêmicos.

1. Estabeleça a intenção do projeto.
2. Estabeleça critérios de projeto para cada intenção. (No jargão dos especialistas em edificações, tais critérios são conjuntamente denominados "Exigências de Projeto do Proprietário" – e definem, com bom detalhamento, o que o cliente do projeto considerará um sucesso.)
3. Desenvolva estratégias e sistemas de arquitetura que serão ou poderão ser necessários para atingir os objetivos do proprietário (iluminação natural, controle do escoamento pluvial, resfriamento passivo, etc.).
4. Catalogue os recursos do terreno que serão cruciais para o sucesso das estratégias identificadas (precipitações, magnitude da radiação solar e acesso a ela, direção e velocidade dos ventos no verão, etc.).
5. Estabeleça uma representação gráfica por meio da qual as descobertas da análise do terreno possam ser coletadas e apresentadas (sugerimos gráficos, pois, muitas vezes, uma imagem vale mais que mil palavras).
6. Certifique-se de que todos os valores (especialmente altura e horário) necessários para que a compreensão das características do terreno escolhido possam ser expressos utilizando-se o veículo gráfico escolhido.
7. Acesse, revise e resuma os dados macros do terreno disponíveis por meio de recursos de pesquisa externos (dados climáticos, informações sobre o percurso aparente do sol, dados regionais de qualidade do ar, entre outros).
8. Determine quais equipamentos (como medidor do nível de pressão sonora ou anemômetro) serão necessários para a coleta de dados de microescala com base no terreno.
9. Visite o terreno em horários apropriados e observe/registre as informações de microescala. Os avanços da análise de dados digital talvez permitam que algumas informações de microescala (como a altura de obstruções eólicas/solares/celestes) sejam obtidas à distância, mas uma visita ao terreno será obrigatória para obter informações sobre ruídos e permeabilidade do solo).

10. Reúna os dados coletados.
11. Analise os dados coletados com base no tipo e nos objetivos do projeto.
12. Apresente os dados graficamente de maneira que ajude a tomar decisões de projeto bem-informadas.

Exemplos

No livro *Design with Nature*, Ian McHarg apresentou uma abordagem antecipada, inovadora e criativa à análise do terreno, que envolve a sobreposição de plantas de implantação. Em essência, segmentos de um terreno foram classificados em uma variedade de características (como inclinação do terreno, vegetação preexistente, qualidade do solo), sendo um valor atribuído a cada classificação. Tais classificações/valores eram colocados em sobreposições transparentes da planta de implantação (*layers*, na linguagem de CAD atual). Em termos simples, as sobreposições podiam determinar que parte do terreno era (em relação à inclinação, por exemplo)

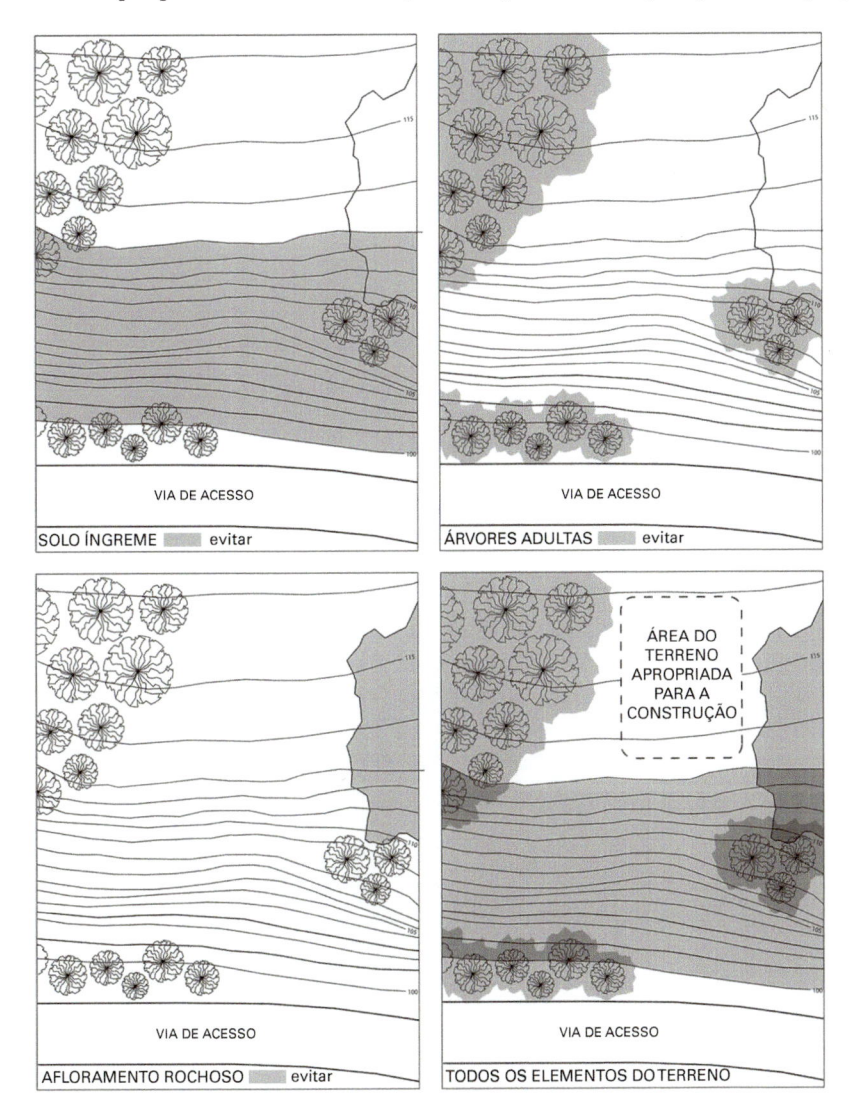

Figura 4.8 Uma análise do terreno que analisa as características de superfície por meio da técnica de sobreposição de McHarg; as áreas sombreadas foram selecionadas como áreas a evitar. MATT HOGAN

boa, ruim ou neutra. A adição de sobreposições (valores) para mais características cria uma avaliação composta de partes do terreno em relação a um projeto proposto. As sobreposições agem como um mecanismo de integração das variáveis.

Em *Design with Climate*, Victor Olgyay apresentou uma abordagem para analisar o clima do terreno durante as estações. Padrões de temperatura de bulbo seco e umidade relativa do ar para cada mês do ano foram registrados em um gráfico de zona de conforto térmico para produzir "planilhas horárias de necessidades climáticas" com relação às expectativas de conforto humano – fornecendo um roteiro dos recursos e problemas climáticos do terreno. Essa técnica pioneira de análise do terreno está incorporada nos registros de "planilhas horárias" e apresentações de "cartas psicrométricas" produzidos pelo *Climate Consultant*.

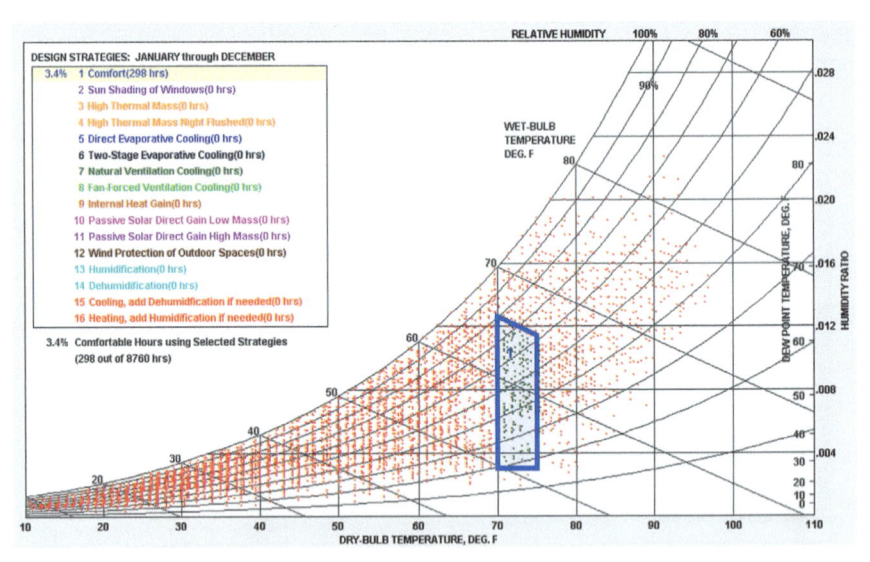

Figura 4.9 Amostra de análise de "gráfico psicrométrico" do *Climate Consultant*, que aproveita a abordagem de "planilhas horárias de necessidades climáticas" de Olgyay. UTILIZADO COM PERMISSÃO

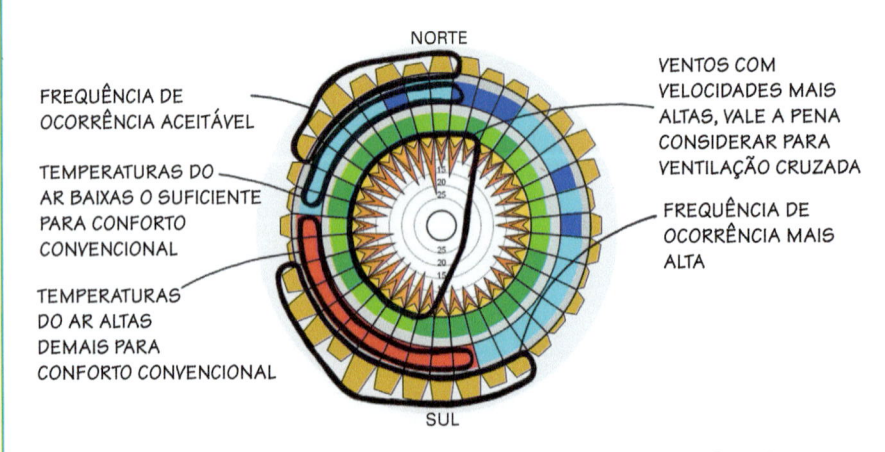

Figura 4.10 Apresentação de dados da roda de ventos extraída de *Climate Consultant*, com anotações de uma análise das condições do terreno.

Climate Consultant é um software livre desenvolvido pela UCLA sob a direção de Murray Milne e traz a análise pioneira do clima de um terreno desenvolvida por Olgyay à era do computador. Dados climáticos de longo prazo para inúmeras localidades podem ser acessados e graficamente representados por meio do programa. Infelizmente, a maioria dos usuários dessa valiosa ferramenta não se esforça para analisar os dados, simplesmente mostra-os de maneira gráfica e de modo confuso. Essa deficiência é dos usuários – não da ferramenta. O Energy-10 é um software de simulação de energia em edificações distribuído pelo Sustainable Buildings Industry Council norte-americano e tem recursos de análise climática inseridos em seu recurso Weathermaker.

Mais informações

McHarg, Ian. 1995. *Design with Nature* (25th anniversary edition), John Wiley & Sons, New York, N.Y.

Olgyay, Victor. 1973. *Design with Climate: A Bioclimatic Approach to Architectural Regionalism*, Princeton University Press, Princeton, NJ.

UCLA 2010. *Climate Consultant*, Department of Architecture and Urban Design, University of California, Los Angeles. Disponível na página da Internet da Energy Design Tools: http://www.energy-design-tools.aud.ucla.edu/

SBIC 2010. *Energy-10*, Sustainable Buildings Industry Council, Washington, DC. http://www.sbicouncil.org/displaycommon.cfm?an=1&subarticlenbr=112

APÓS A DEFINIÇÃO DO PARTIDO
O desempenho de uma estante de luz (conforme previsto durante a definição do partido) será verificado e otimizado durante o desenvolvimento do projeto. Controles são essenciais para reduzir o uso de energia em uma edificação com iluminação natural. Recomendam-se controles com fotossensores para cada fileira de luminárias, paralelos à estante de luz. Uma estante de luz não deve interferir na operação dos *sprinklers*, no desempenho do difusor ou nos padrões de ventilação natural. Os usuários precisarão aprender como usar os elementos de controle solar reguláveis (e devem receber um Manual do Usuário). Estabeleça um cronograma e uma rotina de manutenção razoável e documentada.

NOTAS

NOTAS

MATERIAIS ISOLANTES

Os MATERIAIS ISOLANTES, tradicionalmente, são vitais para o controle climático no projeto de edificações. Seu impacto na eficiência energética (e, consequentemente, na economia) pode ser significativo. No entanto, muitos materiais isolantes contêm substâncias poluentes e/ou não biodegradáveis que podem diminuir significativamente os atributos ecológicos do projeto. Essa estratégia faz sugestões quanto à seleção de materiais isolantes que apresentam impactos ambientais negativos reduzidos; também oferece diretrizes quanto àquilo que deve ser observado, em termos de isolamento térmico, durante a definição do partido do projeto.

Figura 4.12 Instalação de isolamento em manta livre de formaldeído e revestido. JOHNS MANVILLE, INC.

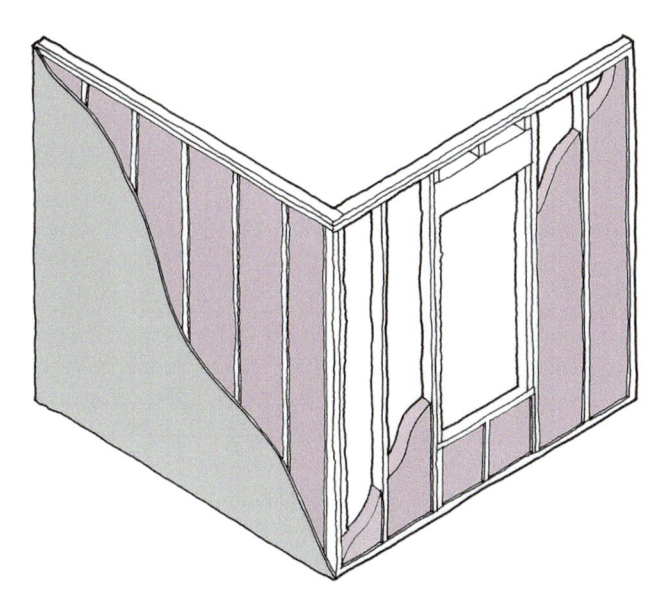

Figura 4.11 Corte em parede com estrutura de madeira mostrando a instalação tradicional do isolamento entre montantes. O isolamento rígido (em placas) é aplicado conforme o necessário para se alcançar as metas do projeto. NICK RAJKOVICH

São vários os tipos de isolantes disponíveis, incluindo:

Isolamento em placas de espuma (painéis rígidos). Compreendendo produtos como poliestireno expandido moldado (MEPS) e placas de espuma (poliestireno expandido extrudado – XEPS), essa categoria de materiais pode conter compostos orgânicos voláteis (VOCs), não é biodegradável e pode incluir produtos químicos de proteção contra o fogo que preocupam as autoridades da saúde.

Isolamento em espuma pulverizada ("enchimento" pulverizado). Em alguns produtos isolantes de célula aberta, aproximadamente 40% dos componentes "poli" são produzidos com óleo de soja, o que resulta em uma espuma que tem aproximadamente 25% de soja e 75% de derivados petroquímicos. Embora seus valores-R não sejam tão altos quanto os do poliuretano de célula fechada, esses produtos utilizam os recursos com uma eficiência três a quatro vezes superior.

Espuma cimentícia ou de silicato de magnésio (Air Krete®). Esse produto oferece alternativas de isolamento sem clorofluorcarbonos e hidroclorofluorcarbonos. Embora seja mais caro que os produtos que utilizam tais substâncias, é resistente ao fogo e não tem impacto na qualidade do ar do interior. Seu aspecto mais negativo é a fragilidade – que pode ser resolvida adicionando-se plástico à mistura, para torná-la menos quebradiça.

OBJETIVO
Eficiência energética, conforto térmico, conservação dos recursos ambientais

EFEITO
Diminuição das cargas de aquecimento/refrigeração, melhora das temperaturas radiantes médias

OPÇÕES
Tipo, espessura e localização do isolamento

QUESTÕES DE COORDENAÇÃO
Todos os aspectos do projeto das vedações da edificação

ESTRATÉGIAS RELACIONADAS
Painéis Estruturados Isolados, Fachadas Duplas, Coberturas Verdes

PRÉ-REQUISITOS
Intenção de projeto, exigências aplicáveis do código de edificações

Figura 4.13 Aplicação de poliuretano de célula aberta produzido usando água como agente de formação de espuma. ICYNENE, INC.

Figura 4.14 Spider é um isolante leve de fibra de vidro pulverizado com adesivo não tóxico solúvel em água que também se prende com as superfícies das cavidades para fazer uma cobertura sem frestas. JOHNS MANVILLE, INC.

Isolamento com celulose. A celulose, seja aplicada diretamente no local, pulverizada úmida ou bem prensada, é feita com 75-85% de jornal reciclado. A energia incorporada é de aproximadamente 0,09 kWh/kg [150 Btu/lb]. Esse isolamento contém aditivos químicos não tóxicos que cumprem com as exigências de retardamento de incêndio da United States Consumer Product Safety Commission. Quando esse produto é instalado adequadamente, não há questões significativas de qualidade do ar de interiores; porém, existem possíveis riscos resultantes da inalação de poeira durante a instalação, bem como emissões de VOCs decorrentes da tinta para impressão incorporada.

Mantas de fibra e isolamento em painéis. O uso desses materiais isolantes é comum. Infelizmente, muitos deles usam o formaldeído como componente principal. Os produtos de fibra de vidro geralmente costumam utilizar o fenol-formaldeído como aglomerante, já que, em geral, ele emite menos poluentes nocivos que o ureia-formaldeído. Alguns dos principais fabricantes têm optado por não usar o formaldeído como aglomerante em seus produtos fibrosos.

Fibra esponjosa aplicada no local. Fibra de vidro esponjosa aplicada no local ou lã pulverizada que não contém formaldeído e está disponível em aplicações com valores-R que vão de 11 a 60 [RSI 1,9 a 10,6].

Lã mineral. Geralmente usado para proteger os elementos estruturais da edificação contra incêndios, esse material é feito de escória de minério de ferro de alto forno (um resíduo industrial da geração do aço que foi classificado como nocivo à saúde pela United States Environmental Protection Agency) ou de pedras como o basalto.

Isolamento com algodão. Isolamento com mantas feitas de restos de brim reciclados. Alguns produtos usam 85% de fibras recicladas saturadas com retardantes de chamas com borato ou uma combinação de retardantes de chamas com borato e sulfato de amônio.

Barreiras radiantes (de plástico-bolha, espuma de polietileno revestida de folha metálica, papelão revestido de folha metálica, OSB revestido). São folhas metálicas finas e refletivas (disponíveis em diversas configurações) que reduzem o fluxo de calor por transferência radiante. Tais isolantes são eficazes apenas quando a superfície refletiva da barreira está voltada para uma câmara de ar. A instalação adequada é fundamental para que esse tipo de isolamento tenha sucesso. Também estão disponíveis produtos de polietileno reciclado com 20–40% de conteúdo consumido reciclado.

Perlita. É uma pedra de silício que forma fibras similares ao vidro. Em geral, a perlita é vertida em cavidades de blocos de concreto (ou compostos similares). É não combustível, leve e quimicamente inerte. A perlita gera pouquíssima poluição durante a manufatura e apresenta um pequeno risco de irritação pela poeira durante a instalação. Sua principal desvantagem consiste nas opções limitadas de aplicação em função de seu caráter "fluido".

Painéis estruturais isolados (SIPs). Compreendendo materiais "estruturais" e isolantes em um único composto, os SIPs geralmente têm desempenho superior aos demais compostos de isolamento/construção em termos de valor-R por espessura do conjunto. As vedações de edificação feitas com SIPs também são praticamente estanques ao ar quando instaladas adequadamente. (Veja a estratégia "Painéis Estruturados Isolados".)

Pontos-chave para o projeto de arquitetura

Na etapa inicial do projeto, as principais implicações dos isolamentos térmicos envolvem a espessura total da vedação necessária e o uso de abordagens de construção não convencionais – sendo que todas podem afetar a ocupação do terreno e/ou as relações entre os planos da edificação e as aberturas. Em termos práticos, as vedações mais bem isoladas costumam ser mais espessas que o normal. Vedações excepcionalmente bem isoladas podem reduzir substancialmente o tamanho necessário dos sistemas de calefação passivos e/ou ativos, possibilitando economias no custo inicial e também no ciclo de vida.

Considerações sobre a implementação

Forneça os níveis de isolamento térmico mais altos possíveis. Lembre-se de que os códigos geralmente exigem apenas os valores de isolamento mínimos aceitáveis – e não os ideais – e que o custo da energia tem aumentado muito (fazendo com que o isolamento superior se torne mais econômico com o passar do tempo). Se o uso de materiais de baixo valor-R fizer sentido por outro ponto de vista, aumente a espessura dos materiais para produzir fatores-U razoáveis.

Em caso de valor-R e desempenho comparáveis, sempre escolha materiais isolantes com alto conteúdo reciclado a alternativas feitas de materiais virgens. Exija que os restos de isolantes gerados no local sejam reciclados. Selecione/especifique produtos de poliestireno extrudados com pouco ou nenhum potencial de destruição de ozônio. Exceto se houver problemas de umidade, utilize poli-isocianureto em vez de poliestireno extrudado ou expandido. Os isolantes minerais rígidos funcionam bem como isolantes de fundação devido às suas boas características de drenagem.

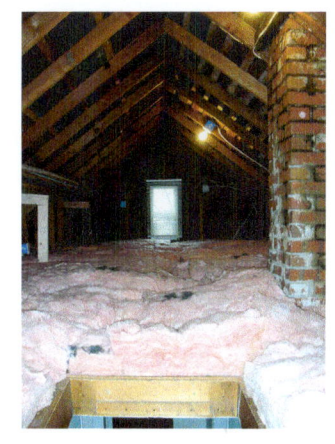

Figura 4.16 A reforma de um antigo sótão sem isolamento com isolamento de 300 mm de fibra de vidro esponjosa aplicada no local com R-38 [6,7] melhorou o conforto térmico e diminui os gastos com calefação em 40%.

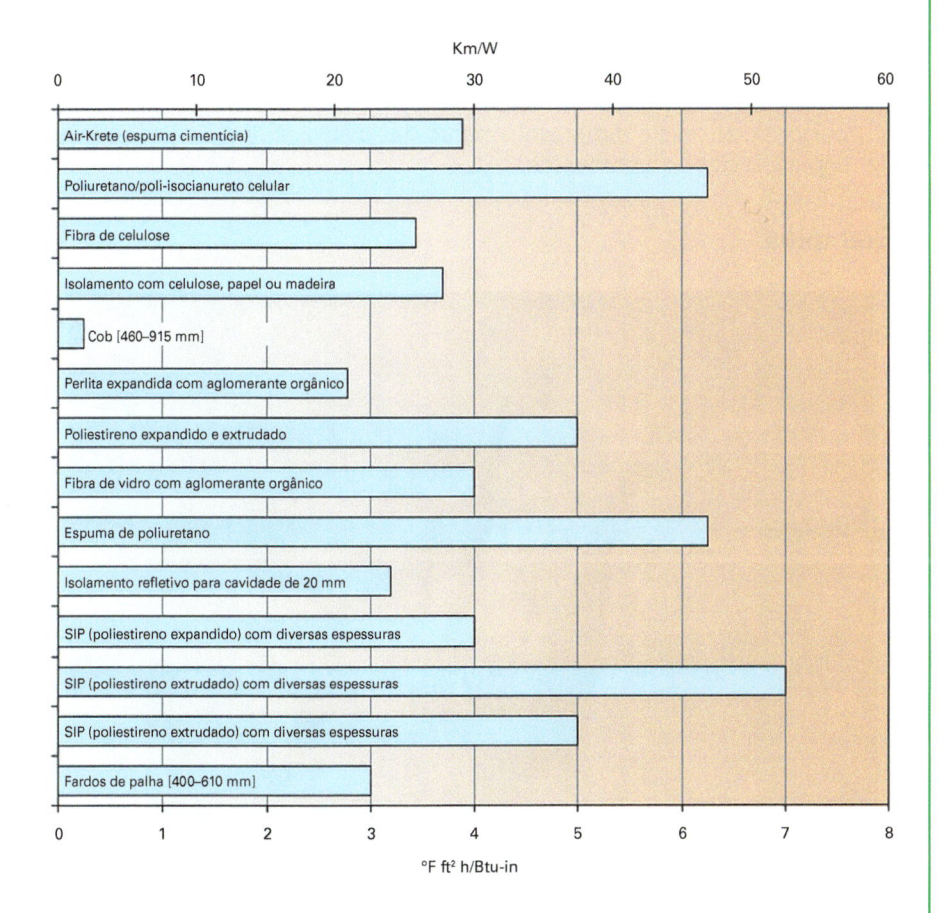

Figura 4.15 Valores de resistência térmica de vários materiais isolantes e de construção alternativos. KATHLEEN BEVERS

PROBLEMA TÍPICO

Um edifício comercial longilíneo de um pavimento está sendo projetado para Hoboken, Nova Jersey. O edifício terá uma cobertura inclinada com sótão e usará paredes com montantes de aço. Hoboken tem 3.651 graus-dia de aquecimento (18°C) e 1.343 graus-dia de resfriamento (10°C).

1. Usando a Norma 90.1 da ASHRAE como referência, Hoboken está na zona climática 4A. O isolamento mínimo de cobertura para uma construção com sótão é o R-38 [RSI 6,7]. O isolamento mínimo de parede para uma estrutura de metal é o R-13 [2,3] mais R-7,5 [1,3] contínuo. O isolamento mínimo na borda da laje de piso é o R-15 [2,6].

2. Considerando que este projeto busca ser ecológico e que as cargas de vedação desempenharão um papel fundamental no desempenho térmico da edificação, foram selecionados valores mais exigentes do Padrão 189.1 ASHRAE. Assim, a cobertura será isolada com R-49 [RSI 8,6], as paredes com R-13 [RSI 2,3], além de um isolamento contínuo com R-10 [RSI 1,8], a laje de piso com R-10 [RSI 1,8] nas bordas e R-5 [RSI 0,9] na face inferior.

3. O sótão pode ser isolado usando-se um isolamento pulverizado que não afeta os detalhes da construção. O isolamento da parede pode ser resolvido usando-se isolamento em manta e montantes de 15 cm ou isolamento em manta, montantes de 10 cm e painéis isolantes rígidos. O isolamento da laje pode ser facilmente resolvido com placa isolante rígida convencional.

Quando for necessário, em função da escolha do sistema estrutural ou do detalhamento, minimize as pontes térmicas fechando os elementos estruturais que forem muito bons condutores térmicos com uma camada de isolante apropriada. Uma ponte térmica é um percurso não isolado ou mal isolado entre os ambientes interno e externo.

Os materiais de isolamento térmico considerados ambientalmente aceitáveis variam de país para país. Lembre-se de pesquisar as restrições e os incentivos locais criados para direcionar a seleção aos materiais mais indicados. É interessante observar que recentemente têm surgido preocupações nos Estados Unidos quanto ao impacto ambiental dos agentes de formação de espuma e dos retardantes de fogo empregados em alguns isolamentos térmicos.

Projeto passo a passo

1. Determine o valor-R de isolamento (ou fator-U do conjunto) mínimo aceitável autorizado pelos códigos de edificação aplicáveis.

2. Essa exigência mínima raramente é adequada para uma edificação ecológica. Determine se a exigência de isolamento mínima corresponde às intenções do cliente e da equipe de projetistas. Do contrário, estabeleça valores de isolamento mais apropriados (mais exigentes) usando as orientações de projeto, as diretrizes do cliente e/ou a análise de custo do ciclo de vida.

3. Determine se alguma abordagem de isolamento passível de implementação exigirá sistemas de construção ou materiais não convencionais que possam afetar a definição do partido. Em caso afirmativo, incorpore essas considerações à solução de projeto proposta.

4. Prossiga com o projeto – lembre-se do impacto que um isolamento superior pode ter no dimensionamento das instalações e nas exigências espaciais dos equipamentos.

Exemplos

Figura 4.17 Isolamento com fibra de vidro solta sendo pulverizado em um sótão novo. Esse isolamento também é usado em residências preexistentes pela facilidade de aplicação em áreas de difícil alcance.

Capítulo 4 ♦ Estratégias de Projeto   43

4. O impacto da maior resistência da vedação será considerado ao calcular as cargas de aquecimento e refrigeração.

Figura 4.18 A aplicação do isolamento em manta de algodão (feito com brim e algodão reciclados) não exige roupas ou equipamentos de proteção especiais. BONDED LOGIC, INC.

Figura 4.19 A aplicação da espuma Air Krete, um produto inerte, inorgânico e cimentício feito de óxido de magnésio (da água e do mar e talco cerâmico). AIR KRETE®INC.

APÓS A DEFINIÇÃO DO PARTIDO

O detalhamento dos elementos de vedação durante o desenvolvimento do projeto será crucial para o bom funcionamento das vedações da edificação – especialmente em termos de pontes térmicas e barreiras de vapor.

Mais informações

Air Krete, Inc. www.airkrete.com/

Allen, E. and J. Iano. 2008. *Fundamentals of Building Construction,* 5th ed. John Wiley & Sons, Hoboken, NJ.

Bonded Logic, Inc. www.bondedlogic.com/

BREEAM EcoHomes Developer Sheets (Building Research Establishment, Garston, Watford, UK). www.breeam.org/pdf/EcoHomes2005DeveloperSheets_v1_1.pdf

Building Green. www.buildinggreen.com/

Icynene Inc. www.icynene.com/

Johns Manville. www.johnsmanville.com/

Mendler, S., W. Odell and M. Lazarus. 2005. *The HOK Guidebook to Sustainable Design,* 2nd ed. John Wiley & Sons, Hoboken, NJ.

North American Insulation Manufacturer's Association. www.naima.org/

Wilson, A. 2010. "Avoiding the Global Warming Impact of Insulation." *Environmental Building News,* Vol. 19, No. 6, June.

Wilson, A. 2009. "Polystyrene Insulation: Does It Belong in a Green Building?" *Environmental Building News,* Vol. 18, No. 8, August.

Wilson, A. 2005. "Insulation: Thermal Performance is Just the Beginning." *Environmental Building News,* Vol. 14, No. 1, January.

Structural Insulated Panel Association. www.sips.org/

CONSTRUÇÃO COM FARDOS DE PALHA

A CONSTRUÇÃO COM FARDOS DE PALHA é uma estratégia para construir edificações que consomem baixa energia e têm pouco impacto ambiental. Fardos de palha secos são colocados sobre uma fundação protegida da umidade, assentados em aparelho ao comprido e fixados com barras de reforço ou varetas de bambu. Em seguida, a parede de palha é pós-tracionada com cabos ou cordas para impedir o assentamento excessivo. Uma malha de arame é aplicada à parede feita de palha; o conjunto resultante, por sua vez, recebe várias camadas de reboco, concreto pulverizado ou estuque.

Figura 4.21 Abertura de furos para instalar as barras de reforço em um fardo de palha.

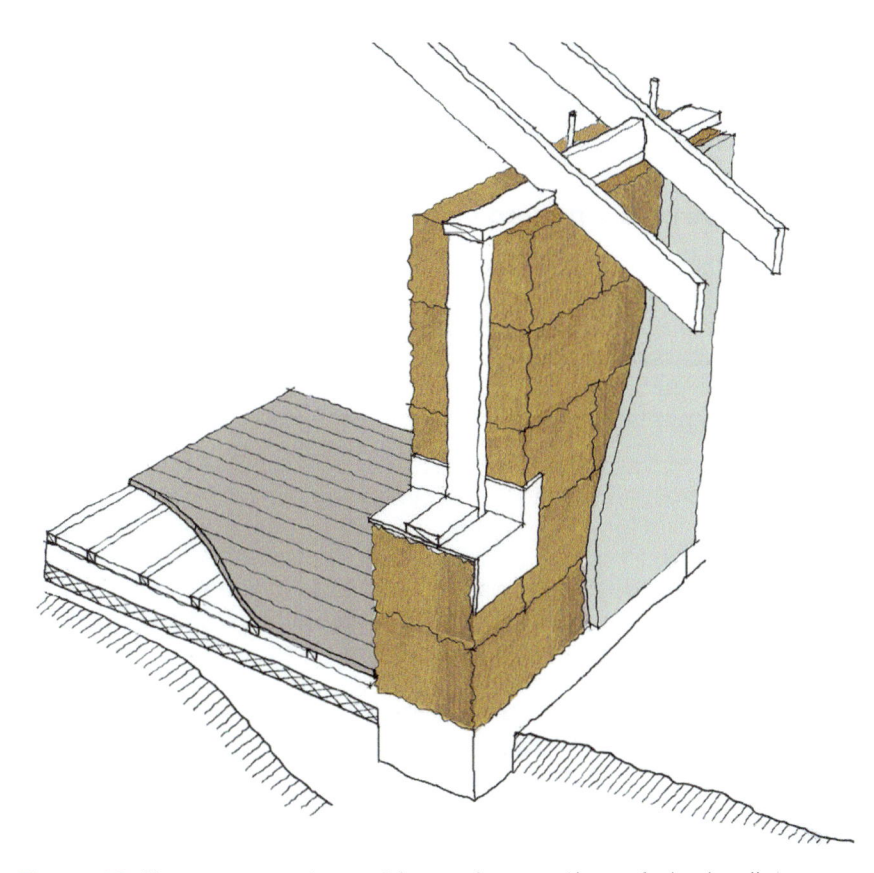

Figura 4.20 Diagrama mostrando uma típica parede construída com fardos de palha. JONATHAN MEENDERING

Os primeiros colonos de Nebraska, nos Estados Unidos, foram pioneiros nos métodos de construção com fardos de palha, tendo sido levados a isso pela quantidade limitada de madeira disponível. Muitas dessas edificações antigas permanecem até hoje como um testemunho da viabilidade e durabilidade da construção com fardos de palha.

A palha é um resíduo agrícola renovável, abundante, barato e fácil de utilizar. Nos Estados Unidos, fardos geralmente custam entre um e quatro dólares cada. Podem ser usados como um componente estrutural de edificações construídas no "Estilo Nebraska" ou usados junto com estruturas de madeira, metal ou concreto (empregados nas vedações). O "Estilo Nebraska" é um painel estrutural de madeira no qual o conjunto tira sua resistência da ação conjunta dos fardos e do acabamento de estuque ou reboco. Usados como vedação, os fardos de palha não transmitem cargas significativas (que são transferidas por um sistema estrutural independente). É possível empregar um sistema híbrido para atender às exigências específicas do código de edificações local.

OBJETIVO
Controle climático, eficiência energética, uso eficiente dos recursos

EFEITO
Redução do consumo de energia na calefação/refrigeração, uso reduzido de materiais de construção não renováveis, mais qualidade no ambiente interno

OPÇÕES
Fardos de palha usados como elementos estruturais ou de vedação, características e espessuras dos fardos

QUESTÕES DE COORDENAÇÃO
Condições do clima e do terreno, acabamentos internos e externos, sistemas de calefação/refrigeração

ESTRATÉGIAS RELACIONADAS
Materiais Isolantes, Ventilação Cruzada, Ventilação por Efeito Chaminé, Ganhos Diretos, Ganhos Indiretos, Ganhos Isolados, Estratégias de Iluminação Natural

PRÉ-REQUISITOS
Recursos materiais disponíveis, códigos apropriados

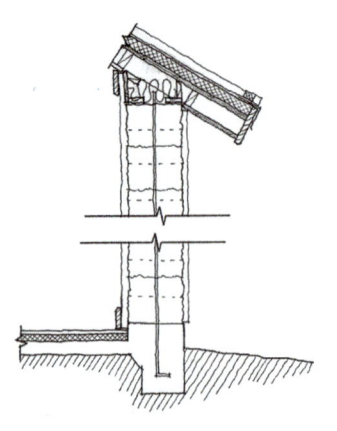

Figura 4.22 Corte em parede de fardos de palha. JONATHAN MEENDERING

Figura 4.23 O Oak Lodge, no Our Lady of the Oaks Retreat Center, na Califórnia, usou fardos de feno e outras estratégias para ter baixo consumo de energia com calefação. SIEGEL & STRAIN ARCHITECTS

Figura 4.24 Com frequência, as paredes com fardos de palha apresentam "janelas da verdade" para mostrar o modo como foram construídas. WILLIAM HOCKER

Os fardos de palha servem como estruturas solares passivas. Com valores-R geralmente entre R-35 e R-50 [RSI 6.2–8.8], o valor isolante inerente da palha é uma ferramenta valiosa para o projeto de calefação e refrigeração passivas. Usando paredes de 400 mm ou mais de espessura como vedação substancial, a construção com fardos de palha também pode atuar como uma barreira acústica eficaz.

Embora sejam mais adequadas para climas secos, as edificações com fardos de palha podem ser construídas em qualquer área onde haja palha disponível, contanto que sejam adotadas medidas cuidadosas para evitar a infiltração da umidade. São muitos os equívocos sobre a resistência a incêndio da construção com fardos de palha; na verdade, um sistema de parede com fardos de palha bem construído pode ter uma resistência a incêndio superior à de uma edificação comum com estrutura de madeira.

Pontos-chave para o projeto de arquitetura

Durante a definição do partido, a questão mais importante a considerar provavelmente será a espessura da parede. Paredes substancialmente mais espessas que o normal, resultantes da construção com fardos de palha, precisam ser pensadas em termos da área de ocupação do terreno. As preocupações da definição do partido também incluem afastar a água dos fardos de palha (por meio da implantação do prédio, do caimento do solo e do uso de beirais).

Posteriormente, discutiremos em detalhes muitas questões importantes do projeto de arquitetura. Elas são mencionadas aqui em função de sua importância geral. A resistência à água é crucial para o sucesso a longo prazo de uma edificação de fardos de palha. É necessário evitar fissuras e buracos nas vedações, além de projetar os beirais do telhado adequadamente para proteger da chuva. Os elementos de fenestração são suscetíveis à penetração da água, devendo ser usados com cuidado. A base da parede, a placa de topo e a placa de apoio precisam incorporar uma barreira contra a umidade. Não cubra grandes áreas de parede com um retardador de vapor, pois este pode reter a umidade em vez de ajudar a manter a superfície seca.

As fundações devem ser construídas de modo a limitar a exposição dos fardos à água ao elevarem-se generosamente em relação à superfície do solo e, se possível, acima da altura do piso interno. Como nos demais sistemas de parede, o valor de isolamento das paredes feitas com fardos de palha pode diminuir devido às pontes térmicas. É preciso assegurar que os elementos estruturais do sistema de fardos de palha tenham uma capacidade mínima de evitar pontes térmicas. Para tal, isole os elementos estruturais ou proteja-os dentro do sistema de fardos de palha (o que não é fácil em função da grande espessura das paredes, que devem ser mantidas para fins de desempenho térmico).

Os sistemas de cobertura são construídos de modo convencional utilizando-se uma grande variedade de sistemas e materiais. No caso de sistemas híbridos de parede, placas de topo convencionais (ajustadas conforme a largura da parede) sustentam o telhado. Já na construção no Estilo Nebraska, paredes portantes são comuns. De qualquer forma, o peso da cobertura deve ser distribuído no centro da parede (e não nas bordas) para impedir o empenamento.

Considerações sobre a implementação

Em geral, os fardos de palha estão disponíveis em blocos com duas ou três cintas (os blocos presos com arame são os mais recomendados). Os blocos com duas cintas geralmente têm 35,0 cm de altura, 76,0–102,0 cm de comprimento e 46,0–50,0 cm de largura. Os blocos com três cintas medem 35,0–43,0 cm de altura, 81,0–122,0 cm de comprimento e 58,0–61,0 cm de largura. Considere as dimensões dos fardos ao escolher o tipo de fundação. A primeira fiada deve começar no mínimo 20,0 cm acima do solo.

A rigidez do fardo e seu conteúdo de umidade são de grande importância na hora de escolher a fonte de materiais mais apropriada. O bom fardo de palha (para fins de construção) possui uma densidade de 112–128 kg/m^3. Os fardos com compactação superior a 112 kg/m^3 apresentam espaços com ar limitados e, portanto, começam a perder a resistência térmica. Sugere-se um conteúdo de umidade de 20%, no máximo, para reduzir os riscos de mofo, bolor e decomposição no interior da parede. Um higrômetro pode ajudar a determinar esse valor para os fardos selecionados.

As informações já publicadas acerca da resistência térmica dos fardos de palha apresentam uma grande variação de valores (ou, em outras palavras, uma variedade de possíveis discrepâncias). Tome cuidado na hora de seguir os valores-R dos livros ou catálogos. Utilize os valores mais apropriados técnica e contextualmente. Considere as experiências locais e os relatórios de desempenho.

Ao selecionar fardos individuais, um tamanho homogêneo é fundamental. Evite fardos deformados que possam dificultar o nivelamento. Evite, também, os fardos de palha picada, já que os fardos de talo longo têm uma resistência superior. Os fardos não devem conter sementes, pois estas atraem pragas. A palha seca e sem sementes não possui valor nutritivo e impede que as paredes atraiam insetos ou roedores. Informe-se sobre o uso de pesticidas e produtos químicos junto ao fornecedor, caso isso seja preocupante (como acontece no projeto de edificações ecológicas).

Toda a fiação e tubulação que corre por dentro dos fardos deve ser inserida em luvas (isoladas apropriadamente), por questões de segurança.

Figura 4.25 A estrutura de madeira e os fardos de palha apoiam-se em fundações de concreto moldado *in loco* que, por sua vez, têm a mesma largura dos fardos e se elevam 38,0–46,0 cm acima de qualquer linha d'água.
FREEBAIRN-SMITH & CRANE ARCHITECTS

Projeto passo a passo

1. Determine a viabilidade dos fardos de palha no contexto do projeto proposto. Os fardos são fáceis de obter? Seu uso é permitido pelo código de edificações? Quais tamanhos estão geralmente disponíveis? São produtos geralmente ecológicos (ou exigem irrigação e/ou transporte extensivo)? Proporcionam o desempenho térmico adequado?

2. Certifique-se de que o terreno proposto seja apropriado para a construção com fardos de palha em termos de fluxo de água. Implante a edificação em um ponto que minimize possíveis problemas com água (isto é, solo bem drenado e com caimento que remova a água das fundações).

3. Escolha uma abordagem estrutural que funcione no contexto do projeto e dos principais códigos de edificações – enchimento, fardos estruturais ou sistema híbrido. Considere as exigências sísmicas do local.

4. Selecione o tipo de fundação (radier, fundação rasa, fundação profunda, etc.) mais adequado para as características do solo, linha de geada e cargas.

5. Considere uma parede mais espessa ao distribuir os espaços internos, o sistema de cobertura (incluindo beirais generosos para proteger da chuva) e as aberturas de fenestração.

PROBLEMA TÍPICO

O projeto de uma edificação de fardos de palha afeta o projeto de todo o sistema. Na etapa de definição do partido, os passos iniciais descritos no projeto passo a passo, bem como o conhecimento dos tamanhos de fardos disponíveis, permitem que o projetista comece com dimensões de vedação razoáveis.

Exemplos

Figura 4.26 A Vinícola Lytton Springs, de Ridge Vineyard, em Healdsburg, Califórnia, usou mais de 4 mil fardos de palha de arroz e inclui várias estratégias ecológicas, como painéis fotovoltaicos, elementos de sombreamento (incluindo parreiras) e iluminação natural. WILLIAM HOCKER

Figura 4.28 Na Ridge Vineyard, da Vinícola Lytton Springs, em Healdsburg, Califórnia, Estados Unidos, um reboco de barro permeável (não cimentício) permite que o vapor d'água atravesse as paredes feitas com fardos de palha. O reboco foi misturado *in loco* e, em seguida, pulverizado e aplicado nos fardos com colher de pedreiro. FREEBAIRN-SMITH & CRANE ARCHITECTS

Figura 4.27 Na Vinícola Lytton Springs, as paredes não portantes de fardos de palha de arroz têm de 6 a 7 metros de altura. As paredes funcionam como uma vedação dentro de uma estrutura de pilares e vigas de madeira laminada e colada não tratada. Os fardos são mantidos no lugar por gabiões, gaiolas de tela metálica (ver Figura 4.25). Os fardos e os contraventamentos sísmicos em X feitos com chapas de aço foram posteriormente rebocados. FREEBAIRN-SMITH & CRANE ARCHITECTS

Capítulo 4 ♦ Estratégias de Projeto 49

Figura 4.29 A entrada da sala de degustação de vinhos (à esquerda) e outras aberturas nas paredes da Vinícola Lytton Springs são sombreadas por amplas beiras e treliças com parreiras. Esquadrias de janelas e portas recebem proteção solar extra com o recuo de 60,0 cm de profundidade (à direita) em relação às paredes de fardos de palha de arroz. FREEBAIRN-SMITH & CRANE ARCHITECTS

Figura 4.30 A Vínicola Lytton Springs tem uma sala de degustação com iluminação natural e paredes de fardos de palha de arroz rebocadas com barro e alisadas; as peças de carpintaria e marcenaria são de madeira de bordo. MISHA BRUK, BRUKSTUDIOS.COM

APÓS A DEFINIÇÃO DO PARTIDO

A maior parte do projeto de uma edificação feita com fardos de palha é "após a definição do partido". Uma vez aprovado o uso da técnica durante a definição do partido, começa o verdadeiro esforço de projeto e detalhamento para garantir a estabilidade estrutural, a estabilidade contra o intemperismo, o desempenho térmico e uma estética aceitável. Na verdade, esse tipo de construção não é diferente dos demais – exceto pela natureza menos convencional do principal empregado e de suas exigências associadas.

Mais informações

California Straw Building Association. www.strawbuilding.org/

Commonwealth of Australia. Technical Manual: *Design for Lifestyle and the Future—Straw Bale*. www.yourhome.gov.au/technical/pubs/fs58.pdf

Jones, B. 2002. *Building With Straw Bales – A Practical Guide for the UK and Ireland*. Green Books, Totnes, Devon, UK.

Magwood, C. and P. Mack. 2000. *Straw Bale Building—How to Plan, Design and Build with Straw*. New Society Publishers, Gabriola Island, BC.

Steen, A. et al. 1995. *The Straw Bale House*. Chelsea Green Publishing Company, White River Junction, VT.

PAINÉIS ESTRUTURAIS ISOLADOS

Os PAINÉIS ESTRUTURAIS ISOLADOS consistem em um sanduíche composto por um elemento isolante central entre duas chapas. Nesse conjunto estrutural, as chapas atuam sob tração e compressão, enquanto o núcleo resiste às forças de cisalhamento e flambagem. Os painéis estruturais isolados são compostos, em geral, por um núcleo de poliestireno expandido (EPS) com chapas externas de OSB (aglomerado de partículas longas e orientadas) fixadas com a ajuda de adesivos. É possível substituir o EPS usado no núcleo por poliestireno extrudado (XPS), poliuretano, poli-isocianurato e palha. As vantagens e desvantagens desses materiais, assim como os muitos detalhes da construção, são apresentadas por Michael Morley em *Building with Structural Insulated Panels (SIPS)*.

Figura 4.32 Construção residencial usando painéis estruturais isolados em Idaho, Estados Unidos. BRUCE HAGLUND

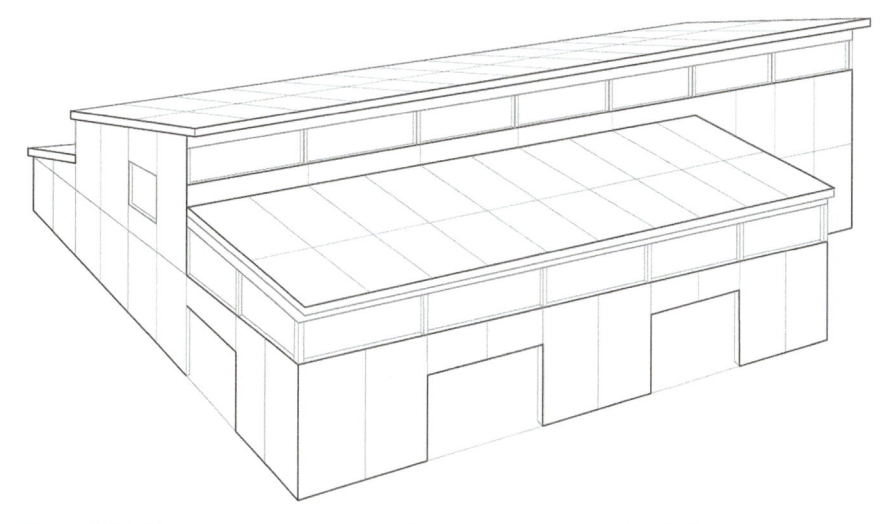

Figura 4.31 Diagrama conceitual mostrando o uso e a montagem de painéis estruturais isolados. JON THWAITES

A construção com painéis estruturais isolados tem se mostrado uma alternativa eficiente em energia à construção com montantes leves, principalmente devido à necessidade limitada de montantes que conduzem calor (e acarretam pontes térmicas). A resistência estrutural desse método de construção também é superior. Casas construídas com painéis estruturais isolados têm resistido a tornados na América do Norte e a terremotos no Japão. Outro benefício é o uso eficiente de recursos. A madeira usada no OSB geralmente vem de áreas de reflorestamento; já o EPS é produzido sem a utilização de clorofluorcarbonos ou hidroclorofluorcarbonos que prejudicam a camada de ozônio. O interior silencioso encontrado em edificações com construção sólida é uma vantagem importante, mas frequentemente negligenciada, adequada às intenções do projeto ecológico. Devido à possibilidade de montagem rápida, os painéis estruturais isolados são boas opções para projetos com cronograma apertado. Como os fabricantes trabalham junto com o projetista e o empreiteiro na hora de produzir os painéis, não é difícil produzi-los sob encomenda – desde que estejam adequados à capacidade das máquinas do fabricante.

Do ponto de vista da desmontagem e da reciclagem, os componentes de EPS e poliuretano dos painéis costumam ser recicláveis, mas os resíduos de espuma e adesivos presentes nos painéis de OSB provavelmente impedirão o reaproveitamento benéfico. A quantidade e o tipo de compostos orgânicos voláteis (VOCs) emitidos pelos painéis podem variar conforme o fabricante. Alguns dados sugerem que os painéis estruturais isolados emitem níveis de formaldeído mais baixos que a construção residencial padrão

OBJETIVO
Consumo eficiente de energia, uso eficiente dos materiais, integridade estrutural, aproveitamento da pré-fabricação

EFEITO
Bom desempenho térmico geral, redução da infiltração, menor desperdício de material *in loco*

OPÇÕES
Os materiais usados nas chapas e no núcleo variam, bem como as dimensões

QUESTÕES DE COORDENAÇÃO
Condições do terreno, cargas de aquecimento/refrigeração, fenestração, ventilação

ESTRATÉGIAS RELACIONADAS
Todas as estratégias de Conservação de Energia, Vidraças, Trocadores de calor Ar-Ar, Sistemas de Recuperação de Energia

PRÉ-REQUISITOS
Um fornecedor de painéis conveniente (de maneira a reduzir a necessidade de transporte e simplificar a coordenação)

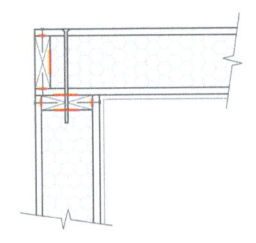

Figura 4.33 Detalhe da montagem da quina com painéis estruturais isolados. JON THWAITES sob permissão da Structural Insulated Panel Association (SIPA)

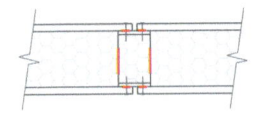

Figura 4.34 Detalhe de encaixe do tipo macho e fêmea de painel estrutural isolado. JON THWAITES sob permissão da Structural Insulated Panel Association (SIPA)

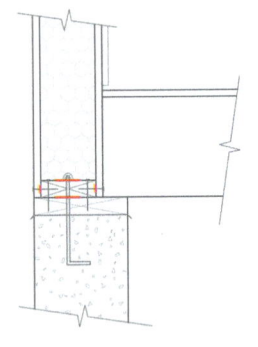

Figura 4.35 Conexão de painel estrutural isolado usando um bloco de espuma. JON THWAITES sob permissão da Structural Insulated Panel Association (SIPA)

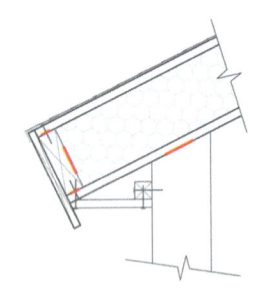

Figura 4.36 Conexão de painel estrutural isolado usando um bloco de encaixe de madeira. JON THWAITES sob permissão da Structural Insulated Panel Association (SIPA)

em madeira (há painéis que não emitem nada), mas podem liberar outros produtos químicos em níveis mais altos.

Pontos-chave para o projeto de arquitetura

Os painéis estruturais isolados podem ser usados juntamente com estruturas leves ou pesadas de madeira, aço ou outros materiais. Em geral, são utilizados em paredes externas e/ou portantes, com estruturas de montantes leves nas paredes internas. As opções que podem ser incorporadas ao conjunto de painéis ainda na fábrica, em vez de no local, incluem chapas de gesso para uso interno, tetos com superfície acabada e acabamentos retardante de chamas. É possível aplicar, ainda na fábrica, painéis reforçados com estuque, painéis cimentícios e outros materiais às vedações externas.

Os painéis estruturais isolados podem ser utilizados em paredes, coberturas e/ou pisos. São necessários placas de topo e base, travessas e montantes curtos para fechar o núcleo de espuma e, portanto, tornar a vedação estanque. É possível usar painéis não estruturais em conjunto com sistemas estruturais de madeira ou aço – com uma gama de opções para os revestimentos internos e externos. Como esses sistemas estruturais são menos eficientes em energia, alguns construtores utilizam os painéis estruturais isolados para a vedação de edificações convencionais.

Considerações sobre a implementação

Para diminuir os custos de instalação e os desperdícios de recursos, o projetista que utiliza painéis estruturais isolados precisa considerar sua natureza modular e trabalhar junto com as dimensões de modo a minimizar os cortes *in loco*. Já para simplificar a construção, é necessário o acesso para que uma grua possa descarregar, erguer e instalar os painéis.

Quando os painéis são usados em pisos ou coberturas com grandes vãos entre apoios, a deformação pode fazer com que seus revestimentos descolem do núcleo. Para evitar o problema, verifique a viabilidade das aplicações desejadas junto ao fabricante dos painéis e/ou engenheiro estrutural do projeto.

Talvez seja necessário um revestimento com painéis de gesso cartonado (*drywall*) para atender às exigências do código de incêndio. Verifique tais exigências junto às autoridades locais. Deve haver uma barreira para controle de pragas de maneira a impedir que formigas de cupim e térmites nidifiquem no núcleo isolante dos painéis. O uso de estruturas de montantes leves atrás das pias de cozinhas (e locais similares) simplificará as instalações hidráulicas.

Uma vez que a construção com painéis estruturais isolados consegue reduzir significativamente a infiltração, certifique-se de que haja ventilação adequada (ativa ou passiva) para que o ar dos interiores tenha uma qualidade aceitável. (Veja, por exemplo, a estratégia de Trocadores de Calor Ar-Ar.) Selecione um fabricante de painéis estruturais isolados cujo desempenho tenha sido testado (e relatado) por terceiros.

Projeto passo a passo

1. Determine as dimensões dos painéis disponíveis para pronta-entrega em sua cidade. As dimensões dos painéis estruturais isolados variam conforme o fabricante. O painel comum tem 1,2 ou 2,4 m de largura e 2,4 a 7,3 m de comprimento, estando geralmente disponível em tamanhos com incrementos de 0,6 m. Outras dimensões também estão disponíveis, bem como painéis curvos. As aberturas são feitas com mais eficiência na indústria por meio do uso de ferramentas de leiaute computadorizado; uma precisão de 3 mm é comum. Além disso, é mais provável que a fábrica, e não o canteiro de obras, possua um programa de reciclagem de perdas.

2. Determine o valor-R mínimo (ou fator-U máximo) permitido pelo código de edificações para os elementos das vedações a serem montados com painéis estruturais isolados. Tais exigências geralmente são diferentes para os sistemas de parede, cobertura e piso. Escolha painéis com espessura e composição apropriadas que atendam aos códigos mínimos – ou, mais frequentemente, os ultrapassem. O valor-R de um painel estrutural isolado aumenta conforme cresce a espessura. As espessuras padrões dos painéis estruturais isolados, incluindo núcleo isolante e revestimentos OSB padrão, são de 11,5, 16,5 e 21,0 cm. Painéis mais espessos (26,0 e 31,2 cm) também estão disponíveis.

3. Investigue a estrutura e as vedações da edificação. Sugerimos o uso de maquetes convencionais como meio de validar os leiautes dos painéis de cobertura e resolver as complexas geometrias de montagem.

A Structural Insulated Panels Association (Associação de Painéis Estruturais Isolados) (www.sips.org) fornece uma lista de fabricantes de painéis estruturais isolados na América do Norte. Os fabricantes geralmente fornecem informações a respeito de:

- cargas admissíveis (axiais e transversais)
- valores-R disponíveis
- dimensões padrão
- detalhes da montagem e conexões
- resultados dos testes feitos por terceiros
- serviços de consultoria disponíveis

PROBLEMA TÍPICO

O projeto de uma edificação que utiliza painéis estruturais isolados envolve o projeto de todo um sistema de edificação. Para fins de definição do partido, são descritas as etapas no projeto passo a passo. Os tamanhos dos painéis escolhidos permitirão que o projetista estime as dimensões das vedações.

Exemplos

Figura 4.37 Estes edifícios de apartamentos (em construção, em Massachusetts) estão próximos de um aeroporto. Painéis estruturais isolados e com vidros triplos foram selecionados para proporcionar o controle acústico necessário. AMELIA THRALL

Figura 4.38 A combinação de painéis estruturais isolados (à direita) com a estrutura convencional de montantes leves dos interiores – tirando partido das respectivas vantagens de cada método da melhor maneira possível. AMELIA THRALL

Capítulo 4 ♦ Estratégias de Projeto 55

Figura 4.39 A casa-modelo "Not-So-Big" em Orlando, Flórida, usou painéis estruturais isolados. Acesse www.notsobighouse.com/2005/virtualtour/ para assistir a um vídeo que mostra uma indústria de painéis estruturais isolados e uma grua posicionando a trapeira da casa no lugar.

Figura 4.40 O Centro de Visitantes do Zion National Park em construção; a cobertura usa painéis estruturais isolados. PAUL TORCELLINI, DOE/NREL

Mais informações

Build It Green. "Structural Insulated Panel." www.buildit-green.co.uk/about-SIPs.html

Morley, M. 2000. *Building with Structural Insulated Panels (SIPS)*. The Taunton Press, Newtown, MA.

Sarah Susanka's Not So Big Showhouse 2005. www.notsobigshowhouse.com/2005/

Structural Insulated Panel Association. www.sips.org/

APÓS A DEFINIÇÃO DO PARTIDO

A maior parte do esforço envolvido no projeto de uma edificação com painéis estruturais isolados ocorrerá após a definição do partido, durante o detalhamento e a especificação. O principal problema em relação aos painéis estruturais isolados durante a definição do partido é sua aplicabilidade. O planejamento dos painéis deve começar no início do processo do projeto; o detalhamento dos painéis pode ser feito mais tarde.

NOTAS

VIDRAÇAS

VIDRAÇA é um termo aplicado às partes do sistema de vedações de uma edificação que são transparentes ou translúcidas – não importa se são feitas de vidro ou plástico. Embora os detalhes das propriedades e do desempenho do material da vidraça normalmente não sejam abordados durante a definição do partido, a extensão (tamanho, número e localização) dos elementos de vidraça costuma ser uma decisão importante, que será considerada bem no início do processo de projeto. Por sua própria natureza, esses materiais terão impactos no desempenho da edificação que não são proporcionais à sua área de superfície. Portanto, uma compreensão básica das metas das vidraças e das propriedades de seus materiais será útil durante a definição do partido.

Figura 4.42 Corte de janela com vidros triplos e esquadria para janelas certificadas pelo PassivHaus, com baixo fator U (0,11 [0,63]).

As vidraças geralmente são usadas por uma ou mais das cinco razões a seguir: (1) por sua aparência na arquitetura; (2) para permitir a entrada de iluminação natural; (3) para permitir radiação solar direta; (4) para proporcionar vistas; (5) para permitir trocas de ar (por meio de janelas de abrir). Esses objetivos nem sempre estão necessariamente alinhados – na verdade, antagonismos entre os objetivos das vidraças são relativamente comuns – sendo necessário administrá-los e compreender as diferentes propriedades físicas que definem o desempenho das vidraças para garantir o sucesso da implementação.

Figura 4.41 O Biodesign Institute da Arizona State University incluindo uma fachada norte, envidraçada, em oposição a uma fachada oeste opaca, de tijolos (hemisfério norte). JOSH PARTEE

Pontos-chave para o projeto de arquitetura

Em qualquer projeto, a aparência, a entrada de luz natural, a entrada de radiação solar, as vistas, as trocas de ar e a acústica são fatores primários envolvidos na tomada de decisões e no planejamento de vidraças. As questões relacionadas à energia se tornam mais importantes em um projeto sustentável.

Aparência arquitetônica. Muitas vezes, esse objetivo de projeto é visto como o lado "artístico" da arquitetura, em oposição ao lado "científico", e as análises quantitativas muitas vezes não estão relacionadas às considerações

OBJETIVO
Tomar, desde o início, decisões de projeto com relação às vidraças que facilitam as decisões de projeto posteriores

EFEITO
As decisões relacionadas às vidraças afetarão diretamente a estética do projeto, o desempenho energético, o conforto visual e térmico e a satisfação dos usuários

OPÇÕES
Existem centenas de opções de vidraças disponíveis

QUESTÕES DE COORDENAÇÃO
As decisões relacionadas às vidraças serão coordenadas com quase todos os aspectos de projeto para os espaços periféricos

ESTRATÉGIAS RELACIONADAS
Análise do Terreno, todas as estratégias passivas (iluminação natural, calefação solar passiva, resfriamento passivo), Vedações Duplas

PRÉ-REQUISITOS
Os objetivos fundamentais do projeto, uma noção da escala do projeto, a intenção do projeto, os critérios de projeto

Figura 4.43 Vidraças para calefação solar passiva.

Figura 4.44 Fachada inteiramente de vidro (estética).

Figura 4.45 Células fotovoltaicas integradas às vidraças (uma forma de células fotovoltaicas integradas à edificação). FOTOGRAFIA DE JIM TETRO PARA O DEPARTAMENTO DE ENERGIA DOS EUA

objetivas iniciais do desempenho da edificação e da satisfação do usuário. Um projetista (ou proprietário) que realmente queira uma caixa de vidro precisa se preparar para as consequências térmicas de tal decisão.

Entrada de iluminação natural. As vidraças permitem que a radiação entre sem ser substancialmente convertida em outra forma de energia (como calor). No hemisfério norte, vidraças na fachada norte são boas para iluminação natural em condições celestes claras e nubladas. Já as vidraças na fachada sul (no hemisfério norte) também são ótimas para a iluminação natural, desde que tenham os elementos de sombreamento adequados. A questão dos "elementos de sombreamento adequados" é importante; sem eles, os ângulos do sol no inverno e/ou no verão provavelmente resultarão em problemas relacionados à admissão de radiação solar direta. As janelas das fachadas leste e oeste receberão iluminância natural adequada durante a maior parte do ano, mas são as orientações mais difíceis de sombrear. Também é possível utilizar iluminação zenital com claraboias, lanternas ou clerestórios sombreados. A iluminação natural pode funcionar em conjunto com uma calefação solar passiva bem-projetada; porém, existe a possibilidade de que entre em conflito com as exigências de orientação para ventilação cruzada ou vistas. Durante a definição do partido, as vidraças precisam ser dimensionadas e distribuídas – e, em geral, terão um efeito comprovável na forma e no volume da edificação.

Entrada de radiação solar. A iluminação natural não exige radiação solar direta – mas a calefação solar passiva, sim. Se uma vidraça não for usada para ambos os fins, deve-se tomar muito cuidado com o projeto dos elementos de sombreamento para mitigar o potencial de ofuscamento ao longo do ano e ganhos solares indesejados durante as épocas mais quentes do ano. A calefação solar passiva exige vidraças adequadamente distribuídas e massa térmica interna para absorver a radiação e armazenar o calor resultante visando à introdução tardia no espaço que está sendo condicionado. Em geral, as vidraças apropriadamente distribuídas em busca de calefação solar ficam voltadas para o sul (no hemisfério norte). Apesar de aceitáveis, desvios em relação ao sul mudam o horário da coleta solar (leste antes do sul e oeste depois do sul) e a magnitude da energia coletada. O efeito da orientação em sistemas de calefação solar é discutido em diversos guias de projeto de calefação passiva.

Vistas. Esta é uma consideração importante na maioria das edificações sustentáveis. As vistas proporcionam prazer e também alívio físico em caso de fadiga visual. Há tempo a oferta de vistas para os usuários da edificação garante um crédito no sistema de certificação de edificações sustentáveis LEED-NC. Como são extremamente dependentes do terreno, é impossível determinar, sem uma análise do terreno, quais orientações podem estar associadas a vistas "boas" para qualquer projeto.

Trocas de ar. Em geral, a colocação de uma janela de abrir para um sistema de resfriamento passivo por ventilação pelo efeito chaminé independe da orientação. Por outro lado, a orientação das janelas é fundamental para o sucesso de um sistema de ventilação cruzada. As entradas e saídas de ar devem estar localizadas a fim de aproveitar as direções dos ventos dominantes durante os horários desejados para a utilização do sistema de ventilação cruzada.

Considerações sobre a implementação

Em muitas jurisdições, códigos de edificação influenciam o projeto das vidraças na pele de um prédio. Em projetos residenciais, isso pode envolver uma área de vidraças mínima que seja considerada apropriada para o conforto e saídas de emergência. Na maior parte dos tipos de edificação, isso também envolverá uma área de vidraça máxima (geralmente expressada como uma porcentagem da área total de paredes), que é considerada aceitável pela perspectiva da eficiência em energia. Tais limites superiores para as áreas de vidraça normalmente podem ser excedidos por uma equipe de projeto que decida extrapolar os requisitos prescritivos do código por uma abordagem de substituição ou simulação. O principal ponto que o projetista deve considerar é que áreas de vidraças externas prejudicam o desempenho energético (e de carbono) da edificação.

Tabela 4.1 Exemplo de exigências prescritivas para vidraças na zona climática 5 (temperada), extraído da *Norma 90.1–2007 da ASHRAE*, e recomendações da *Norma 189.1–2009*.

[multiplicar I-P U por 5,678 para SI U]

SISTEMA DE FENESTRAÇÃO COM VIDRAÇAS VERTICAIS EM ÁREA DE PAREDE ENTRE 0–40%

	U MÁXIMO		CGTS MÁXIMO	
	90,1	189	90,1	189
Com esquadria não metálica	0,35	0,25	0,40	0,35
Com esquadria de metal				
Parede-cortina	0,45	0,35	0,40	0,35
Porta de entrada	0,80	0,70	0,40	0,35
Todos os demais	0,55	0,45	0,40	0,35

Figura 4.46 Revestimento de fachada com células fotovoltaicas integradas à edificação, com janelas de abrir.

Abaixo, há um breve resumo das principais propriedades dos materiais de vidraça que são relevantes para o projeto de edificações sustentáveis. Sem uma boa noção dessas propriedades, a tomada de decisões sobre a quantidade desejada de vidraças durante a definição do partido geralmente resultará na necessidade de "corrigir" problemas posteriormente no processo de projeto.

Fator U. O fator U é utilizado para expressar a capacidade de um sistema de vidraças de resistir a um fluxo térmico convectivo (veja o Glossário). Uma janela com metade do fator U de outra janela permitirá a metade do fluxo de calor. O vidro e a maioria dos plásticos têm valores de resistência térmica muito baixos; são as películas externas e os espaços entre as chapas que fornecem resistência ao fluxo térmico.

Figura 4.47 Janela panorâmica.

Coeficiente de ganho térmico solar. O coeficiente de ganho térmico solar (CGTS) é usado para expressar a capacidade de um sistema de vidraças de resistir ao fluxo de radiação solar de ondas curtas (veja o Glossário). Em um clima dominado pela carga de resfriamento, vidraças com um baixo CGTS reduzirão as cargas de resfriamento – diminuindo, portanto, o consumo de energia.

Transmitância visível. Semelhante ao coeficiente de ganho térmico solar, a transmitância visível (TV) é utilizada para expressar a porcentagem de luz incidente que será transmitida por um sistema de vidraças (veja o Glossário). A TV e o CGTS são praticamente idênticos para muitos produtos de vidraças, embora estas possam ser projetadas para bloquear seletivamente a radiação infravermelha e a ultravioleta, mas permitem a passagem de comprimentos de onda visíveis.

Valor ε (especificamente, um baixo valor ε). O ε corresponde à emissividade, isto é, a capacidade que um material de construção tem de emitir radiação de ondas longas (veja o Glossário). Um revestimento de baixo valor-ε nas vidraças pode reduzir as perdas por radiação de ondas longas e melhorar a capacidade das vidraças de bloquear o fluxo de calor (aumentando seu fator U).

Área de abrir. O segredo de arquitetura para o sucesso de um sistema de ventilação passiva é a área de tomada e saída de ar. O ar externo precisa conseguir entrar e sair da edificação, normalmente por janelas (embora outros elementos possam ser usados). É a área de abrir de uma abertura que determina (junto com outras variáveis) o potencial de resfriamento por ventilação. Portanto, a escolha de janelas para a ventilação precisa considerar a área de abrir.

Estanqueidade ao ar. Além das perdas/ganhos por convecção e radiação, o calor também pode fluir por meio de infiltração (infiltração acidental de ar). Essa preocupação não precisa ser abordada durante a definição do partido; porém, janelas/claraboias estanques devem ser especificadas durante o desenvolvimento do projeto.

Perda na transmissão sonora. Sob uma perspectiva acústica, a perda na transmissão sonora (PTS) ou classe de transmissão sonora (CTS) são propriedades fundamentais que definirão a capacidade de um sistema de vidraças de bloquear sons (ruídos); quanto mais alta a PTS ou CTS, melhor o desempenho do bloqueio acústico. Essa questão deve ser considerada durante a definição do partido.

Tendências em vidraças

Três categorias de produtos avançados de vidraça terão um profundo impacto no projeto da fachada, especialmente à medida que o mercado passa a exigir cada vez mais edificações sustentáveis (e com um desempenho ainda mais alto) que excedam as exigências dos códigos. Além disso, a reforma de edificações preexistentes utilizando sistemas de vidraças de alto desempenho ajudará a abrir caminho para vedações que transfiram a iluminação natural e excluam a radiação solar indesejada.

Vidraças de alto desempenho. Essa categoria de soluções de vidraças lida com as características tradicionais de desempenho dos componentes de fenestração estática: fator U, CGTS e transmitância visível. Melhorias (incluindo películas de baixo valor-ϵ, gases de enchimento de alta tecnologia e múltiplas chapas) nos produtos de janelas diminuíram os fatores U de aproximadamente 0,50 para cerca de 0,25. A janela com maior resistência térmica listada atualmente pelo National Fenestration Rating Council (NFRC) dos Estados Unidos tem um fator U de 0,09. Isso era inédito uma década atrás. Também estão sendo estudadas melhorias similares nos recursos de CGTS. O principal problema da transmitância visível é obter valores altos (para iluminação natural e vistas) perante os valores de CGTS reduzidos – o que nos leva à próxima categoria de inovações em vidraças.

Vidraças dinâmicas. Os produtos de vidraças dinâmicas possuem propriedades de transmissão modificáveis – seja por todo o espectro de radiação solar ou em uma parte dele (por exemplo, a parte visível). A lógica fundamental das vidraças dinâmicas é de que um tipo de vidro não serve para todas as situações; a necessidade de iluminação natural, controle solar ou privacidade muda conforme mudam as condições ambientais ou de ocupação. Atualmente, diversas abordagens às vidraças dinâmicas estão em uso ou sendo desenvolvidas, incluindo camadas ou películas eletrocrômicas, partículas suspensas e cristais líquidos. As vidraças dinâmicas podem ser controladas pelo usuário ou responder automaticamente às condições

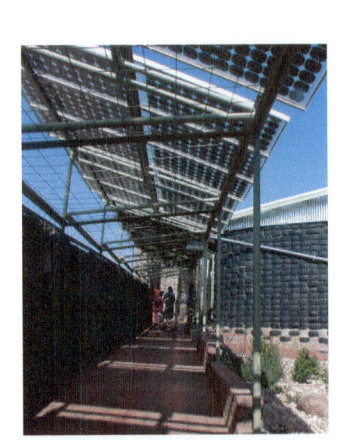

Figura 4.48 As células fotovoltaicas integradas às vidraças projetam sombras sobre um passeio no Centro de Pesquisa e Desenvolvimento do Hábitat, na Namíbia. NINA MARITZ

Figura 4.49 Células fotovoltaicas integradas às vidraças como uma marquise de entrada na Torre de Apartamentos Helena, na Cidade de Nova York. FX FOWLE ARCHITECTS, PC

ambientais por meio de um sistema de controle. Uma boa relação custo-benefício é o maior condicionante para a adoção generalizada.

Células fotovoltaicas integradas às vidraças. Existem dois tipos básicos de células fotovoltaicas integradas às vidraças (uma abordagem possível para as células fotovoltaicas integradas à edificação [CFIE]): vidraças que combinam células fotovoltaicas opacas com vidro transparente (em um arranjo do tipo tabuleiro de xadrez) e vidraças que são essencialmente um módulo fotovoltaico transparente. A abordagem com vidraças combinadas pode gerar um pico de 129 W/m² para a parte fotovoltaica do sistema. Essa tecnologia é mais bem-aproveitada quando vistas desimpedidas e a iluminação natural não são fundamentais. As vidraças fotovoltaicas transparentes atuais podem gerar um pico de 43-54 W/m² de área de arranjo fotovoltaico. A relação custo-benefício dos painéis fotovoltaicos integrados às vidraças depende do projeto.

Projeto passo a passo

O primeiro passo para projetar com vidraças é determinar os objetivos do projeto e o segundo, estabelecer os critérios. Em círculos de especialistas, estes são conjuntamente conhecidos como "Exigências de Projeto do Proprietário". Todavia, a equipe de projeto pode contribuir tanto quanto o proprietário comum para essas exigências. Os regulamentos locais de edificações também têm algo a dizer sobre o desempenho mínimo das vidraças. O impacto das decisões relacionadas a elas normalmente será maior em situações de edificações sustentáveis/de alto desempenho do que em situações de projeto que atendem minimamente o código.

A seguir, sugerimos procedimentos que devem resultar em uma abordagem racional ao projeto de vidraças para projetos sustentáveis:

1. Estabeleça a intenção do projeto.
2. Estabeleça critérios de projeto para cada intenção. (A intenção e os critérios são conjuntamente denominados "Exigências de Projeto do Proprietário" e definem, com bom detalhamento, o que o cliente do projeto considerará um sucesso.)
3. Considere como a iluminação natural, a calefação solar passiva, a ventilação natural e as vistas contribuirão para satisfazer as Exigências de Projeto do Proprietário. Em edificações sustentáveis de alto desempenho, tais aspectos costumam ser muito importantes para o sucesso.
4. Classifique essas considerações por ordem de impacto na capacidade do projeto de satisfazer as Exigências de Projeto do Proprietário.
5. Realize uma análise do terreno completa para compreender o potencial de cada consideração (iluminação natural, vistas, calefação passiva, ventilação) em relação a determinado terreno e no contexto geral do projeto.
6. Classifique essas considerações não somente por ordem de impacto, mas também pelo potencial de projeto.
7. Tome decisões de projeto que aumentem as chances de sucesso dos sistemas de vidraça de alto impacto.
8. Analise se pequenas concessões nas decisões de projeto (como a orientação da edificação) podem permitir que outros sistemas contribuam de maneira mais positiva para os objetivos do projeto.
9. Não ceda a ponto de permitir que a edificação reflita uma mentalidade de denominador comum inferior com relação à eficácia das vidraças.

PROBLEMA TÍPICO
Um proprietário de Tonopah, Nevada, EUA, quer que um pequeno edifício de escritórios tenha um desempenho superior ao minimamente exigido pelo código e forneça bastante iluminação natural. A equipe de projeto toma as seguintes providências:

1. Objetivo das vidraças: exceder os requisitos do código e oferecer suporte à iluminação natural.
2. Critérios das vidraças: fator U máximo: 2,56 W/m² °C (0,45 Btu/pé² °F), da Norma 189.1 da ASHRAE; CGTS máximo: 0,35; TV mínima 0,7.
3. A iluminação natural foi descrita como importante pelo proprietário; uma análise do terreno indica que há vistas em todas as fachadas da edificação, a calefação passiva não é muito importante, mas a ventilação cruzada deve ser considerada.
4. As considerações relativas às vidraças são, em ordem de importância: fator U, CGTS, TV e potencial de vistas (solicitado pelo cliente); janelas de abrir (opção da equipe de projeto).
5. A análise do terreno é parcialmente discutida no item 3 acima.
6. Análises adicionais sugerem que não há mudança na classificação de considerações.
7. Há um conflito entre os valores desejados de CGTS e TV. Uma análise preliminar dos produtos de janela comerciais mostra que uma janela com o fator U desejado, o CGTS e a TV não está disponível (o CGTS e a TV são antagônicos).
8. Considere as alternativas para se cumprir os critérios: os elementos de sombreamento

externo, as vidraças divididas – com janelas panorâmicas distintas daquelas para iluminação natural. Considere o uso da fachada norte para iluminação natural (hemisfério norte), a fim de reduzir a necessidade de sombreamento.
9. Tome cuidado com as concessões feitas.

APÓS A DEFINIÇÃO DO PARTIDO

O tamanho das janelas, sua localização e a especificação dos produtos será abordada durante todo o processo de projeto, embora as decisões preliminares sobre o objetivo e o tipo das vidraças sejam difíceis de modificar, uma vez aprovadas pelos proprietários. A contratação de especialistas em sistemas de janelas é altamente recomendável em projetos de edificações sustentáveis.

Exemplos

Figura 4.50 Vidraças dinâmicas empregadas como uma parede interna no John E. Jaqua Academic Center for Student Athletes da University of Oregon.

Mais informações

Ander, G. 2010. Windows and Glazing. Em *Whole Building Design Guide*. National Institute of Building Sciences, Washington, DC. www.wbdg.org/resources/windows.php

Arasteh, D. et al. 2003. *Window Systems for High-Performance Buildings*. W.W. Norton & Company, New York, NY.

Efficient Windows Collaborative. 2010. No *site* há informações sobre as propriedades das janelas, bem como seu potencial. www.efficientwindows.org/index.cfm

Holladay, M. 2009. "Passivhaus Windows." Green Building Advisor. www.vereco.ca/green_document/Passivhaus_Windows1271083821.pdf

NAHB. 2001. High Performance Glazing. Em *ToolBase Services*. National Association of Home Builders Research Center, Upper Marlboro, MD. www.toolbase.org/Technology-Inventory/Windows/highperformance-glass

NAHB. 2001. Switchable Glazing Windows. Em *ToolBase Services*. National Association of Home Builders Research Center, Upper Marlboro, MD. www.toolbase.org/TechInventory/TechDetails.aspx?ContentDetailID=936&BucketID=6&CategoryID=14

Wilson, A. 2010. "Rethinking the All-Glass Building." *Environmental Building News*, Vol. 19, No. 7, July.

FACHADAS DUPLAS

As FACHADAS DUPLAS, são sistemas de paredes externas com várias camadas utilizados nas partes transparentes, ou predominantemente transparentes, da fachada da edificação. Elas variam, em termos de configuração, da tradicional janela protetora norte-americana (*storm window*) a um recorrente ideal modernista – a pele de vidro. As fachadas duplas consistem em uma fachada externa, um espaço intermediário e uma fachada interna. A vedação externa serve de proteção climática e primeira linha de isolamento acústico. O espaço intermediário é usado para amortecer os impactos térmicos no interior. Por meio do uso de frestas e elementos de abrir nos planos de vidro, é possível ventilar o espaço intermediário nos dias quentes e, nos dias frios, admitir ar parcialmente condicionado nos cômodos adjacentes. Na maioria dos casos, persianas ou microbrises são colocadas na zona intermediária, onde podem ser abertos independentemente, mas sempre deixando um espaço razoável para a manutenção. Vidros duplos nas fachadas internas criam uma barreira térmica ideal (para a maioria dos climas), enquanto o vidro simples da fachada externa é suficiente para gerar um espaço de transição térmica.

Figura 4.52 Espaço de transição térmica compondo a fachada dupla da Torre Westhaven, em Frankfurt, Alemanha. DONALD CORNER

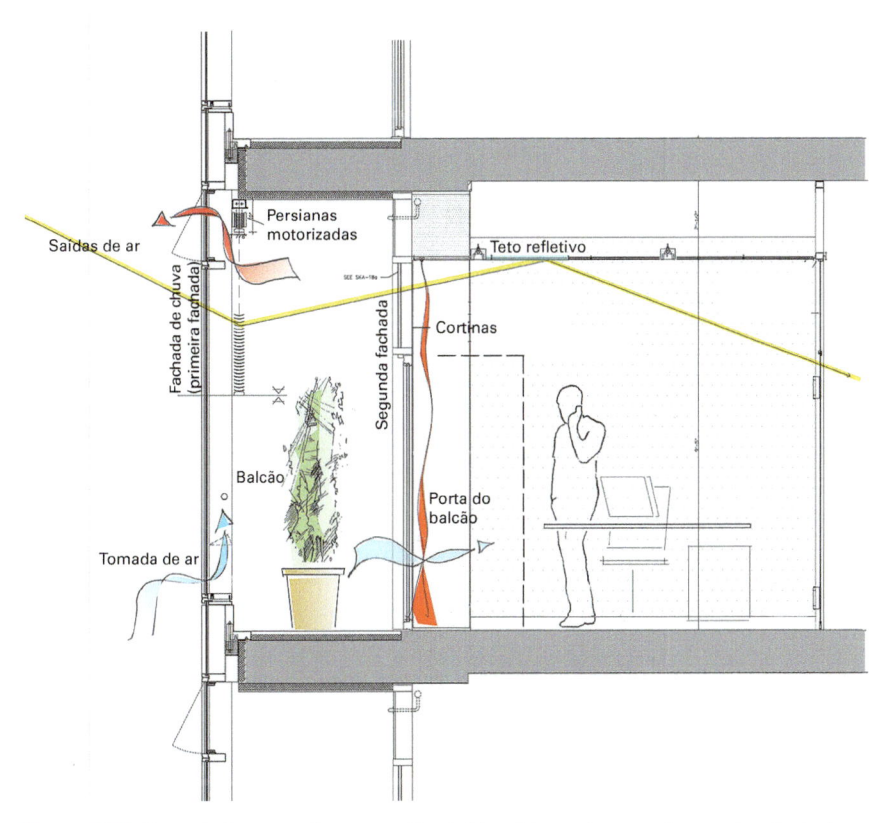

Figura 4.51 Corte do Genzyme Center, em Cambridge, Massachusetts, ilustrando a fachada dupla do tipo com corredor externo. BEHNISCH-ARCHITEKTEN

Com as fachadas duplas, o projetista da edificação tem uma variedade extraordinária de opções. A escolha de um sistema apropriado passa pelas considerações a seguir:

- relacionamento das vidraças com a fachada total
- objetivos de desempenho dos elementos transparentes

OBJETIVO
Controle climático, iluminação natural, isolamento acústico

EFEITO
Ventilação natural, iluminação natural, isolamento térmico, impacto estético

OPÇÕES
Configurações: janelas com vidro duplo e ventilação natural, fachadas duplas com *shafts* para ventilação, fachadas duplas abertas e com ventilação natural, fachadas duplas ventiladas do tipo corredor externo

QUESTÕES DE COORDENAÇÃO
Refrigeração passiva, calefação passiva, calefação/refrigeração ativa, acústica, proteção solar, orientação da edificação/fachada, área de ocupação do terreno, paredes internas

ESTRATÉGIAS RELACIONADAS
Vidraças, Ganhos Diretos, Ganhos Indiretos, Ventilação Cruzada, Ventilação por Efeito Chaminé, Estantes de Luz, Elementos de Proteção Solar

PRÉ-REQUISITOS
Um bom entendimento das intenções do projeto e de como o uso das fachadas duplas pode contribuir para a concretização de tais intenções

Figura 4.53 Janelas com vidro duplo e ventilação natural no interior da fachada dupla da Galeria de Arquitetura GAAG em Gelsenkirchen, Alemanha. DONALD CORNER

Figura 4.54 Balcões envidraçados em Veneza, Itália. DONALD CORNER

Figura 4.55 Uma vidraça externa reveste toda a superfície da fachada dos escritórios da Arup, em Londres, Reino Unido. DONALD CORNER

- estratégias de construção
- exigências de manutenção

Relação das vidraças com a fachada total. As fachadas tradicionais costumam ter janelas isoladas ou fitas de vidro horizontais cercadas por elementos maciços de parede. As cargas estruturais se concentram nas partes maciças e, com frequência, o plano de vidro principal fica recuado na parede. Nesses casos, é relativamente fácil adicionar uma segunda vidraça nivelada com a fachada externa e fixada à mesma estrutura. Os exemplos incluem a tradicional janela protetora norte-americana e seu equivalente moderno: a janela com vidro duplo e ventilação natural mostrada na Figura 4.53. Outro tipo consiste em uma vidraça externa instalada a uma distância considerável na frente das partes selecionadas da fachada. Os exemplos incluem sacadas ou balcões fechados com vidraças e jardins de inverno anexos (mostrados na Figura 4.54). Uma chapa de vidro interna permite que o espaço capturado haja como uma fachada dupla, criando uma zona intermediária grande o bastante para ser utilizada sob as condições certas. Finalmente, as fachadas duplas podem consistir em uma chapa de vidro externa cobrindo toda a superfície, conforme mostra a Figura 4.55. Esse tipo genérico pode variar da segunda fachada (de vidro) de um edifício preexistente à caixa de vidro independente que protege uma edificação ou mais. Tal tipo inclui as fachadas duplas de vidro que começaram a se popularizar na Europa em meados da década de 1990.

Objetivos de desempenho das transparências. As fachadas duplas também são caracterizadas pelas tarefas que devem realizar. Essas exigências determinam se as aberturas para ventilação precisam ser feitas em uma ou ambas as chapas de vidro e quais elementos serão colocados dentro do espaço fechado. A maioria das fachadas duplas é projetada para maximizar a iluminação natural e, ao mesmo tempo, controlar os ganhos solares – uma condição típica dos edifícios de escritórios dominados por ganhos térmicos internos. O espaço intermediário é usado principalmente como uma vedação protegida para as persianas ou microbrises reguláveis que, do contrário, poderiam ser danificados pelo vento ou exposição às condições climáticas. A energia solar absorvida pelos elementos de sombreamento é devolvida ao ambiente externo pela livre ventilação do ar aquecido através dos pares de aberturas presentes na folha externa ou da ventilação de toda a fachada por efeito chaminé. O segundo aspecto típico do desempenho é o isolamento acústico em ambientes urbanos. Os melhores exemplos de soluções bem-sucedidas usam uma chapa de vidro externa ininterrupta com o ar que ventila a cavidade vindo de uma fonte remota ou por um sistema de tomada de ar com amortecimento acústico. As instalações de fachadas duplas consideradas elementos eficientes geralmente são motivadas por um desses fatores ou ambos.

Os benefícios adicionais de desempenho incluem a oportunidade de ventilar espaços ocupados através da chapa interna fazendo com que a zona de transição térmica atue de modo a atenuar o contraste da temperatura do ar no inverno ou os efeitos adversos do vento em edifícios altos. As fachadas duplas mitigam a temperatura superficial da vidraça interna, o que reduz a intervenção mecânica necessária para gerar condições confortáveis nos modos tanto de calefação como refrigeração. É possível usar o espaço intermediário como coletor solar para aquecer diretamente a edificação ou transferir a energia incidente de uma fachada que pega sol à outra que não pega. Esse espaço também pode ser usado para preaquecer o ar fresco que será introduzido nos espaços pelo sistema mecânico nas edificações que não são ventiladas diretamente pela vedação externa. Já os efeitos de sifão térmico gerados na fachada dupla podem ser usados para retirar o ar da edificação, embora outras formas de ventilação por efeito chaminé sejam mais baratas.

Estratégias de construção. Há uma configuração de fachada dupla que consiste em uma única camada de vidro fixada às bordas em balanço das lajes de piso e com um sistema de enchimento, termicamente isolado, colocado em cada piso a uma distância apropriada em direção ao interior. Essa configuração, assim como todas em que o espaço intermediário se divide por pavimento, recebe o nome de "fachada-corredor" (Figuras 4.51, 4.56 e 4.57). Frequentemente, a camada externa é uma parede-cortina; a chapa interna protegida, por sua vez, é uma pele de vidro muito mais barata obtida junto a um fornecedor diferente.

Para maximizar a área de piso útil, é possível suspender a pele de vidro externa após as bordas da estrutura principal usando, para tanto, montantes, cabos ou treliças. Em sua forma mais pura, essa abordagem resulta na "fachada dupla aberta e com ventilação natural" na qual a cavidade é ventilada por grandes aberturas que ficam na base e na platibanda. Conceitualmente, trata-se de uma transformação dos pesados sistemas externos de sombreamento tão populares na década de 1980. Ao adicionar enormes painéis de vidro à fachada externa, é possível substituir os brises fixos por unidades leves de abrir, capazes de responder às mudanças no ângulo e intensidade solar sem ter de resistir às forças climáticas externas.

Figura 4.56 Parede-cortina do Genzyme Center em Cambridge, Massachusetts. DONALD CORNER

No caso de projetos grandes, o ideal, geralmente, é que a fachada dupla seja pré-fabricada como um sistema de parede-cortina modulado. Sistemas completos, com as chapas interna e externa de vidro já instaladas, são facilmente erguidos e colocados no lugar. As unidades podem ser janelas independentes com vidro duplo, ventilação natural e entradas e saídas de ar para a ventilação por cavidade. Alternativamente, podem ser conectadas a unidades adjacentes para reduzir o número de entradas e saídas de ventilação, além de separar os pontos de tomada e exaustão de ar na fachada. Essas, em geral, são "fachadas-corredor" com tomadas de ar em vários níveis. É possível usar uma cavidade vertical contínua para exaurir as unidades individuais em cada lado da chamada "fachada dupla com *shafts* para ventilação". Qualquer técnica que una os módulos da fachada em cômodos internos múltiplos consegue melhorar a ventilação e diminuir os custos, embora gere preocupações quanto à propagação de incêndios e a transmissão de sons de um cômodo para outro pela cavidade.

Figura 4.57 Interior da fachada-corredor do Genzyme Center em Cambridge, Massachusetts. DONALD CORNER

Exigências de manutenção. A configuração final da fachada dupla é significativamente influenciada pela necessidade de se entrar na cavidade para limpar as superfícies de vidro e fazer a manutenção dos controles de ventilação e elementos de sombreamento. As fachadas-corredor em grande escala atendem a essa exigência sem perturbar os ambientes de trabalho, mas ocupam uma área de piso significativa em torno do perímetro que provavelmente não será bem aproveitada. As fachadas duplas abertas e com ventilação natural frequentemente incorporam passarelas de serviço com grelhas de metal à estrutura de balanço da zona intermediária.

Na Europa, especialmente na Alemanha, os códigos de edificação e as tradições culturais exigem que uma grande porcentagem das vidraças internas seja de abrir, permitindo que as pessoas controlem o ingresso de ar externo no ambiente de trabalho. Quando os caixilhos móveis oferecem acesso a cada unidade da fachada, é possível reduzir a profundidade da cavidade intermediária de metros para centímetros. Isso aumenta significativamente a eficiência material do sistema de geração por unidades modulares – principalmente quando o custo das janelas de abrir é compensado pela redução da capacidade dos equipamentos de climatização em função da melhoria da ventilação natural.

No mercado norte-americano, os sistemas modulados de paredes-cortina geralmente utilizam vidro isolante fixo na vidraça externa e chapa de vidro fixada com dobradiças na face interna dos montantes, de modo a criar uma vidraça dupla bastante fina. O acesso às instalações se dá pelo interior. Trata-se de uma reinterpretação do conceito de "janela para ventilação higiênica", no qual uma porcentagem do ar do interior viciado é exaurida pela cavidade da fachada para remover o calor absorvido pelos brises. Essa estratégia tem baixo custo inicial, mas, comparada aos sistemas ventilados livremente pelo plano externo da vidraça, conta com um volume de ar limitado para ventilar a cavidade.

Pontos-chave para o projeto de arquitetura

O maior problema de arquitetura relacionado à construção de fachadas duplas é o fato de que seu sucesso ou não define, essencialmente, a aparência da edificação e o desempenho térmico e de iluminação. É fundamental que o projetista tenha uma intenção de projeto bem definida, critérios de projeto explícitos e a certeza de que o projeto que se deseja para as vedações pode fornecer o resultado esperado. Infelizmente, o sistema de fachadas duplas é muito complexo e pode não se comportar de modo totalmente intuitivo.

Considerações sobre a implementação

A efetividade dos sistemas de fachadas duplas é muito discutida e difícil de resumir. A simples comparação dos custos da fachada tem pouco significado se não compararmos a área de piso disponível para uso, o custo de um sistema estrutural compatível, o tamanho e a complexidade dos equipamentos de climatização, os fluxos energéticos totais da edificação e o custo da manutenção de longo prazo. O projetista também deve examinar os benefícios qualitativos para os usuários da edificação e os impactos ecológicos dos materiais necessários. Uma das aplicações mais eficientes de fachadas duplas é a "substituição" das vedações de edificações existentes com desempenho energético inadequado.

Em geral, as fachadas duplas não devem ser a primeira estratégia ecológica adotada. Devem ser consideradas apenas se complementarem outras medidas adotadas visando a qualidade ambiental e a eficiência energética gerais. Muitos dos benefícios associados às fachadas duplas podem ser obtidos por meios que exigem projetos muito mais simples e têm menos impacto financeiro. É possível integrar a ventilação passiva, por exemplo, usando pequenas aberturas de ventilação em uma fachada simples. As aberturas da fachada devem ser feitas de maneira a otimizar o aproveitamento da iluminação natural e criar conexões significativas com o ambiente externo. Com muita frequência, as fachadas duplas são usadas para controlar ganhos e perdas térmicos através de áreas de vidro muito maiores do que as justificadas por essas considerações fundamentais de desempenho.

Figura 4.58 A fachada com vedações duplas do edifício do banco Bayerische Vereinsbank, em Stuttgart, Alemanha, é uma segunda fachada sobreposta (um acréscimo) a uma edificação preexistente, a qual foi adicionada uma camada de brises de vidro reguláveis em frente a um sistema de janelas em fita com caixilhos móveis. Há persianas na cavidade entre as chapas de vidro.
DONALD CORNER

Projeto passo a passo

1. Elabore um texto que expresse as intenções de projeto e os critérios de projeto relacionados para as vedações da edificação que serão afetadas pela fachada dupla – especialmente o conforto térmico e visual, a eficiência energética e os sistemas de controle climático. Por exemplo: forneça uma iluminação natural de qualidade; um coeficiente de luz diurna mínimo de 5% será alcançado em todos os escritórios junto às elevações; a fachada dupla ajudará a obter isso por meio de _____. (preencha com informações específicas sobre o projeto)

2. Considere os vários tipos de sistema e estratégias de construção de fachada dupla e esboce uma planta baixa e um corte de parede que possuam os elementos necessários para se chegar ao desempenho desejado. Priorize problemas como se o espaço entre as duas fachadas poderá ser ocupado, se o controle individual da luz, do ar e das vistas é desejado, se o isolamento acústico é necessário.

3. Faça uma autocrítica das implicações inerentes à narrativa acima. Como a fachada dupla melhora o desempenho da iluminação natural? Como a fachada dupla consegue reduzir as perdas térmicas no inverno? Como o ar para ventilação cruzará a fachada dupla? O objetivo dessa reconsideração não é rejeitar a estratégia da fachada dupla, e sim validar os pressupostos inerentes às projeções do desempenho do sistema.

4. Os estudos dos esboços conceituais são feitos com maquetes convencionais e modelos eletrônicos e usados para analisar as várias instalações prediais.

Exemplos

PROBLEMA TÍPICO
Como mostra o projeto passo a passo adjacente, não há um meio único ou simples de se dimensionar ou verificar a viabilidade de uma proposta de fachada dupla. As implicações espaciais da estratégia de fachada dupla terão de incorporar os sistemas de edificação específicos exigido pelos critérios de projeto. Por exemplo: a fachada-corredor mostrada nos exemplos anteriores talvez precise ser ampla o bastante para o trânsito de pessoas ou para outros fins. A profundidade do sistema de envidraçamento externo e das paredes internas dependerá dos componentes selecionados.

Figura 4.59 Segunda fachada de vidro sobreposta (esquerda) e detalhe dos painéis de vidro (direita) usados como painéis simplesmente anexados ou pendurados na fachada da Galeria de Arte Kunsthaus, em Bregenz, Áustria. DONALD CORNER

Figura 4.60 Fachada com vedações duplas do RiverEast Center, Portland, Oregon.

APÓS A DEFINIÇÃO DO PARTIDO

Já se disse que "o diabo está nos detalhes". Esse ditado é claramente aplicável a fachadas com vedações duplas. A maior parte do trabalho de projeto das vedações duplas ocorrerá durante o desenvolvimento do projeto – incluindo longas modelagens eletrônicas do desempenho do sistema. As configurações propostas podem ser testadas por meio de maquetes ou simulações computacionais (como a análise de dinâmica de fluídos computacional) para otimizar o desempenho da ventilação e entender o desempenho térmico total.

Mais informações

Boake, T.M. 2003. "Doubling Up." *Canadian Architect*, Vol. 48, No. 7, July.

Boake, T.M. 2003. "Doubling Up II." *Canadian Architect*, Vol. 48, No. 8, August.

Diprose, P. and G. Robertson. 1996. "Towards a Fourth Skin? Sustainability and Double-Envelope Buildings." www.diprose.co.nz/LinkClick.aspx?fileticket=pTymiye%2FamE%3D&tabid=16756&mid=24014

Hausladen, G., M. de Saldanha and P. Liedl. 2008. *ClimateSkin: Building-Skin Concepts that Can Do More with Less Energy*, Birkhauser, Basel.

Herzog, T., R. Krippner and W. Lang. 2004. *Facade Construction Manual*, Birkhauser, Basel, Switzerland.

Oesterle, E. et al. 2001. *Double-Skin Facades: Integrated Planning*. Prestel, Munich.

COBERTURAS VERDES

As COBERTURAS VERDES podem ser usadas para reduzir a velocidade de escoamento e aumentar a absorção da água da chuva, elevar a resistência térmica e a capacitância da cobertura, diminuir o efeito de ilha térmica nas cidades e oferecer um espaço verde para a fauna e as pessoas em uma área que, do contrário, seria impermeável. Existem dois tipos básicos de coberturas verdes: as extensivas e as intensivas.

As coberturas verdes extensivas possuem uma base de solo relativamente fina, o que as torna mais leves, baratas e fáceis de manter do que as coberturas verdes intensivas. As coberturas extensivas geralmente têm uma variedade limitada de plantas, sendo as mais comuns gramíneas (capins), musgos e ervas. Com frequência, não podem ser acessadas pelos usuários da edificação, mas oferecem panoramas "naturais" aos cômodos adjacentes ou edifícios vizinhos.

Figura 4.62 Cobertura verde na Oregon Health Sciences University, em Portland, Estados Unidos

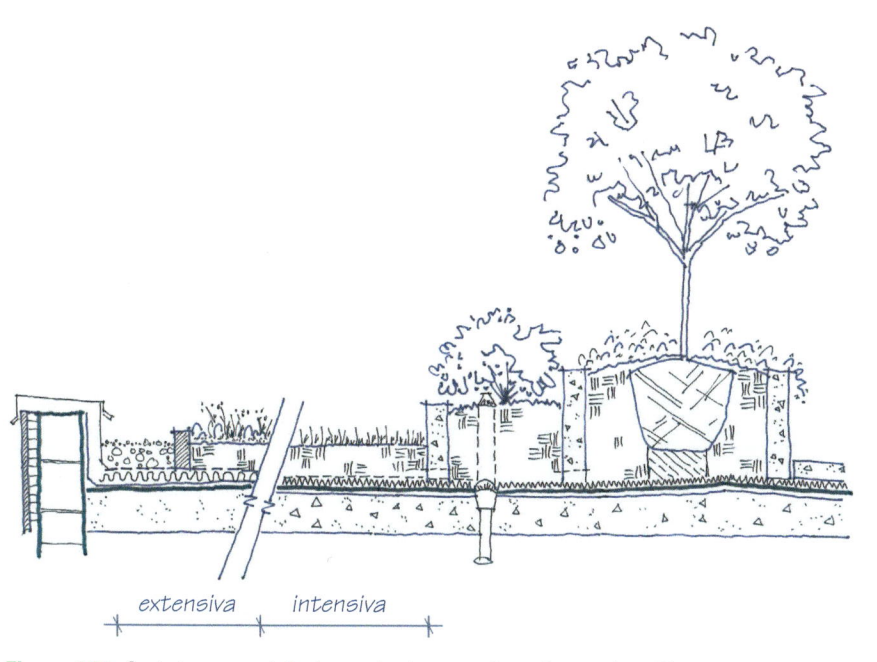

Figura 4.61 Corte transversal de duas coberturas verdes – ilustrando a diferença entre uma abordagem extensiva e outra intensiva. BEN VAUGHN

As coberturas verdes extensivas podem funcionar com caimentos de até 35°, embora inclinações superiores a 20° exijam um sistema de retenção para evitar que o solo escorregue. Podem ser usadas em contextos tanto urbanos quanto rurais, aplicadas a uma grande variedade de tipos de edificação e utilizadas em construções novas e preexistentes.

São necessários entre 5,0 e 15,0 cm de algum tipo de solo leve (em geral, uma mistura com base mineral de areia, pedregulho e matéria orgânica) para se fazer uma cobertura verde extensiva. Além do solo, deve haver um sistema de drenagem para a água da chuva em excesso e uma barreira protetora para a membrana do telhado. Como as raízes das plantas se fixam nos tecidos geotêxteis da base para criar um todo unificado, não é necessário colocar um lastro adicional contra a sucção da cobertura a menos que esta se encontre em uma área incomumente exposta ao vento, como em um edifício alto ou uma região litorânea.

OBJETIVO
Melhoria do terreno, controle climático

EFEITO
Retenção/absorção da água pluvial, melhor desempenho das vedações, diminuição do efeito de ilha térmica, criação de um espaço ecológico, melhoria da qualidade da água e do ar

OPÇÕES
Uma variedade de estratégias – da cobertura verde extensiva, que é mínima e não acessível, à grande cobertura verde intensiva, totalmente acessível e arborizada

QUESTÕES DE COORDENAÇÃO
Sistema estrutural, isolamento da cobertura, drenagem pluvial, acesso à cobertura, sistema de irrigação (se necessário), elementos de cobertura (como tubos ventiladores do sistema hidráulico e exaustores)

ESTRATÉGIAS RELACIONADAS
Análise do Terreno, Reúso/Reciclagem de Água, Superfícies Permeáveis, Materiais Isolantes

PRÉ-REQUISITOS
Uma área de cobertura adequada e a possibilidade de acessar o telhado para fazer a manutenção

Figura 4.64 Cobertura verde na Multnomah County Central Library, em Portland, Oregon..

Figura 4.65 Exemplos de capins empregados como coberturas verdes (nas duas imagens superiores) e de um sistema de cobertura verde em bandejas moduladas (imagem inferior).

As coberturas verdes intensivas têm um solo mais profundo que as extensivas. Não são limitadas em termos de variedade de plantas (ao contrário das coberturas verdes extensivas, mais finas) e, com frequência, apresentam os mesmos tipos de tratamento paisagístico que os jardins locais. As coberturas verdes intensivas podem oferecer espaços abertos acessíveis, como se fossem parques, e costumam incluir plantas maiores e árvores, bem como passarelas, corpos de água e sistemas de irrigação. A base de solo mais profunda exigida por tais coberturas e o peso das plantas, combinado com o peso da água capaz de saturar o solo, as torna muito mais pesadas que as coberturas verdes intensivas e os telhados convencionais. Esse peso adicional exige uma estrutura considerável e resulta em uma cobertura mais cara de se construir. As coberturas verdes intensivas são viáveis apenas em edificações com cobertura plana.

Embora as coberturas verdes extensivas acarretem mais custos, tempo para projeto e atenção que as demais coberturas, essa abordagem oferece a enorme palheta de opções capaz de transformar o telhado em um ambiente alegre e empolgante. É possível criar uma ampla gama de hábitats, incluindo aqueles com árvores. Em geral, esses tipos de coberturas são acessados por pessoas que buscam recreação, espaço aberto e até o cultivo de alimentos. As coberturas verdes intensivas são mais eficientes em energia que as extensivas; ademais, suas membranas geralmente são mais protegidas e duram mais. A base de solo mais profunda oferece uma capacidade de retenção de água pluvial superior. A espessura do meio de cultivo, no caso das coberturas intensivas, costuma ser de 60,0 cm.

Figura 4.63 Uma cobertura verde cobre o restaurante do Projeto Éden, perto de Saint Austell, Cornualha, Reino Unido.

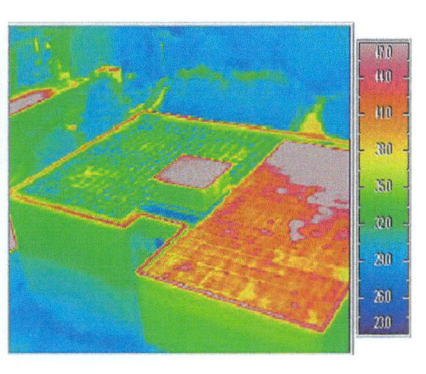

Figura 4.66 Cobertura verde experimental sobre um edifício (esquerda) da Universidade Nacional de Yokohama, Yokohama, Japão. O lado esquerdo da cobertura possui quadrados de trevo, enquanto o lado direito é uma superfície convencional exposta. A termografia infravermelha (direita) mostra o efeito da cobertura verde nas temperaturas das superfícies. ECOTECH LABORATORY

Figura 4.67 Auditório situado sob uma cobertura verde experimental na Universidade Nacional de Yokohama. ECOTECH LABORATORY

As camadas de uma cobertura verde podem variar dependendo do tipo específico selecionado. Em geral, o isolamento é instalado diretamente sobre a laje ou os painéis de cobertura. Acima, encontra-se a impermeabilização, uma barreira de raízes, uma camada de drenagem, uma membrana de filtragem e, finalmente, o solo para as plantas. Planos de drenagem isolados também são usados com frequência; neles, a impermeabilização acontece na superfície estrutural. Dependendo do peso do solo e das plantas, talvez seja necessária uma estrutura adicional sobre a camada de isolamento. Considere com cuidado a localização da barreira de vapor.

Pontos-chave para o projeto de arquitetura

As coberturas verdes bem-sucedidas exigem edificações com volumetrias que permitam uma exposição solar apropriada para os tipos de vegetação desejados. As sombras projetadas por edifícios ou árvores vizinhos podem afetar consideravelmente o sucesso das plantas colocadas no telhado. Também é possível usar a volumetria para criar superfícies de cobertura que já estejam relativamente protegidas do vento. Além disso, a forma da edificação determina como seus usuários poderão interagir com a cobertura verde. Ela só será considerada uma amenidade se puder, no mínimo, ser vista pelos usuários. Caso também esteja acessível a eles, recomenda-se uma maior integração da cobertura verde com os espaços internos apropriados. As preocupações-chave incluem o projeto do sistema estrutural, o detalhamento cuidadoso dos sistemas de drenagem, os sistemas de irrigação e as perfurações da membrana de cobertura.

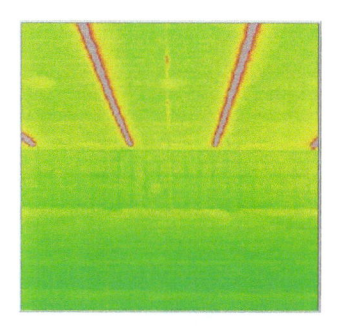

Figura 4.68 Imagem termográfica feita às 15h em uma sala de aula com cobertura verde. Temperatura média de 32°C. ECOTECH LABORATORY

Figura 4.69 Imagem termográfica feita às 15h em uma sala de aula sem cobertura verde. Temperatura média de 38°C na área dos assentos e 42°C junto ao forro. ECOTECH LABORATORY

Considerações sobre a implementação

Escolha plantas arbustivas rústicas e resistentes à seca para as coberturas verdes extensivas. As plantas encontradas nesse tipo de cobertura sofrem com ventos mais velozes e mais radiação solar; além disso, têm uma base de solo mais fina e muito menos acesso aos recursos do lençol freático que as plantas presentes em locais convencionais. O resultado é que as plantas das coberturas verdes apresentam altas perdas por evapotranspiração, fazendo com que as resistentes à seca sejam mais adequadas para essas condições. A secagem excessiva causada pelo vento também é preocupante. Nas zonas de geada 4–8 da América do Norte (veja www.emilycompost.com/zone_map.htm), pelo menos metade das plantas escolhidas para as coberturas verdes extensivas devem ser capins. Em climas mais frios, é recomendado o predomínio de gramíneas. Muitas plantas de coberturas verdes extensivas ficam marrons no inverno; logo, deve-se considerar tal mudança de cor.

Ainda que as coberturas verdes extensivas não sejam acessíveis em geral (exceto para a equipe de manutenção), deve haver um meio de acesso seguro e viável para simplificar a construção e facilitar a manutenção. É necessária uma grade de segurança no perímetro da cobertura.

As coberturas verdes intensivas permitem a incorporação de árvores ao telhado. As árvores e os demais elementos pesados devem ser colocados diretamente acima dos pilares ou vigas principais. A área diretamente abaixo de uma árvore pode, se necessário, ser mais profunda que as demais. Nas coberturas, os ventos são mais fortes que no nível do solo. Para proteger as plantas e os usuários, os jardins de cobertura precisam incluir um para-ventos e uma grade de segurança (talvez na forma de uma platibanda). As árvores precisam ser ancoradas contra o vento, mas evite estacas que possam perfurar a membrana de cobertura. Cabos tracionados são às vezes fixados às raízes das árvores e à estrutura da cobertura sob a superfície do solo. As lajotas têm de ser as mais leves possíveis para reduzir a carga morta sobre a cobertura.

PROBLEMA TÍPICO

Uma cooperativa habitacional ecológica da Carolina do Norte, Estados Unidos, deseja uma cobertura ecológica para seu refeitório comunitário. A cobertura tem aproximadamente 9,1 x 6,1 m, com caimento de 20° para o sul.

1. A cobertura será vista do solo, mas não terá acesso para os moradores. Ela deve absorver a água pluvial, mitigar os efeitos de ilha térmica e simbolizar o comprometimento da comunidade com as soluções ecológicas.
2. Uma cobertura verde extensiva é apropriada para a cobertura com caimento, inacessível e de baixa manutenção desejada pelo cliente e está dentro de seu orçamento.
3. O edifício está cercado por edificações baixas, um gramado e um estacionamento. A cobertura provavelmente receberá pouca sombra e a exposição ao sol será semelhante àquela vegetação no nível do solo.

Projeto passo a passo

1. Estabeleça as funções desejadas da cobertura verde quanto às intenções de projeto. As funções mais comuns incluem:
    ♦ criar um local de interesse visual para os usuários da edificação
    ♦ criar uma área verde passível de ocupação
    ♦ diminuir o consumo de energia na edificação
    ♦ reter e absorver a água da chuva
2. Determine qual tipo de cobertura verde (intensiva ou extensiva) é mais apropriado para se alcançar as intenções de projeto e as funções desejadas.
3. Determine a quantidade de sol e sombra que a área proposta para a cobertura verde receberá durante o ano. Ferramentas fáceis de usar incluem as cartas solares e maquetes volumétricas simples. Ajuste a localização da área da cobertura verde na medida do necessário, para obter a exposição solar adequada.
4. Estabeleça os tipos de plantas desejadas, considerando os padrões de sol/sombra, os índices pluviométricos disponíveis e as velocidades prováveis do vento. Recomenda-se a consulta com um paisagista local.
5. Determine a profundidade do solo necessária para suportar as plantas desejadas – para saber mais sobre as profundidades mínimas para diferentes tipos de plantas, veja a Tabela 4.2.

6. Estime a carga morta da cobertura verde proposta (pressupondo uma condição totalmente saturada) para então estimar o tamanho (profundidade) do sistema estrutural de apoio (veja as Tabelas 4.2 e 4.3).

7. Se a abordagem da cobertura verde parecer viável, adote essa estratégia e proceda com o projeto. Pense em como incorporar os acessos para manutenção e irrigação (se necessários).

Tabela 4.2 Profundidades mínimas do solo para as plantas de coberturas verdes. *TIME-SAVER STANDARDS FOR LANDSCAPE ARCHITECTURE*, 2ND ED.

Plantas	Profundidade mínima do solo[a]
Gramados	200–300 mm
Flores e plantas rasteiras	250–350 mm
Arbustos	600–750 mm [b]
Árvores pequenas	750–1050 mm [b]
Árvores grandes	1,5–1,8 m [b]

[a] acima do tecido geotêxtil e do meio de drenagem
[b] depende do tamanho da planta adulta

Tabela 4.3 Pesos aproximados dos materiais de construção de coberturas verdes. *TIME-SAVER STANDARDS FOR LANDSCAPE ARCHITECTURE*, 2ND ED.

Material	Seco kg/m^3	Molhado kg/m^3
Areia ou pedregulho	1.440	1.929
Serragem de cedro com fertilizante	149	209
Musgo de turfa	154	166
Restos e serragem de sequoia	2.387	357
Húmus de casca de pinheiro e abeto	357	535
Perlita	104	521
Terra	1.216	1.248
Concreto		
Leve	1.400	–
Pré-moldado	2.080	–
Armado	2.400	–
Aço	7.840	–

4. As plantas são escolhidas de acordo com o clima. O terreno tem mais de 100 dias de sol por ano. Os invernos são geralmente amenos, com geadas e neve ocasional. Os verões são longos, quentes e úmidos. O índice pluviométrico anual é de 1.300 mm, aproximadamente. Em função dos dados acima e da fina camada de solo das coberturas verdes sustentáveis, foram selecionadas plantas suculentas e resistentes à seca.

5. Uma profundidade preliminar de 25,0 cm de meio de cultivo (solo) leve será colocada sobre uma camada de drenagem de 10,0 cm.

6. A carga morta estimada em função dos elementos da cobertura ecológica é: (10/12)(70) + (4/12)(120) = 1.570 kg/m^3. Deve-se acrescentar a esse valor o peso da estrutura e do isolamento mais as cargas acidentais.

7. Essa abordagem de cobertura verde é considerada viável.

74 Manual de Arquitetura Ecológica

Figura 4.72 A cobertura verde da garagem-estúdio Roddy/Bale, em Seattle, Washington, tem uma variedade de plantas e recobrimentos nativos. MILLER | HULL PARTNERSHIP

Exemplos

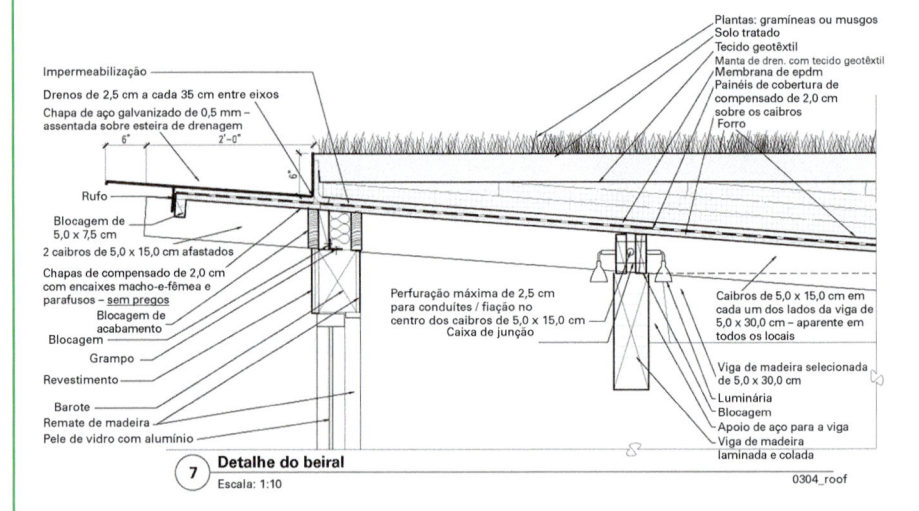

Figura 4.70 Detalhe da construção de uma cobertura verde sobre o ateliê-garagem de uma residência em Seattle, Washington. MILLER | HULL PARTNERSHIP

Figura 4.73 Detalhe da cobertura verde do hotel Hyatt Olive 8, mostrando sua modulação.

Figura 4.71 A cobertura verde extensiva e modulada do hotel Hyatt Olive 8, em Seattle.

Mais informações

British Council for Offices. 2003. Research Advice Note: "Green Roofs." www.bco.org.uk/research/researchavailabletobuy/detail.cfm?rid=45&cid=0

Centre for Architectural Ecology, Collaborations in Green Roofs and Living Walls. commons.bcit.ca/greenroof/

Earth Pledge. 2004. *Green Roofs: Ecological Design and Construction*. Schiffer Publishing, Atglen, PA.

Green Roofs for Healthy Cities. www.greenroofs.net/

Harris, C. and N. Dines. 1997. *Time-Saver Standards for Landscape Architecture*, 2nd ed. McGraw-Hill, New York.

Oberlander, C.H., E.Whitelaw and E. Matsuzaki. 2002. *Introductory Manual for Greening Roofs for Public Works and Government Services Canada*, Version 1.1. www.bluestem.ca/pdf/PWGSC_GreeningRoofs_wLink_3.pdf

Osmundson, T. 1997. *Roof Gardens: History, Design, and Construction*. W.W. Norton, New York.

Velazquez, L. 2005. "Organic Greenroof Architecture: Design Consideration and System Components" and "Organic Greenroof Architecture: Sustainable Design for the New Millennium". *Environmental Quality Management*, Summer.

Weiler, S. and K. Scholz-Barth. 2009. *Green Roof Systems*, John Wiley & Sons, Hoboken, NJ.

APÓS A DEFINIÇÃO DO PARTIDO
Durante o desenvolvimento do projeto, uma cobertura verde poderá ser otimizada e detalhada. Um arquiteto paisagista provavelmente estará envolvido para garantir a sobrevivência, a compatibilidade e a saúde da vegetação. A estrutura da cobertura será analisada e detalhada. Se a edificação (ou a cobertura, devido à sua altura) estiver localizada em uma área alta e com ventos, podem ser feitos estudos para estimar as velocidades dos ventos na cobertura e para determinar o melhor posicionamento de para-ventos e as exigências de ancoragem de árvores e paredes.

NOTAS

ILUMINAÇÃO

A distribuição controlada da iluminação natural nas edificações é uma questão fundamental para o projeto ecológico. A iluminação natural é essencial para um bom desempenho energético, bem como para a satisfação, produtividade e saúde do usuário. Essa questão deve ser abordada ainda no início do processo de definição do partido, já que os requisitos para uma iluminação natural de qualidade costumam ter grandes implicações para a volumetria da edificação e o zoneamento das atividades.

A iluminação zenital (iluminação natural por meio de claraboias, lanternins, etc.) e a iluminação lateral (iluminação natural por meio de aberturas verticais nas paredes externas da edificação) geram diferentes conjuntos de problemas de coordenação para os projetistas. Com a iluminação zenital, níveis homogêneos de luz difusa são distribuídos em grandes áreas da edificação. Por isso, uma boa iluminação zenital é geralmente mais fácil de obter e requer controles menos complexos de iluminação elétrica. A iluminação lateral tende a ser mais complicada. É preciso calibrar cuidadosamente o tamanho, a localização, a transmitância visual e as características de desempenho energético das vidraças. O controle do ofuscamento, que envolve beirais e brises horizontais, estantes de luz internas e opções de vidraça, além de persianas ou venezianas, é fundamental. Como a iluminância gerada pela iluminação natural diminui conforme a distância das janelas, os controles de iluminação elétrica se tornam mais complexos.

É importante fazer uma distinção entre a luz solar direta e a luz diurna (ou natural). Na maioria das vezes, a luz solar direta acarreta calor e luz excessivos, o que provoca desconforto visual e térmico. As claraboias projetadas para fornecer a luz natural devem conter vidros foscos (e não transparentes). O controle dos ganhos térmicos solares por meio das claraboias é importante para a eficiência energética da edificação. O projeto das janelas verticais deve incluir controles de ofuscamento e calor. Grandes áreas de vidro sem proteção não resultam em uma boa iluminação natural.

A importância de controles viáveis e em boas condições de funcionamento para a iluminação elétrica é crucial. A menos que ela seja dimerizada ou apagada, não haverá economia de eletricidade nem redução da carga de refrigeração. Sem controles, até os mais bem projetados sistemas de iluminação natural exigirão o uso de mais, e não menos, energia.

Os acabamentos e acessórios internos são muito importantes para as edificações que recebem iluminação natural. Os tetos e as paredes devem ter cores claras e com alta refletância. As divisórias e os cubículos de escritórios devem ser os mais baixos possíveis e, ao mesmo tempo, satisfazer a necessidade de privacidade. É necessário notificar tais exigências ao cliente e ao projetista de interiores; do contrário, os planos do arquiteto quanto à iluminação natural podem não ser concretizados.

No caso de projetos a serem certificados pelo sistema de certificação LEED-NC, do USGBC, observe que os créditos de iluminação natural e vistas, os quais fazem parte da Qualidade do Ambiente Interno, consideram a luz diurna como um fator de conforto para os usuários da edificação, e não como uma estratégia de eficiência energética. Um sistema de iluminação natural bem projetado e controlado é capaz de reduzir o consumo de energia. Portanto, a iluminação natural pode resultar em pontos adicionais na categoria Energia e Atmosfera.

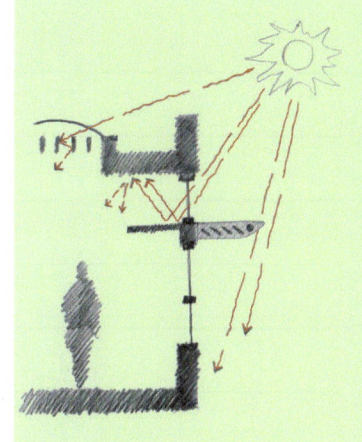

ILUMINAÇÃO

Estratégias
Coeficiente de luz diurna
Zoneamento da iluminação natural
Iluminação zenital
Iluminação lateral
Estantes de luz
Refletâncias internas
Elementos de proteção solar
Iluminação elétrica

NOTAS

COEFICIENTE DE LUZ DIURNA (CLD)

O COEFICIENTE DE LUZ DIURNA (CLD) é uma razão numérica usada para descrever a relação entre as iluminâncias diurnas interna e externa (em geral, sob condições de céu encoberto). Para que possamos compreender o desempenho do sistema de iluminação natural e as muitas estratégias de projeto utilizadas para fornecer luz diurna, é fundamental entender essa medida-chave empregada universalmente para avaliar a iluminância diurna.

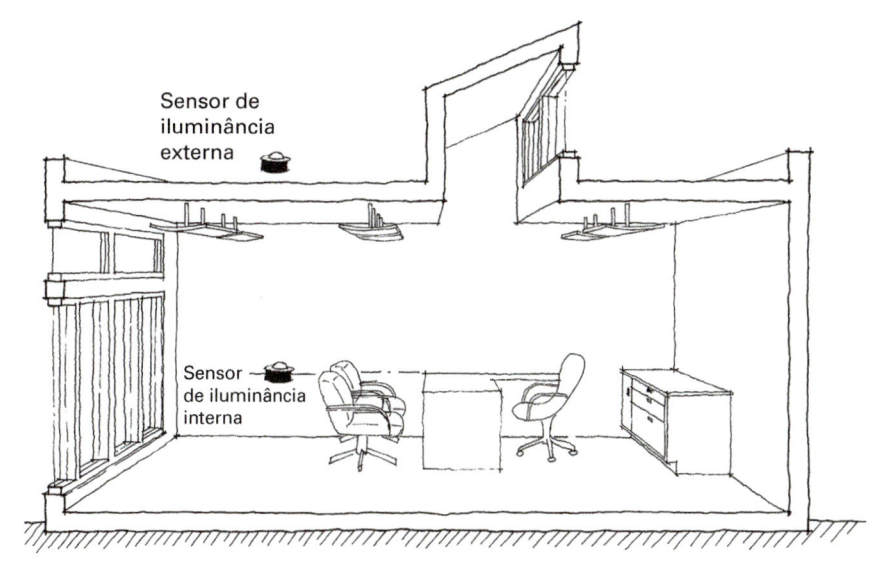

Figura 4.74 O conceito fundamental do coeficiente de luz diurna – a relação entre as iluminâncias diurnas interna e externa. JONATHAN MEENDERING

Figura 4.75 Vista externa de uma maquete de estudo da iluminação natural típica.

Como as condições do céu mudam o tempo todo, a iluminância diurna mostra-se excepcionalmente variável no decorrer de um dia/mês/ano típico. Portanto, não é possível simplesmente afirmar que a iluminância diurna em determinado ponto de uma edificação será "x" lux, ou pés-vela. O valor correspondente a "x", seja ele qual for, estará incorreto na maior parte do tempo (sob diferentes condições externas). Com frequência, os valores absolutos da iluminância diurna não são medidas úteis para o projeto. Enquanto razão (uma medida relativa), o coeficiente de luz diurna é geralmente estável com o passar do tempo e, consequentemente, muito mais útil e passível de utilização como ferramenta de projeto – ainda que, em certo ponto do processo de projeto, quase sempre seja necessário relacionar um coeficiente de luz diurna com um valor de iluminância.

Conforme sugere a Figura 4.74, o coeficiente de luz diurna equivale à iluminância diurna interna em um ponto específico dividida por uma iluminância diurna externa de referência. O CLD é adimensional (as unidades de iluminância são nulas) e expresso como uma porcentagem (por exemplo, 2,5%) ou como um número decimal (0,025). O coeficiente de luz diurna varia conforme a posição; haverá uma série de coeficientes em um dado espaço. O coeficiente de luz diurna representa, literalmente, a eficiência de todo o sistema de iluminação natural na hora de fornecer luz diurna vinda de um ambiente externo para um ponto específico no interior da edificação.

OBJETIVO
Usado para quantificar o desempenho da iluminação natural

EFEITO
Normaliza as variações na iluminância diurna com o passar do tempo

OPÇÕES
Expresso como uma porcentagem ou como um valor decimal

QUESTÕES DE COORDENAÇÃO
Não se aplicam

ESTRATÉGIAS RELACIONADAS
Análise do Terreno, Vidraças, Iluminação Lateral, Iluminação Zenital, Estantes de Luz, Elementos de Proteção Solar, Refletâncias Internas

PRÉ-REQUISITOS
Não se aplicam

O coeficiente de luz diurna é usado como critério de projeto (ou seja, é uma meta de projeto) e também como uma medida do desempenho real do sistema. Enquanto critério de projeto, é possível ajustar o CLD para alcançar um objetivo estabelecido internamente pelo cliente ou para atingir um valor mínimo de eficiência energética explícita ou de contribuição do sistema passivo. Inúmeras fontes oferecem recomendações acerca dos coeficientes de luz diurna mínimos.

Pontos-chave para o projeto de arquitetura

O *coeficiente* de luz diurna experimentado em determinado ponto de um espaço específico de uma edificação depende de inúmeros fatores de projeto, incluindo:

- tamanho das aberturas de iluminação natural (janelas, claraboias, etc.);
- localização das aberturas de iluminação natural (lateral, zenital, etc.);
- acesso à iluminação natural (considerando-se os contextos da edificação, do terreno e dos cômodos);
- geometria dos cômodos (altura, largura e profundidade);
- localização do ponto de interesse em relação às aberturas;
- transmitância visível (TV) das vidraças;
- refletância das superfícies e do conteúdo dos cômodos;
- refletância das superfícies externas que afetam a luz diurna que entra pelas aberturas;
- os efeitos dos elementos de apoio à iluminação natural (como estantes de luz).

A *iluminância* da luz diurna experimentada em dado ponto de uma edificação depende dos fatores supracitados e:

- localização global e clima predominante da edificação;
- o período do dia/mês/ano;
- as condições celestes do momento.

Dispondo de informações sobre o coeficiente de luz diurna em determinado local dentro da edificação, o projetista pode estimar a iluminância diurna com base na iluminância externa disponível. Por exemplo: a iluminância esperada (E) no ponto "A" de dado cômodo às 10h do dia 25 de março é determinada da seguinte maneira:

$$E = (CLD \text{ no ponto ''A''})(\text{iluminância externa})$$

onde a "iluminância externa" corresponde à iluminância externa do projeto que provavelmente prevalecerá no terreno ocupado pela edificação às 10h do dia 25 de março.

A iluminância da luz diurna real experimentada no ponto "A" desse cômodo às 10h de qualquer dia 25 de março será alterada pelas condições climáticas existentes no momento.

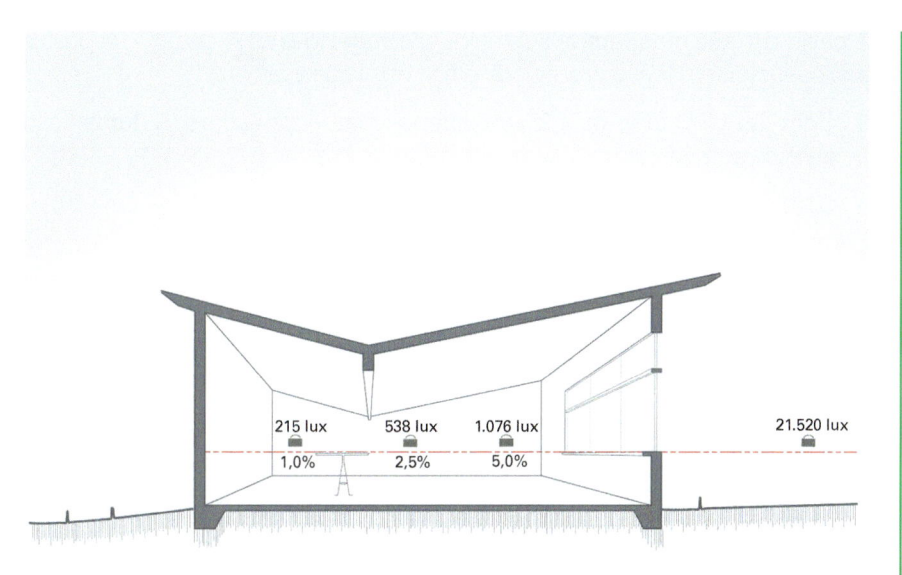

Figura 4.76 Coeficiente de luz diurna *versus* iluminância como medida de iluminação natural. Os valores de iluminância variarão ao longo do dia, enquanto os coeficientes de luz diurna permanecerão razoavelmente constantes ao longo do dia (sob condições celestes similares).
JON THWAITES

Figura 4.77 O coeficiente de luz diurna pode ser mensurado *in loco* (como nesta residência) usando-se medidores de iluminância aos pares.

Figura 4.78 É possível usar maquetes em escala (como a da residência mostrada acima) para prever o coeficiente de luz diurna durante o projeto. Para obter previsões exatas, as refletâncias das superfícies devem ser representadas cuidadosamente.

Considerações sobre a implementação

Como um critério de projeto. É fácil usar o coeficiente de luz diurna como uma meta de projeto. Basta estabelecer critérios de CLD para diferentes espaços (e/ou locais dentro de espaços) que sejam apropriados para o contexto do projeto – sem se esquecer de que uma determinada meta de CLD representará diferentes iluminâncias em climas e períodos diferentes. Essas metas podem vir do cliente, códigos, normas ou diretrizes, bem como dos valores ambientais ou financeiros da equipe de projetistas. Os critérios de CLD são geralmente expressos como metas mínimas (por exemplo, um coeficiente de luz diurna de 4%, no mínimo). Tais critérios também podem derivar do objetivo de dispensar (seja total ou parcialmente) a iluminação elétrica. Nesse caso, um CLD alvo seria estabelecido com base nos valores de iluminância exigidos pelo projeto. Em outras palavras: às vezes, os critérios de CLD se basearão em uma sensação generalizada de que esse ou aquele coeficiente representa uma iniciativa "boa" ou "razoável". Em outros casos, as metas de CLD estão explicitamente relacionadas a um resultado específico (como, por exemplo, a não utilização de luz elétrica entre as 10h e as 16h).

O sistema LEED NC-2.1, do United States Green Building Council, estabeleceu um coeficiente de luz diurna mínimo de 2% (com condições) como valor mínimo para um crédito de iluminação natural do LEED. O programa EcoHomes, do British Research Establishment, exige um CLD médio mínimo de 2% em cozinhas e de 1,5% em salas de estar, salas de jantar e gabinetes. É possível encontrar outras exigências ou recomendações mínimas de coeficiente de luz diurna em códigos de edificação ou normas de iluminação de muitos países. Na ausência de outros critérios, a Tabela 4.4 fornece recomendações genéricas para coeficientes de luz diurna alvo que foram extraídas de várias fontes da América do Norte e no Reino Unido. Coeficientes de luz diurna elevados devem ser considerados com cuidado, uma vez que podem provocar o ofuscamento.

Figura 4.79 Uma simulação em computador, como a Radiance, consegue fazer previsões de coeficiente de luz diurna e facilita a avaliação qualitativa de um projeto proposto.
GREG WARD

A partir de uma perspectiva subjetiva, são sugeridas as seguintes respostas aos coeficientes de luz diurna por parte dos usuários:

♦ Com um CLD inferior a 2%, o cômodo parecerá escuro. A iluminação elétrica será necessária na maior parte do dia.

♦ Com um CLD entre 2 e 5%, o cômodo parecerá claro, embora uma iluminação elétrica adicional talvez seja necessária.

♦ Com um CLD superior a 5%, o cômodo parecerá muito iluminado. Dependendo da tarefa visual em questão, a iluminação elétrica talvez seja totalmente desnecessária durante o dia.

Tabela 4.4 Critérios sugeridos de coeficiente de luz diurna (sob céus encobertos)

Espaço	CLD médio	CLD mínimo
Comercial/institucional		
Corredor	2	0,6
Escritório geral	5	2
Sala de aula	5	2
Biblioteca	5	1,5
Ginásio	5	3,5
Residencial		
Sala de jantar/gabinete	5	2,5
Cozinha	2	0,6
Sala de estar	1,5	0,5
Dormitório	1,0	0,3

Como um indicador de desempenho. Existem diversos métodos analógicos, digitais e correlacionais que podem ser usados para prever o coeficiente de luz diurna que provavelmente se manifestará em determinado ponto em uma edificação que está sendo construída. Esses métodos geralmente incluem (em ordem de precisão):

♦ Uma variedade de diretrizes de desempenho para serem usadas nas etapas iniciais do projeto e que tentam relacionar um projeto proposto com o desempenho medido nos espaços construídos anteriormente. Em geral, esses métodos indicam, aproximadamente, se a estratégia de iluminação natural poderá alcançar os critérios de desempenho estabelecidos. A regra do 2,5 H, que sugere que a luz diurna utilizável penetrará um espaço 2,5 vezes a altura da verga da janela, é um exemplo desse tipo de método.

♦ Maquetes em escala (maquetes de iluminação natural) que tentam representar fisicamente um projeto proposto – o CLD previsto é medido em um contexto apropriado com medidores de iluminância aos pares.

♦ Simulações em computador que tentam representar um projeto proposto numericamente – o CLD previsto é apresentado como um resultado numérico ou gráfico.

Como uma medida de avaliação pós-construção. É fácil medir o coeficiente de luz diurna em uma edificação concluída usando-se medidores de iluminância aos pares. A medição do CLD *in loco* seria um elemento provável de qualquer avaliação pós-ocupação (APO) de uma edificação com iluminação natural.

Projeto passo a passo

1. Com base nas recomendações ou exigências que mais se aplicam ao contexto do projeto, estabeleça os critérios para os coeficientes de luz diurna para os diversos espaços da edificação que está sendo projetada. Esses critérios, em geral, são valores mínimos, em vez de metas exatas.
2. Selecione a abordagem de iluminação natural, ou combinação de abordagens, que tenha maior probabilidade de apresentar um desempenho que atenda aos critérios estabelecidos no Passo 1. As abordagens de iluminação natural incluem iluminação lateral, iluminação zenital e elementos especiais que envolvem tubos ou chaminés de luz. Veja as estratégias "Iluminação zenital" e "Iluminação lateral" a seguir.
3. Dimensione as aberturas para iluminação natural utilizando as orientações da definição do partido disponíveis ou o método de tentativa e erro.
4. Modele o desempenho da iluminação natural (incluindo coeficientes de luz diurna) do sistema de iluminação natural proposto. As ferramentas de modelagem incluem maquetes convencionais em escala, simulações em computador e cálculos manuais.
5. Ajuste os parâmetros do projeto de iluminação natural selecionado (tamanho das aberturas, transmitância das vidraças, refletâncias das superfícies, estantes de luz, etc.) na medida do necessário, para atender aos critérios do coeficiente de luz diurna estabelecidos.
6. Aperfeiçoe o projeto da iluminação natural utilizando parâmetros modificados: faça os ajustes necessários para atender aos critérios do projeto.

Exemplos

PROBLEMA TÍPICO

A equipe de projetistas de uma pequena clínica odontológica independente de Alpine, Texas, pretende iluminar naturalmente o edifício de acordo com as diretrizes recomendadas pelo LEED

1. O LEED recomenda os seguintes coeficientes de luz diurna: um CLD mínimo de 2% para 75% dos espaços ocupados normalmente.
2. A iluminação lateral foi escolhida já que as vistas externas também foram consideradas importantes para a equipe de projetistas.
3. Usando-se as diretrizes de projeto disponíveis (veja, por exemplo, Iluminação Lateral), as janelas são dimensionadas para fornecer o coeficiente de luz diurna desejado. O leiaute da edificação é fundamental para o sucesso dessa abordagem de iluminação natural.
4. Uma maquete convencional em escala é usada para testar o projeto de iluminação natural desejado.
5. O projeto proposto apresentou CLDs mínimos superiores a 2,5% em todos os espaços, exceto dois, onde o mínimo ficou abaixo de 2%. Nesses espaços, as aberturas foram aumentadas.
6. Os novos testes confirmam que o coeficiente de luz diurna mínimo, de 2%, foi alcançado em 80% dos espaços habitáveis.

Figura 4.80 Maquete de iluminação natural colocada sob um céu artificial com vários fotossensores internos e um único sensor externo (no telhado) para medir as iluminâncias e determinar os coeficientes de luz diurna (CLD). A maquete está "sem vidraças", mas a luz diurna adicional que entra por ali será corrigida na hora de calcular o CLD. ROBERT MARCIAL

Figura 4.81 Uma maquete em escala sendo testada em uma área externa sob céu encoberto com um fotossensor interno e um externo para medir as iluminações e calcular o coeficiente de luz diurna.

APÓS A DEFINIÇÃO DO PARTIDO
Embora o fator de iluminação desempenhe um papel importante na avaliação da iluminação durante a definição do partido, ele também é importante como um indicador de desempenho durante o desenvolvimento do projeto e as avaliações pós-ocupação. Vários sistemas de certificação de edificações ecologicamente corretas usam um fator mínimo de iluminação natural como um valor mínimo para obtenção de créditos por iluminação.

Mais informações

British Standards. 2008. Lighting for Buildings: *Code of Practice for Daylighting* (BS 8206-2), BSI British Standards, London.

Brown, G.Z. and M. DeKay. 2001. *Sun, Wind & Light: Architectural Design Strategies*, 2nd ed. John Wiley & Sons, New York.

Grondzik, W. et al. 2010. *Mechanical and Electrical Equipment for Buildings*. 11th ed. John Wiley & Sons, Hoboken, NJ.

IESNA. 1999. *Recommended Practice of Daylighting (RP-5-99)*, Illuminating Engineering Society of North America, New York.

Moore, F. 1993. *Environmental Control Systems: Heating, Cooling, Lighting*, McGraw-Hill, Inc., New York.

Square One Research. Lighting Design, Daylight Factor. www.squ1.com/archive/

O ZONEAMENTO DA ILUMINAÇÃO NATURAL é o processo de agrupar os vários espaços de uma edificação, com exigências de luminosidade similares, em uma zona de iluminação natural, o que resulta em economias no projeto e no controle de custos. Os esquemas de iluminação natural podem ser criados e ajustados de modo a atender às necessidades e condições específicas dos espaços associados com necessidades similares de luz diurna – otimizando, portanto, a estratégia de projeto para cada zona.

É possível agrupar diversos cômodos com características similares no que diz respeito à iluminação para se formar uma zona ou, ainda, tratar um único cômodo como uma zona. Em geral, a combinação de espaços em zonas com iluminação natural é feita considerando-se três de suas características:

- **Função**: O tipo de tarefas visuais que predominam dentro de determinado espaço estabelecerá as exigências de iluminação que permitirão que tais tarefas sejam executadas com o nível de qualidade definido nos objetivos do projeto.
- **Horários de uso**: Os principais horários de uso de um espaço, bem como o modo como esses horários se relacionam com a disponibilidade de luz diurna, determinarão o potencial de iluminação natural e influenciarão o zoneamento.
- **Localização e orientação**: A localização de dado espaço com relação à fonte de luz natural (por exemplo, perto de uma parede externa, dentro de um átrio interno, etc.) e sua orientação (por exemplo, um espaço com uma abertura voltada para o sul – no hemisfério sul – *versus* outro com uma abertura voltada para o oeste) ajudarão a determinar como a iluminação natural pode ser utilizada.

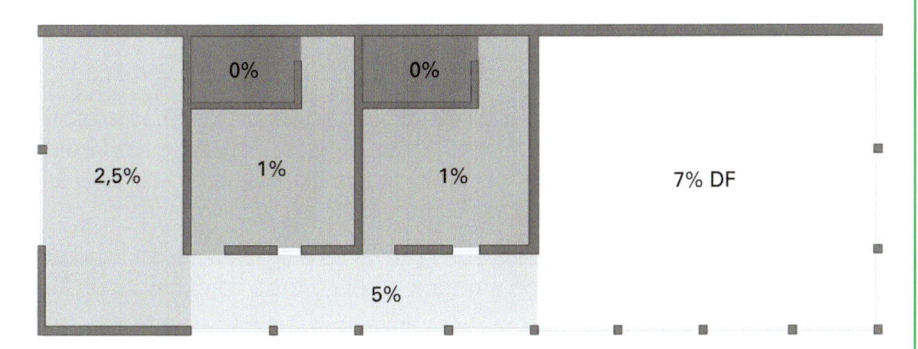

Figura 4.82 Exemplo de um diagrama de zoneamento da iluminação natural. JON THWAITES

Embora a função e os horários de uso sejam determinados principalmente pelo programa de necessidades, o projetista tem controle sobre a localização e a orientação do espaço, tomando decisões que otimizem a efetividade dos esquemas de iluminação natural. Além disso, os fatores relacionados que talvez devam ser considerados durante o processo de zoneamento incluem oportunidades e exigências de conforto visual, conforto térmico, controle de incêndio e fumaça, e automação da edificação.

Pontos-chave para o projeto de arquitetura

O zoneamento da iluminação natural é capaz de afetar, de modo radical, a orientação, a volumetria, o leiaute da planta baixa e o perfil (a altura dos cômodos) de uma edificação; por isso, deve servir de fator de orientação

ZONEAMENTO DA ILUMINAÇÃO NATURAL

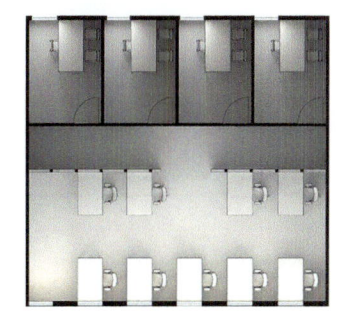

Figura 4.83 Mapa isolux das zonas de iluminação natural medidas dentro de um edifício de escritórios – as zonas são evidentes. WYATT HAMMER

OBJETIVO
Projeto otimizado da iluminação natural

EFEITO
Eficiência energética, organização da edificação, possibilidade de coordenação com a iluminação elétrica

OPÇÕES
Não se aplicam

QUESTÕES DE COORDENAÇÃO
Estratégia de iluminação natural, coeficiente de luz diurna, iluminação elétrica, vidraças, elementos de proteção solar, forros, acabamentos

ESTRATÉGIAS RELACIONADAS
Análise do Terreno, Vidraças, Coeficiente de Luz Diurna, Refletâncias Internas, Elementos de Proteção Solar, Estantes de Luz, Iluminação Elétrica

PRÉ-REQUISITOS
Programa de necessidades, leiaute espacial preliminar, critérios para o projeto de iluminação

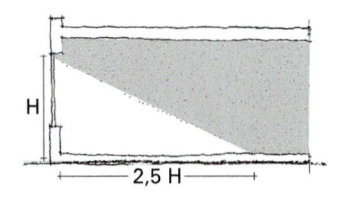

Figura 4.84 Ilustração da regra de iluminação natural da altura da janela vezes 2,5. KATE BECKLEY

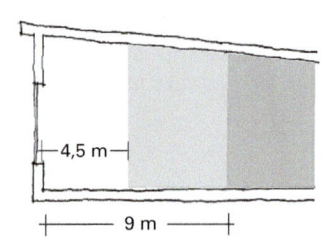

Figura 4.85 A regra de iluminação natural dos 4,5/9 – embora não esteja relacionada a uma altura de janela específica, pressupõe-se que uma abertura adequada e apropriada para a iluminação lateral foi prevista.
KATE BECKLEY

PROBLEMA TÍPICO

O uso do zoneamento da iluminação natural é ilustrado na Figura 4.82. A aplicação da regra da altura da janela vezes 2,5 H e da regra dos 4,5/9 é ilustrada na estratégia da Iluminação Lateral.

durante o processo de definição do partido. A otimização do acesso à luz diurna para as zonas onde as necessidades de iluminação podem ser atendidas principalmente pela iluminação natural implica na maximização do perímetro da edificação, bem como no uso de iluminação zenital para espaços internos críticos. Talvez o uso de átrios e/ou poços de luz também seja apropriado. Com frequência, as decisões de iluminação natural resultam em um edifício com uma relação entre a área de vedações e o volume maior do que uma típica edificação compacta (com iluminação elétrica).

Considerações sobre a implementação

O programa de necessidades ou os horários de uso podem complicar as iniciativas de zoneamento da iluminação natural quando a mistura específica de tipos de espaço (e/ou horários de uso) não permite o agrupamento lógico dos espaços que recebem luz diurna. Às vezes, aquilo que faz sentido do ponto de vista do zoneamento da iluminação natural não funciona de um ponto de vista funcional. A equipe de projetistas precisará resolver tais conflitos.

Os condicionantes do terreno podem limitar o acesso solar de maneira que não seja possível utilizar a luz diurna na medida desejada ou acomodar o esquema de zoneamento desejado ao mesmo tempo em que se aborda as exigências obrigatórias do projeto e as necessidades de circulação.

É necessário selecionar vidraças, estantes de luz e elementos de proteção solar e projetá-los de modo a reforçar os esquemas de zoneamento da iluminação natural propostos. A distribuição das paredes internas pode ter um enorme impacto na distribuição da luz diurna e, consequentemente, nas zonas iluminadas naturalmente.

Projeto passo a passo

1. Liste e defina os tipos de espaços que estarão presentes na edificação.

2. Determine os valores necessários de iluminação geral e iluminação sobre o plano de trabalho para os vários tipos de espaços com base nas tarefas visuais que serão realizadas. Os níveis de iluminância recomendados estão disponíveis no *IESNA Lighting Handbook* e em recursos similares.

3. Faça uma tabela de horários de uso previstos e o potencial de luz diurna para cada tipo de espaço em uma tabela (como no exemplo da Tabela 4.5).

4. Agrupe os cômodos em zonas com base em necessidades de iluminação similares (considerando as necessidades de iluminação geral e sobre o plano de trabalho), os horários complementares, os usos correspondentes e as exigências de conforto térmico.

5. Distribua volumes, plantas baixas e cortes da edificação de modo a otimizar o potencial de iluminação natural colocando as zonas com as mais altas necessidades de iluminância mais próximas das aberturas iluminadas naturalmente, e as zonas com as mais baixas necessidades de iluminância mais afastadas das mesmas aberturas.

6. Verifique o possível desempenho das estratégias de iluminação natural para cada zona diferente. Duas regras genéricas – a regra de iluminação natural da altura da janela vezes 2,5 e a regra de iluminação natural dos 4,5/9 – são ferramentas úteis, nesse caso, durante a fase de definição do partido (conforme explicado a seguir).

Tabela 4.5 Exemplo de análise de iluminância e dos horários de uso

Tipo de espaço	Expectativas de iluminância		Horário de uso	Potencial de iluminação diurna
	Geral	Sobre o plano de trabalho		
Loja	Alta	Alta	10h–17h	Baixo
Sala de reunião	Baixa	Alta	8h–17h	Geral
Banheiro	Baixa	Baixa	10h–17h	Geral e sobre o plano de trabalho
Escritório	Baixa	Alta	8h–18h	Geral
Galeria de arte	Baixa	Alta	10h–17h	Geral

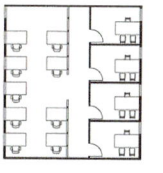

Figura 4.86 Planta baixa e corte da proposta para uma edificação utilizada na análise mostrada na Figura 4.87. WYATT HAMMER

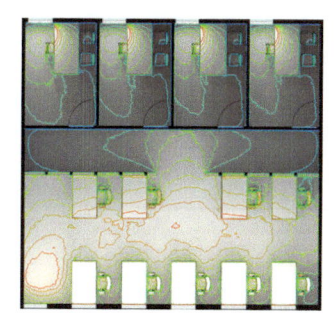

Figura 4.87 Desempenho previsto para a iluminação natural projetada com o uso das ferramentas de simulação de iluminação e renderização dos programas Autodesk Ecotect e Radiance. WYATT HAMMER

Em uma grande edificação, a maioria dos cômodos tem, no máximo, uma parede externa com acesso à iluminação natural. As janelas em uma das paredes externas constituem a estratégia de iluminação natural mais utilizada – a iluminação lateral. Com a iluminação lateral, os níveis de luz diurna em um cômodo tendem a ser mais altos no lado onde se encontra a abertura, diminuindo à medida que nos afastamos dela. A regra de iluminação natural da altura da janela vezes 2,5 (mostrada na Figura 4.84) pode ser usada para estimar o alcance da luz diurna aproveitável, proveniente da iluminação lateral, dentro de um cômodo. Essa regra sugere que níveis significativos de luz diurna só alcançam uma distância equivalente a 2,5 vezes a altura da abertura de janela.

Em grandes edifícios de pavimentos múltiplos, a possibilidade de se utilizar a luz natural com inteligência geralmente resulta da forma da planta baixa e da adjacência de um dado espaço com uma parede externa. A Figura 4.85 mostra uma situação relativamente comum que leva à regra dos 4,5/9, também útil na fase de definição do partido. Essa regra sugere que, com um bom projeto de janelas, é possível iluminar uma zona com aproximadamente 4,5 m de profundidade usando principalmente luz natural, além de uma zona secundária da mesma profundidade (entre 4,5 a 9,0 m de distância da janela) usando luz natural complementada por iluminação elétrica. Se não houver iluminação zenital ou lateral de fonte secundária, os espaços que ficam a mais de 9,0 m da janela deverão ser iluminados unicamente com energia elétrica.

Exemplos

Figura 4.88 Área de computadores com iluminação natural no Queen's Building da DeMontfort University, em Leicester, Reino Unido, mostrando a coordenação de luminárias elétricas e zonas de iluminação lateral. THERESE PEFFER

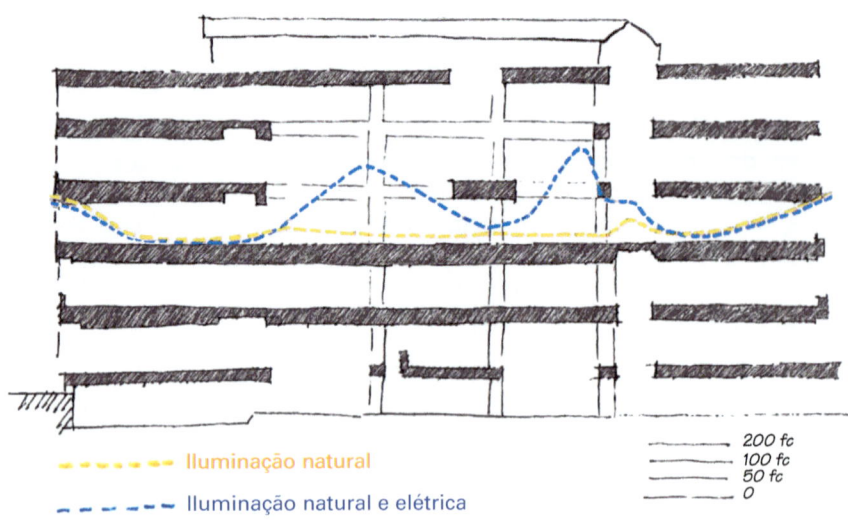

- - - - - Iluminação natural
- - - - - Iluminação natural e elétrica

200 fc
100 fc
50 fc
0

Fileira B - 4º Pavimento Biblioteca Pública de São Francisco

Figura 4.89 Medições de iluminação de toda a Biblioteca Pública de São Francisco, Califórnia, com lâmpadas elétricas acesas e apagadas sugerindo que o projetista organizou espaços específicos para iluminação diurna por meio de janelas e claraboias. CROQUI REDESENHADO POR LUZANNE SMITH EXTRAÍDO DE UM PROJETO DE ESTUDO DE CASO DA VITAL SIGNS

Figura 4.90 Três diferentes áreas de iluminação natural – cubículos de leitura, corredor e área do acervo – na Biblioteca da Abadia de Mount Angel, em Saint Benedict, Oregon, Estados Unidos.

Mais informações

Ander, G.D. 2003. *Daylighting Performance and Design*, 2nd ed. John Wiley & Sons, New York.

Baker, N., A. Fanchiotti and K. Steemers (eds). 1993. *Daylighting in Architecture: A European Reference Book*. Earthscan/James & James, London.

Bell, J. and W. Burt. 1995. *Designing Buildings for Daylight*, BRE Press, Bracknell Berkshire, UK.

Brown, G.Z. and M. DeKay. 2001. *Sun, Wind & Light: Architectural Design Strategies*, 2nd ed. John Wiley & Sons, New York.

CIBSE. 1999. *Daylighting and Window Design*, The Chartered Institution of Building Services Engineers, London.

CIBSE. 2009. *Code for Lighting*, The Chartered Institution of Building Services Engineers, London.

DiLaura, D. et al. (ed). 2011. *The Lighting Handbook*. 10th ed. Illuminating Engineering Society of North America, New York.

Guzowski, M. 2000. *Daylighting for Sustainable Design*, McGraw-Hill, New York.

Moore, F. 1985. *Concepts and Practice of Architectural Daylighting*, Van Nostrand Reinhold, New York.

APÓS A DEFINIÇÃO DO PARTIDO

Durante o desenvolvimento do projeto, é crucial considerar e projetar com atenção os controles de iluminação natural – temporizadores, fotocontroles (controles de circuito aberto em vez de fechado) e o desligamento automático de lâmpadas em vez da dimerização – para obter um sistema de iluminação natural econômico em energia. Os controles de circuito aberto sentem a luz natural incidente e aumentam a iluminação a um nível predeterminado para complementar a iluminação natural. Os controles de circuito fechado sentem o efeito conjunto da iluminação natural e elétrica no espaço e elevam o nível de iluminação elétrica a um nível de iluminância predeterminada. Sistemas de circuito aberto são mais baratos e fáceis de instalar. Se uma edificação não exigir um sistema de controle complexo, quanto mais simples, melhor. Edificações industriais e muitos prédios comerciais podem usar estratégias de desligamento automático em vez da dimerização. O desligamento automático é mais barato e seus controles são mais simples.

NOTAS

NOTAS

ILUMINAÇÃO ZENITAL

A ILUMINAÇÃO ZENITAL é uma estratégia de iluminação natural que usa as aberturas localizadas no plano da cobertura como ponto de admissão da luz diurna geral. Todo e qualquer sistema que fornece luz diurna sobre um plano de trabalho horizontal, geralmente de cima, é considerado uma estratégia de iluminação zenital. Tais abordagens incluem claraboias como abertura para iluminação natural, *sheds* ou clerestórios localizados no alto de um espaço, frequentemente combinados com um plano de teto refletor.

A iluminação zenital permite a entrada consistente de luz natural em um espaço, bem como o controle razoavelmente fácil do ofuscamento direto. A estratégia de iluminação zenital também deve controlar a radiação solar direta, pois a radiação/luz intensa pode causar ofuscamento e adicionar ganhos térmicos desnecessários a um espaço. Essa estratégia é ideal sob condições de céu encoberto porque estes têm uma luminância maior no zênite (a pino) do que no horizonte. Em geral, a iluminação zenital pode ser facilmente combinada com os sistemas de iluminação elétrica.

Figura 4.92 Claraboia com grandes superfícies de reflexão inclinadas na Biblioteca da Abadia de Mount Angel, em Saint Benedict, Oregon, Estados Unidos.

Fileira B - 4º Pavimento Biblioteca Pública de São Francisco

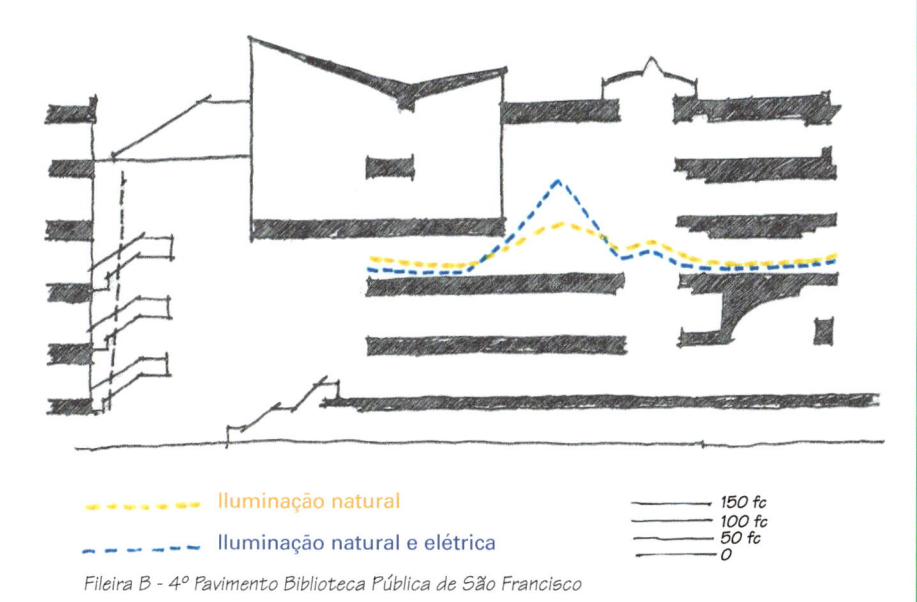

Figura 4.91 Diagrama conceitual de um sistema de iluminação zenital utilizado na Biblioteca Pública de São Francisco, em São Francisco, Califórnia, Estados Unidos. As medições de iluminância com a iluminação elétrica ligada e desligada mostram a distribuição de luz no espaço, assim como a influência da luz diurna que entra pelas claraboias. CROQUI REDESENHADO POR LUZANNE SMITH EXTRAÍDO DE UM PROJETO DE ESTUDO DE CASO DA VITAL SIGNS

Pontos-chave para o projeto de arquitetura

A iluminação zenital libera as paredes do espaço. A luz diurna que vem de cima, e não dos lados, permite o melhor aproveitamento das paredes de um recinto. Além disso, *sheds*, clerestórios, lanternins e claraboias permitem que o arquiteto se expresse na forma da edificação. Uma das limitações inerentes à iluminação zenital é o fato de a edificação precisar ter apenas um pavimento (ou iluminação zenital somente no pavimento de cobertura de um edifício de múltiplos pavimentos). No entanto, a edificação com iluminação zenital pode ter uma grande profundidade – pois o acesso da luz não se limita às paredes (e escapa à regra dos 2,5). A iluminação zenital estimula a exploração do plano do teto, uma área frequentemente esquecida no processo de projeto.

OBJETIVO
Visibilidade no plano de trabalho, eficiência energética, satisfação do usuário

EFEITO
Consumo reduzido de eletricidade, alta probabilidade de maior satisfação por parte do usuário, cargas de refrigeração potencialmente reduzidas

OPÇÕES
Inúmeras opções para as aberturas e sua integração às formas da cobertura, diversos elementos e técnicas de sombreamento

QUESTÕES DE COORDENAÇÃO
Objetivos do projeto, funções espaciais e tarefas visuais, orientação da edificação e das aberturas, ganhos térmicos solares, controles do sistema de iluminação elétrica

ESTRATÉGIAS RELACIONADAS
Vidraças, Coeficiente de Luz Diurna, Zoneamento da Iluminação Natural, Iluminação Lateral, Iluminação Elétrica, Refletâncias Internas, Estratégias de Refrigeração, Estratégias de Vedação da Edificação, Elementos de Proteção Solar

PRÉ-REQUISITOS
Objetivos do projeto, leiaute espacial do partido, critérios de coeficiente de luz diurna

Considerações sobre a implementação

O detalhamento apropriado é essencial para as estratégias de iluminação zenital. Nenhuma quantidade de luz diurna convencerá os usuários de que um telhado com goteira é aceitável. A radiação solar direta também deve ser resolvida. A iluminação zenital pode exacerbar os ganhos térmicos solares no verão ao permitir a entrada do sol com ângulo alto no espaço – se este não estiver sombreado apropriadamente (por exemplo, usando uma claraboia *versus* um *shed*). A radiação solar direta pode causar um desconforto visual substancial devido ao contraste excessivo. Embora o efeito do ofuscamento seja às vezes interessante, é inapropriado para tarefas feitas no plano de trabalho. Finalmente, observe que a maioria dos usuários de edificações deseja uma conexão visual com o exterior independentemente da iluminância do interior, a qual não será fornecida por claraboias translúcidas.

Projeto passo a passo

Esse procedimento pressupõe que os méritos da iluminação zenital *versus* a iluminação lateral foram bem estudados, e a primeira abordagem selecionada. Isso não impede o uso de sistemas de iluminação zenital e lateral combinados. As iluminâncias são aditivas, de modo que a contribuição de um sistema pode ser somada à do outro sistema.

1. Estabeleça os coeficientes de luz diurna desejados para os diversos espaços e as atividades que receberão luz diurna. Para saber mais sobre os coeficientes de luz diurna, consulte a estratégia Coeficiente de Luz Diurna.
2. Organize os espaços da edificação e os leiautes da planta baixa para que as áreas a serem iluminadas naturalmente tenham telhados.
3. Determine qual tipo de abertura para iluminação zenital (por exemplo, claraboia, clerestório, *shed*, coletor de luz, lanternim) é mais apropriado para o espaço, a orientação da edificação, as condições celestes e o clima. Essa é uma questão de projeto complexa e não existe uma resposta melhor que as outras (ainda que, em geral, as claraboias horizontais devam ser evitadas em climas quentes).
4. Avalie as diferentes opções de envidraçamento para a abertura. Em geral, a vidraça deve ter um alto valor de transmitância visível (TV) para maximizar a entrada de luz natural. Em climas quentes, um baixo coeficiente de ganhos térmicos solares (CGTS) é geralmente preferível para minimizar os ganhos térmicos solares. Com frequência, o ideal é encontrar um meio-termo entre a TV e o CGTS. Os catálogos dos fabricantes são fontes valiosas de informações atualizadas.
5. Estime o tamanho das aberturas para iluminação natural necessárias para fornecer os coeficientes de luz diurna desejados a seguir (extraídos de Millet and Bedrick, 1980):

$$A = ((CLD_{médio})(A_{piso}))/(FE)$$

onde,

A = área da abertura necessária [m²]
$CLD_{médio}$ = coeficiente de luz diurna necessário
A_{piso} = área iluminada do pavimento [m²]
FE = fator de efetividade da abertura (Veja a Tabela 4.6)

PROBLEMA TÍPICO

Uma fábrica de rolamentos de 418 m², localizada no Brasil, receberá iluminação zenital para diminuir os gastos com energia e proporcionar um ambiente de trabalho agradável.

1. Um coeficiente de luz diurna (CLD) de 4–8% é considerado apropriado para um bom trabalho à máquina. O projetista seleciona um CLD de 6%.
2. A fábrica ocupa uma edificação de apenas um pavimento; todos os espaços estão sob o telhado.
3. A equipe de projetistas decide usar *sheds* para controlar com mais facilidade a intensa radiação solar direta que ocorre nesse clima.
4. É escolhido um vidro com alta transmitância visível porque a abertura será protegida por elementos de sombreamento externos (e não por um baixo CGTS da própria vidraça).
5. Para um *shed*, a área de vidraça estimada é: (CLD) (área de piso) / AE

   $A = (0,06)(418 \text{ m}^2)/(0,2)$
   $= 125 \text{ m}^2$

   um total de 125 m² de vidraças em *sheds* serão distribuídas uniformemente em toda a cobertura de maneira a facilitar a distribuição equilibrada da luz diurna.

Tabela 4.6 Fatores de efetividade da abertura zenital (EA) (hemisfério sul)

Tipo de abertura	Fator de EA
Lanternins/clerestórios	0,20
Sheds orientados para o sul	0,33
Claraboias horizontais	0,50

Observe a eficiência da luminosidade típica de claraboias horizontais expressada nos valores acima (mas não se esqueça do risco de ganho térmico indesejável).

6. Distribua as superfícies adjacentes às aberturas zenitais para difundir a luz que entra a fim de reduzir os contrastes (uma causa possível de ofuscamento) e distribuir mais uniformemente a luz natural por todo o espaço.

7. Avalie a necessidade de sombreamento nas aberturas zenitais e projete elementos adequados para oferecer o sombreamento necessário. O pressuposto de que a iluminação natural fornece luz mais eficiente em consumo de energia do que a iluminação artificial depende da exclusão da radiação solar direta das aberturas de iluminação natural. O sombreamento ineficiente resultará no aumento das cargas de refrigeração e no risco de ofuscamento.

6. A forma da cobertura foi projetada para melhorar a difusão e a distribuição da luz natural – até o ponto que seja prático na definição do partido.

7. Um elemento de sombreamento é projetado para barrar a radiação solar direta durante o verão; o elemento também facilita a distribuição de luz de maneira mais difusa.

Exemplos

Figura 4.93 Lanternim pré-fabricado no *Campus* da Arup em Solihull no Parque Blythe Valley, em Solihull, Reino Unido. Um dos lanternins com função dupla pré-fabricados visto da cobertura (à esquerda) e do interior (à direita). ARUP ASSOCIATES/TISHA EGASHIRA

Figura 4.94 As aberturas zenitais e laterais proporcionam luz natural abundante ao Kroon Hall da Yale School of Forestry and Environmental Studies, de New Haven, Connecticut, Estados Unidos. ROBERT BENDSON PHOTOGRAPHY

Figura 4.95 *Sheds* com claraboia na cobertura (à esquerda) do prédio administrativo na Escola de Comércio Guandong Pei Zheng em Huadu, China; a iluminação zenital resultante distribuída pelos coletores de luz (à direita) fornece iluminação para quatro pavimentos ao longo de um corredor de circulação.

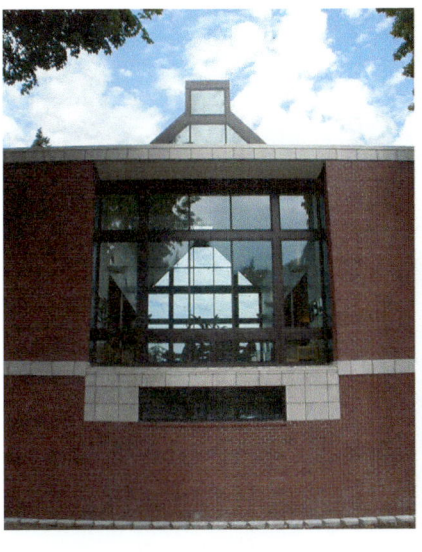

Figura 4.96 A Biblioteca Pública de Hood River, Oregon, Estados Unidos, utiliza estratégias de iluminação e ventilação naturais; um longo lanternim (à direita) ilumina a área de leitura principal no anexo da biblioteca. FLETCHER, FARR, AYOTTE, INC.

Figura 4.97 Uma treliça de cobertura envidraçada sobre o Grande Pátio Interno conecta as partes antigas e novas do Museu Britânico em Londres, Inglaterra, e fornece uma iluminação zenital maravilhosa.

Figura 4.99 O sistema de iluminação zenital inovador do Mount Angel Abbey Annunciation Academic Center, Saint Benedict, Oregon.
ENERGY STUDIES IN BUILDINGS LABORATORY, UNIVERSITY OF OREGON

Figura 4.98 A iluminação zenital banha com luz as paredes de tijolos de um pátio interno em Montepulciano, Itália.

APÓS A DEFINIÇÃO DO PARTIDO

O pré-dimensionamento de aberturas feito durante a definição do partido será verificado por estudos de modelagem mais apurados durante o desenvolvimento do projeto. Detalhes de aberturas (como elementos de sombreamento e difusão da luz) serão finalizados durante o desenvolvimento do projeto, juntamente com a integração da iluminação natural com os controles de iluminação elétrica. A contratação de especialistas para o projeto e a instalação de controles relacionados à iluminação natural é extremamente recomendável.

Mais informações

Evans, B. 1981. *Daylight in Architecture*, Architectural Record Books, New York.

Grondzik, W. et al. 2010. *Mechanical and Electrical Equipment for Buildings*. 11th ed. John Wiley & Sons, Hoboken, NJ.

IEA 2000. *Daylight in Buildings: A Source Book on Daylighting Systems and Components*, International Energy Agency.
gaia.lb1.gov/iea21/ieapubc.htm

Millet, M. and J. Bedrick. 1980. *Graphic Daylighting Design Method*, U.S. Department of Energy/Lawrence Berkeley National Laboratory, Washington, DC.

Moore, F. 1985. *Concepts and Practice of Architectural Daylighting*, Van Nostrand Reinhold, New York.

Whole Building Design Guide, "Daylighting."
www.wbdg.org/resources/daylighting.php?r=mou_daylight

ILUMINAÇÃO LATERAL

A ILUMINAÇÃO LATERAL é uma estratégia de iluminação que utiliza aberturas localizadas nos planos das paredes como ponto de admissão para a luz diurna geral. Todo e qualquer sistema que fornece luz diurna sobre um plano de trabalho horizontal geralmente pelo lado é considerado como iluminação lateral. As abordagens de iluminação lateral frequentemente usam janelas como aberturas – mas blocos de vidro, clerestórios baixos e aberturas verticais em poços de luz ou átrios também são considerados abordagens de iluminação lateral.

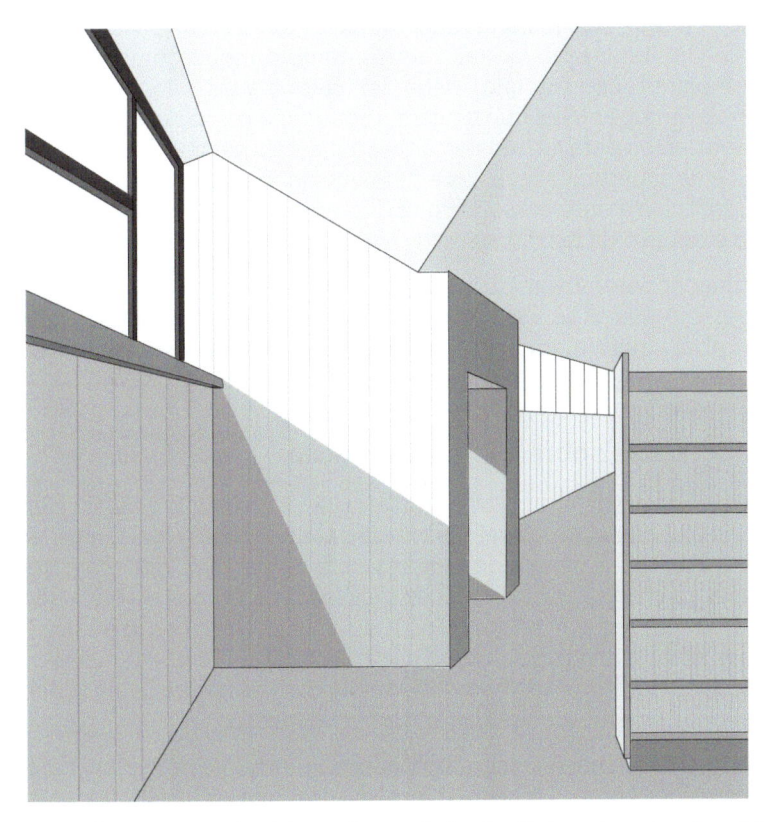

Figura 4.100 Diagrama conceitual de um sistema de iluminação lateral mostrando padrões típicos de distribuição de luz em um espaço, bem como a atenção aos detalhes da abertura.
JON THWAITES

Figura 4.101 Iluminação lateral de um corredor usando portas de vidro recuadas; Hearst Memorial Gymnasium, University of California Berkeley, Berkeley, Califórnia, Estados Unidos.

OBJETIVO
Visibilidade no plano de trabalho, eficiência energética, satisfação do usuário, vistas

EFEITO
Consumo reduzido de eletricidade, maior satisfação por parte do usuário, cargas de refrigeração potencialmente reduzidas, alívio visual

OPÇÕES
Inúmeras opções para as aberturas, elementos de proteção solar, estantes de luz, poços de luz e átrios

QUESTÕES DE COORDENAÇÃO
Objetivos do projeto, funções espaciais e tarefas visuais, orientação da edificação/aberturas, ganhos térmicos solares, controles do sistema de iluminação elétrica

ESTRATÉGIAS RELACIONADAS
Análise do Terreno, Vidraças, Coeficiente de Luz Diurna, Zoneamento da Iluminação Natural, Iluminação Zenital, Estantes de Luz, Ganhos Diretos, Elementos de Proteção Solar, Refletâncias Internas, Iluminação Elétrica, Estratégias de Refrigeração, Estratégias de Vedação da Edificação

PRÉ-REQUISITOS
Objetivos do projeto, leiaute espacial do partido, critérios de coeficiente de luz diurna

As mesmas janelas que admitem a luz diurna na edificação podem criar uma conexão visual com o exterior. A relação entre a altura da janela (e, consequentemente, a altura do teto) e a profundidade do recinto é uma consideração importante em termos de coeficiente de luz diurna. A altura da janela também é um fator determinante para as vistas (assim como as condições do terreno). Com frequência, os sistemas de iluminação lateral envolvem duas aberturas distintas – uma janela mais baixa para vista e iluminação natural, e uma janela mais alta, somente para iluminação natural, associada a uma estante de luz.

A maioria dos sistemas de iluminação lateral é projetada pressupondo-se que nenhuma radiação solar direta entrará na edificação pelas aberturas. Primeiramente, o componente solar direto não é necessário para fornecer coeficientes de luz diurna (iluminância) adequados na maior parte dos climas durante a maior parte do dia. Em segundo lugar, a radiação solar direta acarreta ganhos térmicos indesejados – que, se admitidos na edificação, diminuirão consideravelmente a eficácia luminosa da luz diurna. Em terceiro lugar, a admissão de radiação solar direta aumenta consideravelmente o risco de ofuscamento direto. Assim, é necessário usar alguma forma de sombreamento

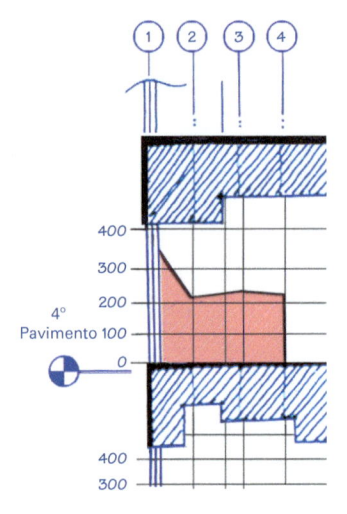

Figura 4.102 Medições de iluminação feitas em vários pontos de uma janela na área de leitura da Biblioteca Pública de São Francisco, em São Francisco, Califórnia, Estados Unidos.

PROBLEMA TÍPICO

Um complexo de escritórios de pavimentos múltiplos receberá luz diurna por meio da iluminação lateral para conectar a maioria dos espaços de trabalho com o exterior.

1. Um coeficiente de luz diurna (CLD) mínimo de 2,5% é recomendado para os espaços de trabalho principais.
2. A maioria dos escritórios é distribuída ao longo de uma abertura em U voltada para o norte (no hemisfério sul). Isso maximiza a área de fachadas disponível para as janelas e, ao mesmo tempo, permite que a própria edificação se proteja do sol.
3. Os espaços de trabalho principais estão localizados junto às paredes externas, enquanto os espaços de apoio estão distribuídos no interior.

em conjunto com a iluminação lateral – exceto nas janelas com orientação sul (no hemisfério sul). A admissão de radiação solar por aberturas para iluminação lateral como parte de um sistema de calefação passiva por ganhos diretos é uma exceção à exclusão da radiação solar direta citada acima.

Pontos-chave para o projeto de arquitetura

Das catedrais góticas às peles de vidro ou fachadas duplas modernas, as janelas têm uma rica história arquitetônica. No entanto, janelas não são sinônimos de iluminação lateral. Fatores como o modo como determinada janela mostra o céu (ou não), seus detalhes, sua relação com o plano de trabalho e as superfícies que limitam o cômodo e o tipo de vidraça utilizada, são importantes para todo sistema de iluminação natural. A relação entre as janelas e as superfícies internas é fundamental para o projeto, uma vez que tais superfícies atuam como fontes de luz secundárias e auxiliam na distribuição e difusão da luz diurna.

A iluminação lateral é mais adequada em cômodos pouco profundos e com pés-direitos altos. Essa estratégia de projeto tem grande visibilidade, pois as aberturas afetam bastante as fachadas, muitas vezes determinando seu caráter.

Considerações sobre a implementação

A escolha do tipo de vidro é importante para a iluminação zenital, mas ainda mais para a iluminação lateral. Os vidros das aberturas para iluminação lateral devem ter um alto valor de transmitância visível (TV), mas, com frequência, também precisam atender às exigências dos códigos de edificações ou de energia em termos de coeficiente de ganhos térmicos solares (CGTS). Grandes áreas de vidraça podem afetar as temperaturas radiantes médias nos espaços periféricos; por isso, devemos considerar um fator-U adequado para mitigar as temperaturas da superfície do vidro.

O sistema de iluminação natural só poupará energia se conseguir dispensar a iluminação elétrica. Portanto, é fundamental que os sistemas de iluminação natural e elétrica de determinado espaço estejam perfeitamente coordenados, e que sejam previstos controles apropriados para dimerizar ou desligar as lâmpadas elétricas desnecessárias. Os controles automáticos de dimerização têm sido bem aceitos pelos usuários, embora sua implementação e manutenção sejam complicadas na prática.

Projeto passo a passo

Esse procedimento pressupõe que os méritos da iluminação lateral *versus* a iluminação zenital foram bem estudados, e a primeira abordagem foi selecionada. Isso não impede o uso de sistemas de iluminação lateral e zenital combinados. As iluminâncias são aditivas, de modo que a contribuição de um sistema pode ser somada à do outro sistema.

1. Estabeleça os coeficientes de luz diurna desejados para cada espaço e atividade. Para saber mais sobre os coeficientes de luz diurna recomendados para os diferentes espaços, consulte a estratégia Coeficiente de Luz Diurna.
2. Distribua os elementos do programa em uma implantação de terreno que maximize a área das paredes (a relação entre a área da superfície e o volume) – use, por exemplo, edificações em U, pátios internos, átrios ou plantas baixas longas e estreitas. Maximize as oportunidades

de iluminação natural sem radiação solar direta ao escolher as orientações norte e sul como principais localizações para as aberturas de luz diurna. As aberturas para leste e oeste exigem que sejam considerados cuidadosamente os elementos de proteção solar para reduzir o potencial de ofuscamento direto e os ganhos térmicos solares indesejados.

3. Organize a planta baixa colocando os espaços que mais tirarão partido da luz diurna no perímetro da edificação. Os espaços com menos necessidade de luz diurna (ou menos exigências de iluminação) podem ser colocados no núcleo e distribuídos de modo a aproveitar a iluminação vinda dos espaços periféricos.

4. Determine a profundidade do espaço a ser iluminado naturalmente, conforme exige o programa de necessidades. A profundidade é a distância para dentro com relação à parede externa.

5. Divida a profundidade do cômodo por 2,5 para determinar a altura mínima do topo da janela (da verga) necessária para que um espaço dessa profundidade receba uma iluminação lateral eficiente.

6. Certifique-se de que a altura da verga da janela necessária (medida em relação ao piso) é aceitável (ou viável). A janela não precisa ser panorâmica em toda a sua altura. É possível envidraçar as áreas acima de uma altura razoável apenas para a admissão da luz diurna. Quando essa abordagem é adotada, os dois elementos da janela geralmente ficam separados por uma estante de luz (para saber mais sobre tal estratégia, consulte a estratégia Estantes de Luz).

7. Multiplique a largura da janela proposta por dois, para determinar o nível de penetração horizontal da luz (paralelamente ao plano da janela). Certifique-se de que a largura da janela é adequada para fornecer luz diurna para toda a largura do recinto. (Essa aproximação pressupõe uma distribuição homogênea das vidraças ao longo da parede com janela.)

8. Modifique a largura da vidraça e a altura da verga propostas conforme o necessário para se adequar aos condicionantes acima.

9. Determine a área necessária da abertura para iluminação natural utilizando as estimativas abaixo (extraídas de Millet e Bedrick, 1980):

$$A = (CLD_{desejado}) (A_{piso}) / (F)$$

onde,
A = área de abertura necessária em m²
$CLD_{desejado}$ = coeficiente de luz diurna desejado
A_{piso} = área de piso iluminada em m²
F = 0,2 se o coeficiente de luz diurna desejado for um coeficiente de luz diurna médio *OU*
0,1 se o coeficiente de luz diurna desejado for um coeficiente de luz diurna mínimo

Observação: as áreas de janela abaixo da altura do plano de trabalho são negligenciáveis para a iluminação natural.

10. Aprimore o projeto para maximizar a eficiência da luz diurna que entra pelas aberturas laterais. Distribua os principais elementos estruturais da edificação de maneira a maximizar a penetração da luz no espaço. As vigas principais, por exemplo, devem correr perpendicularmente ao plano da fenestração. Certifique-se de que haja conexões visuais apropriadas com o exterior através de janelas panorâmicas. Analise o risco de ofuscamento. Projete os elementos de proteção solar de acordo com a orientação da janela (consulte a estratégia Elementos de Proteção Solar).

4. Uma profundidade de 6,1 m é proposta para os espaços de trabalho com planta livre.

5. A altura necessária do topo da janela (da verga) é 6,1 m / 2,5 = 2,4 m.

6. A legislação municipal sobre edificação limita o entrepiso a 3,7 m. Uma janela com altura máxima de 2,4 m além de 0,76 m para a altura do plano de trabalho é considerada o mínimo razoável (levando-se em consideração a profundidade do pleno). Uma opção é a redução da profundidade do espaço de trabalho para 4,6 m.

7. Foi proposta uma janela com mais ou menos a mesma largura do espaço (menos os caixilhos); portanto, a largura da janela não é um condicionante.

8. Não são necessários ajustes à largura da janela proposta.

9. Considerando-se cada 1 m de largura do piso, a área de abertura necessária para se obter um CLD *mínimo* de 2,5% em um espaço com 6,1 m de profundidade é:

$$A = (0,025)(20) / (0,1)$$
$$= 0,5 \text{ m}^2$$

A área de janela proposta é viável e se encaixa nos condicionantes do projeto; ao mesmo tempo, fornece o coeficiente de luz diurna desejado.

10. Redefina os elementos do projeto proposto para minimizar o ofuscamento, controlar os ganhos solares diretos e difundir a luz diurna beneficamente.

Exemplos

Figura 4.103 Iluminação bilateral com janelas baixas e clerestório na Escola Druk White Lotus, em Ladakh, na Índia. CAROLINE SOHIE, ARUP + ARUP ASSOCIATES

Figura 4.104 Uma sala de estar no Christopher Center da Valparaiso University, Indiana, Estados Unidos, mostra uma técnica de iluminação natural com "luz de parede" por meio de aberturas com vidraças diretamente adjacentes a uma parede de cor clara. KELLY GOFFINEY

Figura 4.105 Iluminação bilateral com janelas altas (à esquerda) e iluminação zenital com um lanternim (à direita) no Hotel Raffles, em Cingapura.

Figura 4.106 Clerestórios com orientação norte (hemisfério norte) e janelas de abrir em áreas de leitura oferecem uma iluminação lateral difusa na Biblioteca da Abadia de Mount Angel, em Saint Benedict, Oregon, Estados Unidos.

Figura 4.107 Sala do Conselho Diretor da Escola de Higiene Dental ODS, com iluminação bilateral, Bend, Oregon. JOSH PARTEE

APÓS A DEFINIÇÃO DO PARTIDO

Estimativas preliminares do desempenho da iluminação lateral serão aprimoradas por meio de análises mais detalhadas durante o desenvolvimento do projeto. Vidraças, sombreamento e elementos de distribuição de luz serão considerados, selecionados e especificados. A iluminação elétrica e os sistemas de controle serão tratados durante o desenvolvimento do projeto. Os controles para integrar a iluminação natural e elétrica devem ser projetados e instalados por especialistas terceirizados.

Mais informações

Evans, B. 1981. *Daylight in Architecture*. Architectural Record Books, New York.

Grondzik, W. et al. 2010. *Mechanical and Electrical Equipment for Buildings*. 11th ed. John Wiley & Sons, Hoboken, NJ.

IEA 2000. *Daylight in Buildings: A Source Book on Daylighting Systems and Components*, International Energy Agency.

Millet, M. and J. Bedrick. 1980. *Graphic Daylighting Design Method*, U.S. Department of Energy/Lawrence Berkeley National Laboratory, Washington. DC.

Moore, F. 1985. *Concepts and Practice of Architectural Daylighting*. Van Nostrand Reinhold, New York.

Whole Building Design Guide, "Daylighting." www.wbdg.org/resources/daylighting.php?r=mou_daylight

ESTANTES DE LUZ

As ESTANTES DE LUZ são empregadas para proporcionar uma iluminação natural mais homogênea na edificação através das aberturas de iluminação lateral (geralmente janelas). A luz é refletida pelas superfícies refletoras das estantes e, em seguida, pelo teto, criando um padrão de iluminância muito mais homogêneo do que aquele que seria obtido sem o uso de estantes de luz. A forma, o material e a posição da estante de luz determinam a distribuição da luz natural incidente. É possível colocar a estante de luz no interior ou no exterior da edificação, ou mesmo em ambos; o essencial é que haja uma vidraça diretamente acima do plano desse elemento. A vidraça que fica acima da estante de luz serve apenas para a iluminação natural. Já as vidraças que ficam abaixo dela oferecem uma vista, além da luz diurna.

Figura 4.109 Croqui conceitual de uma estante de luz em um escritório. GREG HARTMAN

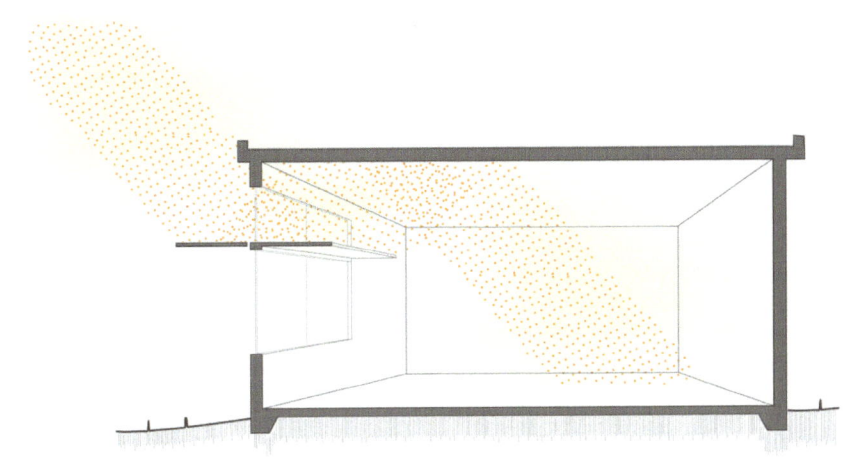

Figura 4.108 Corte em parede externa com aberturas para iluminação lateral, mostrando o posicionamento típico de uma estante de luz. JON THWAITES

Ao redirecionar a luz diurna incidente e aumentar a difusão da luz, uma estante de luz bem projetada melhorará o conforto físico e visual do espaço; ao mesmo tempo, reduzirá o uso da iluminação elétrica ao elevar os coeficientes de luz diurna nos locais mais afastados das aberturas e diminuir o contraste causado pela luz natural dentro de um espaço. Uma estante de luz externa também pode atuar como elemento de proteção solar nas áreas de vidraça inferiores e ajudar a reduzir os ganhos térmicos solares.

As estantes de luz são frequentemente empregadas em escritórios e escolas, onde a distribuição homogênea da luz diurna é importante para o conforto visual – e a distribuição ainda mais homogênea é capaz de diminuir as despesas com iluminação elétrica.

Pontos-chave para o projeto de arquitetura

A estante de luz não precisa parecer uma estante. Conhecendo-se as condições celestes, o percurso do sol e suas variações sazonais, bem como o uso e o leiaute do espaço, opções criativas podem melhorar a fachada da edificação. As estantes de luz devem ser consideradas em conjunto com o tipo, o tamanho e a distribuição das aberturas para iluminação natural, recuos, paredes, tetos, materiais e móveis. Ao projetar em perfil – e considerando todos os elementos relacionados – será possível maximizar a quantidade e otimizar a distribuição da luz que é redirecionada por uma estante de luz.

OBJETIVO
Distribuição mais homogênea e um pouco mais profunda da luz, redução do risco de ofuscamento

EFEITO
Consumo reduzido de iluminação elétrica, possibilidade de redução da carga de refrigeração

OPÇÕES
Estantes de luz externas, internas ou contínuas; fixas ou ajustáveis

QUESTÕES DE COORDENAÇÃO
Projeto do teto, abertura para iluminação natural, vidraça, divisórias internas, orientação, elementos de proteção solar, ganhos térmicos

ESTRATÉGIAS RELACIONADAS
Análise do Terreno, Vidraças, Coeficiente de Luz Diurna, Refletâncias Internas, Elementos de Proteção Solar

PRÉ-REQUISITOS
Leiaute (geometria) preliminar do cômodo, informações sobre a orientação do cômodo, latitude do terreno, altura solar, obstruções do terreno

Figura 4.110 Um acabamento fosco e de cor clara na face superior desta estante de luz difunde a luz diurna em múltiplas direções. Acessórios fluorescentes são integrados ao longo da borda da estante de luz.

Estantes de luz são geralmente soluções apropriadas para o problema de se fornecer uma distribuição razoavelmente homogênea da luz diurna em uma edificação com iluminação lateral unilateral. Em algumas situações (como espaços muito profundos ou quando o pé-direito é limitado), outros métodos de redirecionamento da luz natural, incluindo coletores de luz, tubos de luz, elementos prismáticos e coletores zenitais anidólicos, talvez sejam mais adequados. O arranjo com abertura bilateral é bastante apropriado para espaços profundos.

Considerações sobre a implementação

Orientação. As estantes de luz podem ser elementos de sombreamento eficazes em fachadas voltadas para o norte (no hemisfério sul). Em geral, elas coletam a radiação solar direta adicional para redistribuí-la quando localizada em uma fachada norte; contudo, esse benefício deve ser compensado pela carga de refrigeração adicional permitida por tal radiação solar coletada.

Altura e ângulo da estante de luz. As estantes de luz devem estar localizadas acima da linha de visão para reduzir o risco de ofuscamento causado pela superfície refletora superior da estante. Dependendo do uso da área adjacente às janelas, as estantes de luz talvez precisem ficar também acima da cabeça dos usuários. Estantes de luz horizontais são muito comuns porque conseguem equilibrar a distribuição de luz, o controle do ofuscamento, o desempenho dos elementos de proteção solar e o potencial estético. Estantes de luz inclinadas, porém, podem oferecer desempenho melhor (uma decisão de projeto a ser tomada durante o desenvolvimento do projeto).

Teto. Recomenda-se um pé-direito alto para o uso de estantes de luz. Se o pé-direito for exíguo, talvez seja útil inclinar o teto para cima e em direção à abertura da janela (ainda que os resultados dessa decisão sejam controversos).

Janelas. Janelas mais altas permitem que a luz diurna avance mais dentro de um espaço. Na maioria dos climas, são recomendados vidros duplos incolores acima da estante de luz. Um brise horizontal pode ser instalado entre as vidraças. Se houver vidros sob a estante de luz para fins de visualização, faça uma escolha apropriada para o clima e para as vistas.

Proteção solar. Use persianas horizontais para proteger as vidraças acima da estante de luz se for necessário bloquear a radiação solar direta e (com inclinação de aproximadamente 45°) direcionar a luz na direção do teto. Crie uma solução de proteção solar à parte para proteger dos ganhos térmicos solares as vidraças abaixo das estantes de luz.

Acabamentos. Considere chanfrar os lados e as esquadrias das janelas para diminuir o contraste. Um acabamento especular (similar a um espelho) na estante de luz pode aumentar os níveis de iluminação natural, mas também se tornar uma possível fonte de ofuscamento. Em geral, um acabamento semiespecular (mas ainda bastante refletivo) é preferível. Já um acabamento fosco também poderá oferecer uma distribuição mais difusa da luz (Figura 4.110). O teto e as paredes de um espaço iluminado naturalmente devem ser lisos e refletivos, desde que não se tornem uma fonte de ofuscamento. Considere o efeito que o projeto das paredes internas, leiaute da mobília e acabamentos internos terão no aumento da penetração da luz natural e na redução do ofuscamento. Considere, também, o efeito inter-relacionado de todas as decisões de projeto de interiores.

Manutenção. Considere a manutenção das estantes de luz internas e/ou externas. A poeira e o acúmulo de detritos diminuem a refletividade da estante de luz. É possível projetar as estantes de luz internas de modo a se dobrarem para facilitar a manutenção. No caso das externas, considere o escoamento da chuva, o acúmulo de neve e problemas nos padrões potencialmente benéficos de ventilação ao longo da fachada.

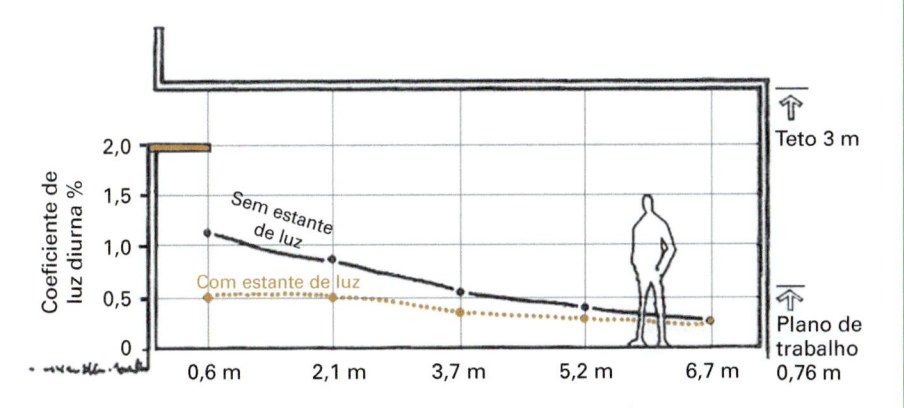

Figura 4.111 Efeito da posição de uma estante de luz branca na iluminância interna (coeficiente de luz diurna), com vidro incolor e céu encoberto. Sem estante de luz (a) e com estante de luz interna (b). REDESENHADA POR LUZANNE SMITH SOB PERMISSÃO DE FULLER MOORE

Projeto passo a passo

1. Determine se uma estante de luz interna, externa ou dupla é mais apropriada para o uso previsto do espaço. Uma estante de luz externa é capaz de homogeneizar os níveis de luz diurna dentro de um espaço e, ao mesmo tempo, proteger as vidraças baixas dos ganhos térmicos solares. Uma estante de luz interna pode reduzir os níveis de luz diurna, especialmente junto à janela, mas pode resultar em uma distribuição de luz mais homogênea e com menos contraste no interior do espaço (veja a Figura 4.111).

2. Esboce o corte da proposta. No caso de uma estante de luz externa voltada para o norte (no hemisfério sul), estime a profundidade mais aproximada da diferença entre a altura da estante de luz e o plano de trabalho. No caso de uma estante de luz interna, estime a profundidade da estante de luz mais aproximada da altura das vidraças acima dela. A superfície superior da estante de luz deve estar a pelo menos 0,6 m do teto. O pé-direito deve ser de 3 m, no mínimo.

3. Crie uma maquete para testar o projeto proposto. A maquete deve ser grande o bastante para avaliar os efeitos relativamente sutis das estantes de luz e permitir que sejam feitas medições distintas nos espaços desejados. Para saber mais sobre a preparação de tais maquetes, consulte Moore ou Evans.

PROBLEMA TÍPICO

A iluminação lateral será usada em um escritório com planta livre de 15,3 x 30,5 m situado em um edifício de quatro pavimentos em Boca Raton, Flórida, Estados Unidos. Uma das janelas está voltada para o sul (hemisfério norte). O pé-direito tem 3,1 m; a janela tem 1,8 m de altura com 0,6 m acima da estante de luz e 1,2 m sob ela; o peitoril tem 0,9 m de altura. O plano de trabalho fica a uma altura de 0,76 m

1. O projeto inicial da estante de luz propõe uma estante de luz dupla (interna e externa).
2. Usando as normas de pré-dimensionamento de profundidade, foi proposta uma profundidade de 0,6 m para a estante de luz interna; já para a extensão externa, 1,2 + 0,9 − 0,7 = 1,4 m.

3. Estude o desempenho do projeto proposto usando maquetes convencionais ou simulações de computador adequadas. Ajuste o projeto conforme sugerido pelos estudos de modelagem e pelo desempenho previsto.

Exemplos

Figura 4.112 Estante de luz em uma sala de aula da Escola de Ensino Médio Ash Creek, em Independence, Oregon, Estados Unidos. Com o tempo, os professores passaram a colocar objetos sobre as estantes de luz, interferindo na eficiência da iluminação natural.

Figura 4.113 Refletores especulares (outra maneira de conceber estantes de luz) no topo de um átrio do Hong Kong and Shanghai Bank, em Hong Kong, direcionando a luz natural para os pavimentos abaixo.

Figura 4.114 Janelas para iluminação natural com estantes de luz no Centro Administrativo Lillis, na University of Oregon, Estados Unidos. EMILY J. WRIGHT

Figura 4.115 Vista em *close-up* mostrando as perfurações e a curvatura das estantes de luz do Centro Administrativo Lillis. SRG PARTNERSHIP

Mais informações

Evans, B. 1981. *Daylight in Architecture*. Architectural Record Books, New York.

IEA. 2000. *Daylight in Buildings: A Source Book on Daylighting Systems and Components*. International Energy Agency.

LBL. 1997. "Section 3: Envelope and Room Decisions," in *Tips for Daylighting With Windows*. Building Technologies Program, Lawrence Berkeley National Laboratory. btech.lbl.gov/pub/pub/designguide/index.html

LRC. 2004. "Guide for Daylighting Schools." Developed by Innovative Design for Daylight Dividends, Lighting Research Center, Rensselaer Polytechnic Institute, Troy, NY. Disponível em: www.lrc.rpi.edu/programs/daylighting/pdf/guidelines.pdf

Moore, F. 1985. *Concepts and Practice of Architectural Daylighting*. Van Nostrand Reinhold, New York.

NREL. 2003. *Laboratories for the 21st Century: Best Practices*, "Daylighting in Laboratories" (DOE/GO-102003-1766). National Renewable Energy Laboratory, U.S. Environmental Protection Agency/U.S. Department of Energy. www.labs21century.gov/pdf/bp_daylight_508.pdf

APÓS A DEFINIÇÃO DO PARTIDO

O desempenho de uma estante de luz (conforme previsto durante a definição do partido) será verificado e otimizado durante o desenvolvimento do projeto. Controles são essenciais para reduzir o uso de energia em uma edificação com iluminação natural. Recomendam-se controles com fotossensores para cada fileira de luminárias, paralelos à estante de luz. Uma estante de luz não deve interferir na operação dos *sprinklers*, no desempenho do difusor ou nos padrões de ventilação natural. Os usuários precisarão aprender como usar os elementos de controle solar reguláveis (e devem receber um Manual do Usuário). Estabeleça um cronograma e uma rotina de manutenção razoável e documentada.

NOTAS

REFLETÂNCIAS INTERNAS

As REFLETÂNCIAS INTERNAS de um espaço são determinadas por duas características principais das superfícies dos materiais nos quais a luz incide – a cor e a textura. A cor determina a quantidade de luz refletida por dada superfície. Os materiais escuros absorvem luz, enquanto os claros a refletem. A textura determina a qualidade da luz que parte de uma superfície. As superfícies muito texturizadas, às vezes chamadas de "foscas", criam uma luz refletida difusa. Já as superfícies lisas ou brilhantes criam uma luz refletida especular. A luz difusa é preferível para se iluminar um espaço porque os reflexos (direcionais) especulares podem provocar o ofuscamento. Para maximizar a quantidade de luz em um espaço, é importante optar por acabamentos claros.

As dimensões do espaço têm grande influência no componente internamente refletido da luz diurna (e também da elétrica). Quanto mais afastada a superfície estiver da fonte de luz, mais luz será perdida no caminho por meio de inter-reflexões; logo, haverá menos luz disponível para a iluminação. Espaços maiores apresentam mais oportunidades de inter-reflexões que os menores. Isso se aplica ao projeto tanto da planta baixa quanto do corte.

Figura 4.117 Origamis no Aeroporto de Haneda, Japão, fornecem uma luz filtrada (e dinâmica) que embeleza o espaço por meio das refletâncias internas.

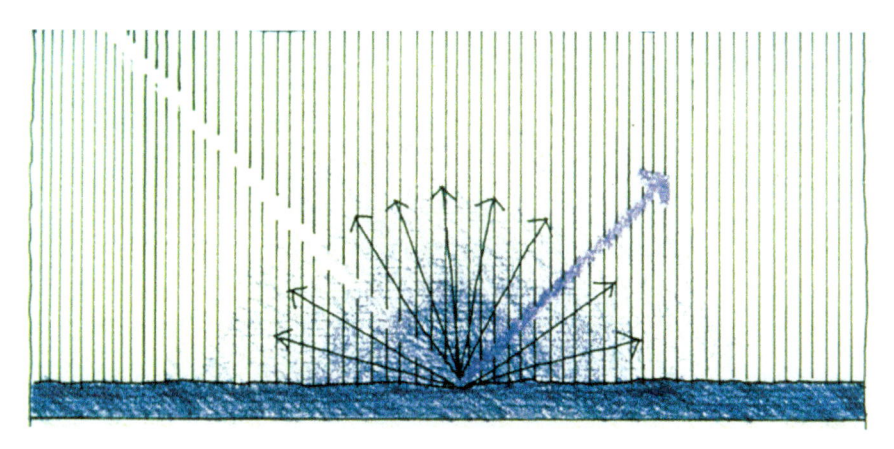

Figura 4.116 Em uma superfície especular, a luz reflete aproximadamente no ângulo de incidência. Ela se dispersa difusamente em uma superfície fosca. VIRGINIA CARTWRIGHT

Pontos-chave para o projeto de arquitetura

As refletâncias dos materiais encontrados no interior, as dimensões do espaço e a localização das aberturas de janela são essenciais para se determinar o coeficiente de luz diurna em qualquer ponto dentro de um espaço. A importância de se ter materiais refletivos no interior do cômodo aumenta conforme aumenta a distância entre a área a ser iluminada e a fonte de luz.

Considerações sobre a implementação

Informe o cliente e o arquiteto/projetista dos interiores sobre as intenções do projeto de arquitetura e os pressupostos relativos à distribuição da luz dentro de determinado espaço. As cores, os móveis e os acessórios escolhidos pelo cliente podem reduzir a eficiência até do melhor projeto de iluminação natural.

OBJETIVO
Melhor eficiência da iluminação

EFEITO
Eficiência energética, conforto visual

OPÇÕES
Inúmeros materiais, acabamentos e refletâncias

QUESTÕES DE COORDENAÇÃO
Materiais de acabamento e cores escolhidos pelo cliente, tarefas relacionadas ao espaço, conforto visual, móveis e acessórios, janelas, iluminação elétrica

ESTRATÉGIAS RELACIONADAS
Vidraças, Iluminação Zenital, Iluminação Lateral, Coeficiente de Luz Diurna, Estantes de Luz

PRÉ-REQUISITOS
Esta "estratégia" é essencialmente um pré-requisito para uma iluminação natural bem-sucedida

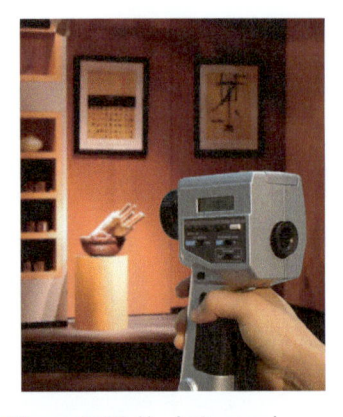

Figura 4.119 Um fotômetro de precisão pode ser usado para medir apuradamente a quantidade de luz que é refletida por uma superfície (isto é, a luminosidade da superfície) em cd/m². ©PACIFIC GAS AND ELECTRIC COMPANY

O acúmulo de poeira e o desgaste natural diminuem a refletividade da superfície com o passar do tempo – um efeito demonstrado pelo valor denominado "coeficiente de perda de luz" ou "coeficiente de manutenção". Um dos (muitos) fatores principais que resultam na perda de luz é a depreciação pela sujeira das superfícies dos cômodos, resultado das dimensões dos cômodos e poeira presente na atmosfera, bem como a estimativa da frequência de limpeza e renovação do mobiliário e dos acessórios. Esse fator geralmente varia de 0,50 (em um ambiente extremamente sujo) a 0,95 (em um ambiente limpíssimo e com ótima manutenção). Os resultados da depreciação pela sujeira devem ser considerados durante o processo de projeto, pois culminam na necessidade de maior iluminância inicial (para que uma iluminância mantida aceitável fique disponível com o passar do tempo). A relação entre a iluminância inicial, mantida e do projeto é a seguinte (onde a iluminância do projeto representa o critério do projeto): iluminância inicial ≥ iluminância mantida ≥ iluminância do projeto.

Figura 4.118 Use um fotômetro para fazer uma estimativa aproximada da luminância. Meça a iluminância na superfície (esquerda) e, em seguida, a quantidade de luz que deixa a (é refletida pela) superfície (direita). A quantidade de luz refletida dividida pela quantidade de luz incidente é a refletância da superfície. (Certifique-se de que a sombra projetada pelo aparelho não está interferindo indevidamente nas medições.)

PROBLEMA TÍPICO
O procedimento adjacente funciona melhor com o uso de uma maquete em escala.

Projeto passo a passo

1. Certifique-se de que as ombreiras e o peitoril da janela possuam uma alta refletância, pois podem ser excelentes refletores. Chanfre ombreiras profundas para o interior do cômodo. Essas duas recomendações de projeto aumentarão o nível de luz diurna e, ao mesmo tempo, diminuirão o contraste entre a iluminação dos ambientes internos e externos (reduzindo o risco de ofuscamento).

2. O teto ou forro é a superfície mais importante em termos de iluminação natural. Escolha uma tinta ou placa de forro que tenha uma refletância de 90% ou mais de modo a otimizar a distribuição da luz dentro do espaço. A Tabela 4.7 mostra as refletâncias superficiais mínimas recomendadas para um projeto de iluminação eficiente em energia. Use os limites máximos das escalas de refletância para espaços com condicionantes mais complexos de iluminação natural ou que exijam refletâncias de projeto mais altas.

3. A inclinação do teto na direção da fonte de luz incidente pode aumentar a quantidade de luz refletida. Isso funciona especialmente bem no caso da luz diurna que entra por clerestórios. Pressupondo-se (ainda que isso não seja totalmente correto) que a luz seja refletida em um ângulo igual ao ângulo de incidência, fica mais fácil tomar decisões quanto aos ângulos das superfícies do teto.

4. Escolha móveis, luminárias e equipamentos de cores claras, pois eles afetam de maneira significativa a distribuição da luz dentro de um espaço (veja as Tabelas 4.8 e 4.9, sobre refletâncias típicas).

Tabela 4.7 Refletâncias recomendadas para superfícies internas em diferentes espaços. IESNA LIGHTING HANDBOOK, 9TH ED.

Superfície	Refletâncias recomendadas		
	Escritórios	Salas de aula	Residências
Forros	>80%	70–90%	60–90%
Paredes	50–70%	40–60%	35–60%
Pisos	20–40%	30–50%	15–35%
Móveis e acessórios	25–45%	30–50%	35–60%

Tabela 4.8 Refletâncias de materiais de construção e outros elementos comuns. EXTRAÍDAS DE HOPKINSON ET AL. (1916) AND ROBBINS (1986)

Material	Refletância
Alumínio	85%
Asfalto	5–10%
Tijolo	10–30%
Concreto	20–30%
Cascalho	20%
Reboco branco	40–80%
Água	30–70%
Vegetação	5–25%

Tabela 4.9 Refletâncias de cores em geral

Cor	Refletância
Branco	80–90%
Azul claro	80%
Amarelo canário	75%
Amarelo limão	65%
Bege	60%
Azul claro	55%
Verde claro	50%
Marrom claro	50%
Laranja damasco	45%
Verde claro	40%
Marrom médio	35%
Laranja avermelhado	30%
Vermelho, azul ou cinza escuro	15%
Preto	5%

Há uma enorme variação entre as cores, os nomes e as refletâncias; os dados apresentados acima são apenas estimativas genéricas.

Exemplos

Figura 4.120 Aberturas laterais com vidros translúcidos e corados introduzem a luz natural e modificam sua cor que incide nos piso e forros de concreto do Laban Centre, em Londres, Inglaterra. DONALD CORNER

Figura 4.121 As paredes coloridas junto a uma abertura de iluminação indireta na Capela de Santo Inácio, em Seattle, Washington, Estados Unidos, refletem a cor "emprestada" nas paredes pintadas de branco.

Capítulo 4 ♦ Estratégias de Projeto 113

Figura 4.122 Átrio central de 12 pavimentos do Genzyme Center, em Cambridge, Massachusetts, Estados Unidos. Espelhos fixos no topo do átrio direcionam a luz diurna para brises prismáticos; a luz então interage com móbiles prismáticos, painéis refletores e paredes limítrofes refletoras. ANTON GRASSL, POR CORTESIA DE BEHNISCH ARCHITEKTEN

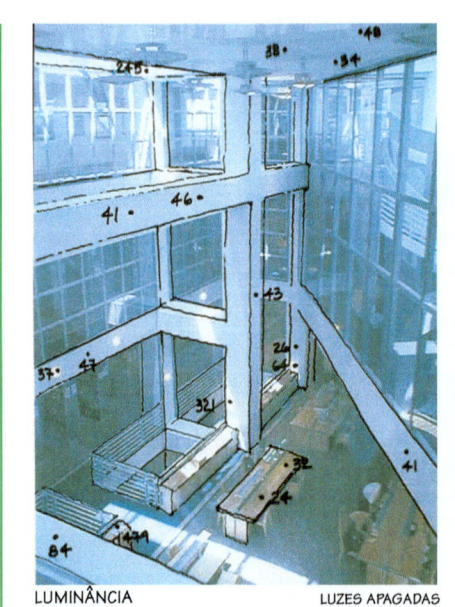

Figura 4.123 Medidas de luminância feitas *in loco* na Biblioteca Pública de São Francisco com a iluminação elétrica apagada (à esquerda) e acesa (à direita). Parte de um estudo realizado para examinar a influência de superfícies refletoras de luz em áreas iluminadas naturalmente.

APÓS A DEFINIÇÃO DO PARTIDO

Os pressupostos da fase de definição do partido sobre a refletância das superfícies e acessórios devem ser passados para a fase de desenvolvimento do projeto. Os problemas de comunicação dessas informações cruciais pode resultar em decisões que prejudicam o desempenho previsto para o sistema. A importância de manter as refletâncias das superfícies após a ocupação deve ser esclarecida ao proprietário da edificação, – o ideal é que isso seja feito por meio de um Manual do Usuário.

Mais informações

Brown, G.Z and M. DeKay. 2001. *Sun, Wind and Light: Architectural Design Strategies,* 2nd ed. John Wiley & Sons, New York.*

DiLaura, D. et al. (ed). 2011. *The Lighting Handbook.* 10th ed. Illuminating Engineering Society of North America, New York.

Grodzik, W. et al. 2010. *Mechanical & Electrical Equipment for Buildings.* 11th ed. John Wiley & Sons, Hoboken, NJ.

Hopkinson, R., P. Petherbridge and J. Longmore. 1966. *Daylighting* Heinemann, London.

Rea, M. ed. 2000. *The IESNA Lighting Handbook,* 9th ed. Illuminating Engineering Society of North America, New York.

Robbins, C. 1986. *Daylighting: Design and Analysis.* Van Nostrand Reinhold, New York.

---

* Publicado pela Bookman Editora sob o título *Sol, Vento e Luz: Estratégias para o Projeto de Arquitetura,* 2.ed.

ELEMENTOS DE PROTEÇÃO SOLAR

Os ELEMENTOS DE PROTEÇÃO SOLAR conseguem reduzir significativamente os ganhos térmicos de uma edificação oriundos da radiação solar; ao mesmo tempo, proporcionam luz diurna, conexão com o exterior e ventilação natural. Por outro lado, elementos de proteção solar cuidadosamente projetados são capazes de admitir a radiação solar direta nas épocas do ano em que tal energia é necessária para aquecer a edificação passivamente. Embora as janelas (ou claraboias) em geral sejam o foco dos elementos de proteção solar, também é possível sombrear paredes e coberturas para ajudar a diminuir os ganhos térmicos solares através de vedações opacas.

Figura 4.125 Brises reguláveis na Embaixada Real da Dinamarca, em Berlim, Alemanha. CHRISTINA BOLLO

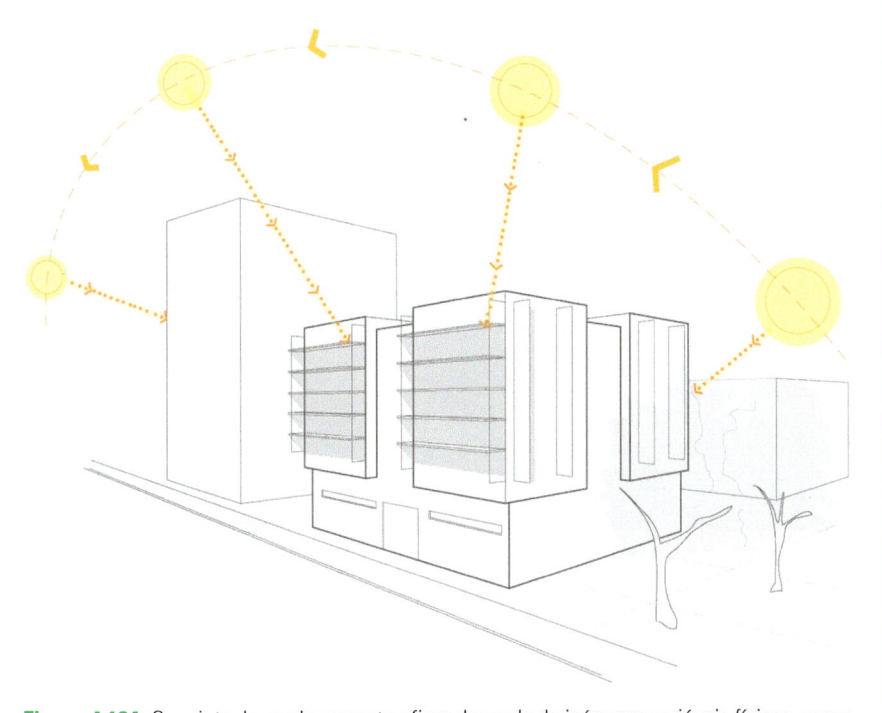

Figura 4.124 O projeto de sombreamento eficaz depende de inúmeras variáveis físicas, como o percurso aparente do sol, as obstruções ao redor, o horário do dia, a orientação e a latitude.

A radiação é uma forma de energia que não precisa de meio material para se deslocar, sendo que a energia do Sol chega à Terra totalmente em forma de radiação. A radiação solar consiste em componentes de radiação visíveis (luz), ultravioletas e infravermelhos. Quando a radiação solar incide sobre uma superfície, ela pode ser refletida, absorvida ou transmitida – dependendo da natureza da superfície em questão. Por exemplo: uma grande porcentagem de radiação solar atravessa uma janela comum, sendo que a parte transmitida que incide sobre o piso será absorvida (na forma de calor) e o restante será refletido.

A porcentagem de radiação solar que atravessa uma janela e entra na edificação é determinada pelas propriedades do vidro e da esquadria. O coeficiente de ganhos térmicos solares (CGTS) é um valor adimensional (que geralmente fica entre 0 e 1) que indica a quantidade de radiação solar incidente na vidraça que chega ao interior da edificação. Um CGTS igual a 1 significa que 100% da radiação solar incidente atravessou a janela ou claraboia. Um CGTS igual a 0,2 indica que 20% da radiação solar incidente chegou ao interior da edificação. (É importante lembrar que uma janela também transmite calor por condução e convecção.) O coeficiente de sombreamento (CS) é uma medida alternativa (e mais tradicional) usada para quantificar a

OBJETIVO
Eficiência energética (por meio do controle da radiação solar, quando desnecessária, e de sua admissão quando necessária), conforto visual

EFEITO
Redução das cargas de refrigeração, acesso solar quando desejado, redução do ofuscamento

OPÇÕES
Elementos internos, integrados ou externos às vedações da edificação, reguláveis ou fixos

QUESTÕES DE COORDENAÇÃO
Orientação e implantação da edificação, calefação e refrigeração passivas e ativas, ventilação natural

ESTRATÉGIAS RELACIONADAS
Análise do Terreno, Vidraças, Iluminação Lateral, Iluminação Zenital, Ventilação Cruzada, Ganhos Diretos, Ganhos Indiretos, Ganhos Isolados

PRÉ-REQUISITOS
Latitude do terreno, orientação das janelas e paredes, inclinação e orientação das claraboias, volumetria das edificações e árvores do entorno, noção das cargas de aquecimento e refrigeração da edificação

proteção solar. Trata-se da razão do fluxo térmico radiante através de uma janela específica em relação ao fluxo térmico radiante por uma chapa de vidro reforçado incolor com 3,2 mm de espessura. O CS se aplica somente à parte envidraçada da janela ou claraboia; o coeficiente de ganhos térmicos solares, por sua vez, se aplica ao conjunto de vidraça e esquadria.

Figura 4.126 Persianas de madeira com palhetas horizontais protegem as janelas de abrir na fachada sudeste do Arup Campus Solihull, Inglaterra. TISHA EGASHIRA

Figura 4.127 Arup Campus Solihull, Inglaterra. Esta sequência de três imagens mostra os elementos de sombreamento externos (brises) na fachada sudeste do pavilhão mais baixo (hemisfério norte). Eles são controlados pelo sistema de automação predial, mas com a interferência dos usuários. TISHA EGASHIRA

Proteger da radiação direta os elementos da vedação de uma edificação pode diminuir radicalmente os ganhos térmicos durante a estação de resfriamento. Quando o sombreamento é feito por um elemento interno (como uma persiana), os ganhos da radiação solar através da janela chegam a ser reduzidos em 20%. Porém, quando o sombreamento é feito por um elemento externo (como na Figura 4.126), os ganhos térmicos podem ser reduzidos em até 80%. A hierarquia mais recomendada para o posicionamento dos elementos de proteção solar é a seguinte: externo à vidraça, dentro da vidraça e, a seguir, interno à vidraça.

Ciente das trajetórias solares aplicáveis nas diferentes épocas do ano, o projetista poderá criar um elemento de proteção solar que produza sombra quando for necessário. Alguns elementos usam peças reguláveis e móveis para cada período do dia ou do ano, o que permite otimizar os efeitos do sombreamento. É possível deslocar os brises para permitir a entrada de luz ou barrá-la, dependendo do horário, estação ou orientação. Os elementos de proteção solar fixos geralmente são posicionados de modo a resolver o problema da diferença entre o sol alto de verão e o sol baixo de inverno para dar sombra no verão e sol no inverno.

Pontos-chave para o projeto de arquitetura

A volumetria e a orientação são determinantes para se projetar uma edificação que possa ser sombreada facilmente. Os lados leste e oeste das edificações são difíceis de proteger do sol, em função da baixa altitude do sol nascente e poente nos céus leste e oeste. É muito mais fácil sombrear uma edificação com fachadas longas no norte e no sul, mas curtas no leste e no oeste. No hemisfério sul, o lado sul da edificação geralmente recebe pouca radiação solar direta, enquanto o lado norte é exposto a altos ângulos de altitude solar nos meses de verão e baixos ângulos durante o inverno.

Os elementos de proteção solar não devem comprometer os demais fatores de conforto oferecidos pela janela – ou seja, luz diurna, conexão com o exterior e brisas. Os elementos de proteção solar externos não precisam, necessariamente, ser objetos separados e fixados ao exterior da edificação. As próprias aberturas de janela recuadas e a geometria da fachada podem servir como elementos de proteção solar.

Ferramentas de projeto

Existem várias ferramentas que permitem analisar o tamanho e o padrão da sombra que será projetada por determinado elemento de proteção solar em diferentes latitudes, orientações e períodos do ano. A carta (ou diagrama) solar é capaz de informar rapidamente a altura e o azimute do sol para qualquer latitude, mês, dia e horário específico. Essa ferramenta manual também indica o ângulo do perfil, fundamental para se determinar o nível de sombreamento fornecido por dado elemento de proteção. É possível determinar a porcentagem da janela que será sombreada em datas distintas.

O *solar transit* (Figura 4.129) é um instrumento capaz de traçar *in loco* o percurso aparente do sol no céu para cada dia específico do ano. Isso ajuda a determinar as horas de sol disponíveis em certo ponto do terreno. Esse instrumento considera automaticamente toda e qualquer obstrução ao sol, como edificações e/ou árvores contíguas. Diversos pacotes de software para computador simulam os efeitos da radiação solar em maquetes eletrônicas. A simples maquete volumétrica de uma casa (Figura 4.130), por exemplo, mostra claramente os padrões de sombreamento e luz solar direta nas superfícies da edificação e no terreno adjacente. Na escala do terreno, uma lente olho de peixe pode ser utilizada para tirar uma fotografia da abóbada celeste em determinado ponto do terreno. Colocando-se uma carta solar sobre a imagem, será possível determinar os horários, no decorrer do ano, em que aquela parte do terreno ficará na sombra devido às obstruções (Figura 4.128).

A maquete convencional e a carta solar são ótimas ferramentas para se estudar rapidamente o sombreamento em diferentes períodos do ano. A carta solar deve ser fixada à maquete convencional com a orientação apropriada (a seta de norte da carta solar apontando para o norte na maquete). É possível girar e inclinar a maquete sob uma fonte de luz direta enquanto a carta solar indica a data e o horário em que a sombra vista seria realmente produzida.

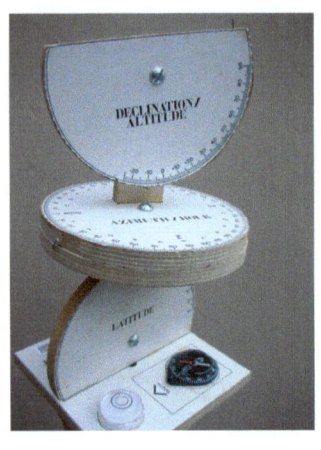

Figura 4.129 O *solar transit* é um instrumento útil para acompanhar o percurso do sol no céu e criar máscaras de sombreamento no horizonte em um local específico.

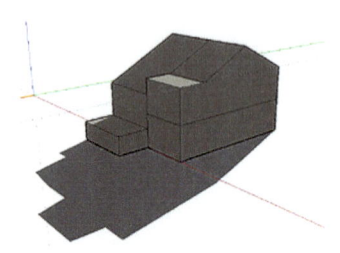

Figura 4.130 As sombras projetadas por uma simples imagem de computador de uma maquete de volumes revelam os padrões de radiação solar e sombreamento em uma edificação e no terreno.

Figura 4.128 Carta solar sobreposta a uma foto olho de peixe do céu. ROBERT MARCIAL

Considerações sobre a implementação

Superfícies refletivas na parte de cima de brises horizontais colocados em posições estratégicas conseguem refletir a luz (e outros componentes da radiação) para dentro da edificação. Isso ajuda a trazer mais luz diurna para dentro da edificação e, ao mesmo tempo, protege a maior parte da janela do sol.

Com frequência, o sombreamento com o uso de plantas é mais eficiente que o sombreamento com o uso de elementos de proteção solar fixos. Isso porque os ângulos solares nem sempre estão correlacionados com a temperatura do ar do interior (e, consequentemente, com a necessidade de calefação ou refrigeração). Por exemplo: no hemisfério sul, os ângulos solares do equinócio de primavera (21 de setembro) são idênticos aos ângulos solares do equinócio de outono (21 de março). Contudo, no hemisfério sul, costuma ser muito mais quente no fim de março que no fim de setembro, o que exige mais sombreamento em março que em setembro. As plantas decíduas reagem mais à temperatura que à posição solar. Suas folhas talvez não estejam presentes no início de setembro, permitindo que o sol aqueça a edificação, mas ainda estarão nas árvores no início de março, fazendo sombra.

Projeto passo a passo

1. Determine as necessidades de sombreamento. Elas variam conforme a edificação e o espaço e dependem de muitas variáveis, incluindo clima, projeto das vedações da edificação, funções da edificação/espaço, expectativas de conforto visual, expectativas de conforto térmico, etc. É impossível fazer assertivas genéricas sobre esse primeiro passo fundamental no processo de projeto.

2. Determine se os elementos de proteção solar serão internos, externos ou ficarão dentro das vidraças; se serão móveis ou fixos. O orçamento do projeto, as metas do projeto da fachada e a importância das vistas e da luz diurna (entre outras considerações) ajudarão a determinar o que é mais apropriado.

3. Faça um projeto preliminar para os elementos de proteção solar. Exemplos de elementos de proteção solar e suas aplicações (muito bem apresentados no livro *Control and Shading Devices*) podem ser muito úteis nessa etapa.

4. Confira o desempenho dos elementos de proteção solar propostos – usando máscaras, simulações feitas em computador ou maquetes em escala, escolhendo o recurso mais apropriado para o contexto do projeto e a experiência do projetista.

5. Modifique o projeto dos elementos de proteção solar até obter o desempenho exigido e o projeto ser considerado aceitável em relação a outros fatores (iluminação natural, ventilação, estética, etc.).

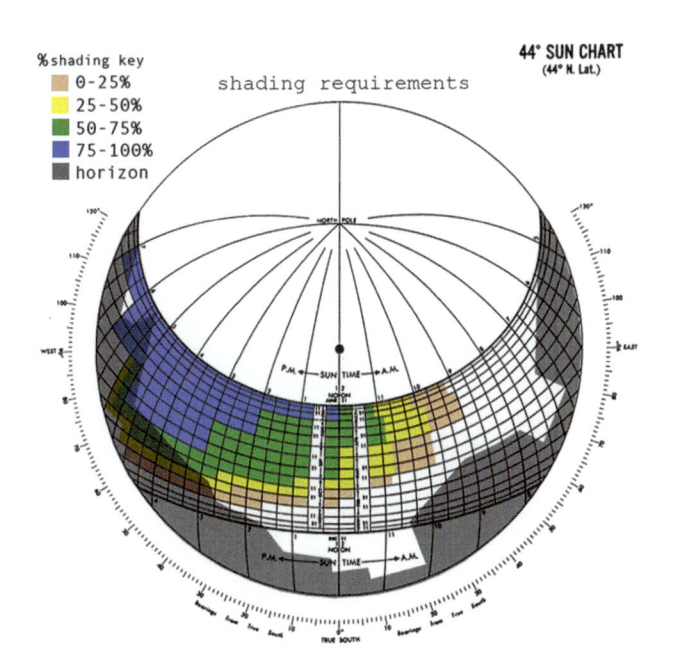

Figura 4.131 Exigências de sombreamento da edificação sobrepostas a uma carta solar (no hemisfério norte). RUSSELL BALDWIN, DOUGLAS KAEHLER, ZACHARY PENNELL, BRENT STURLAUGSON

PROBLEMA TÍPICO

Um edifício de escritórios localizado em Eugene, Oregon, Estados Unidos (e, portanto, no hemisfério norte), tem fachada sul e apresenta altos ganhos térmicos solares no verão. Uma análise do clima, dos ganhos térmicos internos e das vedações da edificação resulta nas exigências de sombreamento mostradas na Figura 4.131. Foi feita a maquete de um vão estrutural da fachada sul e utilizou-se uma carta solar para conferir o desempenho do elemento de proteção solar proposto em dois dias opostos do ano (Figuras 4.132 e 4.133).

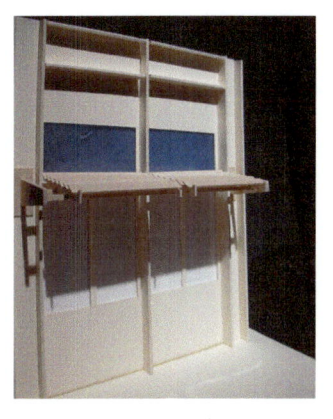

Figura 4.132 Desempenho do elemento de proteção solar proposto às 15h do dia 21 de junho (início do verão no hemisfério norte).

Figura 4.133 Desempenho do elemento de proteção solar proposto às 13h do dia 21 de dezembro (início do inverno no hemisfério norte).

Figura 4.136 O edifício 1 Finsbury Square, em Londres, na Inglaterra, usa um sistema clássico de resistentes beirais como brises horizontais, conectando-os à pele de vidro.
DONALD CORNER

Figura 4.137 O edifício Menara Mesiniaga, em Kuala Lumpur, na Malásia, emprega faixas de brises horizontais para bloquear o sol alto da linha do Equador.

Exemplos

Figura 4.134 A fachada sul (hemisfério norte) com brises horizontais da Biblioteca Central de Burton Barr, Phoenix, Arizona, Estados Unidos.

Figura 4.135 A fachada norte (hemisfério norte) da Biblioteca Central de Burton Barr tem brises em forma de vela de barco para proteger contra o sol do início da manhã e do fim da tarde durante os meses de verão.

Capítulo 4 ♦ Estratégias de Projeto 121

Figura 4.138 Brises verticais oferecem proteção contra o sol oeste na Casa Nueva, no Centro Administrativo do Condado de Santa Barbara, Califórnia, Estados Unidos (hemisfério norte).
WILLIAM B. DEWEY

Figura 4.139 Brises verticais extremamente articulados no Mod 05 Living Hotel, em Verona, Itália. CIRO FRANK SCHIAPPA/FUSINA 6

APÓS A DEFINIÇÃO DO PARTIDO

Cálculos refinados das cargas de aquecimento e resfriamento da edificação, que afetam a extensão e os horários do sombreamento desejado, geralmente serão feitos durante o desenvolvimento do projeto. A facilidade de manutenção, a limpeza dos elementos de sombreamento (os pássaros gostam deles), as barreiras térmicas adequadas, a estruturada e os detalhes serão trabalhados, a fim de evitar o acúmulo de calor.

Mais informações

Olgyay, A. and V. Olgyay. 1957. *Solar Control & Shading Devices*. Princeton University Press, Princeton, NJ.

Pacific Energy Center, Application Notes for *Site* Analysis, "Taking a Fisheye Photograph...." www.pge.com/pec/ (procure por "fisheye")

Pilkington Sun Angle Calculator. Disponível na Society of Building Science Educators. www.sbse.org/resources/index.htm

Solar Transit Template. Disponível no Agents of Change Project, University of Oregon. aoc.uoregon.edu/loaner_kits/index.shtml

ILUMINAÇÃO ELÉTRICA

Os sistemas de ILUMINAÇÃO ELÉTRICA são os componentes das edificações modernas que mais consomem energia. Um relatório recente da International Energy Agency (Waide 2006) indica que a iluminação é responsável por aproximadamente 19% do consumo global de energia elétrica, contribuindo com emissões de dióxido de carbono equivalentes a 70% das causadas por veículos de passageiros. O mesmo relatório sugere que o uso de lâmpadas fluorescentes compactas em vez de lâmpadas incandescentes e a opção de reatores de alta eficiência em vez de reatores de baixa eficiência, bem como a substituição de lâmpadas de vapor de mercúrio (lâmpadas de descarga de alta intensidade) por lâmpadas com alternativas mais eficientes, reduziria a demanda global de iluminação em até 40% – com impacto concomitante no consumo global de eletricidade.

Figura 4.141 Iluminação elétrica integrada à natural e controlada por fotossensores em uma sala de aula da Escola de Ensino Médio Clackamas, em Clackamas, Oregon, Estados Unidos.

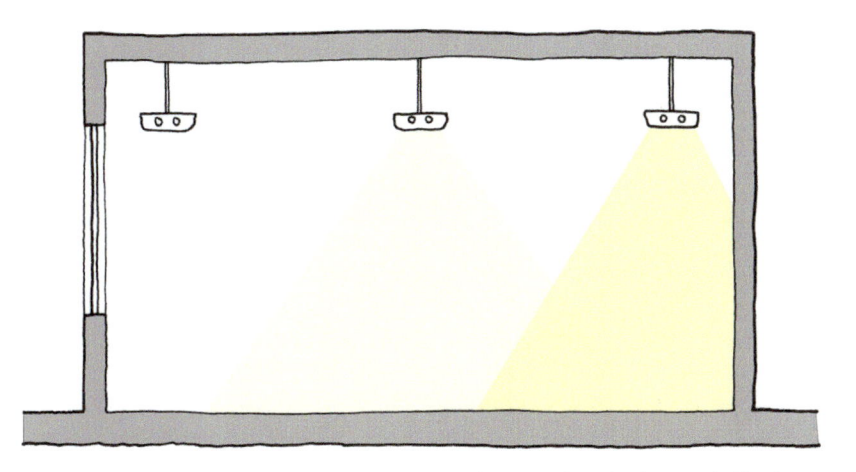

Figura 4.140 A base conceitual da eficiência energética no projeto do sistema de iluminação elétrica (usando apenas o que é necessário). NICHOLAS RAJKOVICH

Um sistema "ecológico" de iluminação elétrica reduzirá o consumo de energia elétrica, poderá (e provavelmente irá) diminuir o consumo de energia para a refrigeração ambiente e deverá melhorar o conforto visual da edificação – com relação a um sistema menos eficiente. Para maximizar a eficiência, a iluminação elétrica deve complementar a iluminação natural, e não substituí-la. Há uma ampla gama de técnicas disponíveis para maximizar a eficiência e a qualidade dos sistemas de iluminação elétrica. As estratégias tecnológicas incluem a seleção de lâmpadas, luminárias e controles de iluminação apropriados. As estratégias de arquitetura, por sua vez, incluem o projeto de geometrias espaciais apropriadas; a seleção de acabamentos de superfície apropriados; e o posicionamento cuidadoso das luminárias em relação às geometrias espaciais, outros elementos do sistema (como os dutos) e fontes de luz diurna.

Vários índices importantes são usados para expressar diferentes aspectos da eficiência dos sistemas de iluminação elétrica. Eles incluem:

Eficácia luminosa. Uma medida (em lumens/watt) do fluxo luminoso (a luz produzida) de uma lâmpada por watt de consumo elétrico. Quanto mais alta a eficácia luminosa, mais luz é produzida por watt de consumo. As eficácias luminosas das lâmpadas disponíveis no mercado variam de 20 (baixo) a 120 (alto), aproximadamente – uma razão de seis para um (veja a Figura 4.142). Se as demais propriedades forem iguais, selecione a lâmpada com a eficácia luminosa mais alta e que atenda a todos os critérios do projeto (índice de reprodução de cores, deterioração de lúmen da lâmpada, custo de ciclo de vida, etc.).

OBJETIVO
Desempenho visual, conforto visual, ambiência, eficiência energética

EFEITO
Iluminância, luminância

OPÇÕES
Inúmeras combinações de lâmpadas, luminárias, geometrias espaciais e controles, integração da iluminação natural

QUESTÕES DE COORDENAÇÃO
Projeto da iluminação natural, leiaute do mobiliário e das paredes internas, sistemas de controle automático

ESTRATÉGIAS RELACIONADAS
Vidraças, Coeficiente de Luz Diurna, Refletâncias Internas, Iluminação Zenital, Iluminação Lateral

PRÉ-REQUISITOS
Objetivo e critérios estabelecidos para o projeto, códigos e normas locais de iluminação (se aplicáveis)

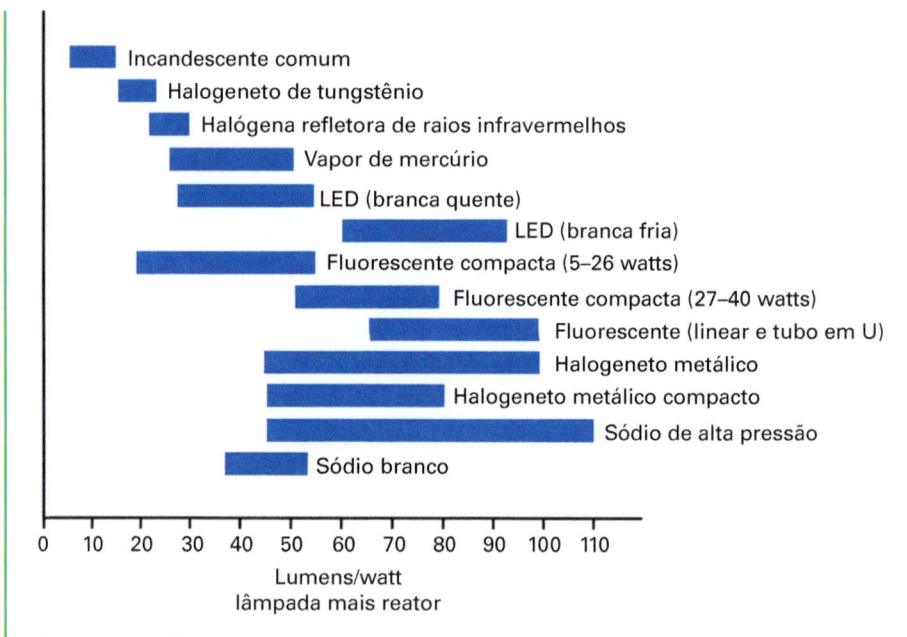

Figura 4.142 Eficácias luminosas de lâmpadas elétricas comuns. BASEADO EM IESNA LIGHTING HANDBOOK, 9TH ED.

Eficiência ou rendimento de luminária. Uma medida da capacidade da luminária de distribuir a luz de uma lâmpada. Trata-se de uma razão adimensional entre os lumens realmente emitidos pela luminária e os lumens emitidos pela(s) lâmpada(s) instalada(s) na luminária. Em geral, luminárias com eficiências mais altas são melhores – com as demais propriedades sendo iguais.

Fator de fluxo luminoso (FFL) ou fator de reator (FR). Uma medida da eficiência de determinada combinação de reator-lâmpada com relação ao desempenho da mesma lâmpada se utilizada com um reator aprovado pelo ANSI (para o tipo de lâmpada em questão). É um índice adimensional no qual o mais alto, em geral, é o melhor – com as demais propriedades sendo iguais.

Classificação de eficácia da luminária (CEL). Uma medida da eficácia da combinação de lâmpada, reator e luminária. Para calcular a CEL, deve-se dividir o produto da eficiência da luminária vezes os lumens da lâmpada vezes o fator de fluxo luminoso pela vatagem elétrica da luminária. A CEL é expressa em lumens/watt e, em geral, quanto mais alta, melhor – com as demais propriedades sendo iguais.

Fator de utilização (FU). Uma medida da capacidade de determinada luminária, instalada em uma geometria espacial específica com refletâncias de superfície específicas, de fornecer luz para dado plano de trabalho. O FU é adimensional (essencialmente, lumens fornecidos/lumens da lâmpada) e a medida mais importante da eficiência do sistema de iluminação (embora a eficácia luminosa também seja muito importante). Se as demais propriedades forem iguais, selecione a combinação de elementos (luminária, geometria do recinto e refletâncias) com o FU mais alto e que atenda a todos os critérios do projeto (iluminância, luminância de superfície, necessidade de manutenção, custo do ciclo de vida, etc.).

Em projetos convencionais (não ecológicos), as considerações acima só são abordadas em uma fase posterior do desenvolvimento. Muitas vezes, a iluminação elétrica nem chega a ser considerada durante a definição do partido (considere, por exemplo, o projeto típico de um ateliê de arquitetura universitário). Quando esse é o caso, alguns aspectos cruciais do projeto de iluminação (como a geometria espacial) são escolhidos (adicionados ao projeto) sem considerar seu impacto na eficiência do sistema de iluminação.

Um sistema de iluminação elétrica realmente eficiente em energia opera apenas quando necessário para atender aos critérios de projeto. Espaços não habitáveis geralmente não precisam de sistemas de iluminação elétrica automáticos; espaços bem iluminados por luz natural não precisam de iluminação elétrica que aumente as luminâncias além dos valores dos critérios de projeto. Os controles são fundamentais para uma operação eficiente dos sistemas. Os controles de iluminação também podem ter impacto na satisfação dos usuários com o sistema de iluminação elétrica. Esses controles são classificados em três categorias gerais: manuais, automáticos e híbridos. Os controles manuais são o meio mais comum e com o menor investimento inicial para o controle da iluminação elétrica em um espaço. Sistemas automáticos (utilizando *dimmers* e interruptores fotossensíveis para variar a intensidade das lâmpadas, a fim de manter uma luminância constante em um espaço com iluminação natural irregular e crescentes reduções dos fatores de iluminação) podem ser os meios de controle com menor custo de ciclo de vida. Sensores de ocupação e temporizadores automáticos podem garantir que as lâmpadas sejam apagadas quando um espaço não está sendo utilizado. Sistemas híbridos combinam a eficiência de energia de automação com determinado grau de controle manual do usuário – porém, este deve estar acompanhado da educação dos usuários, para evitar usos indevidos ou abusos.

Questões-chave de arquitetura

A variabilidade e a adaptabilidade dos sistemas de iluminação elétrica permitem sua integração a várias formas de arquitetura. Essas formas e suas características de reflexão e absorção desempenham um papel importante na distribuição da luz, desde a fonte até o plano de trabalho. O pé-direito e os ângulos de visão (as dimensões e formas de um espaço) afetarão as estratégias de iluminação elétrica e serão afetados por elas, como também influenciarão o potencial de ofuscamento direto e refletido.

O posicionamento e o dimensionamento das janelas predeterminarão a rotina de operação do sistema de iluminação elétrica (e o consumo total de energia) de um espaço.

A posição e o tipo de luminária geralmente são considerações importantes de arquitetura. As luminárias (e seus padrões de distribuição) em geral tornam-se elementos de projeto muito visíveis em um espaço, devido ao seu brilho relativo e posicionamento proeminente.

Considerações de implementação

O projeto de iluminação elétrica de uma edificação ecologicamente correta não pode ser postergado até o desenvolvimento do projeto. O impacto das decisões tomadas sobre a eficiência e as necessidades dos sistemas de iluminação elétrica deve ser avaliado ainda durante definição do partido.

Projeto passo a passo

1. Determine uma estratégia de iluminação natural abrangente para a edificação (veja as estratégias de iluminação natural). Conceitue como os

PROBLEMA TÍPICO

Conforme mencionado nos procedimentos adjacentes, a consideração da iluminação durante a definição do projeto envolve diversas variáveis. Apresentar um problema típico não faria jus à individualidade e complexidade do projeto de iluminação elétrica.

sistemas de iluminação elétrica e natural irão interagir e se complementar – especialmente por meio dos controles integrados.

2. Determine os objetivos e critérios do projeto do sistema de iluminação elétrica. Esses critérios geralmente envolverão as exigências adequadas para as iluminâncias sobre os planos de trabalho e as luminâncias das superfícies para diferentes tarefas visuais e tipos de espaço, além de também expressar as expectativas da ambiência do espaço.
3. Determine as necessidades e exigências de iluminação não relacionadas às tarefas visuais, como a iluminação de destaque, efeito e emergência.
4. Escolha lâmpadas e luminárias compatíveis entre si, para maximizar a geração de luz e eficiência de desempenho, e, ao mesmo tempo, atender ao objetivo do projeto em relação à reprodução de cores, ao controle de ofuscamento, aos custos iniciais e à integração dos sistemas de iluminação. A escolha de lâmpadas e luminárias é importante – já que ambas contribuem para a eficiência geral de um sistema de iluminação elétrica. Reatores com eficiência em energia devem ser escolhidos e devem ser tomadas providências para que os controles permitam que as lâmpadas sejam apagadas ou dimerizadas facilmente quando não forem necessárias. A escolha de lâmpadas, luminárias e acabamentos dos espaços que minimizarão a perda de luz com o passar do tempo (conforme quantificado por meio do coeficiente de perda de luz – CPL) é essencial. O uso excessivo de lâmpadas para atenuar a degradação do sistema de iluminação devido ao envelhecimento das lâmpadas e acúmulo de sujeira pode facilmente adicionar de 25 a 40% ao consumo de energia de um sistema de iluminação elétrica.
5. Certifique-se de que o sistema de iluminação elétrica esteja bem coordenado em termos espaciais com o sistema de iluminação natural – isto envolve tanto o posicionamento das luminárias como o de seus circuitos.

Exemplos

Figura 4.143 Luminárias fluorescentes indiretas direcionam a luz a um forro refletivo em uma sala de estar do Kroon Hall da Yale University, Connecticut, Estados Unidos. ROBERT BENSON PHOTOGRAPHY

Capítulo 4 ♦ Estratégias de Projeto 127

Figura 4.144 Forro com luminárias embutidas em uma área de computadores da biblioteca do Christopher Center, da Valparaiso University, Indiana, Estados Unidos. KELLY GOFFINEY

Figura 4.145 A proposta da Virginia Tech para o Decatlo Solar 2009; as lâmpadas de LED iluminam a parede por trás do painel de sombreamento em chapa de metal perfurada.
STEFANO PALTERA

Figura 4.146 Iluminação elétrica e natural integradas em uma área de leitura do Christopher Center da Valparaiso University, Indiana, Estados Unidos. KELLY GOFFINEY

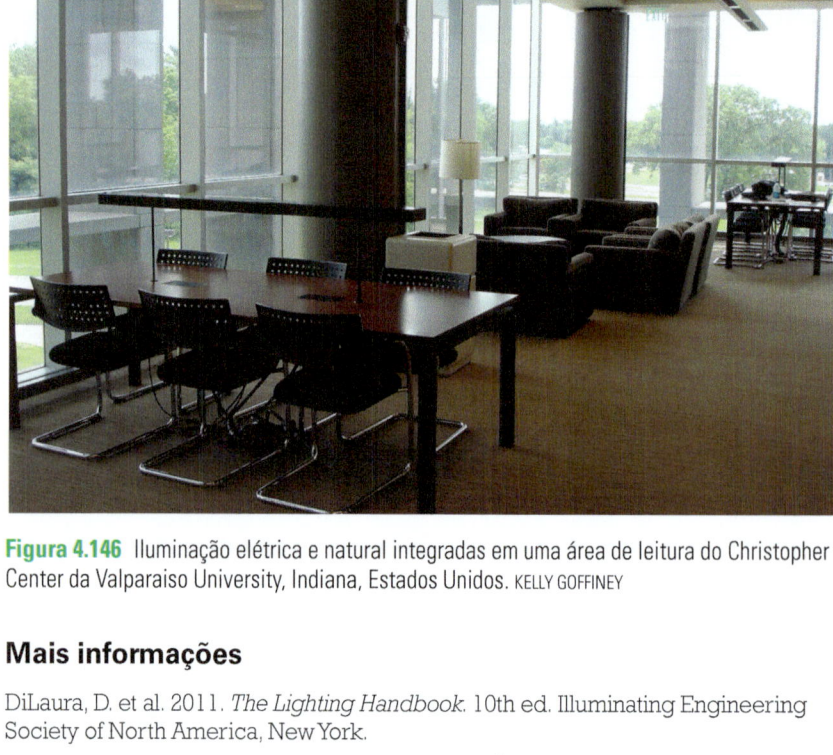

APÓS A DEFINIÇÃO DO PARTIDO

Todo o projeto dos sistemas de iluminação elétrica normalmente é feito durante o desenvolvimento do projeto – em geral por um consultor (projetista de iluminação ou engenheiro elétrico). Durante o desenvolvimento do projeto, lâmpadas, luminárias e controles são selecionados, coordenados e especificados. A contratação de especialista para o projeto e a instalação de todos os tipos de controles de iluminação automática é extremamente recomendada – uma vez que são muito propensos a problemas de instalação e regulagem.

Mais informações

DiLaura, D. et al. 2011. *The Lighting Handbook*. 10th ed. Illuminating Engineering Society of North America, New York.

The European Greenlight Programme. www.eu-greenlight.org/

International Association for Energy-Efficient Lighting. www.iaeel.org/

Nelson, D. 2010. Whole Building Design Guide, "*Energy Efficient Lighting,*" National Institute of Building Sciences, Washington, DC.

U.S. Department of Energy, Energy Efficiency and Renewable Energy, *Sustainable Design Guide*, Chapter 5: "Lighting, HVAC, and Plumbing." appsl.eere.energy.gov/buildings/publications/pdfs/commercial_initiative/sustainable_guide_ch5.pdf

Waide, P. 2006. "*Light's Labour Lost.*" International Energy Agency, Paris.

CALEFAÇÃO

Ao pensar esquematicamente sobre a calefação de uma edificação, a compreensão do volume total das cargas de aquecimento é essencial. Em moradias unifamiliares, as cargas de aquecimento tendem a ser maiores do que as cargas de refrigeração (exceto em climas muito amenos ou quentes). Edificações maiores (dominadas pela carga interna) tendem a ter cargas de aquecimento significativas devido à ocupação, à iluminação e aos equipamentos – bem como uma pequena razão entre superfície e volume. Não é incomum que uma grande edificação de escritórios esteja sempre com seu núcleo no modo de refrigeração e precise de calefação apenas no perímetro – e com uma fachada de excelente desempenho é possível praticamente eliminar a calefação do perímetro. Assim, as estratégias de calefação abordadas neste livro são mais adequadas para edificações residenciais, prédios comerciais ou institucionais de pequena escala.

O modo mais simples de aquecer uma edificação é por meio de ganho solar direto, admitindo a radiação solar durante a estação de aquecimento de calor e armazenando-a em materiais termoacumuladores. O ganho direto é muito eficiente em edificações muito bem isoladas com janelas de boa qualidade. Entretanto, ele pode causar o ofuscamento e a deterioração dos acabamentos internos e móveis. Esse método é mais adequado quando os usuários podem se deslocar à medida que as condições climáticas mudam ao longo do dia, como em uma sala de leitura em uma residência ou biblioteca. A calefação por ganho direto é problemática em escritórios, onde os trabalhadores geralmente não têm tanta liberdade para se deslocarem para outros espaços de trabalho.

Com o ganho indireto, um elemento com grande massa (como uma parede Trombe ou uma cobertura com água) absorve a radiação solar sem permitir que a luz solar entre diretamente no espaço utilizado. O calor acumulado gradualmente é conduzido por meio da massa térmica, é irradiado e levado por convecção aos espaços ocupados no final do dia. O ganho indireto pode ser combinado com o ganho direto para equilibrar a calefação ao longo do dia.

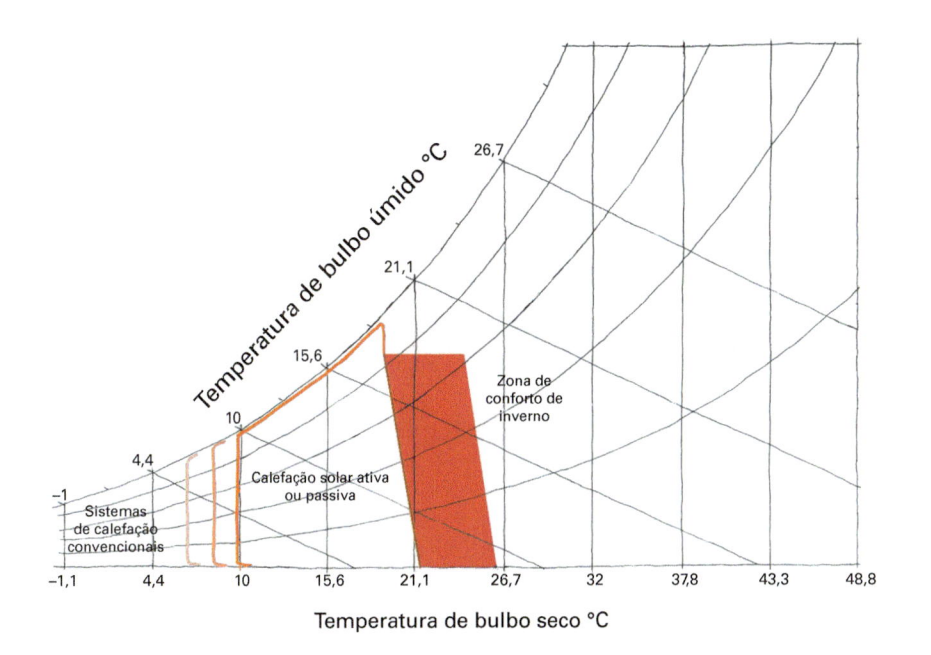

CALEFAÇÃO

Estratégias
Ganho direto
Ganho indireto
Ganho isolado
Sistemas ativos de energia térmica solar
Bombas de calor geotérmicas

Figura 4.147 Aplicabilidade de estratégias de calefação de edificações. ADAPTADO DE *ENERGY CONSERVATION THROUGH BUILDING DESIGN*

Um jardim de inverno ou uma estufa anexa absorvem e acumulam calefação solar que pode ser insuflada para o uso nos espaços de permanência prolongada conforme o necessário. Geralmente, o espaço de termoacumulação é um local de permanência transitória; portanto, as temperaturas não precisam ser mantidas na zona de conforto. Na verdade, a estufa pode ser mais eficiente para fornecer calefação se as temperaturas subirem (ou caírem) muito além da zona de conforto.

Os sistemas de calefação ativos também podem contribuir para tornar um projeto mais ecológico. Os coletores térmicos solares ativos podem atender a toda a demanda de água quente doméstica de uma edificação. Os coletores ativos também podem ajudar no aquecimento dos espaços.

Bombas de calor geotérmicas usam o ciclo de refrigeração para deslocar o calor de um local para o outro. Uma bomba de calor geotérmica usa o solo como fonte de calor durante a estação de aquecimento e como dissipador de calor durante a estação de refrigeração. Devido ao fato de a temperatura do solo ser mais elevada do que a do ar externo durante o inverno (e mais baixa durante o verão), uma bomba de calor geotérmica é mais eficiente do que a bomba de calor a ar (a qual, por sua vez, é mais eficiente do que a maior parte das demais alternativas ativas).

GANHO DIRETO

Os sistemas de GANHO DIRETO geralmente são considerados os meios mais básicos, simples e econômicos para se obter calefação solar passiva. Durante a estação de aquecimento, a radiação solar entra pelas vidraças orientadas para o norte (no hemisfério sul) e, em seguida, é absorvida pela massa interna, aquecendo-a. Uma massa termoacumuladora dimensionada adequadamente é capaz de oferecer um desempenho constante e seguro de um sistema passivo de calefação. Durante a estação de resfriamento, a radiação solar pode ser barrada usando-se elementos de proteção solar apropriados (inclusive a vegetação). A característica de projeto e operação que define o sistema de ganho direto, mostrada na Figura 4.148, é o fato de que os usuários habitam o sistema de calefação da edificação.

Figura 4.149 O piso e a parede interna de concreto absorvem a radiação solar obtida por meio das aberturas de janela no Aldo Leopold Legacy Center, em Baraboo, Wisconsin, nos Estados Unidos.

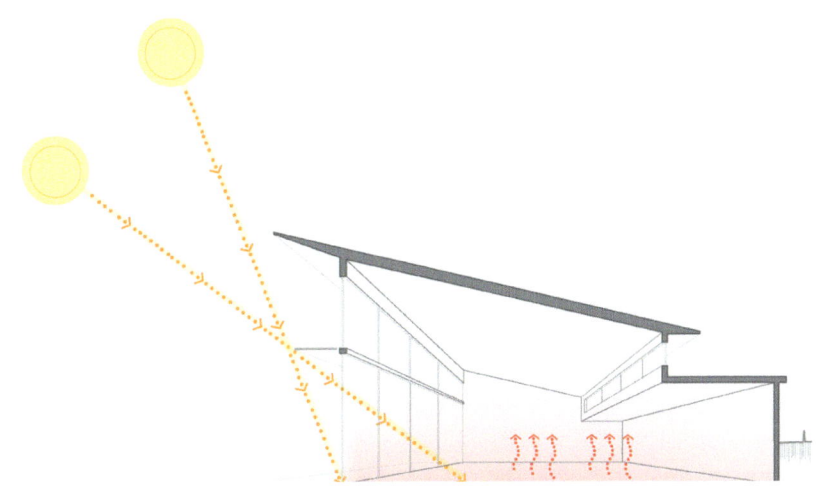

Figura 4.148 O sistema de ganho direto usa uma massa termoacumuladora para absorver e armazenar a energia solar para aquecer a edificação. Os elementos de proteção solar controlam o sol indesejável no verão. JON THWAITES

Pontos-chave para o projeto de arquitetura

Embora os sistemas de ganhos diretos atuem surpreendentemente bem em uma grande variedade de climas e tipos de edificações, os invernos sem nuvens e as edificações menores, dominadas pela carga da pele, são ideias para o uso dessa estratégia.

Para um sistema de ganho direto, o eixo da edificação normalmente deve estar na direção leste-oeste, de modo a maximizar a exposição solar nas aberturas orientadas para o norte (no hemisfério sul). Se a abertura estiver a menos de 15° do norte verdadeiro (ou do sul, no caso do hemisfério norte), a edificação receberá aproximadamente 90% dos ganhos térmicos solares ideais no inverno. A mudança da abertura para o leste ou o oeste alterará, de certa forma, o horário desses ganhos térmicos.

A distribuição dos espaços funcionais (Figura 4.150) é uma consideração importante para edificações com ganho direto. No hemisfério sul, os cômodos com orientação norte se beneficiarão com os ganhos térmicos solares diretos, mas o mesmo não acontece com aqueles voltados para o sul. As áreas com aberturas para ganho direto também receberão mais luz natural que os cômodos com paredes praticamente cegas. A colocação dos espaços de permanência transitória (isto é, armários embutidos, banheiros, espaços para circulação, áreas de serviço) junto à elevação sul pode criar uma zona de transição térmica na fachada sul subaquecida, reduzindo a necessidade de se transferir calor dos espaços ao norte.

OBJETIVO
Controle climático (calefação), conforto térmico

EFEITO
Uso de um recurso renovável, calefação passiva, eficiência energética

OPÇÕES
Uma abordagem fundamental, mas com diversas opções para os elementos individuais (abertura, coleta, armazenamento, distribuição, controle)

QUESTÕES DE COORDENAÇÃO
Refrigeração passiva, calefação ativa, iluminação natural, móveis e acessórios de interior, controle por parte do usuário

ESTRATÉGIAS RELACIONADAS
Análise do Terreno, Vidraças, Ventilação Noturna de Massas, Ganho Indireto, Ganho Isolado, Elementos de Proteção Solar

PRÉ-REQUISITOS
Clima adequado, terreno adequado, tipo de edificação adequado, objetivo de projeto apropriado

Figura 4.150 É possível distribuir os espaços de permanência transitória ou de serviço ao longo da fachada mais fria, que não está orientada para o sol, deixando que a zona social ocupe o lado mais quente (hemisfério sul). KATE BECKLEY

A ventilação noturna de massas para a refrigeração passiva no verão é um complemento lógico para o sistema passivo de calefação de ganho direto. Para que essa combinação de sistemas funcione, é necessário coordenar as direções dominantes do vento no verão (refrigeração) com uma elevação norte mais longa.

É importante reconhecer que um sistema de ganho direto terá grandes áreas de vidraças; portanto, também será necessário adotar medidas para mitigar o ofuscamento e diminuir as perdas de calor durante a noite. O uso de superfícies e acessórios de cor clara perto das janelas pode ajudar a reduzir o risco de ofuscamento ao diminuir o contraste. Já a utilização de algum tipo de isolamento removível ou vidraça de alto desempenho talvez ajude a diminuir as perdas de calor durante a noite. Os móveis e carpetes que recebem luz solar direta podem desbotar se não forem escolhidos tendo-se isso em mente – e também interferirão na absorção e no armazenamento da energia solar.

Considerações sobre a implementação

Com frequência, as vidraças inclinadas são vistas como meios de maximizar a exposição solar. Se as vidraças não forem sombreadas, porém, essa solução talvez aumente os ganhos indesejados no verão. As vidraças inclinadas são mais difíceis de sombrear que as verticais. Também é possível usar vegetação decídua para controlar os ganhos térmicos sazonais. Lembre-se de que até as árvores sem folhas provocam certo efeito de sombreamento capaz de afetar o desempenho do sistema.

É importante considerar o valor da massa térmica ou superfície absorvente. Cores escuras (com absortância de 0,5–0,8) funcionam melhor. A maior parte dos tipos de alvenaria não pintada tem um desempenho razoavelmente bom. Como até mesmo a radiação refletida pode contribuir para a calefação, as superfícies com baixa massa térmica (forros, paredes internas) devem ser pintadas em cores claras para que reflitam a radiação nas superfícies termoacumuladoras identificadas.

Tabela 4.10 Propriedades térmicas de diversos materiais

Material	Calor específico		Densidade		Capacidade térmica	
	Btu/lb °F	kJ/kg K	lb/pé³	kg/m³	Btu/pé³ °F	kJ/m³ K
Água	1,0	4,18	62,4	998	62,4	4.172
Tijolo	0,22	0,92	120	1.920	26,4	1.766
Concreto	0,19	0,79	150	2.400	28,5	1.896
Ar	0,24	1,00	0,075	1,2	0,018	1,2

Por serem a mais básica estratégia passiva de calefação solar, os sistemas de ganho direto têm certas limitações. Condições mais ensolaradas que o normal, por exemplo, podem acarretar o superaquecimento – conforme a capacidade de termoacumulação da edificação é excedida. O oposto pode acontecer durante períodos nublados. Por essa razão, é importante incluir certo grau de controle por parte do usuário (isto é, persianas ou brises reguláveis, ou ainda saídas de ar de abrir, para controlar o superaquecimento). Um sistema de calefação (mecânica) ativa de apoio geralmente é necessário – tanto para atuar como um sistema de tamanho razoável que forneça as cargas de aquecimento que não são obtidas passivamente, como para ser usado em períodos de condições climáticas extremas (com dias frios ou encobertos).

Em geral, a espessura da massa termoacumuladora não deve ultrapassar 100–125 mm. A massa adicional necessária para se fazer uma armazenagem adequada será obtida por meio de superfícies adicionais. O aumento da espessura fica cada vez menos eficiente, mas a armazenagem distribuída pode ajudar a manter o cômodo uniformemente aquecido. Uma vez que a superfície absorvente também armazena mais calor na maioria dos sistemas de ganho direto, a localização da massa termoacumuladora acaba sendo condicionada pela exposição solar. A armazenagem secundária (que não recebe radiação solar direta) é muito menos eficaz quando se trata de controlar o superaquecimento. Toda massa deve ser exposta o máximo possível; por isso, limite o uso de tapetes ou carpetes (que agem como isolamento).

As vidraças voltadas para o norte, no hemisfério sul, devem ter um CTGS (coeficiente de ganho térmico solar) de 0,60 ou mais (quanto mais alto melhor, pois outros meios oferecem um sombreamento mais eficaz), além de um fator U de 0,35 [2,0] ou menos. Os vidros simples (sem proteção solar) devem ser selecionados de modo a otimizar o desempenho das vedações da edificação. Para ajudar a evitar perdas térmicas pelas janelas à noite, use persianas ou painéis com isolamento para cobrir as vidraças depois que anoitece – ou vidraças com baixo fator U (mas alta transmissão).

Em edificações subdivididas em cômodos (na prática, a maioria das edificações), o sistema de calefação de ganho direto somente aquece os cômodos com abertura solar – a menos que sejam feitos grandes esforços para garantir a distribuição de calor para cômodos sem aberturas adjacentes ou distantes. Isso pode impor limitações severas na aplicabilidade dos sistemas de ganho direto em edificações maiores ou com leiautes complexos.

Projeto passo a passo

O objetivo dos passos descritos a seguir é determinar os tamanhos genéricos dos componentes do sistema durante a fase de definição do partido de um projeto. Essas estimativas preliminares serão revistas e otimizadas no decorrer do desenvolvimento do projeto.

O primeiro passo – e o mais importante – no projeto de um sistema passivo de calefação solar é minimizar a taxa de perda térmica através dos componentes das vedações não voltadas para o norte no hemisfério norte (incluindo perdas por infiltração). Trata-se de uma preocupação que geralmente é abordada nas fases posteriores do projeto – conforme determinados com-

PROBLEMA TÍPICO

Um edifício de 93 m² situado em Minneapolis, Minnesota, Estados Unidos (e, portanto, no hemisfério norte), será aquecida por um sistema passivo de calefação solar de ganho direto.

1. Neste clima frio, considera-se apropriado construir uma área de vidraças na razão de 0,4:1. Dessa forma, a área de vidraças estimada é:

$$(93 \text{ m}^2)(0,4) = 37 \text{ m}^2$$

2. Cada área unitária de vidraça requer três áreas unitárias de massa térmica para armazenagem térmica:

$$(37 \text{ m}^2)(3) = 112 \text{ m}^2$$

Isso ultrapassa a área de piso da edificação. Pressupondo-se que 65 m² da área de piso possam ser usados como armazenagem térmica, então (112 – 65) 47 m² de massa equivalente devem ser fornecidos na forma de paredes externas, paredes internas ou outros corpos de armazenagem térmica. Usando-se um multiplicador de 2:1 para a massa térmica indireta ou secundária (para responder pela sua ineficiência), o total obtido é de 94 m² que não sejam de piso. Pressupondo-se que as dimensões do edifício sejam 15,3 x 6,1 m, a área de superfície interna das paredes externas que não são orientadas para o sul ficaria em torno de: (2 + 50 + 2 + 50) = 104 m². Subtraindo-se os 37 m² da vidraça solar, 67 m² de massa secundária estariam disponíveis empregando essas paredes (considerando que elas tenham grande massa termoacumuladora e sejam bem isoladas pelo lado externo). A massa térmica provavelmente será o mínimo suficiente sem o acréscimo de elementos específicos com grande massa. Pressupondo-se, novamente, uma elevação sul com 15,3 m de extensão, as vidraças deveriam ter 37/15,3 = 2,4 m. Sem um teto ou telhado inclinado, a elevação sul seria toda de vidro. Isso é possível, mas afetará drasticamente o projeto da fachada e a aparência da edificação.

ponentes são escolhidos e especificados. Contudo, algumas oportunidades de se minimizar as perdas serão perdidas se não forem aproveitadas durante a definição do partido – como a geotermia, a forma da edificação e a orientação. Enfim, não faz sentido tentar aquecer uma edificação mal vedada ou isolada inadequadamente utilizando-se a energia solar (ou, aliás, qualquer tipo de energia). Esse passo do processo de projeto é descrito como fazer o "isolamento antes da insolação".

1. Estime o tamanho necessário das aberturas solares (vidraças). Use os valores apresentados abaixo de maneira lógica – um valor mais alto é apropriado para edificações apropriadamente bem isoladas, climas mais frios e/ou climas com recursos solares limitados.
    - Em climas frios a temperados, use uma razão de vidraças solares de 0,02–0,04 m² de aberturas voltadas para o norte e com vidros adequados para cada m² de área de piso aquecido. Em climas amenos a temperados, use 0,01–0,02 m² de aberturas similares para cada m² de área de piso aquecido.

2. Estime a armazenagem térmica necessária para sustentar as vidraças propostas. Uma regra prática consiste em fornecer uma massa de concreto com 100–150 mm de espessura e que tenha uma área aproximadamente três vezes maior que a área das vidraças solares. Pressupõe-se que a massa seja diretamente irradiada pela radiação solar. Recomenda-se, em geral, uma razão de 6:1 para massas que recebam somente radiação refletida.

3. Estime a taxa de perda térmica por infiltração e pelas vedações da edificação "que não são orientadas para o norte" (no hemisfério sul) (com exceção das perdas por condução/convecção através das aberturas solares) – por grau de diferença de temperatura. Multiplique essa perda térmica em unidade horária por 24, para determinar a perda térmica total diária (essencialmente, a perda térmica diária por grau-dia); esse valor é chamado de coeficiente de carga líquida (CCL).

4. Divida o CCL total pela área de piso total e compare o CCL unitário com os dados apresentados na Tabela 4.11.

Tabela 4.11 Critérios de perda térmica totais para uma edificação com calefação solar passiva. BALCOMB, J.D. ET AL, *PASSIVE SOLAR DESIGN HANDBOOK*, VOL. 2

Graus-dia de aquecimento anual Base de 18°C	CCL desejado Btu/DDF pé² [kJ/DDC m²]
Menos de 556	7,6 [155]
556 – 1.667	6,6 [135]
1.667 – 2.778	5,6 [115]
2.778 – 3.889	4,6 [94]
Mais de 3.889	3,6 [74]

5. Se o CCL estimado for superior aos CCLs desejados listados acima, serão necessárias melhorias no desempenho das vedações da edificação, para diminuir as perdas térmicas.

Exemplos

3. O edifício possui uma perda térmica estimada em 3,5 Btu/pé² DD F [72 kJ/m² DD]. Graus-dia de aquecimento = 4.434 18°C.
4. O CCL estimado de 3,5 [72] fica abaixo (ainda que pouco) do valor desejado de 3,6 [74], indicado na Tabela 4.11.
5. Este CCL é aceitável e também sugere que o uso inicial de uma grande área de vidraças era razoável.

Figura 4.151 Pisos de concreto absorvem a radiação solar no refeitório de ganho direto do Islandwood Campus, em Ilha de Bainbridge, Washington, Estados Unidos.

Figura 4.152 Exemplo clássico de aberturas solar, controle solar e massa térmica na Casa Shaw em Taos, Novo México, Estados Unidos.

APÓS A DEFINIÇÃO DO PARTIDO

O partido é a fase do projeto na qual um sistema de ganho direto deve confirmar a adequação do conceito. As decisões quanto à implantação, às elevações, à orientação e ao leiaute dos espaços necessários para que um sistema seja bem-sucedido devem ser tomadas o mais cedo possível. Durante o desenvolvimento do projeto, essas decisões serão ajustadas para otimizar o desempenho de sistemas e instalações prediais, mas mudanças radicais nos elementos básicos dos sistemas se tornarão difíceis, uma vez que tais elementos constituem a própria edificação.

Mais informações

Balcomb, J.D. et al. 1980. *Passive Solar Design Handbook, Vol. 2, Passive Solar Design Analysis*. U.S. Department of Energy, Washington, DC.

Fosdick, J. 2010. *Whole Building Design Guide*: "Passive Solar Heating." National Institute of Building Sciences, Washington, DC. www.wbdg.org/resources/psheating.php

Grondzik, W. et al. 2010. *Mechanical and Electrical Equipment for Buildings*. 11th ed. John Wiley & Sons, Hoboken, NJ.

Mazria, E. 1979. *The Passive Solar Energy Book*, Rodale Press, Emmaus, PA.

Sustainable Sources. "Passive Solar Design." passivesolar.sustainablesources.com/

GANHO INDIRETO

O sistema de GANHO INDIRETO é um sistema passivo de calefação solar que coleta e armazena energia do sol em um elemento que também age para amortecer os espaços ocupados da edificação em relação ao processo de coleta solar. O efeito de calefação ocorre à medida que a radiação, condução e/ou convecção natural redistribui a energia coletada do elemento de armazenagem para os espaços da edificação. Em termos conceituais, os usuários moram ao lado de um sistema de ganho indireto – ao passo que moram dentro de um sistema de ganho direto e perto de um sistema de ganho isolado. Como acontece com a maioria dos sistemas passivos, o sistema de ganho indireto influencia substancialmente a forma da edificação como um todo.

Existem três tipos básicos de sistemas passivos de calefação solar de ganho indireto: paredes termoacumuladoras que usam alvenaria (também denominadas paredes Trombe), paredes termoacumuladoras que usam a armazenagem de água (também conhecidas como paredes de água) e coberturas termoacumuladoras com água (*roof ponds*).

Figura 4.154 Vista da parede Trombe no Centro dos Visitantes do Zion National Park, em Springdale, Utah, Estados Unidos.
THOMAS WOOD, DOE/NREL

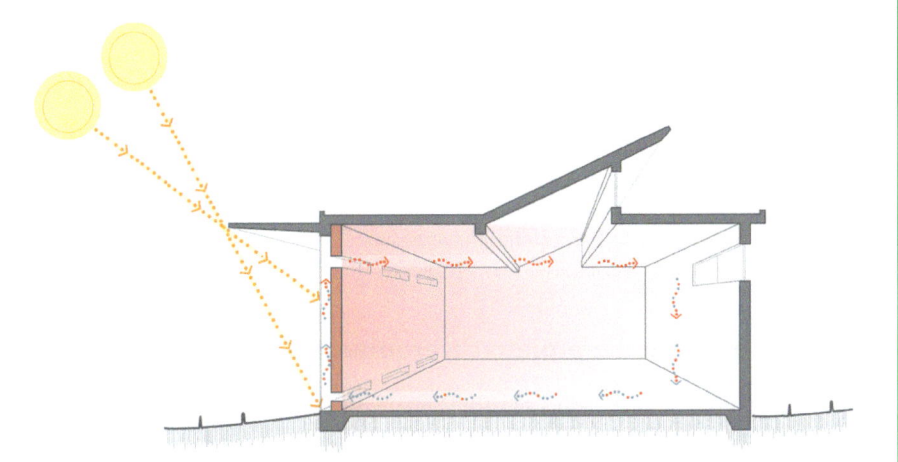

Figura 4.153 Diagrama esquemático de um sistema de calefação de ganho indireto mostrando a coleta da energia solar em uma parede norte termoacumuladora que, em seguida, transfere o calor para o espaço ocupado (no hemisfério sul). JON THWAITES

A parede termoacumuladora é uma parede envidraçada voltada para o norte (no hemisfério sul) com um meio de armazenagem apropriado (como alvenaria pesada ou um grande volume de água) localizado imediatamente por trás do vidro. A radiação solar passa através do vidro e é absorvida pelo elemento de armazenagem, aquecendo-o posteriormente. O calor coletado é conduzido lentamente pela alvenaria ou água até a face interna do elemento e, em seguida, para os espaços ocupados. Com frequência, aberturas de ventilação são colocadas no topo e na base da parede Trombe de maneira a permitir uma transferência térmica adicional por convecção (provocando um pequeno efeito chaminé). Nas paredes de água, correntes convectivas permitem a transferência térmica até o interior, melhorando sua eficiência na direção do elemento de armazenagem e através dele.

A cobertura termoacumuladora é similar, em conceito, à parede termoacumuladora; a diferença é que a massa termoacumuladora fica sobre o prédio. A massa térmica pode ser alvenaria, água em sacos ou um tanque raso de água. O isolamento móvel é aberto e fechado diariamente, expondo a mas-

OBJETIVO
Controle climático (calefação), conforto térmico

EFEITO
Uso de um recurso renovável, calefação passiva, eficiência energética

OPÇÕES
Parede termoacumuladora (alvenaria ou água), cobertura termoacumuladora

QUESTÕES DE COORDENAÇÃO
Calefação ativa, refrigeração passiva, iluminação natural, móveis e acessórios internos, controle por parte do usuário

ESTRATÉGIAS RELACIONADAS
Análise do Terreno, Vidraças, Ventilação Noturna de Massas, Ganho Direto, Ganho Isolado, Elementos de Proteção Solar

PRÉ-REQUISITOS
Clima adequado, terreno adequado, tipo de edificação adequado, objetivo de projeto apropriado

Figura 4.155 As paredes termoacumuladoras (Trombe) por trás das fachadas envidraçadas desta loja em Ketchum, Idaho, Estados Unidos, acumulam energia solar. BRUCE HAGLUND

Figura 4.156 Uma tomada de ar circular na parte inferior da parede Trombe da loja em Ketchum leva o ar para cima através de uma cavidade ao escritório no segundo pavimento e o despeja por meio da saída de ar também circular (Figura 4.157). BRUCE HAGLUND

Figura 4.157 Vista interna da tomada de ar da parede Trombe da loja em Ketchum mostrada na Figura 4.155. BRUCE HAGLUND

sa térmica à radiação solar durante o dia e isolando-a à noite, de modo a diminuir as perdas térmicas. O mesmo sistema de cobertura pode fornecer refrigeração passiva no verão ao aproveitar o potencial de refrigeração do céu noturno.

Tabela 4.12 Pré-requisitos em planta e volume, e características de calefação dos sistemas de ganho indireto (no hemisfério sul)

Tipo de sistema	Pré-requisitos em planta e volume	Características de calefação
Parede termoacumuladora de alvenaria (parede Trombe)	São necessárias paredes e vidraças orientadas para o norte. A parede termoacumuladora deve estar a menos de 7,5 m de distância de todos os espaços ocupados.	O sistema é lento para aquecer e lento para resfriar à noite, com pequenas oscilações de temperatura.
Parede termoacumuladora com água (parede de água)	São necessárias paredes e vidraças orientadas para o norte. Os elementos termoacumuladores devem estar a menos de 7,5 m de distância de todos os espaços ocupados.	O sistema é lento para aquecer e lento para resfriar à noite, com pequenas oscilações de temperatura.
Cobertura termoacumuladora com água (*roof pond*)	É necessária uma cobertura plana ou com pequeno caimento (até 25%). Claraboias não recomendadas. É necessário um apoio estrutural adicional para a cobertura.	Baixas oscilações de temperatura. Pode oferecer calefação no inverno e refrigeração no verão.

Pontos-chave para o projeto de arquitetura

Ao considerar o uso de um sistema passivo de calefação solar, o projetista deve avaliar o clima do terreno, a orientação da edificação e o potencial de acesso solar. A forma da edificação solar tenderá a refletir fortemente sua função de coletor solar e distribuidor de calor. O sistema de calefação de ganho indireto deve estar integrado à tomada de decisões em planta e volume. A distribuição das vidraças (aberturas solares) e dos elementos de absorção/armazenagem deve ser considerada junto com as decisões acerca das vedações da edificação.

Não haverá perda de desempenho substancial se as vidraças solares estiverem orientadas para menos de 5° do norte verdadeiro (no hemisfério sul). As vidraças voltadas para 45° do norte verdadeiro, no entanto, apresentam uma redução de desempenho superior a 30%. Às vezes, os sistemas de ganho direto mudam propositalmente de orientação para dar preferência ao aquecimento matinal ou vespertino; tais mudanças não fazem tanto sentido em sistemas de ganho isolado, nos quais há um retardo térmico natural até o início do efeito solar no ambiente climatizado.

O projeto das vidraças solares deve incluir o fornecimento de sombreamento como meio de controlar o desempenho sazonal. O projeto da edificação como um todo precisa considerar a ventilação no verão para fins tanto de refrigeração para conforto geral, quanto de mitigação do superaquecimento em potencial a partir do sistema solar. Projete de modo a facilitar as operações e a manutenção, especialmente no caso da limpeza das vidraças.

Deve haver área de piso, volume e suporte estrutural adequados para a massa térmica (seja alvenaria ou água). Isso é especialmente válido para sistemas de ganho indireto na cobertura. O ideal são soluções estruturais que minimizem os custos adicionais. Em muitos projetos, será necessário um sistema de calefação de apoio ou auxiliar para se alcançar os objetivos/critérios do projeto.

Considerações sobre a implementação

Ainda no início do processo de projeto, determine o tipo de sistema mais indicado (parede termoacumuladora, parede de água ou cobertura termoacumuladora) e seu impacto geral na planta e no volume da edificação. O tipo de sistema apropriado deverá se adequar ao clima, ao programa de necessidades e aos horários de uso da edificação. Além disso, o tipo de sistema será visto como pertencente (e até mesmo complementar) à forma e à estética desejadas para a edificação.

É preciso coordenar as necessidades previstas de iluminação natural e refrigeração com a escolha do tipo de sistema passivo de calefação solar. Considere a provisão de sombreamento e ventilação adequados para prevenir e/ou mitigar o superaquecimento de verão.

Na maioria dos climas, será necessário um sistema de calefação de apoio. Reserve espaço para esse equipamento.

Vale a pena considerar as questões a seguir durante a definição do partido:

- **Superaquecimento.** A capacidade inadequada de termoacumulação causará um superaquecimento. Combine a capacidade de termoacumulação com o tipo de sistema e a área proposta para a coleta.
- **Retardo térmico.** A capacidade excessiva de termoacumulação causará retardos térmicos excessivamente longos na resposta do sistema, impedindo seu desempenho. O retardo térmico apropriado depende do tipo de edificação, dos padrões climáticos diários e dos objetivos do projeto.
- **Vazamento ou defeito do elemento termoacumulador.** As superfícies absorventes e os elementos termoacumuladores estão sujeitos a grandes oscilações diárias na temperatura, aumentando as oportunidades de pane. Uma manutenção preventiva rotineira pode impedir panes catastróficas – especialmente críticas quando o meio de armazenagem é a água. Preveja espaço e acesso adequados para manutenção e conserto durante a definição do partido, incluindo provisões para drenagem normal e de emergência.
- **Manutenção.** Além de acesso para manutenção aos elementos de armazenagem de água, preveja espaço e acesso adequados para a limpeza periódica dos vidros e das superfícies absorventes de calor.

Projeto passo a passo

O objetivo dos passos descritos a seguir é determinar os tamanhos genéricos dos componentes do sistema durante a fase de definição do partido de um projeto. Essas estimativas preliminares serão refinadas e otimizadas no decorrer do desenvolvimento do projeto.

PROBLEMA TÍPICO

A Not-Real-Big Competition House é uma casa de 60 m² situada em Lansing, Nova York, Estados Unidos (e, portanto, no hemisfério norte).

1. Recomenda-se uma abertura com parede Trombe orientada

para o sul de 0,04–0,09 m² para cada unidade de área de piso. Portanto, seria necessária uma abertura entre 24–60 m². Devido ao rigor do inverno em Lansing, um valor mais alto é apropriado – usando-se 56 m². Para uma parede de água, é necessária uma área de 0,04–0,09 m² de aberturas orientadas para o sul para cada unidade de área de piso. Portanto, seriam necessárias aberturas de 20–50 m². Novamente, considerando-se o clima, é tido como apropriado um valor de aproximadamente 46 m². Coberturas termoacumuladoras com água não são opções razoáveis para o clima frio de Lansing.

2. Uma parede termoacumuladora de concreto seria mais apropriada para esse contexto, usando-se uma espessura de 40,0 cm como ponto de partida para o projeto. No caso da armazenagem com água, um elemento com 20,0 cm de espessura seria um bom ponto de partida.

3. São estimados fatores U para todos os elementos de vedação da abertura que não estão orientados para o sul, junto com a infiltração prevista. A perda térmica total estimada (das vidraças não orientadas para o sul) para a casa é de 90 Btu/h °F [48 W/°C].
O coeficiente de carga líquida é (24) (90) = 2.160 Btu/DDF [4.102 kJ/DDC].

4. Normalizando-se essa perda para a área de piso da edificação, 2.160 Btu/DDF/640 pés² = 3,375 Btu/DDF pés² [68 kJ/DDC m²].

O primeiro passo – e o mais importante – no projeto de um sistema passivo de calefação solar é minimizar a taxa de perda térmica através dos componentes das vedações não voltadas para o norte no hemisfério sul (incluindo perdas por infiltração). Trata-se de uma preocupação que geralmente é abordada nas fases posteriores do projeto – conforme determinados componentes são escolhidos e especificados. Contudo, algumas oportunidades de se minimizar as perdas serão perdidas se não forem aproveitadas durante a definição do partido – como a geotermia, a forma da edificação e a orientação. Enfim, não faz sentido tentar aquecer uma edificação mal vedada ou isolada inadequadamente utilizando-se a energia solar (ou, aliás, qualquer tipo de energia). Esse passo do processo de projeto é descrito como fazer o "isolamento antes da insolação".

1. Estime o tamanho necessário das aberturas solares (vidraças). Use os valores apresentados abaixo de maneira lógica – um valor mais alto é apropriado para edificações apropriadamente bem isoladas, climas mais frios e/ou climas com recursos solares limitados.

    ♦ Para uma parede Trombe (armazenagem em alvenaria) em climas frios, use 0,04–0,09 m² de aberturas com vidraça dupla voltada para o norte (no hemisfério sul) para cada m² de área de piso aquecido. Em climas moderados, use uma proporção similar de 0,02–0,056 m² de aberturas para cada m² de área de piso aquecido.

    ♦ Para uma parede de água em climas frios, use 0,029–0,079 m² de aberturas com vidraça dupla e voltada para o norte (no hemisfério sul) para cada m² de área de piso aquecido. Em climas moderados, use uma proporção similar de 0,015–0,04 m² de aberturas para cada m² de área de piso aquecido.

    ♦ Coberturas termoacumuladoras não são recomendadas para climas frios. Em climas moderados, use um tanque de 0,056–0,084 m², apropriadamente "envidraçado" e com isolamento noturno, para cada m² de área de piso aquecido.

2. Estime a armazenagem térmica necessária para sustentar as vidraças propostas. As regras práticas abaixo pressupõem que estas espessuras são para elementos de armazenagem que têm a mesma área da abertura solar. Como acontece com as estimativas de área de vidraça, aplique as variações de modo lógico; elementos de armazenagem mais espessos oferecem uma capacidade termoacumuladora maior, mas também aumentam a defasagem térmica.

    ♦ Para uma parede Trombe (massa de alvenaria), estime 20,0–30,0 cm de adobe (ou produto similar feito de terra), 25,0–35,0 cm de tijolo e 30,0–46,0 cm de concreto.

    ♦ Para uma parede de água, estime uma camada de armazenagem de água com 15,0 cm de espessura.

    ♦ Para uma cobertura termoacumuladora com água, estime uma camada de 15,0–30,0 cm de profundidade de água (termoacumulação).

3. Estime a taxa de perda térmica pelas vedações da edificação "que não são orientadas para o norte" (no hemisfério sul) (com exceção das perdas por condução/convecção através das aberturas solares) e a perda térmica total por infiltração – por grau de diferença de temperatura. Multiplique essa perda térmica em unidade horária por 24 para determinar a perda térmica total diária (essencialmente, perda térmica diária por grau-dia); esse valor é chamado de coeficiente da carga líquida (CCL).

Tabela 4.13 Critérios de perda térmica totais para uma edificação com calefação solar passiva. BALCOMB, J.D. ET AL, *PASSIVE SOLAR DESIGN HANDBOOK*, VOL. 2

Graus-dia de aquecimento anual Base de 18°C	CCL desejado Btu/DDF pés² [kJ/DDC m²]
Menos de 556	7,6 [155]
556 – 1.667	6,6 [135]
1.667 – 2.778	5,6 [115]
2.778 – 3.889	4,6 [94]
Mais de 3.889	3,6 [74]

4. Divida o CCL total pela área de piso total e compare o CCL unitário com os dados apresentados na Tabela 4.13.
5. Se o CCL calculado for maior do que o CCL desejado listado acima, serão necessárias melhorias no desempenho das vedações da edificação para reduzir a perda de calor.

Exemplos

Lansing, Estado de Nova York, apresenta 3.990 graus-dia de aquecimento anual de 18°C; portanto, um CCL desejado razoável é de 3,6 Btu/DDF pé² [74 kJ/DDC m²].

5. Portanto, a Not-Real-Big Competition House está adequadamente isolada (não ultrapassa a perda térmica desejada).

Figura 4.158 Parede Trombe orientada para o sul (hemisfério norte) e com formato de dente de serra, Blue Ridge Parkway Destinaton Center, em Asheville, Carolina do Norte – com elementos externos de sombreamento, para evitar o superaquecimento no verão. LORD, AECK & SARGENT

Figura 4.161 Vista lateral de segmentos de uma parede Trombe do Blue Ridge Parkway Destination Center, mostrando as aberturas de iluminação natural. LORD, AECK & SARGENT

Figura 4.159 As paredes Trombe do Blue Ridge Parkway Destination Center agem como elemento integrador da estrutura, calefação passiva, ventilação e climatização suplementar. LORD, AECK & SARGENT

Figura 4.160 Centro de Visitantes do Zion National Park em Springdale, Utah, Estados Unidos, mostrando uma parede Trombe e o clerestório. ROBB WILLIAMSON, DOE/NREL

Mais informações

Balcomb, J.D. et al. 1980. *Passive Solar Design Handbook, Vol. 2, Passive Solar Design Analysis*, U.S. Department of Energy, Washington, DC.

Brown, G.Z. and M. DeKay. 2001. *Sun, Wind & Light: Architectural Design Strategies*, 2nd ed. John Wiley & Sons, New York.

Grondzik, W. et al. 2010. *Mechanical and Electrical Equipment for Buildings*. 11th ed. John Wiley & Sons, Hoboken, NJ.

Mazria, E. 1979. *The Passive Solar Energy Book*. Rodale Press, Emmaus, PA.

APÓS A DEFINIÇÃO DO PARTIDO

Métodos de análise mais precisos e complexos validarão e ajudarão a ajustar e otimizar as escolhas feitas durante a definição do partido. Programas de modelagem de energia, como o Energy Schemind, o DOE-2 ou o EnergyPlus podem auxiliar bastante no dimensionamento exato das aberturas solares para evitar acúmulos térmicos.

Deve ser desenvolvido um Manual do Usuário descrevendo suas funções na operação e no desempenho de um sistema passivo e também para orientar sobre quais condições podem ser previstas em uma edificação passiva.

NOTAS

GANHO ISOLADO

O sistema de GANHO ISOLADO é um sistema passivo de calefação solar que coleta e armazena energia do sol em um elemento da edificação que está termicamente afastado dos espaços ocupados. O exemplo mais comum é o jardim de inverno ("estufa" anexa), embora haja outras configurações, incluindo circuitos de convecção. O aquecimento acontece à medida que a energia solar capturada pelo elemento coletor é redistribuída, por meio de radiação, condução e/ou convecção natural, de um componente de armazenagem para os espaços concentrados da edificação. Diferentemente dos sistemas de ganho direto ou indireto, nos quais os usuários moram dentro ou ao lado do sistema passivo de calefação, o sistema de ganho isolado estabelece uma separação térmica e espacial entre as funções de ocupação e coleta de calor. O sistema de ganho isolado influencia substancialmente a forma da edificação.

Figura 4.163 Jardim de inverno (estufa anexa) em uma residência em Dublin, New Hampshire, Estados Unidos. ALAN FORD, DOE/NREL

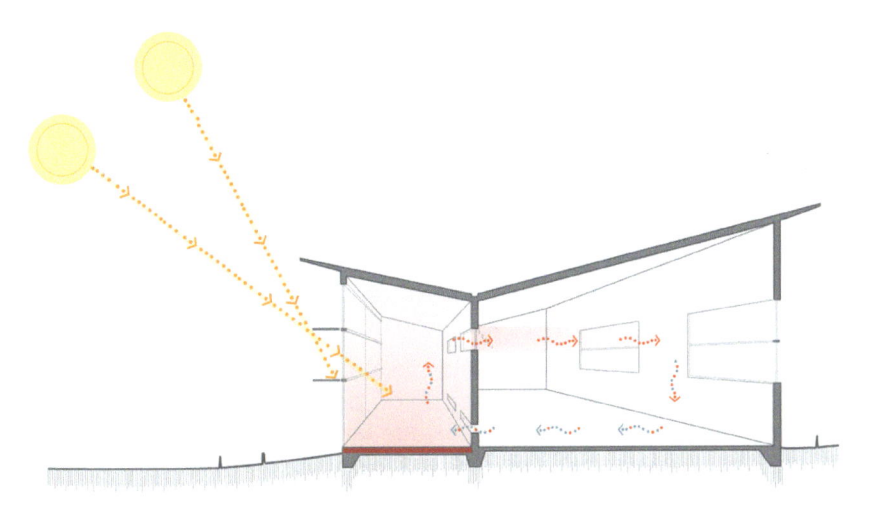

Figura 4.162 Diagrama conceitual de um sistema passivo de calefação solar de ganho isolado. JON THWAITES

O jardim de inverno pode se encaixar na planta baixa da edificação de diferentes maneiras – podendo estar adjacente ao edifício principal em uma das laterais, em duas laterais ou em três laterais (quando a edificação cerca o jardim de inverno). Ele também pode ser um elemento interno, como um átrio. Nessa configuração, porém, o acesso solar e a distribuição de calor se tornam mais complicados. Os sistemas com circuitos de convecção utilizam um elemento coletor localizado abaixo da elevação da edificação propriamente dita; o calor flui para o edifício ocupado pela circulação do ar, em um circuito de convecção, por meio do efeito chaminé. Os componentes termoacumuladores do sistema de ganho isolado incluem pisos e/ou paredes de alvenaria, tubos ou barris de água, ou, no caso do circuito de convecção, um tanque de pedras.

OBJETIVO
Controle climático (calefação), conforto térmico

EFEITO
Uso de um recurso renovável, calefação passiva, eficiência energética

OPÇÕES
Jardim de inverno (estufa anexa), circuito de convecção

QUESTÕES DE COORDENAÇÃO
Calefação ativa, refrigeração passiva, iluminação natural, móveis e acessórios internos, controle por parte do usuário, uso secundário do espaço

ESTRATÉGIAS RELACIONADAS
Análise do Terreno, Vidraças, Ventilação Noturna de Massas, Ganho Direto, Ganho Indireto, Elementos de Proteção Solar

PRÉ-REQUISITOS
Clima adequado, terreno adequado, tipo de edificação adequado, objetivo de projeto apropriado

Pontos-chave para o projeto de arquitetura

Um ponto chave a considerar, com relação aos sistemas de estufa anexa, é que as funções térmicas determinam o papel do espaço; o uso como espaço passível de ser ocupado com conforto é secundário. Durante o processo de coleta e descarga de calor, o jardim de inverno provavelmente atingirá temperaturas substancialmente acima e abaixo da zona de conforto. Isso é natural e, ao mesmo tempo, necessário. O uso do espaço (para pessoas ou vegetação) deve prever tais oscilações de temperatura. Em geral, uma estufa anexa que funcione bem como sistema de ganho térmico isolado será uma péssima sala de jantar ou um local de permanência prolongada.

Ao considerar um sistema passivo de calefação solar, o projetista deve avaliar o clima do terreno, a orientação da edificação e o potencial de acesso solar. A forma da edificação solar passiva tenderá a refletir fortemente seu papel de coletor solar e distribuidor de calor. Isso é especialmente válido no caso de sistemas de ganho isolado, que envolvem áreas substanciais de vidraças que, na verdade, não fazem parte da edificação propriamente dita.

No hemisfério sul, as vidraças solares devem estar geralmente voltadas para menos de 5° do norte verdadeiro. Vidraças voltadas para 45° do norte verdadeiro resultam em uma redução substancial no desempenho. Como acontece com os sistemas de ganho direto, é possível orientar propositalmente as aberturas para ganho isolado de modo a dar preferência ao aquecimento matinal ou vespertino – embora o retardo térmico entre a armazenagem e o isolamento térmico torne a sincronização desses sistemas mais complexa.

O projeto das vidraças solares deve incluir a possibilidade de sombreamento como meio de controle sazonal do desempenho. Isso é válido especialmente para jardins de inverno, que tendem a incluir vidraças substanciais, geralmente inclinadas. O sombreamento é fundamental para que o sistema funcione bem o ano todo. A ventilação natural frequentemente mitiga o superaquecimento de verão dentro do jardim de inverno. Projete de maneira a facilitar a operação e a manutenção, especialmente na hora de limpar as vidraças inclinadas.

Considerações sobre a implementação

Ainda no início do processo de projeto, determine o sistema mais indicado (jardim de inverno ou circuito de convecção). Os sistemas com circuito de convecção funcionam melhor quando há uma mudança natural na elevação do terreno que pode ser aproveitada. Determine como o elemento coletor será integrado à edificação principal. Um sistema de calefação de ganho isolado é capaz de determinar a aparência de uma edificação pequena.

A distribuição de calor a partir da área do coletor de ganho isolado para os espaços ocupados é um enorme desafio de projeto. Por sua própria natureza, o sistema de ganho isolado remove a função de calefação da proximidade dos espaços ocupados. A transferência natural de calor deve levá-lo do ponto de coleta para o local onde ele é necessário.

Há duas opções fundamentais para sistemas de estufa anexa (jardim de inverno): (1) a parede conectora entre o coletor e a edificação ocupada é isolada, e toda a transferência térmica ocorre por convecção (um sistema de ganho realmente isolado), ou (2) a parede conectora não é isolada, mas desempenha funções de armazenagem e transferência de calor (como um gigantesco sistema de parede Trombe). Essa decisão pode ser adiada até o desenvolvimento do projeto e as simulações detalhadas.

Na maioria dos climas, será necessário um sistema de calefação de apoio para a edificação ocupada. É importante planejar espaço para esse equipamento.

Projeto passo a passo

O objetivo dos passos descritos a seguir é determinar os tamanhos genéricos dos componentes do sistema durante a fase de definição do partido de um projeto (para observações e comentários acerca desse procedimento, consulte a estratégia de Ganho Indireto). Esses espaços se aplicam apenas aos sistemas de estufa anexa; os sistemas com circuito de convecção são demasiadamente especializados para se generalizar (embora princípios térmicos similares se apliquem).

1. Estime o tamanho necessário das aberturas solares (vidraças). Use os valores apresentados abaixo de maneira lógica – um valor mais alto é apropriado para edificações apropriadamente bem isoladas, climas mais frios e/ou climas com recursos solares limitados.

    ♦ Em climas frios, use 0,06–0,14 m² de aberturas com vidraças duplas e orientadas para o norte (no hemisfério sul) para cada m² de área de piso aquecida.

    ♦ Em climas moderados, use uma proporção similar: 0,03–0,085 m² de aberturas para cada m² de área de piso aquecida.

2. Estime a armazenagem térmica necessária para sustentar as vidraças propostas. As regras práticas abaixo pressupõem que essas espessuras são para elementos de armazenagem que têm a mesma área da abertura solar. Como acontece com as estimativas de área de vidraça, aplique as variações de modo lógico; elementos de armazenagem mais espessos oferecem uma capacidade termoacumuladora maior, mas também aumentam a defasagem térmica.

    ♦ Estime 200–300 mm de adobe (ou produto similar feito de terra), 250–350 mm de tijolo e 300–460 mm de concreto.

    ♦ Para armazenagens com base em água, estime uma camada de armazenagem de água com 150 mm de espessura.

3. Estime a taxa de perda térmica por infiltração e pelas vedações da edificação "sem função solar" (com exceção das perdas por condução/convecção através das aberturas solares) – por grau de diferença de temperatura. Multiplique essa perda térmica em unidade horária por 24 para determinar a perda térmica total diária (essencialmente, perda térmica diária por grau-dia); esse valor é chamado de coeficiente da carga líquida (CCL).

4. Divida o CCL total pela área de piso total e compare o CCL unitário com os dados apresentados na Tabela 4.14.

5. Se o CCL estimado for superior aos CCLs desejados listados acima, serão necessárias melhorias no desempenho das vedações da edificação para diminuir as perdas térmicas.

PROBLEMA TÍPICO

Foi proposto um abrigo para moradores de rua com 230 m² para Vancouver, na Colúmbia Britânica (hemisfério norte).

1. Em um clima temperado no hemisfério norte, use a área recomendada de 0,03–0,085 m² de aberturas no jardim de inverno orientado para o sul para cada unidade de área de piso. Assim, seria necessária uma abertura de 70–210 m². Recomenda-se um valor mais alto (pois se deseja minimizar o uso de calefação ativa e o céu é encoberto) – selecione 186 m². Porém, como esse valor representa uma quantidade de vidraças excessiva para uma edificação desse tamanho, selecione um sistema de calefação diferente ou reduza as expectativas de desempenho.

2. Pressupondo-se que um sistema menor seria aceitável, uma parede de armazenagem de concreto é apropriada para o contexto dessa edificação, com a espessura de 40,0 cm como ponto de partida. O piso do jardim de inverno também seria usado para termoacumulação (com espessura inferior), o que diminuiria proporcionalmente a área necessária para a parede de armazenagem.

3. Foram estabelecidos os fatores U para todos os elementos de vedação da abertura sem função solar, junto com a infiltração prevista. A perda térmica total estimada (menos vidraças solares) para o abrigo é 205 W/°C [385 Btu/h °F].
O Coeficiente de Carga Líquida é (24)(385) = 9.240 Btu/DDF [17.584 kJ/DDC].

4. Normalizando essa perda para a área de piso da edificação, 9.240 Btu/DDF / 2.500 pés² = 3,7 Btu/DDF pés² [76 kJ/DDC m²].
5. Vancouver apresenta aproximadamente 1.667 graus-dia de aquecimento anual (18°C); o CCL desejado razoável é de 5,6 Btu/DDF pés² [115 kJ/DDC m²]. Portanto, o abrigo proposto está adequadamente isolado (não ultrapassa a perda térmica desejada).

Exemplos

Figura 4.164 Uma residência de adobe com estufa anexa em Santa Fé, Novo México, Estados Unidos.

Figura 4.166 Um espaço para atividades e refeições ao ar livre em uma estufa anexa residencial no Beddington Zero Energy Development, perto de Londres, Reino Unido. GRAHAMGAUNT.COM

Figura 4.165 As estufas anexas das unidades habitacionais do Beddington Zero Energy Development, em Wallington, Inglaterra, proporcionam ganho térmico solar e uma área de estar extra sempre que o clima permite. GRAHAMGAUNT.COM

Capítulo 4 ♦ Estratégias de Projeto 149

Figura 4.167 A Ecohouse em Oxford, na Inglaterra, integra diversas estratégias, como uma estufa anexa, painéis fotovoltaicos integrados à cobertura e coletores planos para o aquecimento solar de água.

Figura 4.168 A estufa da Ecohouse se abre para uma área de descanso e um jardim inglês mais além.

Tabela 4.14 Critérios de perda térmica totais para uma edificação com calefação solar passiva. BALCOMB, J.D. ET AL, *PASSIVE SOLAR DESIGN HANDBOOK*, VOL. 2

Graus-dia de aquecimento anual Base de 18°C	CCL desejado Btu/DDF pés² [kJ/DDC m²]
Menos de 556	7,6 [155]
556 – 1.667	6,6 [135]
1.667 – 2.778	5,6 [115]
2.778 – 3.889	4,6 [94]
Mais de 3.889	3,6 [74]

APÓS A DEFINIÇÃO DO PARTIDO

Métodos de análise mais precisos e complexos validarão e ajudarão a ajustar e otimizar as escolhas feitas durante a definição do partido. Programas de modelagem de energia, como o EnergyPlus, podem auxiliar bastante no dimensionamento exato das aberturas solares para evitar acúmulos térmicos.

Deve ser desenvolvido um Manual do Usuário descrevendo suas funções na operação e no desempenho de um sistema passivo e também para orientá-los sobre quais condições podem ser previstas em uma edificação passiva.

Mais informações

Balcomb, J.D. et al. 1980. *Passive Solar Design Handbook, Vol. 2, Passive Solar Design Analysis*. U.S. Department of Energy, Washington, DC.

Brown, G.Z. and M. DeKay. 2001. *Sun, Wind & Light: Architectural Design Strategies*, 2nd ed. John Wiley & Sons, New York.

Grondzik, W. et al. 2006. *Mechanical and Electrical Equipment for Buildings*. 11th ed. John Wiley & Sons, Hoboken, NJ.

Mazria, E. 1979. *The Passive Solar Energy Book*. Rodale Press, Emmaus, PA.

U.S. Department of Energy, Energy Efficiency and Renewable Energy, "Isolated Gain (Sunspaces)." www.energysavers.gov/your_home/designing_remodeling/index.cfm/mytopic=10310

SISTEMAS ATIVOS DE ENERGIA TÉRMICA SOLAR

Os SISTEMAS ATIVOS DE ENERGIA TÉRMICA SOLAR utilizam a energia do sol para aquecer a água de uso doméstico, aquecer a água da piscina, pré-aquecer o ar de ventilação e/ou aquecer os espaços internos. Eles são usados com mais frequência para aquecer a água de uso doméstico. Os principais componentes dos sistemas ativos de energia térmica solar incluem um coletor, um sistema de circulação que leva o líquido dos coletores para a armazenagem, um tanque de armazenamento (ou equivalente) e um sistema de controle. Em geral, um sistema de aquecimento de apoio é incluído.

O foco dessa estratégia são os sistemas de aquecimento de água para consumo doméstico por meio do uso de coletores a base de água. Os sistemas a ar e as aplicações para calefação de ambientes serão apenas trabalhados rapidamente. Nesse contexto, há quatro tipos básicos de sistemas térmicos solares ativos: sistemas com termossifão, sistemas de circulação direta, sistemas de circulação indireta e sistemas de ar-água.

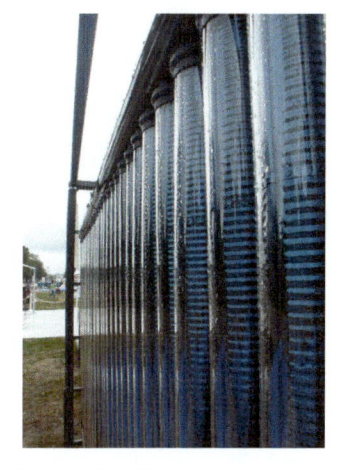

Figura 4.170 Coletores solares com tubos a vácuo na Casa do Decatlo Solar de 2005 da University of Texas-Austin.

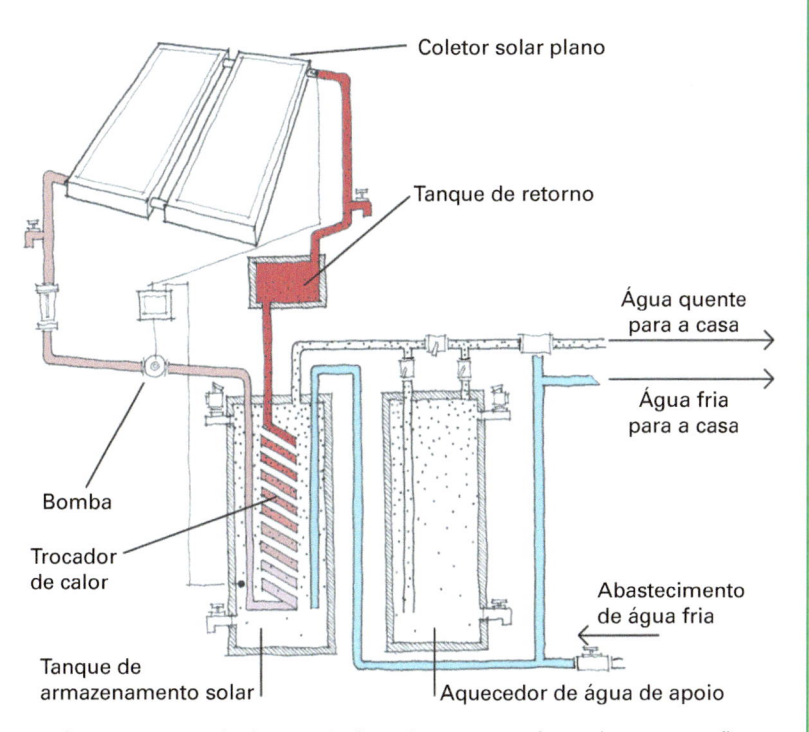

Figura 4.169 Os componentes do sistema térmico solar e seu arranjo geral em uma configuração com retorno. JONATHAN MEENDERING

Em sistemas com termossifão, o coletor aquece a água (ou um fluido anticongelante) e faz com que o fluido suba por convecção para o tanque de armazenamento. O bombeamento não é necessário, mas a movimentação do fluido e a transferência de calor dependem da temperatura do líquido. Os sistemas com termossifão são indicados para climas com bons recursos de radiação solar e poucas chances de baixas temperaturas no ar externo.

Os sistemas de circulação direta bombeiam água de um tanque de armazenamento para os coletores durante as horas de radiação solar adequada. Para proteção contra o congelamento, é possível recircular a água quente do tanque de armazenamento pelos coletores ou drenar a água dos coletores sempre que houver risco de congelamento.

OBJETIVO
Eficiência energética

EFEITO
Uso reduzido de recursos energéticos comprados, aquecimento de água, aquecimento de espaços

OPÇÕES
Termossifão, circulação direta, circulação indireta, configurações ar-água

QUESTÕES DE COORDENAÇÃO
Sistemas ativos de calefação e refrigeração, sistema de tubulação, orientação e inclinação das possíveis superfícies para se instalar o coletor, provisão de espaço mecânico

ESTRATÉGIAS RELACIONADAS
Análise do Terreno, Sistemas de Recuperação de Energia

PRÉ-REQUISITOS
Exigências de calefação e refrigeração da edificação, exigências de água quente para uso doméstico, dados sobre a calefação e refrigeração do projeto, dados sobre o clima do terreno

Figura 4.171 Coletor de energia térmica solar comum por lote. FLORIDA SOLAR ENERGY CENTER

Figura 4.172 Coletores planos de energia térmica solar no Woods Hole Research Center em Falmouth, Massachusetts, Estados Unidos.

Os sistemas de circulação indireta circulam fluidos anticongelantes por circuitos fechados. O trocador de calor (serpentina) transfere o calor do circuito fechado para um circuito aberto de água potável. Para proteger do congelamento, é possível especificar um fluido anticongelante ou drenar os coletores sob condições de congelamento. Soluções à base de glicol são os fluidos mais usados para proteger os circuitos fechados contra o congelamento.

Em sistemas de ar-água, o coletor aquece o ar. Um ventilador faz com que o ar aquecido chegue ao trocador de calor (serpentina) ar para água. A eficiência desse tipo de trocador de calor geralmente varia entre 50 e 60%. Embora não sejam tão eficientes quanto os que utilizam água, os sistemas solares com base em ar são opções quando se busca a proteção natural contra o congelamento oferecida pelo ar. O ar aquecido pelo sol também consegue aquecer diretamente um espaço, sendo que a armazenagem de calor ocorre em um tanque de pedras.

São quatro os tipos comuns de coletores solares: por lote (ou batelada), planos, com tubos a vácuo e perfurados.

O coletor por lote (ou batelada) inclui um tanque de armazenamento isolado que é revestido com vidro no interior e pintado de preto no exterior. Ele é instalado sobre a cobertura (ou no solo) em local ensolarado. O abastecimento de água fria é feito pelo sistema de água potável da edificação. A caixa (*breadbox*) é o coletor, responsável por absorver e reter o calor do sol. Uma abertura no topo do tanque de armazenamento isolado fornece água aquecida para a edificação. Os sistemas diretos e com termossifão com frequência utilizam coletores por lote.

O coletor plano é o tipo mais comum. Trata-se de uma caixa retangular fina com cobertura transparente ou translúcida, geralmente instalada sobre a cobertura da edificação. Tubos pequenos atravessam a caixa levando água ou uma solução anticongelante para uma placa absorvente preta. A placa de baixo peso absorve a radiação solar e aquece rapidamente; em seguida, o calor é transferido para o fluido que circula. Uma bomba pequena (ou a gravidade) transporta o fluido até a edificação. Os sistemas diretos, indiretos e com termossifão normalmente usam coletores planos.

Os coletores com tubos a vácuo consistem em fileiras paralelas de tubos de vidro transparentes que contêm, cada um, um tubo absorvente com pintura seletiva (alta absorção, baixa emissividade). A radiação solar entra no tubo, atinge o absorvente e aquece o líquido não congelante que o percorre. Os tubos são vedados a vácuo, o que os ajuda a atingir temperaturas muito altas com eficiências razoavelmente altas (devido às perdas térmicas reduzidas). Tais coletores conseguem fornecer calor do sol em dias com quantidades limitadas de radiação solar. Os coletores com tubos a vácuo são usados apenas com sistemas de circulação indireta.

O coletor perfurado é uma parede externa norte (no hemisfério sul), coberta por um coletor de chapa metálica escura. Ele aquece o ar externo, que é levado para dentro da edificação através dos furos do coletor. O ar aquecido é capaz de aquecer um espaço ou pode ser usado para o pré-condicionamento do ar de ventilação.

Pontos-chave para o projeto de arquitetura

Ao integrar um sistema ativo de energia térmica solar ao projeto, o projetista deve considerar o clima, a orientação, o acesso solar e as cargas térmicas necessárias. Considere a localização do coletor no contexto do projeto total das vedações da edificação, embora a localização ideal seja, em geral, em uma parede norte (no hemisfério sul) ou cobertura. A distribuição dos coletores deve incluir provisões para as operações e acesso para a manutenção, especialmente para limpar as superfícies dos coletores e procurar vazamentos.

Os componentes do sistema que se localizam no interior da edificação (em geral, componentes de circulação, armazenagem e controle) exigem espaço adequado, incluindo espaço para manutenção e conserto.

Considerações sobre a implementação

A proteção contra o congelamento é um componente crítico para todos os sistemas solares com base em água. Ao projetar para climas em que congelamento é possível, escolha entre três métodos básicos para evitar danos:

- Projete um sistema indireto com uma solução anticongelante que não congelará quando exposta à temperatura mais baixa possível de ocorrer no local.
- Projete um sistema indireto com modo de retorno visando drenar o fluido dos coletores quando estiverem previstas condições de congelamento.
- Projete um sistema com dreno descendente para que a água possa ser drenada dos coletores quando ocorrerem temperaturas congelantes. Esse tipo de proteção contra o congelamento deve ser usado apenas em climas onde temperaturas congelantes são incomuns.

Estude as necessidades do projeto, os dados climáticos e as temperaturas do lençol freático para determinar que tipo de sistema solar doméstico de água quente é necessário: de baixa temperatura ou de alta temperatura. Os sistemas solares domésticos de água quente em baixa temperatura podem preaquecer a água em locais com baixas temperaturas no lençol freático. Quando a água quente se faz necessária, a água aquecida alcança a temperatura final com auxílio de um sistema de água quente convencional.

Os sistemas solares domésticos de água quente em alta temperatura conseguem fornecer água quente pronta para usar. O sistema de apoio convencional, a gás ou elétrico, é utilizado somente quando há pouca radiação solar durante um longo período. Os sistemas de alta temperatura resultam em mais economias de energia do que os de baixa temperatura – a desvantagem, porém, é que os equipamentos são mais caros. Uma análise do custo do ciclo de vida pode ajudar a tomar essa decisão.

Além da proteção anticongelamento, considere os itens a seguir ao escolher sistemas que usam água como meio de distribuição:

- **Superaquecimento.** A água estagnada em um coletor solar resulta em temperaturas muito altas, o que pode fazer com que o sistema rompa por excesso de pressão. A redução da pressão com o uso de uma válvula, bem como a circulação contínua do fluido pelo coletor, evitará problemas com pressão excessiva.
- **Água dura.** Em áreas com água dura, os depósitos de cálcio podem entupir as passagens ou corroer as vedações nos coletores. Os sistemas de circulação direta são especialmente vulneráveis. Nessas áreas, considere o uso de um abrandador de água ou produtos químicos de proteção.
- **Vazamentos.** Qualquer vedação, tubulação e reservatório vazará em determinado momento. Uma manutenção preventiva rotineira é capaz de impedir problemas catastróficos, embora drenos bem distribuídos também sejam uma boa ideia.

PROBLEMA TÍPICO

Uma moradia pequena e não conectada à rede pública de energia elétrica em Ithaca, Nova York, Estados Unidos (e, portanto, no hemisfério norte), coletará toda a sua energia usando painéis fotovoltaicos e coletores ativos de energia térmica solar.

1. Em função dos longos períodos de céu encoberto e frio extremo no inverno, um sistema de circulação indireto para o sistema doméstico de água quente, utilizando coletores solares com tubos a vácuo, é selecionado.
2. Com quatro usuários e 0,9 m² por usuário, a área estimada para o coletor é de 3,6 m². Foi usado o valor estimado mais alto, devido ao clima.
3. Uma regra de dimensionamento recomenda uma capacidade de armazenamento de 300 litros, e a outra, de 227 litros. A capacidade maior é mais apropriada pelo fato de a edificação não estar conectada à rede pública de energia elétrica (exigindo uma autossuficiência superior).
4. Como a edificação não está conectada à rede pública de energia elétrica, não tem acesso a uma rede de gás natural e o uso de propano não foi aceito pelo cliente, selecionou-se um sistema de apoio de aquecimento de água à lenha.

- **Bombeamento.** As bombas elétricas conseguem utilizar uma quantidade significativa de energia parasita, sendo que cada bomba instalada exige um controle que aumenta o custo do sistema. A pane de uma bomba (frequentemente difícil de detectar) pode resultar em danos por estagnação ou congelamento em todo o sistema.

Projeto passo a passo

1. Selecione um tipo de sistema apropriado para o clima e as cargas previstas entre os sistemas com termossifão, circulação direta, circulação indireta e com base em ar. Selecione um tipo de coletor apropriado para o sistema escolhido.

2. Estime a área necessária para o coletor solar, de acordo com as seguintes diretrizes de projeto:

    - Sistemas solares domésticos de água quente com coletores solares planos: 0,7 a 1,8 m² de área de coletor por pessoa atendida pelo sistema:
      altas latitudes: 1,8 m²
      latitudes temperadas: 1,5 m²
      trópicos: 0,7 m²

    - Sistemas solares de água quente usando coletores com tubos a vácuo (área de coletor por pessoa servida pelo sistema):
      altas latitudes: 1,3 m²
      latitudes temperadas: 0,9 m²
      trópicos: não utilize (empregue coletores planos)

    - Sistemas solares de água quente para piscina: 0,06 a 0,1 m² de área de coletor por m² da área de superfície da piscina. Use um valor mais alto se for necessário aquecer a piscina o ano inteiro.

    - Sistemas de calefação de ambientes: para um pré-dimensionamento bastante impreciso, use uma área de coletor solar equivalente a 30–50% da área de piso aquecido.

    Use o valor mais baixo das estimativas acima em climas quentes e/ou áreas com recursos de radiação solar bons (e seguros). Use o valor mais alto em situações opostas.

3. Estime um tamanho apropriado para o tanque de armazenamento com base na carga e nas necessidades. O tanque deve ser grande o bastante para atender às demandas horárias de pico de água quente, em um sistema doméstico de água quente, ou contribuir significativamente para as cargas de aquecimento de ambientes. No caso do aquecimento doméstico de água, um tanque de armazenamento com capacidade para 230 litros geralmente é razoável para uma ou duas pessoas. Para três ou quatro pessoas, recomenda-se um tanque de armazenamento com capacidade para 300 litros. Considere o uso de um tanque maior para mais de quatro pessoas. Um sistema com capacidade de armazenamento adequada reduz o superaquecimento em dias bons para a coleta. (Uma regra de dimensionamento alternativa sugere 60 a 80 litros de armazenamento para cada metro quadrado de área dos coletores – isso geralmente é válido para sistemas de calefação de ambientes e sistemas domésticos de água quente.)

4. Selecione um recurso ou sistema de apoio para fornecer água quente/calefação de espaços sempre que a radiação solar adequada não estiver disponível.

Capítulo 4 ♦ Estratégias de Projeto   155

Os sistemas térmicos solares também podem fazer a refrigeração de ambientes se estiverem conectados a um resfriador de absorção. Embora intrigante de uma perspectiva energética, essa aplicação solar é rara – não em função da tecnologia, mas da disponibilidade de equipamentos para uso doméstico e dos altos custos de instalação para qualquer tipo de uso. Não existem regras de dimensionamento genéricas para sistemas ativos de refrigeração solar.

Exemplos

Figura 4.173 Coletores solares com tubos a vácuo (cercados por painéis fotovoltaicos) instalados na cobertura de uma proposta para o concurso Decatlo Solar de 2005 apresentada pela Cornell University. NICHOLAS RAJKOVICH

Figura 4.174 Coletores térmicos solares com tubos a vácuo montados verticalmente na casa do Decatlo Solar de 2009 da Cornell University. Na cobertura, podemos ver painéis fotovoltaicos instalados horizontalmente. JIM TETRO PHOTOGRAPHY, PARA U.S. DOE

Figura 4.175 Arranjos de coletores térmicos solares ativos geram água quente para consumo doméstico na Creche da Vila Olímpica de 2008, em Pequim, na China. BEIJING SUNDA SOLAR TECHNOLOGY CO., LTD

APÓS A DEFINIÇÃO DO PARTIDO

O projeto detalhado de um sistema térmico solar exige os conhecimentos especializados de um engenheiro mecânico ou consultor solar qualificado – o qual estará envolvido com o desenvolvimento do projeto a fim de verificar o pré-dimensionamento e desenvolver o projeto final do sistema, incluindo a escolha de equipamentos e a especificação e consideração da integração de controles e sistemas. O bom detalhamento dos suportes dos coletores e das perfurações nas tubulações pelas vedações da edificação é essencial para a satisfação do proprietário a longo prazo.

Todos os sistemas térmicos solares devem ser construídos e instalados por especialistas, e um Manual do Usuário deve ser preparado para ajudar o proprietário com as operações e a manutenção do sistema.

Mais informações

ASHRAE 2006. *ASHRAE GreenGuide*, 2nd ed. Butterworth-Heinemann and American Society of Heating, Refrigerating and Air-Conditioning Engineers, Atlanta, GA

Brown, G.Z. et al. 1992. *Inside Out: Design Procedures for Passive Environmental Technologies*, 2nd ed. John Wiley & Sons, New York.

U.S. Department of Energy, A Consumer's Guide to Energy Efficiency and Renewable Energy, "Water Heating." www.eere.energy.gov/consumer/your_home/water_heating/index.cfm/mytopic=12760

U.S. Department of Energy, Solar Hot Water Resources and Technologies. wwwl.eere.energy.gov/femp/technologies/renewable_shw.html

BOMBAS DE CALOR GEOTÉRMICAS

As BOMBAS DE CALOR GEOTÉRMICAS usam a massa da terra para melhorar o desempenho de um ciclo de refrigeração por compressão de vapor – que consegue aquecer no inverno e resfriar no verão. A temperatura do solo oscila menos que a do ar. A enorme massa do solo, inclusive em profundidades moderadas, também contribui para a defasagem térmica sazonal; assim, quando as temperaturas do ar são extremas (no verão e no inverno), a temperatura do solo permanece comparativamente amena. O preço a pagar pela eficiência superior oferecida pelas bombas de calor geotérmicas é o alto custo de seus equipamentos.

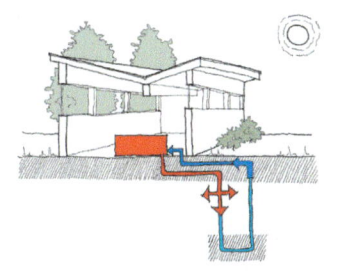

Figura 4.177 Bomba de calor geotérmica usando um circuito vertical. KATE BECKLEY

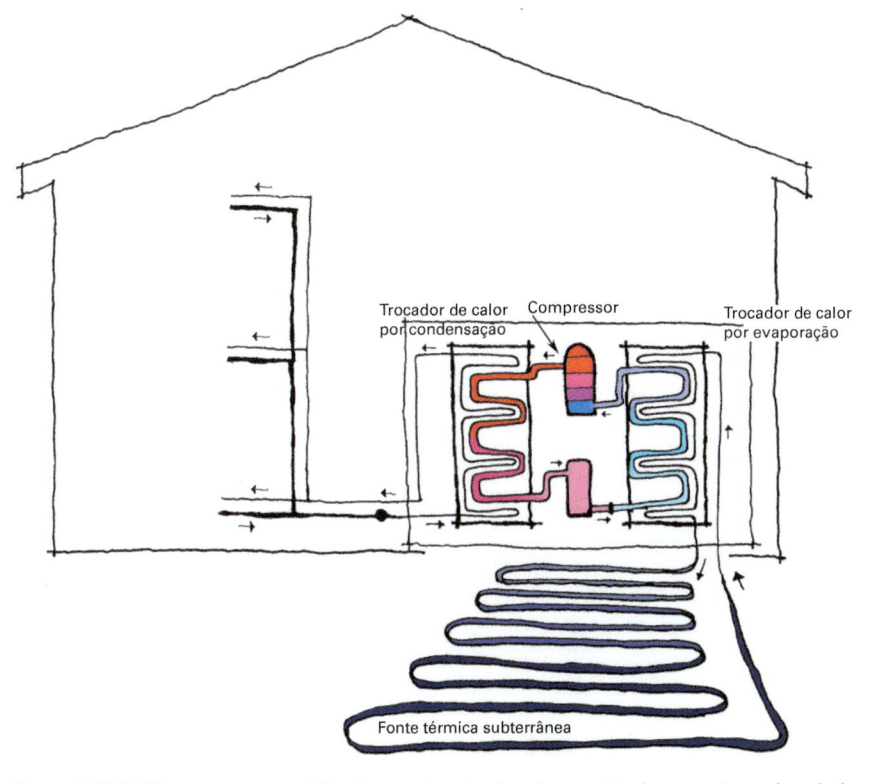

Figura 4.176 Diagrama esquemático de uma bomba de calor geotérmica com água. A maioria dos componentes é de sistemas convencionais por compressão de vapor (com exceção da tubulação da fonte geotérmica e do trocador de calor). A água quente gerada pode ser utilizada em rodapés radiantes ou radiadores de parede, pisos radiantes e/ou aquecimento doméstico de água quente. KATE BECKLEY

Os sistemas básicos de bombas de calor geotérmicas incluem um ciclo por compressão de vapor que produz o efeito básico de calefação/refrigeração, distribuição de ar ou água do efeito de calefação/refrigeração, e um subsistema com bomba ou tubulações para a troca térmica com o solo, o lençol freático ou o corpo de água (no caso de fonte submersa). O fluido frigorígeno (refrigerante) encontrado na tubulação (geralmente água) circula por tubos distribuídos no subsolo (ou em um poço) que se situa fora da edificação. Os tubos – geralmente feitos de polietileno de alta densidade de 20 mm – permitem que o fluido absorva calor do solo ao redor durante os meses de inverno ou libere calor para o solo durante os meses de verão. A quantidade e o comprimento dos tubos dependem da configuração do sistema, das condições do solo e da capacidade necessária da calefação/refrigeração. Um trocador de calor é usado para transferir calor do refrigerante, durante o ciclo da bomba de calor, para o ar ou a água que, a seguir, circula

OBJETIVO
Calefação e refrigeração para consumo eficiente de energia, conforto térmico

EFEITO
Consumo reduzido de energia, contas de energia mais baixas

OPÇÕES
Circuito aberto ou circuito fechado, circuito horizontal ou circuito vertical, ar ou água como fluido frigorígeno

QUESTÕES DE COORDENAÇÃO
Planejamento do terreno, integração com o aquecedor de água, espaços para equipamentos e instalações e localização

ESTRATÉGIAS RELACIONADAS
Análise do Terreno, várias estratégias passivas de calefação e refrigeração

PRÉ-REQUISITOS
Área de terreno que seja grande o bastante para a configuração e a capacidade desejadas, temperatura média anual do solo de 13–18°C

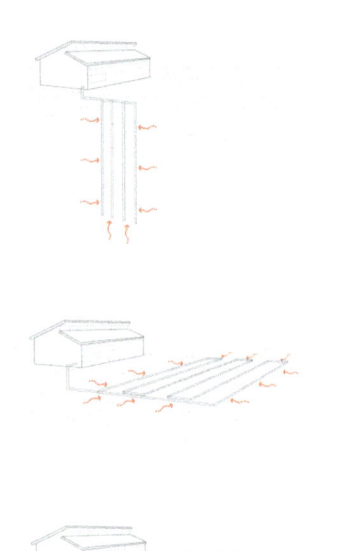

Figura 4.178 Configurações comuns das bombas de calor geotérmicas (circuito fechado vertical, circuito fechado horizontal e circuito aberto – um corpo d'água). JON THWAITES

por toda a edificação para fins de controle climático. É possível substituir os tubos enterrados horizontalmente por um poço profundo.

Devido à vantagem térmica oferecida pelo ambiente subterrâneo, que é mais benigno, essa estratégia apresenta uma alternativa eficiente em energia às bombas de calor convencionais – além de uma grande vantagem em relação aos sistemas de calefação por resistência elétrica.

As bombas de calor geotérmicas podem ser usadas em muitos tipos de edificações e praticamente em qualquer condição climática. O custo desse sistema depende da profundidade da linha de geada, pois, quanto mais profunda a linha de geada, mais fundo a tubulação precisa ser enterrada para se beneficiar da temperatura mais amena do subsolo.

Várias configurações têm sido usadas como componente subterrâneo – os circuitos fechados horizontais são muito comuns (são longos tubos que correm paralelamente ao plano do solo a cerca de um metro de profundidade, exigindo o mínimo de escavação); os circuitos fechados verticais (similares a um poço fechado) conseguem ultrapassar as linhas de geada profundas, bem como os condicionantes de terrenos pequenos; os sistemas de circuito aberto (como um poço aberto) podem reduzir os custos em áreas onde as águas freáticas aceitáveis são abundantes e a conexão com o aquífero é permitida pelo código de edificações.

Pontos-chave para o projeto de arquitetura

As bombas de calor geotérmicas consistem em uma tecnologia praticamente invisível. Os elementos do solo são subterrâneos (ou subaquáticos); já os equipamentos mecânicos associados são praticamente idênticos, em tamanho, aos equipamentos ativos convencionais de calefação e refrigeração. Portanto, o planejamento do terreno é o fator mais importante ao se considerar o uso de bombas de calor geotérmicas. A vegetação e os pisos secos talvez tenham de ser projetados de maneira a fornecer acesso ou proteção ao sistema de tubulação. A vegetação pode ser usada para sombrear o solo, protegendo-o dos ganhos térmicos solares (se as condições climáticas assim o exigirem). Ela também pode ser planejada para ressaltar ou ilustrar o sistema de circuito existente no subsolo.

Considerações sobre a implementação

- **Escavação.** Além de cara, a escavação também pode ser complicada e/ou perigosa em função das utilidades públicas (instalações elétricas, a cabo, de telefonia, esgoto e água) que frequentemente correm no subsolo. Uma análise cuidadosa do terreno e da infraestrutura preexistente indicará o quão complexa (dispendiosa) a escavação será. Contudo, se outras instalações exigirem escavação ao mesmo tempo, é possível diminuir a despesa conjunta dos sistemas por meio de uma escavação comum.

- **Planejamento futuro do terreno.** Como os sistemas de bombas de calor geotérmicas duram entre 35 e 50 anos, é fundamental planejar pensando no desenvolvimento futuro do terreno. Dependendo dos condicionantes do terreno, a instalação de um circuito subterrâneo horizontal pode dificultar ou impossibilitar obras futuras. O dimensionamento do sistema deve levar em consideração as cargas futuras previstas, devido à expansão ou mudança de função que pode ocorrer durante sua vida útil.

◆ **Profundidade da linha de geada/temperatura do solo.** A viabilidade econômica de uma bomba de calor com fonte geotérmica é seriamente afetada pelas temperaturas predominantes no solo – já que essa variável afeta a profundidade de escavação necessária e a eficiência térmica do sistema.

Projeto passo a passo

O dimensionamento de uma bomba de calor com fonte geotérmica é uma questão especializada e técnica. Para fins de definição de partido, entretanto, aqui estão algumas diretrizes para estimar a dimensão dos componentes "da fonte" exterior que serão necessários.

Diretriz para circuitos horizontais. Considere uma capacidade de circuitos de 35–60 km/kWh de calefação ou resfriamento. As valas normalmente têm 1,2–1,9 m de profundidade e 120 m de comprimento, dependendo de como os vários tubos são posicionados. A maior parte das instalações para circuitos horizontais emprega tubos com cerca de 150 mm de diâmetro.

Uma casa de 185 m² bem isolada termicamente precisaria de um sistema de aproximadamente 10,5 kW e tubos de 46,0–55,0 cm. Cargas de edificações não residenciais podem ser estimadas usando as diretrizes adequadas.

Diretrizes para circuitos verticais. Geralmente, circuitos verticais terão 45–140 m de profundidade. Aproximadamente 9 a 18 m² de área de contato fornecerão cerca de 3,5 kWh de calefação/resfriamento.

Diretrizes para vazões. Vazões médias de circuitos geotérmicos devem proporcionar de 0,36 a 0,54 L/s por kW de calefação ou resfriamento.

PROBLEMA TÍPICO

Qual tamanho de circuito subterrâneo horizontal será necessário para uma edificação pequena de escritórios em um clima temperado com carga de refrigeração estimada a 35 kW [10 toneladas]?

Para um circuito horizontal, utilizando 45 m por kW como um parâmetro (um valor dos mais baixos, considerando o clima temperado), o circuito horizontal teria 45 x 35 = 1.575 m de comprimento. Tendo em mente que o objetivo do circuito é trocar calor com o solo, esse comprimento deve ser distribuído sem muito contato ou sobreposições entre os tubos.

Exemplos

Figura 4.179 Treze quilômetros de tubulações prontas para instalação em um rio – em uma bomba de calor com fonte submersa. HYDRO-TEMP CORPORATION

Figura 4.180 Instalação de um circuito subterrâneo em larga escala em Arkansas, Estados Unidos. HYDRO-TEMP CORPORATION

Figura 4.181 Circuito de fonte geotérmica instalado em uma vala com 0,9 m de profundidade em uma escola no Mississippi, Estados Unidos. HYDRO-TEMP CORPORATION

Figura 4.183 Posicionamento dos tubos de um sistema vertical no Amour Academic Center. GUND PARTNERSHIP

Figura 4.182 Instalação de um circuito fechado vertical para o sistema de bomba de calor geotérmica do Armour Academic Center da Westminster School, em Simsbury, Connecticut, Estados Unidos. GUND PARTNERSHIP

Capítulo 4 ♦ Estratégias de Projeto 161

Figura 4.184 Casa de máquinas do Armour Academic Center. Os tubos de abastecimento das bobinas da bomba de calor geotérmica que entram no recinto estão à direita. ROBERT BENSON PHOTOGRAPHY

Figura 4.185 Fotografia da construção do Armour Academic Center, mostrando o ponto na casa de máquinas onde entram os tubos de abastecimento da bomba de calor geotérmica. GUND PARTNERSHIP

Mais informações

ASHRAE. 1997. *Ground Source Heat Pumps: Design of Geothermal Systems for Commercial & Institutional Buildings.* American Society of Heating, Refrigerating and Air-Conditioning Engineers, Atlanta, GA.

Econar Energy Systems. 1993. *GeoSource Heat Pump Handbook.* Disponível em: artikel-software.com/file/geo.pdf

Geothermal Exchange Organization. www.geoexchange.org/

Grondzik, W. et al. 2010. *Mechanical and Electrical Equipment for Buildings.* 11th ed. John Wiley & Sons, Hoboken, NJ.

Hydro-Temp Corporation. www.hydro-temp.com/

International Ground Source Heat Pump Association. www.igshpa.okstate.edu/

Water Furnace International. www.wfiglobal.com/

APÓS A DEFINIÇÃO DO PARTIDO

Durante o desenvolvimento do projeto, serão realizados cálculos detalhados das cargas de aquecimento e resfriamento. Essas cargas serão usadas para escolher os equipamentos e a distribuição dos componentes adequados. Cálculos detalhados semelhantes da capacidade e do potencial necessários para o circuito serão realizados para finalizar o projeto de componentes do sistema no subsolo. É fundamental a contratação de especialistas em bombas de calor geotérmicas.

NOTAS

REFRIGERAÇÃO

O método mais eficiente para reduzir o consumo de energia na refrigeração mecânica é eliminar sua necessidade por meio de um projeto adaptado ao clima. Embora isso nem sempre seja possível, as estratégias de projeto com base no clima podem diminuir o tempo de uso e/ou o tamanho dos sistemas de refrigeração mecânica. A identificação de uma estratégia apropriada de refrigeração para uma determinada edificação durante a definição do partido exige a compreensão de três fatores: clima, tipo de edificação e padrão de funcionamento.

Os dados climáticos mensais, registrados em uma carta bioclimática, fornecem uma indicação visual das possíveis estratégias de refrigeração. Em um clima desértico quente, a grande massa térmica com ventilação noturna pode proporcionar conforto inclusive sob temperaturas diurnas altas, que são provocadas pela baixa umidade relativa do ar e pelas grandes oscilações de temperatura diurna. Porém, nenhuma quantidade de ventilação direta consegue proporcionar conforto sob tais condições diurnas. Da mesma forma, nenhuma quantidade de massa térmica consegue proporcionar conforto sob uma combinação de temperatura do ar e umidade relativa do ar altas. O primeiro requisito de projeto é adequar a estratégia de refrigeração ao clima.

É possível agrupar as edificações, de modo amplo, em dois tipos térmicos: dominadas pela carga da pele e dominadas pela carga interna. As edificações dominadas pela carga da pele (a maioria das moradias e pequenas edificações comerciais) não geram muito calor interno. Suas necessidades de refrigeração são, em grande parte, determinadas pelo clima externo e pelo projeto das vedações. Por sua vez, as edificações dominadas pela carga interna (como grandes edifícios de escritórios) têm cargas térmicas dos usuários, iluminação e equipamentos que não são determinadas pelas condições do exterior. O segundo requisito de projeto é adequar a estratégia de refrigeração ao tipo de edificação.

Estratégias

Ventilação cruzada
Ventilação por efeito chaminé
Torres de resfriamento por evaporação
Ventilação noturna de massas térmicas
Tubos de resfriamento subterrâneos
Edificações subterrâneas ou contra taludes
Resfriadores por absorção

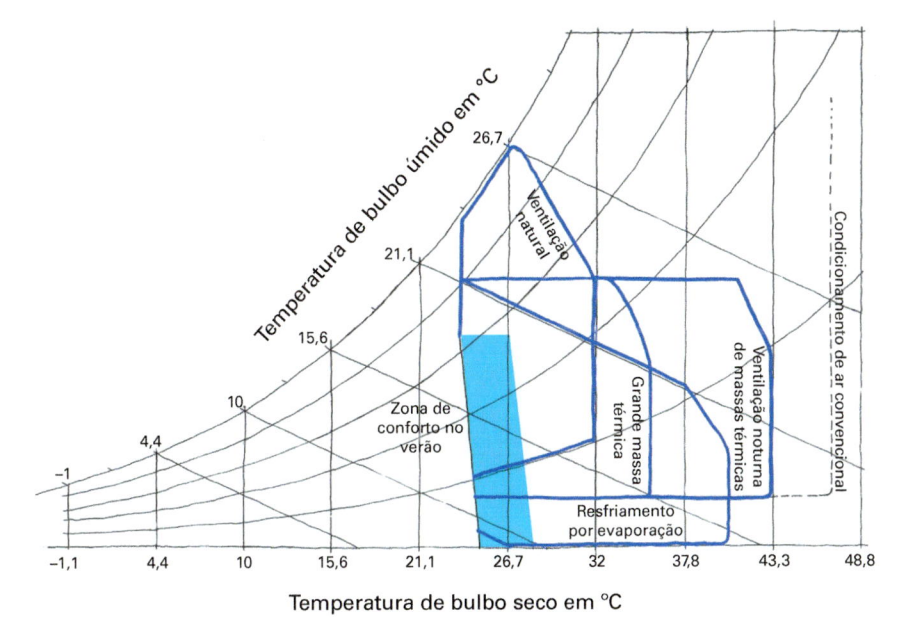

Figura 4.186 Possibilidade de aplicação das estratégias de refrigeração de edificações. ADAPTADO DE *ENERGY CONSERVATION THROUGH BUILDING DESIGN*

O projetista também deve entender os padrões de funcionamento da edificação. Prédios que não são abertos durante o período mais quente do dia ou do ano não precisam ser projetados para oferecer conforto térmico durante tais períodos. Por exemplo, uma escola de ensino fundamental do hemisfério sul que fecha durante o verão não precisa se preocupar com o conforto térmico durante as primeiras semanas de janeiro. Além disso, se a escola fecha suas portas às 14h30min, o sombreamento das janelas e as necessidades de resfriamento talvez sejam muito diferentes daquelas de uma escola que fecha às 16h30min. O terceiro requisito para projeto é a compreensão dos padrões de uso de cada edificação.

Também são apresentadas várias estratégias de resfriamento passivas que podem contribuir para o desenvolvimento de um projeto mais ecológico. Uma estratégia de resfriamento ativa – a refrigeração por absorção – é apresentada como uma alternativa à refrigeração por compressão de vapor.

VENTILAÇÃO CRUZADA

A VENTILAÇÃO CRUZADA proporciona um fluxo de ar externo mais frio através de um espaço, e esse fluxo remove o calor da edificação. Sob condições climáticas apropriadas, é uma alternativa à ventilação mecânica viável e eficiente em energia. O objetivo de projeto pode ser o resfriamento direto dos usuários em função da maior velocidade e da menor temperatura do ar ou a refrigeração das superfícies da edificação (assim como no caso da exaustão noturna) para proporcionar conforto por refrigeração indireta. A eficácia dessa estratégia de resfriamento depende do tamanho das entradas e saídas de ar, da velocidade do vento e da temperatura do ar externo. A velocidade do ar é fundamental para o conforto por refrigeração direta; já a taxa do fluxo de ar é fundamental para a refrigeração da estrutura.

Figura 4.188 Este café em Bang Bao, Koh Chang, Tailândia, utiliza pé-direito alto e amplas janelas para promover a ventilação cruzada; também usa grandes beirais de sapé para obter proteção solar. KATE BECKLEY

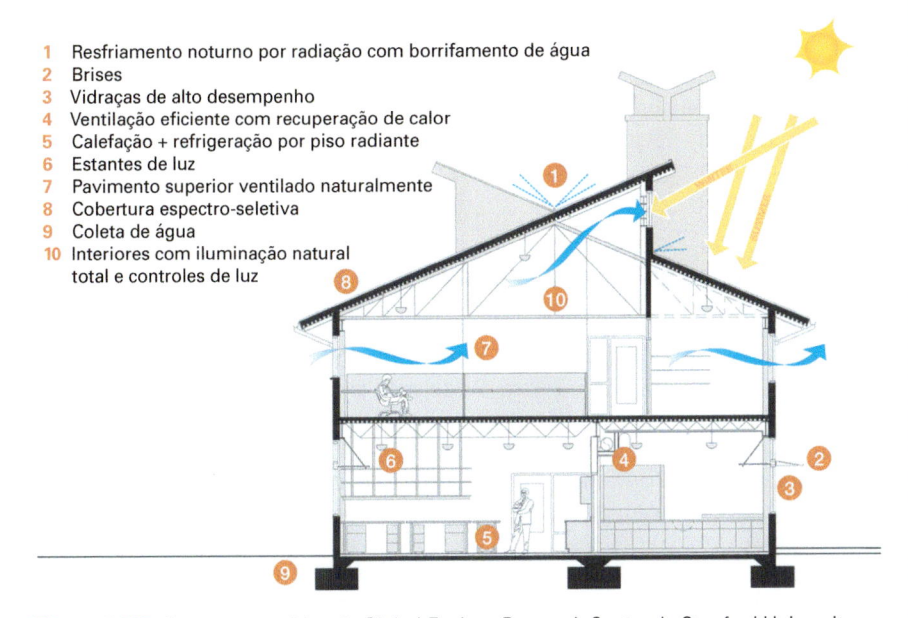

1. Resfriamento noturno por radiação com borrifamento de água
2. Brises
3. Vidraças de alto desempenho
4. Ventilação eficiente com recuperação de calor
5. Calefação + refrigeração por piso radiante
6. Estantes de luz
7. Pavimento superior ventilado naturalmente
8. Cobertura espectro-seletiva
9. Coleta de água
10. Interiores com iluminação natural total e controles de luz

Figura 4.187 Corte esquemático do Global Ecology Research Center da Stanford University, Palo Alto, Califórnia, Estados Unidos, mostrando a integração de diversas estratégias, incluindo a orientação de acordo com os ventos dominantes, para maximizar o potencial de ventilação cruzada no segundo pavimento. EHDD ARCHITECTURE

A capacidade de refrigeração da ventilação cruzada depende fundamentalmente da diferença de temperatura entre o ar do interior e o ar do exterior. A ventilação cruzada só é viável quando a temperatura do ar externo está pelo menos 1,7°C abaixo da temperatura do ar do interior. Diferenças de temperatura menores resultam em um efeito de refrigeração irrisório (o ar que circula na temperatura ambiente, por exemplo, não consegue remover o calor do ambiente nem reduzir a temperatura do espaço). A taxa do fluxo de ar externo é outro determinante crucial para a capacidade – quanto maior o fluxo de ar, maior a capacidade de refrigeração.

A pressão do vento é a força propulsora por trás da ventilação cruzada. Quanto maior a velocidade do vento, maior o potencial de refrigeração da ventilação cruzada. A direção dominante do vento frequentemente muda conforme a estação, podendo também oscilar ao longo do dia. Em geral, a velocidade do vento muda diária e sazonalmente – e em geral é muito baixa à noite devido à ausência do aquecimento solar do solo. Se nenhum ar entrar pela tomada de ar do sistema de ventilação cruzada, ele não funcionará.

OBJETIVO
Controle climático (refrigeração), conforto térmico

EFEITO
Refrigeração passiva

OPÇÕES
Refrigeração de conforto, refrigeração da estrutura

QUESTÕES DE COORDENAÇÃO
Calefação e refrigeração ativas, segurança, acústica, qualidade do ar, orientação, implantação, paredes internas

ESTRATÉGIAS RELACIONADAS
Análise do Terreno, Vidraças, Iluminação Natural, Ventilação por Efeito Chaminé

PRÉ-REQUISITOS
Ventos dominantes e velocidade média do vento (mensais), temperaturas do ar externo (mensais, horárias), carga de refrigeração estimada para o projeto, temperatura do ar do interior desejada

Em geral, a ventilação natural é mais eficaz quando as edificações estão bastante abertas para as brisas e também protegidas da radiação solar direta. Os materiais de construção usados em uma edificação com ventilação cruzada podem ser leves, a menos que se deseje a ventilação noturna da massa – nesse caso, são necessários materiais de grande massa termoacumuladora.

Pontos-chave para o projeto de arquitetura

Uma ventilação cruzada bem-sucedida requer uma edificação que tenha uma forma capaz de maximizar a exposição aos ventos dominantes, forneça uma área de entrada de ar adequada, minimize as obstruções internas (entre as entradas e saídas de ar) e forneça uma área de saída de ar adequada. A volumetria ideal seria a de um retângulo alongado sem divisórias internas. A implantação deve evitar obstruções externas ao fluxo do vento (como árvores, arbustos ou outras edificações). Por outro lado, a distribuição adequada da vegetação, taludes ou *wing walls* pode canalizar e melhorar o fluxo de ar nas aberturas (de entrada de ar) a barlavento (no lado de pressão positiva).

Considerações sobre a implementação

A ventilação cruzada voltada para o conforto do usuário pode direcionar o fluxo de ar em qualquer parte de determinado espaço desde que a temperatura do ar externo seja baixa o bastante para promover a remoção do calor. Sob temperaturas do ar externo altas, a ventilação cruzada continuará sendo uma estratégia de conforto viável se o fluxo de ar for enviado na direção dos usuários (para que sintam a maior velocidade do ar). A ventilação cruzada para o resfriamento noturno da edificação (quando há velocidade adequada do vento) deve ser direcionada de modo a maximizar o contato com superfícies de grande massa térmica. Atenção: a alta umidade relativa do ar externo pode comprometer o conforto do usuário mesmo quando uma capacidade de refrigeração sensível adequada estiver disponível.

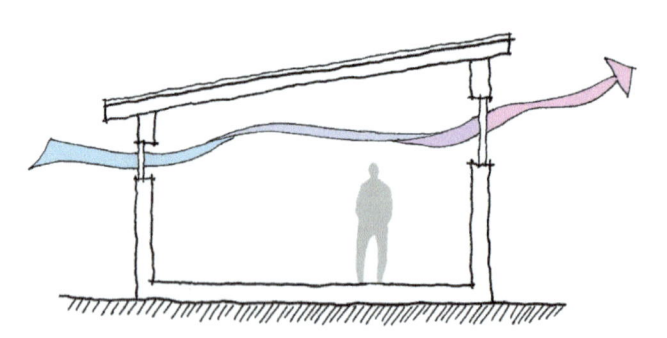

Figura 4.189 Entradas e saídas de ar altas promovem o resfriamento da edificação sem movimento de ar no nível dos usuários. KATE BECKLEY

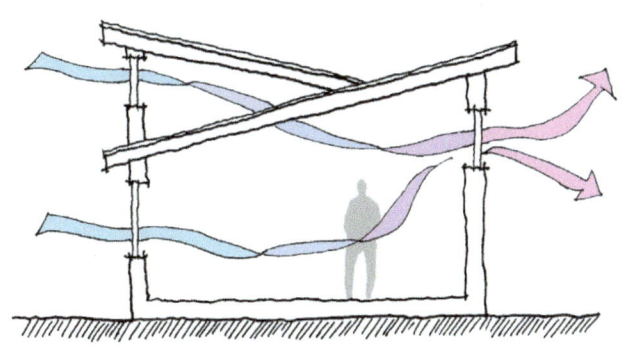

Figura 4.190 Os clerestórios não contribuem para o movimento do ar no nível dos usuários. A ventilação cruzada por entradas de ar baixas gera movimento do ar no nível dos usuários. A orientação da edificação com relação aos ventos dominantes maximizará o fluxo de ar. KATE BECKLEY

A ventilação cruzada lança o ar do exterior através da edificação para promover o resfriamento, permitindo que tudo o que há no ar seja introduzido em seu interior. Por isso, tome cuidado quanto à localização das aberturas para tomada de ar e à qualidade do ar ambiente. A ventilação cruzada também pode introduzir, facilmente, ruídos na edificação. Preste atenção às fontes de ruídos próximas. É possível distribuir as aberturas de modo a minimizar os efeitos do barulho nos espaços habitáveis.

Projeto passo a passo

Normalmente, a ventilação cruzada deve ser analisada em cada espaço. É necessária uma abertura de saída de ar que tenha o mesmo tamanho da abertura de entrada. Os passos abaixo consideram somente cargas sensíveis e calculam o tamanho da entrada de ar (pressupondo uma saída de ar do mesmo tamanho).

1. Distribua os espaços de maneira a considerar o fato de que os usuários da edificação acharão que os espaços próximos às entradas de ar (ar externo que entra) serão mais frios que os espaços próximos às saídas de ar (ar aquecido que sai). As principais fontes de calor devem ficar perto das saídas de ar, e não das entradas.
2. Estime a carga de refrigeração sensível do projeto (ganhos térmicos) para o(s) espaço(s) – incluindo todas as cargas internas e da pele (mas com exceção das cargas de ventilação e infiltração). *Btu/h* ou *W*.
3. Registre a carga de refrigeração do projeto com base na área de piso unitária. *Btu/h pé² ou W/m²*.
4. Estabeleça a área de entrada de ventilação (trata-se de uma área livre, ajustada de acordo com a área real de janela que pode ser aberta e com o impacto estimado de telas mosquiteiras, esquadrias e elementos de proteção solar) e a área de piso do espaço que será resfriado. A área de entrada pode se basear em outras decisões de projeto (como as vistas) ou ser determinada por tentativa e erro no início da análise do sistema de refrigeração. *pé² ou m²*.
5. Determine a área de entrada de ar como uma *porcentagem* da área de piso: (área de entrada de ar/área de piso) × 100.
6. Com base na Figura 4.191, encontre a interseção da porcentagem da área de entrada de ar (Passo 5) com a velocidade do vento no projeto (a partir dos dados climáticos locais). Essa interseção indica a capacidade estimada do resfriamento por ventilação cruzada – pressupondo uma di-

PROBLEMA TÍPICO

Considere uma pequena edificação comercial de 418 m² localizada em um clima europeu temperado (hemisfério norte).

1. É estabelecido um leiaute espacial que busca maximizar a efetividade da refrigeração para os usuários.
2. A carga de refrigeração estimada para o projeto é de 120.000 Btu/h [35.170 W].
3. Considerando-se a área de piso de 418 m²:

   35.170/418 = 84,1 W/m² [26,7 Btu/h pé²]
4. Inicialmente, pressuponha uma área de entrada de ar livre com 23 m².
5. A área de entrada do ar é um percentual da área do piso: (23/418) x 100 = 5,6%
6. Com uma velocidade de vento no local equivalente a 3,1 m/s, a capacidade de refrigeração estimada é de 142 W/m² [45 Btu/h pé²].

7. A capacidade de refrigeração disponível é maior que a capacidade de refrigeração necessária (142 > 84,1) [45 > 26,7].
8. A área de entrada poderia ser reduzida para

    (84,1/142) x 23 = 13,6 m²

    e, ainda assim, fornecer uma capacidade adequada de ventilação cruzada.

ferença de temperatura de 1,7°C entre o ar do interior e o ar do exterior. A velocidade do vento no local deve representar uma velocidade que provavelmente estará disponível no horário da carga de refrigeração.

7. Compare a capacidade de refrigeração estimada (Passo 6) com a capacidade de refrigeração desejada (Passo 3).
8. Aumente a área de entrada proposta conforme o necessário para obter a capacidade desejada; diminua a área de entrada proposta conforme o necessário para reduzir a capacidade excessiva de refrigeração.

Esses passos abordam as "piores" condições de projeto possíveis quando as temperaturas do ar externo são geralmente altas. A extrapolação além dos valores apresentados na Figura 4.191, para um Δt maior, não é recomendada como meio de dimensionamento das aberturas. Por outro lado, existirão diferenças de temperaturas maiores durante a estação de resfriamento que permitirão reduzir o tamanho das entradas e saídas de ar. A extrapolação para velocidades de vento superiores também não é recomendada, devido ao risco de desconforto provocado pelo excesso de velocidade do ar nos interiores. Não se esqueça de que, as velocidades do vento em um aeroporto, por exemplo, podem ser muito distintas daquelas no centro da cidade ou em um subúrbio, dependendo do terreno. Durante a fase de definição do partido, podem ser feitos ajustes para levar em consideração as variações entre os dados sobre a velocidade do vento "local" e aqueles obtidos em um aeroporto. Como estimativa geral, a velocidade do vento nas zonas urbanas costuma ser apenas um terço daquela nos aeroportos; e a velocidade do vento nos subúrbios, dois terços.

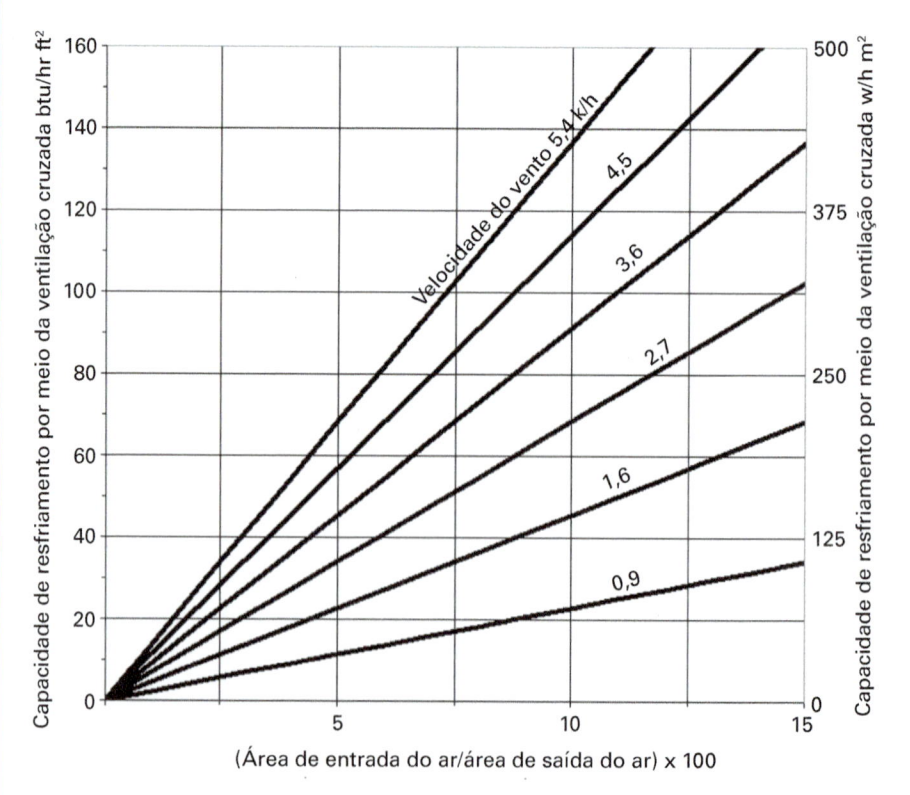

Figura 4.191 Capacidade de resfriamento por meio da ventilação cruzada. O calor removido por unidade de área de piso (baseado em uma diferença de temperatura de 1,7°C) como uma função do tamanho das aberturas de entrada de ar e da velocidade do vento. KATHY BEVERS; GRÁFICO DERIVADO DE *MECHANICAL AND ELECTRICAL EQUIPMENT FOR BUILDINGS*, 10TH ED.

Capítulo 4 ♦ Estratégias de Projeto   169

Exemplos

Figura 4.192 As janelas de abrir ao longo do corredor (à esquerda) permitem a circulação do ar em um prédio com salas de aula do *Campus* Islandwood, na Ilha de Bainbridge, Washington. Casa no estilo *dog trot* em Kauai, Havaí (à direita) com ventilação cruzada nas varandas utilizadas como espaços de estar internos e externos.

Figura 4.193 A cafeteria da Honolulu Academy of Arts, no Havaí, utiliza portas corrediças altas e ventiladores de teto para promover a circulação do ar.

Figura 4.194 Escritório com planta livre beneficiado pela ventilação cruzada, Centro de Pesquisa e Desenvolvimento do Hábitat, Namíbia. NINA MARITZ.

APÓS A DEFINIÇÃO DO PARTIDO
A confirmação da efetividade da ventilação cruzada durante o desenvolvimento do projeto exige o uso de ferramentas de modelagem eletrônica bastante sofisticadas ou maquetes convencionais em escala. A dinâmica de fluidos computacionais (DFC) geralmente é empregada em simulações numéricas, enquanto os ensaios em túnel aerodinâmico costumam ser usados para simulações com maquetes convencionais. Ambos envolvem curvas de aprendizado avançadas, conhecimentos técnicos consideráveis e laboratórios e programas de computador apropriados.

Não se esqueça de informar os usuários sobre como o sistema de ventilação deve ser operado e quais condições térmicas provavelmente serão obtidas.

Mais informações

Brown, G.Z. and M. DeKay. 2001. *Sun, Wind & Light: Architectural Design Strategies*, 2nd ed. John Wiley & Sons, New York.

Grondzik, W. et al. 2010. *Mechanical and Electrical Equipment for Buildings.* 11th ed. John Wiley & Sons, Hoboken, NJ.

National Climatic Data Center. www.ncdc.noaa.gov/oa/ncdc.html

Olgyay, V. 1963. *Design with Climate.* Princeton University Press, Princeton, NJ.

Royle, K. and C. Terry. 1990. *Hawaiian Design: Strategies for Energy Efficient Architecture*, Diane Publishing Co., Collingdale, PA.

Square One. "Passive Cooling, Natural Ventilation" www.squ1.com/archive/

VENTILAÇÃO POR EFEITO CHAMINÉ

A VENTILAÇÃO POR EFEITO CHAMINÉ é uma estratégia passiva de refrigeração que aproveita a estratificação da temperatura. Baseia-se em dois princípios básicos: (1) à medida que esquenta, o ar se torna menos denso e sobe; (2) o ar externo (que constuma ser mais frio) substitui o ar que subiu. Esse sistema de convecção natural cria sua própria corrente de ar, na qual o ar mais quente é evacuado em um ponto alto, enquanto o ar externo mais frio entra em um nível inferior. A ventilação por efeito chaminé só funciona, para fins de condicionamento para conforto térmico, quando a temperatura do ar externo é inferior à temperatura interna desejada. Para funcionar eficientemente (isto é, gerar um fluxo de ar substancial), deve haver uma diferença mínima de 1,7°C entre as temperaturas do ar do interior e do ar do exterior. Uma diferença de temperatura maior pode resultar em circulação do ar e resfriamento mais eficazes. Como gera sua própria corrente de ar, a ventilação por efeito chaminé é minimamente afetada pela orientação da edificação. No entanto, o ar não fluirá de maneira apropriada se uma saída de ar estiver orientada na direção de barlavento (ou pressão positiva).

Figura 4.196 Chaminés solares nos escritórios do British Research Establishment, Gaston, Hertfordshire, Reino Unido. THERESE PEFFER

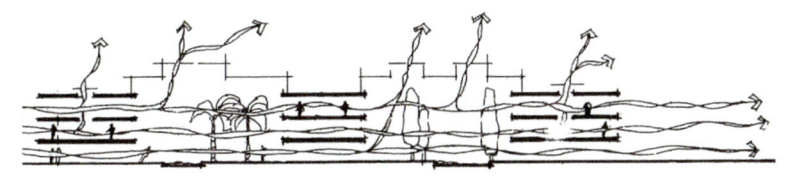

Figura 4.195 Proposta esquemática para o concurso do Instituto de Pesquisa Florestal e Natural IBN-DLO de Wageningen, Países Baixos. O ar externo mais frio entra no perímetro da edificação, é aquecido à medida que atravessa o local e, em seguida, sobe e é exaurido pelas aberturas na cobertura. BROOK MULLER

Uma das maneiras de atingir uma maior diferença de temperatura é aumentar a altura da chaminé – quanto mais alta a chaminé, maior a estratificação vertical das temperaturas. Em função da altura necessária para se obter uma estratificação eficiente do ar, a ventilação por efeito chaminé é frequentemente projetada em corte. Para saber mais sobre algumas estratégias comuns de ventilação por efeito chaminé, veja a Figura 4.197.

Outra maneira de aumentar a diferença de temperatura entre o ar que entra e o ar que sai consiste em usar energia solar para aquecer o ar. No edifício do BRE (Figura 4.201), no Reino Unido, as chaminés para ventilação se situam ao longo da fachada sul das edificações. Essas chaminés são envidraçadas com um material translúcido para que a radiação solar aqueça o ar em seu interior, provocando um aumento no fluxo de ar dentro da edificação.

Como mostram os projetos que ilustram essa estratégia, o uso da ventilação por efeito chaminé traz consigo algumas possibilidades de projeto interessantes. No edifício do BRE, por exemplo, as chaminés são mais altas que o restante da edificação, criando um elemento de arquitetura que ressalta a importância desses elementos no funcionamento do prédio.

Pontos-chave para o projeto de arquitetura

Para ter bom desempenho, a chaminé precisa criar um grande diferencial de temperatura entre o ar exaurido e o ar de entrada. Isso pode ser feito de diferentes maneiras, incluindo o aumento da altura da chaminé. Uma chaminé comum proporciona ventilação eficiente para as áreas que ficam na metade inferior de sua altura total. Isso exige que as chaminés tenham o dobro da altura da edificação para que possam atender a todos os pavimentos; do contrário, atenderão somente a uma parte da área de piso total.

OBJETIVO
Controle climático (refrigeração), qualidade do ar do interior, conforto térmico

EFEITO
Uso/custos de energia reduzidos, melhor qualidade do ar do interior

OPÇÕES
Chaminés centrais ou distribuídas, altura da chaminé, número de chaminés

QUESTÕES DE COORDENAÇÃO
Calefação e refrigeração ativas, segurança, acústica, qualidade do ar, orientação, implantação, paredes internas, controle de incêndio e fumaça

ESTRATÉGIAS RELACIONADAS
Análise do Terreno, Ventilação Cruzada, Ventilação Noturna de Massas, Torres de Resfriamento por Evaporação, Fachadas Duplas

PRÉ-REQUISITOS
Grande altura necessária para a chaminé, possibilidade de projetar entradas e saídas de ar com tamanho e localização apropriados, acesso solar (somente para chaminés solares)

As chaminés podem ser integradas ou aparentes. É uma questão de expressão: colocar a chaminé no perímetro da edificação para garantir o acesso solar ou integrá-la a um átrio são soluções arquitetônicas muito diferentes. Essa decisão não depende apenas da estética, mas também de condições climáticas, cargas de refrigeração, códigos de edificação e planos diretores. Os acabamentos externos e os elementos de paisagismo (plantas, cerração e cobertura do solo) podem diminuir a temperatura do ar que entra na edificação. O dimensionamento das entradas (e saídas) de ar é fundamental para o desempenho do sistema. A localização, a quantidade e o tamanho das entradas de ar podem afetar a segurança da edificação, a aparência da fachada e a quantidade do ar que entra (as entradas não devem estar situadas perto de docas de carga e descarga ou garagens).

Considerações sobre a implementação

As chaminés tendem a "desorganizar" as zonas térmicas, favorecendo os espaços mais baixos na "cadeia de ventilação" – em outras palavras, aumentando a movimentação do ar (ventilação) nos níveis inferiores da chaminé. Chaminés modulares e separadas têm condições de resolver esse problema, mas uma grande quantidade desses elementos é dispendiosa e exige mais aberturas, o que talvez não seja possível por diversas razões (segurança, localização, vizinhança, etc). O zoneamento por necessidades de função e ocupação (tanto na planta baixa como no corte) deve ser uma das principais considerações na definição do partido. Além disso, as chaminés verticais talvez tenham de ser integradas aos sistemas de climatização e estrutural de modo a assegurar a utilização eficiente do espaço. Ainda que a ventilação por efeito chaminé geralmente funcione na maioria dos climas, aqueles com grandes oscilações diurnas de temperatura são os ideais.

A ventilação por efeito chaminé traz o ar do exterior para dentro da edificação a fim de promover a refrigeração, permitindo que tudo o que há no ar seja introduzido em seu interior. Por isso, tome cuidado quanto à localização das aberturas para tomada de ar e quanto à qualidade do ar ambiente. A ventilação por efeito chaminé também pode facilmente introduzir ruídos na edificação. Preste atenção às fontes de ruídos próximas. É possível distribuir as aberturas de modo a minimizar os efeitos do barulho nos espaços habitáveis.

Projeto passo a passo

Normalmente, é necessário um processo de tentativa e erro para iniciar um projeto viável que equilibre as capacidades do sistema com as exigências de refrigeração.

1. Estabeleça uma altura de chaminé que funcione para o projeto. Uma chaminé eficaz geralmente tem o dobro da altura do local mais alto que precisa ventilar. É comum zonear a edificação de modo que somente os pavimentos inferiores sejam atendidos pela chaminé (o que viabiliza a ventilação por efeito chaminé sem a necessidade de protuberâncias excepcionalmente altas).

2. Dimensione as aberturas da chaminé (área da entrada de ar, da saída de ar e da "garganta"). A menor das áreas a seguir definirá o desempenho do sistema: a área livre total das aberturas de tomada de ar, a área livre total das aberturas para saída de ar ou a área transversal horizontal (a "garganta") da chaminé.

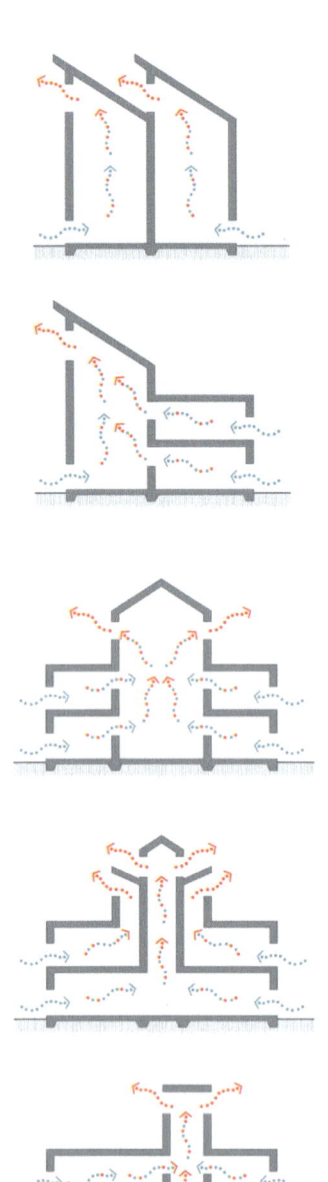

Figura 4.197 Diversas configurações da ventilação por efeito chaminé. JON THWAITES

PROBLEMA TÍPICO
Um edifício de dois pavimentos tem um grande átrio, com 9,1 m de altura.

1. O primeiro pavimento do edifício será ventilado pelo uso da chaminé, o que indica uma chaminé de ventilação eficiente com 6,1 m de altura.
2. As aberturas no pavimento térreo e no topo da chaminé

3. Com base na Figura 4.198, estime a capacidade de refrigeração do sistema de ventilação por efeito chaminé conforme a altura da chaminé e a relação entre a área da chaminé e a área do piso (onde a área de piso é a área atendida pela chaminé ou chaminés).

4. Ajuste as aberturas e/ou as alturas das chaminés de ventilação conforme o necessário para obter a capacidade de resfriamento desejada.

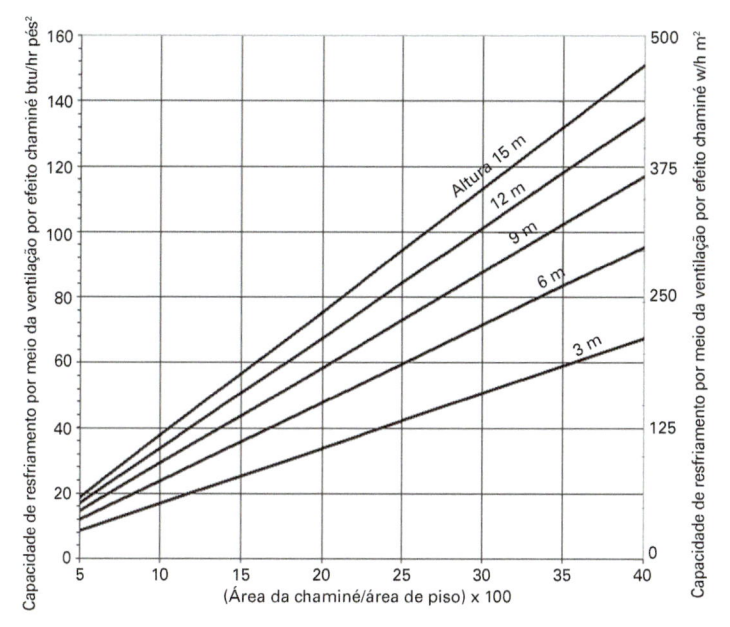

Figura 4.198 Capacidade da ventilação por efeito chaminé. Calor removido por unidade de área de piso (baseado em uma diferença de temperatura de 1,7°C) em relação ao tamanho e à altura da chaminé. KATHY BEVERS; GRÁFICO DERIVADO DE *MECHANICAL AND ELECTRICAL EQUIPMENT FOR BUILDINGS*, 10TH ED.

(átrio) têm 18,6 m² cada; a área da garganta não é um condicionante.

3. A área de piso a ser ventilada pela chaminé é 186 m². A razão entre a área da chaminé e a do piso é: (200/2.000) (100) = 10. Consultando a Figura 4.198, a capacidade de resfriamento estimada de uma chaminé com 6,1 m de altura e razão de 10 é de aproximadamente 76 W/h m² [24 Btu/h]. Essa capacidade pressupõe uma diferença de temperatura de 1,7°C entre o ar do interior e do exterior (algo extremamente provável durante um dia de verão).

4. Essa capacidade de resfriamento seria comparada à carga de resfriamento dos espaços sendo ventilados, para determinar se é adequada. Como visto na Figura 4.198, a capacidade poderia ser aumentada, elevando (algo improvável neste exemplo) ou aumentando a área de abertura da chaminé.

Exemplos

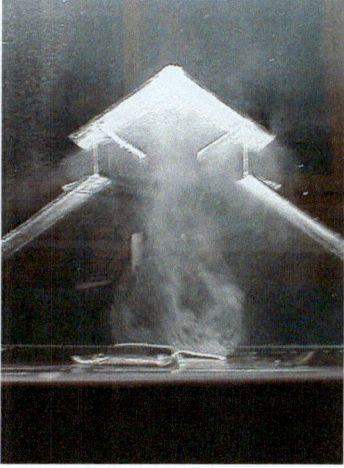

Figura 4.199 A Casa Logan (à esquerda), em Tampa, Flórida, um exemplo muito estudado de ventilação por efeito chaminé. Teste de bolhas com uma maquete da Casa Logan (à direita) realizado para determinar o desempenho do efeito chaminé e avaliar configurações de janela alternativas. ALISON KWOK / CHRISTINA BOLLO

Figura 4.200 Maquete da Casa Logan (com ventilação cruzada e por efeito chaminé) sendo testada em um túnel aerodinâmico.

Figura 4.203 Neste escritório do Building Research Establishment, as chaminés solares de ventilação são acessíveis por meio de janelas. O forro ondulado da sala cria um canal para que a ventilação cruzada atravesse o prédio e auxilie no resfriamento noturno das massas térmicas. THERESE PEFFER

Figura 4.201 A fachada sul (hemisfério norte) dos escritórios do Building Research Establishment, em Garston, Hertfordshire, Reino Unido, apresenta pavimento de cobertura com painéis fotovoltaicos, chaminés solares (auxiliadas por blocos de vidro) e ventilação pelo efeito chaminé. THERESE PEFFER

Figura 4.204 A Biblioteca Lanchester apresenta um grande poço de luz central, o qual é responsável pelo fornecimento e pela exaustão de ar.

Figura 4.202 As torres de ventilação da Biblioteca Lanchester, na Coventry University, em Coventry, no Reino Unido, fazem a exaustão do ar quente.

Figura 4.205 O átrio do Centro Administrativo Lillis (em Eugene, Oregon) serve como espaço de entrada, circulação e convívio. As galerias em torno da grande escada circular oferecem áreas para estudo onde os alunos (e autores deste livro) se reúnem. O átrio também ajuda na exaustão do ar das alas das salas de aula por meio do efeito chaminé.

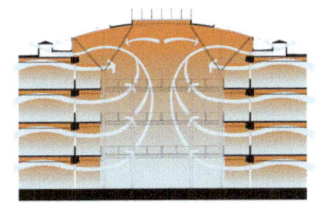

Figura 4.206 A estratégia de ventilação natural do Centro Administrativo Lillis: o ar entra por meio de tomadas de ar nas salas de aula e é exaurido pelas saídas no lado do átrio. SRG PARTNERSHIP.

Mais informações

Grondzik, W. et al. 2002. "The Logan House: Signing Off," *Proceedings of 27th National Passive Solar Conference—Solar 2002* (Reno, NV). American Solar Energy Society, Boulder, CO.

Grondzik, W. et al. 2010. *Mechanical and Electrical Equipment for Buildings*, 11th ed. John Wiley & Sons, Hoboken, NJ.

Walker, A. 2010. Whole Building Design Guide, "Natural Ventilation." www.wbdg.org/resources/naturalventilation.php

APÓS A DEFINIÇÃO DO PARTIDO

O pré-dimensionamento e a avaliação de desempenho da ventilação por efeito chaminé feitos durante o desenvolvimento do partido serão conferidos ao longo do desenvolvimento do projeto. Tal validação não é simples e pode exigir o uso de ferramentas de simulação por computador ou de maquetes convencionais em escala para o aproveitamento máximo da eficiência das possíveis configurações do projeto.

Utilize um Manual do Usuário para explicar claramente aos ocumpantes como operar o sistema e os benefícios que se pode esperar.

NOTAS

TORRES DE RESFRIAMENTO POR EVAPORAÇÃO

As TORRES DE RESFRIAMENTO POR EVAPORAÇÃO usam os princípios da refrigeração direta por evaporação e das correntes de ar descendentes para resfriar passivamente o ar externo quente e seco, fazendo-o circular pela edificação. O ar mais frio e úmido resultante consegue circular pelo edifício usando a inércia do ar frio que desce. As torres de resfriamento também são chamadas, às vezes, de chaminés invertidas.

O ar quente e seco é exposto à água no topo da torre. À medida que a água evapora para o ar no interior da torre, a temperatura do ar cai e o conteúdo de umidade do ar aumenta; o ar mais denso resultante desce dentro da torre e sai por uma abertura na base. A movimentação do ar que desce pela torre cria uma pressão negativa (sucção) no topo, bem como uma pressão positiva na base. O ar que fica na base da torre entra no espaço ou espaços que precisam de refrigeração.

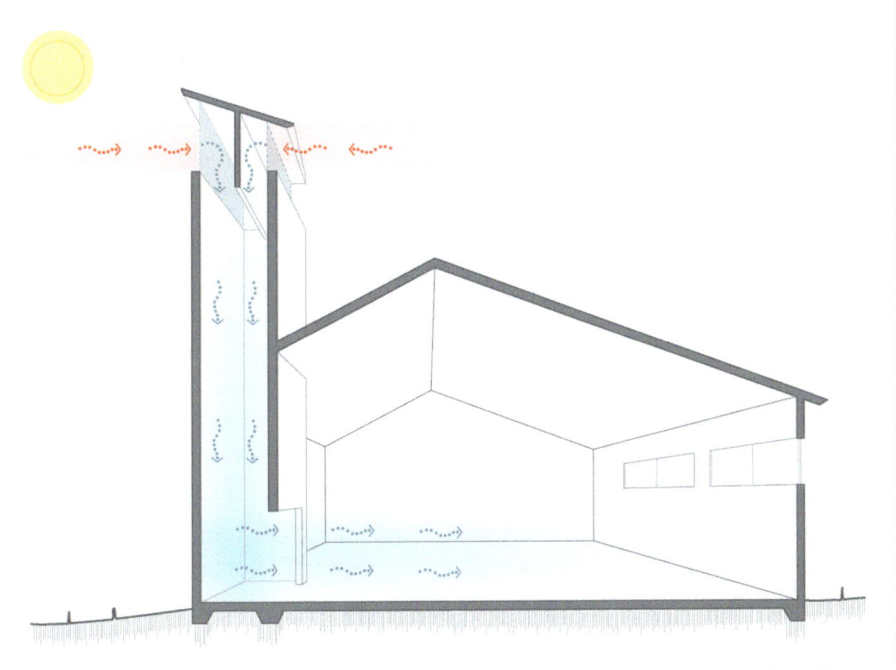

Figura 4.208 Torre de refrigeração por evaporação do Center for Global Ecology, Stanford University, Menlo Park, Califórnia, Estados Unidos.

Figura 4.207 O ar quente e seco entra pelo topo da torre de resfriamento, passa pelas telas umedecidas e sai pela base na forma de ar mais frio e úmido. JON THWAITES

A torre de resfriamento por evaporação é uma alternativa de baixo consumo de energia à refrigeração ativa (mecânica) para edificações localizadas em climas quentes e secos. O único consumo de energia (necessário somente em condições de baixa pressão de água) se deve à bomba que faz a água circular. Contudo, as torres de resfriamento consomem água – o que pode ser preocupante em climas áridos.

Na teoria (e, geralmente, na prática), o processo de refrigeração por evaporação troca o resfriamento sensível pelo aquecimento latente ao longo de uma linha de entalpia (conteúdo de calor) constante. Conforme o processo segue, as temperaturas de bulbo úmido e bulbo seco do ar convergem. O ar que emerge do processo de evaporação teria, teoricamente, uma temperatura de bulbo seco igual à temperatura de bulbo úmido. Em aplicações práticas, o processo resulta em uma temperatura de bulbo seco que é aproximadamente 20 a 40% mais alta que a temperatura de bulbo úmido.

OBJETIVO
Controle climático (refrigeração), conforto térmico

EFEITO
Refrigeração passiva, umidificação

OPÇÕES
Número e localização das torres

QUESTÕES DE COORDENAÇÃO
Vedações térmicas eficazes, leiaute espacial, fluxo de ar no interior com poucas obstruções

ESTRATÉGIAS RELACIONADAS
Análise do Terreno, Ventilação Noturna de Massas, Reúso/Reciclagem de Água, Sistemas de Coleta de Água

PRÉ-REQUISITOS
Clima quente e seco, altura disponível para as torres, fonte de água

O desempenho da torre de refrigeração por evaporação depende da depressão de bulbo úmido (a diferença entre as temperaturas de bulbo seco e bulbo úmido do ar). Quanto mais alta a depressão de bulbo úmido, maior a possível diferença de temperatura entre a temperatura do ar externo e a temperatura do ar resfriado que sai da torre. A taxa de fluxo de ar da base da torre de refrigeração depende da depressão de bulbo úmido e de seu projeto – especificamente a altura da torre e a área das telas umedecidas no topo da torre.

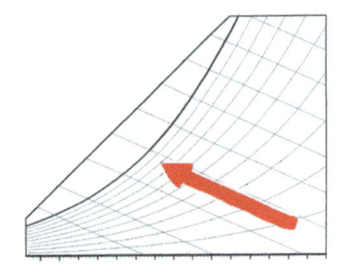

Figura 4.209 Resfriamento por evaporação registrada em uma carta psicrométrica.

Figura 4.210 Coletor de vento, Qeshm Island, no Irã – um clima quente e úmido. IMAN REJAIE

Figura 4.211 Coletores de vento em um clima quente e árido – Semnan, no Irã. IMAN REJAIE

Pontos-chave para o projeto de arquitetura

As torres de refrigeração podem tornar mais interessante a arquitetura de uma edificação. A torre de refrigeração do Centro de Visitantes do Zion National Park, em Utah, Estados Unidos, foi projetada para refletir a forma das grandes e espetaculares escarpas do cânion às margens do rio situado dentro do parque. A base da torre, no interior do centro, lembra uma gigantesca lareira.

As torres de refrigeração por evaporação funcionam melhor em prédios com planta livre que permitem que o ar resfriado circule pelo interior sem a obstrução de paredes internas ou divisórias. Tais torres não dependem do vento para que o ar circule e exigem um consumo mínimo de energia. Elas realmente precisam que as telas de evaporação sejam mantidas continuamente úmidas, aumentando a umidade relativa do ar ambiente. As torres de refrigeração também envolvem volumes de fluxo de ar relativamente grandes que têm de ser acomodados. Esse fluxo de ar acima do normal pode ser um benefício adicional para a qualidade do ar do interior e a satisfação do usuário com o ambiente térmico.

Como as torres de refrigeração envolvem telas de evaporação (ou o umedecimento do ar com vaporizadores) e regiões de alta umidade relativa do ar, existe o risco de crescimento biológico (mofo). É preciso fornecer acesso fácil para inspeção e manutenção das áreas umedecidas.

O uso de uma torre com função dupla – torre de refrigeração por evaporação durante o dia e ventilação por efeito chaminé durante a noite – pode ser facilmente obtido em alguns climas.

Considerações sobre a implementação

As torres de refrigeração por evaporação funcionam melhor em climas quentes e secos. Em um clima árido, a depressão de bulbo úmido geralmente é tão elevada que maximiza o efeito de refrigeração. Além disso, o aumento na umidade relativa do ar existente não é um problema (e deve ser benéfica). A eficiência da torre de refrigeração não depende do vento; portanto, essas torres podem ser usadas em áreas com pouca ou nenhuma ventilação e em terrenos com acesso limitado ou nulo ao vento.

No livro Passive and Low Energy Cooling of Buildings, Givoni desenvolveu fórmulas para estimar a eficácia de uma torre de refrigeração por evaporação com base na temperatura de saída e no fluxo de ar. Ele descobriu que a velocidade do vento tinha pouco impacto na temperatura de saída. Suas fórmulas se baseiam em uma quantidade limitada de dados para torres com telas umedecidas no topo, mas são consideradas apropriadas para a definição do partido de arquitetura.

Projeto passo a passo

1. Determine as condições do projeto. Encontre as temperaturas médias de bulbo seco (BS) e de bulbo úmido (BU) coincidentes do ambiente para a época mais quente do ano no terreno da edificação. A depressão de bulbo úmido é a diferença entre as temperaturas de bulbo seco e de bulbo úmido médio.

2. Encontre a temperatura de ar de saída para determinar a viabilidade. Usando a depressão de bulbo úmido e a temperatura de bulbo seco externa do ambiente, estime a temperatura do ar de saída conforme a Figura 4.212. Se essa temperatura for baixa o bastante para proporcionar o resfriamento, prossiga para o Passo 3.

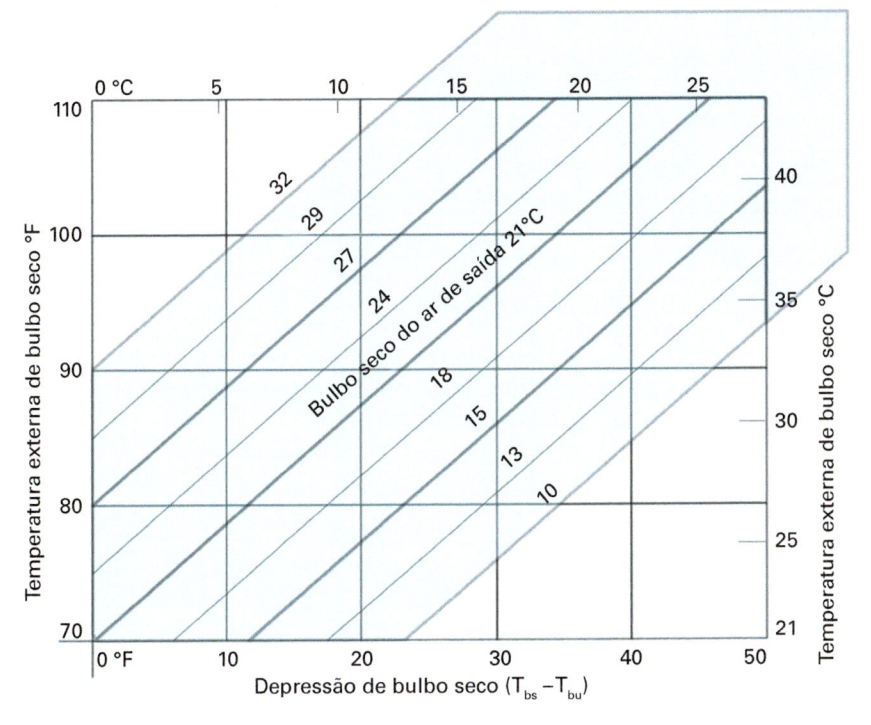

Figura 4.212 Temperatura do ar de saída na torre de refrigeração por evaporação como função da depressão de bulbo úmido e da temperatura de bulbo seco do ar de saída. KATHLEEN BEVERS; EXTRAÍDO DE *MECHANICAL AND ELECTRICAL EQUIPMENT FOR BUILDINGS*, 10TH ED.

3. Determine a taxa de fluxo de ar necessária. Determine a quantidade do fluxo de ar de saída (na temperatura de bulbo seco de saída) necessária para compensar a carga de refrigeração sensível do espaço/edificação.

$$Q = q/(F)(\Delta t)$$

Onde,
Q = taxa de fluxo do ar em L/s
q = carga de refrigeração sensível do projeto em W
Δt = diferença de temperatura entre o ar insuflado (na saída da torre de refrigeração) e o ar ambiente em °C
F = fator de conversão, 1,2

PROBLEMA TÍPICO

Determine se uma torre de refrigeração por evaporação resfriaria um edifício de escritórios de 372 m² situado em Boulder, Colorado, Estados Unidos (e, portanto, hemisfério norte), com uma carga de resfriamento estimada de 47,3 W/h m² [15 Btu/h pé²].

1. Boulder tem temperatura de bulbo seco de projeto de 32,8°C e temperatura média de bulbo úmido coincidente de 15°C – o que resulta em uma depressão de bulbo úmido de 32,8 – 15°C = 17,8°C. Conforme a Figura 4.172, isso se encaixa nas condições apropriadas para a refrigeração por evaporação.

2. A depressão de bulbo úmido é 32,8 – 15°C = 17,8°C. De acordo com a Figura 4.172, estima-se uma temperatura de ar de saída de aproximadamente 18,3°C.

3. Determine a quantidade de ar insuflado em $T_{saída}$ necessária para compensar a carga de refrigeração.

    $Q = q/(1,59)(\Delta t)$
    $q = (47,3 \text{ W/h m}^2)(372 \text{ m}^2)$
    $\quad = 17.595,6 \text{ W/h } [60.000 \text{ Btu/h}]$
    $\Delta t = (25,6 – 18,3) = 7,3°C$
    $Q = 17.595,6 /(1,59)(7,3)$
    $Q = 1.980 \text{ L/s}$

    Uma taxa de fluxo de aproximadamente 1.510 L/s no ar que sai da torre de refrigeração a 18,3°C compensará a carga de refrigeração de 47,3 W/h m² [15 Btu/h pé²].

4. Conforme a Figura 4.213, uma depressão de bulbo úmido de 17,8°C e uma taxa de fluxo de 1.980 L/s sugerem que uma torre de 10,7 m com 4,5 m² de tela umedecedora resfriará o edifício de escritórios com ar de saída à temperatura de 18,3°C.

Figura 4.215 Coletor de vento excepcionalmente alto no jardim Dolat Abad, em Yazd, no Irã. IMAN REJAIE

Figura 4.216 Coletor de vento histórico em Yazd, no Irã. IMAN REJAIE

Figura 4.217 Coletor de vento com aberturas em quatro lados em Yazd, no Irã. IMAN REJAIE

4. Determine a altura da torre e a área das telas úmidas. Com base na taxa de fluxo de ar necessária, use o gráfico da Figura 4.213 para determinar a altura da torre e a área de telas úmidas apropriadas.

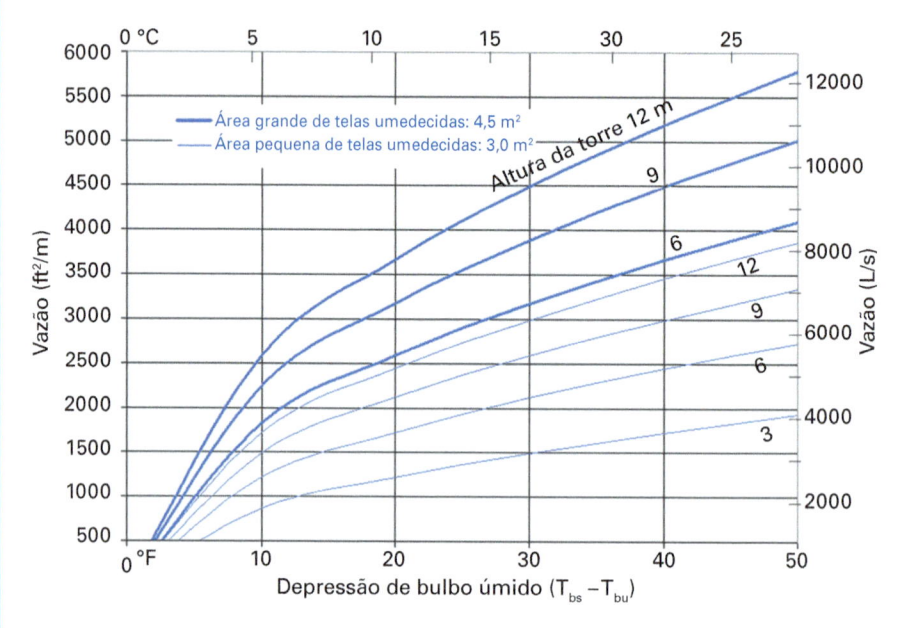

Figura 4.213 Altura da torre de resfriamento e área das telas umedecidas recomendadas como função da vazão necessária e da depressão de bulbo úmido. KATHELEEN BEVERS; GRÁFICO DERIVADO DE *MECHANICAL AND ELECTRICAL EQUIPMENT FOR BUILDINGS*, 10TH ED.

Exemplos

Figura 4.214 As torres de resfriamento por evaporação do Centro de Visitantes do Zion National Park, Utah, Estados Unidos. HARVEY BRYAN

Capítulo 4 ♦ Estratégias de Projeto 181

Figura 4.218 A torre de resfriamento por evaporação do Global Ecology Research Center da Stanford University, Menlo Park, Califórnia.

Figura 4.219 Torre de resfriamento por evaporação no Centro de Pesquisa e Desenvolvimento do Hábitat, em Windhoek, na Namíbia. Galhos de algarobeira foram empregados para sombrear os reservatórios de água elevados. NINA MARITZ

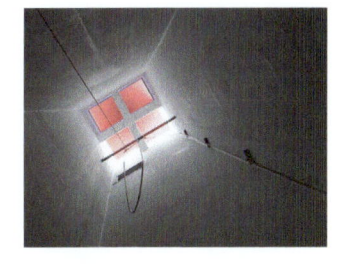

Figura 4.220 Olhando-se para cima, em direção ao umedecedor (o equivalente a uma tela umedecida) do cume da torre de resfriamento do Global Ecology Research Center. ROBERT MARCIAL

Figura 4.221 As aberturas para saída de ar da torre de resfriamento do Global Ecology Research Center estão localizadas no saguão.

Figura 4.222 As torres de resfriamento por evaporação caracterizam o perfil da cobertura do Centro de Pesquisa e Desenvolvimento do Hábitat. HEIDI SPALY

Figura 4.224 Saída de ar da torre de resfriamento da Springs Preserve.

Figura 4.223 Torre de resfriamento na Springs Preserve, em Las Vegas, Nevada, Estados Unidos.

Mais informações

Chalfoun, N. 1997. "Design and Application of Natural Down-Draft Evaporative Cooling Devices," *Proceedings 1997 Conference of ASES*. American Solar Energy Society, Boulder, CO.

Givoni, B. 1994. *Passive and Low Energy Cooling of Buildings*. Van Nostrand Reinhold, New York.

Givoni, B. 1998. *Climate Considerations in Building and Urban Design*. Van Nostrand Reinhold, New York.

Global Ecology Research Center, Stanford University. globalecology.stanford.edu/DGE/CIWDGE/CIWDGE.HTML (select "About" and "Our Green Building")

Thompson, T., N. Chalfoun and M. Yoklic. 1994. "Estimating the Thermal Performance of Natural Draft Evaporative Coolers." *Energy Conversion and Management*, Vol. 35, No. 11, pp. 909–915.

U.S. Department of Energy, Office of Energy Efficiency and Renewable Energy, High Performance Buildings, Zion National Park Visitor Center. eere.buildinggreen.com/overview.cmf?projectid = 16

APÓS A DEFINIÇÃO DO PARTIDO

Caso a estratégia se mostre viável durante a definição do partido, os detalhes técnicos e de arquitetura das torres de resfriamento poderão ser elaborados durante o desenvolvimento do projeto. Nesse momento, o uso de fontes alternativas de água (e talvez de uma cisterna) ou de fontes alternativas de energia para o bombeamento de água (como a energia fotovoltaica) poderá ser consolidado. O desempenho da torre de resfriamento por evaporação deve ser verificado com a contratação de especialistas, e deve-se elaborar um Manual do Usuário que descreva a operação e a mautenção do sistema.

NOTAS

VENTILAÇÃO NOTURNA DE MASSAS TÉRMICAS

A VENTILAÇÃO NOTURNA DE MASSAS TÉRMICAS aproveita as propriedades capacitivas dos materiais com grande massa termoacumuladora para manter confortáveis as temperaturas do espaço interno. Os materiais com massa térmica moderam a temperatura do ar, reduzindo as oscilações extremas das temperaturas altas e baixas alternadas. Durante o dia, quando as temperaturas estão mais altas e a radiação solar e as cargas internas atuam de modo a aumentar as temperaturas internas, a massa da edificação absorve e armazena calor. À noite, quando as temperaturas do ar externo estão mais baixas, o ar externo circula pela edificação. O calor que foi absorvido durante o dia é liberado pela massa para o ar mais frio que circula no espaço e, em seguida, é descarregado no exterior. Esse ciclo permite que a massa descarregue, o que renova seu potencial de absorver mais calor no dia seguinte. Durante os meses mais frios, é possível usar a mesma massa para auxiliar a aquecer passivamente o espaço (veja as Estratégias Relacionadas na coluna à direita).

Figura 4.226 Imagem isotérmica de uma parede interna com grande massa termoacumuladora. WENDY FUJINAKA

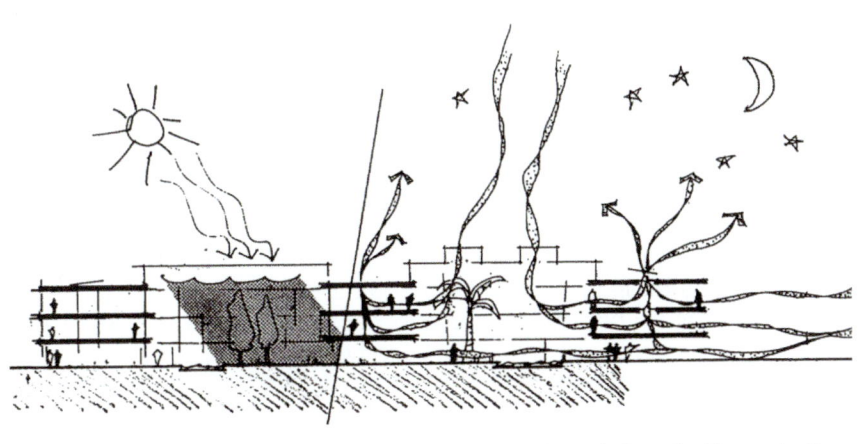

Figura 4.225 Proposta esquemática para o concurso do Instituto de Pesquisa Florestal e Natural IBN-DLO em Wageningen, Países Baixos. Durante o dia, o calor é absorvido pela massa interna; à noite, esse calor é lançado no ar externo frio que circula pelo espaço. BROOK MULLER

O sucesso dessa estratégia depende muito do clima local. A diferença diurna de temperatura precisa ser grande (aproximadamente 11°C). Temperaturas diurnas elevadas (e/ou cargas térmicas e ganhos térmicos internos) produzem cargas de refrigeração. Temperaturas noturnas baixas são capazes de criar um dissipador de calor (uma fonte de frio). A massa térmica conecta essas duas condições com o passar do tempo.

Pontos-chave para o projeto de arquitetura

Como essa estratégia se baseia no fluxo extensivo do ar externo através da edificação, o arranjo dos espaços internos é fundamental para o seu sucesso – especialmente se a ventilação natural proporcionar o fluxo de ar. Encoraja-se o uso da ventilação por efeito chaminé como propulsora do fluxo de ar, já que, em muitos climas, a ventilação cruzada noturna adequada talvez se torne difícil devido às velocidades relativamente baixas do vento que tendem a prevalecer nas noites de verão.

OBJETIVO
Controle climático (refrigeração), conforto térmico

EFEITO
Refrigeração passiva, ventilação natural, consumo reduzido de energia

OPÇÕES
Localização e tipo dos volumes, ventilação cruzada e/ou por efeito chaminé, ventilação mecânica

QUESTÕES DE COORDENAÇÃO
Orientação da edificação, volumetria, leiaute espacial interno, segurança

ESTRATÉGIAS RELACIONADAS
Análise do Terreno, Ventilação Cruzada, Ventilação por Efeito Chaminé, Elementos de Proteção Solar, Ganhos Diretos, Ganhos Indiretos

PRÉ-REQUISITOS
Oscilação razoável na temperatura diurna, umidade relativa do ar noturna aceitável, capacidade de ventilar à noite, massa adequada (distribuída em uma grande superfície)

As cargas estruturais associadas à massa afetarão o espaçamento e o dimensionamento dos elementos portantes (fatores especialmente preocupantes em um edifício de pavimentos múltiplos). Com frequência, o concreto é usado para fornecer massa para essa estratégia, e sua resistência estrutural ajuda a sustentar as cargas extras. Os sistemas estruturais aparentes são meios lógicos de proporcionar massa térmica. Porém, todo e qualquer material com massa substancial, incluindo unidades de alvenaria e recipientes de água, atuará como termoacumulador.

Para que a estratégia funcione efetivamente, a massa térmica tem de estar exposta ao fluxo de ar para ventilação. Em geral, a área de superfície da massa térmica exposta equivale de uma a três vezes à área de piso condicionada (resfriada de forma passiva) – o que, claramente, tem um grande impacto no projeto da edificação.

É fundamental diminuir as cargas térmicas o máximo possível por meio do uso de um microclima e de técnicas de projeto de vedações apropriadas antes de tentar resfriar passivamente uma edificação.

Considerações sobre a implementação

Para uma ventilação noturna eficiente, a massa térmica deve receber um fluxo de ar externo. Essa é uma questão importante para a implementação.

Como as horas de ganhos térmicos excedem as horas de refrigeração potencial durante o verão, as aberturas precisam ser grandes para movimentar volumes significativos de ar por períodos curtos. Essa estratégia depende da capacidade de fechar a edificação durante o dia e reabri-la substancialmente à noite. É necessário, portanto, pensar na segurança. Deve haver uma ventilação diurna adequada (seja passiva ou mecânica) para garantir a qualidade do ar do interior durante o horário de uso.

O ar externo circula pela edificação para proporcionar refrigeração, permitindo que tudo o que há no ar (como poeira, odores e pequenos insetos) seja introduzido em seu interior. Por isso, tome cuidado quanto à localização das aberturas para tomada de ar e à qualidade do ar ambiente. Essa estratégia também pode introduzir facilmente ruídos na edificação (embora isso seja menos preocupante à noite em relação às estratégias de ventilação diurnas). Preste atenção aos horários de ocupação e às fontes de ruídos próximas. Caso necessário, é possível distribuir as aberturas de modo a minimizar os efeitos do barulho nos espaços habitáveis.

PROBLEMA TÍPICO
Um pequeno escritório de 167 m² situado em Bozeman, Montana, Estados Unidos (hemisfério norte), será construído com pisos leves de concreto aparente e paredes com aproximadamente 350 m² de superfície exposta. Uma estimativa preliminar da carga de refrigeração diária média é de 510 W/h m² por dia [170 Btu/pé² por dia], com base em um dia de trabalho de nove horas.

Projeto passo a passo

Durante a definição do partido, o projetista precisa analisar o potencial dessa estratégia em determinado terreno ou contexto imediato, a capacidade de armazenagem das massas e a estratégia de ventilação que resfriará as massas. Adaptado das orientações contidas em *Mechanical and Electrical Equipment for Buildings*, 10th ed., este passo a passo se baseia em uma edificação com "grande" massa termoacumuladora – por exemplo, um edifício com ganhos diretos, calefação solar passiva e estrutura aparente de concreto. As edificações com menos massa térmica terão um desempenho diferente, o que deve ser considerado pelo projetista.

1. Determine o potencial de ventilação noturna de massas térmicas para o local em questão. Os climas com grande oscilação diária de temperatura são candidatos ideais para essa estratégia. É possível obter os dados climáticos aplicáveis de zonas urbanas habitadas em diversas fontes – e estimá-los para terrenos mais rurais ou remotos.

2. Obtenha os dados climáticos e calcule a mínima temperatura possível do ar externo. A temperatura de bulbo seco mínima depende da temperatura de bulbo úmido máxima do ar para o projeto no verão e da oscilação diária média no terreno do projeto. Ela é calculada do seguinte modo:

    temperatura de bulbo seco mínima = (temperatura de bulbo seco – oscilação diurna média)

3. Estime a temperatura mínima das massas. Essa estimativa é importante porque a meta é resfriar as massas à noite para que sua temperatura se aproxime da temperatura de bulbo seco mínima. Para estimar a temperatura mínima das massas em climas com alta oscilação diária (superior a 16,7°C), adicione um quarto da oscilação diurna média à temperatura de bulbo seco mínima. Em climas com baixa oscilação diária (menos de 16,7°C), adicione um quinto da oscilação diária média à temperatura de bulbo seco mínima.

4. Calcule a capacidade de armazenagem da massa térmica. Com base na Figura 4.227, use a temperatura de bulbo seco externa do projeto no verão e a oscilação diurna média de temperaturas para determinar a capacidade de armazenagem da massa térmica. Coordenada com o horário de funcionamento (modo aberto ou fechado) dos ganhos térmicos diários, a massa térmica deverá ter capacidade suficiente para apresentar um desempenho satisfatório com essa estratégia de refrigeração.

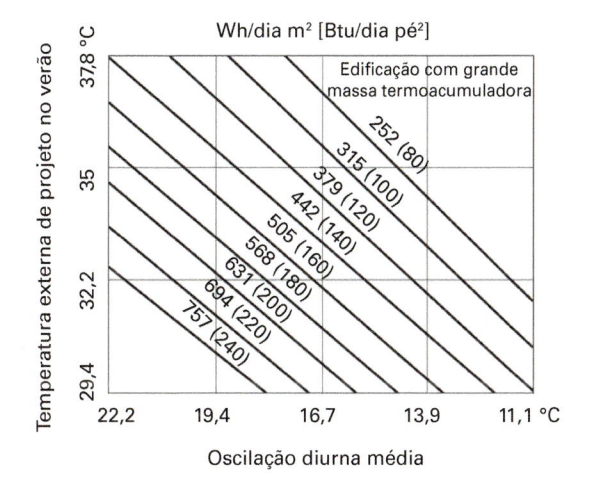

Figura 4.227 Capacidade de armazenagem estimada de edificações com grande massa termoacumuladora. O gráfico pressupõe uma relação de 2:1 entre a área da massa e a área do piso – o que equivale, aproximadamente, a uma laje de concreto com 7,5 cm de espessura (ou ambos os lados de uma laje ou parede de 15,0 cm de espessura) fornecendo a capacidade de armazenagem térmica. *MECHANICAL AND ELECTRICAL EQUIPMENT FOR BUILDINGS*, 10TH ED.

5. Determine a porcentagem de calor armazenado que pode ser removida à noite. A maior quantidade de calor pode ser removida da massa quando Δt – a diferença de temperatura entre a massa e o ar externo –

1. Os dados climáticos sugerem que a ventilação noturna de massas é possível nos meses de julho e agosto.

2. A temperatura do projeto no verão é 30,6°C, e a oscilação diurna média, 18°C. Logo, a temperatura mínima possível do ar do interior é 30,6 –18 = 12,6°C, o que seria bastante aceitável (pelo menos, em termos de resfriamento).

3. A temperatura mínima da massa é estimada da seguinte maneira: (1/4) (18°C) = 4,5°C, onde 4,5 + 12,6°C = 17,1°C

4. Conforme a Figura 4.227, uma edificação com grande massa termoacumuladora (com temperatura de projeto de 30,6°C e oscilação diurna de 18°C) absorverá aproximadamente 662 Wh por m² por dia [210 Btu por pé² por dia]. A taxa de refrigeração diária média de 510 Wh/m² por dia [170 Btu/pé² por dia] é inferior a essa capacidade.

5. Se extrapolarmos os dados da Figura 4.228 (para as condições de projeto definidas), aproximadamente 12% do calor armazenado a cada dia pode ser removido pela ventilação noturna durante o "melhor" horário de resfriamento. Isso representa 79,5 Wh/m² por dia [(0,12) (210 Btu/pé² dia) = 25,5 Btu/pé² dia].

6. De acordo com a Figura 4.229, a diferença horária máxima de temperatura é de 8,3°C. Consulte a estratégia de Ventilação Cruzada para determinar se é viável remover o calor excessivo à noite utilizando-a; determine, também, o tamanho das aberturas. Caso contrário, considere a ventilação por efeito chaminé. Se ambas as estratégias forem inviáveis, considere o uso da circulação mecânica do ar para ventilação.

7. A ventilação noturna de massas térmicas é considerada uma estratégia viável para essa situação – pressupondo-se que seja possível proporcionar um fluxo de ar adequado (seja passiva ou mecanicamente).

está mais alta. Com base na Figura 4.228, use a oscilação diurna média e a temperatura externa do projeto no verão para determinar a porcentagem de ganhos térmicos que pode ser removida.

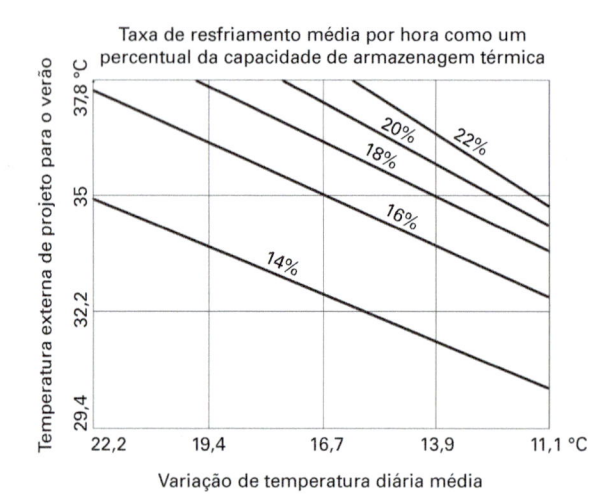

Figura 4.228 Percentual de ganhos térmicos armazenados na massa termoacumuladora que pode ser removido durante a "melhor" hora do resfriamento noturno de massas. *MECHANICAL AND ELECTRICAL EQUIPMENT FOR BUILDINGS*, 10TH ED.

6. Determine a taxa de ventilação necessária para resfriar a massa térmica durante a noite. Se a edificação for completamente passiva, consulte a estratégia Ventilação Cruzada. Consulte as estratégias Ventilação Cruzada ou Ventilação por Efeito Chaminé para determinar se as aberturas de ventilação foram dimensionadas adequadamente para remover o calor armazenado durante a hora de resfriamento máximo (usando a Δt da Figura 4.229). Lembre-se de que as velocidades médias do vento durante a noite costumam ser muito inferiores às do dia, prejudicando a efetividade da ventilação cruzada. Caso necessário, pode-se utilizar a ventilação mecânica. A taxa de ventilação necessária durante a hora de resfriamento máximo pode se estimada com a seguinte equação:

$$Q = q / (F)(\Delta t)$$

onde,
Q = vazão do ar necessária, l/s
q = carga de resfriamento sensível, W
F = fator de conversão, 1,2
Δt = diferença de temperatura, °C

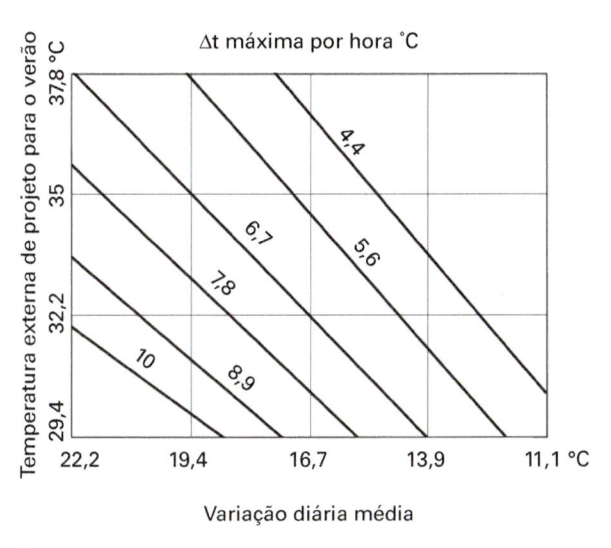

Figura 4.229 Diferença de temperatura entre as massas internas e o ar externo durante a "melhor" hora do resfriamento noturno de massas. MECHANICAL AND ELECTRICAL EQUIPMENT FOR BUILDINGS, 10TH ED.

7. Compare as necessidades de ventilação com as outras necessidades do projeto. Dependendo da estratégia de ventilação selecionada, as aberturas para entrada e saída do ar necessárias poderão ou não funcionar junto com as demais exigências do prédio. É fundamental certificar-se de que o sistema de resfriamento proposto é compatível com as outras exigências do prédio (como segurança, circulação, qualidade do ar do interior e prevenção contra incêndios).

Exemplos

Figura 4.231 Painéis tubados de concreto pré-moldados utilizados como termoacumuladores e canais de circulação de ar em um sistema de ventilação noturna. JOHN REYNOLDS

Figura 4.230 O Edifício de Escritórios de Serviços Públicos de Emerald People, em Eugene, Oregon, Estados Unidos, utiliza as massas termoacumuladoras de coberturas/tetos e paredes internas em conjunto com a ventilação cruzada e mecânica para resfriar o prédio durante a estação mais quente do ano. JOHN REYNOLDS

APÓS A DEFINIÇÃO DO PARTIDO

Se a ventilação noturna de massas se mostrar viável durante a definição do partido, todas as decisões de projeto referentes à localização e ao dimensionamento das aberturas de ventilação serão revisadas ao longo do desenvolvimento do projeto, quando estiverem disponíveis informações mais precisas sobre as cargas da edificação. É essencial o detalhamento dos elementos do sistema, para garantir que sejam atendidos os objetivos do projeto e as exigências de desempenho.

A operação inicial do sistema deve ser confirmada com a contratação de especialistas, e um Manual do Usuário que detalhe a operação permanente do sistema deve ser elaborado.

Mais informações

*Brown, G.Z. and M. DeKay. 2001. *Sun, Wind & Light: Architectural Design Strategies*, 2nd ed. John Wiley & Sons, New York.

Grondzik, W. et al. 2010. *Mechanical and Electrical Equipment for Buildings*. 11th ed. John Wiley & Sons, Hoboken, NJ.

Haglund, B. "Thermal Mass In Passive Solar Buildings," a Vital Signs Resource Package. arch.ced.berkeley.edu/vitalsigns/res/downloads/rp/thermal_mass/mass-big.pdf

Kolokotroni, M. 1998. *Night Ventilation for Cooling Office Buildings*. BRE. Veja: products.ihs.com/cis/Doc.aspx?AuthCode=&DocNum=200687

Moore, F. 1993. *Environmental Control Systems: Heating, Cooling, Lighting*. McGraw-Hill, Inc., New York.

Santamouris, M. 2004. *Night Ventilation Strategies*, Air Infiltration and Ventilation Centre, Brussels.

---

* Publicado pela Bookman Editora sob o título *Sol, Vento e Luz: Estratégias para o Projeto de Arquitetura*, 2.ed.

TUBOS DE RESFRIAMENTO SUBTERRÂNEOS

Os TUBOS DE RESFRIAMENTO SUBTERRÂNEOS são usados para refrigerar um espaço ao trazer o ar externo para o seu interior por meio de tubos enterrados. O ar é resfriado (e, possivelmente, desumidificado) enquanto se desloca. O efeito de resfriamento depende da existência de uma diferença de temperatura razoável entre o ar externo e o solo na profundidade do tubo. É possível usar os tubos de resfriamento para temperar o ar que entra no sistema – quando a temperatura do solo está abaixo da temperatura do ar externo – ou para proporcionar um verdadeiro efeito de refrigeração no espaço, caso a temperatura do solo esteja abaixo da temperatura ambiente prevista. Os tubos de resfriamento também podem ser usados para temperar o ar externo no inverno, mas sem proporcionar efeitos de calefação.

Figura 4.233 Instalação de tubos de resfriamento subterrâneos para uso residencial. TANG LEE

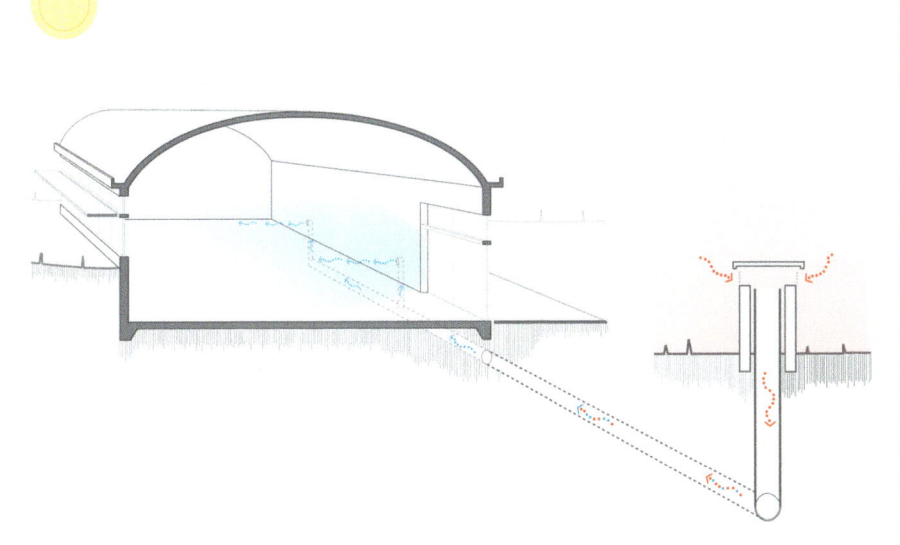

Figura 4.232 Diagrama esquemático mostrando uma configuração de tubos de resfriamento com circuito aberto, auxiliada pela ventilação por efeito chaminé. A extensão do tubo de resfriamento está muito mal-representada neste croqui. JON THWAITES

Nas configurações com circuito aberto, o ar é lançado diretamente em um espaço interno após passar por um tubo de resfriamento (em geral com o auxílio de ventiladores elétricos). Na Figura 4.232, temos um sistema que utiliza a ventilação cruzada, além de um ventilador, para trazer o ar frio do tubo subterrâneo para o espaço interno. Nas configurações com circuito fechado, o ar ambiente circula pelos tubos e volta para os espaços ocupados. O uso do ventilador elétrico transforma este exemplo em um sistema híbrido (em oposição a um sistema totalmente passivo). Em um sistema com circuito fechado, o ar dos cômodos é recirculado nos tubos e retorna aos espaços ocupados.

Seja com configuração aberta ou fechada, o efeito de refrigeração dos tubos subterrâneos é normalmente usado para diminuir a carga total de resfriamento dos ambientes, não constituindo uma tentativa de resfriar os espaços por conta própria. Com frequência, a contribuição em termos de resfriamento (ou calefação) busca cancelar a carga (de ventilação) do ar externo. A refrigeração de uma edificação que utiliza exclusivamente tubos subterrâneos raramente é econômica devido à grande quantidade de tubos muito longos que se faz necessária. Os custos dos materiais e da instalação

OBJETIVO
Controle climático (refrigeração), temperamento do ar externo

EFEITO
Refrigeração passiva, temperamento (refrigeração/calefação) do ar externo

OPÇÕES
Configuração com circuito aberto ou fechado

QUESTÕES DE COORDENAÇÃO
Planejamento do terreno, condições do solo, cargas de refrigeração, leiaute espacial (incluindo paredes internas), qualidade do ar externo

ESTRATÉGIAS RELACIONADAS
Análise do Terreno, Ventilação por Efeito Chaminé, Ventilação Cruzada, Ventilação Noturna de Massas

PRÉ-REQUISITOS
Cargas de refrigeração estimadas, dados climáticos mensais (temperatura e umidade relativa do ar), informações básicas sobre o tipo de solo (tipo, conteúdo de umidade aproximado)

Figura 4.234 Tubos de drenagem não perfurados usados como tubos de resfriamento subterrâneos. TANG LEE

Figura 4.235 Inserção de tubos de resfriamento subterrâneos através da parede de fundação de um pavimento de subsolo. TANG LEE

Figura 4.236 Três tubos de resfriamento subterrâneos entram na edificação e terminam em um conector onde um ventilador acoplado succiona o ar dos tubos e o descarrega em um duto de retorno. TANG LEE

provavelmente inviabilizariam o projeto – a menos que haja um fator de mitigação, como uma escavação fácil ou barata.

Pontos-chave para o projeto de arquitetura

Os tubos de resfriamento subterrâneos precisam ser de um material durável, forte, resistente à corrosão e de baixo custo, como alumínio ou plástico. Segundo o Departamento de Energia dos Estados Unidos (USDOE), a escolha do material afeta pouco o desempenho térmico – ainda que a condutividade térmica deva ser valorizada; e a resistência térmica, evitada. Embora tubos de PVC ou polipropileno venham sendo utilizados, esses materiais talvez sejam mais propensos ao crescimento de bactérias que os demais.

O diâmetro dos tubos de resfriamento subterrâneos geralmente está entre 15,0 e 50,0 cm [6 e 20 polegadas], dependendo do comprimento. Tubos com diâmetros maiores permitem um fluxo de ar maior, mas também afastam uma parcela maior do volume de ar da superfície trocadora de calor do tubo. A extensão dos tubos é uma função da capacidade de refrigeração necessária, do diâmetro do tubo e dos fatores de terreno que influenciam o desempenho do resfriamento, como:

- condições do solo local
- umidade do solo
- profundidade do tubo
- outros fatores específicos do terreno (como a vegetação ou o resfriamento por evaporação)

Para otimizar o desempenho de resfriamento, os tubos devem ser enterrados a uma profundidade mínima de 1,8 m. Se possível, instale-os em locais sombreados.

Segundo o USDOE, a temperatura do solo geralmente varia da seguinte maneira:

- De 6 a 30 metros de profundidade, é aproximadamente 1,1–1,7°C superior à temperatura anual média do ar.
- A menos de 3 metros de profundidade, as temperaturas do solo são influenciadas pelas temperaturas do ar ambiente e variam ao longo do ano.
- Perto da superfície, as temperaturas do solo praticamente correspondem às temperaturas do ar.

Considerações sobre a implementação

Os tubos de resfriamento subterrâneos não terão bom desempenho como fonte de refrigeração se a temperatura do solo não for bastante inferior à temperatura do ar ambiente desejada. No entanto, o temperamento do ar externo exige apenas que a temperatura do solo ao redor dos tubos de resfriamento seja razoavelmente inferior (ou superior, no inverno) à temperatura do ar externo. Ao longo da estação de resfriamento, o solo que cerca os tubos subterrâneos aquecerá, com relação às suas condições normais de temperatura, devido à transferência de calor do tubo para o solo. Isso tende a prejudicar o desempenho com o passar do tempo durante a estação de resfriamento ou calefação.

Embora a condensação dos tubos subterrâneos seja possível, a desumidificação do ar externo costuma ser difícil e pode exigir o uso de desumidificadores mecânicos ou sistemas dessecativos passivos.

Uma importante preocupação em relação aos tubos de resfriamento é que estes podem se tornar um local de desenvolvimento de musgos, mofo e bactérias. A condensação ou absorção das águas freáticas talvez faça com que a água se acumule nos tubos, o que agrava o problema. Se não for possível monitorar e/ou limpar os tubos com facilidade, talvez seja melhor considerar uma abordagem indireta na qual o efeito de resfriamento seja transferido do "ar do tubo" para outro jato de ar independente antes da entrada da edificação. Isso, porém, diminuirá a capacidade do sistema. Grelhas e telas mosquiteiras são aconselháveis para evitar que insetos e roedores vindos do exterior entrem nos espaços ocupados pelos tubos.

Projeto passo a passo

1. Determine a temperatura do solo no verão. A temperatura do solo no verão a uma profundidade de 1,8 m equivale, aproximadamente, à temperatura de bulbo seco do ar mensal média do terreno. Para uma estimativa aproximada da capacidade de refrigeração de uma instalação de tubos subterrâneos, calcule a temperatura ambiente média para toda a estação de resfriamento e use esse valor para prever a temperatura do solo (T_{solo}) no terreno.

2. Determine a temperatura desejada para o ar que sai do tubo. ($T_{ar\ que\ sai}$). Essa será a temperatura do ar abastecido (que deve estar vários graus abaixo da temperatura do ar dos interiores se a instalação de tubos subterrâneos estiver manuseando toda a carga de refrigeração, o que geralmente não é recomendado). Caso o tubo subterrâneo esteja pré-resfriando o ar para um sistema de condicionamento de ar, uma temperatura de saída mais alta seria aceitável. A temperatura do ar de saída provavelmente estará cerca de 2,2°C acima da temperatura do solo ao redor do tubo.

3. Determine as características de umidade do solo. A partir de testes e observações *in loco*, determine se o solo em volta do tubo subterrâneo é normalmente seco, mediano ou úmido. A Figura 4.237 se baseia na umidade média do solo – a capacidade de refrigeração em condições de solo úmidas seria aproximadamente duas vezes maior que a do solo mediano; no caso do solo seco, em torno de 0,5 vez maior. As condições do solo são muito importantes para o desempenho do tubo subterrâneo.

4. Estime a carga de resfriamento para a instalação de tubos subterrâneos, que talvez seja a carga de resfriamento para o projeto da edificação, com base no tipo e no tamanho de prédio. Para um sistema que mistura o ar, a carga dos tubos subterrâneos será parte da carga de resfriamento total. Para a mistura com o ar externo, o objetivo é simplesmente neutralizar a carga do ar externo. Essa carga será expressa em kW.

5. Use a Figura 4.237 para estimar a extensão necessária do tubo subterrâneo. A interseção do valor da $T_{ar\ que\ sai} - T_{solo}$ (Passos 1 e 2), com a carga de resfriamento (Passo 4), indicam o comprimento necessário do tubo. Em solos úmidos ou secos, faça os ajustes indicados no Passo 3.

PROBLEMA TÍPICO

Projete um sistema de tubos subterrâneos para resfriar o ar que ventila um edifício de escritórios de 279 m² situado em Michigan, Estados Unidos (hemisfério norte). Estima-se um ganho térmico horário de 32,2 W/m² [10,2 Btu/h/pé²], sendo que 6,3 W/m² [2,0 Btu/h/pé²] se devem ao ar externo para ventilação.

1. A temperatura média do ar ambiente durante a estação de resfriamento em Michigan foi estimada em 21,1°C, o que é considerado equivalente à T_{solo}.
2. A temperatura externa desejada é 25,6°C. Pressupondo-se que o tubo subterrâneo será dimensionado apenas para reduzir a carga do ar externo, determine a temperatura de saída em 25,6°C, o que equivale a $T_{ar\ que\ sai}$.
3. Os testes realizados no terreno indicam que o ar não é úmido nem seco; os valores de solo "mediano" apresentados na Figura 4.237 são apropriados.
4. A carga de resfriamento a ser manuseada pelo tubo subterrâneo é (6,3 W/m²) (279 m²) = 1.758 W [6.000 Btu/h].

5. $(T_{ar\,que\,sai} - T_{solo}) = 25{,}6 - 21{,}1°C = 4{,}5°C$. Usando a Figura 4.237, coloque o eixo horizontal em 4,5 e suba até a linha do 1,76 kW (extrapolando apenas um pouquinho). Nessa interseção, o valor do eixo vertical indica um tubo com aproximadamente 244 m de comprimento para que se obtenha o resfriamento desejado do ar que vem do exterior.

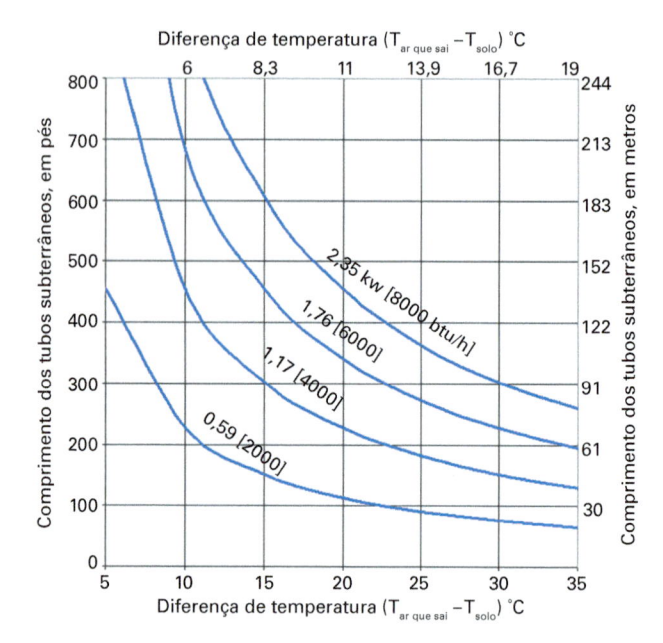

Figura 4.237 Comprimento necessário e estimado dos tubos subterrâneos como função da capacidade de resfriamento e da diferença de temperatura, pressupondo-se um conteúdo de umidade do solo médio. A tabela baseia-se em um diâmetro de tubo de 30,0 cm e em uma vazão razoavelmente baixa. KATHY BEVERS; GRÁFICO DERIVADO DE *MECHANICAL AND ELECTRICAL EQUIPMENT FOR BUILDINGS*, 10TH ED.

Exemplos

Figura 4.238 Entrada de ar (à esquerda, em construção) empregada como marco junto à rua de acesso da casa ao fundo da figura em Calgary, Alberta, Canadá. Entrada de ar (à direita) também projetada com outras funções: servir de painel para avisos e banco (coberto de neve). Observe que há três tubos saindo do solo e um filtro de ar atrás da grelha da tomada de ar. TANG LEE

Capítulo 4 ♦ Estratégias de Projeto   195

Figura 4.239 Instalação de tubos de resfriamento subterrâneos no Aldo Leopold Legacy Center, Baraboo Wisconsin, Estados Unidos. THE KUBALA WASHATKO ARCHITECTS

Figura 4.241 Tomada de ar do sistema de tubos de resfriamento do Aldo Leopold Legacy Center. THE KUBALA WASHATKO ARCHITECTS

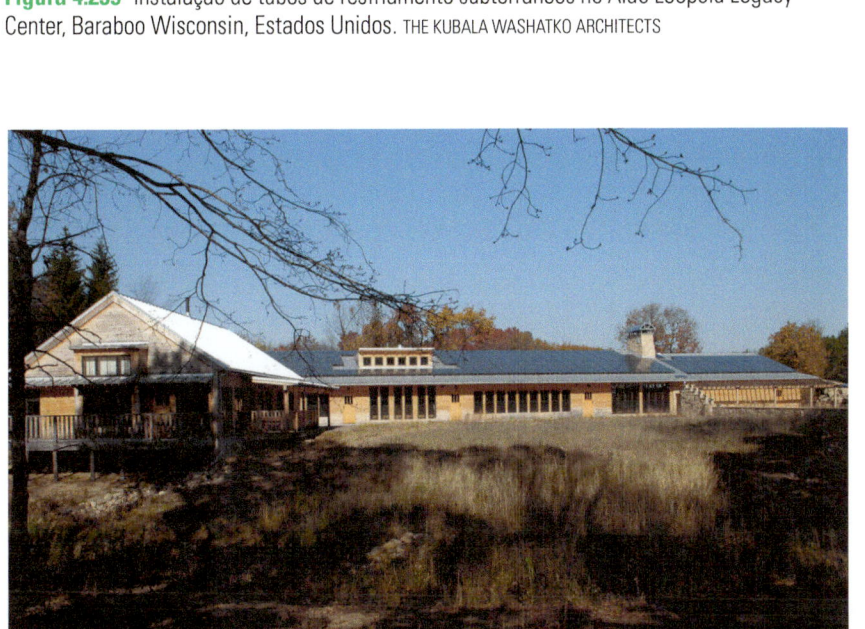

Figura 4.240 Fotografia após a construção do Aldo Leopold Legacy Center, mostrando o aterramento típico de um sistema de tubos de resfriamento. THE KUBALA WASHATKO ARCHITECTS

APÓS A DEFINIÇÃO DO PARTIDO
Durante o desenvolvimento do projeto, será verificado o desempenho estimado do sistema de tubos de resfriamento subterrâneos (embora infelizmente haja poucas ferramentas disponíveis para isso, o que provavelmente exigirá a contratação de um especialista em simulações de desempenho térmico). Os detalhes sobre os componentes e a instalação do sistema devem estar prontos. Em função do risco de desenvolvimento de pestes em tubos subterrâneos, é interessante elaborar um Manual do Usuário que descreva os procedimentos recomendados para operação e manutenção.

Mais informações

Brown, G.Z. and M. DeKay. 2001. *Sun, Wind & Light: Architectural Design Strategies*, 2nd ed. John Wiley & Sons, New York.

Grodzik, W. et al. 2010. *Mechanical and Electrical Equipment for Buildings*. 11th ed. John Wiley & Sons, Hoboken, NJ.

Lee, T.G. 2004. "Preheating Ventilation Air Using Earth Tubes," *Proceedings of the 29th Passive Solar Conference* (Portland, OR). American Solar Energy Society, Boulder, CO.

Clean Energy Exhibition. Earth Tubes Exhibit. solar.world.org/solar/earthtubes.

EDIFICAÇÕES SUBTERRÂNEAS OU CONTRA TALUDES

As EDIFICAÇÕES SUBTERRÂNEAS OU CONTRA TALUDES tiram partido dos recursos naturais de controle climático do subsolo. Trata-se, essencialmente, da implementação passiva do princípio que fundamenta as bombas de calor geotérmicas, ou seja, a ideia de que o solo profundo oferece um ambiente mais quente, no inverno, e mais frio, no verão, que o ambiente atmosférico na superfície. Ao edificar nesse ambiente, é possível reduzir substancialmente as perdas térmicas no inverno (embora sem aquecer a edificação de fato) e diminuir as cargas de refrigeração no verão (servindo, talvez, como um dissipador de calor). A magnitude do temperamento climático fornecido pelas edificações subterrâneas ou contra taludes depende da profundidade do solo. A 1,8 m ou mais em relação ao nível do solo, as temperaturas às vezes variam apenas alguns graus ao longo do ano. Perto da superfície, porém, a temperatura do solo só é levemente atenuada. Além de mitigar os extremos de temperatura, a cobertura de solo também consegue produzir defasagens de tempo substanciais – passando as temperaturas mais baixas do inverno para a primavera, e as mais quentes do verão para o outono.

Figura 4.243 Enterrando toda a edificação ou parte dela para tirar partido das temperaturas estáveis do solo subterrâneo. KATE BECKLEY

Figura 4.242 Corte da configuração de uma edificação residencial comum construída contra um talude para aproveitar a geotermia (no hemisfério sul). MALCOLM WELLS

As edificações subterrâneas ou contra taludes melhoram o desempenho dos sistemas de vedação do edifício ao reduzir a magnitude das perdas e ganhos térmicos por condução e convecção, bem como ao diminuir a infiltração. Ao proporcionar um ambiente externo bastante estável, o controle climático da edificação se torna mais eficiente em energia e mais econômico – aumentando a chance de sucesso das estratégias passivas. O projeto eficiente de edificações subterrâneas ou contra taludes permite reduzir em 50% ou mais as cargas e os custos de calefação e refrigeração. Também é possível diminuir muito a necessidade de sistemas de controle climático de apoio.

Ao construir abaixo do nível do solo, pode-se também reduzir bastante ou mesmo eliminar a intrusão de ruídos. O aproveitamento da geotermia é ideal para terrenos muito íngremes, e permite maximizar o potencial de terrenos pequenos por meio da preservação dos espaços e das vistas externos. A construção subterrânea ou contra taludes também consegue reduzir o valor dos seguros devido à capacidade de resistir a incêndios e ventos fortes.

OBJETIVO
Controle climático

EFEITO
Eficiência energética, potencial de refrigeração passiva, redução das perdas térmicas

OPÇÕES
Construção contra talude ou totalmente subterrânea, telhado coberto com terra ou convencional

QUESTÕES DE COORDENAÇÃO
Orientação, ventilação, escoamento e/ou coleta de água, qualidade do ar, iluminação natural, cargas estruturais, condições do solo

ESTRATÉGIAS RELACIONADAS
Análise do Terreno, Ventilação Cruzada, Ventilação por Efeito Chaminé, Ventilação Noturna de Massas, Coberturas Ecológicas, Iluminação zenital, Iluminação Lateral, Ganhos Diretos

PRÉ-REQUISITOS
Terreno em altura apropriada em relação ao lençol freático, condições de solo apropriadas para a escavação e a construção de taludes

Pontos-chave para o projeto de arquitetura

A construção subterrânea ou contra taludes pode ser aproveitada em diversos tipos de terreno. É possível construir edificações subterrâneas em terrenos íngremes, contra o talude natural do terreno, ou escavando na lateral de um aclive. Grandes rochas sob o solo ou solos pouco profundos geralmente restringem a escavação. Solos argilosos perpetuamente úmidos podem danificar a estrutura e tender a desmoronamentos. Dependendo do objetivo de controle climático e da necessidade de outros benefícios (como a proteção contra tempestades), a profundidade e a extensão do soterramento talvez variem. Toda e qualquer construção deve ser feita acima do lençol freático, de modo a reduzir o potencial de vazamentos e os danos estruturais mediante forças ascendentes. O projeto apropriado da drenagem é essencial para a viabilidade do aproveitamento da geotermia. É necessário utilizar materiais e sistemas de construção apropriados para garantir a resistência estrutural com relação aos danos causados pela água e pelos vazamentos. Em geral, utiliza-se concreto armado e/ou alvenaria.

A orientação é importante para o sucesso de um projeto subterrâneo ou contra um talude. Com uma ou mais paredes cobertas com terra, a iluminação natural e a ventilação se tornam desafios importantes a serem resolvidos durante a definição do partido. A construção no subsolo ou contra um talude com orientação norte (no hemisfério sul) auxiliará na utilização da radiação solar para a calefação passiva do espaço, especialmente porque a massa térmica adequada não costuma ser obtida com facilidade. É possível usar claraboias ou tubos de luz para trazer a luz diurna para os espaços internos. A ventilação natural pode ser empregada em conjunto com essa estratégia, desde que se considere a localização das entradas e saídas de ar. Se parte da estrutura da edificação permanecer acima do solo, a ventilação cruzada se tornará mais viável. Pátios internos e estufas anexas também podem oferecer oportunidades adicionais de ventilação. Com frequência, sistemas de refrigeração ou desumidificadores mecânicos são usados para ajudar na desumidificação em climas úmidos.

Considerações sobre a implementação

O uso apropriado de estratégias de projeto ecológico múltiplas consegue melhorar o desempenho de uma edificação subterrânea ou contra talude. Cada terreno é diferente (com aspectos favoráveis e desfavoráveis diversos) e cada cliente possui exigências de projeto distintas. O projetista deve avaliar a adequação das demais estratégias apresentadas neste livro ao contexto relevante. A orientação, a quantidade de vidraças, a termoacumulação e as estratégias de ventilação devem ser consideradas ainda no início do processo de projeto.

Duas questões-chave – quanto é preciso "enterrar", e quanto isolamento térmico usar onde colocá-lo nos elementos subterrâneos ou contra o talude – representam decisões fundamentais que não são totalmente passíveis a uma análise racional, em especial durante a definição do partido. As coberturas com terra se transformam em "coberturas verdes" e podem proporcionar sombreamento para reduzir as cargas de refrigeração no verão, massa termoacumuladora para aproveitar a defasagem térmica e potencial de resfriamento por evaporação também para diminuir as cargas de resfriamento.

Projeto passo a passo

Os passos para se projetar uma edificação subterrânea ou contra um talude são tão complexos quanto o processo de projeto de qualquer outro tipo de edificação – mas com considerações adicionais relacionadas ao projeto de estrutura, impermeabilização, cobertura com terra e isolamento. Várias áreas cruciais são apresentadas abaixo visando orientar o projetista durante a definição do partido.

1. Analise o terreno considerando os padrões de drenagem natural, a vegetação preexistente, o padrão de insolação, os padrões de fluxo do vento, os microclimas e as condições do solo subsuperficial. Selecione uma localização que seja mais adequada para se alcançar os objetivos do projeto.

2. Escolha um sistema estrutural. Muitos sistemas (sejam convencionais ou não) podem ser usados com êxito em conjunto com uma edificação subterrânea ou contra o talude. Com frequência, o concreto moldado *in loco* é escolhido, pois oferece uma capacidade estrutural apropriada e é uma construção geralmente monolítica capaz de facilitar a impermeabilização. Isso não impossibilita o uso de outros sistemas estruturais pré-fabricados apropriadamente. É possível usar paredes mal posicionadas internas portantes para reduzir os vãos estruturais. No entanto, tais paredes mal posicionadas podem dividir a planta baixa em zonas anteriores (com acesso ao sol e à luz diurna) e posteriores (mais escuras e mais frias) (veja a Figura 4.242).

3. O nível de cobertura do solo (tanto na cobertura do prédio quanto ao longo das paredes) é uma função do objetivo de projeto coordenada com as condições do terreno. A profundidade mínima viável do solo sobre uma cobertura coberta com terra é 60,0 cm. Essa profundidade mínima se deve mais à viabilidade da vegetação do que ao efeito térmico. Para saber mais sobre vegetação na cobertura, consulte a estratégia intitulada Coberturas Ecológicas. Na maioria dos climas, mesmo uma cobertura de solo de 60,0 cm exigirá o uso de isolamento térmico no plano de cobertura. É necessário considerar as saídas de emergência em conjunto com as decisões de cobertura de terra/talude de maneira que a cobertura não impeça a provisão das rotas de fuga obrigatórias.

4. A impermeabilização será estudada durante o desenvolvimento do projeto, mas as decisões referentes ao terreno (inclinações, valas, elevações) devem melhorar a drenagem da água na edificação subterrânea e contra o talude, bem como ao redor dela. Nenhum elemento da edificação deverá atuar como barragem para o fluxo de água.

5. Determine quais estratégias ecológicas adicionais serão incluídas na edificação. A calefação passiva, a refrigeração passiva e a iluminação natural são muito indicadas para edificações subterrâneas ou contra taludes com massa termoacumuladora natural, cargas térmicas reduzidas e necessidade de conexões com o ambiente externo.

As plantas baixas e os cortes do partido de uma edificação subterrânea ou contra um talude mostrarão claramente as provisões tomadas para desvio da água, saídas de emergência adequadas, orientação apropriada para sustentar as estratégias passivas de calefação ou refrigeração, considerações acerca da iluminação natural, estrutura adequada (paredes de 30,0 cm, estrutura de cobertura com 30,0–60,0 cm de profundidade e vãos razoáveis) e cobertura de solo razoável.

PROBLEMA TÍPICO

O projeto de uma edificação subterrânea ou contra um talude envolve o projeto de uma edificação completa (ainda que não convencional). Esse processo complexo e com muitas etapas não pode ser representado por um problema típico.

Exemplos

Figura 4.244 Um parreiral cultivado com práticas sustentáveis circunda uma edificação que tira partido da geotermia e é utilizada para o preparo e o depósito de vinho da Vinícola Sokol Blosser, em Dundee, Oregon, Estados Unidos. Uma cobertura verde também foi empregada nessa edificação subterrânea.

Figura 4.245 A indústria de vinho *pinot noir* da Vinícola Domaine Carneros, em Napa, Califórnia, aproveita a geotermia e desaparece gradualmente no terreno dos parreirais. A cobertura do pavilhão novo também apresenta 120 kW de painéis fotovoltaicos integrados que ajudam a reduzir o consumo anual de energia elétrica e as emissões de dióxido de carbono da vinícola.
POWERLIGHT, INC.

Capítulo 4 ♦ Estratégias de Projeto 201

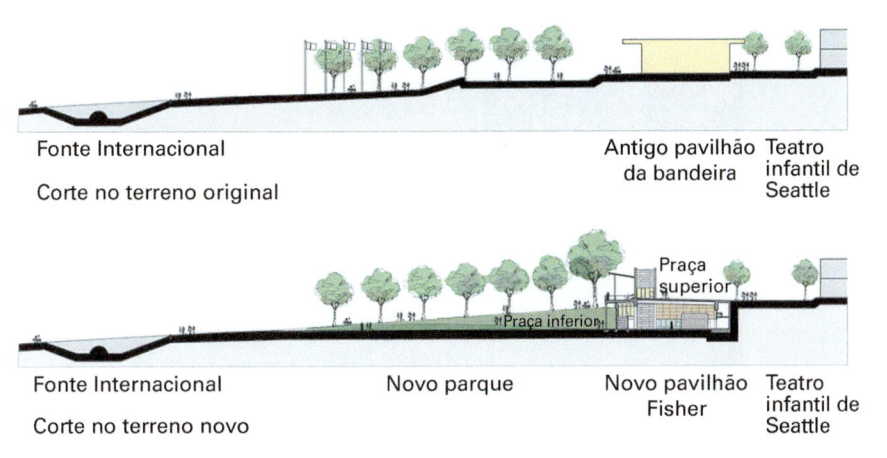

Fonte Internacional Antigo pavilhão Teatro
                     da bandeira   infantil de
Corte no terreno original   Seattle

Praça superior
Praça inferior

Fonte Internacional   Novo parque   Novo pavilhão   Teatro
                                     Fisher   infantil de
Corte no terreno novo   Seattle

Figura 4.246 Corte no terreno mostrando o Pavilhão Fisher, construído contra um talude e inserido no contexto, em Seattle, Washington. MILLER/HULL PARTNERSHIP

Figura 4.247 A entrada do Pavilhão Fisher pela praça da torre (no primeiro plano) durante a construção do prédio mostra a escadaria e a diferença de nível entre a praça seca inferior e a superior, sobre o prédio. MILLER/HULL PARTNERSHIP

Figura 4.248 A abordagem "do berço ao berço" em um projeto com aproveitamento da geotermia. MALCOLM WELLS

APÓS A DEFINIÇÃO DO PARTIDO

Muitas das decisões fundamentais no planejamento de uma edificação com aproveitamento da geotermia serão tomadas ao longo do desenvolvimento do projeto – como os detalhes de impermeabilização, a seleção e o detalhamento do isolamento térmico, o dimensionamento do sistema estrutural e a integração das instalações prediais. Ou seja, grande parte do esforço de projeto dessa estratégia vem após a definição do partido.

Mais informações

Baum, G. 1980. *Earth Shelter Handbook*, Technical Data Publications, Peoria, AZ.

Boyer, L. and W. Grondzik. 1987. *Earth Shelter Technology*. Texas A&M University Press, College Station, TX.

Carmody, J. and R. Sterling. 1983. *Underground Building Design: Commercial and Institutional Structures*, Van Nostrand Reinhold, New York.

Sokol Blosser Winery. www.sokolblosser.com/

Sterling, R., W. Farnan and J. Carmody. 1982. *Earth Sheltered Residential Design Manual*, Van Nostrand Reinhold, New York.

Underground Buildings: Architecture & Environment. www.subsurfacebuildings.com/

RESFRIADORES DE ABSORÇÃO

Os RESFRIADORES DE ABSORÇÃO, embora representem uma solução ativa de projeto, possuem um impacto ambiental bastante pequeno se comparados a outros equipamentos de refrigeração. Eles produzem um efeito de refrigeração por meio do uso de uma fonte de calor, opondo-se às máquinas com compressor utilizadas com mais frequência e que utilizam a energia elétrica para gerar um efeito de resfriamento. Os resfriadores de absorção não consomem tanta eletricidade quanto os por compressão – nem demandam o uso de refrigerantes com clorofluorcarbono (CFC) ou hidroclorofluorcarbono (HCFC). São mais indicados para situações nas quais haja uma fonte de calor barata e abundante (como calor residual ou, talvez, calor térmico solar) e combinam bem com outras estratégias de projeto ecológico, incluindo a água quente aquecida pelo calor residual de processos industriais ou uma célula de combustível.

Figura 4.250 Um resfriador de absorção de queima direta e estágio único. TRANE

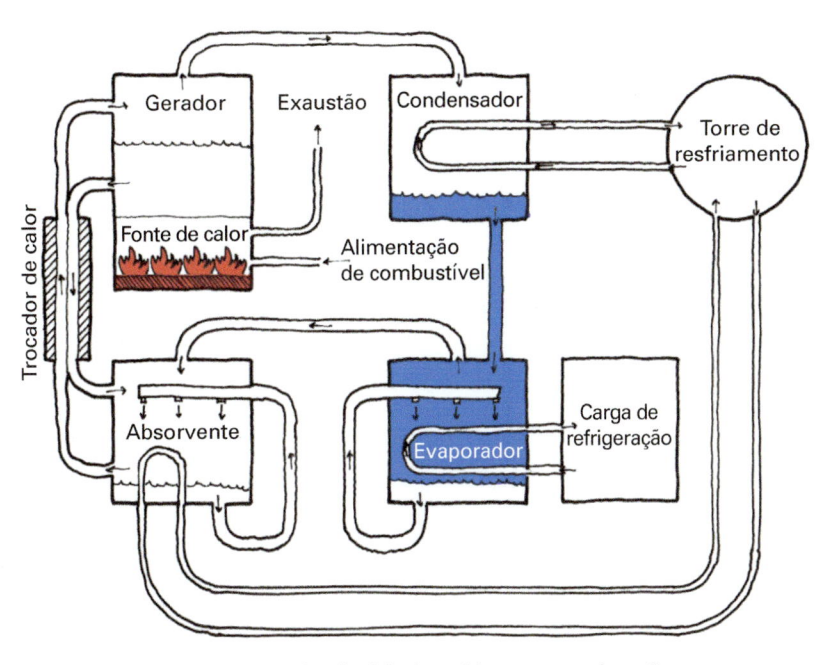

Figura 4.249 Diagrama esquemático do ciclo de resfriamento por absorção. NICHOLAS RAJKOVICH

Existem dois tipos genéricos de resfriadores de absorção. Os resfriadores de "queima indireta" usam vapor, água quente ou gás quente para fornecer energia. Já os resfriadores de "queima direta" utilizam uma fonte de calor por combustão exclusiva. Os dois tipos funcionam por meio do ciclo de absorção, no qual um refrigerante (normalmente brometo de lítio e água) absorve o calor e o libera conforme muda de estado. A água passa por um processo de quatro etapas (evaporação, condensação, evaporação, absorção) – transportando o calor como parte integrante do processo. O brometo de lítio é submetido a um processo de duas etapas (diluição e condensação) – absorvendo ou liberando água no ciclo.

As máquinas de absorção consistem em quatro câmaras interconectadas. Na câmara do gerador, o calor faz com que a água da solução de brometo de lítio/água evapore. A seguir, o brometo de lítio concentrado é transferido para a câmara de absorção, enquanto o vapor d'água se condensa na câmara de condensação. A água no estado líquido flui para a câmara de evaporação, dando continuidade ao ciclo. Na câmara de evaporação, a mudança de estado da água retira o calor da água resfriada que circula por ali. Esse

OBJETIVO
Refrigeração ativa, economia nos gastos com energia, uso benéfico do calor residual

EFEITO
Resfrigeração

OPÇÕES
Queima indireta ou direta

QUESTÕES DE COORDENAÇÃO
Sistemas ativos de calefação e refrigeração, dimensionamento dos equipamentos de climatização

ESTRATÉGIAS RELACIONADAS
Sistemas de Cogeração de Energia Elétrica e Térmica, Sistemas Ativos de Aquecimento Solar

PRÉ-REQUISITOS
Informações básicas sobre a disponibilidade e os preços de energia na rede pública, plantas baixas preliminares, informações sobre as cargas de processo (conforme o caso)

vapor d'água resultante chega à câmara de absorção, onde é atraído pelo brometo de lítio. A absorção da água reduz a pressão do vapor, fazendo com que mais vapor d'água evapore à medida que é atraída quimicamente à câmara de absorção. O processo continua com a água e o brometo de lítio circulando pelo sistema.

Com uma fonte de calor barata (ou gratuita), bem como menos peças móveis para manutenção, os resfriadores de absorção são mais econômicos que os sistemas mecânicos ou elétricos a compressão. Contudo, seu coeficiente de desempenho total pode ser apenas 0,7 (*versus* 3,0 ou mais em máquinas de compressão a vapor); também geram quase o dobro de calor residual que as máquinas de resfriamento por compressão. Isso afeta o consumo de energia total e o dimensionamento da torre de resfriamento: para cada unidade de refrigeração, o sistema de absorção deve rejeitar aproximadamente 2,5 unidades de calor contra aproximadamente 1,3 unidade na máquina de compressão a vapor.

Pontos-chave para o projeto de arquitetura

A organização espacial com relação à área de piso necessária, a malha estrutural, a localização da torre de resfriamento, a manutenção e o acesso são determinantes na hora de escolher os sistemas mecânicos. Resfriadores e torres de resfriamento podem ficar distantes entre si – se as condições do terreno e da edificação permitirem.

Os resfriadores de absorção podem fornecer entre 200 e 1.000 toneladas de refrigeração [entre 703 e 3.157 kW]. Durante a definição do partido, a área de instalação dos resfriadores está entre as principais considerações do projeto de arquitetura. Para saber mais sobre o dimensionamento da casa de máquina (resfriador), veja a Figura 4.251.

As torres de resfriamento usadas junto com os resfriadores de absorção costumam ser maiores que aquelas usadas com sistemas de compressão a vapor com capacidade semelhante. É necessário considerar o espaço externo a ser ocupado pelas torres de resfriamento durante a definição do partido. Pode-se usar como dissipador de calor uma fonte de água de boa qualidade, como um lago ou poço, em vez de uma torre – se estiver disponível e a legislação permitir.

Considerações sobre a implementação

O uso de um resfriador de absorção em vez de um resfriador por compressão de vapor deve ser considerado caso uma ou mais das condições a seguir se apliquem:

- a edificação ou o conjunto de edificações emprega uma unidade de cogeração de energia elétrica e térmica (CHP) e não consegue aproveitar toda a energia produzida;
- há calor residual (de algum tipo de processo) disponível;
- há combustível de baixo custo para a combustão disponível (normalmente gás natural);
- prevê-se uma caldeira pouco eficiente devido a um baixo fator de carga (e isso pode ser melhorado por meio do aumento da carga térmica);
- o terreno do projeto possui restrições quanto ao limite de carga elétrica;

- a equipe de projetistas está preocupada com o uso de refrigerantes convencionais;
- os ruídos e as vibrações de um resfriador de compressão a vapor provavelmente serão criticados.

Dependendo do tamanho do resfriador, uma regra geral recomenda que se deixe um espaço de 1,0–1,5 m ao redor do aparelho para permitir a manutenção. A temperatura do cômodo onde se encontra o resfriador não deve cair abaixo de 2°C. Os resfriadores de queima direta exigem o fornecimento de ar para combustão. Em geral, são necessários 0,4 m³ [12 pé³] de ar para cada 0,29 kWh [1.000 Btu] de calor consumido. É interessante deixar espaço para resfriadores adicionais, que talvez se tornem necessários conforme a edificação aumenta ou surjam novas cargas.

Projeto passo a passo

Os passos para a instalação de um resfriador de absorção são complexos e fogem ao escopo da fase de definição do partido. Todavia, é possível estimar a carga de refrigeração da edificação ainda no início do processo de projeto, resultando em uma estimativa razoável das exigências espaciais.

1. Estabeleça a área condicionada (resfriada) da edificação que está sendo projetada.
2. Estime a carga de refrigeração com base na Tabela 4.15.
3. Obtenha as exigências espaciais aproximadas do resfriador consultando a Figura 4.251.
4. Inclua essa necessidade de espaço no desenvolvimento das plantas baixas e dos cortes da edificação, considerando os locais apropriados para a casa de máquinas com relação às cargas da edificação, o acesso para manutenção e o acesso para futuras substituições de equipamento.

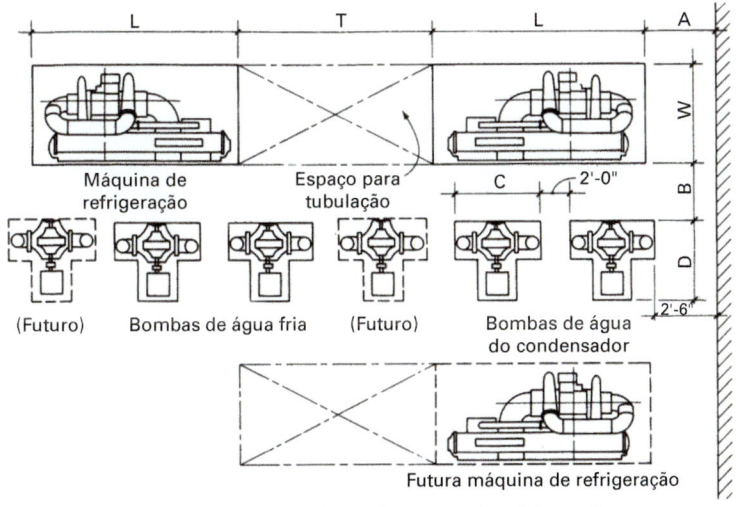

Exigências espaciais para a sala do equipamento de refrigeração

L = 5,6–9 m   A, b = 1 m
t = 5,6–8,9 m   c = 1,4–2 m
w = 2,7–3,4 m   d = 1,2–1,8 m
Altura aproximada: 4,3 m   Altura mínima do cômodo: aproximadamente 5 m

Figura 4.251 Exigências para o dimensionamento da casa de máquinas (resfriador).
ARCHITECTURAL GRAPHIC STANDARDS, 10TH ED., DADOS RESUMIDOS PELOS AUTORES.

PROBLEMA TÍPICO

Estime a área de piso necessária para os resfriadores de absorção que atenderão a um edifício de escritórios de 4.650 m² em um clima muito quente e úmido.

1. A área da edificação é 4.650 m². Seja previdente e considere que toda a área será resfriada.
2. A carga de refrigeração estimada é 4.650 m² / 9,3 m²/kW = 500 kW. Essa estimativa pressupõe que este seja um escritório de tamanho "médio" e também que uma carga perto da faixa inferior apresentada na Tabela 4.15 seja apropriada, considerando-se as condições climáticas.
3. Conforme a Figura 4.251, estima-se que um resfriador de absorção de 150 ton exigirá cerca de (20 + 20 + 4)(10 + 4 + 4) = 74 m² de área de piso (incluindo o acesso e espaço para puxar os tubos). Essa estimativa se baseia no comprimento e na largura perto das faixas inferiores de dimensionamento – já que este será um resfriador de pequena capacidade. Além disso, deverá ser previsto um espaço para as bombas e os acessórios (mais ou menos com a mesma área necessária para o resfriador) no exterior, junto com a torre de resfriamento.
4. Será escolhida uma localização apropriada para a casa de máquinas (resfriadores).

Tabela 4.15 Estimativas das cargas de refrigeração de acordo com o tipo de prédio.
ADAPTADA DE *GUIDELINE: ABSORPTION CHILLERS*, SOUTHERN CALIFORNIA GAS, NEW BUILDINGS INSTITUTE.

Tipo de edificação	Capacidade de refrigeração m^2 por kW	Capacidade de refrigeração $pé^2$ por tonelada
Edifício de escritórios médio	9–13	340–390
Edifício de escritórios grande	7–10	280–390
Hospital	14–19	520–710
Hotel	9–13	350–490
Clínica sem internação de pacientes	12–14	440–545
Escola de Ensino Médio	6–15	240–555
Loja grande	11–26	420–1.000

Exemplos

Figura 4.252 Um dos seis resfriadores de queima direta e dois estágios instalados na casa de máquinas com pé-direito alto perto do topo do edifício Four Times Square, em Nova York. TRANE

Mais informações

Allen, E. and J. Iano. 2006. *The Architect's Studio Companion*, 4th ed. John Wiley & Sons, Hoboken, NJ.

ASHRAE 2010. *ASHRAE Handbook–Refrigeration*, American Society of Heating, Refrigerating and Air-Conditioning Engineers, Atlanta, GA.

CIBSE 2008. *Refrigeration*. The Chartered Institution of Building Services Engineers, London

Pressman, A. ed. 2007. *Ramsey/Sleeper. Architectural Graphic Standards*, 11th ed. John Wiley & Sons, New York

Southern California Gas Co. 1998. *Guideline: Absorption Chillers*. www.stanford.edu/group/narratives/classes/08-09/CEE215/ReferenceLibrary/Chillers/AbsorptionChillerGuideline.pdf

USDOE. 2003. *Energy Matters Newsletter* (How Does It Work? Absorption Chillers, Fall 2003). U.S. Department of Energy, Washington, DC. www.nrel.gov/docs/fy04osti/34705.pdf

APÓS A DEFINIÇÃO DO PARTIDO
A seleção de um resfriador e sua integração ao sistema de climatização exige conhecimentos especializados de um engenheiro mecânico. Grande parte dos esforços para o detalhamento será durante o desenvolvimento do projeto – mas esse trabalho seguirá as decisões tomadas durante a etapa de definição do partido. Recomenda-se expressamente a contratação de terceirizados especialistas em sistemas de refrigeração.

NOTAS

GERAÇÃO DE ENERGIA

A consideração da geração de energia *in loco* deve começar com uma revisão das estratégias eficientes em energia. Primeiramente, deve-se fazer todo tipo de esforço para diminuir a demanda. A redução da demanda diminuirá o tamanho do sistema de geração *in loco* ou permitirá que determinado sistema atenda a uma maior porcentagem da carga de energia da edificação. Em uma conferência sobre o consumo líquido de energia zero realizada recentemente, enfatizou-se várias vezes que uma edificação de alto desempenho é, antes de tudo, aquela que tem suas cargas reduzidas.

No caso de uma edificação eficiente, a geração de energia *in loco* é capaz de reduzir ainda mais o impacto ambiental. A seleção da melhor estratégia para a geração *in loco* dependerá de fatores como o tipo e a localização do projeto, climas regionais e microclimas, o preço da energia elétrica e os possíveis incentivos fiscais e financeiros para energias limpas e/ou renováveis.

A cogeração de energia térmica e elétrica (ou, simplesmente, cogeração) consiste na geração de eletricidade e calor útil por meio de apenas um processo. Para ser econômico, o equipamento de cogeração deve possuir uma carga térmica significativa. A cogeração é comum em muitas instalações industriais. Na escala da edificação doméstica, é mais adequada para projetos como restaurantes, lares para idosos, hotéis, grandes conjuntos habitacionais, piscinas e edifícios de escritórios com sistemas de resfriamento por absorção ou desumidificação.

Os custos da eletricidade gerada a partir da energia eólica caíram consideravelmente, passando a equivaler aos custos da geração com combustíveis fósseis. A intermitência dos recursos eólicos significa que será necessária uma bateria ou conexão com a rede pública para garantir energia contínua em determinado terreno.

Na escala da edificação, o método mais comum de geração de energia elétrica *in loco* tem sido com células fotovoltaicas. Tais células podem ser integradas à edificação – substituindo os materiais de construção convencionais de sistemas de paredes-cortina, claraboias ou coberturas. Como as células fotovoltaicas fornecem eletricidade somente durante as horas de luz natural, será necessária uma bateria ou conexão com a rede pública, com medição líquida, para garantir energia contínua. As células fotovoltaicas se tornam atraentes na escala da edificação porque são silenciosas, relativamente fáceis de instalar e podem ser ocultadas na cobertura ou exibidas de modo proeminente, conforme os desejos do proprietário e do projetista da edificação.

Ainda que bastante promissoras, as células de combustível não estão prontas para serem aplicadas a edificações habitacionais ou comerciais pequenas. São mais apropriadas para projetos grandes onde uma energia ininterrupta e de alta qualidade seja necessária.

Independentemente do tipo selecionado, a geração *in loco* será mais eficaz se estiver integrada a estratégias eficientes em energia. Uma abordagem com dois enfoques resultará na maior redução do impacto ambiental. Em outras palavras, geralmente é muito mais barato economizar energia do que gerá-la.

Estratégias

Carga de eletrodomésticos
Trocadores de calor ar-ar
Sistemas de recuperação de energia
Sistemas fotovoltaicos
Turbinas eólicas
Microusinas hidrelétricas
Células de combustível a hidroxigênio
Sistemas de cogeração de energia térmica e elétrica

NOTAS

NOTAS

CARGAS DE ELETRODOMÉSTICOS

A CARGA DE ELETRODOMÉSTICOS representa o potencial de consumo elétrico de todos os eletrodomésticos e equipamentos menores (sem ligação física ou por fios) em uma edificação. Esses eletrodomésticos e equipamentos são responsáveis por uma porcentagem considerável das necessidades energéticas totais de muitos tipos de edificações (veja a Figura 4.253). É importante considerar a carga dos eletrodomésticos no projeto ecológico por diferentes razões: (1) seu impacto direto no consumo de energia da edificação; (2) seu impacto secundário nas cargas de refrigeração da edificação; e (3) o fato de que tais cargas podem ser atendidas por pequenos sistemas de geração de energia elétrica *in loco* (como células fotovoltaicas, turbinas eólicas, microusinas hidrelétricas ou células de combustível).

Como são, por natureza, portáteis e fáceis de substituir – e frequentemente resultam das decisões e preferências dos usuários (inclusive em edificações não residenciais) –, as cargas de eletrodomésticos não costumam ser determinadas pela equipe de projetistas, e sim pelo proprietário da edificação (após a ocupação). Todavia, a avaliação da carga de eletrodomésticos projetada é absolutamente necessária para se dimensionar um sistema de geração de energia elétrica *in loco*. Além disso, tornar tais cargas ecológicas deveria ser parte do projeto de qualquer edificação.

Figura 4.254 Vatímetro mostrando um monitor de computador que consome 32 watts quando está no modo ativo.

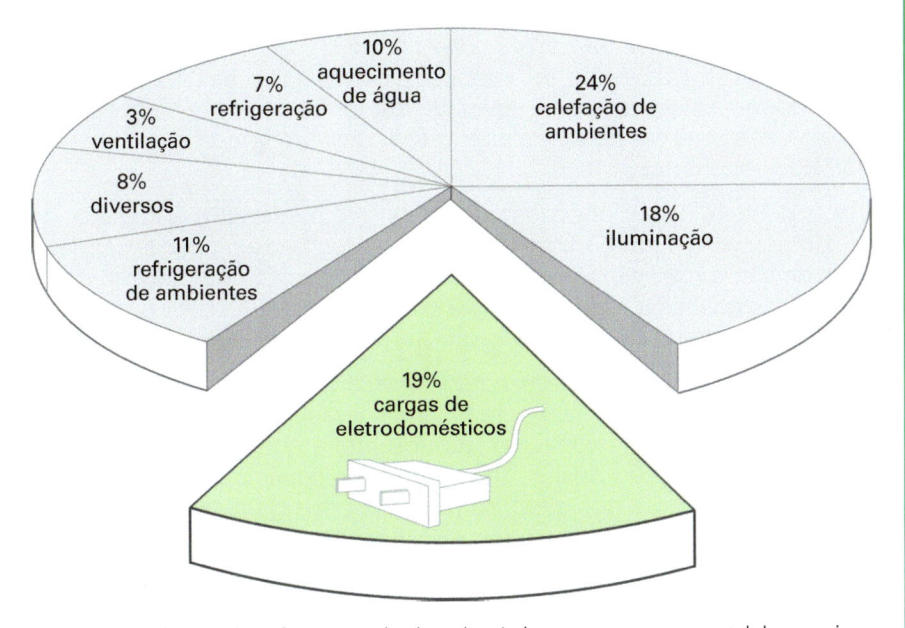

Figura 4.253 Contribuição das cargas de eletrodomésticos para o consumo total de energia em edificações não residenciais. JON THWAITES, ADAPTADO DO DEPARTAMENTO DE ENERGIA DOS ESTADOS UNIDOS (USDOE), *BUILDINGS ENERGY DATABOOK*

Cada watt da carga de eletrodomésticos contribui com um watt [3,41 Btu/h] na carga de refrigeração que deverá ser removida pelo sistema ativo ou passivo de refrigeração. Em edificações com refrigeração passiva, as cargas de eletrodomésticos tornam ainda mais difícil (em muitos tipos de edificações e climas) a tarefa de combinar os recursos de refrigeração naturais disponíveis com as demandas de refrigeração do edifício. Em edificações com refrigeração ativa, as cargas de eletrodomésticos aumentam o tamanho do sistema e o consumo de energia. A carga de eletrodomésticos em potencial (aquela que pode ser utilizada) é um problema menor que a carga de eletrodomésticos reais (aquela que é usada em determinado momento).

OBJETIVO
Eficiência energética

EFEITO
Consumo reduzido de eletricidade, Redução na demanda de eletricidade, cargas de refrigeração menores

OPÇÕES
Equipamentos eficientes, equipamentos alternativos, controle da demanda

QUESTÕES DE COORDENAÇÃO
Uso da edificação, preferências do cliente, horários de uso

ESTRATÉGIAS RELACIONADAS
Estratégias de Refrigeração, Estratégias de Geração de Energia, Iluminação Elétrica

PRÉ-REQUISITOS
Uma ideia clara do funcionamento e do uso da edificação

Na maioria das edificações não residenciais, a carga de eletrodomésticos contribui bastante nas demandas elétricas de pico da edificação e, consequentemente, nos gastos com o preço mais elevado da energia nesse horário. Sempre que o gasto com energia é um componente importante da conta de luz mensal, são adotadas estratégias agressivas para o controle da demanda de maneira a reduzir as demandas de pico de eletricidade e o custo resultante. Tais estratégias geralmente envolvem o descarte automático de cargas desnecessárias.

Pontos-chave para o projeto de arquitetura

A carga de eletrodomésticos tem pouco impacto direto no projeto de arquitetura de uma edificação – é fácil coordenar e esconder a fiação elétrica. Porém, as demandas de energia resultantes da carga de eletrodomésticos afetarão a eficiência e o consumo de energia do edifício, o dimensionamento dos sistemas de refrigeração e o dimensionamento dos sistemas de geração de energia elétrica *in loco*. Quanto maior a carga dos eletrodomésticos, maior deverá ser o sistema elétrico correspondente.

Considerações sobre a implementação

O projeto de sistemas de geração de energia *in loco*, assim como de sistemas passivos e ativos de refrigeração, requer que a natureza da carga de eletrodomésticos seja bem estimada durante a definição do partido. O projeto deve estar voltado para uma carga de eletrodomésticos ecológica (eficiente em energia).

A incorporação de temporizadores (*timers*) programáveis aos circuitos de equipamentos e eletrodomésticos selecionados pode ajudar a transferir parte da carga elétrica para um horário fora do pico, o que provavelmente reduzirá os ganhos térmicos e os gastos com energia elétrica (isso inclui, por exemplo, uma máquina de gelo que funciona à noite, e não ao meio-dia).

Muitos equipamentos elétricos, como televisões, aparelhos de som, computadores e eletrodomésticos de cozinha, possuem "cargas fantasma" – ou seja, continuam a consumir uma pequena quantidade de energia mesmo quando estão desligados. As cargas fantasmas aumentarão o consumo de energia dos eletrodomésticos em alguns watts-hora além do esperado e, todas juntas, podem significar uma grande quantidade de energia "desperdiçada".

Projeto passo a passo

O procedimento a seguir representa uma abordagem geral para o desenvolvimento de uma carga de eletrodomésticos ecológica para a edificação.

1. Liste os equipamentos e eletrodomésticos que provavelmente serão usados na edificação, juntamente com sua vatagem. A vatagem pode ser encontrada na placa de identificação de cada eletrodoméstico ou em tabelas genéricas (como a Tabela 4.16).

2. Estime o número de horas que cada unidade será usada no decorrer de um dia comum.

3. No caso de aparelhos que não são de uso contínuo, estime a energia elétrica consumida no modo de hibernação ou dormência, além do número de horas por dia que o equipamento/eletrodoméstico funcionará nessa condição.

PROBLEMA TÍPICO

Uma pequena cabana de refúgio de um escritor, localizada em Gulf Hammock, na Flórida, Estados Unidos (hemisfério norte), será alimentada apenas pela geração de energia elétrica *in loco*.

1. Os eletrodomésticos que provavelmente serão usados na cabana incluem: rádio-relógio, cafeteira, lavadora de roupa, secadora de roupa, computador e monitor, impressora a jato de tinta, aparelho de fax, forno de micro-ondas, aparelho de som, geladeira e um pequeno aquecedor de água. (Provavelmente seja uma cabana confortável.)

2. As horas de uso de cada aparelho são estimadas usando-se o bom senso (veja o Passo 4). No

4. Estime o consumo total de energia da carga de eletrodomésticos multiplicando a vatagem de operação de cada item (Passo 1) pelo número de horas de uso (Passo 2). Inclua, também, o consumo de energia no modo de hibernação (conforme descrito no Passo 3). No caso de equipamentos que não informam a vatagem:

   a. Encontre a voltagem (V) e a amperagem (A) do equipamento. Em geral, é possível obter essas informações com o fabricante ou na Internet.

   b. Calcule os watts (W) de energia consumida por:

   $$W = V \times A \text{ (para cargas monofásicas)}$$

5. Classifique a carga de eletrodomésticos em ordem decrescente de magnitude de consumo diário de energia. Para os equipamentos que mais consomem energia, investigue as opções eficientes em energia (equipamentos com selo Procel de economia de energia, equipamentos alternativos que prestam serviços equivalentes e são mais econômicos, etc.).

6. Liste as opções recomendadas de equipamentos e eletrodomésticos a serem consideradas pelo cliente/proprietário. Inclua uma análise de custo-benefício que demonstre o efeito dos equipamentos ineficientes na conta de eletricidade, na capacidade e no custo do sistema de refrigeração e nos custos de ciclo de vida. É fácil adaptar tal análise para projetos futuros.

Tabela 4.16 Vatagens típicas de vários aparelhos eletrodomésticos. ADAPTADO DO DEPARTAMENTO DE ENERGIA, EFICIÊNCIA EM ENERGIA E ENERGIA RENOVÁVEL DOS ESTADOS UNIDOS (USDOE)

Eletrodoméstico	Vatagem
Aquário	50–1.210
Rádio-relógio	10
Cafeteira	900–1.200
Lavadora de roupa	350–500
Secadora de roupa	1.800–5.000
Computador (*desktop* de uso pessoal)	CPU: em uso/em espera = 120/30 ou menos
Monitor do computador	30–150
Computador (*notebook*)	50
Lavadora de louça	1.200–2.400
Desumidificador	785
Bebedouro	500–800
Aparelho de fax	60
Ventilador (de teto)	65–175
Aquecedor (portátil)	750–1.500
Forno de micro-ondas	1.000–1.800
Fotocopiadora	200–1.800 durante a fotocópia
Impressora	10–20
Aparelho de som	70–400
Geladeira (*frost-free* [0,45 m³])	725
Vendedora automática refrigerada	3.500
Aquecedor de água (150 L)	4.500–5.500

caso de alguns eletrodomésticos, as horas de uso se baseiam nas horas de carga total estimadas para um período de 24 horas.

3. O uso no modo de dormência também é estimado (veja o Passo 4).

4. O consumo de energia foi estimado da seguinte maneira, usando-se a Tabela 4.16:

   Relógio (10 W) (24 h) = 240 Wh
   Cafeteira (1.000 W) (2h) = 2.000 Wh
   Lavadora de roupa (400 W) (0,5 h) = 200 Wh
   Secadora de roupa (2.200 W) (0,5 h) = 1.100 Wh
   Computador (120 W) (9h) = 1.080 Wh
   Computador (30 W) (15 h) = 450 Wh
   Monitor (35 W) (24 h) = 840 Wh
   Impressora (20 W) (9h) = 180 Wh
   Fax (60 W) (24 h) = 1.440 Wh
   Forno de micro-ondas (1.400 W) (1 h) = 1.400 Wh
   Aparelho de som (100 W) (10h) = 1.000 Wh
   Geladeira (725 W) (6 h) = 4.350 Wh
   Aquecedor de água (5.000 W) (4 h) = 20.000 Wh

5. Os três eletrodomésticos que mais consomem energia são: o aquecedor de água, a geladeira e a cafeteira.

6. Recomenda-se ao proprietário a troca desses eletrodomésticos por aparelhos mais eficientes em energia – o uso de um aquecedor de água solar, em particular, é recomendável. O consumo do aparelho de fax será investigado para descobrir se a carga no modo de "hibernação" foi ignorada. Também se questionará se todos esses eletrodomésticos realmente são necessários.

APÓS A DEFINIÇÃO DO PARTIDO

A implementação das estratégias de redução das cargas de eletrodomésticos será feita após a definição do partido – em muitos casos ela se dará durante a ocupação do prédio. A equipe do projeto é responsável por criar um meio de traduzir para os futuros usuários da edificação as ideias sobre a redução dessas cargas de eletrodomésticos tomadas durante a definição do partido. Também é fundamental conscientizar os operadores e usuários da edificação sobre como otimizar a operação dos equipamentos e do próprio prédio.

Mais informações

Oxford Brookes University, Electronic Appliances & Energy Labels. www.brookes.ac.uk/eie/ecolabels.htm#3

Suozzo, M. et al.. 2000. *Guide to Energy-Efficient Commercial Equipment*, 2nd ed. American Council for an Energy-Efficient Economy, Washington, DC. *Now available in an online version (dated* 2004) *at*: www.aceee.org/ogeece/chl_index.htm

U.S. Department of Energy, 2005. *Buildings Energy Databook*, U.S. Department of Energy, Office of Energy Efficiency and Renewable Energy, Washington, DC. buildingsdatabook.eren.doe.gov/.

U.S. Environmental Protection Agency, Energy Star program. www.energystar.gov/

TROCADORES DE CALOR AR-AR

Os TROCADORES DE CALOR AR-AR são aparelhos mecânicos usados para transferir calor de um fluxo de ar para outro. O exemplo mais simples é de um trocador de calor ar-ar que transfere o calor (ou o frio) do ar exaurido para o ar externo que entra no prédio, reduzindo os desperdícios significativos de energia que geralmente são inerentes ao processo de injeção de ar para ventilação em um prédio (para o controle da qualidade do ar do interior). O aumento resultante na eficiência do sistema se reflete na economia de energia e, com frequência, na diminuição da capacidade dos equipamentos de calefação e refrigeração, já que as cargas são reduzidas.

Em aplicações residenciais e comerciais leves, o trocador de calor ar-ar pode ser conjugado a um ventilador em apenas um equipamento. Em aplicações maiores, existem inúmeras configurações para os trocadores de calor ar-ar que tornam flexíveis as iniciativas de projeto dos sistemas de climatização, bem como a localização da tomada e exaustão de ar na edificação.

Figura 4.256 O ventilador de recuperação de energia atua como parte integrante do sistema de climatização total da edificação. NICHOLAS RAJKOVICH

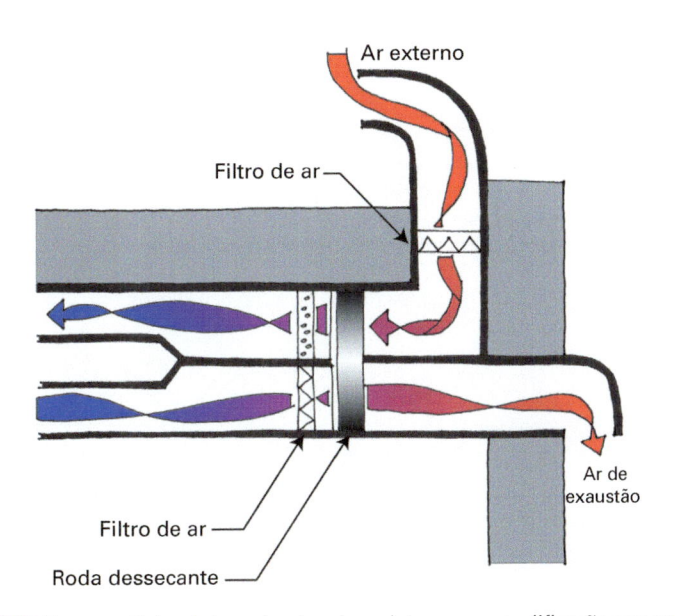

Figura 4.255 Esquema típico de trocador de calor e dutos em uma edificação comercial. NICHOLAS RAJKOVICH

Há dois tipos de trocadores de calor ar-ar criados especificamente para usos residenciais e comerciais pequenos: o ventilador de recuperação de calor (VRC) e o ventilador de recuperação de energia (VRE). O VRC troca apenas calor (energia sensível), enquanto o VRE transfere tanto o calor quanto a umidade (energia sensível e latente). Essas unidades normalmente incluem um ventilador, que distribui o ar, e um filtro para remover os contaminantes do ar que entra. Os fabricantes oferecem uma grande variedade de opções adicionais, como descongelamento automático (uma característica fundamental de climas frios ou muito frios) e controle de umidade para os VRCs.

Os aparelhos e sistemas para troca de calor ar-ar em edifícios maiores englobam diversos tipos e incluem equipamentos compactos, bem como a instalação customizada dos componentes. A discussão a seguir destaca pontos-chave referentes aos tipos mais comuns de trocadores de calor ar-ar.

OBJETIVO
Eficiência energética, qualidade do ar do interior

EFEITO
Consumo reduzido de energia para a ventilação ativa

OPÇÕES
Troca de calor sensível ou de calor sensível e latente, diferentes tipos e configurações de trocadores de calor

QUESTÕES DE COORDENAÇÃO
Tipo de sistema de climatização, localização das entradas e saídas de ar, projeto dos dutos

ESTRATÉGIAS RELACIONADAS
Sistemas de Recuperação de Energia

PRÉ-REQUISITOS
Plantas baixas preliminares, estimativa geral do fluxo de ar externo mínimo necessário, cargas preliminares de calefação/refrigeração

Trocador de calor de placas (Figura 4.258): os inúmeros canais para a entrada e a exaustão de ar são separados por placas condutoras de calor que permitem a transferência sensível do calor. O trocador de calor de placas com meio de separação permeável consegue transferir umidade além de calor.

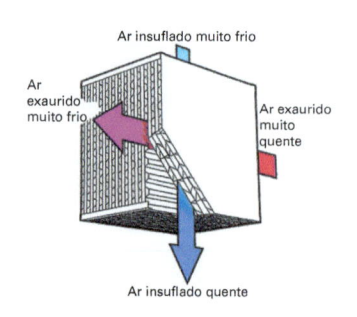

Figura 4.258 Trocador de calor de placas. ADAPTADO DE *ASHRAE HANDBOOK – HVAC SYSTEMS AND EQUIPMENT*, 2004

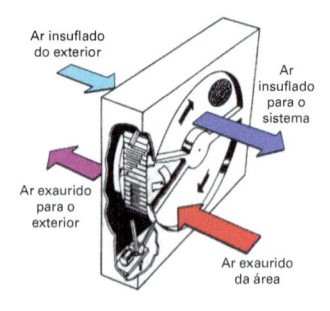

Figura 4.259 Trocador de calor rotativo. ADAPTADO DE *ASHRAE HANDBOOK – HVAC SYSTEMS AND EQUIPMENT*, 2004

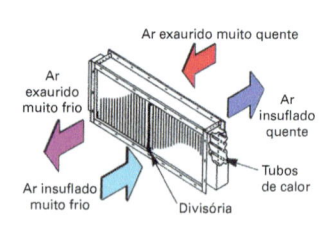

Figura 4.260 Trocador de calor de casco e tubos. ADAPTADO DE *ASHRAE HANDBOOK – HVAC SYSTEMS AND EQUIPMENT*, 2004

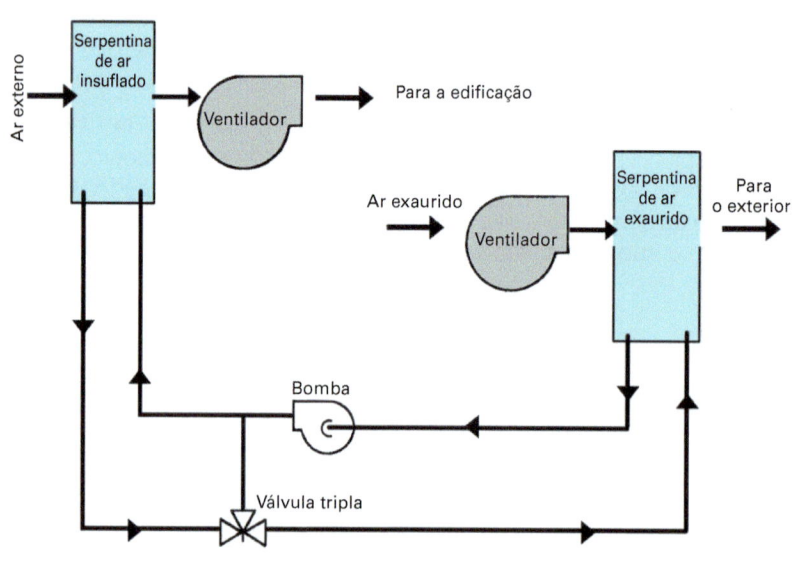

Figura 4.257 Trocador de calor tipo serpentina (ou circuito tipo serpentina). ADAPTADO DE *2004 ASHRAE HANDBOOK – HVAC SYSTEMS AND EQUIPMENT*

Trocador de calor rotativo (Figura 4.259): uma roda cilíndrica transfere o calor do ar exaurido para o ar de entrada à medida que gira. É mais provável que esse tipo de trocador de calor, em relação aos demais, permita que os contaminantes do ar exaurido passem para o fluxo de ar de entrada. Alguns produtos oferecem uma proteção rigorosa contra a contaminação cruzada. Na roda de energia (latente), o meio de transferência de calor também permite a troca de umidade. As rodas de calor latente são mais comuns que as rodas de calor sensível.

Trocador de calor de casco e tubos (Figura 4.260): quando uma extremidade do tubo de calor se torna mais quente, o líquido interno (refrigerante) evapora. A mudança resultante na pressão e na temperatura envia o vapor resultante para a extremidade oposta do tubo, onde a temperatura mais fria o faz condensar nas paredes do tubo. O calor liberado por essa mudança de estado é transferido, através das paredes, para o ar que flui fora do tubo; o refrigerante condensado retorna para a outra extremidade do tubo por meio de um filamento. As unidades comuns consistem em um equipamento compacto com diversos tubos de calor.

Trocador de calor do tipo serpentina (Figura 4.257): um circuito fechado conecta as serpentinas tubulares com água distribuídas ao longo dos fluxos de ar de entrada e saída. O calor é trocado por meio do fluido frigorígeno dentro desse circuito, o que permite que os fluxos de ar fiquem bem afastados (caso necessário). É possível usar várias técnicas para prevenir o congelamento do fluido frigorígeno.

Pontos-chave para o projeto de arquitetura

A localização e o tamanho dos equipamentos são as duas preocupações mais importantes para o projeto de arquitetura quanto ao uso de trocadores de calor ar-ar. Na maioria das aplicações, o princípio fundamental envolve a passagem de duas correntes de ar adjacentes uma à outra de modo que seja fácil fazer as conexões com o trocador de calor. Depois de estabelecer a adjacência das correntes de ar, é necessário prever espaço adequado para o equipamento selecionado (assim como acesso para a manutenção). A adjacência das correntes de ar exaurido e de entrada geralmente influencia a localização das tomadas de ar (venezianas/chaminés) e dos exaustores (venezianas/chaminés) nas vedações da edificação. Como os trocadores de calor ar-ar usam, por definição, as correntes de ar existentes nos dutos, é importante que haja um volume adequado para os dutos distribuídos.

Considerações sobre a implementação

A gordura e os fios de tecido, que podem ser encontrados em algumas correntes de ar exaurido, acarretam risco de incêndio. Tais correntes não devem ser lançadas diretamente em um trocador de calor – a menos que se usem filtros apropriados. A manutenção é essencial para o funcionamento eficiente de um trocador de calor. Isso talvez envolva a troca de filtros várias vezes por ano ou sua limpeza manual regular das superfícies e dos componentes. Essa rotina é especialmente importante para prolongar a vida útil dos trocadores de calor latente. O acesso fácil à unidade trocadora de calor aumentará a probabilidade de uma manutenção apropriada e, consequentemente, terá um impacto direto em sua eficiência. Alguns tipos de trocadores de calor são projetados para suportar um alto número de trocas de volume de ar em ambientes com altos níveis de contaminantes – onde os trocadores de calor rotativos padrão ou de placa permeáveis não conseguem impedir adequadamente a contaminação cruzada.

Para diminuir os ruídos relacionados às correntes de ar e aumentar a eficiência energética, os dutos que levam ao trocador de calor devem ser dimensionados apropriadamente e distribuídos de modo razoável (sem que sejam amassados ou contorcidos).

Em usos residenciais, a escolha entre uma unidade de VRC e uma unidade de VRE é determinada principalmente pelo clima e pela economia resultante da efetividade em custo. Em alguns climas muito frios ou muito quentes e úmidos, os códigos talvez exijam um trocador de calor. Se o terreno desejado se situa em um clima ameno onde a diferença de temperatura entre o ar externo e o ar do interior é mínima, as possíveis economias proporcionadas pelo trocador de calor ar-ar podem ser demasiadamente pequenas para que o investimento no sistema valha a pena.

Figura 4.261 Uma roda de recuperação de energia de uso industrial concebida para manusear os volumes de fluxo de ar entre 7.080 a 70.785 L/s, com uma efetividade total de até 90%. Os diâmetros das rodas variam de 1,8–6,1 m. THERMOTECH ENTERPRISES, INC.

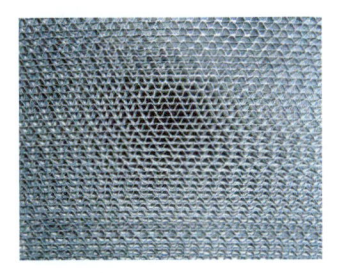

Figura 4.262 Detalhe de roda de recuperação de energia com pintura dessecante de 4Å sobre um substrato de alumínio para permitir a recuperação total da entalpia. O meio tem aproximadamente 0,5 abertura por milímetro e foi concebido para criar um fluxo laminar. THERMOTECH ENTERPRISES, INC.

PROBLEMA TÍPICO

Uma nova moradia de quatro dormitórios, com 288 m² de área de piso condicionado, será construída em Presque Isle, Maine, Estados Unidos (hemisfério norte).

1. Conforme a Norma 62.2 da ASHRAE, esse tipo de edificação teria uma taxa de ventilação mínima de aproximadamente 35 L/s. Usando-se exaustão intermitente, porém, uma corrente de ar exaurido de 47 L/s para a cozinha e de 24 L/s para cada banheiro seria necessário, totalizando um fluxo total de 94 L/s. O trocador de calor ar-ar deve ser suficiente para atender essa demanda.
2. Consultando-se um catálogo de fabricante online, um ventilador com recuperação de energia de 78,8 x 45,9 x 38,0 cm com dutos tubulares redondos de 15,0 cm parece oferecer fluxo de ar necessário.
3. Essa é uma casa bastante grande; assim, o uso de dois ventiladores com recuperação de energia talvez exija menos conexões nos dutos e possa ser mais fácil de coordenar.

Projeto passo a passo

Residencial

1. Estime a corrente de ar externo mínima necessária para atender às exigências do código de edificações, as boas práticas de projeto (na ausência de exigências do código) ou compensar a infiltração. Essa corrente de ar é bastante influenciada pela localização (jurisdição) e/ou pelo projeto (estanqueidade ao ar) do edifício, o que a torna difícil de generalizar. No entanto, deve ser relativamente fácil estimar esse valor no contexto de um projeto específico. A taxa de fluxo de ar será em L/s.
2. Consulte, na Internet, as informações sobre os produtos disponibilizadas por muitos fabricantes para saber mais sobre um equipamento de capacidade e tamanho adequados e quais são as exigências de instalação.
3. Encontre um local apropriado com espaço/volume adequado e acessibilidade para o aparelho selecionado.

Não residencial

São muitas as variáveis e os tipos de equipamentos envolvidos no uso não residencial. Todavia, é possível estimar rapidamente a corrente de ar externo mínima na edificação com base nas exigências do código de obras local e pré-dimensionar o equipamento e as informações sobre a configuração com os fabricantes, tendo-se em vista essa vazão. Várias opções de equipamentos devem ser estudadas para que não seja descartada nenhuma abordagem razoável em decisões de projeto precipitadas.

Exemplos

Figura 4.263 O armário para instalações da proposta para o Decatlo Solar da USDOE de 2005 apresentada pela Cal Poly San Luis Obispo. O ventilador com recuperação de energia pode ser visto na extremidade superior esquerda do armário. NICHOLAS RAJKOVICH

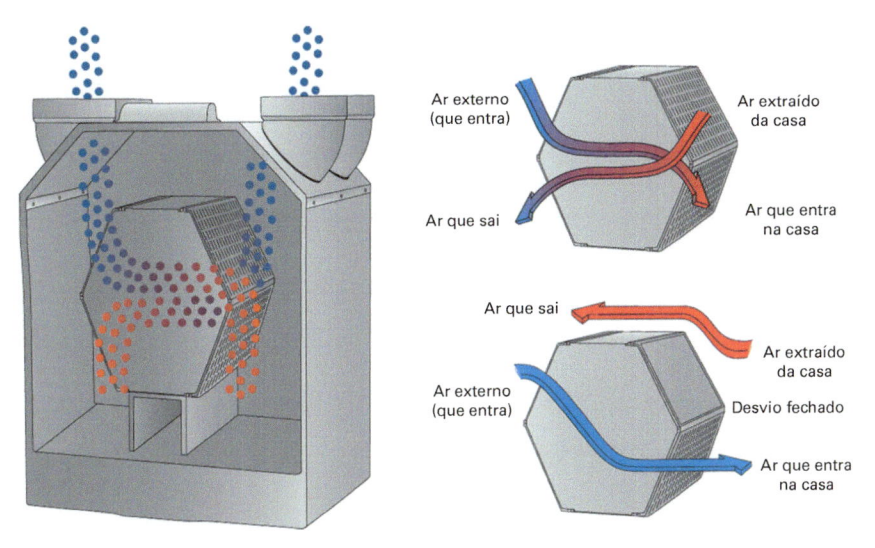

Figura 4.264 Diagrama da operação de um trocador de calor ar-ar. Estes aparelhos geralmente são instalados nos projetos das PassivHaus. ZEHNDER AMERICA, INC.

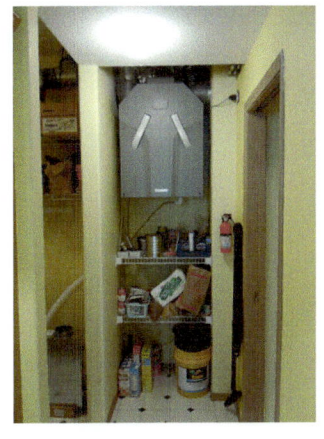

Figura 4.265 Fotografia de um trocador de calor ar-ar instalado em uma moradia de alto desempenho.

Mais informações

ASHRAE. 2010. Standard 62.2-2010: "Ventilation and Acceptable Indoor Air Quality in Low-Rise Residential Buildings." American Society of Heating, Refrigerating and Air-Conditioning Engineers, Atlanta, GA.

Dausch, M., D. Pinnix and J. Fischer. "Labs for the 21st Century: Applying 3Å Molecular Sieve Total Energy Recovery Wheels to Laboratory Environments." labs21.lbl.gov/DPM/Assets/a3_fischer.pdf

ASHRAE 2006. *ASHRAE GreenGuide*. 2nd ed. American Society of Heating, Refrigerating and Air-Conditioning Engineers, Atlanta, GA.

Stipe, M. 2003. "Demand-Controlled Ventilation: A Design Guide." Oregon Office of Energy
egov.oregon.gov/ENERGY/CONS/BUS/DCV/docs/DCVGuide.pdf

APÓS A DEFINIÇÃO DO PARTIDO

As estimativas para o dimensionamento dos equipamentos feitas durante a definição do partido serão convalidadas durante o desenvolvimento do projeto. Os equipamentos específicos serão selecionados; e as conexões, detalhadas. Os trocadores de calor ar-ar devem ser projetados e instalados por terceirizados especialistas (o mau desempenho não é evidente), e os projetistas deverão preparar um Manual do Usuário para ajudar o proprietário ou operador do prédio com a manutenção.

NOTAS

SISTEMAS DE RECUPERAÇÃO DE ENERGIA

São dois os tipos básicos de SISTEMAS DE RECUPERAÇÃO DE ENERGIA: sistemas gerais de recuperação de energia (cobertos nessa estratégias) e sistemas com trocador de calor ar-ar (cobertos na estratégia anterior). Os sistemas de recuperação de energia transferem calor sensível de um fluido para outro através de uma parede impermeável. Nesse tipo de sistema, os fluidos (ar e/ou água) não se misturam. Os sistemas de recuperação de energia têm diversas aplicações, incluindo processos industriais e de produção, e conseguem recuperar o calor de fluxos de fluidos muito distintos uns dos outros (dutos de exaustão de ar, chaminés de caldeiras ou tubulações hidrossanitárias). Com frequência, um projetista bem informado é capaz de descobrir aplicações para aproveitar o calor residual usando trocadores de calor específicos para determinado projeto.

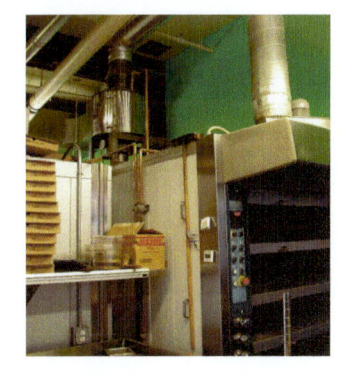

Figura 4.267 O trocador de calor ar-água (acima e atrás do forno) transfere o calor exaurido pelo forno de pizza para o abastecimento de água quente.

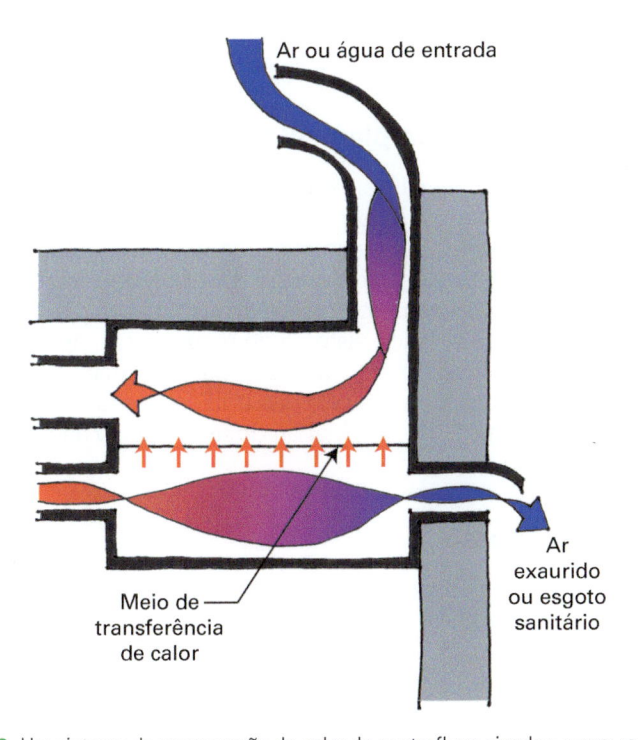

Figura 4.266 Um sistema de recuperação de calor de contrafluxo simples. NICHOLAS RAJKOVICH

O sistema de recuperação de energia é parte integrante de todos os sistemas de cogeração de energia térmica e elétrica. Neles, a água "residual" do processo de geração de eletricidade é recuperada para ter outro uso (como servir de água quente para consumo doméstico e como calefação ou refrigeração de ambientes). A maior parte dos grandes projetos de edificações oferece oportunidades para a recuperação do calor.

Pontos-chave para o projeto de arquitetura

O equipamento de troca de calor envolvido na implementação dessa estratégia exige espaço/volume adequado. Todos os sistemas de recuperação de energia incluem um componente de troca de calor, um ou mais ventiladores ou bombas para mover os fluidos pelo trocador de calor e controles para administrar as vazões. O tamanho dos elementos de troca de calor depende da capacidade e da eficiência do equipamento – mas geralmente é grande.

OBJETIVO
Eficiência energética

EFEITO
Menor consumo dos recursos energéticos

OPÇÕES
Vários fluxos de fluidos (normalmente ar ou água) e leiautes (fluxo paralelo, fluxo cruzado, contrafluxo)

QUESTÕES DE COORDENAÇÃO
Sistemas ativos de calefação e refrigeração, exigências adicionais de espaço/volume, percurso dos fluxos de ar/água, localização das entradas e saídas

ESTRATÉGIAS RELACIONADAS
Trocadores de Calor Ar-Ar, Cogeração de Energia Térmica e Elétrica

PRÉ-REQUISITOS
Dados climáticos para o local, exigências estimadas de ventilação, exigências estimadas de água quente, cargas de aquecimento e refrigeração estimadas para a edificação

Além de fornecer espaço adequado para o equipamento, o projetista deve considerar a localização dos dutos e/ou tubos de tomada e exaustão de ar que entram e saem do equipamento com potencial de recuperação de calor – sendo que seus detalhes variam conforme os sistemas e suas configurações.

Os sistemas de recuperação de energia são categorizados pelo modo como os fluidos entram e saem deles. No arranjo de fluxo paralelo, os fluidos entram no sistema na mesma extremidade e se deslocam paralelamente até sair do sistema. No arranjo de fluxo cruzado, os fluxos se deslocam praticamente perpendiculares um ao outro. No arranjo de contrafluxo, os fluidos entram por extremidades opostas e se deslocam em direções também opostas. Em geral, o arranjo de contrafluxo é o mais eficiente (devido às diferenças benéficas de temperatura ao longo do trocador de calor), mas normalmente requer a maior área ou volume para o equipamento de troca de calor e para a distribuição dos dutos ou tubos.

Considerações sobre a implementação

Praticamente toda edificação libera energia no ambiente que a cerca. A pergunta de projeto é: a energia incorporada nos diferentes fluxos de calor residual pode ser recuperada de maneira econômica? Em geral, a simplicidade é o segredo para a instalação de um sistema de recuperação de energia econômico. Uma simulação energética e a análise do custo do ciclo de vida conseguem determinar se dado sistema de recuperação de calor resultará em um retorno sobre investimento favorável para o equipamento proposto e as condições climáticas. Na maioria das edificações, a tentativa de recuperar toda a energia da água residual ou do ar exaurido não compensa os custos de tal nível de extração.

PROBLEMA TÍPICO
O projeto passo a passo ao lado é conceitual. Por esse motivo, não é apropriado o uso de um problema típico.

Projeto passo a passo

A análise das questões abaixo durante a definição do partido ajudará a determinar se o sistema de recuperação de energia é uma estratégia apropriada a ser usada.

1. Considere a demanda de água quente e a necessidade de ar externo. Os sistemas de recuperação de energia fazem sentido, em termos econômicos, em edificações que exigem grandes quantidades de água quente e/ou ar externo para o controle da qualidade do ar do interior ou do processo. Tais equipamentos incluem lavanderias, restaurantes, laboratórios e hospitais.

2. Avalie as diferenças de temperatura disponíveis. A recuperação de calor faz sentido em aplicações nas quais há uma grande diferença de temperatura (aproximadamente 11°C ou mais) entre os fluxos de entrada e exaustão (ou residual).

3. Considere o grau de limpeza do fluxo residual/exaurido. Sistemas com ar de exaustão e/ou água residual relativamente limpa são os mais indicados para um sistema de recuperação de calor. Os contaminantes existentes no ar da exaustão ou no esgoto podem entupir ou danificar os equipamentos de troca de calor.

4. Considere o tipo de sistema de calefação ou refrigeração. Em geral, é mais barato instalar trocadores de calor centralizados em uma edifica-

ção do que diversos trocadores menores e afastados entre si. Prédios grandes, com centrais de calefação e refrigeração, como laboratórios, clínicas e hospitais, são candidatos ideais para os sistemas de recuperação de calor.

5. Considere as necessidades de espaço. Deve haver espaço adequado para a inclusão do sistema de recuperação de calor e seus equipamentos. Devido à ampla variedade de equipamentos e sistemas possíveis, é difícil generalizar qual é o espaço necessário, mas, via de regra, qualquer edificação com equipamentos que não ficam enclausurados e podem ser reposicionados sem grandes problemas provavelmente tem como acomodar um sistema de recuperação de calor. Na maioria das edificações, o leiaute dos dutos que transportam os fluidos (como ar e água) aos equipamentos de recuperação de calor provavelmente será um desafio de projeto maior do que as necessidades espaciais das máquinas.

Exemplos

Figura 4.268 Os trocadores de calor são parte essencial do sistema de climatização eficiente no consumo de energia do edifício Four Times Square, em Nova York. TRANE

Figura 4.269 O sistema de recuperação de calor água-água coleta a energia térmica da água servida das duchas do Goodlife Fitness Club, em Toronto, Canadá. WATERFILM ENERGY INC.

APÓS A DEFINIÇÃO DO PARTIDO

O desenvolvimento do projeto de um sistema de recuperação de calor exige os conhecimentos especializados de um engenheiro mecânico. Geralmente serão feitas simulações com valores de energia, para garantir a seleção de equipamentos ideais e de estratégias de controle associadas. A maior parte desse esforço será feita durante o desenvolvimento do projeto. Um sistema de recuperação de energia deverá ser feito por especialistas, para que seu desempenho seja o esperado.

Mais informações

ASHRAE 2008. *ASHRAE Handbook–2008 Systems and Equipment*, American Society of Heating, Refrigerating and Air-Conditioning Engineers, Atlanta, GA.

ASHRAE 2006. *ASHRAE GreenGuide*, 2nd ed. American Society of Heating, Refrigerating and Air-Conditioning Engineers, Atlanta, GA.

Goldstrick, R. 1983. *The Waste Heat Recovery Handbook*, Fairmont Press, Atlanta, GA.

Goldstick, R. and A. Thumann. 1986. *Principles of Waste Heat Recovery*. Fairmont Press, Atlanta, GA.

SISTEMAS FOTOVOLTAICOS

Os SISTEMAS FOTOVOLTAICOS produzem eletricidade por meio da conversão direta da radiação solar incidente (insolação). A célula fotovoltaica (FV) gera energia em corrente contínua (CC). É possível usar essa energia em CC para abastecer diretamente as cargas de CC, armazená-la em um sistema de baterias ou convertê-la (invertê-la) em corrente alternada (CA) para que abasteça cargas de CA ou seja enviada para uma rede elétrica pública. Os sistemas fotovoltaicos não conectados não têm interconexão com a rede elétrica. Já os sistemas conectados à rede pública geralmente utilizam a rede elétrica local como suprimento de energia de apoio e local para "armazenar" a capacidade de geração em excesso.

Figura 4.271 Vidraças da fachada de um átrio – as células fotovoltaicas estão laminadas dentro da pele de vidro.

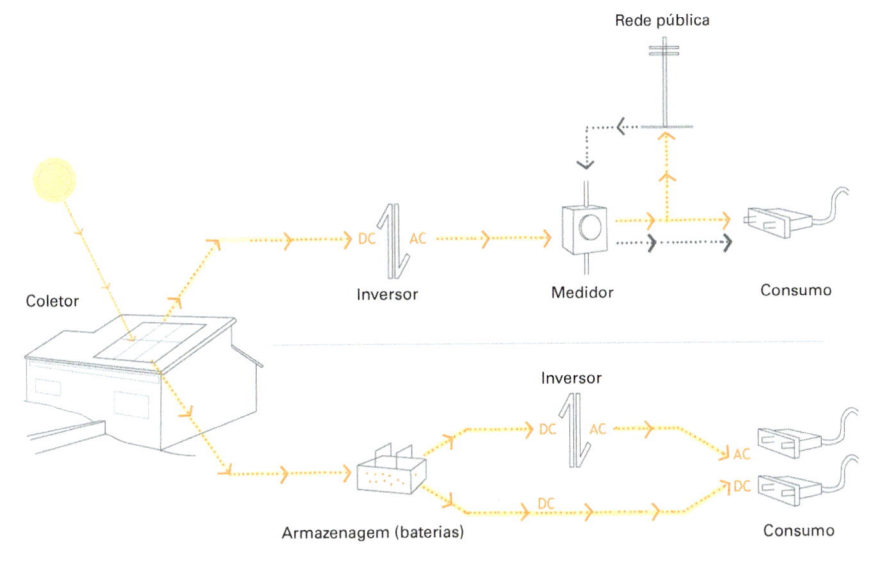

Figura 4.270 Diagrama esquemático de sistemas fotovoltaicos; conectado à rede pública (superior) e não conectado à rede pública (inferior). JON THWAITES

Atualmente, existem três tipos básicos de módulos fotovoltaicos:

1. **Painéis de silício monocristalino.** Esses módulos fotovoltaicos geralmente parecem ser uma série de círculos montados em uma estrutura. É o sistema fotovoltaico original, um pouco mais eficiente do que os outros, mas também mais caro. A densidade da energia de pico (com base em uma área de módulo total) costuma ser em torno de 118–129 W/m^2.

2. **Painéis de silício policristalino.** Esses módulos têm aspecto granular ou cristalino, os elementos fotovoltaicos cobrem toda a superfície do painel e não há vidro (assim, são praticamente inquebráveis). Esse sistema costuma ser um pouco menos eficiente do que aquele com silício monocristalino, mas as densidades de energia de pico (com base em uma área de módulo total) costumam ser similares às dos painéis de silício monocristalino.

3. **Painéis de película de silício (ou painéis de silício amorfo).** Esses módulos têm um aspecto superficial mais uniforme, os elementos fotovoltaicos cobrem todo o painel e não contém vidro (assim são praticamente inquebráveis). Os painéis de película de silício são menos eficientes do que os de silício mono ou policristalino, mas também perdem menos energia sob temperaturas altas. Os painéis de película rígidos têm densidade de energia de pico na ordem de 54–65 W/m^2; os painéis flexíveis têm densidades de aproximadamente 32 W/m^2.

OBJETIVO
Geração de eletricidade *in loco*

EFEITO
Redução na demanda de energia da rede pública, uso de recursos energéticos renováveis

OPÇÕES
Ângulo de exposição, integração com as vedações da edificação, sistema conectado à rede pública ou não

QUESTÕES DE COORDENAÇÃO
Orientação e inclinação do sistema fotovoltaico, integração com outros elementos da arquitetura (elementos de proteção solar, vedações do edifício), exigências estruturais, armazenagem de energia (sistema de baterias), conexão com a rede pública

ESTRATÉGIAS RELACIONADAS
Análise do Terreno, Turbinas Eólicas, Microusinas Hidrelétricas, Células de Combustível a Hidrogênio, Cogeração de Energia Térmica e Elétrica, Elementos de Proteção Solar

PRÉ-REQUISITOS
Objetivo de projeto claro, orçamento definido, dados climáticos locais, conhecimento das características e obstruções do terreno, informações sobre as cargas elétricas e os perfis de uso da edificação

Figura 4.272 Instalação de painéis fotovoltaicos leves interconectados. POWERLIGHT, INC.

Figura 4.273 Os módulos de silício monocristalino para cobertura (geração máxima de energia de 63 W) foram concebidos para substituir as telhas chatas de edificações residenciais. POWERLIGHT, INC.

Figura 4.274 Painéis fotovoltaicos embutidos nos brises da casa da Alemanha concorrente do Decatlo Solar 2007.

Outros tipos notáveis de módulos fotovoltaicos incluem aqueles coloridos (os projetistas já não precisam se limitar ao azul ou ao preto) e módulos tubulares, com uma densidade de energia de pico de cerca de 75–86 m^2, ambos oferecendo novas oportunidades para a instalação de arranjos fotovoltaicos.

Os painéis fotovoltaicos geralmente estão disponíveis em capacidades com geração de pico que vai de 5 W até 200 W. Os painéis de baixa vatagem normalmente são de 12 V, enquanto aqueles com alta vatagem estão disponíveis apenas em configurações de 24 V. Os painéis fotovoltaicos são produtos industrializados, assim é mais fácil encontrar informações atualizadas sobre as opções de módulos disponíveis nos catálogos dos fabricantes. Os fabricantes produzem módulos que são montados *in loco* em arranjos. A produção de cada módulo é estabelecida pelo fabricante; a produção total do arranjo (capacidade do sistema) é determinada pela equipe de projetistas da edificação. É possível utilizar diferentes esquemas de interconexão de módulos para variar a vatagem de saída e/ou a amperagem de um arranjo fotovoltaico.

Pontos-chave para o projeto de arquitetura

Os sistemas fotovoltaicos são instalados essencialmente como sistemas agregados pouco integrados aos demais elementos da edificação ou à sua estética – ou como sistemas fotovoltaicos integrados à edificação. A abordagem de sistemas fotovoltaicos integrados à edificação envolve uma maior consideração dos usos multifuncionais (como brises fotovoltaicos) e/ou a integração completa do sistema fotovoltaico com outra tecnologia (como vidraças ou produtos de cobertura). Novas tecnologias impressionantes (como os painéis fotovoltaicos flexíveis) indicam que o futuro oferecerá grandes oportunidades para os sistemas fotovoltaicos integrados à edificação.

Como acontece com qualquer sistema de conversão de energia alternativa (e deveria acontecer com os sistemas convencionais também), a implementação máxima de estratégias eficientes em energia deveria anteceder a consideração de um sistema fotovoltaico. Uma vez que tais sistemas raramente são econômicos quando usados para aquecer ou resfriar uma edificação, seu emprego geralmente envolve a redução drástica da carga de eletrodomésticos que seria atendida pelo sistema fotovoltaico.

Os sistemas conectados à rede pública exigem menos equipamentos (normalmente não incluem baterias, o que economiza bastante espaço), mas requerem uma conexão (e negociação) com o distribuidor de energia elétrica local. Com esses sistemas, a medição líquida é uma opção comum. Já os sistemas não conectados à rede pública quase sempre envolvem armazenagem em bateria (o que exige mais espaço) e podem envolver o uso de aparelhos e equipamentos de CC.

A inclinação e a orientação dos painéis fotovoltaicos afetam consideravelmente a eficiência do sistema. No hemisfério sul, os módulos fotovoltaicos geralmente têm de estar orientados para o norte (ou quase) de maneira a maximizar a recepção da radiação solar direta. Desvios em relação ao norte são aceitáveis (se razoáveis), mas normalmente implicarão no detrimento da produção do sistema – padrões diários curiosos de neblina ou céu encoberto podem modificar essa regra geral. Os painéis fotovoltaicos devem ficar inclinados para que a maior geração de energia fotovoltaica seja compatível com os períodos de maior demanda (ou para otimizar a geração de energia fotovoltaica). Devido ao alto custo inicial, é necessário instalar os módulos fotovoltaicos visando maximizar a geração útil (e aumentar o retorno sobre o investimento).

Dependendo dos condicionantes do terreno (e das intenções do projeto proposto para a edificação), talvez seja interessante colocar o arranjo fotovoltaico na cobertura do edifício, em sua fachada norte (no hemisfério sul) ou sobre o solo nas proximidades. A localização do sistema fotovoltaico influirá no paisagismo, na aparência da fachada/cobertura e, talvez, nas medidas de segurança necessárias para evitar o furto do arranjo ou que ele sofra atos de vandalismo.

Os arranjos fotovoltaicos que acompanham o percurso aparente do sol são capazes de aumentar a insolação (radiação solar incidente) em 35–50%, aumentando, assim, sua geração de energia. O preço dessa geração superior inclui as maiores despesas e necessidades de manutenção de um sistema de instalação razoavelmente complexa. Os arranjos solares com sistemas de rastreamento são mais eficientes em latitudes menores, onde o ângulo do sol muda significativamente ao longo do dia.

Figura 4.275 O Natural Energy Laboratory, no Havaí, apresenta inúmeras estratégias de sustentabilidade, inclusive um grande arranjo de painéis fotovoltaicos. FERRARO CHOI AND ASSOCIATES LTD

Somente 10–20% da radiação solar que incide sobre o módulo fotovoltaico é convertida em eletricidade; a maior parte da radiação restante é convertida em calor. Esse calor tende a prejudicar o desempenho do módulo fotovoltaico – ao mesmo tempo talvez tenha aplicações úteis para a edificação. Devem-se considerar aplicações que permitam a sinergia da geração de energia elétrica e térmica.

Considerações sobre a implementação

Os sistemas fotovoltaicos com capacidade significativa exigem um investimento inicial substancial. Serão mais econômicos sempre que houver subsídios (créditos tributários, descontos no preço da energia, etc.) para minimizar o custo de instalação do sistema. Dependendo do preço da energia do sistema público, pode levar de 10 a 30 anos para que um sistema sem subsídio comum chegue ao retorno do investimento. No entanto, os objetivos do projeto e os recursos do cliente podem tornar tal consideração irrelevante. Estudos recentes sugerem que o retorno do investimento em energia (mais ou menos 3–4 anos) de um sistema fotovoltaico simples é bastante inferior ao período de retorno do investimento financeiro.

Embora tenham sido concebidos para instalações aparentes e sejam equipamentos eletrônicos (ou seja, não são mecânicos), os módulos fotovoltaicos exigem certa manutenção para continuar produzindo a energia desejada a longo prazo. Deve haver provisão para limpeza regular e acesso aos painéis.

Projeto passo a passo

Uma estimativa realmente preliminar. Pressupondo um módulo fotovoltaico com 4% de eficiência (o que é muito pouco; para ajustes, veja abaixo*), a área necessária para que ele obtenha determinada capacidade de geração pode ser estimada da seguinte maneira:

$$A = C/3{,}3$$

onde,
A = área necessária para o módulo fotovoltaico em m²
C = capacidade de geração desejada para o sistema fotovoltaico em W

---

* Divida a área estimada acima por 2 para módulos com 8% de eficiência, por 3 para 12% de eficiência ou por 4 para 16% de eficiência.

PROBLEMA TÍPICO
Estimativa preliminar: Partindo da meta geral de fornecer um sistema com capacidade de 1 kW para uma residência unifamiliar, uma estimativa preliminar do tamanho necessário do sistema (pressupondo módulos com 8% de eficiência) é:

(1.000 W/3,3)/2 = 14 m²

Sistema não conectado à rede pública:
1. Estima-se que uma residência convencional de 167 m²

localizada em Guam consumirá 10.500 kWh/ano, enquanto uma casa eficiente em energia com a mesma área de piso consumiria 8.000 kWh/ano. Isso indica um consumo diário médio de eletricidade de aproximadamente 28 kWh (ou 22 kWh para a opção eficiente em energia). (Se esse tipo de informação de uso estiver disponível, será possível deixar de lado a abordagem de carga por carga ao estimar a capacidade do sistema descrita no passo a passo do projeto.)

2. Os objetivos de projeto e dados climáticos sugerem que dois dias de armazenagem é uma meta razoável. Isso equivale a:

(28 kWh/dia) (2 dias) = 56 kWh (44 kWh para a alternativa eficiente)

Pressuponha baterias padronizadas com ciclo profundo de 12 V e capacidade de 850 Ah conectadas em série. Converta kWh para Ah: 56.000 Wh/24 V = 2.333 Ah (ou, para a moradia mais eficiente, 44.000/24 = 1.833 Ah). Portanto, 2.333/850 = 2,7 (digamos, 4) baterias são necessárias em um arranjo paralelo/em série – embora a edificação eficiente (que requer 2,2 baterias) talvez consiga funcionar com apenas duas baterias.

3. A capacidade necessária para o sistema (pressupondo que a recarga de bateria pode levar quatro dias) é: ((2 dias de armazenagem/4 dias para a recarga) + 1) (28 kWh) = 42 kWh – ou, para a alternativa eficiente em energia, 33 kWh.

4. A capacidade do arranjo é estimada da seguinte maneira: (28 kWh por dia)/(digamos, 5kWh por dia em um clima generoso) = capacidade pico de 5,6 kW – ou 4,4 kW para a alternativa eficiente em energia.

Dimensionamento de um sistema fotovoltaico não conectado à rede pública. No caso de sistemas fotovoltaicos não conectados à rede pública, não há transferência de energia com as redes públicas. O sistema fotovoltaico gera e armazena eletricidade suficiente para atender às necessidades da edificação. O tamanho do sistema dependerá das cargas elétricas, da capacidade de geração no pico, da geração fora do pico, da armazenagem e do fator de segurança desejado.

1. Estime o consumo de eletricidade diário médio da edificação.

$$CDME = \Sigma\,((P)\,(U))$$

onde
CDME = consumo diário médio de energia (Wh)
    P = energia elétrica média solicitada por carga a ser fornecida pelo sistema fotovoltaico (W)
    U = número médio de horas que cada carga é usada por dia (h)

Essa estimativa precisa considerar como as cargas são atendidas; as cargas em CA atendidas por um inversor devem ser ajustadas a fim de contemplar a eficiência do inversor e os equipamentos de controle associados (em geral, uma eficiência total de 75% é apropriada).

2. Determine a capacidade de armazenagem necessária. Com base na noção de quantos dias sem radiação solar útil o sistema deverá ter condições de cobrir ou flutuar (uma função do clima, do objetivo de projeto e da capacidade do gerador alternativo de apoio – se houver), estime a capacidade de armazenagem necessária para a bateria:

$$C_a = (CDME)\,(Dias)$$

onde
    C_a = capacidade de armazenagem (Wh)
CDME = consumo diário médio de energia (Wh)
    Dias = dias de armazenagem necessários

É possível estimar o número de baterias necessárias convertendo a capacidade de armazenagem em Wh para ampères-hora, dividindo pela voltagem da bateria (sistema) e, então, dividindo o valor obtido pela capacidade de armazenagem da unidade do tipo de bateria pretendido.

3. Estime a geração diária necessária do sistema fotovoltaico. A geração do sistema fotovoltaico deve ter condições de atender às necessidades de eletricidade do dia corrente, bem como proporcionar certa energia adicional que possa ser armazenada para recarregar as baterias. Quanto mais tempo disponível para recarga (o que é, principalmente, uma função dos padrões climáticos), menor poderá ser a capacidade do sistema. Observe para o que aponta essa discussão: em um sistema fotovoltaico não conectado à rede pública, toda e qualquer capacidade de carga (geração além das necessidades diária) será capacidade perdida sempre que as baterias estiverem totalmente carregadas. Observe também que a capacidade de armazenagem em "dias de chuva" vai além da capacidade de armazenagem diária necessária para fornecer eletricidade durante a noite.

É possível estimar o tamanho (capacidade) necessário do sistema da seguinte maneira:

$$C = ((DAN/DR) + 1)(CD)$$

onde
C = capacidade do sistema (kWh)
DAN = dias de armazenagem necessários – que representam a flutuação desejada para o sistema (veja o Passo 2 acima)
DR = dias de recarga – que representam o número de dias nos quais se pode armazenar energia
CD = carga diária – que representa a carga elétrica diária média gerada pelo sistema fotovoltaico

4. Determine a capacidade necessária para o arranjo fotovoltaico. A geração fotovoltaica é, principalmente, uma função da insolação disponível – que varia conforme a latitude, o clima, a orientação do módulo e a inclinação do módulo. As estimativas preliminares da geração de energia fotovoltaica adicional anual vão de aproximadamente 2.000 kWh/ano, em climas muito ensolarados e de baixa latitude, a 1.000 kWh/ano, em climas geralmente nublados e de alta latitude. Isso corresponde a uma variação de 5,5 a 2,7 kWh por dia – por kW de capacidade de geração do sistema. Tais valores pressupõem módulos voltados para o norte (no hemisfério sul) e instalados com uma inclinação equivalente à latitude do terreno. É possível estimar a capacidade necessária para o arranjo da seguinte maneira:

$$CA = (CDMN)/(PDM)$$

onde
CA = capacidade do arranjo (kW pico)
CDMN = capacidade diária média necessária (kWh)
PDM = geração diária média (kWh por kW)

5. Estime o tamanho do arranjo necessário para proporcionar a capacidade indicada. Na definição do partido, pressuponha um arranjo fotovoltaico com área de 0,0014–0,007 m² por W de geração pico. Os valores mais baixos correspondem a módulos fotovoltaicos com maior eficiência.

5. O tamanho do arranjo é estimado assim (usando a extremidade inferior da faixa de dimensionamento porque a capacidade do sistema é bastante grande): (5.600 W) (0,1 pé² por W) = 52 m².
Para a moradia eficiente em energia, o tamanho do arranjo é estimado assim: (4.400 W) (0,1) = 41 m².
O objetivo de se buscar uma alternativa eficiente em energia é perceber que um investimento na diminuição das cargas elétricas compensa pela necessidade reduzida de capacidade fotovoltaica. Na maioria dos casos, a eficiência pode ser obtida a um custo mais baixo que o do sistema fotovoltaico.

Dimensionamento de um arranjo conectado à rede pública. O dimensionamento de um sistema conectado à rede pública é mais simples que o de um sistema sem essa conexão, pois não é preciso lidar com a capacidade de armazenagem ou geração necessária para fazer a armazenagem. A rede pública de energia elétrica oferece um local para "armazenar" a capacidade de geração em excesso, bem como uma fonte de eletricidade de apoio, útil sempre que o sistema fotovoltaico *in loco* não conseguir fornecer uma geração adequada.

O método de dimensionamento descrito acima (menos os elementos de armazenagem) pode ser usado para fazer o pré-dimensionamento do sistema fotovoltaico para um sistema conectado à rede pública. Em geral, os condicionantes são o orçamento (há dinheiro para quantos módulos fotovoltaicos?) e o espaço disponível para a instalação do arranjo fotovoltaico. Como ponto de partida, um arranjo que atenda a aproximadamente 40% das necessidades elétricas da edificação (em edifícios pequenos a médios) costuma ser razoável. O programa online de dimensionamento do U. S. National Renewable Energy Laboratory, PVWatts, é recomendado como uma maneira rápida para estimar o desempenho de um sistema fotovoltaico conectado à rede pública.

Figura 4.276 O arranjo fotovoltaico na cobertura da Martin Luther King Jr. Student Union da University of California Berkeley gera 59 kw durante condições de pico. POWERLIGHT, INC.

Figura 4.277 Os painéis fotovoltaicos incorporados à cobertura da vinícola Ridge Winery, na Califórnia. POWERLIGHT, INC.

Figura 4.278 Os painéis fotovoltaicos sombreiam as áreas de estacionamento e ao mesmo tempo geram 67kW de energia elétrica na Patagonia Headquarters, Ventura, na Califórnia. MILLER HULL PARTNERSHIP

Uma análise do custo do ciclo de vida pode ser feita para se determinar o sistema fotovoltaico mais econômico para cada situação de projeto de uma edificação. Embora esse tipo de análise exija simulações feitas por computador para que seja minimamente precisa, essa tarefa também pode ser feita ainda durante a etapa de definição do partido devido ao grande impacto que o arranjo fotovoltaico tem sobre a arquitetura de uma edificação. Os dados necessários incluirão: informações sobre o clima local, tarifas detalhadas cobradas pelas distribuidoras de energia (e também informações sobre os diferentes preços cobrados de acordo com o horário de consumo), uma estimativa razoável das cargas elétricas do prédio e dos perfis de uso, o preço dos equipamentos e uma previsão das despesas com os reparos e a manutenção do sistema.

Tabela 4.17 Geração de energia estimada por ano para os sistemas fotovoltaicos*

ARRANJO VOLTADO PARA O SUL, INCLINAÇÃO = LATITUDE (HEMISFÉRIO NORTE)	
Pouca energia solar:	97 kW/h
Energia solar moderada:	140 kW/h
Energia solar elevada:	183 kW/h

*Pressupondo-se um sistema conectado à rede pública e com painéis de silício policristalino (por metro quadrado de painel fotovoltaico)

Tabela 4.18 Fatores de redução aproximados para as estimativas da Tabela 4.17 (hemisfério norte)

INCLINAÇÃO = LATITUDE	ARRANJO HORIZONTAL	ARRANJO VERTICAL
Voltado para L ou O: 0,70	Baixa latitude, voltado para S: 0,90	Baixa latitude, voltado para S: 0,55
Voltado para SE ou SO: 0,90	Média latitude, voltado para S: 0,85	Média latitude, voltado para S: 0,65
	Alta latitude, voltado para S: 0,78	Alta latitude, voltado para S: 0,75

Exemplos

Figura 4.279 A casa "Natural Fusion" do Decatlo Solar 2009, na Pensilvânia, apresentava coletores fotovoltaicos tubulares instalados sobre uma cobertura verde. GRETCHEN MILLER

Figura 4.280 Estes painéis fotovoltaicos com rastreamento solar em apenas um eixo que foram instalados sobre brises de tecido tracionado sombreiam um estacionamento e geram mais de 400 kW de energia elétrica na capacidade de pico (The Springs Preserve, Las Vegas, Nevada).

Mais informações

Capehart, B. 2010. Distributed Energy Resource (DER) in *Whole Building Design Guide*. www.wbdg.org/resources/der.php

Florida Solar Energy Center. 2007. Solar Electricity. www.fsec.ucf.edu/en/consumer/solar_electricity/index.htm

Hankins, M. 2010. *Stand-alone Solar Electric Systems*, Earthscan Publications Ltd, London.

IEA Photovoltaic Power Systems Programme. www.iea-pvps.org/

NREL PVWatts (dimensionador online de sistemas fotovoltaicos). www.nrel.gov/rredc/pvwatts

NREL. Solar Resource Information. www.nrel.gov/rredc/solar_resource.html

Strong, S. 2010. Building Integrated Photovoltaics (BIPV) in *Whole Building Design Guide*. www.wbdg.org/design/bipv.php

U.S. Department of Energy, National Center for Photovoltaics. www.nrel.gov/pv/ncpv.html

APÓS A DEFINIÇÃO DO PARTIDO

O tamanho de um sistema fotovoltaico estimado para a validação do conceito durante a definição do partido é apenas isso – uma estimativa. Durante o desenvolvimento do projeto, simulações e análises mais detalhadas serão feitas para confirmar essas estimativas preliminares e otimizar os investimentos feitos no sistema fotovoltaico em termos dos custos do ciclo de vida. Os equipamentos e controles associados específicos para o sistema serão selecionados, detalhados e especificados durante o desenvolvimento do projeto. Um sistema fotovoltaico, sem dúvida, deve ser projetado e instalado por especialistas terceirizados, para que se tenha certeza de que ele seja aproveitado ao máximo. Além disso, o cliente deve receber um Manual do Usuário.

NOTAS

NOTAS

TURBINAS EÓLICAS

As TURBINAS EÓLICAS produzem energia a partir de um recurso eternamente renovável – o vento. A energia eólica é um sistema indireto de aproveitamento da energia solar. A radiação do sol aquece a superfície da terra em taxas diferentes em locais diversos, sendo que as várias superfícies absorvem e refletem a radiação em taxas distintas. Isso faz o ar acima dessas superfícies aquecer de maneira diferente. O vento é produzido à medida que o ar quente sobe e o ar frio desce para substituí-lo. Segundo a American Wind Energy Association, um sistema eólico grande consegue produzir eletricidade a um custo inferior ao de uma nova usina de geração que utiliza qualquer outra fonte de combustível. Os parques eólicos estão surgindo rapidamente em toda a Europa e nos Estados Unidos.

As turbinas eólicas convertem a energia cinética do vento em energia elétrica, mais ou menos como fazem os geradores hidrelétricos. A turbina eólica coleta o vento com suas pás; as pás giratórias (chamadas de rotor) movem um eixo de transmissão conectado a um gerador que transforma o movimento giratório em eletricidade. A velocidade do vento determina a quantidade de energia disponível para a coleta, ao passo que o tamanho da turbina determina a proporção desse recurso que realmente será aproveitada.

Um pequeno sistema eólico de geração de eletricidade inclui: um rotor (as pás), um gerador ou alternador instalado sobre uma estrutura, uma cauda, uma torre, a fiação e outros componentes do sistema – chamados de "equilíbrio do sistema" em sistemas fotovoltaicos – como controladores, inversores e/ou baterias.

Figura 4.282 Três turbinas eólicas instaladas na cobertura de um edifício de uso misto de grande altura no centro de Portland, no Oregon, Estados Unidos.

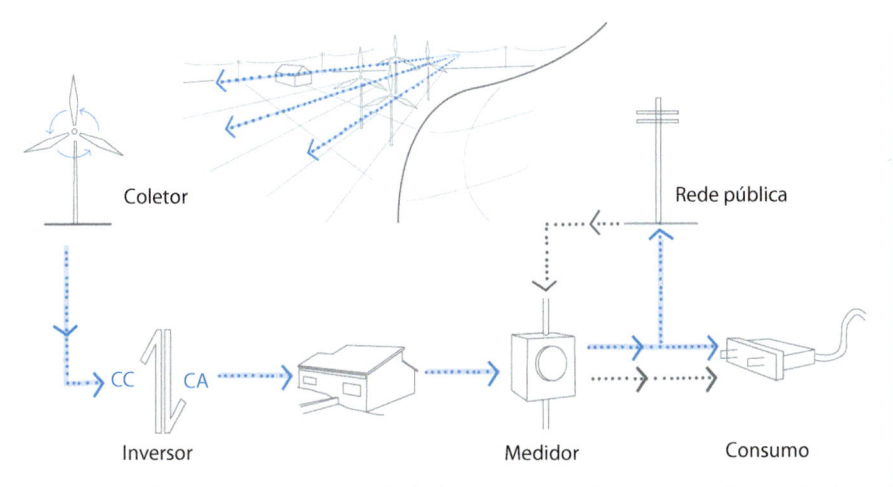

Figura 4.281 Diagrama mostrando os principais componentes de um sistema de geração de energia eólica conectado à rede. JON THWAITES

As turbinas eólicas horizontais – o tipo mais comum de máquina eólica – têm duas ou três pás. A área varrida é a área do círculo criado pelas pás em movimento e determina a quantidade de vento interceptada pela turbina. Quanto maior a área varrida, maior a quantidade de energia que uma turbina pode produzir. A estrutura da turbina segura o rotor e o gerador e sustenta a cauda, o que mantém a turbina voltada para o vento.

As turbinas eólicas são dimensionadas com base na geração de energia. A capacidade das turbinas pequenas varia de 20 W a 100 kW. As turbinas menores, chamadas de "microturbinas", variam de 20 a 500 W e normalmente são usadas para carregar as baterias de veículos de lazer e barcos à vela. Turbinas de 1 a 10 kW são usadas frequentemente para bombear água.

OBJETIVO
Geração de eletricidade *in loco*

EFEITO
Redução no uso da eletricidade gerada por recursos não renováveis

OPÇÕES
Vários produtos, capacidades que variam de residencial e comercial em pequena escala a parques eólicos em grande escala

QUESTÕES DE COORDENAÇÃO
Condicionantes do zoneamento do terreno, topografia do terreno, cargas e perfis elétricos da edificação, espaço para os componentes de equilíbrio do sistema, estética

ESTRATÉGIAS RELACIONADAS
Análise do Terreno, Carga de Eletrodomésticos, Sistemas Fotovoltaicos, Células de Combustível a Hidrogênio

PRÉ-REQUISITOS
Condicionantes de zoneamento do terreno, dados eólicos do terreno, perfis de carga elétrica da edificação

Aquelas que variam de 400 W a 100 kW são geralmente utilizadas para gerar eletricidade para aplicações residenciais e comerciais pequenas.

Uma turbina de tamanho suficiente para uma moradia ou uma pequena propriedade rural – com rotor com até 15 m de diâmetro e uma torre com até 35 m de altura – pode ser usada para fornecer eletricidade para uma moradia ou empresa. Uma pequena turbina eólica está entre os sistemas de energia renováveis domésticos mais econômicos, podendo diminuir a conta de eletricidade da residência de 50 a 90%.

Pontos-chave para o projeto de arquitetura

É necessário considerar a estética da turbina eólica (incluindo a altura e o perfil) com relação ao seu impacto no projeto total da edificação. As torres são parte necessária do sistema eólico porque as velocidades do vento aumentam de acordo com a altura – quanto mais alta a torre, mais energia a turbina consegue produzir.

A energia elétrica gerada por uma turbina eólica é uma função do cubo da velocidade do vento; por isso, a construção de uma torre mais alta talvez seja econômica. Por exemplo: se passarmos uma turbina eólica de 10 kW de uma torre com 18 m de altura para outra com 30 m de altura, poderíamos produzir 29% mais energia elétrica a um custo somente 10% superior.

Embora tentadora, a instalação da turbina sobre uma cobertura não é recomendada. As vibrações da turbina podem provocar problemas estruturais, além de irritar os ocupantes e usuários da edificação. A turbina instalada sobre a cobertura também estaria sujeita à turbulência causada pela forma do edifício. Os ruídos produzidos pelas primeiras turbinas eólicas já foram um problema em áreas residenciais, mas as turbinas mais recentes fazem menos barulho. O nível de ruído ambiente da maioria das turbinas pequenas é de aproximadamente 55 decibéis (dBA) – similar ao de uma geladeira comum.

Considerações sobre a implementação

De acordo com o programa de Eficiência Energética e Energia Renovável do Departamento de Energia dos Estados Unidos (USDOE), o uso de uma turbina eólica pode ser interessante em qualquer local que apresente a maioria das condições a seguir:

- O terreno tem recursos eólicos bons a aceitáveis (velocidade do vento anual média de pelo menos 4 m/s). Várias regiões do planeta têm recursos eólicos adequados para ativar uma turbina pequena.
- O terreno tem no mínimo 0,4 hectare de tamanho.
- As leis de zoneamento urbano do local permitem o uso de turbinas eólicas.
- Uma turbina eólica poderia produzir uma quantia considerável da eletricidade usada pela edificação – o "considerável" depende dos objetivos do projeto.
- A turbina eólica representa um investimento em ciclo de vida aceitável para o cliente.
- O terreno fica em um local remoto que não tem acesso imediato à rede pública de energia ou é atendido por uma rede de distribuição de energia muito cara.

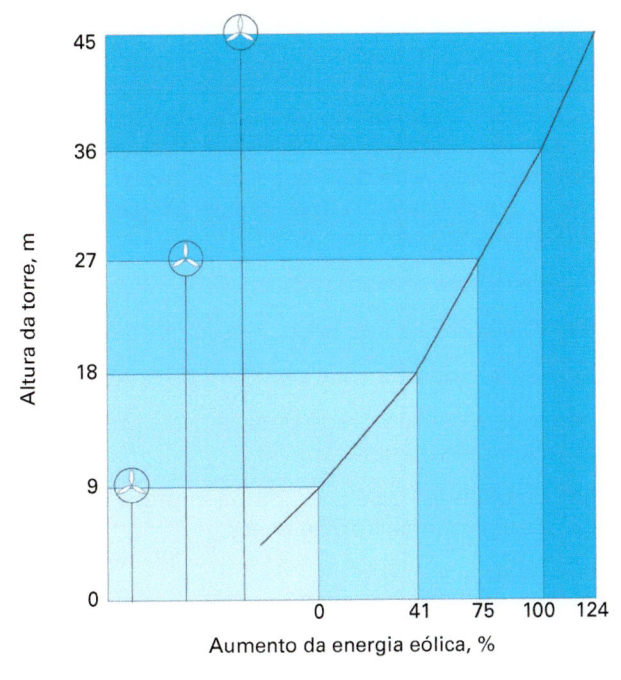

Figura 4.283 A energia eólica aumenta conforme a altura em relação ao solo. KATHY BEVERS; ADAPTADO DE DOE/EERE

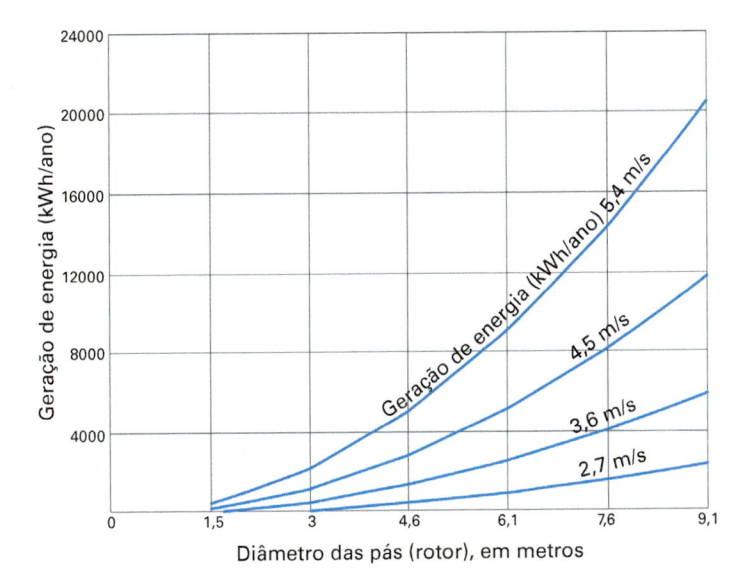

Figura 4.284 Geração de energia estimada por ano em uma turbina eólica com eixo horizontal como uma função do diâmetro das pás e da velocidade média do vento ao longo do ano (com base na equação GAE = 0,01328 D^2V^3). MATT HOGAN

Figura 4.286 O Parque Eólico de Nine Canyon, no Condado de Benton, Washington, foi finalizado em 2002. Cada uma das turbinas eólicas tem capacidade de gerar 1.300 kW, resultando em uma capacidade total do projeto de 48 MW. ENERGY NORTHWEST, DOE/NREL

Figura 4.287 Turbina eólica de escala pública em Boone, na Carolina do Norte – a precursora das turbinas que hoje estão surgindo em parques eólicos.

Um sistema conectado à rede usa um inversor, o qual converte a produção do gerador de corrente contínua (CC) para corrente alternada (CA), tornando o sistema eletricamente compatível com a rede pública de distribuição de energia elétrica e com os eletrodomésticos convencionais. Isso possibilita que a energia elétrica gerada pelo sistema eólico possa ser consumida pela edificação ou vendida à empresa distribuidora de eletricidade – o que for economicamente mais interessante. Os sistemas conectados à rede em geral dispensam o uso de baterias.

Um sistema conectado à rede é uma boa opção quando:

♦ O terreno tem ventos anuais com velocidade média de pelo menos 4,5 m/s.
♦ A eletricidade fornecida pela rede pública é relativamente cara.
♦ A conexão do sistema eólico à rede pública não é proibida pelas normas ou impossibilitada pela burocracia.
♦ Há subsídios disponíveis para a venda da energia elétrica gerada em excesso e/ou a aquisição da turbina eólica.

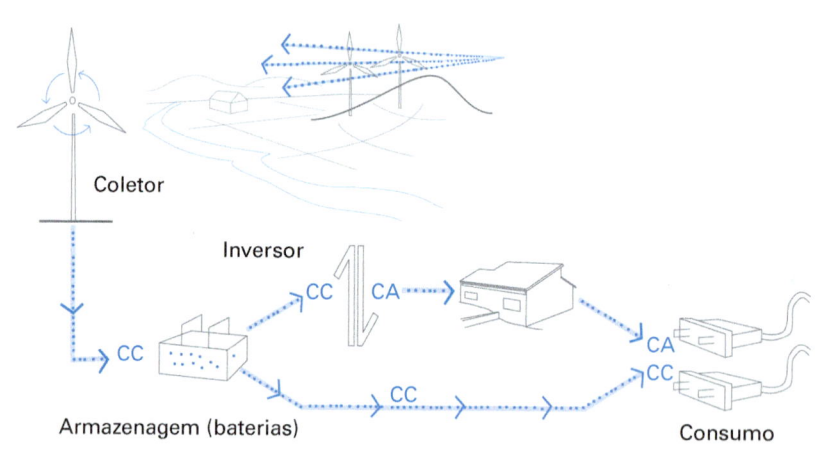

Figura 4.285 Diagrama mostrando os principais componentes de um sistema de geração de energia eólica híbrido e não conectado à rede. JON THWAITES

Um sistema não conectado à rede, como diz o nome, não é conectado à rede pública de distribuição de energia elétrica. Esse tipo de sistema pode gerar eletricidade em localidades remotas, onde o acesso às redes de energia é difícil ou muito caro. Uma vez que ele não conta como o apoio eventual da rede pública, a configuração desse sistema exige o uso de baterias que possam armazenar a energia elétrica que será consumida quando não houver vento. Um controlador de carga protege as baterias do carregamento excessivo. Também é necessário o uso de um inversor, que converterá a energia em corrente contínua (CC) para corrente alternada (CA) – a menos que todas as cargas (incluindo dos eletrodomésticos) sejam em CC. A maioria dos eletrodomésticos pode ser encontrada em versões com CC.

Um sistema híbrido combina tecnologias de geração eólica e fotovoltaica (ou qualquer outro sistema gerador *in loco*) para a geração de energia elétrica. Essa combinação pode ser ideal se a velocidade do vento for baixa no verão, quando há radiação solar abundante para as células fotovoltaicas, mas alta no inverno, quando a insolação é menor.

Um sistema híbrido ou não conectado à rede é uma boa opção quando:

♦ O terreno encontra-se em uma área com ventos anuais com velocidade média de pelo menos 4,0 m/s.
♦ A eletricidade fornecida pela rede pública não está disponível ou é absurdamente cara.
♦ A liberdade de não precisar comprar energia elétrica é um dos objetivos-chave do projeto.
♦ O uso de recursos renováveis de conversão de energia é um dos objetivos-chave do projeto.

Projeto passo a passo

1. Investigue as questões de uso do solo para o terreno proposto. Determine se uma turbina eólica estaria de acordo com as posturas municipais de zoneamento. As questões geralmente abordadas pelas prefeituras incluem:
    ♦ tamanho mínimo do lote (em geral, requer 0,4 hectare);
    ♦ altura máxima permitida para a torre;
    ♦ recuos obrigatórios.

2. Avalie o recurso eólico. A velocidade e a direção do vento são desafiadoras o tempo todo; a velocidade do vento pode mudar de maneira significativa do dia para a noite e também sazonalmente. A avaliação da distribuição das velocidades do vento ao longo do ano é a melhor maneira de estimar com exatidão a energia que a turbina eólica produzirá em determinado terreno. Em estimativas preliminares, é possível usar a velocidade média do vento (consulte mapas de recursos eólicos). O perfil topográfico específico do terreno também deve ser levado em consideração, já que as condições locais podem alterar a velocidade do vento. Outros métodos para avaliar os recursos eólicos do terreno incluem: a obtenção de dados eólicos em um aeroporto próximo, o uso de equipamentos portáteis para a medição do vento (especialmente para avaliar os efeitos locais) e a obtenção de informações com proprietários de turbinas eólicas existentes no local (ou praticantes de windsurfe).

3. Estime as exigências de energia da edificação em kWh por ano. As estimativas da distribuição diária e sazonal desse consumo anual serão úteis durante o desenvolvimento do projeto. Segundo o Departamento de Energia dos Estados Unidos (USDOE), uma casa norte-americana comum (não ecológica) consome aproximadamente 10.000 kWh de eletricidade por ano. É possível estimar ou correlacionar o consumo de eletricidade de edificações comerciais a partir das fontes de dados disponíveis (normalmente, por área de piso unitária).

PROBLEMA TÍPICO

Investigue a viabilidade do uso de uma turbina eólica para produzir eletricidade para um pequeno centro de consultórios médicos de dois pavimentos em um terreno sem obstruções situado no meio-oeste dos Estados Unidos.

1. A consulta da legislação municipal sugere que não há restrições legais à instalação de uma turbina eólica no terreno escolhido.
2. Estima-se que a velocidade média do vento no terreno seja de 5,4 m/s — com base em mapas de velocidade do vento e na ausência de obstruções.
3. Estima-se que as necessidades anuais de energia elétrica do prédio sejam de 20.000 kWh.
4. Estime o diâmetro necessário para o rotor da turbina eólica usando a Figura 4.284:
Para 20.000 Kwh, com um vento de 5,4 m/s. O diâmetro necessário será de cerca de 9 m.

Assim, uma turbina eólica com rotor com 9 m de diâmetro poderia, em tese, produzir toda a eletricidade necessária para abastecer o prédio ao longo do ano.

5. Como este edifício de dois pavimentos tem aproximadamente 7,6 m de altura, uma torre de 16,8 m forneceria acesso razoável aos ventos fora da influência do lado de barlavento da edificação.

4. Dimensione a turbina eólica utilizando a Figura 4.284. Compare a produção anual de energia elétrica estimada (para uma turbina com diâmetro determinado e considerando a média anual da velocidade do vento no terreno) com a demanda de energia estimada no Passo 3, para conferir se a turbina eólica escolhida atenderá à necessidade prevista. A equação também pode ser ajustada para a definição do diâmetro rotor necessário para o atendimento da demanda de energia elétrica.

5. Localize onde a turbina será instalada e determine a altura da torre. A linha inferior das pás do rotor deve estar pelo menos 9 m acima de qualquer obstáculo que esteja a menos de 90 m da torre. Escolha um posicionamento para a turbina que considere a direção dominante do vento e as obstruções.

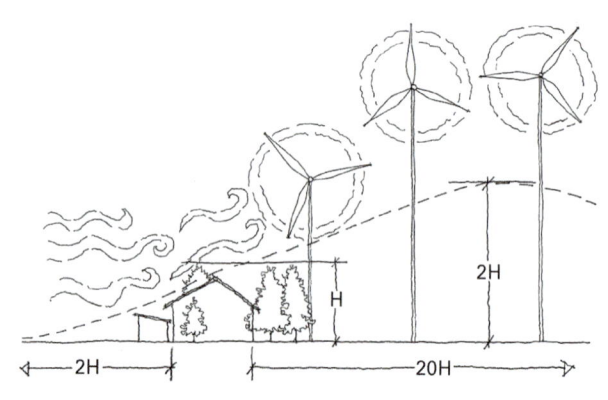

Figura 4.288 Zonas com fluxos de ar turbulentos que devem ser evitadas e são causadas por obstruções no nível do solo. KATHY BECKLEY

Figura 4.290 Microturbinas eólicas com eixo horizontal na cobertura do Becton Engineering and Applied Science Center da Yale University.

Figura 4.289 Microturbinas eólicas na casa do Texas A&M do Decatlo Solar 2007.

Mais informações

American Wind Energy Association. Wind energy fact sheets. www.awea.org/

NREL. Wind Resource Assessment, Inclui mapas eólicos dos Estados Unidos e mapas de recursos eólicos internacionais. National Renewable Energy Laboratory. www.nerl.gov/wind/resource_assessment.html

U.S. Department of Energy. Energy Efficiency and Renewable Energy. *Installing and Maintaining a Small Electric Wind System.* www.energysavers.gov/your_home/electricity/index.cmf/mytopic=10990

APÓS A DEFINIÇÃO DO PARTIDO

Durante o desenvolvimento do projeto, a pré-seleção de um sistema eólico será aprimorada. Serão feitas análises para certificar-se de que o desempenho do sistema é aceitável ao longo de todo o ano, para dimensionar os componentes acessórios (com um conjunto de baterias ou um inversor) e para se fazer uma estimativa do custo do ciclo de vida do sistema. Os equipamentos também serão especificados. Recomenda-se a elaboração de um Manual do Usuário, bem como a contratação de especialistas em sistemas eólicos.

NOTAS

MICROUSINAS HIDRELÉTRICAS

As MICROUSINAS HIDRELÉTRICAS geram eletricidade ao aproveitar um fluxo de água. Se projetados adequadamente, os sistemas de microusinas hidrelétricas podem produzir uma energia de baixo impacto e que não agride o meio ambiente tirando partido da energia cinética renovável da água em movimento.

A energia elétrica gerada por um sistema de microusinas hidrelétricas deriva da combinação da "diferença de potencial hidráulico" e da "vazão". A diferença de potencial hidráulico é a distância vertical entre a tomada de água e a saída de água da turbina. Essa distância determina a pressão de água disponível. Diferenças inferiores a 0,9 m geralmente se mostram ineficientes. Sistemas com diferença de potencial hidráulico baixa normalmente envolvem uma elevação de 0,9 a 3,1 m. A vazão é o volume de água que passa pelo sistema por unidade de tempo – em geral, expresso em l/s.

Figura 4.292 Tomada de água para o conduto de uma instalação de microusina residencial. JASON ZOOK

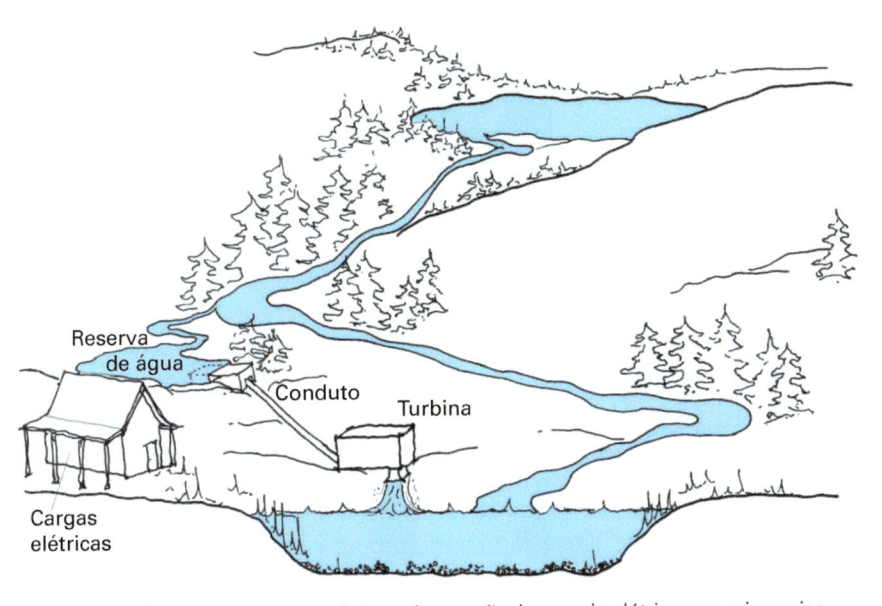

Figura 4.291 Componentes de um sistema de geração de energia elétrica com microusina. KATE BECKLEY

A água é fornecida por uma fonte (em geral, um reservatório ou lago que proporciona capacidade de reserva para o sistema) para uma turbina por meio de um tubo ou conduto. A turbina, por sua vez, alimenta um gerador. A turbina é um motor rotatório que obtém energia elétrica da força exercida pela água em movimento. As microusinas hidrelétricas podem ser de ação, de reação ou axiais. Enquanto a geração de energia elétrica em um sistema fotovoltaico ou elétrico varia ao longo do dia, em uma microusina hidrelétrica ela será estável, embora possa variar sazonalmente.

A viabilidade de uma microusina hidrelétrica depende das normas estatais em relação aos direitos e ao uso de água, da disponibilidade e confiabilidade do abastecimento da água, da energia elétrica em potencial disponibilizada pela fonte em questão e de aspectos econômicos do sistema.

OBJETIVO
Geração de eletricidade *in loco*

EFEITO
Redução no uso da eletricidade gerada por combustíveis fósseis

OPÇÕES
Turbinas de reação, turbinas de ação, turbinas axiais

QUESTÕES DE COORDENAÇÃO
Escolha do terreno, impactos ambientais, localização do reservatório (se aplicável), cargas elétricas e perfil de uso da edificação

ESTRATÉGIAS RELACIONADAS
Análise do Terreno, Turbinas Eólicas, Sistemas Fotovoltaicos, Células de Combustível a Hidrogênio, Carga de Eletrodomésticos

PRÉ-REQUISITOS
Fonte de água corrente consistente, diferença de potencial hidráulico de no mínimo 0,9 m disponível, aprovação estatal

Pontos-chave para o projeto de arquitetura

A escolha do terreno é essencial para o sucesso das microusinas hidrelétricas. O terreno precisa ter uma fonte de água confiável que possa fornecer uma vazão adequada. Além disso, o terreno deve ter um desnível adequado para proporcionar uma diferença de potencial hidráulico mínima de 0,9 m para o fornecimento de água. (O ideal é que a altura seja maior.)

A água é desviada de um córrego, rio ou lago para um conduto. Uma tomada de água é colocada no ponto mais alto conveniente da fonte de água. É possível instalar o conduto da tomada de água dentro de uma barragem para aumentar o potencial hidráulico (a pressão) e criar um ponto de entrada suave e protegido do ar para os componentes de fornecimento. Telas são posicionadas na boca do conduto para barrar os detritos que podem danificar a turbina.

Constrói-se algum tipo de abrigo para a turbina e o gerador para protegê-los do clima e de sabotagens. Essa "casa de força" deve estar situada em uma área livre de enchentes. Também deve haver um abrigo para o conjunto de baterias (caso este seja empregado).

Uma "linha de transmissão" vai do gerador até o ponto de uso. Deve-se utilizar a menor rota possível entre o gerador e o ponto de uso a fim de minimizar as perdas de voltagem devidas à resistência na linha de transmissão – isso é especialmente importante quando se distribui energia em corrente contínua (CC) (e não com um inversor com corrente alternada produzida).

Considerações sobre a implementação

Um gerador converte a força de rotação do eixo da turbina em eletricidade. Os geradores produzem energia em corrente contínua que pode ser usada diretamente por aparelhos de CC, para carregar um conjunto de bateria ou passar por um inversor para produzir energia em corrente alternada e abastecer cargas de eletrodomésticos convencionais. As unidades comuns de geradores residenciais produzem energia em CA de 120/240 volts, a qual é apropriada para a maioria dos eletrodomésticos, a iluminação e os equipamentos de calefação. Os geradores operam a uma frequência determinada pela velocidade rotacional de seu eixo de transmissão; quanto mais rotações por minuto, maior a frequência produzida.

O controle de desligamento de emergência consegue evitar o sobrecarregamento ou subcarregamento do sistema em caso de mau funcionamento ou acidente. Se o sistema estiver conectado à rede pública, um controle de desligamento de emergência será necessário.

As turbinas de ação atuam em um ambiente ao ar livre onde jatos de água em alta velocidade são direcionados às "pás" de modo a facilitar a rotação do eixo de transmissão. Elas são mais indicadas para situações com elevado potencial hidráulico (e, com frequência, fluxo baixo). As turbinas de reação atuam completamente submersas. A pressão e o fluxo da água na direção do rotor (muito parecido com uma hélice) facilitam a rotação da turbina. Essas turbinas são mais indicadas para aplicações com um "baixo" potencial hidráulico (e, com frequência, fluxo alto). Já as turbinas axiais normalmente são usadas em situações de alto fluxo e sem potencial hidráulico (atuam quase como uma hélice de motor de barco, mas ao contrário). Os sistemas residenciais de microusinas hidrelétricas conseguem produzir até 100 kW, ao passo que sistemas maiores (mas ainda em pequena escala) são capazes de gerar até 15 MW.

Projeto passo a passo

1. Determine se o desvio de água da fonte prevista é permitido por lei.
2. Determine a diferença de potencial hidráulico disponível. Existem várias maneiras de fazer isso, incluindo uma avaliação de engenharia formal ou um levantamento topográfico informal utilizando linhas de nível e trenas. O potencial hidráulico bruto é a distância vertical entre a superfície da água no ponto de entrada e o ponto de saída da turbina. O potencial hidráulico líquido (disponível) equivale ao potencial hidráulico bruto menos a perda por fricção no conduto (devido às tubulações, conexões e válvulas). Para fins de definição do partido, pressuponha que o potencial hidráulico líquido será 80–90% do potencial hidráulico bruto.
3. Determine a vazão. Se a vazão não for disponibilizada por agências regulatórias locais, será possível estimá-la usando diversos métodos simples. Há no mínimo duas vazões de grande interesse: a vazão mínima prevista (necessária para equivaler as cargas à saída e para projetar o sistema de apoio) e a vazão média (que indicará a geração de energia disponível a partir do sistema).
4. Estime a capacidade de geração da turbina usando a equação:

    $$C = ((\text{vazão})(\text{diferença de potencial hidráulico}))/F$$

    onde
    C = capacidade de geração (W)
    Vazão = taxa de fluxo da água (l/s)
    Diferença de potencial hidráulico = potencial hidráulico líquido (m)
    $F = 0{,}192$, um fator de conversão (que inclui uma eficiência típica da turbina)

5. Compare a capacidade de geração estimada para a microusina hidrelétrica com as necessidades de energia elétrica da edificação (estimadas com base nos eletrodomésticos que provavelmente serão instalados em uma edificação residencial ou nos valores unitários de densidade de energia elétrica para edificações maiores) de maneira a determinar se essa estratégia poderá contribuir razoavelmente para as necessidades de eletricidade do projeto.
6. Se a microusina hidrelétrica ficar a certa distância da edificação atendida, determine o comprimento da linha de transmissão e estime as perdas na linha (aconselha-se a orientação de um consultor em eletricidade).
7. Determine onde a turbina e os equipamentos associados serão instalados. As exigências espaciais para a turbina/gerador não são grandes (talvez 9–18 m², dependendo da capacidade do sistema); o espaço para as baterias (se estas forem usadas) será mais substancial. A localização da turbina é preocupante por questões acústicas; o equipamento pode ser um pouco barulhento.

PROBLEMA TÍPICO

Um pequeno centro de pesquisa ambiental será construído na base das Montanhas Rochosas, no Canadá.

1. A permissão para instalar uma microusina hidrelétrica foi concedida imediatamente pela autoridade competente em função da poluição e do barulho gerados pela alternativa, isto é, uma fonte de energia elétrica com gerador a diesel (a alternativa mais provável).
2. A diferença de potencial hidráulico disponível no terreno (a elevação média do lago de reserva proposto até o eixo da turbina) é 13,7 m.
3. Estima-se que a vazão média seja 12,6 l/s.
4. A geração de energia elétrica estimada é: $((200)(45)/10) = 900$ W.
5. Estima-se que a carga elétrica da edificação seja 26,9 W/m² (incluindo as cargas de iluminação eficiente e equipamentos substanciais – mas sem contar as cargas de aquecimento). Para a edificação de 186 m², isso equivale a 5.000 W – muito mais que a geração de 900 W. No entanto, a edificação será usada apenas oito horas por dia, enquanto a geração de energia ocorrerá durante as 24 horas. Se compararmos o consumo diário com a geração diária: $(8)(5.000) = 40.000$ Wh *versus* $(24)(900) = 21.600$ Wh.

A microusina hidrelétrica proposta atenderá aproximadamente à metade das necessidades elétricas diárias da estação de pesquisa – considerando-se a capacidade substancial da bateria para que a geração equivalha às cargas. Pode-se considerar o uso de um sistema eólico, fotovoltaico ou de célula de combustível – ou a redução das cargas da edificação por um fator de 50% (talvez por meio da iluminação natural intensa).

6. A turbina e o gerador serão instalados a cerca de 90 metros do centro de pesquisa. O efeito das perdas por transmissão com essa distância será trabalhado no desenvolvimento do projeto.
7. Uma casa de força remota abrigará e protegerá a turbina, o gerador e as baterias. O nível de ruídos não será um problema, em função da distância do prédio habitado. (Ainda que os ruídos possam afetar a tranquilidade do local, eles serão muito menores do que aqueles que seriam provocados por um gerador a diesel.)

Exemplos

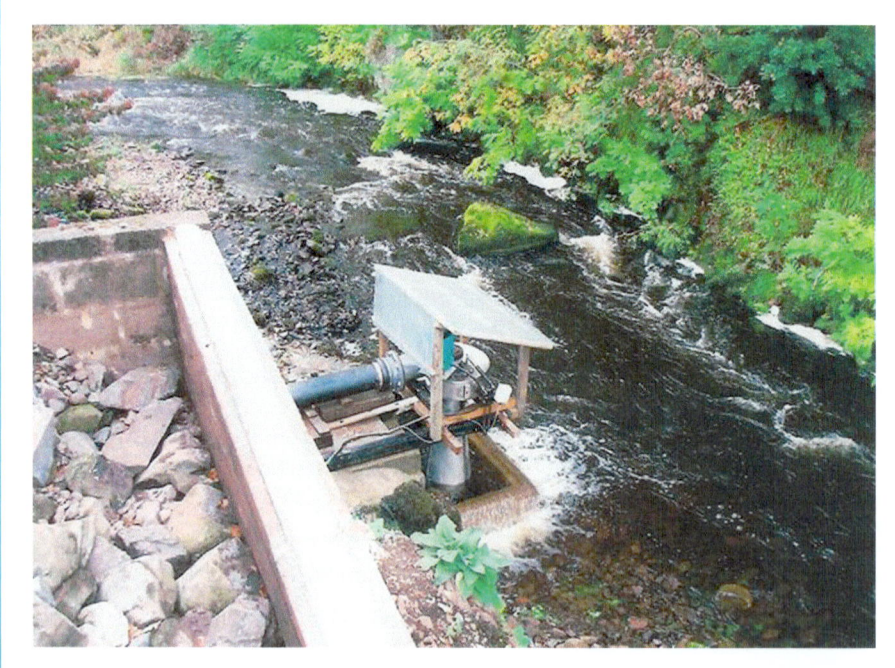

Figura 4.293 Microusina hidrelétrica no Moinho Ironmacannie, na Escócia, que opera com uma diferença de potencial hidráulico de 5,5 m e gera 2,2 kW de energia elétrica. NAUTILUS WATER TURBINE, INC.

Figura 4.294 Olhando à jusante das duas microusinas hidrelétricas do Moinho Tanfield, em Yorkshire, Inglaterra. A instalação faz parte de um investimento que está sendo feito em projetos de energia renovável focado no uso de microusinas hidrelétricas. NAUTILUS WATER TURBINE, INC.

Figura 4.295 O Moinho Tanfield, com 400 anos, agora usa uma turbina Francis de 30 kW e duas turbinas menores, de 3 kW (mostradas acima), com diferença de potencial hidráulico de 2,7 m. A vazão de água é 1.500 L/s, para a turbina maior, e 150 L/s, para as menores. As turbinas foram conectadas a um conjunto convencional de baterias e inversor. NAUTILUS WATER TURBINE, INC.

Mais informações

ABS Alaskan. 2010. Micro Hydroeletric Power.
www.absak.com/library/micro-hydro-power-systems

Harvey, A. et al. 1993. *Micro-Hydro Design Manual: A Guide to Small-Scale Water Power Schemes.* ITDG Publishing, Rugby, Warwickshire, UK.

Masters, G. 2004. *Renewable and Efficient Electric Power Systems.* Wiley-IEEE Press, New York.

U.S. Department of Energy, Microhydropower Systems.
www.eere.energy.gov/consumer/your_home/electricity/index.cfm/mytopic=11050

APÓS A DEFINIÇÃO DO PARTIDO

Tendo-se mostrado viável durante a definição do partido, o sistema de turbina hidráulica será mais bem estudado, detalhado e integrado durante o desenvolvimento do projeto. Os equipamentos específicos do sistema (turbina, baterias, inversor, etc.) serão selecionados, coordenados e especificados.
A contratação de especialistas nesse tipo de sistema não convencional é crucial. Também deve ser preparado um Manual do Usuário, para ajudar o cliente nas atividades de treinamento de uso, operação e manutenção.

NOTAS

CÉLULAS DE COMBUSTÍVEL A HIDROGÊNIO

As CÉLULAS DE COMBUSTÍVEL A HIDROGÊNIO produzem energia limpa mediante uma reação eletroquímica entre o hidrogênio e o oxigênio. A célula de combustível é composta por três partes: um lado com ânodo, um lado com cátodo e uma membrana que divide os dois. O gás hidrogênio entra no lado com ânodo da célula de combustível e reage com um catalisador de platina, que divide o átomo de hidrogênio em um próton e um elétron. O próton e o elétron viajam até o lado com cátodo da célula de combustível, mas por caminhos diferentes. O próton passa diretamente pela membrana até o cátodo, enquanto o elétron percorre um circuito elétrico conector, gerando energia elétrica em sua jornada. Depois de reunidos no cátodo, o elétron, o próton e um átomo de oxigênio se combinam para criar água potável e calor. Se o calor for utilizado (pela cogeração, por exemplo), a célula de combustível poderá atingir níveis totais de eficiência que ultrapassam bastante as tecnologias baseadas na combustão de combustíveis fósseis e outros hidrocarbonetos.

Figura 4.297 A proposta para o Decatlo Solar de 2005 feita pelo New York Institute of Technology usa uma célula de combustível a hidrogênio de 5 kW (ao lado do reservatório de água, sobre o módulo de instalações).

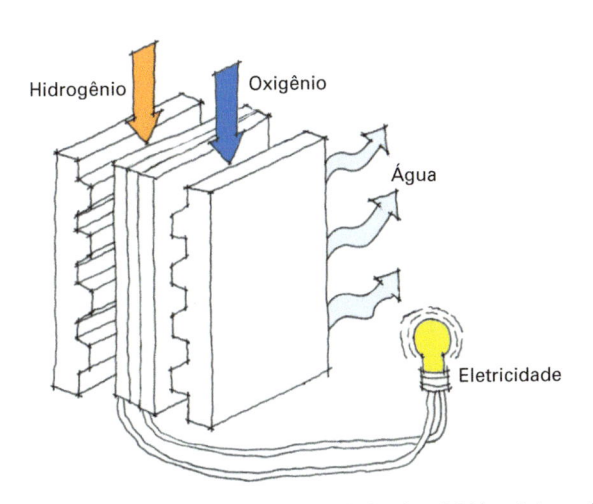

Figura 4.296 Diagrama de uma célula de combustível simples. O hidrogênio se divide e, então, se combina com o oxigênio para gerar eletricidade, calor e água. AMANDA HILLS

Os avanços significativos nas tecnologias de células de combustível tiveram início na década de 1970. Desde então, progrediu-se muito, o que levou à descoberta de inúmeras tecnologias de células de combustível. Atualmente, essas tecnologias se encontram em diferentes estágios de desenvolvimento, que vão da pesquisa preliminar à comercialização. Hoje, dois tipos de células de combustível parecem promissores para a geração de energia *in loco* para o ambiente construído; trata-se das células de combustível com membrana para troca de prótons (PEMFC) e das células de combustível a ácido fosfórico (PAFC).

A *célula de combustível com membrana para troca de prótons* (PEMFC) está entrando, atualmente, nos primeiros estágios da comercialização. Essa tecnologia é positiva, devido à baixa temperatura de núcleo (80°C), o que facilita o acionamento e o desligamento rápidos. Outra vantagem é sua alta densidade de energia elétrica, indicando que há uma relação pequena entre tamanho e potência. Segundo o Departamento de Energia dos Estados Unidos (USDOE), "são as candidatas mais fortes para veículos leves, edificações e, possivelmente, aplicações muito menores, como substitutos para as baterias recarregáveis". Na verdade, um sistema de 3–5 kW – atualmente o tamanho de uma geladeira pequena (veja a Figura 4.297) – seria suficiente para alimentar uma

OBJETIVO
Geração de eletricidade *in loco*, calor e energia elétrica juntos

EFEITO
Redução no uso da eletricidade gerada por combustíveis fósseis

OPÇÕES
Capacidade, tipo de célula de combustível, estratégia de cogeração

QUESTÕES DE COORDENAÇÃO
Perfil da carga elétrica, necessidade de energia elétrica de emergência/apoio, oportunidades de cogeração de energia térmica e elétrica, disponibilidade do produto, capacidade de manutenção

ESTRATÉGIAS RELACIONADAS
Sistemas de Cogeração de Energia Térmica e Elétrica, Sistemas de Recuperação de Energia, Sistemas Fotovoltaicos, Carga de Eletrodomésticos

PRÉ-REQUISITOS
Aceitação do custo do sistema, oportunidade de se fazer uso benéfico do calor residual

moradia comum. O maior empecilho para tal tecnologia é a sua sensibilidade às impurezas no abastecimento de hidrogênio. Isso leva à degradação gradual e, finalmente, à pane da célula de combustível. No momento, os sistemas de células de combustível com membrana para troca de prótons conseguem operar por aproximadamente 5.000 horas antes que seus componentes vitais exijam substituição ou recondicionamento caro.

As *células de combustível a ácido fosfórico* (PAFC) já estão comercialmente disponíveis e são utilizadas em mais de 200 prédios do mundo inteiro. A maioria das PAFCs produz entre 200 kW e 1 MW. Devido à escala da geração de energia, elas geralmente são encontradas em edificações maiores, como hospitais, lares para idosos, hotéis, edifícios de escritórios, escolas e terminais aeroportuários. A principal vantagem do uso dessas células é que elas aceitam hidrogênio com níveis de impurezas superiores, o que tem garantido sua aceitação comercial. Por outro lado, entre suas desvantagens estão o alto custo, a baixa densidade de energia e o grande tamanho e peso. Deixando de lado tais problemas, as PAFCs são as células de combustível atualmente mais bem aceitas no mercado.

Pontos-chave para o projeto de arquitetura

Além de silenciosas e geralmente não poluentes, as células de combustível têm outra grande vantagem: a eficiência. Uma célula de combustível é capaz de produzir duas vezes mais eletricidade que um gerador com motor de combustão interna – considerando-se uma quantidade de combustível equivalente. A eficiência do motor de combustão é 33–35%; a da célula de combustível, 40%. A diferença pode parecer pequena, mas, com a recuperação por cogeração da energia térmica produzida pela célula de combustível, a eficiência é incrementada radicalmente e chega a quase 80%. Para projetar uma edificação de modo a utilizar ao máximo a energia gerada pela célula de combustível, é necessário integrar o sistema de células de combustível a outros sistemas da edificação (como calefação e refrigeração).

Também é preciso considerar o espaço necessário para a célula de combustível, incluindo uma localização apropriada. Os sistemas de células de combustível utilizados somente para fornecimento elétrico de apoio podem ser colocados sobre uma base de concreto fora da edificação, de modo muito similar a um conjunto de geradores utilizado como energia auxiliar. Todavia, para usar a célula de combustível para fins de geração contínua, o ideal é integrá-la à casa de máquinas do prédio. O acesso direto ao painel de distribuição elétrica, bem como ao sistema de climatização, é essencial. No estágio atual de desenvolvimento das tecnologias de células de combustível, é difícil estimar a área necessária. As dimensões abaixo, referentes a alguns equipamentos disponíveis no mercado, podem ajudar no planejamento. Em sistemas com capacidade maior, as células de combustível provavelmente serão sistemas modulares destas unidades:

- Unidade de 1 kW: 45 cm de largura × 69 cm de espessura × 51 cm de altura
- Unidade de 4 kW: 120 cm de largura × 56 cm de espessura × 140 cm de altura
- Unidade de 200 kW: 5,5 m de largura × 3 m de espessura × 3 m de altura

Considerações sobre a implementação

O projetista de um edifício que utilizará fontes alternativas de energia precisa pensar em termos de eficiência. É importante projetar tais edificações de maneira a utilizar o calor e a eletricidade produzidos pela célula de combustível. É possível integrar os aquecedores de água domésticos e trocadores de calor ao sistema de células de combustível. Quanto mais oportunidades de sinergia forem aproveitadas, mais econômica será a instalação da célula de combustível.

Projeto passo a passo

Na escolha do tamanho e do tipo de uma célula de combustível, é crucial verificar os equipamentos disponíveis no comércio. Muitos produtos ainda estão no estágio de protótipo, embora a disponibilidade de sistemas prontos esteja aumentando. Os passos a seguir são etapas gerais para ajudar na escolha de um tipo e tamanho de célula de combustível e na decisão de onde implantá-la dentro de uma edificação.

1. Estime a carga base de energia e a carga de pico para o prédio em questão. A célula de combustível deve ser selecionada para essa carga de pico, caso venha a ser a única fonte geradora de energia para o prédio (uma instalação não conectada à rede pública).

2. Uma célula de combustível menor pode ser apropriada se for para ser utilizada conectada à rede pública de energia elétrica ou a um conjunto de baterias que carregarão durante os horários em que o consumo não está no pico (uma instalação de apoio). A seleção de uma célula de combustível para atender à carga de base talvez seja a melhor maneira de otimizar o retorno sobre o investimento e a eficiência geral do sistema.

3. Desenvolva estratégias que recuperem o calor gerado pela célula a combustível. Em sistemas pequenos, esse calor pode ser aproveitado em um sistema de aquecimento de água para uso doméstico ou em um sistema de calefação com piso radiante. Em sistemas maiores (de 200 kW ou mais), há células de combustível disponíveis com componentes de cogeração térmica já incluídos no equipamento.

4. Certifique-se de que a célula de combustível esteja implantada de modo a facilitar a conexão ao quadro de força do prédio, a integração imediata com as oportunidades de cogeração e a ventilação externa (se estiver dentro do prédio). Em edifícios grandes, o local mais lógico para sua instalação é a casa de máquinas; em edifícios pequenos ou moradias, pode ser possível a instalação em um armário na área de serviço. Instalações internas também são muito comuns.

PROBLEMA TÍPICO
O problema típico desta estratégia está incluído no projeto passo a passo, devido à sua natureza genérica.

Exemplos

Figura 4.298 As células de combustível não precisam ser de cor cinza ou sem graça. Um sistema colorido, de 200 kW, fornece eletricidade para o Zoológico de Los Angeles, Califórnia. UTC POWER

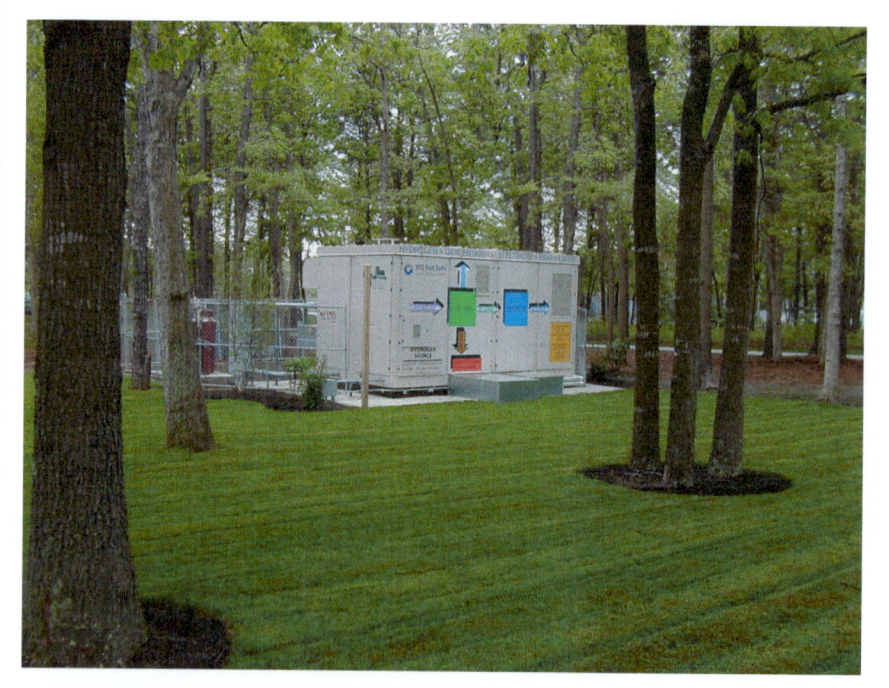

Figura 4.299 Uma célula de combustível de 200 kW gera eletricidade e água quente para uso doméstico no Richard Stockton College, em Pomona, New Jersey. UTC POWER

Figura 4.300 Uma célula de combustível de 200 kW gera eletricidade e água quente para uso doméstico na Sede do Ford Premier Automotive Group, em Irvine, Califórnia. UTC POWER

Mais informações

Fuel Cells 2000. www.fuelcells.org/

Hoogers, G. 2002. *Fuel Cell Technology Handbook*, CRC Press, Boca Raton, FL.

U.S. Department of Energy, Hydrogen Program. www.hydrogen.energy.gov/fuel_cells.html

UTC Power. www.utcfuelcells.com/fs/com/bin/fs_com_Page/0,11491,0229,00.html

Walsh, B. and R. Wichert. 2010. Fuel Cell Technology in *Whole Building Design Guide*. www.wbdg.org/resources/fuelcell.php

APÓS A DEFINIÇÃO DO PARTIDO

Após a decisão pelo uso de uma célula de combustível e a verificação de sua viabilidade durante a definição do partido, grande parte do esforço de projeto do sistema (incluindo o dimensionamento final e a seleção dos equipamentos) ocorrerá durante o desenvolvimento do projeto. Os esforços durante essa etapa incluirão o refinamento da estimativa da carga elétrica do prédio, a adequação dos perfis de carga às estratégias de controle e operação da célula de combustível, o aproveitamento máximo das estratégias e dos equipamentos para uso do calor residual, a especificação de todos os componentes e o desenvolvimento de um Manual do Usuário para o sistema de célula de combustível. A contratação de especialistas em sistemas de células de combustível a hidrogênio é crucial.

NOTAS

Os SISTEMAS DE COGERAÇÃO DE ENERGIA TÉRMICA E ELÉTRICA são sistemas para geração de eletricidade *in loco* especificamente concebidos para reciclar o calor residual produzido pelos processos de geração de energia elétrica e usá-lo em calefação, refrigeração ou processos industriais. O calor desses sistemas de cogeração geralmente é recuperado na forma de água quente ou de vapor de água sob baixa pressão. Os termos "cogeração" e "sistemas de energia total" também são empregados para se referir à cogeração e energia térmica e elétrica. Como esses sistemas são localizados no próprio terreno onde a energia é necessária, eles às vezes são chamados "sistemas de energia distribuída".

SISTEMAS DE COGERAÇÃO DE ENERGIA TÉRMICA E ELÉTRICA

Figura 4.302 Sistema de cogeração de energia térmica e elétrica usando microturbinas e um resfriador de absorção com efeito duplo na cobertura da Biblioteca Ronald Reagan, em Simi Valley, Califórnia, Estados Unidos. UTC POWER

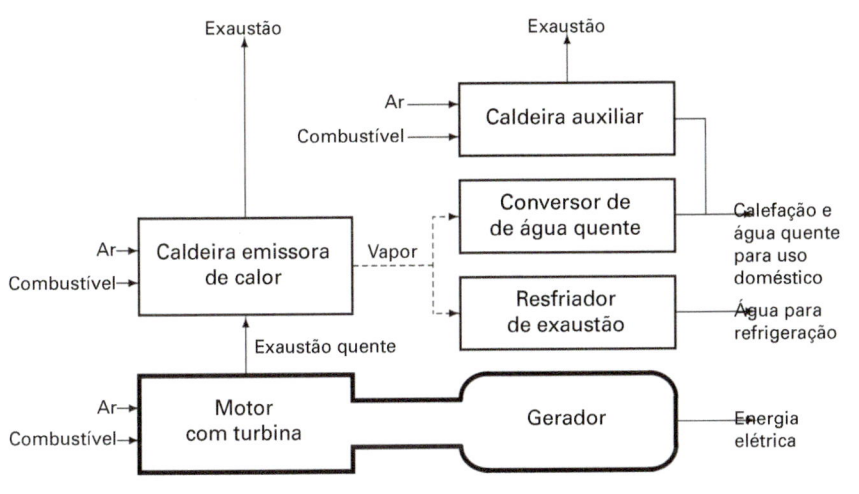

Figura 4.301 Diagrama esquemático de um sistema de cogeração com base em microturbina comum. NICHOLAS RAJKOVICH

Em geral, os sistemas de cogeração são mais eficientes em energia que os geradores centrais comuns de energia elétrica por duas razões:

1. O processo de geração de eletricidade em um gerador de energia comum envolve a perda de grande parte do calor lançado na atmosfera e/ou em lagos de resfriamento.
2. O processo de transmissão de eletricidade pela rede pública elétrica a uma edificação distante envolve uma perda significativa de energia devido à resistência nas linhas e nos transformadores de distribuição.

Um sistema de cogeração projetado apropriadamente é no mínimo duas vezes mais eficiente que um equipamento comum de conversão de energia com combustíveis fósseis, convertendo até 80% da energia do combustível consumido em eletricidade e calor útil (que não é perdido). Como a eletricidade é gerada *in loco* e, portanto, não está sujeita às interrupções e aos problemas da rede pública, as tecnologias de cogeração estão sendo cada vez mais usadas como fontes de fornecimento ininterrupto de energia ou para a obtenção de uma energia limpa e de alta qualidade.

Como mostra a Figura 4.301, os sistemas de cogeração de energia térmica e elétrica não se limitam a somente aquecer e eletrificar uma edificação; é possível direcionar a energia térmica residual a um resfriador de absorção para proporcionar o resfriamento de ambientes. Nessa aplicação, os sistemas de cogeração também são chamados de sistemas de fornecimento de refrigeração, calefação e energia elétrica.

OBJETIVO
Geração de eletricidade *in loco*, eficiência em energia

EFEITO
Geração de eletricidade, calefação e/ou refrigeração ativas, água quente para uso doméstico, aquecimento para processos industriais

OPÇÕES
Novas tecnologias diversas, incluindo: turbina a gás, microturbina, turbina a vapor, motor a pistão, célula de combustível

QUESTÕES DE COORDENAÇÃO
Sistemas ativos de calefação e refrigeração, sistemas elétricos, sistemas estruturais, controle dos ruídos/vibração

ESTRATÉGIAS RELACIONADAS
Sistemas de Recuperação de Energia, Resfriadores de Absorção

PRÉ-REQUISITOS
Tarifas públicas de energia elétrica, cargas e perfis de energia elétrica da edificação, perfis e cargas de aquecimento e refrigeração da edificação

Figura 4.303 Um sistema de cogeração com microturbina fornece até 120 kW de energia elétrica e térmica em Floyd Bennett Field, Brooklyn, Nova York, Estados Unidos. DENNIS R. LANDSBERG, LANDSBERG ENGINEERING

Figura 4.304 O Ritz-Carlton Hotel, em São Francisco, Califórnia, Estados Unidos, combina quatro microturbinas de 60 kW e um resfriador de absorção com efeito duplo para fornecer 240 kW de eletricidade e refrigeração ao hotel de 336 apartamentos. UTC POWER

Pontos-chave para o projeto de arquitetura

Além de espaço adequado para o equipamento de cogeração, deve haver espaço para as operações de manutenção e substituição. Em caso de instalação perto de espaços ocupados, será necessário implementar estratégias apropriadas de controle de ruídos e vibração. Como os sistemas de cogeração geralmente envolvem combustão *in loco*, é importante considerar a localização das chaminés de exaustão e tomadas de ar para combustão. Os elementos do sistema estrutural devem ser dimensionados a fim de acomodar as cargas dos equipamentos de cogeração.

Considerações sobre a implementação

São cinco os tipos básicos de sistemas de cogeração de energia térmica e elétrica: turbinas a gás, microturbinas, geradores com motor a pistão, turbinas a vapor e células de combustível.

Tabela 4.19 Vantagens, desvantagens e capacidade elétrica dos sistemas comuns de cogeração. ADAPTADO DO CATALOGUE OF CHP TECHNOLOGIES, U.S. EPA

Sistema de cogeração	Vantagens	Desvantagens	Capacidade
Turbina a gás	Alta confiabilidade Baixas emissões Alta geração de calor Refrigeração desnecessária	Requer gás de alta pressão ou compressor a gás	500 kW–250 MW
Microturbina	Número pequeno de peças móveis Compacta e leve Baixas emissões Refrigeração desnecessária	Alto custo inicial Eficiência relativamente baixa Limitado a aplicações de cogeração com temperaturas mais baixas	30 kW–350 kW
Motor a pistão	Alta eficiência em energia Partida rápida Baixo custo inicial	Alto custo de manutenção Limitado a aplicações de cogeração com temperaturas mais baixas Refrigeração necessária Altas emissões Altos níveis de ruídos	4–65 MW
Turbina a vapor	Alta eficiência geral Múltiplas opções de combustível Alta confiabilidade	Partida lenta Relação pequena entre energia térmica e elétrica	50 kW–250 MW
Célula de combustível	Baixas emissões Alta eficiência Projeto modular	Alto custo inicial Os combustíveis exigem um processamento especial, a menos que se utilize hidrogênio puro	200 kW a 250 kW

As turbinas a gás usam combustível para acionar um rotor de alta velocidade conectado a um gerador elétrico. A alta temperatura exaurida pelo processo de combustão gera vapor de água sob uma pressão de até 8.270 kPa e temperatura de 480°C. Essas turbinas geralmente estão disponíveis em capacidades elétricas que variam de 500 kW a 250 MW e podem ser usadas com diversos combustíveis, como gás natural, gás sintético, gás de depósito de lixo e óleos combustíveis. Os sistemas de cogeração grandes, que maximizam a geração de energia elétrica para ser vendida à rede pública de eletricidade, constituem grande parte da capacidade de cogeração atual com base em turbinas a gás.

As microturbinas também queimam combustível para acionar um rotor de alta velocidade e são similares às turbinas a gás em termos de construção – mas menores em escala. Podem usar diversos combustíveis, incluindo gás natural, gasolina, querosene e óleo ou diesel. No caso da cogeração de energia térmica e elétrica com microturbinas, um trocador de calor transfere o calor do exaustor para um sistema de água quente. Esse calor é útil para várias aplicações na edificação, incluindo aquecimento de água para uso doméstico e calefação de ambientes, para acionar um resfriador de absorção ou para recarregar equipamentos de desumidificação dessecantes. As microturbinas chegaram ao mercado em 2000 e, em geral, estão disponíveis na faixa entre 30 kW–350 kW.

O terceiro tipo de sistema utiliza um motor a pistão para acionar um gerador elétrico. O gás natural é o combustível mais indicado (em função das emissões mais baixas); no entanto, também é possível usar propano, gasolina, diesel e gás de depósito de lixo. Os motores a pistão acionam rapidamente, conseguem acelerar ou reduzir a velocidade de acordo com as cargas elétricas variáveis, têm uma boa eficiência à carga parcial e costumam ser extremamente confiáveis. São indicados para aplicações que requerem uma partida rápida e água quente e vapor de baixa pressão como geração de calor.

As turbinas a vapor geram eletricidade conforme o vapor de alta pressão emitido por uma caldeira aciona uma turbina e um gerador. Podem utilizar diversos combustíveis, incluindo gás natural, resíduos sólidos, carvão mineral, madeira, restos de madeira e derivados agrícolas. A capacidade das turbinas a vapor disponíveis no mercado normalmente varia de 50 kW a mais de 250 MW.

Tabela 4.20 Comparação dos sistemas comuns de cogeração de energia térmica e elétrica

Tipo de sistema de cogeração	Custo da instalação (por kw)	Emissões de gases com efeito estufa	Eficiência energética	Eficiência total	Ruídos relativos
Turbina a gás	Baixo	Moderadas	22–36%	70–75%	Moderados
Microturbina	Moderado	Moderadas	18–27%	65–75%	Moderados
Gerador com motor	Moderado	Altas	22–45%	70–80%	Altos
Turbina a vapor	Baixo	Moderadas	15–38%	80%	Moderados
Célula a combustível	Alto	Baixas	30–63%	65–80%	Altos

ADAPTADO DO CATALOGUE OF CHP TECHNOLOGIES, U.S. EPA.

As aplicações ideais dos sistemas de cogeração de energia com base em turbina a vapor incluem equipamentos industriais ou institucionais de médio e grande porte com altas cargas térmicas e/ou onde há combustíveis sólidos ou residuais disponíveis para pronta entrega e que possam ser usados na caldeira a vapor.

O quinto tipo de sistema, ou seja, as células de combustível, é uma tecnologia emergente com potencial para atender às necessidades de energia elétrica e térmica com pouca ou nenhuma emissão de gases com efeito estufa. As células de combustível usam um processo eletroquímico para converter a energia química do hidrogênio em água e eletricidade. Nas aplicações de cogeração de energia térmica e elétrica, o calor geralmente é recuperado na forma de água quente ou vapor de baixa pressão. As células de combustível usam hidrogênio processado do gás natural, gás de carvão, metanol ou de outros combustíveis hidrocarbonados.

PROBLEMA TÍPICO
Os passos ao lado são mais conceituais que físicos; portanto, não será apresentado um problema típico.

Projeto passo a passo

Estude os passos abaixo para determinar se um sistema de cogeração é apropriado para o contexto da edificação/equipamento pretendido. A especificação e o projeto de um sistema de cogeração exigirão os conhecimentos especializados de um engenheiro elétrico ou mecânico qualificado e, em geral, envolverão uma simulação energética detalhada visando estabelecer as cargas de energia elétrica e térmica de pico (e parciais) no equipamento.

1. Considere as cargas de energia térmica e elétrica: como as mais baixas capacidades de cogeração estão em torno de 30 kW, equipamentos com cargas elétricas relativamente altas – com cargas térmicas coincidentes (e substanciais) – são ideais para o uso de sistemas de cogeração.

2. Considere os horários de uso das cargas: as aplicações mais bem-sucedidas de sistemas de cogeração envolvem equipamentos nos quais as demandas de eletricidade e calor normalmente estão em sincronia (evitando a necessidade de armazenagem térmica e o uso substancial de uma caldeira independente para calefação). Com frequência, equipamentos de uso contínuo se encaixam nessa condição.

3. Considere a infraestrutura: equipamentos com recursos de calefação e refrigeração centrais, como um *campus* universitário, proporcionam uma boa oportunidade para os sistemas de cogeração devido à existência prévia de uma infraestrutura para a distribuição de calefação e refrigeração. Além disso, geralmente há uma demanda grande ou contínua por energia térmica e elétrica.

4. Considere a qualidade da energia elétrica e a confiabilidade necessária: equipamentos que requerem energia elétrica de alta qualidade ou ininterrupta, como um centro de dados ou um hospital, geralmente exigem um sistema de geração de energia elétrica de apoio. Como parte significativa dos custos do sistema de cogeração está na compra, instalação e interconexão do sistema de cogeração de energia elétrica à rede pública, frequentemente é mais fácil justificar seu custo inicial quando um gerador se faz necessário.

5. Considere o preço da eletricidade consumida: com frequência, os sistemas de cogeração são financeiramente viáveis quando as cargas de energia térmica e elétrica de pico de um equipamento coincidem com horários de preços altos ou provocam cobranças altas em função da demanda. O sistema de cogeração pode ajudar a "restringir" o consumo de energia durante os horários de demanda de pico.

6. Considere a disponibilidade de combustível: o combustível (como gás natural, diesel ou biocombustível) usado para abastecer um sistema de cogeração deve estar disponível no local do projeto. Dependendo do tipo de sistema selecionado, equipamentos auxiliares, como compressores ou tanques de armazenagem, talvez sejam necessários. Esses acessórios exigem espaço e afetam a viabilidade econômica do sistema de cogeração.

7. Considere as exigências espaciais: deve haver espaço adequado para os componentes do sistema de cogeração. Tais exigências são difíceis de generalizar. Em muitos casos, os elementos do sistema de cogeração (caldeiras, resfriadores e talvez até um gerador) seriam necessários mesmo sem o sistema de cogeração. O projetista tem de lidar com a estética do sistema e também com a integração espacial.

Se, após analisar as questões citadas, o equipamento parecer compatível com um sistema de cogeração, o planejamento de tal sistema deverá ser incluído nas decisões de definição do partido.

Exemplos

Figura 4.305 Quatro microturbinas a gás, de 60 kW, da University of Toronto, Canadá, são integradas a um resfriador de absorção de efeito duplo de 110 ton. No inverno, o calor residual das microturbinas ajuda a aquecer o *campus*. No verão, o calor residual alimenta o resfriador de absorção, reduzindo as cargas de pico tanto do sistema de refrigeração quanto do sistema de geração de eletricidade do *campus*. UTC POWER

Figura 4.306 O A&P Fresh Market, em Mount Kisco, Nova York, usa quatro microturbinas de 60 kW com um resfriador de absorção de efeito duplo para geração de eletricidade, refrigeração no verão, calefação no inverno, pré-resfriamento do sistema de refrigeração de processos e regeneração com dessecante. UTC POWER

Figura 4.307 O reator a biogás da Stahlbush Island Farms, em Corvalis, Oregon, Estados Unidos, usa restos de frutas, verduras e legumes para gerar energia elétrica para 1.100 casas. STAHLBUSH ISLAND FARMS

Mais informações

Os estudos de caso sobre sistemas de cogeração apresentados são da UTC Power. www.utcpower.com/ (search on CHP)

ASHRAE 2006. *ASHRAE GreenGuide*, 2nd ed. American Society of Heating, Refrigerating and Air-Conditioning Engineers, Atlanta, GA.

(UK) Combined Heat and Power Association. www.chpa.co.uk/

U.S. Clean Heat & Power Association. www.uschpa.org/i4a/pages/index.cfm?pageid=1

U.S. Environmental Protection Agency, Combined Heat and Power Partnership. www.epa.gov/chp/

U.S. Environmental Protection Agency 2008. Catalogue of CHP Technologies, United States Environmental Protection Agency, Combined Heat and Power Partnership, Washington, DC. www.epa.gov/chp/basic/catalog.html

APÓS A DEFINIÇÃO DO PARTIDO

O projeto de um sistema de cogeração é extremamente complexo e exige, desde o início, a participação de consultores em engenharia mecânica e elétrica, bem como simulações de padrões de carga e coincidências (as quais são as bases para um sistema bem-sucedido). Algumas dessas análises detalhadas ocorrerão durante a definição do partido. Já no desenvolvimento do projeto, são feitos a seleção e o detalhamento de componentes do sistema, interconexões e controles. Um sistema de cogeração deve ficar a cargo de especialistas, e o cliente deve receber um Manual do Usuário que ajude com o treinamento dos operadores para a manutenção e o gerenciamento do sistema.

NOTAS

ÁGUA E ESGOTO

ÁGUA E ESGOTO

A redução do consumo de água exige a implementação de estratégias nas escalas do terreno e do prédio. Muitas estratégias eficientes no consumo de água, como o uso de aparelhos sanitários de baixa vazão e controles automáticos, envolvem pouco ou nenhum investimento inicial e/ou períodos de retorno de investimento muito curtos. Outras medidas – como a reciclagem da água servida ou a captação de água pluvial, na escala da edificação, ou a construção de bacias de detenção ou de sistemas de biorremediação, na escala do terreno – têm impactos significativos nos custos iniciais.

Aparelhos sanitários de baixa vazão se tornaram a norma há mais de uma década. Para ir além do uso desses recursos que hoje já são banais, considere o emprego de bacias sanitárias com vazão mínima, bacias sanitárias com descarga dupla, mictórios sem água, bacias sanitárias de compostagem e controles automáticos para lavatórios. Reduções ainda maiores no consumo de água de uma edificação podem ser alcançadas com tubulações separadas para a água potável e a água servida. Os mictórios sem água, as bacias sanitárias de compostagem e a reciclagem de água servida não são aceitos em todos os municípios – confira as exigências locais antes de levar adiante o projeto desses sistemas. Em um pequeno número de projetos, o tratamento de água *in loco* (com o uso, por exemplo, de uma Máquina Viva) pode ser apropriado.

Na escala do terreno, as reduções no consumo de água podem ser alcançadas com o reaproveitamento da água servida ou a coleta da água da chuva na irrigação de jardins. A redução do escoamento da água da chuva e o aumento da recarga do lençol freático podem ser conseguidos por meio de redução da área pavimentada, uso de materiais permeáveis onde pavimentos secos são necessários, biodigestores, áreas de retenção de água e bacias de detenção artificiais.

Equipamentos ecológicos, como mictórios sem água e bacias sanitárias de compostagem podem demandar o treinamento especial ou o fornecimento de instruções para os usuários. Esses elementos, assim como outros (pavimentos permeáveis e biodigestores, por exemplo), também podem exigir rotinas de manutenção periódicas. Os projetistas e proprietários das edificações devem treinar o pessoal encarregado da manutenção sobre os objetivos ecológicos, bem como sobre os requisitos de operação e manutenção desses sistemas.

Estratégias
Bacias sanitárias de compostagem
O reúso ou a reciclagem de água
Máquinas vivas
Sistemas de captação de água
Superfícies permeáveis
Biodigestores
Bacias de retenção

NOTAS

BACIAS SANITÁRIAS DE COMPOSTAGEM

As BACIAS SANITÁRIAS DE COMPOSTAGEM (também chamadas de bacias sanitárias biológicas, bacias sanitárias secas ou bacias sanitárias sem água) fazem a decomposição química de excrementos humanos, produtos de papel, restos de alimentos e outros materiais com base de carbono. Os resíduos oxigenados são transformados em "húmus", um produto similar à terra que pode ser usado como fertilizante em plantações agrícolas não comestíveis.

Os benefícios das bacias sanitárias de compostagem incluem o menor consumo de água potável (especialmente para uma tarefa tão singela quanto a remoção de resíduos cloacais) e a redução das cargas impostas ao esgoto central ou a sistemas sépticos locais. Elas têm sido usadas com sucesso em edificações residenciais e também comerciais e/ou institucionais. Com frequência, mictórios sem água são utilizados em conjunto com as bacias sanitárias de compostagem em edifícios comerciais e/ou institucionais.

Figura 4.309 Bacia sanitária de compostagem do prédio das salas de aula do Islandwood Campus, em Brainbridge Island, Washington.

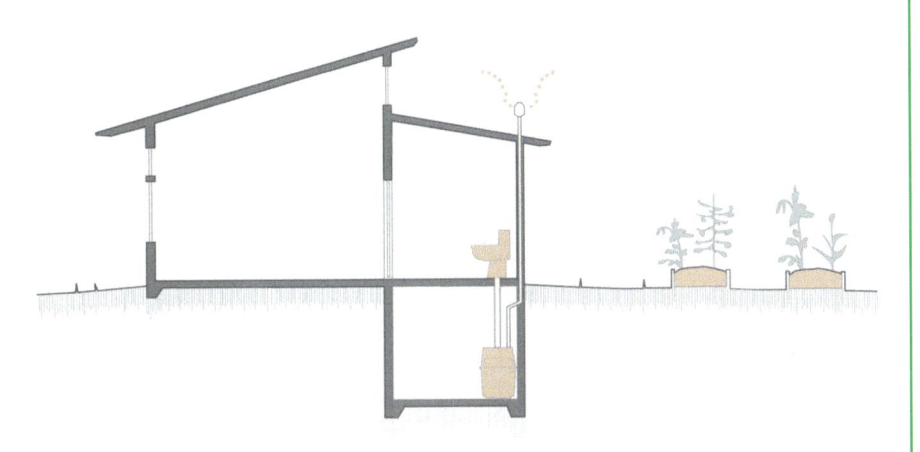

Figura 4.308 Diagrama esquemático de um sistema de bacia sanitária de compostagem – com as etapas de uso da bacia, da biodigestão e do aproveitamento de húmus. JON THWAITES

As bacias sanitárias de compostagem aproveitam as bactérias e os fungos aeróbicos para decompor dejetos – exatamente como acontece na compostagem de lixo orgânico em um jardim. O dimensionamento e a aeração apropriados permitem que os dejetos se reduzam a 10–30% do volume original. Alguns sistemas de bacias sanitárias de compostagem exigem que se "vire a pilha" a fim de permitir que as áreas superficiais recebam uma exposição regular ao oxigênio. Outros sistemas permitem espaços com ventilação adequada e facilitam a oxigenação por meio da introdução de materiais com alto conteúdo de carbono, como serragem, palha ou casca de árvore.

Os sistemas de bacias sanitárias de compostagem podem utilizar bacias sanitárias com água (locais) independentes ou unidades centralizadas com uma área de coleta "de destino". As unidades independentes são mais trabalhosas, pois utilizam bandejas relativamente menores para a remoção do húmus. Os sistemas centralizados reduzem a necessidade de atenção por parte do operador ou usuário e estão disponíveis em modelos por lote e contínuos. A bacia sanitária de compostagem por lotes usa um receptáculo de compostagem que é substituído à medida que o contêiner chega à sua capacidade máxima. Os sistemas contínuos dependem da viragem periódica da pilha e da remoção do húmus pronto para auxiliar no processo de compostagem. Ambos os sistemas requerem atenção somente ocasional – em geral, apenas uma ou duas vezes por ano. Independentemente do sistema de bacias sanitárias de compostagem empregado, será necessária alguma manutenção regular.

OBJETIVO
Diminuir o consumo de água potável

EFEITO
Conservação de água, redução da carga nos sistemas de esgoto centrais ou locais

OPÇÕES
Equipamentos independentes, equipamentos de compostagem remota – configurações de lotes ou operação contínua

QUESTÕES DE COORDENAÇÃO
Normas hidrossanitárias municipais, organização espacial, área de descarte de húmus

ESTRATÉGIAS RELACIONADAS
Reúso/Reciclagem de Água

PRÉ-REQUISITOS
Normas hidrossanitárias municipais, informações sobre a ocupação da edificação, informações sobre as práticas de manutenção do cliente

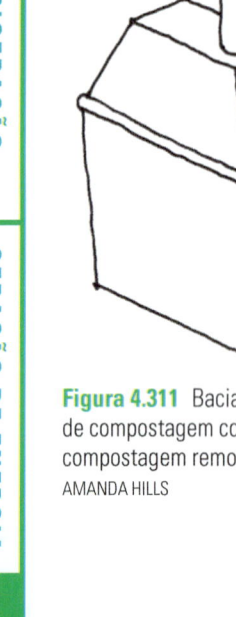

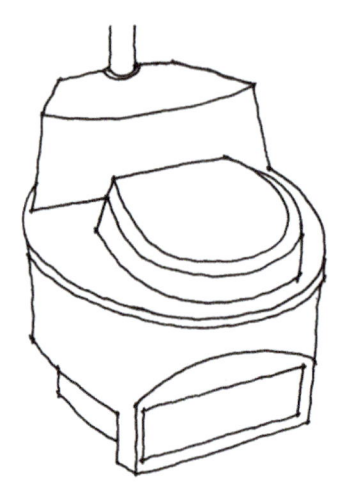

Figura 4.310 Bacia sanitária de compostagem residencial independente. AMANDA HILLS

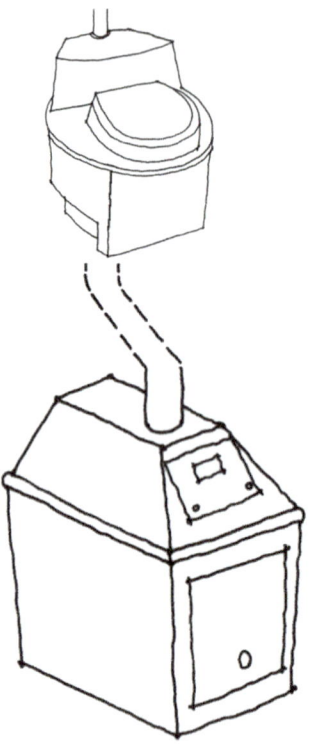

Figura 4.311 Bacia sanitária de compostagem com tanque de compostagem remoto e contínuo. AMANDA HILLS

Pontos-chave para o projeto de arquitetura

É necessário ventilar os espaços de coleta, assim como o recinto da bacia sanitária. Os sistemas de ventilação devem se elevar no mínimo 0,6 m em relação à cumeeira do telhado – em geral, usando um tubo de PVC de 100 mm ou outro aprovado pelo código. A compostagem eficiente exige temperaturas ambientes mínimas de 18°C; temperaturas mais baixas tornam o processo mais lento.

As bacias sanitárias devem ser instaladas verticalmente acima de uma caixa de coleta de maneira a permitir o transporte apropriado dos dejetos sólidos. (Há modelos disponíveis com baixo fluxo de água que permitem instalações fora de prumo – caso isso seja exigido pelos condicionantes do projeto.) Os tubos ou dutos que conectam os acessórios aos tanques geralmente têm 35,5 cm (14 in) de diâmetro e precisam se conectar ao ponto mais alto da parte posterior do tanque para assegurar a continuidade do processo de compostagem. Em geral, aconselham-se no máximo duas bacias sanitárias por tanque de coleta.

Os tanques de coleta exigem pelo menos 0,3 m de afastamento no topo para as conexões de tubos, além de um espaçamento de 1,2 m na frente, para a remoção do material compostado. Sugere-se que a área onde se encontra o tanque de coleta tenha acesso direto ao exterior da edificação. A área que abriga o tanque de coleta deve ser drenada apropriadamente e não pode apresentar risco de alagamento.

O dimensionamento das unidades ou sistemas de bacias sanitárias depende da ocupação da edificação e do uso previsto. Os tamanhos dos tanques variam conforme o fabricante. A Tabela 4.21 dá uma ideia das dimensões dos equipamentos mais comuns. Tanques múltiplos são comuns em situações de uso intensivo (comerciais e/ou institucionais), para que se obtenha a capacidade desejada. As unidades de bacias sanitárias de compostagem são similares, em planta baixa, às bacias sanitárias convencionais, mas normalmente parecem ser "mais pesadas" ou "mais gordinhas".

Tabela 4.21 Dimensões das bacias sanitárias de compostagem comuns

Tipo	Usos/dia	Comprimento (cm)	Largura (cm)	Altura (cm)
Independente	6	64	84	64
Tanque remoto	9	112	66	68
Tanque remoto	12	175	66	76
Tanque remoto	80	292	158	162
Tanque remoto	100	292	158	226

As dimensões das unidades com tanque remoto incluem o tanque de coleta, mas não a bacia sanitária propriamente dita (que é um componente à parte).

Considerações sobre a implementação

É importante considerar como será feito o descarte do húmus durante a definição do partido. Deve haver um jardim adequado ou outra área com vegetação, disponível para que o húmus seja usado como fertilizante (o meio de descarte mais lógico e ecológico). Para fins de planejamento, considere que cada 25 usos produzirão quatro litros de húmus. O húmus ou adubo não deve ser utilizado perto de poços de água ou plantações de alimentos. As exigências específicas dos códigos municipais também devem ser consultadas.

A manutenção das temperaturas apropriadas nas áreas de coleta é uma preocupação de projeto que deve ser abordada já no início – ela também é uma boa oportunidade para o uso de um sistema de aquecimento solar passivo.

Projeto passo a passo

1. Estime o uso diário do vaso sanitário de compostagem definindo o número de usuários da edificação e considerando três usos por pessoa ao longo de um período de 8 horas.
2. Escolha um sistema central ou independente levando em conta a capacidade necessária, os objetivos do projeto e uma ideia de como o prédio será operado e mantido. Um sistema central faz mais sentido na maioria dos equipamentos urbanos públicos de uso intensivo.
3. Reserve o espaço para um ou mais tanques remotos, conforme o necessário para o tipo de sistema selecionado e a capacidade exigida.
4. Preveja espaços para acesso e manutenção em torno dos tanques remotos. Certifique-se de que o leiaute da planta baixa e a estrutura da edificação permitirão a conexão da bacia sanitária aos tanques remotos (caso estes sejam escolhidos).

Exemplos

PROBLEMA TÍPICO
Um pequeno centro de pesquisa com ocupação diária de 12 pessoas será dotado de bacias sanitárias de compostagem.

1. A capacidade total das bacias sanitárias é estimada da seguinte maneira: 12 usuários x 3 usos por dia = 36 usos por dia.
2. Um sistema de tanques remotos é considerado apropriado para uma aplicação comercial do tipo.
3. Consultando a Tabela 4.21, selecionamos um sistema para 80 usos por dia, com planta baixa de aproximadamente 3 x 1,5 m.
4. Uma área adicional de 100% será prevista, para acesso e manutenção do sistema.

Figura 4.312 Tanques de compostagem contínuos e remotos recebem os dejetos das bacias sanitárias localizadas no pavimento diretamente acima.

Figura 4.314 O coletor solar do bloco das latrinas da Escola Druk White Lotus, em Ladakh, na Índia. CAROLINE SOHIE, ARUP+ ARUP ASSOCIATES

A luz entra na chaminé solar pela tela mosquiteira e atrai moscas

O ar quente sobe pela chaminé junto com moscas, odores e umidade

Uma quantidade mínima de luz entra no cubículo

Os acabamentos com metais de cor escura aquecem e acionam a ventilação solar

O esgoto dos lavatórios vai para o sumidouro

O ar frio é succionado para a fossa junto com moscas e odores

Porta de acesso para esvaziar a fossa

Drenagem para remover o esgoto

Compostagem com dejetos secos em duas fossas

Os líquidos se infiltram no solo

Figura 4.313 As latrinas "VIP" de compostagem utilizam a ventilação por efeito chaminé assistida pelo sol para secagem e controle de odores. ARUP + ARUP ASSOCIATES

APÓS A DEFINIÇÃO DO PARTIDO

As decisões quanto à capacidade do sistema e ao tipo de bacia sanitária que serão utilizados durante a definição do partido serão convalidadas no desenvolvimento do projeto, usando-se informações mais detalhadas. Equipamentos específicos serão dimensionados, selecionados, detalhados e especificados. A contratação de especialistas para o projeto e a instalação do sistema seria uma medida prudente, mas é absolutamente indispensável que seja fornecido um Manual do Usuário ao cliente. Placas com informações sobre como utilizar uma bacia de compostagem são muito comuns, a fim de instruir os usuários ocasionais.

Mais informações

Del Porto, D. and C. Steinfield. 2000. *Composting Toilet System Book: A Practical Guide to Choosing, Planning and Maintaining Composting Toilet Systems.* The Center for Ecological Pollution Prevention, Concord, MA.

Jenkins, J. 2005. *The Humanure Handbook: A Guide to Composting Human Manure*, 3rd ed. Jenkins Publishing, Grove City, PA.

Oikos, Green Building Source, "What is a Composting Toilet System and How Does it Compost?" oikos.com/library/compostingtoilet/

Reed, R., J. Pickford and R. Franceys. 1992. *A Guide to the Development of On-Site Sanitation.* World Health Organization, Geneva

O REÚSO OU A RECICLAGEM DE ÁGUA

O REÚSO OU A RECICLAGEM DE ÁGUA conservam água ao utilizar determinado volume de água mais de uma vez no mesmo terreno da edificação. O reúso de água é a reutilização da água em qualquer aplicação que não seu uso original – os sistemas de coleta e reaproveitamento da água servida talvez sejam os exemplos mais conhecidos dessa abordagem. A reciclagem de água é a reutilização da água na mesma aplicação em que foi usada originalmente. No entanto, esses dois termos costumam ser usados sem maior rigor, como se fossem sinônimos.

A aplicação bem-sucedida de uma estratégia de reúso de água exige a avaliação do grau de potabilidade necessário para cada uso de água. Por exemplo, é possível usar água não potável na descarga de bacias sanitárias e mictórios, enquanto o cozimento de alimentos só pode ser feito com água potável. O projeto para o reúso de água envolve a integração dos "efluentes" de um sistema no abastecimento de outro. O sucesso implica equilibrar as necessidades da qualidade da água que entra para um uso com a qualidade da água que sai de outro uso. Para alguns tipos de reúso, pode ser necessário um tratamento intermediário.

Figura 4.316 Aviso para não beber a água reciclada. Dockside Green, Victoria, British Columbia. BUSBY PERKINS + WILL

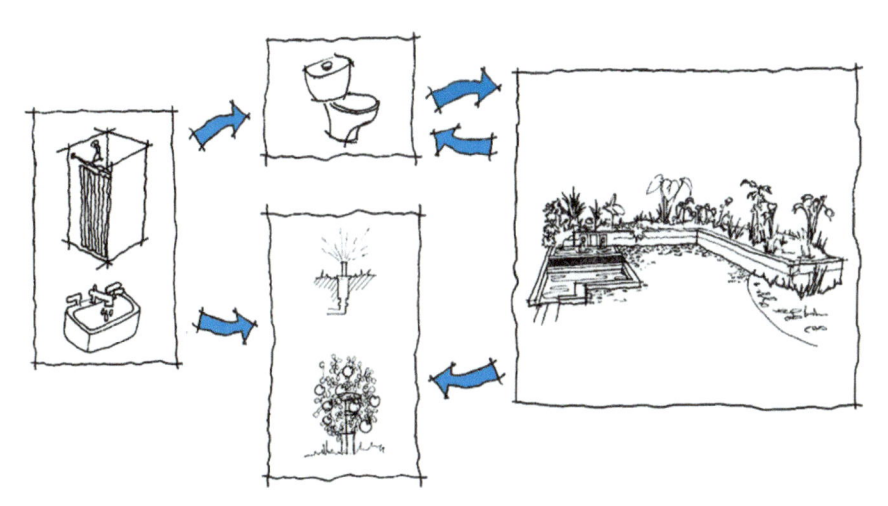

Figura 4.315 Diagrama esquemático de um sistema de reúso da água servida, mostrando as fontes da água servida, a armazenagem e o tratamento e os componentes de uso. JONATHAN MEENDERING

A água servida é o esgoto sanitário (de lavatórios, chuveiros, máquinas de lavar e outros aparelhos hidrossanitários) que não inclui restos de alimentos ou dejetos humanos. A água servida que contém restos de alimentos e dejetos humanos é chamada de "água fecal". A água servida é relativamente fácil de reutilizar, mas a fecal não. O primeiro tipo contém menos nitrogênio e menos patógenos, e, portanto, se decompõe mais rápido que o outro. O reúso da água servida pode ser uma estratégia econômica e eficiente para diminuir o consumo total de água da edificação, pois não direciona a água servida apropriada para o sistema de esgoto, mas sim para outros usos (como irrigação). O reúso da água servida em uma edificação consegue reduzir a carga imposta no sistema de esgoto, diminuir o consumo total de energia e de produtos químicos da edificação e gerar novas oportunidades de paisagismo. O alcance do possível reúso da água servida depende do consumo de água potável da edificação, da distribuição de tal consumo de água com o passar do tempo e da capacidade de coletar e utilizar convenientemente a água servida no local.

OBJETIVO
Conservação de água

EFEITO
Menor demanda no abastecimento de água potável, consumo reduzido de energia para o tratamento e a distribuição de água

OPÇÕES
Escala, aplicações (fontes e usos), níveis de tratamento, recuperação de calor

QUESTÕES DE COORDENAÇÃO
Paisagismo e irrigação, sistema de tratamento e descarte de esgoto, sistemas de climatização e hidrossanitário (para reaproveitamento de calor), espaço para armazenagem, códigos locais

ESTRATÉGIAS RELACIONADAS
Máquinas Vivas, Sistemas de Coleta de Água, Bacias de Retenção, Biodigestores

PRÉ-REQUISITOS
Informações sobre o terreno, inventário de usos/consumos de água, normas municipais de saúde

Pontos-chave para o projeto de arquitetura

As estratégias de reúso de água podem ter um impacto tão grande (ou tão pequeno) na percepção e na aparência da edificação quanto o projetista desejar. O reúso de água pode ser aproveitado como uma ferramenta educativa visual ou tratado apenas como mais um sistema predial de apoio "invisível". É possível usar os sistemas de armazenagem e tratamento de água como belos elementos organizacionais (bacias de detenção ou cisternas) no projeto – mas isso exige espaço.

Para exemplos de níveis de tratamento de água para reúsos possíveis de água, veja a Figura 4.317. Na maior parte dos Estados Unidos, a água pluvial coletada precisa ser tratada no nível terciário antes de ser usada em bacias sanitárias ou mictórios (veja, por exemplo, as diretrizes de reúso de água da United States Environmental Protection Agency para a Região 9). Vários estados dos Estados Unidos (incluindo Califórnia, Oregon, Montana, Texas, Utah, Arizona e Novo México) já desenvolveram políticas que fomentam o uso benéfico de águas servidas dentro e fora das edificações. Acima de tais políticas públicas, devemos levar em conta a percepção dos usuários das edificações no emprego de qualquer estratégia de reúso ou reciclagem de água.

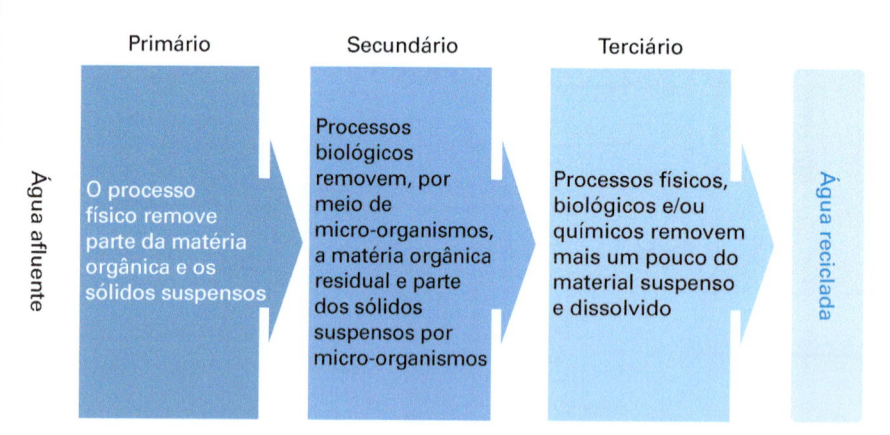

Água afluente → **Primário**: O processo físico remove parte da matéria orgânica e os sólidos suspensos → **Secundário**: Processos biológicos removem, por meio de micro-organismos, a matéria orgânica residual e parte dos sólidos suspensos por micro-organismos → **Terciário**: Processos físicos, biológicos e/ou químicos removem mais um pouco do material suspenso e dissolvido → **Água reciclada**

Figura 4.317 Níveis de tratamento da água reciclada. A desinfecção para matar patógenos após os tratamentos secundário e terciário permite o uso controlado dos efluentes. ADAPTADO DE GRAYWATER GUIDE: USING GRAYWATER IN YOUR HOME LANDSCAPE, STATE OF CALIFORNIA, OFFICE OF WATER USE RESOURCES

Considerações sobre a implementação

As estratégias de reúso e reciclagem de água provavelmente implicarão – talvez mais que qualquer outra estratégia de construção ecológica – uma rígida supervisão das autoridades locais em função de questões de saúde e segurança. Prepare-se para resolver essas questões diretamente e no início do processo de projeto. Faça as pesquisas necessárias para compreender as possíveis preocupações e esteja pronto para oferecer suporte às estratégias propostas (consultando outros códigos de edificação ou por meio de estudos de caso de aplicações bem-sucedidas).

A implementação de uma estratégia viável de reúso da água servida requer uma edificação com consumo suficiente de água potável para gerar água servida adequada e usos apropriados para ela. Além disso, a edificação precisa ter espaço disponível para acomodar a infraestrutura do sistema de água servida: tubulação adicional para o esgotamento da água servida (com um sistema separado para água fecal) junto com tanques de armazenagem e tratamento para prepará-las para o reúso. A edificação ideal para o reúso da água servida é um edifício residencial (ou com ocupação similar) de alta densidade que gere uma quantidade significativa de água servida. Para que o sistema de água servida seja tecnicamente viável e economicamente interessante, a edificação deve produzir uma quantidade de água servida bem superior à de água fecal.

Projeto passo a passo – águas servidas

1. Faça uma análise detalhada do consumo de água para a edificação proposta. A análise inclui uma estimativa dos tipos de consumo de água e suas respectivas quantidades para horários comuns. A Tabela 4.22 pode ser usada como ponto de partida para tal estimativa de aplicações residenciais.

Tabela 4.22 Estimativa de fontes de água servida em usos residenciais. ADAPTADO DE WWW.GREYWATER.COM/PLANNING.HTM E *MECHANICAL AND ELECTRICAL EQUIPMENT FOR BUILDINGS*, 10TH ED.

Consumo de água	Geração de efluente	Qualidade do efluente
Máquina de lavar roupa	Abertura superior: 115–190 L/carga Abertura frontal: 38 L/carga com 1,5 cargas/semana/adulto com 2,5 cargas/semana/adulto	Água servida
Máquina de lavar louça	19–38 L/carga	Água servida
Ducha	Baixo fluxo: 75 L/dia/pessoa Alto fluxo: 150 L/dia/pessoa	Água servida
Pia de cozinha	19–56 L/dia/pessoa	Água servida

2. Estabeleça as aplicações apropriadas para o uso da água servida e estime a quantidade de água servida necessária. A estimativa das técnicas variará dependendo do uso previsto – sugere-se uma conversa com um consultor em agricultura ou um profissional de paisagismo para os usos externos em potencial.

3. Decida se o reúso da água servida é apropriado, com base no volume de água servida disponível, nas considerações de arquitetura e do terreno e na quantidade de água que poderia ser utilizada pelas aplicações em potencial da água servida.

4. Com base nas considerações do projeto e da relação entre a geração e o consumo da água servida em um período representativo, decida entre o tratamento e a armazenagem ou o reúso imediato.

5. Com base na natureza da aplicação do reúso e das necessidades de armazenagem, determine se a filtragem será empregada.

6. Incorpore os elementos de coleta ou armazenagem da água servida no projeto.

PROBLEMA TÍPICO

Um complexo com 10 apartamentos em Moab, Utah, Estados Unidos, utilizará a água servida para irrigar o jardim. Estime a quantidade semanal de água servida produzida.

1. Cada apartamento será ocupado por quatro pessoas e terá uma pia de cozinha, dois lavatórios, duas bacias sanitárias, duas duchas, uma lava-louça e uma lava-roupa. A geração semanal de água servida é estimada da seguinte maneira (com pressupostos quanto aos fluxos e o uso de acordo com as Tabelas 4.22 e 4.24):

   Duchas: (2 unidades) (115 L) (2 usuários) = (460 L/dia) (7 dias/semana) = 3.220 L/semana

   Pia de cozinha (incluída como recurso de água servida já que a gestão do lixo alimentar é abordada pelas diretrizes ecológicas dos inquilinos): (1 unidade) (38 L) (4 usuários) = (152 L/dia) (7 dias/semana) = 1.064 L/semana

   Lava-louça: (1 unidade) (38 L) (0,5 carga/dia) = (19 L/dia) (7 dias/semana) = 133 L/semana

   Lava-roupa: (1 unidade) (145 L) (6 cargas/semana) = 870 L/semana

   Geração semanal total de água servida = 5.271 L

   Os efluentes das bacias sanitárias e lavatórios não são incluídos por serem considerados água fecal.

2. As exigências estimadas de água para irrigação para os jardins de uso misto com 372 m² em Moab são as seguintes (considerando uma rega semanal de 25 mm): (372 m²) (25 mm de água/semana) = 9.300 L /sem

Assim, o sistema de reciclagem de água servida seria insuficiente para suprir aproximadamente 57% da necessidade de irrigação do jardim.

3. Esse uso da água servida é considerado adequado (embora atenda apenas a parte do consumo), em virtude de seu potencial de conservação de água.
4. Um sistema de irrigação contínuo será empregado para reduzir a necessidade de armazenagem de água.
5. Um filtro de areia será utilizado para melhorar a qualidade da água para esse uso público e para minimizar a deposição e a coleta de sedimentos ao longo do tempo.
6. Não é necessário um sistema de armazenagem de água para essa aplicação.

Exemplos

Figura 4.318 Vista de um condomínio em Dockside Green, Victoria, British Columbia. O tratamento das águas servidas (não mostrado na fotografia) *in loco* e as bacias de retenção proporcionam um sistema integrado de gestão da água para o condomínio. BUSBY PERKINS + WILL

Figura 4.320 Um dos benefícios da reciclagem da água. BUSBY PERKINS + WILL

Figura 4.319 Toda a água servida é tratada *in loco*, e a água processada é reciclada para manter cheios os espelhos de água e ser utilizada na descarga de bacias sanitárias. BUSBY PERKINS + WILL

Figura 4.321 As coberturas verdes, as bacias de retenção e a gestão cuidadosa da água ajudaram o condomínio Dockside Green a conseguir a certificação LEED Platinum. BUSBY PERKINS + WILL

Figura 4.322 Jogo de água em Dockside Green, alimentado com água reciclada. BUSBY PERKINS + WILL

Mais informações

The Chartered Institution of Water and Environmental Management. Water Reuse. http://www.ciwem.org/resources/water/reuse.asp

"Greywater: What it is . . . how to treat it . . . how to use it." www.greywater.com/

Ludwig, A. 2006. *Create an Oasis with Greywater*, 5th ed. Oasis Design, Santa Barbara, CA.

Oasis Design. Greywater Information Central.
www.greywater.net/

State of Florida, Department of Environmental Protection. 2003. "Water reuse resources."
www.dep.state.fl.us/water/reuse/techdocs.htm

U.S. Environmental Protection Agency (Region 9). "Water Recycling and Reuse: The Environmental Benefits."
www.epa.gov/region9/water/recycling/

APÓS A DEFINIÇÃO DO PARTIDO

Os detalhes do reúso e da reciclagem da água serão resolvidos durante a fase de desenvolvimento do projeto, quando serão selecionados e/ou projetados os equipamentos de tratamento de água, os reservatórios e as conexões das tubulações. O sucesso dessa estratégia, contudo, dependerá da análise de viabilidade feita durante a definição do partido e das conexões entre os afluentes e influentes. A contratação de especialistas para o projeto desses sistemas é essencial – assim como o desenvolvimento de um Manual do Usuário.

NOTAS

MÁQUINAS VIVAS

As MÁQUINAS VIVAS são um sistema patenteado de tratamento de dejetos que envolve cálculos e foi criado para processar o esgoto cloacal de uma edificação *in loco*. O tratamento é realizado por uma série de tanques anaeróbicos e aeróbicos que contêm bactérias específicas que consomem patógenos, carbono e outros nutrientes presentes no esgoto cloacal, deixando-o limpo e seguro para o reúso ou a reciclagem (para aplicações selecionadas) ou a reintrodução nos jardins ou no terreno.

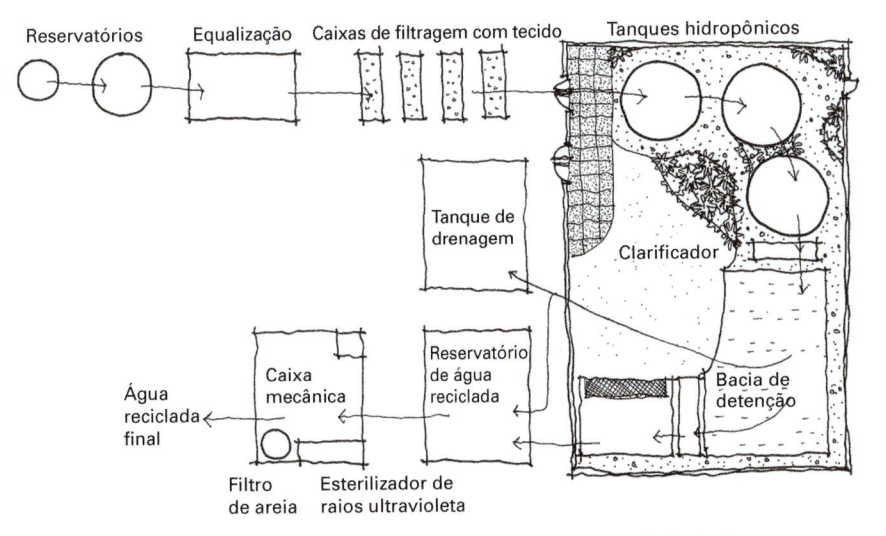

Figura 4.323 Diagrama mostrando os componentes comuns e a sequência de fluxos em uma Máquina Viva. KATE BECKLEY

Figura 4.324 Um dos três reatores hidropônicos que tratam e reciclam o esgoto cloacal no islandwood Campus, Ilha de Bainbridge, Washington, Estados Unidos.

O tipo mais comum de Máquina Viva é o sistema hidropônico que utiliza bactérias, plantas e bacias de detenção com ladrões para tratar o esgoto. Em termos mais específicos, ela consiste em dois tanques anaeróbicos, um tanque aeróbico fechado, três tanques anaeróbicos abertos (hidropônicos), um clarificador, uma bacia de detenção e um filtro de raios ultravioleta.

A água é um recurso precioso essencial para a vida; contudo, os impactos humanos nas reservas de água fresca – como salinização, acidificação e poluição, entre muitos outros – colocam em risco sua disponibilidade para inúmeras pessoas. Edificações institucionais geralmente usam entre 285 e 475 l por pessoa por dia. A maior parte desse consumo se torna esgoto que flui – normalmente por muitos quilômetros – até uma estação de tratamento, onde é limpo e despejado em um rio, lago, oceano ou talvez um aquífero. As Máquinas Vivas oferecem uma alternativa a tal paradigma de descarte centralizado ou aos métodos menos eficientes e menos desejáveis de despejo de esgoto *in loco*. De qualquer forma, a água é mantida no local, o que pode ser ecologicamente desejado.

Pontos-chave para o projeto de arquitetura

As Máquinas Vivas são objetos grandes que ocupam uma área de piso substancial – a acomodação dessas demandas espaciais e volumétricas é muito importante para o projeto de arquitetura.

OBJETIVO
Tratamento de esgoto cloacal *in loco*

EFEITO
Trata o esgoto para reciclagem/reúso ou despejo *in loco*

OPÇÕES
Abordagem para conter os digestores aeróbicos, abordagem de "despejo" de água (bacia de detenção ou outra técnica)

QUESTÕES DE COORDENAÇÃO
Cargas de esgoto cloacal da edificação, aprovação da prefeitura, localização no terreno, área de instalação

ESTRATÉGIAS RELACIONADAS
Análise do Terreno, Reúso/Reciclagem de Água, Sistemas de Coleta de Água, Bacias Sanitárias de Compostagem, Biodigestores

PRÉ-REQUISITOS
Área suficiente no terreno, anuência do cliente e objetivos do projeto, aprovação da prefeitura, geração de esgoto prevista

Figura 4.325 Plantas saudáveis e vistosas em um reator hidropônico de Máquina Viva.

Para um funcionamento apropriado, as Máquinas Vivas exigem cuidados contínuos. Essa manutenção precisa estar adequada à capacidade do cliente e deve ser abordada durante o projeto.

As Máquinas Vivas produzem uma quantidade de líquido geralmente equivalente, em volume, à entrada (consumo) de água potável da edificação. É necessário acomodar essa descarga de água no terreno. Uma boa quantidade de vegetação também é produzida e colhida e deve ser usada de modo vantajoso no local.

A bacia de detenção *in loco* tem implicações no paisagismo e nas possibilidades estéticas dos vários tanques de processamento e seu entorno.

Considerações sobre a implementação

As Máquinas Vivas exigem um espaço externo, preferencialmente adjacente às edificações atendidas, onde os tanques aeróbicos fechados possam ser enterrados. Tais tanques devem ficar em local com acesso para os trabalhadores da manutenção e inspeção da maquinaria.

O ciclo de tratamento das Máquinas Vivas se baseia em processos metabólicos que ocorrem melhor dentro de uma faixa específica de temperaturas. A temperatura ideal para a nitrificação – que ocorre nos tanques aeróbicos abertos – é de 19 a 30°C. Portanto, para apresentar o desempenho ideal, esses tanques devem ser colocados dentro de um equipamento com controle de temperatura. Uma estufa anexa (ou jardim de inverno) funciona bem em determinados climas e é capaz de diminuir o consumo de energia adquirida para oferecer suporte ao tratamento de esgoto cloacal.

As Máquinas Vivas são sistemas funcionais de tratamento de esgoto – e devem ser tratadas como tal. Recomenda-se sua separação (pelo menos nas perspectivas térmicas, de fluxo de ar e circulação) do edifício que é atendido pelo sistema. Isso não impede visitas ao sistema ou a observação de elementos transparentes.

Projeto passo a passo

Por se tratar de uma tecnologia patenteada, não existem orientações gerais disponíveis para o dimensionamento de uma Máquina Viva. O projeto de uma Máquina Viva para uma situação específica envolverá a consulta de um especialista no sistema. Para fins de definição do partido, as informações abaixo devem permitir a alocação de espaços apropriados. Os valores se baseiam em informações de várias instalações de Máquinas Vivas existentes.

1. Determine a carga de esgoto cloacal da edificação em litros por dia (L/d). Os manuais de projeto de edificações costumam seguir valores para tal estimativa.

2. Estime os tamanhos aproximados do tanque aeróbico e do clarificador de acordo com a Tabela 4.23. Caso utilize uma bacia de detenção *in loco* para facilitar o fluxo da água reciclada de volta ao ecossistema, estime seu tamanho (também de acordo com a Tabela 4.23).

PROBLEMA TÍPICO

Um museu de energia renovável proposto para Prince Edward Island, no Canadá, incluirá dois banheiros, uma pequena cozinha e uma pequena sala de aula/laboratório com várias pias. Aproximadamente 100 pessoas visitam o museu e trabalham nele diariamente.

1. Estima-se que um edifício institucional desse tipo produzirá 330 L de esgoto por pessoa/dia. (100 visitantes) (330 L) = 33.000 L

3. Reserve um espaço condicionado para os digestores aeróbicos, de modo que haja espaço suficiente para os funcionários da manutenção andarem ao redor dos tanques, podar as plantas e realizar testes de qualidade da água. Proporcione espaço (sugerimos 10% extra) para equipamentos adicionais, incluindo bombas, medidores, tubos e um filtro UV. Se visitas às Máquinas Vivas forem previstas como parte dos objetivos do projeto, deixe espaços adequados para circulação e observação de pessoas.
4. Preveja um espaço próximo para uma casa de máquinas de apoio – 1,8 × 3 m devem bastar para um sistema de capacidade média.
5. O espaço externo necessário para os tanques anaeróbicos equivale em tamanho ao espaço necessário para os tanques aeróbicos.

Tabela 4.23 Dimensões aproximadas dos componentes das Máquinas Vivas para três sistemas com tamanhos diferentes

Capacidade do sistema	Dimensões do tanque aeróbico	Dimensões do clarificador	Dimensões da bacia de detenção
Pequena: 9.460 L/d, use 3 tanques aeróbicos			
	diâmetro: 1,8 m altura: 0,9 m capacidade: 5.680 L	diâmetro: 2,4 m altura: 0,9 m capacidade: 2.650 L	4,6 × 9,1 m profundidade: 0,9 m
Média: 37.850 L/d, use 6 tanques aeróbicos			
	diâmetro: 2,4 m altura: 1,2 m profundidade: 2,4 m capacidade: 11.360 L	diâmetro: 2,4 m altura: 1,2 m profundidade: 2,4 m capacidade: 11.360 L	6,1 × 6,1 m profundidade: 1,2 m
Grande: 132.475 L/d, use 4 tanques aeróbicos			
	diâmetro: 4,3 m altura: 0,9 m profundidade: 3,0 m capacidade: 37.850 L	diâmetro: 4,3 m altura: 0,9 m profundidade: 3,0 m capacidade: 37.850 L	é necessário o dimensionamento caso a caso

2. De acordo com a Tabela 4.23, uma Máquina Viva para tal carga "média" exigiria tanques aeróbicos com 2,4 m de diâmetro, um tanque clarificador com as mesmas dimensões e uma bacia de detenção de aproximadamente 6,1 x 6,1 m. Devido ao clima relativamente frio do inverno local, os tanques aeróbicos devem ser instalados em um local fechado e aquecido (como uma estufa anexa).
3. Uma estufa anexa com 75 m^2 é proposta para abrigar os tanques aeróbicos e os equipamentos complementares e permitir a visitação de algumas pessoas.
4. Também será prevista uma casa de máquinas com 9 m^2.
5. Cerca de 37 m^2 de área adjacente à estufa anexa e bacia de detenção serão necessários para os tanques anaeróbicos.

Exemplos

Figura 4.326 A Máquina Viva do Islandwood Campus, na Ilha de Bainbridge, Washington, foi projetada para tratar e reciclar uma vazão média de 11.360 L/d, aproximadamente 70–80% da água potável do *campus*.

Figura 4.327 A Máquina Viva (o volume no primeiro plano) do Adam J. Lewis Center for Environmental Studies, Oberlin College, Oberlin, Ohio. O desempenho do sistema pode ser acompanhando pela Internet (veja Mais Informações).

Mais informações

Corkskrew Swamp Sanctuary Living Machine. www.audubon.org/local/sanctuary/corkscrew/Information/LivingMachine.html

Oberlin College. Adam Joseph Lewis Center, "Living Machine and Water Use." www.oberlin.edu/ajlc/systems_lm_1.html

Todd, J. and B. Josephson. 1994. "Living Machines: Theoretical Foundations and Design Precepts." *Annals of Earth*, 12, No. 1, pp. 16-24.

Todd, N.J. and J. Todd. 1994. *From Eco-Cities to Living Machines: Principles of Ecological Design*, North Atlantic Books, Berkeley, CA.

USEPA 2001. *The "Living Machine" Wastewater Treatment Technology: An Evaluation of Performance and System Cost*, U.S. Environmental Protection Agency, Washington, DC. EPA 832-R-01-004.

USEPA. 2002. Wastewater Technology Fact Sheet: The Living Machine®. U.S. Environmental Protection Agency, Washington, DC.

Worrell Water Technologies. (Living Machine). www.livingmachines.com/

APÓS A DEFINIÇÃO DO PARTIDO
As Máquinas Vivas são uma tecnologia patenteada e deverão ser projetadas pelo fabricante e se adequar às necessidades de cada edificação. Informações detalhadas sobre o uso da edificação e sua operação deverão ser dadas ao fabricante o mais breve possível, para garantir que as exigências do sistema efetivamente fabricado sejam adequadas àquelas estimadas durante a definição do partido. As Máquinas Vivas muitas vezes exigem certificação e testagem especiais dos órgãos fiscalizadores das prefeituras. A contratação de especialistas e o desenvolvimento de um Manual do Usuário detalhado são muito importantes.

NOTAS

SISTEMAS DE CAPTAÇÃO DE ÁGUA

Os SISTEMAS DE CAPTAÇÃO DE ÁGUA têm sido usados, historicamente, para coletar água para consumo de pessoas e animais, irrigação, lavagem de roupa e refrigeração passiva. Também conhecida como captação de água pluvial, é uma técnica simples com inúmeros benefícios.

O uso inteligente dos recursos de água deve ser inerente ao projeto de edificações ecológicas. Essa estratégia pode ser usada para diminuir o consumo de água potável de outras fontes ou para complementar tais fontes a fim de permitir uma aplicação (como a jardinagem) que, de outra forma, seria cara em termos de recursos. A água pluvial armazenada em cisternas pode atuar como uma fonte de apoio em casos de emergência ou como fonte complementar em momentos de maior necessidade ou redução de recursos. A coleta e a armazenagem da água pluvial que escoa de coberturas e outras superfícies impermeáveis ajudam a diminuir os fluxos de água da chuva e, possivelmente, os alagamentos. Do ponto de vista econômico, a captação de água pode resultar em menos gastos com o abastecimento de água.

Figura 4.329 Uma cisterna de concreto abastecida por uma grande calha no Islandwood Campus na Ilha de Bainbridge, Washington, Estados Unidos.

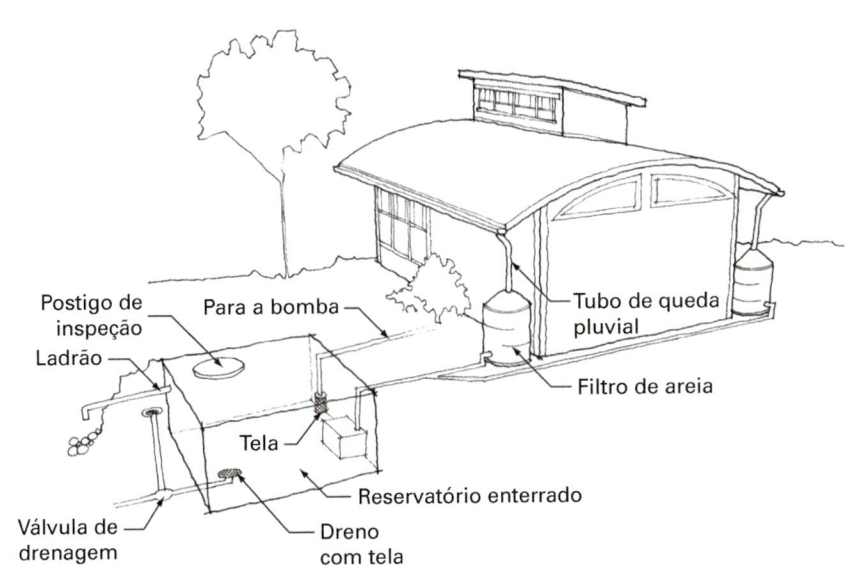

Figura 4.328 Leiaute esquemático de um sistema de captação e armazenagem de água pluvial para uma edificação residencial. JONATHAN MEENDERING

Duas escalas de sistemas de captação pluvial são comumente usadas:

- sistemas menores que captam o escoamento da cobertura para uso doméstico
- sistemas maiores que usam elementos do terreno, como áreas de captação, para fornecer irrigação complementar para a agricultura

É possível aumentar a escala de um sistema doméstico para englobar projetos maiores. Na escala do terreno da edificação, os sistemas de captação de água conseguem incorporar biodigestores e bacias de detenção. Os componentes de um sistema de captação de água pluvial geralmente executam uma das seguintes funções: captação, transporte, purificação, armazenagem e distribuição.

OBJETIVO
Conservação de água

EFEITO
Redução no uso de fontes de água comprada, maior disponibilidade de recursos de água

OPÇÕES
Localização e superfície do coletor (cobertura, campo, etc.); tipo, localização e capacidade de armazenagem

QUESTÕES DE COORDENAÇÃO
Coordenação do terreno, planos e materiais da cobertura, localização da armazenagem, sistemas de tubulação, projeto de paisagismo

ESTRATÉGIAS RELACIONADAS
Análise do Terreno, Reúso/Reciclagem de Água, Biodigestores, Bacias de Detenção, Coberturas Verdes, Superfícies Permeáveis

PRÉ-REQUISITOS
Exigências das normas municipais, informações sobre a demanda de água, dados pluviométricos locais

Pontos-chave para o projeto de arquitetura

Uma abordagem de projeto baseada na conservação de água reserva água de alta qualidade para tarefas de padrão elevado (potável), bem como água de qualidade inferior para tarefas menos nobres (não potáveis). Tal abordagem enfatiza a reciclagem da água como meio de diminuir o uso de recursos de água potável, além de reduzir o consumo total de água. A armazenagem de água exigirá um volume substancial reservado que pode ficar escondido ou bem evidente – nesse caso, como um aspecto visível do projeto. Independentemente da abordagem, o volume de armazenagem deve ser calculado durante a definição do partido.

Considerações sobre a implementação

Para a maioria dos sistemas em escala residencial/comercial, o projeto da cobertura é determinante para a captação. O processo de projeto deve abordar os materiais da cobertura, pois sua escolha afetará a qualidade da água. O aço galvanizado esmaltado em fábrica e o aço inoxidável sem pintura são boas opções para coberturas. Os acabamentos de metal não podem conter chumbo nem metais pesados. É mais provável que telhas chatas de asfalto, rachas de madeira e telhas de concreto ou de barro favoreçam o crescimento de mofo, algas e musgos; o mesmo não ocorre com as superfícies de metal. As telhas chatas de madeira tratada podem liberar preservantes; já as telhas chatas de asfalto podem liberar compostos petrolíferos. Materiais de cobertura ásperos ou porosos reterão parte da água que poderia escoar e ser captada. A purificação da água é, principalmente, uma consideração de desenvolvimento de projeto, mas não pode ser ignorada caso se pretenda utilizar a água captada para fins potáveis.

A armazenagem de água geralmente envolve um reservatório. Os materiais empregados na construção de reservatórios incluem concreto armado moldado *in loco*, blocos de concreto impermeabilizados, tijolo ou pedra assentada com argamassa e rebocada com argamassa de cimento no interior, tanques de aço pré-fabricados, tanques de concreto pré-moldados, tanques de madeira de lei e tanques de fibra de vidro. Os reservatórios precisam ficar na parte mais elevada de uma estação de tratamento de esgoto. Evite áreas baixas, onde possam ocorrer inundações. É possível incorporar os reservatórios à estrutura da edificação, dentro de porões ou sob varandas. Um sistema subterrâneo consegue prevenir o congelamento da água armazenada e mantê-la fresca no verão.

Tabela 4.24 Consumo de água *per capita* diário estimado (residencial)

	Galões por pessoa por dia	Litros por pessoa por dia
Mínimo possível recomendado	13	50
Países em desenvolvimento	13–26	50–100
Países europeus	65–92	250–350
Austrália (50% para uso externo; 25% para toaletes)	92	350
Reino Unido	89	335
Estados Unidos (75% para usos internos; 25% para toaletes)	106–145	400–550

Observações: As estimativas de consumo variam consideravelmente conforme a fonte (os dados acima representam o consenso de diversas fontes públicas); o consumo diário é afetado substancialmente pelo uso de aparelhos sanitários eficientes em água (os valores acima se baseiam em aparelhos sanitários convencionais).

Projeto passo a passo

Estes procedimentos oferecem valores representativos para o pré-dimensionamento de sistemas domésticos de uso de água potável. As quantidades reais de água podem variar consideravelmente, de acordo com o projeto, e dependem muito do clima.

1. Preveja o uso de aparelhos sanitários de baixa vazão. Não faz sentido investir em uma estratégia de captação de água sem antes diminuir a demanda por meio da escolha apropriada de aparelhos. Aparelhos sanitários de baixa vazão conseguem reduzir a demanda de água em 25–50% (em comparação com os aparelhos convencionais).

2. Estime o consumo de água da edificação. O consumo interno de água normalmente inclui bacias sanitárias/mictórios, duchas, lavagem de louça, lavagem de roupa e água para beber/cozinhar. O consumo de água é expresso em litros por dia (L/d); o consumo por pessoa seria multiplicado pelo número de usuários da edificação. É possível estimar o consumo anual de água multiplicando-se os L/d por 365 dias. Para o consumo de água diário comum, veja a Tabela 4.24.

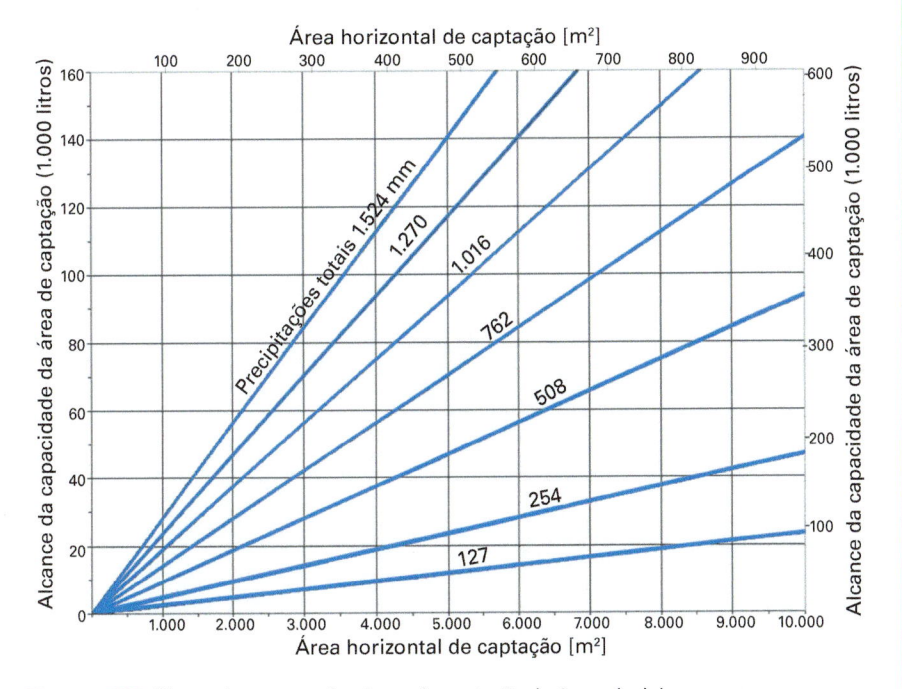

Figura 4.330 Dimensionamento das áreas de captação de água pluvial. KATHY BEVERS, ADAPTADO DO U.S. EPA OFFICE OF WASTE WATER MANAGEMENT.

3. Determine os índices pluviométricos disponíveis para o terreno da edificação. Os dados são frequentemente obtidos em relatórios anuais de fontes governamentais. Para fins de captação de água pluvial, pressuponha que um ano "seco" produzirá ⅔ das precipitações de um ano típico. Portanto, (precipitações no projeto) = ⅔ (precipitações anuais médias).

4. Determine a área de captação necessária. Consultando a Figura 4.330, determine a área de captação necessária para abastecer o consumo de água anual do projeto (considerando os índices pluviométricos anuais).

PROBLEMA TÍPICO

Um anexo de um pavimento de 465 m² projetado para uma biblioteca existente em Allegheny River Valley, Pensilvânia, Estados Unidos, usará a água da chuva para a descarga das bacias sanitárias no edifício preexistente.

1. São utilizadas bacias sanitárias convencionais no edifício preexistente.
2. Estima-se que o consumo de água será: (6 L/descarga x 3 descargas/dia x 15 funcionários).
3. As precipitações no projeto são (2/3) (1.041 mm) = 694 mm.

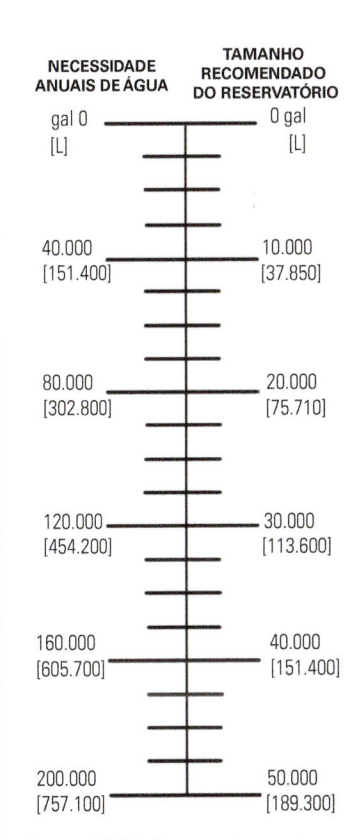

Figura 4.331 Como estimar o tamanho do reservatório com base em uma capacidade de armazenagem equivalente a ¼ do consumo anual de água. ADAPTADO DE PRIVATE WATER SYSTEMS HANDBOOK, 4TH ED., MIDWEST PLAN SERVICE

4. Calculando a demanda anual de água:

   270 L/d x 365 dias = 98.550 L

   Consultando-se a Figura 4.330, a área de coleta necessária para os 98.550 L de água, com precipitações de projeto de 694 mm, é de aproximadamente 240 m².

   Isso equivale a cerca de 50% da área de cobertura da ampliação da biblioteca – algo bastante viável.

5. De acordo com os dados climáticos, o período seco para essa área é estimado em 90 dias.

   Capacidade do reservatório = 270 L/d x 90 dias = 24.300 L. Uma análise rápida da Figura 4.331 mostra que essa estimativa é razoável.

   Volume do reservatório = 25 m³.

A área de cobertura empregada para captação deverá ser a área de sua projeção no plano horizontal, e não a área de superfície. Em geral, apenas 75% das precipitações anuais médias realmente serão aproveitadas para armazenagem no reservatório (devido a perdas inevitáveis, como evaporação, neve, gelo e retenção de água nas superfícies das coberturas).

5. Calcule o volume do reservatório. A capacidade estimada deve ser baseada na duração do período sem chuvas mais longo obtido com os dados climatológicos. Capacidade do reservatório: L/d de uso × dias do período sem chuvas. O volume pode ser calculado de maneira muito simples: $1 \text{ m}^3 = 1.000$ litros. A Figura 4.331 apresenta um método alternativo de dimensionamento aproximado de reservatórios.

6. Determine o local de implantação do reservatório. Um reservatório instalado perto dos pontos de consumo de água faz mais sentido e pode reduzir a potência necessária do sistema de bombeamento. Uma instalação subterrânea pode reduzir o impacto e manter a água a uma temperatura estável; já uma instalação sobre o solo pode ser aproveitada em termos de impacto visual e para fins didáticos.

7. Selecione ou projete o reservatório. Ele será baseado no volume necessário, no material escolhido, na manutenção e nas peculiaridades do terreno.

Exemplos

Figura 4.332 Torre de observação e reservatório de água da chuva (com cerca de 19 mil litros) da galeria do visitante e dos edifícios administrativos do Lady Bird Johnson Wildflower Center, em Austin, Texas.

Capítulo 4 ♦ Estratégias de Projeto 283

Figura 4.333 Um grande reservatório junto à entrada do Lady Bird Johnson Wildflower Center, em Austin, Texas, foi construído com pedras locais e faz parte do amplo sistema de captação de água da chuva do centro.

Figura 4.334 Os reservatórios construídos com barris de picles reciclados de uma fábrica vizinha fazem parte do sistema de captação pluvial bastante visível da Chesapeake Bay Foundation, em Annapolis, Maryland.

APÓS A DEFINIÇÃO DO PARTIDO

O estudo de viabilidade e o pré-dimensionamento de um sistema de coleta de água serão feitos durante a definição do partido. Outras análises feitas durante o desenvolvimento do projeto otimizarão essas estimativas preliminares. Os equipamentos e componentes do sistema serão dimensionados, selecionados e detalhados. Sistemas de captação de água não residenciais devem ser deixados a cargo de especialistas, e o projeto de sistemas de qualquer escala deve incluir a elaboração de um Manual do Usuário que apresente os pressupostos e as expectativas do projetista, além de oferecer informações sobre a manutenção e a operação do sistema.

Mais informações

Grondzik, W. et al. 2010. *Mechanical and Electrical Equipment for Buildings*. 11th ed. John Wiley & Sons, Hoboken, NJ.

Iowa State University 2009. *Private Water Systems Handbook*, 5th ed. Midwest Plan Service, Ames, IA. www.mwpshq.org/

Rupp, G. 2006. "Rainwater Harvesting Systems for Montana." Montana State University Extension Service. msuextension.org/publications/agandnaturalresources/mt199707ag.pdf

USEPA. 1991. Manual of Individual and Non-Public Water Supply Systems (570991004). U.S. Environmental Protection Agency, Washington, DC.

WaterAid International, Rainwater Harvesting. www.wateraid.org/documents/plugin_documents/rainwater_harvesting.pdf

Young. E. 1989. "Rainwater Cisterns: Design, Construction and Water Treatment" (Circular 277). Pennsylvania State University, Agriculture Cooperative Extension, University Park, PA.

SUPERFÍCIES PERMEÁVEIS

SUPERFÍCIES PERMEÁVEIS são pisos "secos" ou coberturas vegetais que permitem que a água da chuva se infiltre e flua pelas camadas subsuperficiais do solo. Os pavimentos de materiais superficiais permeáveis são muito indicados para o projeto de edificações ecológicas, pois evitam o escoamento da água pluvial urbana e diminuem o fluxo de poluentes no terreno. As superfícies permeáveis podem ser usadas em diversas escalas (de pátios a estacionamentos) e variam em composição e construção. A efetividade dessa estratégia depende do tipo de superfície permeável selecionada e do uso previsto (isto é, estacionamento, pistas de rolamento, passeios, etc.). As superfícies permeáveis podem ser empregadas na maioria dos climas.

Figura 4.336 As superfícies permeáveis podem desempenhar um papel importante no desenvolvimento de terrenos ecológicos.

Figura 4.335 Corte transversal de uma instalação de pavimento poroso comum. Os componentes incluem camada superior de asfalto poroso, camada de filtragem de agregado fino, camada de reserva de pedra graúda, e camada de solo subsuperficial. JON THWAITES

As opções de superfícies permeáveis incluem sistemas com grelhas plásticas, pavimentos de asfalto poroso, pavimentos de blocos porosos, concreto poroso de cimento Portland e uma variedade de materiais granulares (como cascalho ou casca de árvore) – assim como muitos tipos de vegetação. As exigências e cargas de circulação de veículos e pedestres determinarão a adequação da superfície.

Os **sistemas de grelhas plásticas** são projetados para suportar cargas de pedestres ou tráfego leve. Esses elementos de pavimentação pré-fabricados consistem em uma trama plástica que pode ser preenchida com agregado de pedra, solo e grama ou outra cobertura vegetal. A trama retém o material de preenchimento, enquanto este reforça a rigidez da trama.

Os **pavimentos asfálticos porosos** não contêm partículas pequenas de agregado, o que resulta em uma estrutura de pavimentação com aberturas substanciais. Isso permite que a água entre – e, posteriormente, drene – na camada de pavimentação. Pavimentos de asfalto poroso são indicados para estradas e estacionamentos.

Os **pavimentos de blocos porosos** são construídos com elementos interconectados de tijolo, pedra ou concreto; um sistema modular que cria canais através dos quais a água pode chegar ao substrato que está por baixo. Os pavimentos de blocos estão disponíveis em uma grande variedade de padrões e cores. Em geral, são instalados sobre uma base de agregado

OBJETIVO
Diminuir o escoamento pluvial

EFEITO
Aumenta a percolação *in loco* da água pluvial, diminui o escoamento fora do local

OPÇÕES
Diversos produtos industrializados e materiais genéricos estão disponíveis

QUESTÕES DE COORDENAÇÃO
Coordenação do terreno, projeto de paisagismo e granulometria do solo, acessibilidade

ESTRATÉGIAS RELACIONADAS
Análise do Terreno, Sistemas de Captação de Água, Reúso/Reciclagem de Água, Biodigestores, Bacias de Retenção

PRÉ-REQUISITOS
Dados pluviométricos para o terreno, informações sobre as condições de drenagem da superfície/camada subsuperficial, exigências do código municipal

Figura 4.337 Os pavimentos permeáveis feitos com 100% de plástico reciclado fornecem uma resistência adequada para estacionamentos e acessos de veículos; ao mesmo tempo, protegem as raízes das plantas. INVISIBLE STRUCTURES, INC.

Figura 4.338 O tecido geotêxtil poroso fica sobre uma camada de base porosa preparada, é fixado com ancoragens galvanizadas, preenchido com pedra britada e suporta carregamentos substanciais. INVISIBLE STRUCTURES, INC.

Figura 4.339 Este produto é uma armadura tridimensional e matriz de estabilização para terrenos íngremes com cobertura vegetal, taludes de corpos de água e jardins de chuva. O sistema consegue suportar chuvas ou escoamentos de água intensos. INVISIBLE STRUCTURES, INC.

convencional com leito de areia. É possível usar blocos porosos em condições de grande carregamento (bem como aplicações com tráfego pouco intenso, como passeios e acessos de veículo).

O **concreto poroso de cimento Portland** difere do concreto não poroso na medida em que partículas finas, como areia e agregados finos, ficam fora da mistura. Isso deixa vazios entre os grandes componentes de agregados e permite a drenagem da água pelo concreto. O concreto poroso é apropriado para muitos tipos de pavimentação, incluindo ruas e estacionamentos.

Pontos-chave para o projeto de arquitetura

É possível utilizar as superfícies permeáveis com uma variedade de carregamentos de veículos e pedestres. É importante, porém, prever um material adequado para a carga prevista. A adequação para o tráfego de pedestres (uma superfície homogênea para se caminhar) pode depender mais de uma instalação de qualidade e da estabilidade com o passar do tempo do que do material de pavimentação selecionado.

O uso de superfícies permeáveis permite uma abordagem muito abrangente em termos de paisagismo do terreno. Alguns materiais superficiais permeáveis exigirão a escolha de um material de enchimento (que pode ser orgânico); todos os materiais permeáveis serão delimitados pelas superfícies da edificação ou da vegetação, com oportunidades próprias para a integração de pisos duros e macios.

Os pavimentos permeáveis ajudam a mitigar as temperaturas das superfícies pavimentadas. Os vazios no material retêm a umidade que, devido ao alto calor específico da água, reduz o aumento de temperatura que acompanha a absorção da radiação solar. O solo retido pelas grelhas plásticas também tende a diminuir as temperaturas superficiais (com relação a outras formas de pavimentação). Uma superfície mais reflexiva também ajudará a reduzir as temperaturas dos pavimentos e melhorar o microclima (pelo menos durante o verão). A evapotranspiração da vegetação contida nas grelhas de plástico também pode acarretar a diminuição das temperaturas das superfícies.

Considerações sobre a implementação

No caso dos pavimentos permeáveis, as duas considerações mais importantes para a implementação são a adequação à tarefa e a aparência. Em geral, a aparência da maioria dos pavimentos porosos é idêntica à (ou superior a) dos pavimentos impermeáveis similares. Entretanto, os pavimentos permeáveis preenchidos com vegetação podem parecer "descuidados"; é possível resolver esse problema, caso seja importante. Os fabricantes/fornecedores podem oferecer informações detalhadas sobre as capacidades de carregamento. Devem-se tomar decisões de projeto quanto à adequação do tráfego de pedestres sobre os pavimentos permeáveis.

Projeto passo a passo

Os procedimentos a seguir foram adaptados do Documento EPA 832-F-99-023, da USEPA (Ficha de Dados da Tecnologia de Água Pluvial: Pavimentos Porosos).

1. **Avalie as condições do terreno**
   a. Verifique a permeabilidade e a porosidade do solo, a profundidade do lençol freático em seu ponto mais alto (durante a estação das chuvas) e a profundidade até a rocha viva. Isso é normalmente feito por meio de ensaios geológicos e, com frequência, integra o processo de seleção e análise do terreno.
   b. Confira as declividades no terreno. A maior parte das superfícies permeáveis não é recomendada para declividades superiores a 5%.
   c. Verifique as taxas de drenagem do solo por meio de ensaios geológicos. Os pavimentos permeáveis exigem uma taxa de infiltração mínima de 13 mm por hora para pelo menos 0,9 m abaixo da base das camadas permeáveis instaladas.
   d. Verifique a profundidade do solo. Recomenda-se uma profundidade mínima de 1,2 m até a rocha viva e/ou o lençol freático mais alto.
   e. Verifique as condições do terreno. Recomenda-se um afastamento mínimo de 30,0 m com relação aos poços de água – é necessário confirmar com as autoridades municipais. É sugerido um recuo mínimo de 30,0 m em relação a fundações de edificações que estejam mais baixas e de 3,0 m em relação a fundações mais altas (salvo se forem feitas provisões para uma drenagem apropriada).
   f. Considere o potencial de entupimento nos vazios dos pavimentos. Asfalto e concreto porosos não são recomendados para áreas onde quantidades significativas de sedimentos carregados pelo vento (ou trazidos por veículos) sejam previstas.

2. **Avalie as condições do tráfego**
   a. Avalie os carregamentos de veículos. Os pavimentos permeáveis são mais indicados para estacionamentos com baixo volume de automóveis e vias de acesso pouco usadas. Áreas de tráfego intenso e trânsito significativo de caminhões exigem análises detalhadas dos carregamentos com relação às capacidades dos materiais.
   b. Considere as condições sazonais. Evite o uso em áreas que exijam operações de retirada de neve; evite o uso de areia, sal e produtos químicos para degelo. Considere as ramificações da areia depositada pelo vento ou pela água nas áreas litorâneas.

3. **O volume de armazenagem de água pluvial do projeto**
   a. A maioria das prefeituras não exige que as superfícies permeáveis prevejam a mitigação do volume de armazenagem de água pluvial do projeto exceto se substituírem totalmente as soluções convencionais de escoamento pluvial. Para dados específicos, consulte as autoridades municipais.

PROBLEMA TÍPICO

O passo a passo ao lado é conceitual e não envolve cálculos que seriam mais bem ilustrados por um problema típico.

Exemplos

Figura 4.340 Lajotas e grama (à esquerda) criam um pátio interno verde e permeável no Pavilhão Chinês da Honolulu Academy of Arts, em Honolulu, Havaí. Uma hierarquia de tamanhos de pedras e plantas (à direita) configura um percurso de entrada de uma casa particular de Kanazawa, Japão.

Figura 4.341 O sistema de pavimentação porosa de um condomínio de apartamentos de Virgínia, Estados Unidos. INVISIBLE STRUCTURES, INC.

Capítulo 4 ♦ Estratégias de Projeto 289

Figura 4.342 A instalação de uma rampa permeável e de um sistema de controle de erosão ao longo do caminho para pedestres de um parque (à esquerda) e um sistema poroso de base para gramados (à direita) na Sede da Sabre Holdings, em Southlake, Texas. INVISIBLE STRUCTURES, INC.

Figura 4.343 Lajotas e pequenos mosaicos feitos com pedaços de azulejos criam um pátio permeável perto do refeitório do Islandwood Campus, na Ilha de Bainbridge, Washington.

APÓS A DEFINIÇÃO DO PARTIDO

Os aspectos referentes às superfícies permeáveis relevantes à fase de definição do partido relacionam-se principalmente à validade do conceito. A seleção, o projeto, o detalhamento e a especificação de um sistema de pavimentação ocorrerão durante o desenvolvimento do projeto. Isso poderá incluir a verificação da capacidade do piso de suportar as cargas impostas por veículos – conforme o necessário e os objetivos do projeto.

Mais informações

Partnership for Advancing Technology in Housing, Toolbase, Permeable Pavement. www.toolbase.org/TechInventory/techDetails.aspx?ContentDetailID=604

Sustainable Sources. 2004. "Pervious Paving Materials." perviouspaving.sustainablesources.com/

USEPA. 1980. Porous Pavement Phase I Design and Operational Criteria (EPA 600-2-80-135). United States Environmental Protection Agency, Urban Watershed Management Research, Washington, DC.

USEPA. 1999. Storm Water Technology Fact Sheet: Porous Pavement (EPA 832-F-99-023). United States Environmental Protection Agency, Office of Water, Washington, DC.

BIODIGESTORES

Os BIODIGESTORES são canais ao ar livre com bastante vegetação, concebidos para atenuar e tratar o escoamento pluvial. Esses canais de drenagem têm declives suaves para permitir que o escoamento seja filtrado pela vegetação plantada na base e nas laterais do biodigestor. Por serem rasos, a água parada exposta à radiação solar aquece; tal aquecimento é prejudicial para determinados ecossistemas. Assim, os biodigestores não são criados para reter água por um longo período.

Historicamente, o escoamento pluvial era tratado por meio do uso de valas de drenagem que enviam rapidamente a água pluvial ao esgoto pluvial. O problema do escoamento pluvial era simplesmente passado para alguém rio abaixo. Os sistemas de gerenciamento de água pluvial mais ecológicos (e focados no terreno) incluem biodigestores e/ou bacias de detenção ou retenção para limpar a água da chuva antes de devolvê-la ao ecossistema local.

Figura 4.345 Biodigestor usado em conjunto com condutores de cobertura expressivos no Water Pollution Control Laboratory em Portland, Oregon, Estados Unidos.

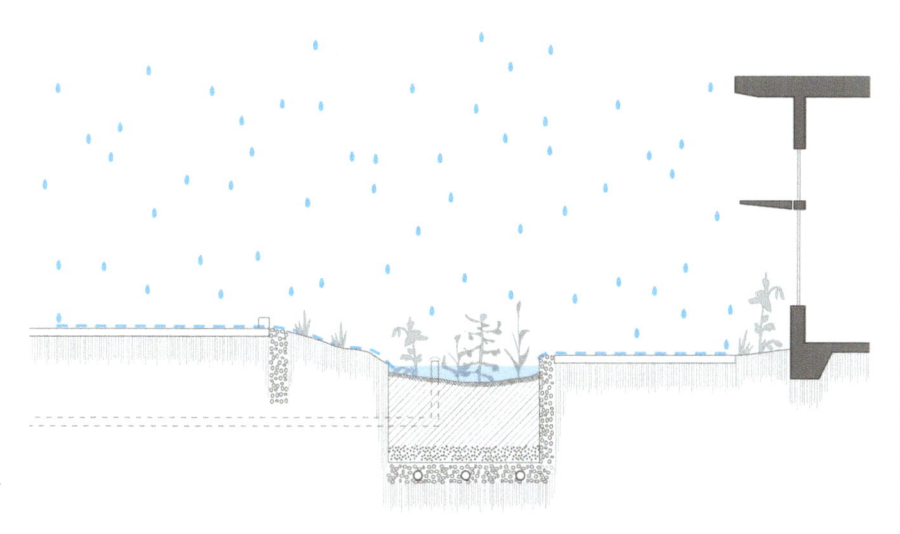

Figura 4.344 Corte mostrando a configuração geral de um biodigestor em um estacionamento. JON THWAITES

Assim que a água pluvial atravessa o biodigestor, é possível lidar com o escoamento filtrado das seguintes maneiras:

- infiltração no solo;
- fluxo até uma área de biorretenção ou bacia de detenção ou retenção;
- descarga em um sistema de esgoto pluvial;
- direcionamento para corpos de água.

Há vários tipos de biodigestores – com diversos arranjos e mecanismos de filtragem. Várias configurações comuns são discutidas a seguir.

Os **biodigestores gramados** são similares a valetas de drenagem convencionais, mas têm laterais amplas e planas que proporcionam áreas de superfície maiores a fim de desacelerar o escoamento. Tais canais fazem o tratamento preliminar da água da chuva conforme esta flui para outro componente de gerenciamento da água pluvial, como a área de biorretenção.

OBJETIVO
Gerenciamento de água pluvial

EFEITO
Limpa (por fitorremediação) e direciona a água pluvial

OPÇÕES
Valetas secas, molhadas e/ou gramadas

QUESTÕES DE COORDENAÇÃO
Perfil do terreno, implantação das valetas em relação às superfícies de drenagem, integração de elementos de biorremediação adicionais

ESTRATÉGIAS RELACIONADAS
Análise do Terreno, Bacias de Retenção, Sistemas de Captação de Água, Reúso/Reciclagem de Água

PRÉ-REQUISITOS
Planta de implantação, informações sobre as condições do solo, padrões pluviométricos e localização dos esgotos pluviais

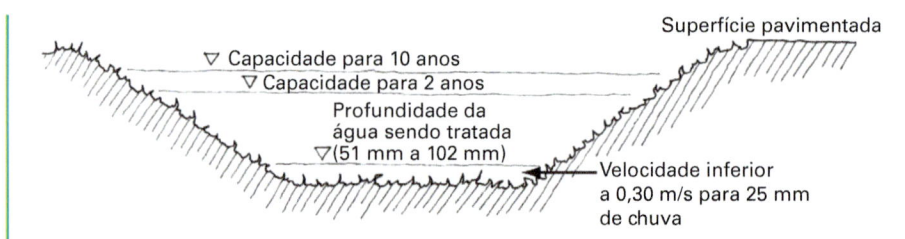

Figura 4.346 Corte de biodigestor gramado, o qual desacelera o escoamento pluvial e faz com que ele passe pela grama. JONATHAN MEENDERING, ADAPTADO DE *DESIGN OF STORMWATER FILTERING SYSTEMS*, CENTER FOR WATERSHED PROTECTION

Os **biodigestores secos** são similares, em conceito, às bacias de detenção, pois têm capacidade de armazenar água e permitem que ela passe pelo fundo da valeta – mas são concebidos para manter relativamente seca a cobertura de gramíneas. Esses biodigestores incluem uma camada profunda de solo dentro de um canal com tecido geotêxtil para filtragem, com um sistema de tubos perfurados na base da valeta – similar aos drenos colocados no perímetro das fundações. Os tubos perfurados normalmente direcionam a água pluvial tratada para um sistema de drenagem pluvial. Os biodigestores secos são indicados para áreas residenciais (da perspectiva de segurança/uso) e podem ser facilmente implantados ao longo de uma rodovia ou junto às divisas de um terreno.

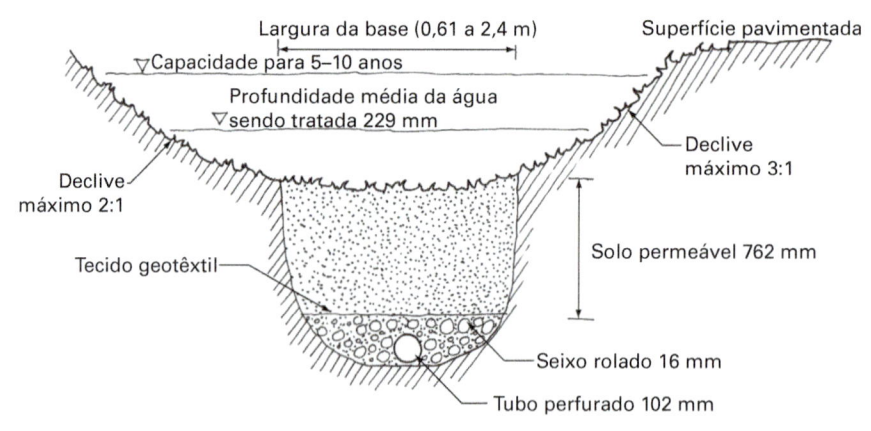

Figura 4.347 Corte de um biodigestor seco parabólico mostrando as várias camadas e sua distribuição. JONATHAN MEENDERING, ADAPTADO DE *DESIGN OF STORMWATER FILTERING SYSTEMS*, CENTER FOR WATERSHED PROTECTION

Os **biodigestores molhados** são, em última análise, bacias de detenção longas e lineares concebidas para armazenar água temporariamente em uma valeta rasa. Por não ter um leito de solo filtrante, o biodigestor molhado trata a água da chuva (assim como as bacias de detenção) pela sedimentação lenta das partículas, infiltração de água e biorremediação de poluentes. É possível plantar a vegetação "artificialmente" (com espécies selecionadas) ou permitir que a valeta seja ocupada por espécies que surgem naturalmente.

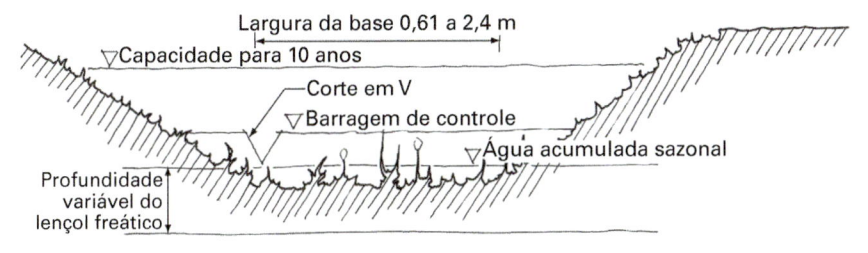

Figura 4.348 Corte de um biodigestor molhado trapezoidal. Normalmente, a largura da base fica entre 0,6 m e 2,4 m. JONATHAN MEENDERING, ADAPTADO DE *DESIGN OF STORMWATER FILTERING SYSTEMS*, CENTER FOR WATERSHED PROTECTION

Pontos-chave para o projeto de arquitetura

É crucial a integração física das valetas em relação à localização das edificações, estacionamentos e outras superfícies de escoamento de água. A integração visual das valetas no terreno (incluindo o paisagismo) é outro fator a se levar em consideração.

Considerações sobre a implementação

É preciso entender as exigências nacionais e municipais para a gestão da água pluvial. Algumas localidades fazem restrições quanto ao uso de biodigestores gramados. Em alguns locais, as condições do solo, como uma base de rocha viva ou um lençol freático alto, evitariam o uso eficiente em custo e tecnicamente viável dessa estratégia. Por se tratar de uma estratégia que ocupa muito espaço, a disponibilidade de área adequada e a integração inicial no planejamento do terreno são vitais para a implementação de estratégias efetivas de remediação de biodigestores. A adequação e o tamanho dos biodigestores para determinado terreno dependerão do uso do terreno, do tamanho das áreas de drenagem, do tipo de solo e da declividade. Muitas prefeituras elaboraram diretrizes para o projeto de biodigestores secos e molhados; é importante consultar tais diretrizes se estiverem disponíveis.

Projeto passo a passo

Os procedimentos de projeto apresentados a seguir (extraído de *Design of Stormwater Filtering Systems*) foi simplificado para fins de definição do partido. Enquanto outras práticas de tratamento de água pluvial são dimensionadas com base no volume de água escoado, os biodigestores são projetados baseados na vazão e no volume de água para a armazenagem de superfície. Os biodigestores secos geralmente são usados em contextos residenciais moderados a grandes. Já os biodigestores molhados são utilizados principalmente em situações de volume intenso, como para controlar o escoamento de autoestradas, estacionamentos, coberturas e outras superfícies impermeáveis. Segue o passo do projeto de biodigestores secos e molhados.

1. Determine o volume de água sendo tratado (VAST) para o terreno.

    ♦ Estabeleça o coeficiente de escoamento (C_e). Para a definição do partido, será igual à porcentagem do terreno que é impermeável (essencialmente, a porcentagem do terreno que tem pisos secos). É possível aprimorar essa estimativa a fim de incluir materiais semipermeáveis por meio do uso de áreas de médias ponderadas.

    ♦ Use a equação a seguir para estimar o volume necessário de "armazenagem" de água (volume da valeta):

PROBLEMA TÍPICO

Um conjunto habitacional ecológico na Virgínia, Estados Unidos, possui as características de terreno descritas abaixo e aproximadamente 91 m de comprimento para um biodigestor seco ao longo de uma rua de acesso. As superfícies do empreendimento são compostas por:

Casas: 0,08 hectare
Gramados: 36 hectares
Acessos de veículos permeáveis: 0,04 hectare
Ruas asfaltadas: 0,06 hectare

1. O coeficiente de escoamento (C_e) é estimado como a relação entre a área de superfície impermeável e a área de superfície total = (0,2 + 0,15) / 90,45 = 0,0039
[(0,08 + 0,06) / 36,18 = 0,0039

Para um índice pluviométrico de 25 mm, VAST = (P) (C$_e$) (25) (0,0039) = 0,0967

O volume da valeta em m³ = (0,0967) (36,18) (10) = 35 m³

2. Foi escolhida uma valeta trapezoidal.
3. Foi proposta uma valeta com 1,8 de largura na base e 23,0 cm de profundidade. A área dessa valeta é: (1,8) (0,23) = 0,4 m²

Volume da valeta com 91 m de comprimento: (91 m) (0,4 m²) = 36 m³

O volume da valeta é adequado ao escoamento previsto: 36 > 35.

4. A inclinação da valeta foi conferida e considerada aceitável. O lençol freático (durante a estação de chuvas) encontra-se 1,2 m abaixo da base da valeta.
5. Foram selecionadas gramíneas nativas e espécies de plantas herbáceas adequadas para a vegetação da região.

$$VAST = (P)(C_e)$$

onde
P = índice pluviométrico em 24h no projeto (esse valor deve ser selecionado de modo a permitir a detenção *in loco* dos eventos de precipitação mais comuns.
C$_e$ = coeficiente de escoamento do terreno

♦ Converta o VAST em volume da valeta, conforme segue:
Volume da valeta em m³: (VAST) × (área do terreno em hectares) × (10)

2. Selecione o tamanho desejado para o biodigestor. As valetas costumam ser trapezoidais ou parabólicas. Em um corte trapezoidal, será instalada uma mistura de 5,0–15,0 cm de solo e areia sobre uma mistura de 12,5 cm de solo e cascalho, que, por sua vez, é colocada sobre um sistema subterrâneo de drenagem perfurado. O corte parabólico (veja a Figura 4.347) terá aproximadamente 76,0 cm de solo permeável sobre 12,5 cm de cascalho, cercando um tubo de drenagem perfurado.

3. Determine as dimensões do biodigestor. As dimensões devem acomodar o volume da valeta, calculado no Passo 1.

   ♦ Largura da base: normalmente 0,6 a 2,4 m

   ♦ Inclinação das laterais: máximo 2:1, mas de preferência 3:1 ou mais; o caimento longitudinal geralmente é 1–2%

   ♦ Extensão: a necessária para obter o volume necessário para a valeta

   ♦ Profundidade: uma regra prática é utilizar uma profundidade média de 30,0 cm, para o tratamento eficiente da água, e outra de 15,0 cm para proporcionar a profundidade adequada para 10 anos de eventos pluviais

   ♦ Leito de solo: sob um biodigestor seco, o leito de solo deve consistir em solo moderadamente permeável, com 76,0 cm de profundidade e um sistema subterrâneo de drenagem de cascalho e tubulação. Sob um biodigestor úmido, o leito de solo pode ficar úmido por um longo período e deve consistir em solos não compactados (naturais).

4. Verifique a inclinação e o afastamento do lençol freático. Quando se desloca rapidamente, a água da chuva pode causar erosão e não ser filtrada apropriadamente pela vegetação do biodigestor. Isso é controlado limitando-se a inclinação da valeta na direção do fluxo. A base de um biodigestor deve ficar no mínimo 0,6 m acima do lençol freático, de modo a evitar a contaminação deste com uma infiltração muito rápida.

5. Escolha a vegetação. As espécies de plantas na valeta devem suportar enchentes durante eventos de escoamento, bem como secas entre eles. As espécies de plantas recomendadas para a biorretenção são específicas para a região.

Capítulo 4 ♦ Estratégias de Projeto 295

Exemplos

Figura 4.349 Portland (em Oregon, Estados Unidos) utiliza áreas ajardinadas para a gestão do escoamento pluvial, uma estratégia conhecida como "rua verde".

Figura 4.350 Um estacionamento com pisos secos porosos é configurado por biodigestores com vegetação no Jean Vollum Natural Capital Center (Ecotrust Building), em Portland, Oregon.

Figura 4.351 Detalhe de um elemento de controle da água pluvial em uma "rua verde".

Figura 4.352 Biodigestor com vegetação no Jean Vollum Natural Capital Center, em Portland, Oregon, Estados Unidos.

Figura 4.354 Biodigestor com vegetação no *campus* da University of Oregon, Eugene, Estados Unidos.

Figura 4.353 A água da chuva captada na cobertura (não mostrada) e no estacionamento do RiverEast Center, em Portland, Oregon – bem como em uma rua contígua – é pré-tratada nesse biodigestor com vegetação e então passa por um segundo tratamento em um sistema mantido pela iniciativa privada antes de ser descarregada no rio Willamette.

APÓS A DEFINIÇÃO DO PARTIDO

Antes da construção, a área onde serão instalados os biodigestores deverá ser protegida do tráfego de automóveis e caminhões, para evitar a compactação do solo (que reduziria a infiltração). Durante a construção, os equipamentos e as ferramentas deverão ser limpos fora do local, para que produtos poluentes não contaminem os futuros biodigestores.

Após o término da construção, um biodigestor exigirá manutenção periódica para que seu desempenho seja ideal. A manutenção inclui inspeções regulares semestrais, corte e cuidado da grama, remoção de detritos e lixo, remoção de sedimentos, replantio de gramíneas, adubação com húmus e substituição ou complementação da camada superior do solo. Todas essas informações devem ser apresentadas ao proprietário por meio de um Manual do Usuário.

Mais informações

California Stormwater Quality Association. 2003. "Vegetated Swale," in *New Development and Redevelopment Handbook*. www.cabmphandbooks.org/Development.asp

Center for Watershed Protection. 1996. *Design of Stormwater Filtering Systems*. Ellicott City, MD.

IFAS 2008. *Bioswales/Vegetated Swales*, Institute of Food and Agricultural Sciences, University of Florida, Gainesville, FL.

USEPA 2004. *Stormwater Best Management Practice Design Guide, Vol. 2, Vegetative Biofilters*, U.S. Environmental Protection Agency, Washington, DC. www.epa.gov/nrmrl/pubs/600r04121/600r04121a.pdf

BACIAS DE RETENÇÃO

As BACIAS DE RETENÇÃO (também chamadas de bacias de detenção) são projetadas para controlar o escoamento pluvial no terreno – e, em alguns casos – remover os poluentes da água retida. As estratégias de controle da água pluvial incluem valetas, lagoas, reservatórios e canais artificiais. Em geral, captam, armazenam, tratam e liberam lentamente a água da chuva em um ponto mais baixo ou permitem a infiltração no solo. A bacia de retenção (ou infiltração) coleta a água como destino final da armazenagem, onde ela é mantida até evaporar ou se infiltrar no solo. As bacias de detenção são criadas para armazenar a água acumulada temporariamente antes que ela seja drenada para a parte mais baixa do terreno. Como o objetivo principal de ambos os tipos de bacias é o mesmo, esta discussão se focará nas bacias de retenção.

Figura 4.356 Bacia de retenção de água pluvial no Water Pollution Control Laboratory em Portland, Oregon, Estados Unidos. TROY NOLAN PETERS

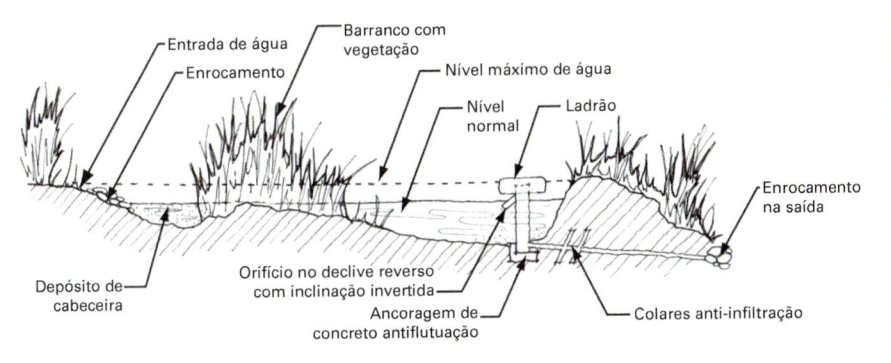

Figura 4.355 Diagrama do corte de uma bacia de retenção. JONATHAN MEENDERING

As bacias de retenção estão relacionadas aos biodigestores (veja a estratégia Biodigestores). No entanto, os biodigestores direcionam principalmente o fluxo de água corrente. As bacias recebem uma quantidade de água que é armazenada até evaporar ou se infiltrar no solo. Caso seja necessário o tratamento da água, é possível incluir métodos de biorremediação (daí o termo bacia de biorretenção). Esses métodos envolvem o uso de bactérias, fungos e vegetação no solo, de maneira a remover poluentes. Tais organismos conseguem decompor rapidamente os poluentes orgânicos (como o óleo) presentes na água. As áreas de biorretenção são mais indicadas para as proximidades de grandes superfícies impermeáveis, como ao lado de estacionamentos, em canteiros nas ruas e nos espaços entre edifícios.

Pontos-chave para o projeto de arquitetura

No caso das bacias de detenção, as áreas mais preocupantes para o projeto de arquitetura são escala, implantação no terreno e paisagismo. As bacias de retenção podem ocupar uma boa parte do terreno, dependendo da quantidade de água pluvial a ser tratada. É possível abordar criativamente a relação entre a bacia de detenção e os edifícios ou outras estruturas (como estacionamentos, acessos de veículos, áreas externas) durante o projeto, o que permite que a bacia funcione bem e seja integrada ao terreno em questão.

OBJETIVO
Biorremediação, reciclagem de água, diminuição do fluxo de escoamento pluvial no terreno

EFEITO
Redução no escoamento pluvial no terreno, limpeza da água e devolução ao ecossistema

OPÇÕES
Retenção, detenção ou biorretenção

QUESTÕES DE COORDENAÇÃO
Área da bacia em relação ao terreno, exigências dos códigos locais, nível do terreno

ESTRATÉGIAS RELACIONADAS
Análise do Terreno, Biodigestores, Superfícies Permeáveis, Sistemas de Captação de Água, Reúso/Reciclagem de Água

PRÉ-REQUISITOS
Informações sobre as condições do solo, índice pluviométrico mensal médio no terreno, características da superfície do terreno do projeto

Considerações sobre a implementação

As bacias de retenção são mais adequadas a terrenos que serão trabalhados ou escavados, de maneira que a bacia seja incluída no terreno sem causar outros impactos ambientais desnecessários. Em geral, são ineficazes em áreas onde o lençol freático fica a menos de 1,8 m da superfície do solo, onde o solo é instável ou onde o caimento das áreas adjacentes é superior a 20% (o que poderia resultar em erosão). Terrenos com solos instáveis ou baixa permeabilidade (conteúdo de argila superior a 25%) não são apropriados para a biorretenção. A United States Environmental Protection Agency (USEPA) recomenda uma taxa de infiltração de 12 mm por hora e solo com pH entre 5,5 e 6,5. O ideal é que o solo tenha um conteúdo orgânico de 1,5 a 3%, além de concentração máxima de 500 ppm de sais solúveis, para a boa biorremediação dos poluentes.

Tabela 4.25 Desempenho típico das áreas de biorretenção. EPA OFFICE OF WASTE WATER MANAGEMENT OF THE UNITED STATES

Poluente	Índices de remoção
Fósforo	70–83%
Metais (Cu, Zn, Pb)	93–98%
TKN*	68–80%
Sólidos suspensos	90%
Matéria orgânica	90%
Bactérias	90%

* Nitrogênio Kjeldahl Total

Para um bom desempenho, a superfície do solo (a base da bacia de retenção) e os poluentes precisam estar em contato por períodos adequados. A taxa de infiltração da água no solo não pode ultrapassar a taxa especificada acima. É possível remover metais, fósforos e alguns hidrocarbonetos via absorção. A filtragem adicional ocorre conforme o escoamento passa pelo leito de areia e pela vegetação que cercam a área. A efetividade da filtragem de uma área de retenção pode diminuir com o passar do tempo, a menos que seja mantida pela remoção de resíduos e conserto dos componentes ativos.

Projeto passo a passo

São muitos os métodos de projeto voltados ao escoamento pluvial – os quais variam de sistemas de valetas ou bacias simples e intuitivos (sem muitos cálculos) a programas de computador que definem e calculam as áreas de drenagem. O passo a passo a seguir foi adaptado da Ficha de Dados de Biorretenção da USEPA. O tamanho da área de biorretenção é uma função do volume de chuvas e da área de drenagem do terreno. Como o cálculo do escoamento é complexo, as regras práticas a seguir são muito genéricas para se fazer o pré-dimensionamento durante a definição do partido.

PROBLEMA TÍPICO

Uma nova escola elementar situada em Chicago, Illinois, Estados Unidos, incluirá um pequeno estacionamento. Os arquitetos desejam colocar uma bacia de biorretenção adjacente a ele, em sua parte mais baixa.

1. A planta de localização mostra um estacionamento de asfalto com áreas de gramíneas intercaladas.

1. Elabore uma planta de localização. Essa planta mostrará as áreas relativas de vários tipos de superfícies e as possíveis localizações de uma bacia de retenção/detenção.

2. Calcule o tamanho das áreas de drenagem. Estime as áreas de piso, grama e outras superfícies onde ocorrerá o escoamento.

3. Determine os coeficientes "c" de escoamento para os elementos do terreno. O coeficiente de escoamento do método racional é um valor adimensional que considera o tipo de solo e o caimento da bacia de drenagem. A Tabela 4.26 mostra os coeficientes de várias superfícies externas.

4. Calcule a área de biorretenção. Multiplique o coeficiente "c" de escoamento (do método racional) pela área de drenagem para cada tipo de superfície e some os resultados. Para estimar a área necessária para a bacia de retenção, multiplique a soma por 5%, se for usado um leito de areia, ou por 7%, sem leito de areia. A USEPA recomenda dimensões mínimas de 4,6 m por 12,2 m, a fim de permitir a distribuição mais densa das árvores e arbustos. A regra prática consiste em usar uma largura de 7,6 m, com comprimento de no mínimo o dobro. A profundidade recomendada para a área de retenção é 15,0 cm, de modo a fornecer uma área de armazenagem de água adequada e, ao mesmo tempo, evitar uma área de água parada por muito tempo.

Tabela 4.26 Coeficientes de escoamento do método racional.
LMNO ENGINEERING, RESEARCH AND SOFTWARE, LTD

	Coeficiente de escoamento, c
Piso asfáltico	0,7–0,95
Piso de tijolo	0,7–0,85
Piso de concreto	0,7–0,95
Solo cultivado	0,08–0,41
Floresta	0,05–0,25
Gramado	0,05–0,35
Campina	0,1–0,5
Parque, cemitério	0,1–0,25
Pasto	0,12–0,62
Cobertura	0,75–0,95
Área de escritórios ou lojas	0,5–0,95
Área industrial	0,5–0,9
Área residencial	0,3–0,75
Terreno baldio	0,1–0,3

5. Elabore um leiaute preliminar para o sistema de bacia de retenção. Em uma planta de localização do projeto, desenvolva um leiaute esquemático que indique o posicionamento e a dimensão previstos das áreas de drenagem e biorretenção. Isso deve ser feito levando-se em consideração os parâmetros do terreno, como as linhas de serviços públicos, as condições do solo, a topografia, a vegetação existente e os padrões de drenagem.

2. As áreas de drenagem foram estimadas como segue: asfalto = 1.394 m^2; grama = 279 m^2.

3. Os coeficientes "c" para tais superfícies são: asfalto = 0,9; grama = 0,25.

4. Encontre a área de drenagem para cada tipo de superfície usando a relação (área de superfície) ("c"). Para o asfalto, seria: (1.394 m^2) (0,9) = 1.255 m^2.

Para a grama, seria: (279 m^2) (0,25) = 70 m^2

Área necessária para a bacia de retenção (com leito de areia) = (0,05) (1.255 m^2 + 70 m^2) = 66 m^2

Área necessária para a bacia de retenção (sem leito de areia) = (0,07) (1.255 m^2 + 70 m^2) = 93 m^2.

5. A área necessária para a lagoa de retenção está em uma posição lógica no leiaute esquemático do terreno, permitindo a drenagem por gravidade até a lagoa.

Exemplos

Figura 4.357 Plantas, arbustos e gramíneas nativas na bacia de retenção do Water Pollution Control Laboratory, em Portland, Oregon. TROY NOLAN PETERS

Figura 4.358 A bacia de retenção adjacente a um estacionamento com superfície permeável na Chesapeake Bay Foundation, em Annapolis, Maryland. O ladrão elevado permite a infiltração da água durante a maioria das tempestades, evitando que os escoamentos da água do terreno se direcionem diretamente à baía.

Mais informações

Center for Watershed Protection. 1996. *Design of Stormwater Filtering Systems.* Ellicott City, MD.

LMNO Engineering, Research, and Software, Ltd. Rational Equation Calculator (ferramenta online para o cálculo da taxa de escoamento de pico de uma bacia de drenagem). www.lmnoeng.com/Hydrology/rational.htm

USEPA 1999. *Storm Water Technology Fact Sheet: Bioretention (EPA 832-F-99-012),* U.S. Environmental Protection Agency, Washington, DC.

USEPA 1999. *Storm Water Technology Fact Sheet: Wet Detention Ponds (EPA 832-F-99-048),* U.S. Environmental Protection Agency, Washington, DC.

APÓS A DEFINIÇÃO DO PARTIDO

Os tamanhos das bacias de retenção ou das áreas de biorretenção previstos durante a definição do partido serão verificados ao longo do desenvolvimento do projeto, quando houver informações mais completas disponíveis e os métodos de análise mais detalhados se tornarem apropriados.

Os detalhes do projeto das bacias ou áreas de biorretenção serão finalizados durante o desenvolvimento do projeto de arquitetura – inclusive o paisagismo do terreno, os elementos de captação de água e as próprias bacias de retenção. Um Manual do Usuário deverá ser preparado para auxiliar o proprietário nos cuidados adequados e na manutenção das bacias ou áreas de biorretenção.

NOTAS

CAPÍTULO 5

ESTUDOS DE CASO

Os estudos de caso apresentados neste capítulo incluem uma variedade de edificações selecionadas para oferecer uma diversidade de localizações geográficas, climas, tipologias de edificação e estratégias. As equipes de projetistas deixaram claras as intenções de projeto ecológico e criaram um solo fértil para que outros profissionais possam aprender com seus esforços. Cada estudo de caso está organizado da seguinte maneira:

- descrição geral do projeto;
- "ficha" lateral com informações sobre cada edificação, incluindo seu clima, cliente e equipe;
- descrição dos objetivos do projeto e dos critérios de projeto relacionados
- métodos de validação do projeto utilizados (modelagens, simulações, cálculos feitos à mão, etc.);
- descrição das estratégias ecológicas empregadas;
- resultados da avaliação pós-ocupação (se disponíveis).

Cada estudo de caso descreve uma obra excepcional que integrou estratégias ecológicas por meio de um processo de projeto baseado em informações – e que serve como lição para projetos futuros.

Guia das Estratégias de Sustentabilidade Empregadas nos Estudos De Caso 305
Águas Termais de Bad Aibling 307
Edifício-Sede da Biblioteca Pública de Cambridge 315
Portal John Hope do RBGE 323
Kenyon House 333
Escritórios do Grupo Bancário KfW, Frankfurt 341
Manitoba Hydro Place 349
Centro de Recursos de Aprendizado da Escola de Ensino Fundamental do Condado de Marin 357
One Brighton 367
Casa Passiva – Estados Unidos 373
Complexo Comunitário de Yodakandiya 379

NOTAS

GUIA DAS ESTRATÉGIAS DE SUSTENTABILIDADE EMPREGADAS NOS ESTUDOS DE CASO

Essa matriz identifica quais das 42 estratégias ecológicas estão presentes em cada estudo de caso do livro. O símbolo ● indica que tal estratégia tem grande destaque no projeto; o símbolo ○ indica que a estratégia é discutida; um espaço em branco significa que a estratégia não é discutida nem empregada.

Estratégia	Águas Termais de Bad Aibling	Edifício-Sede da Biblioteca Pública de Cambridge	Portal John Hope do RBGE	Kenyon House	Escritórios do Grupo Bancário KfW, Frankfurt	Manitoba Hydro Place	Centro de Recursos de Aprendizado da Escola de Ensino Fundamental do Condado de Marin	One Brighton	Casa Passiva – Estados Unidos	Complexo Comunitário de Yodakandiya
1. Análise do Terreno	●	●	●	●	●		●		●	●
2. Materiais Isolantes									●	
3. Construção com Fardos de Palha										
4. Painéis Estruturais Isolados										
5. Vidraças	○	●	●	○	●	●	○	●	●	
6. Fachadas Duplas		●			●					
7. Coberturas Verdes	○	○	○		○	○	○			
8. Coeficiente de Luz Diurna (CLD)	●	○	●		●	●	●	●		
9. Zoneamento da Iluminação Natural	●	●	●	○	●	●	●			●
10. Iluminação Zenital	●	○	●				●			
11. Iluminação Lateral	●	●	●	●	●	●	●	●	○	○
12. Estantes de Luz		●	○							
13. Refletâncias Internas	○	●	○	●	○	○	○	○		
14. Elementos de Proteção Solar	○	●	○	○	○	●	●	○	○	●
15. Iluminação Elétrica	○	○	○	○	○	○	○	○		
16. Ganho Direto	○	○	○	○	●	●		●	●	
17. Ganho Indireto										●
18. Ganho Isolado			○		○	●				
19. Sistemas Ativos de Energia Térmica Solar			○				○		○	
20. Bombas de Calor Geotérmicas	●					●	●		○	
21. Ventilação Cruzada	●		●		●	●				●
22. Ventilação por Efeito Chaminé	●	●	●		●	●				●
23. Torres de Resfriamento por Evaporação					●	●				
24. Ventilação Noturna de Massas Térmicas					●	●	●			○
25. Tubos de Resfriamento Subterrâneos					●					
26. Edificações Subterrâneas ou Contra Taludes	○						○	○		
27. Resfriadores de Absorção					○					
28. Cargas de Eletrodomésticos				○				○		
29. Trocadores de Calor Ar-Ar									○	
30. Sistemas de Recuperação de Energia	○				●	●	●	●	●	
31. Sistemas Fotovoltaicos			○				●	○	○	
32. Turbinas Eólicas			○							
33. Microusinas Hidrelétricas										
34. Células de Combustível a Hidrogênio										
35. Sistemas de Cogeração de Energia Térmica e Elétrica					●					
36. Bacias Sanitárias de Compostagem										
37. Reúso ou Reciclagem de Água	○	○	●	○	○		●	●		●
38. Máquinas Vivas										
39. Sistemas de Captação de Água		○	●	○			●	●		●
40. Superfícies Permeáveis	○	○	○	○			○	○		○
41. Biodigestores							○			
42. Bacias de Retenção										

NOTAS

NOTAS

ÁGUAS TERMAIS DE BAD AIBLING

Apresentação do projeto e contexto

Bad Aibling é uma pequena cidade a aproximadamente 48 km ao sudeste de Munique, na região bávara do sul da Alemanha. A cidade histórica tem recebido pessoas em busca de tratamentos de saúde com lama e turfa desde meados do século XIX. A descoberta de águas termais no ano 2000 somente aumentou a popularidade da cidade como destino turístico.

As Águas Termais de Bad Aibling foram o primeiro complexo de águas termais comercial da cidade e consistiam em uma pista de patinação no gelo interna e uma sauna em um terreno de 3,6 hectares perto do centro da região central – ao longo do córrego Triftbach, com vistas dos Alpes Bávaros ao sul. A firma Behnisch Architekten ficou em primeiro lugar em um concurso de projetos de arquitetura realizado em 2003 para a ampliação do complexo de águas termais.

Desde o início, o cliente insistiu que a nova edificação não deveria ser um pavilhão grande e barulhento com piscinas térmicas. A experiência desejada era mais relaxante e contemplativa, com elementos internos e externos no programa. A edificação de 10.850 m² inclui espaços para banhos, saunas, tratamentos de beleza e saúde e também alimentação.

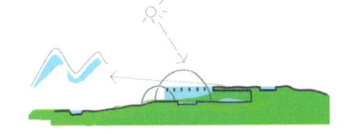

Figura 5.2 Esboço diagramático que mostra a orientação solar e geográfica no terreno. BEHNISCH ARCHITEKTEN

Figura 5.1 Vista das águas termais à noite a partir do córrego Triftbach, mostrando os banhos em "cabines" nas cúpulas em relação ao jardim de inverno e o espaço para circulação. ADAM MØRK – TORBEN ESKEROD

Objetivos do projeto e validação

Nesta edificação, os objetivos do projeto consistiam em criar uma variedade de experiências singulares e etéreas dentro de "cabines", espaços individuais com cúpula conectados por um jardim de inverno luminoso que proporciona circulação, salões/áreas de estar e vistas de lado a lado do espaço. O sistema estrutural é deliberadamente simples: colunas de concreto de seção circular, vigas de madeira laminada com tabuado também de madeira e cascas cupulares de concreto.

A configuração semifechada dos espaços também permitiu separar as áreas úmidas e molhadas das áreas secas, buscando zoneamento térmi-

LOCALIZAÇÃO
Bad Aibling, Bavária, Alemanha
Latitude 47,9 °N
Longitude 12,0 °L

GRAUS-DIA DE AQUECIMENTO
3.337 graus-dia, com base em 18,3°C
Dados de Munique, Alemanha

GRAUS-DIA DE RESFRIAMENTO
1.148 graus-dia, com base em 10°C
Dados de Munique, Alemanha

TEMPERATURA DE BULBO SECO PARA PROJETO – INVERNO (99%)
-9,2°C [15,5°F]
Dados de Munique, Alemanha

TEMPERATURA DE BULBO SECO PARA PROJETO E TEMPERATURA DE BULBO ÚMIDO COINCIDENTE MÉDIA – VERÃO (1%)
27,7/18,1°C [81,8/64,6°F]
Dados de Munique, Alemanha

RADIAÇÃO SOLAR
Jan 1,39 kWh/m²/dia
[441 Btu/pés²/dia]
Jun 5,09 kWh/m²/dia
[1.613 Btu/pés²/dia]

PRECIPITAÇÕES ANUAIS
1.090 mm

TIPO DE EDIFICAÇÃO
Águas termais

ÁREA
10.850 m²

CLIENTE
Stadtwerke Bad Aibling

EQUIPE DO PROJETO
Arquitetura: Behnisch Architekten

Engenharia de Energia/Climática: Transsolar Energietechnik

Engenharia Estrutural: Duwe, Mühlhausen

Física da Edificação: Bobran Ingenieure

Projeto de Luminotécnica: IB Bamberger

Gerência da Construção: HW Ingenieur Consult

CONCLUSÃO
Setembro de 2007

MEDIÇÃO DO DESEMPENHO
Índice de Utilização de Energia (IUE): Indisponível

Emissões de Carbono:
Indisponível

Consumo de Água:
Indisponível

co e ventilação. Nas oito cúpulas, alguns dos temas de projeto exclusivos incluíam uma cúpula perfurada de plexiglass para banhos quentes e frios; uma cúpula com música subterrânea e lanterna iluminada por LEDs com paredes que mudam de cor; uma cúpula revestida de mármore com lavatórios, banheiras e lanternas suspensas em um teto vermelho. Todas elas proporcionam ricas experiências sensoriais.

Figura 5.3 Colagem conceitual da elevação leste-oeste. BEHNISCH ARCHITEKTEN

Em termos do programa de necessidades, a edificação funciona como um filtro de luz – com os espaços mais transparentes e abertos ao sul e os mais cegos e fechados ao norte. Os vestiários, voltados para o lado norte do prédio, respondem diretamente à mudança na elevação do sul ao norte do terreno. Esses espaços estão literalmente enterrados no terreno. Por outro lado, a fachada sul é uma longa parede de vidro, que oferece vistas profundas da edificação. As cúpulas "flutuam" entre a fachada sul e os vestiários, modulando o grau de transparência ao longo da laje de piso. A ampla iluminação zenital e lateral do jardim de inverno realça o conceito de transparência.

A validação dos objetivos gerais do projeto resultou principalmente do estudo de maquetes de iluminação eletrônicas e convencionais e de modelos da dinâmica de fluidos computacional (DFC) da movimentação do ar entre o jardim de inverno e os espaços cupulados. Essas técnicas de análise permitiram que a equipe de projeto avaliasse abordagens alternativas para conservar energia e assegurar o conforto dos usuários, sem deixar de alcançar as características e os efeitos espaciais inerentes no conceito inicial do projeto.

Estratégias

As estratégias de projeto foram escolhidas e desenvolvidas com cuidado durante o processo de projeto para assegurar que a edificação acabada permanecesse fiel ao conceito de projeto inicial – e ao mesmo tempo fornecer um alto grau de conforto ao usuário, sistemas eficientes de controle ambiental e acesso à luz natural.

Terreno. As longas fachadas do prédio das águas termais foram orientadas para o sul com o objetivo de aproveitar a vista dos Alpes, a iluminação natural fácil de controlar e os ganhos térmicos solares durante os meses de inverno (hemisfério norte). A fachada de aço e vidro está diretamente voltada para uma série de piscinas externas e dá acesso, ao longo do passeio, a uma série de saunas em prédios independentes junto ao córrego Triftbach. A topografia do terreno foi profundamente alterada para acompanhar o aclive do sul, junto ao córrego, até o norte, onde uma grande piscina externa está situada na mesma elevação que a cobertura da edificação das águas termais.

Figura 5.4 Planta de localização mostrando a fachada sul das águas termais orientada para o córrego Triftbach. BEHNISCH ARCHITEKTEN

Ventilação natural. O complexo de águas termais utiliza um sistema de ventilação mista que fornece ventilação mecânica no inverno e ventilação natural na primavera, verão e outono. O aumento das temperaturas externas e as maiores oportunidades para a coleta de ganhos térmicos solares diretos tornam a calefação e a ventilação mecânicas desnecessárias, o que permite o desligamento de tais sistemas. Em seguida, o ar para ventilação entra diretamente no prédio por portas na fachada sul e é exaurido por claraboias de abrir e alçapões na cobertura do jardim de inverno ou no topo dos espaços copulados. O uso de ventilação natural durante parte significativa do ano economiza energia e garante o conforto térmico.

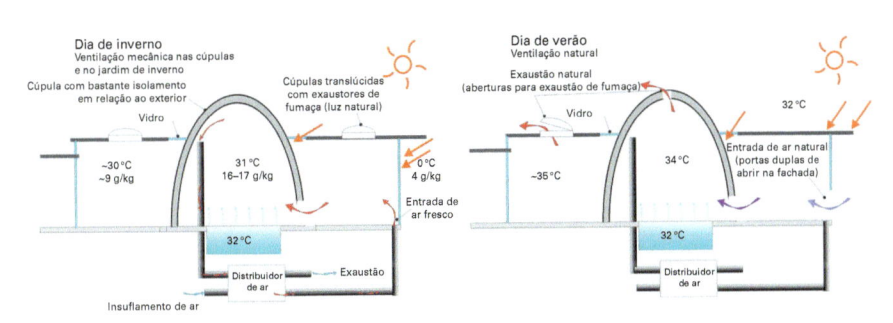

Figura 5.5 Diagramas mostrando as estratégias de ventilação natural para um dia de inverno (à esquerda) e um dia de verão (à direita). TRANSSOLAR

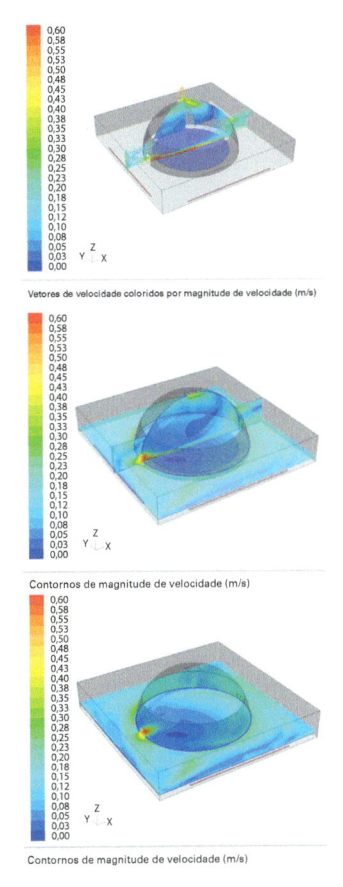

Figura 5.6 Modelos de dinâmica de fluidos computacional (DFC) da movimentação do ar em portas de tamanhos diferentes nas cúpulas das águas termais. TRANSSOLAR

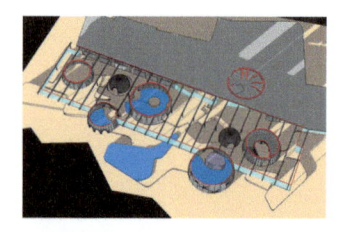

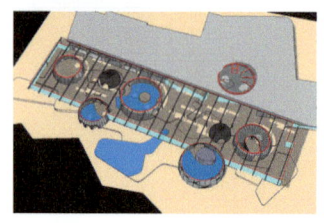

Figura 5.8 Maquetes de iluminação natural com as condições das tardes de inverno (acima) e de verão (abaixo), resultando de configurações ideais de iluminação lateral e zenital.
TRANSSOLAR

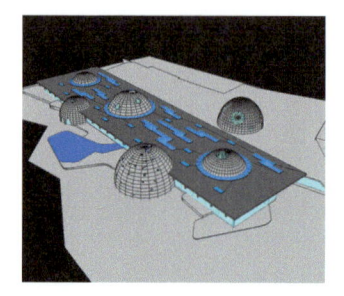

Figura 5.9 Maquete eletrônica do projeto final das claraboias lineares, que oferecem iluminação natural ideal dentro do jardim de inverno, além de resolver questões de ofuscamento e conforto do usuário.
TRANSSOLAR

Iluminação natural. O edifício foi cuidadosamente implantado e projetado para tirar proveito das oportunidades de iluminação natural. Uma longa fachada de vidro está orientada para o sul (hemisfério norte) por causa da insolação e das vistas dos Alpes. Um beiral oferece sombreamento nos meses de verão, mas permite que o sol incida profundamente no período durante os meses de inverno. No início, a equipe de projeto concebeu um jardim de inverno totalmente envidraçado para ligar os oito espaços de águas termais cupulados. No entanto, uma cobertura totalmente envidraçada dificultaria o controle dos ganhos térmicos solares, o controle do risco de ofuscamento e a garantia de condições de conforto térmico para os frequentadores. Muitos estudos de modelagem da iluminação natural foram feitos para determinar a quantidade de vidro mais apropriada e que também preservasse a essência do conceito de projeto original.

No final da fase de definição do partido, a área de cobertura envidraçada havia sido reduzida a 40%. Porém, o processo de análise do projeto continuou, fazendo com que a edificação final tivesse uma área de cobertura envidraçada de 15%. Claraboias lineares foram distribuídas estrategicamente acima dos espaços de estar para proporcionar ao jardim de inverno uma ótima iluminação. O foco da iluminação foi obtido com a colocação de claraboias estreitas no perímetro das cúpulas, que banham as paredes externas com a luz do sol.

Figura 5.7 Salão do jardim de inverno e espaço de circulação mostrando as cúpulas do complexo e a iluminação zenital por meio de claraboias lineares. ADAM MØRK – TORBEN ESKEROD

Iluminação elétrica. Um sistema inovador com diodos emissores de luz (LEDs) foi usado para obter os efeitos de iluminação dentro das cúpulas do complexo e a iluminação noturna de piscinas e espaços internos. Embora a iluminação com LEDs possa ser mais cara que a iluminação fluorescente ou incandescente tradicional, os benefícios incluem vida mais longa, tamanho menor e maior eficiência energética.

Figura 5.10 Ilustração das fontes de iluminação elétrica dentro da edificação. BEHNISCH ARCHITEKTEN

Calefação solar passiva. A fachada sul envidraçada (hemisfério norte) foi projetada para proporcionar calefação solar passiva, além de iluminação natural plena, conforme mencionado acima. O beiral protege a fachada durante os meses de verão, quando o sol está alto no céu, o que impede ganhos térmicos indesejáveis nos meses mais quentes. No inverno, quando o sol está mais baixo no céu, o beiral já não protege a fachada e a radiação solar consegue esquentar o prédio durante os meses mais frios. Os elementos com grande massa térmica, como lajes de piso, colunas e cúpulas de concreto, absorvem a radiação solar durante as horas de iluminação natural no inverno, e o calor armazenado proporciona calor radiante para os espaços internos.

Zoneamento térmico. Embora as áreas com cúpulas individuais pareçam ser uma interpretação moderna da arquitetura das casas de banho tradicionais, também desempenham uma importante função climática dentro da edificação. Piscinas internas grandes costumam consumir muita energia, ser desconfortavelmente úmidas e estar sujeitas à condensação. A demanda de aquecimento em espaços internos com piscinas está diretamente relacionada a sua quantidade de evaporação de água. Conforme a temperatura da água sobe, a umidade relativa do ar interno diminui. Isso resulta em maior evaporação da piscina, o que leva a uma demanda de energia para desumidificar o ar do recinto, bem como substituir as perdas térmicas em função da água evaporada. A colocação de piscinas de águas termais menores dentro dos espaços fechados cupulados permite que as condições ambientais nas zonas das piscinas sejam isoladas das áreas de estar e circulação localizadas no jardim de inverno. Ao permitir condições de umidade superiores apenas dentro das cúpulas, é possível otimizar as condições de conforto térmico para os usuários no espaço do jardim de inverno, além de conservar energia. A modelagem com dinâmica de fluidos computacional (DFC) foi empregada para estudar os tamanhos apropriados das aberturas de porta nas cúpulas. O ar passa do jardim de inverno menos úmido para as cúpulas mais úmidas do complexo antes de ser exaurido ou condicionado.

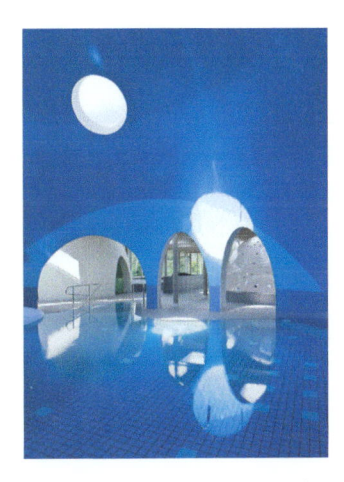

Figura 5.11 As cúpulas do complexo foram concebidas como zonas térmicas separadas com temas sensoriais únicos. ADAM MØRK – TORBEN ESKEROD

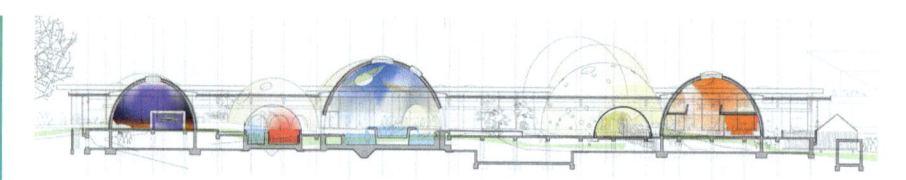

Figura 5.12 Corte da edificação mostrando os banhos em "cabines" sob as cúpulas em relação aos jardins de inverno dos espaços intermediários. BEHNISCH ARCHITEKTEN

Materiais. Uma das saunas independentes utiliza madeira de pinheiro seca da Finlândia. As áreas molhadas têm piso de granito, enquanto algumas áreas secas têm pisos de freixo ou carvalho termorretificado. Partes da laje plana de cobertura estão cobertas de vidro corado reciclado.

Coberturas verdes. Grandes áreas de cobertura verde são usadas no lado norte da edificação adjacente à piscina externa, o que ajuda a promover interações entre o prédio e a paisagem do entorno. As coberturas verdes também protegem a membrana de cobertura da degradação causada pelos raios ultravioleta, servem de hábitat para a vida selvagem e ajudam a isolar termicamente a edificação.

Figura 5.13 O jardim de inverno tem uma cobertura verde no lado norte da edificação (à esquerda) e vidro corado reciclado no lado sul (à direita). ADAM MØRK – TORBEN ESKEROD

Sistemas mecânicos. Água mineral quente, a 39°C, é bombeada de um sistema de poços artesianos com 2.300 metros de profundidade, tratada e fornecida para as piscinas dentro do complexo. Os gases que se acumulam dentro dos furos de sondagem do poço são coletados e usados como combustível para aquecer as águas termais. Energia elétrica e calefação adicional para o complexo são fornecidas por uma usina de cogeração municipal no terreno.

Desempenho

Por ser um dos destinos recreativos mais recentes da Alemanha, as Águas Termais são uma atração popular para os visitantes que buscam tratamentos de saúde, relaxamento e se repouso. Foram construídas piscinas externas adicionais após a inauguração do prédio, em 2007, e outras piscinas já estão planejadas. Bad Aibling oferece outras atividades de recreação, como passeios de balão, visitas a parques e florestas locais, assim como ao centro histórico da cidade.

Mais informações

Beautyman, M. 2008. "BUBBLE BATH – A spa by Behnisch Architekten bursts onto the scene in sleepy Bad Aibling, Germany," *Interior Design*, 79, No. 2, 180–187.

Behnisch Architekten. www.behnisch.com/site_files/pdf/190.pdf (Documento com sete páginas que pode ser baixado e inclui informações sobre o projeto, sua descrição e fotografias a cores dos espaços internos e externos.)

Jaeger, F. 2009. *Behnisch Architekten*, Jovis, Berlin. 116–123.

"Therme Bad Aibling–Behnisch Architekten." 2008. *L'Arca* (242): 74–80.

Therme (Spa) Bad Aibling. www.therme-bad-aibling.de (Página da Internet que inclui informações sobre o projeto, a equipe de projetistas e uma série de fotografias dos interiores e do exterior.)

Transsolar Energietechnik. www.transsolar.com/download/e/pb_therme_bad_aibling_e.pdf (Documento conciso, de apenas uma página, que pode ser baixado e que inclui informações sobre o projeto, descrições dos conceitos de iluminação natural e controle climático empregados, imagens a cores e diagramas. Outras descrições das estratégias empregadas no projeto estão disponíveis no *site* da Transsolar, sob o título "completed projects.")

Zacks, S. 2008. "Form Follows Performance: The German architect Stefan Behnisch pushes form and sustainable design into new energy-efficient directions," *Metropolis*, 28, No. 5, 74–81.

NOTAS

NOTAS

Apresentação do projeto e contexto

O Edifício-Sede da Biblioteca Pública de Cambridge está localizado em Cambridge, Massachusetts, Estados Unidos, a aproximadamente 5 km do centro de Boston. Cambridge, uma cidade com pouco mais de 100 mil habitantes, é conhecida por suas universidades de prestígio (Harvard e MIT), atmosfera acadêmica vibrante e população diversificada.

A biblioteca está situada vários quarteirões ao leste do *campus* da Harvard University, em um terreno delimitado por duas vias arteriais movimentadas – Broadway, ao sudoeste, e Cambridge Street, ao norte. A grande Cambridge Rindge and Latin High School está implantada muito perto do complexo, nos lados norte e oeste do terreno, separando com sucesso a biblioteca do movimento da Cambridge Street. Ao sudoeste, o Edifício-Sede está voltado para um parque público de 1,6 hectare.

Figura 5.14 O edifício histórico de pedra e o edifício novo de vidro vistos lado a lado, a partir do Joan Lorenz Park. ROBERT BENSON PHOTOGRAPHY

O edifício original da biblioteca, construído em 1889 por Van Brunt e Howe, é um imponente prédio no estilo românico richardsoniano, tombado pelo Registro Nacional de Lugares Históricos dos Estados Unidos. O interior da edificação possui murais da época da Grande Depressão e extensos painéis de carvalho. A edificação original foi ampliada na década de 1960.

Na década de 1990, ficou evidente que a biblioteca precisava ser reformada e ampliada. A Prefeitura de Cambridge deu início a um processo de planejamento e construção com duração de 15 anos, que culminou na demolição do anexo da década de 1960, na restauração completa do edifício histórico de 1889, em um novo anexo exuberante que multiplicou por quatro o tamanho do complexo de bibliotecas e em um novo parque verdejante. A participação da comunidade, a sensibilidade com relação à edificação preexistente e ao terreno e o desejo de receber o público no prédio foram as características marcantes do processo de projeto.

Objetivos do projeto e validação

O projeto do Edifício-Sede da Biblioteca Pública de Cambridge tinha quatro objetivos principais:

- Conectar as edificações ao entorno por meio da criação de uma "biblioteca no parque".

EDIFÍCIO-SEDE DA BIBLIOTECA PÚBLICA DE CAMBRIDGE

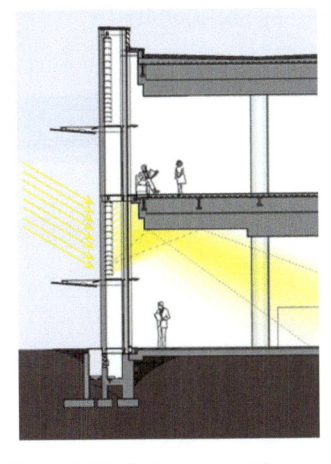

Figura 5.15 Corte esquemático mostrando a entrada de iluminação natural pela fachada dupla da nova edificação. WILLIAM RAWN E ANN BEHA ARCHITECTS

LOCALIZAÇÃO
Cambridge, Massachusetts, Estados Unidos
Latitude 42,4 °N
Longitude 71,1 °O

GRAUS-DIA DE AQUECIMENTO
3.123 graus-dia, com base em 18,3°C

GRAUS-DIA DE RESFRIAMENTO
1.632 graus-dia, com base em 10°C

TEMPERATURA DE BULBO SECO PARA PROJETO – INVERNO (99%)
-10,9°C [12,4°F]

TEMPERATURA DE BULBO SECO PARA PROJETO E TEMPERATURA DE BULBO ÚMIDO COINCIDENTE MÉDIA – VERÃO (1%)
30,9/22,2°C [87,6/71,9°F]

RADIAÇÃO SOLAR
Jan 1,81 kWh/m²/dia
[574 Btu/pés²/dia]
Jun 5,66 kWh/m²/dia
[1.794 Btu/pés²/dia]

PRECIPITAÇÕES ANUAIS
1.092 mm

TIPO DE EDIFICAÇÃO
Biblioteca

ÁREA
2.527 m², restauração da biblioteca histórica de 1889
7.126 m², anexo da nova biblioteca
9.653 m², complexo total de bibliotecas

CLIENTE
Prefeitura de Cambridge, Biblioteca Pública de Cambridge

EQUIPE DO PROJETO
Arquitetos: William Rawn Associates
Arquitetos Associados: Ann Beha Architects
Instalações Mecânicas, Elétricas, Hidrossanitárias e de Proteção contra Incêndios: Vanderweil Engineers
Engenharia de Estruturas: Le Messurier Consulting Engineers
Paisagismo: Michael Van Valkenburgh Associates
Engenharia da Fachada: Arup Facade Engineering, Londres
Empreiteiro Geral: Consigli JF/White
Fabricante das Paredes-Cortina: Josef Gartner GmbH

CONCLUSÃO
Novembro de 2009

MEDIÇÃO DO DESEMPENHO
Índice de Utilização de Energia (IUE): Indisponível
Emissões de Carbono: Indisponível
Consumo de Água: Indisponível

- Receber uma população diversificada de cidadãos locais na biblioteca.
- Conectar harmonicamente o Novo Edifício à Biblioteca Histórica.
- Celebrar os livros e a leitura.

A edificação histórica da biblioteca era parte importante do patrimônio arquitetônico da cidade; todavia, precisava-se de mais espaço do que ela oferecia. A equipe de projeto respondeu a esse desafio deixando intacta a biblioteca histórica e, ao mesmo tempo, acrescentando uma grande edificação nova que satisfez as exigências do programa de necessidades e atingiu as metas do projeto referentes a uma maior transparência com relação à comunidade. As duas alas têm linguagens arquitetônicas significativamente diferentes. O novo edifício não tenta imitar ou duplicar o prédio original, embora acompanhe os principais ritmos e linhas reguladoras. É uma caixa de vidro marcante e moderna, que funciona como um contraponto para a edificação histórica rústica, ornamentada e de volumetria complexa. As duas alas estão implantadas lado a lado, definindo a extremidade norte do parque adjacente.

O alto grau de transparência e conexão com o entorno foi alcançado por meio do uso de uma parede-cortina dupla na fachada principal, a sudoeste. A equipe de projeto estudou diversos edifícios norte-americanos e europeus com vedações duplas a fim de determinar a combinação correta de características e componentes que permitiria que a fachada desempenhasse o maior número de funções possíveis. Finalmente, três características – cavidade profunda, cavidade em múltiplos pavimentos e sombreamento no interior da cavidade – foram identificadas como sendo os recursos mais apropriados para a iluminação natural, o conforto térmico, o isolamento térmico, a proteção solar, a calefação solar passiva, a transparência visual e a ventilação natural. Tal abordagem foi validada observando-se edificações em uso que utilizavam fachadas similares e também por meio da modelagem dinâmica de fluidos computacional (DFC) feita pela Arup durante o processo de projeto.

Figura 5.16 Zona com assentos para os usuários, adjacente à fachada dupla. ROBERT BENSON PHOTOGRAPHY

A conexão entre as edificações nova e antiga também era crucial para a equipe de projeto. A William Rawn Associates trabalhou intimamente com a Ann

Beha Architects – projetistas responsáveis pela restauração da edificação histórica da Biblioteca Pública – para criar uma conexão física sutil entre as alas nova e antiga. Elaboraram um esquema no qual a planta baixa da edificação nova foi dividida em quatro "barras" ou zonas programáticas. A primeira zona, mais próxima da fachada dupla, continha assentos para os frequentadores; a segunda zona era para o acervo literário; a terceira, para circulação, balcões de atendimento e conexão com a edificação antiga; e a quarta zona continha os escritórios e espaços mais fechados. As áreas para os adolescentes e para os computadores de uso público foram colocadas no edifício antigo, assegurando que a Biblioteca Histórica fosse utilizada ativamente pelos usuários. Na nova edificação, o leiaute do programa coloca os espaços mais aberto perto da fachada dupla, no lado sul do prédio, visando o acesso ideal às vistas e à iluminação natural. Também é introduzida luz natural indireta na Sala dos Arquivos e na Sala do Programa Infantil, voltadas para o norte.

Desde o início do processo de planejamento e projeto, o Diretor da Biblioteca exigiu que a renovação e a ampliação "celebrassem o livro". Ao contrário de algumas bibliotecas recentes que investiram na condição de centro comunitário, o Edifício-Sede deveria focar a leitura. Livros podem ser vistos em todos os pontos das edificações – algo que a biblioteca considerou apropriado em função das populações intelectuais e de imigrantes que vivem em Cambridge.

Figura 5.17 Planta de situação mostrando o Edifício-Sede em relação ao parque urbano e à Cambridge Rindge and Latin High School. WILLIAM RAWN E ANN BEHA ARCHITECTS

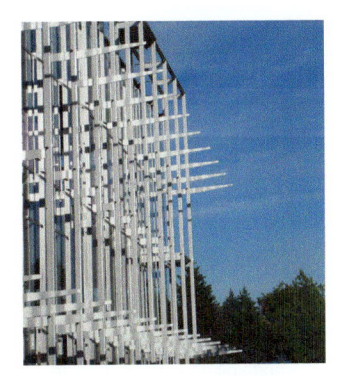

Figura 5.18 A fachada de vidro dupla permite um alto grau de transparência entre a biblioteca e o parque público adjacente. WILLIAM RAWN E ANN BEHA ARCHITECTS

Estratégias

A característica mais marcante da nova edificação é a fachada dupla complexa. Esse sistema de fachada é um componente essencial da complexa estratégia de controle ambiental da edificação, que inclui ventilação natural, calefação solar passiva, iluminação natural, isolamento térmico e eficiência energética otimizada. Junto com a reciclagem de uso da Biblioteca Histórica e a localização subterrânea e sensível ao terreno da garagem e do reservatório pluvial, isso produziu um complexo de bibliotecas que responde com cuidado ao contexto urbano e à orientação.

Terreno. A relação entre a biblioteca e o parque urbano adjacente era um componente importante do processo de projeto. Sempre que possível, a equipe de projeto buscou reduzir o impacto da construção na paisagem. Uma garagem foi construída sob o parque, o que eliminou o estacionamento de superfície, reduziu o efeito de ilha térmica e o escoamento pluvial de superfícies pavimentadas e protegeu duas grandes faias europeias e um enorme salgueiro. Uma grande cisterna com capacidade para 1.324.900 litros também foi colocada sob o parque. O reservatório faz parte de um sistema de coleta de águas pluviais que atende uma região de 7,8 km^2 em Cambridge. A nova edificação foi cuidadosamente implantada na quina nordeste do terreno, antes ocupada por um estacionamento ao ar livre, o que permitiu que 1,6 hectare do parque fosse resgatado em frente ao complexo de bibliotecas.

Vedações duplas. A peça principal da nova edificação é a parede-cortina dupla com 55 m de comprimento, na fachada sudoeste. Trata-se do primeiro uso de sistema de fachada dupla em uma biblioteca pública nos Estados Unidos e a primeira fachada a combinar as três características principais da tecnologia europeia de vedações duplas: cavidade de 0,9 m de profundidade; altura de 13,7 m; e brises horizontais microperfurados com 30,5 cm de profundidade no interior da cavidade. A fachada proporciona um alto grau de transparência, permitindo que o parque urbano seja visto de dentro da edificação e que a edificação seja vista do parque urbano. "Visores" horizontais de vidro corado fornecem sombra para segmentos da fachada, onde a utilização de brises mecânicas teria um impacto negativo nas vistas. Vidros simples com baixo teor de ferro foram usados na camada externa da pele e nas vidraças duplas; vidraças com isolamento térmico, revestimento de baixa emissividade (baixo valor E) e baixo teor de ferro foram usadas na camada interna da pele dupla.

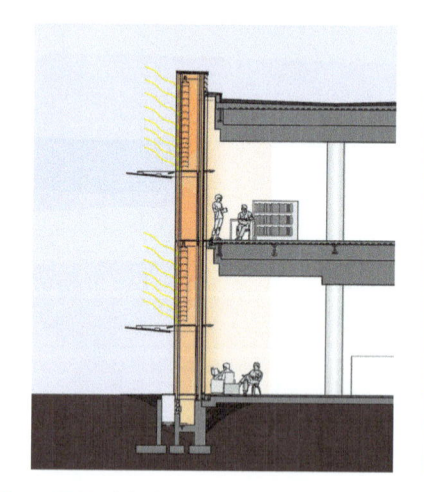

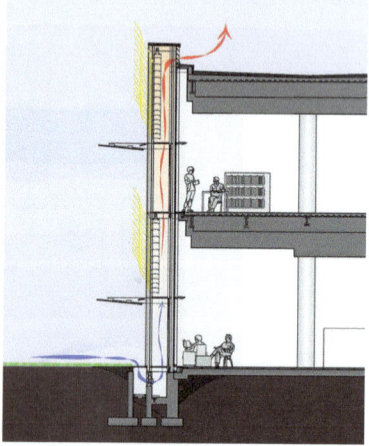

Figura 5.19 A fachada dupla mostrada em modo de inverno (à esquerda) e de verão (à direita).
WILLIAM RAWN E ANN BEHA ARCHITECTS

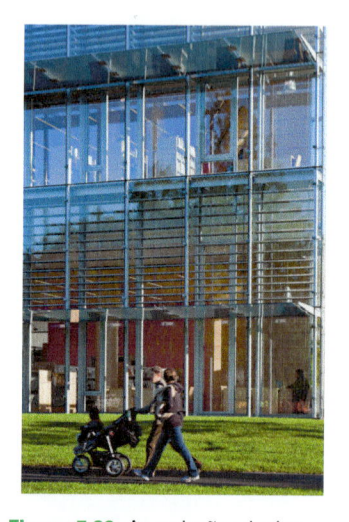

Figura 5.20 As vedações duplas mostrando os dois elementos de sombreamento da fachada: "visores" horizontais externos e brises automáticos no interior da cavidade das vidraças duplas. ROBERT BENSON PHOTOGRAPHY

Ventilação natural. No lado interno da fachada dupla, janelas de abrir dão aos usuários certo controle pessoal das condições térmicas. Essa configuração ofereceu duas vantagens importantes à equipe de projeto: as telas mosquiteiras se tornaram desnecessárias (trazendo benefícios para a manutenção) e foi possível uma maior segurança patrimonial, impedindo o roubo de livros pelas janelas. Na edificação histórica, os caixilhos das janelas preexistentes foram consertados e vedados; além disso, receberam novas esquadrias externas de proteção contra intempéries, o que melhorou o desempenho térmico e, ao mesmo tempo, permitiu o uso de janelas de abrir visando à ventilação natural. Na ala do acervo da edificação histórica, as janelas preexistentes foram substituídas por janelas de madeira e vidro duplo feitas sob encomenda.

Controle solar e calefação solar passiva. Embora a elevação totalmente de vidro da parte sudoeste do novo edifício crie um alto grau de transparência entre a biblioteca e o parque urbano e ofereça oportunidades para a calefação solar passiva nos meses frios, a equipe de projeto precisou encontrar maneiras de limitar os ganhos térmicos excessivos nos meses mais quentes, assim como o ofuscamento causado pelas mudanças diárias na altura do sol. O sistema de fachada dupla foi elaborado para funcionar de duas maneiras sazonais: os registros na parte debaixo e de cima da cavidade são abertos no verão para permitir o fluxo de ar (pois as temperaturas podem chegar a 32°C) ou fechados no inverno para restringi-lo. O projeto pressupõe que, no modo de inverno, o ar retido no interior da cavidade agirá como uma barreira térmica entre o exterior e o interior da edificação; já no modo de verão, espera-se que o fluxo de ar dentro da cavidade remova o calor excessivo por meio da ventilação por efeito chaminé, mantendo a camada interna de vidro fria. Dois tipos de sombreadores foram incorporados à fachada: dispositivos horizontais fixos ("visores") foram fixados à parte de fora da camada externa de vidro e brises horizontais automáticos foram instalados dentro da cavidade. Os dispositivos fixos, instalados aproximadamente 2,4 m acima do nível do piso, permitem vistas desobstruídas da fachada. Os brises – que giram uma vez por dia para responder aos ângulos solares baixos – estão posicionados entre os dispositivos fixos e o forro em cada pavimento.

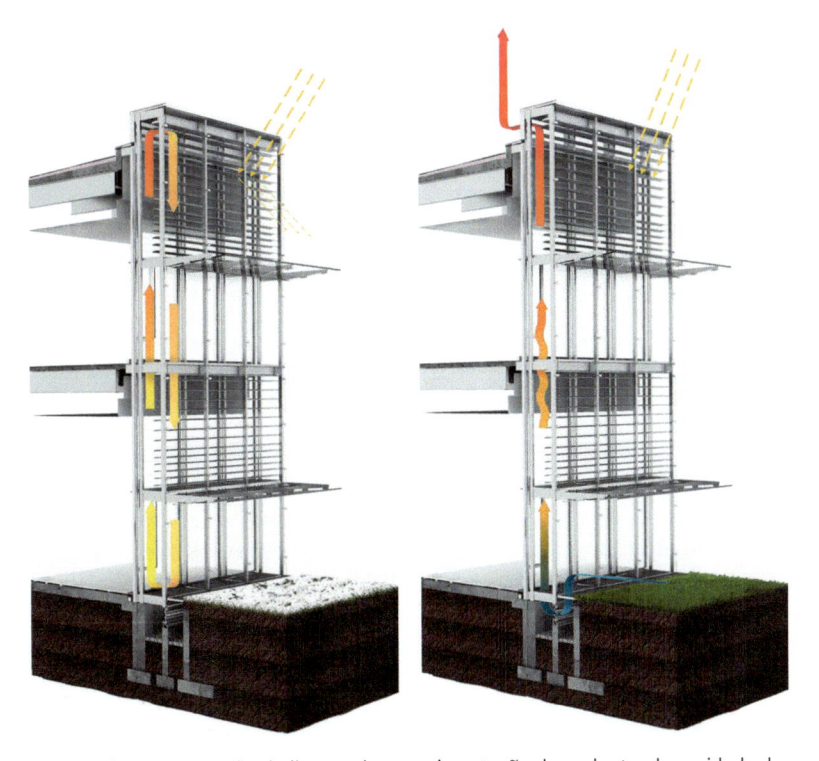

Figura 5.21 Corte perspectivado ilustrando a movimentação do ar dentro da cavidade da fachada dupla, no modo de inverno (à esquerda) e no modo de verão (à direita). WILLIAM RAWN E ANN BEHA ARCHITECTS

Iluminação natural. A equipe de projeto conseguiu iluminar naturalmente 90% dos espaços internos do Edifício-Sede. Na edificação da Biblioteca Histórica, as janelas foram consertadas, substituídas ou reabertas por meio do processo de restauração e da demolição do anexo feito na década de 1960. Na nova edificação, as janelas da elevação norte, as claraboias acima da zona de circulação e a grande quantidade de vidraças na elevação sul enchem o interior de luz natural. Essas estratégias de iluminação natural diminuem a necessidade de iluminação elétrica e ajudam a conservar energia. Elementos de proteção solar móveis e fixos foram incorporados à fachada dupla em uma tentativa de controlar, modular e redirecionar a luz natural no lado sul da edificação. Os "visores" externos fixos consistem em uma folha de laminado de PVC branco entre duas camadas de vidro. O resultado é um sombreador de vidro que complementa a fachada totalmente de vidro, além de impedir a radiação solar de entrar nos espaços internos. Em vez de um sistema sofisticado de rastreamento solar para ajustar os brises no interior da cavidade, a equipe de projeto escolheu um sistema simples que as muda de posição uma vez por dia de acordo com a regulagem sazonal focada na altura do sol. As lâminas microperfuradas foram escolhidas para permitir certa transmissão de luz (reduzindo as variações drásticas no sombreamento) e para funcionar como estantes de luz, redirecionando a luz para os forros internos brancos acima.

Conservação de recursos. O Edifício-Sede da Biblioteca Pública de Cambridge inclui várias características ligadas à conservação de recursos. Aparelhos sanitários de baixa vazão foram usados em todo o prédio para diminuir o consumo de água. Uma maior terceirização das instalações prediais ajudou a assegurar o desempenho dos sistemas da edificação. Espera-se que a fachada dupla perca 50% menos calor por área unitária que um sistema de parede-cortina convencional. Os sensores de luz natural reduzem a utilização de eletricidade para iluminar o interior. Um grande reservatório é usado para a água da chuva coletada no terreno e em bairros vizinhos de Cambridge, o que diminui substancialmente o impacto no sistema municipal de águas pluviais durante períodos de chuva intensa e amplia o impacto ambiental positivo do projeto para além dos limites do terreno.

Coberturas verdes. Há uma cobertura verde intensiva de 3.066 m² acima da garagem subterrânea. A profundidade média do solo é de 1,2 m, o que permite o plantio de árvores. A garagem se encontra praticamente invisível sob o parque.

Reciclagem de uso. A edificação da Biblioteca Histórica foi restaurada e reaproveitada como parte da ampliação do complexo de bibliotecas, o que economizou recursos materiais e também protegeu um marco histórico importante para a cidade. A abordagem geral consistia em remover todas as ampliações e acessórios gratuitos tanto dentro como fora da edificação, bem como incorporar serviços e sistemas modernos da maneira mais discreta e invisível possível. Na parte externa, a alvenaria de arenito castanho foi lavada e rejuntada; já a cobertura de ardósia e os rufos de cobre tiveram de ser substituídos. A fachada oeste foi reaberta com a demolição do anexo de 1967 à edificação original. Sempre que possível, a equipe de projeto limpou e reutilizou os materiais preexistentes. Parte dos remates de pedra e madeira precisou ser refeita. Como as pedreiras que forneceram pedras

Figura 5.22 Instalação de "visores" horizontais fixos para sombreamento no exterior da fachada dupla. WILLIAM RAWN E ANN BEHA ARCHITECTS

para a edificação de 1889 já pararam de funcionar, muitas pedras novas vieram de fontes alternativas, como canteiros de obras em rodovias e alvenarias ocultas dentro do edifício histórico. A entrada principal do complexo de bibliotecas foi transferida para a nova edificação, e o pórtico de entrada original da edificação histórica, fechado com vidro para criar um auditório; os degraus de pedra, por sua vez, foram transformados em assentos externos. Os acabamentos internos, como peças de carvalho e luminárias, foram restaurados ou protegidos com cuidado. Dentro do edifício antigo, os espaços foram convertidos em Sala de Estar para Jovens Adultos, sala de leitura e área de uso público com acesso à Internet. Os murais pintados nas paredes em 1934, como parte da Works Progress Administration (WPA) e que representam as 10 divisões do conhecimento que compõem o Sistema Decimal Dewey, foram cuidadosamente protegidos durante a construção e, em seguida, restaurados.

Materiais. Tintas, carpetes e adesivos com poucos compostos orgânicos voláteis (VOCs) foram usados em toda a biblioteca. Na edificação histórica, usou-se um piso de bambu na Sala de Estar para Jovens Adultos. Os materiais foram especificados e adquiridos com base no conteúdo reciclado pré e pós-consumo. O conteúdo reciclado combinado totalizou quase 21% dos custos totais com materiais, conforme documentado nos relatórios de certificação LEED. Os sistemas de condicionamento de ar usam refrigerantes sem CFC. Ardósia vermelha de Vermont – um material local durável e historicamente adequado trazido da Nova Inglaterra – foi usada para reconstruir a cobertura do prédio histórico. Durante a construção, 95% dos resíduos deixaram de ser enviados a aterros.

Transporte alternativo. A biblioteca tem bastante acesso ao transporte público: cinco linhas de ônibus passam pelo terreno e há duas estações de metrô a menos de 1 km de distância. A biblioteca incentiva os funcionários e usuários a irem de bicicleta até o complexo. Na Broadway, uma ciclovia oferece acesso fácil para bicicletas, enquanto a biblioteca tem um bicicletário grande e seguro. Os funcionários têm acesso a duchas e armários com chave. A garagem subterrânea (conectada à biblioteca por um túnel) é pequena (capacidade para 70 veículos) e oferece vagas para automóveis que utilizam combustíveis alternativos.

Desempenho

O Edifício-Sede da Biblioteca Pública de Cambridge é um destino popular entre os cidadãos. Em média, duas mil pessoas visitam o prédio diariamente, sendo que 80 usuários o fazem especificamente para utilizar a Internet sem fio. A biblioteca estima que houve um aumento de 65% na circulação, 55% no uso de computadores e 63% no cadastramento de usuários nos oito meses seguintes à inauguração do edifício. A previsão de espaços para adolescentes e o uso de computadores na Biblioteca Histórica deu vida nova à edificação antiga.

A Prefeitura de Cambridge tem um longo histórico de comprometimento com edificações sustentáveis e com certificação LEED. O projeto do Edifício-Sede solicitou uma certificação LEED-NC 2.2 por meio do U.S. Green Building Council. Ainda não foi realizada uma avaliação pós-ocupação (APO) da edificação em uso.

Mais informações

Ann Beha Architects. www.annbeha.com/ (O *site* dos arquitetos, que inclui uma fotografia, a descrição do projeto e uma lista de prêmios recebidos.)

The Cambridge Public Library. www.cambridgema.gov/cpl/announce.htm (O *site* da biblioteca, que inclui plantas baixas, fotografias e informações sobre visitas e as características de projeto sustentáveis. Há também um *link* a um artigo de novembro de 2009 do *Boston Globe* entitulado "What a posh hotel and a new library share.")

Gonchar, J. 2010. "More Than Skin Deep." *Architectural Record*. July 2010: 108–110. (Artigo impresso que descreve o projeto e o sistema de fachada dupla empregado.)

William Rawn Associates. www.rawnarch.com/civicrealm.html (O *site* do arquiteto, que inclui fotografias, uma descrição do projeto e um *link* a um estudo de caso de uma edificação com vedações duplas.)

PORTAL JOHN HOPE DO RBGE

Apresentação do projeto e contexto

O novo Portal John Hope é a entrada principal do Royal Botanic Garden Edinburgh (Jardim Botânico Real de Edimburgo – RBGE). O RBGE foi fundado em 1670, tem mais de 28 hectares e é um dos destinos turísticos mais visitados da Escócia, recebendo mais de 700.000 visitantes por ano. O nome do portal presta uma homenagem a John Hope, Curador Real do jardim entre 1761 e 1786. A edificação é um "portal" para os jardins, pois sustenta a missão geral do RBGE, que é "explorar e explicar o mundo das plantas".

Os arquitetos foram escolhidos por meio de um concurso de arquitetura realizado em 2003. O RBGE anunciou: "A finalidade do concurso era selecionar um arquiteto que compreendesse as aspirações do cliente e que fosse capaz de projetar um prédio adequado ao *status* do Jardim, que é uma atração turística e um centro de excelência com renome internacional. Temos certeza de que o RBGE encontrou tal arquiteto em Edward Cullinan Architects (ECA)." No mesmo período, formou-se uma equipe de projeto integrada, que incluía os arquitetos, engenheiros, arquitetos paisagistas, luminotécnicos, projetistas de exposições, gerente de projeto, empreiteiro e cliente.

Figura 5.24 Entrada do Portal por um saguão animado pelas plantas e banhado de luz. MATT LAVER PHOTOGRAPHY

Figura 5.23 A entrada principal do Portal John Hope. MATT LAVER PHOTOGRAPHY

LOCALIZAÇÃO
Edimburgo, Escócia, Reino Unido
Latitude 55,9 °N
Longitude 3,2 °O

GRAUS-DIA DE AQUECIMENTO
3.465 graus-dia, com base em 18,3°C

GRAUS-DIA DE RESFRIAMENTO
544 graus-dia, com base em 10°C

TEMPERATURA DE BULBO SECO PARA PROJETO – INVERNO (99%)
-3,3°C [25,9°F]

TEMPERATURA DE BULBO SECO PARA PROJETO E TEMPERATURA DE BULBO ÚMIDO COINCIDENTE MÉDIA – VERÃO (1%)
20,8/16,0°C [69,5/60,8°F]

RADIAÇÃO SOLAR
Jan 0,44 kWh/m²/dia
[139 Btu/pés²/dia]
Jun 4,13 kWh/m²/dia
[1.309 Btu/pés²/dia]

PRECIPITAÇÕES ANUAIS
677 mm

Para minimizar a perda de espaço no jardim, a nova edificação foi construída sobre o terreno de diversos edifícios antigos, incluindo a antiga loja e banheiros, que já não atendiam às necessidades do local. Um novo Jardim da Diversidade acompanha a parede de vidro curva do espaço para exposições, ajudando a esmaecer a distinção entre o Jardim e a edificação. Com

TIPO DE EDIFICAÇÃO
Centro de visitantes

ÁREA
2.700 m²

CLIENTE
Royal Botanic Garden Edinburgh

EQUIPE DO PROJETO
Arquitetos: Edward Cullinan Architects (ECA)

Engenharia Estrutural, Civil, de Fachadas e Proteção contra Incêndio: Buro Happold Ltd.

Engenharia Ambiental e Instalações Prediais: Max Fordham

Empreiteiro Geral: Xircon Ltd.

Projetista de Exposições: Navy Blue

Orçamentista: David Langdon

Paisagismo: Gross Max

CONCLUSÃO
Outubro de 2009

MEDIÇÃO DO DESEMPENHO
Índice de Utilização de Energia (IUE):
Previsto

422 kWh/m²/ano
[133.756 Btu/pés²/ano]
[estimativas iniciais, incluindo serviços de alimentação e iluminação dos mostruários]

Previsto

135 kWh/m²/ano
[42.789 Btu/pés²/ano]
[consumo modelado, não incluindo serviços de alimentação e iluminação dos mostruários]

Emissões de Carbono:
Meta

7 kg/CO_2/m²/ano (excluindo iluminação dos mostruários e cargas de tomadas)

Consumo de Água:
Previsto

344 L/m²/ano
8,7 galões/pés²/ano

---

o intuito de explorar a questão da biodiversidade, o edifício tem uma cobertura plana verde com capim. Isso aumentou efetivamente a área de espaço verde do Jardim e criou uma faixa de cor natural que pode ser vista desde o caminho até o topo de uma colina próxima. Alguns dos benefícios dessa cobertura verde são a redução dos ganhos térmicos no verão, a diminuição do escoamento pluvial até os drenos e o isolamento da edificação.

A organização do edifício é tripartite: um pavimento térreo de concreto aberto ao público, com entrada, exposições permanentes e temporárias, um laboratório de ciências onde pesquisadores interagem de perto com o público e lojas internas e externas; um segundo pavimento semipúblico, com tabuado de madeira, que contém um restaurante aberto ao público e um terraço separado dos escritórios particulares por um átrio; e uma cobertura verde com capim cujo acesso é restrito e que também apresenta painéis fotovoltaicos, painéis térmicos solares e a cobertura do átrio em ETFE (tetrafluoretileno etileno). A cobertura flutua sobre toda a edificação, como se fosse um único plano horizontal, e cria uma grande marquise que protege as entradas e saídas, o café e o acesso às lojas externas. Uma elegante estrutura de cobertura de madeira aparente sobre esbeltas colunas de aço subdivide a planta livre em uma série de vãos quadrados.

Objetivos do projeto e validação

Uma das principais motivações do Portal John Hope era, basicamente, destapar o Jardim e revelar o instituto de pesquisa em seu interior.
Stephen Blackmore, Curador Real

O objetivo do projeto era minimizar o impacto na paisagem e respeitar o contexto do terreno do jardim botânico. A firma Edward Cullinan Architects declarou: "O edifício será um mostruário de projeto sustentável e incluirá muitos elementos demonstráveis, como uma caldeira a biomassa, a coleta de água da chuva, uma turbina eólica, coletores de luz solar e painéis solares fotovoltaicos". A vontade de fornecer ventilação natural e luz solar influenciou significativamente a forma da edificação. A Max Fordham Engineers afirma: "O elemento mais explicitamente sustentável do projeto é a elegante turbina eólica Quiet Revolution de 6 kW, instalada na cobertura, que, além de satisfazer parte dos requisitos de energia do prédio do Portal, é um forte símbolo do espírito ambientalista do centro". No início, o programa de necessidades ambiental da edificação incluía:

- Demonstrar/promover o projeto sustentável
- Incentivar o público por meio de demonstrações de sustentabilidade prática
- Agir como uma janela para o mundo da natureza e da conservação
- Usar medidas de economia de energia e energia renovável *in loco*
- Ser projetada, construída e operada da maneira mais eficiente possível em termos de energia
- Obter benefícios máximos em relação ao investimento, à redução de emissões de CO_2 e à demonstrabilidade

A abordagem da equipe consistia em projetar vedações especiais para a edificação e aproveitar os recursos naturais do local (luz diurna, movimentação do ar, calor e água) para reduzir ao máximo o consumo base de energia. Com a aprovação do RBGE, a equipe decidiu superar a certificação

BREEAM Excellent sem passar pelo processo de certificação propriamente dito. Agora, tudo indica que o Portal John Hope finalmente receberá a certificação BREEAM por ser um projeto com financiamento público. Em vez de projetar de acordo com a lista de verificação do BREEAM, a Max Fordham Engineers criou uma lista de metas de sustentabilidade baseada em seu *Edinburgh City Sustainability Guide* [Guia de Sustentabilidade da Cidade de Edimburgo], escrito para a prefeitura da cidade. A equipe conduziu o projeto de forma a atingir ou superar os critérios de "melhores práticas" da lista.

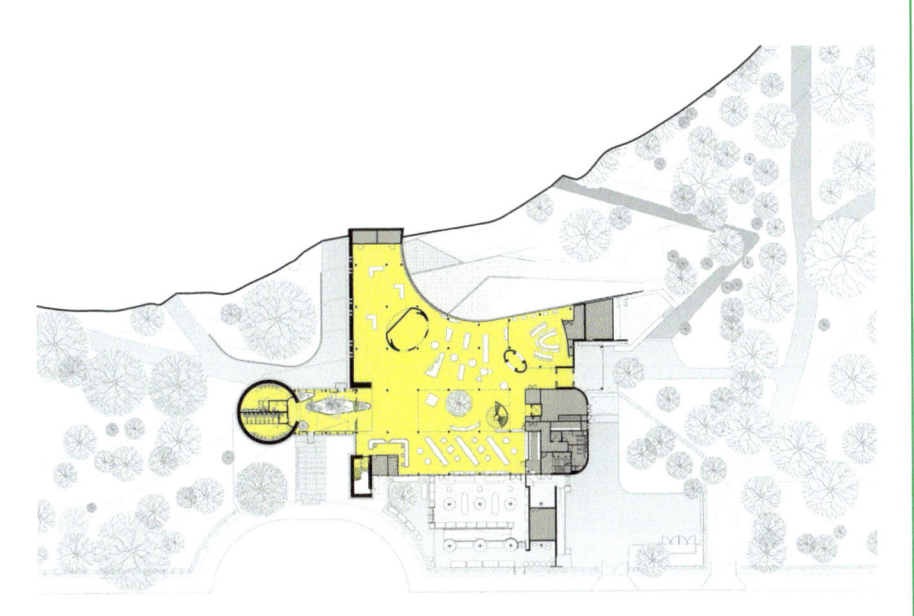

Figura 5.25 Planta baixa do pavimento térreo do Portal John Hope mostrando como a edificação se relaciona com o jardim por meio de espaços protegidos e espaços externos. EDWARD CULLINAN ARCHITECTS

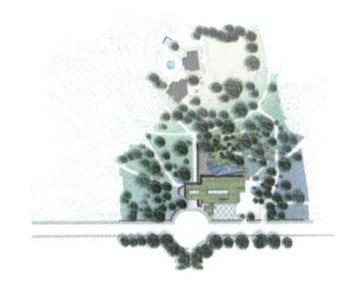

Figura 5.26 O Portal John Hope está situado no perímetro oeste do Royal Botanic Garden Edinburgh, ao pé de uma colina que se encontra ao leste. EDWARD CULLINAN ARCHITECT

Figura 5.27 A vista do conceito inicial enfatiza a integração do edifício com a paisagem. EDWARD CULLINAN ARCHITECT

Figura 5.28 O sistema estrutural modular possui detalhes elegantes, fazendo com que a estrutura dispense acabamentos internos. BRUCE HAGLUND

Embora a lista de metas de sustentabilidade tenha mantido o projeto no caminho certo, a equipe utilizou, desde o início, técnicas de modelagem cada vez mais sofisticadas a fim de tomar boas decisões. Essas ferramentas incluíam desde listas básicas até maquetes eletrônicas de cômodos/zonas em TAS/VIZ/Ecotect, listas complexas e uma maquete eletrônica de toda a edificação em IES (um programa de modelagem termodinâmica e da edificação em três dimensões). Durante o processo, conseguiram estudar a iluminação natural no átrio com relação ao conforto humano e à vegetação, além de analisar o conflito entre a iluminação natural e a necessidade de elementos de sombreamento verticais externos para os escritórios voltados para o oeste. A maquete em IES acabou permitindo a investigação do consumo de energia, conforto térmico, superaquecimento e proteção solar, emissões de CO_2, viabilidade da energia renovável, estratégias de projeto passivo, fluxo e temperatura do ar para ventilação, escolha de materiais e projeto das vedações e, ainda, o cumprimento dos padrões de desempenho energético (visando o Building Regulations Section 6 e o Energy Performance Certificate (EPC)). As primeiras maquetes indicavam uma certificação EPC "A", mas parte da iluminação inicialmente considerada como "mostruário" (e, portanto, isenta) talvez tenha de ser classificada como "geral". Se isso acontecer, será obtida uma certificação EPC "C", o que ainda é muito bom para um prédio público tão utilizado.

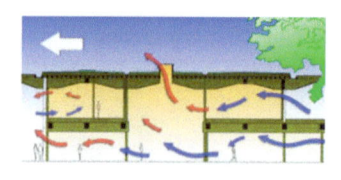

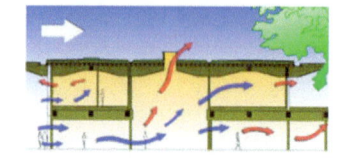

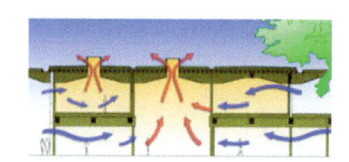

Figura 5.30 A edificação foi projetada com o objetivo de tirar partido da ventilação cruzada e por efeito chaminé. EDWARD CULLINAN ARCHITECTS

Figura 5.31 Uma estrutura em tenda (que usa a mesma retícula estrutural que o sistema de aço e madeira laminada e colada) protege do sol e da chuva a área de vendas externa com vegetação, enquanto também fornece sombra para a fachada oeste do pavimento térreo. MATT LAVER PHOTOGRAPHY

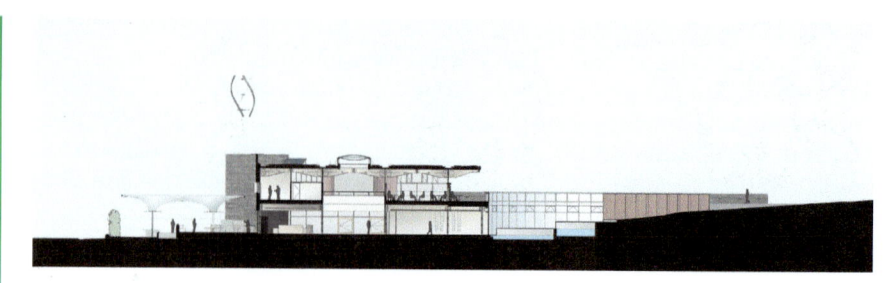

Figura 5.29 O corte oeste-leste mostra a organização tripartite da edificação, bem como sua integração com o terreno em aclive. EDWARD CULLINAN ARCHITECTS

Estratégias

O Portal John Hope utiliza estratégias passivas e fontes de energia com baixas emissões de carbono para ser considerada uma edificação com baixas emissões de carbono e de alto desempenho. A Max Fordham Engineers minimizou o consumo total de energia ao combinar fatores U mais altos, ventilação passiva e iluminação de baixo consumo de energia com o uso da energia eólica, biomassa, calor do sol e células fotovoltaicas. Além disso, a equipe de projeto tomou muito cuidado com a escolha de materiais a fim de garantir uma edificação durável e saudável com baixa energia incorporada. O arquiteto afirma: "Como é adequado a um edifício dentro do Jardim Botânico, nos esforçamos, sempre que possível, para utilizar materiais naturais com baixa energia incorporada, incluindo uma estrutura predominantemente de madeira". Os materiais estruturais ficam aparentes em toda a edificação, sem revestimento, para que possam demonstrar sua beleza natural e reduzir a quantidade total de materiais necessários.

Ventilação natural e proteção solar. A edificação é ventilada naturalmente por meio da ventilação cruzada e por efeito chaminé, sendo que a abertura das janelas depende automaticamente das condições internas e externas. A ventilação mecânica é fornecida para áreas com altos ganhos térmicos, como a cozinha. No verão, a ventilação noturna por diferenças de pressão (por meio de janelas elevadas e protegidas) funciona em conjunto com o pavimento térreo de concreto exposto e polido e com as paredes internas termoacumuladoras, amenizando as temperaturas diurnas internas durante a estação de resfriamento. Uma marquise de quatro metros protege as fachadas sul e leste do edifício contra o sol do verão, reduzindo o superaquecimento, enquanto o sol baixo do inverno entra nas áreas públicas envidraçadas, trazendo calor e luz eles quando são mais necessários e apreciados (hemisfério norte).

Células fotovoltaicas. Um arranjo de 11 m² de módulos fotovoltaicos planos de silício amorfo instalado na cobertura (voltado para o sul e implantado em um ângulo ideal para a produção anual de energia) fornecerá uma geração elétrica de pico de 1,5 kW – suficiente para alimentar os seis computadores *desktop* do escritório. O sistema fotovoltaico reduzirá a energia fornecida pela rede pública nacional em aproximadamente 1.400 kWh/ano, o que equivale a uma economia de 600 kg de CO_2 por ano.

Coletores solares. Cinco coletores solares com tubos a vácuo de 3 m² foram instalados sobre a cobertura. Eles gerarão um pico de energia estimado de 12 kW [41.000 Btuh], fornecendo toda a água quente de que a edificação precisa no verão e preaquecendo a água no inverno, o que diminui a demanda da caldeira a biomassa. Se essa água fosse aquecida por uma caldeira de condensação a gás moderna, resultaria na emissão de aproximadamente 2.000 kg de CO_2 por ano.

Turbina eólica. A entrada do Jardim é marcada pela turbina eólica vertical Quiet Revolution 5 (QR5), instalada sobre a torre de pedra da escada, com uma altura total de 18 m. Projetada para resolver os dois maiores problemas apresentados pelas turbinas eólicas urbanas – a turbulência e o barulho –, a QR5 tem uma geração de pico de eletricidade de 6 kW. A turbina eólica reduzirá em 8.500 kWh/ano a quantidade de energia obtida da rede nacional, o que equivale a uma redução nas emissões de carbono de 3.500 kg de CO_2 por ano. Como as árvores do jardim causam uma turbulência considerável, era essencial escolher uma turbina capaz de lidar com o ar turbulento. A turbina foi cuidadosamente implantada no elemento mais alto da edificação a fim de diminuir a turbulência e aproveitar as velocidades mais altas do vento. Como o Royal Botanic Garden Edinburgh permite que os moradores da cidade saiam do ambiente urbano sem ter de deixar a região central, a discreta turbina QR5 é a opção ideal para um lugar onde o silêncio é muito valorizado.

Vedações da edificação. As vedações da edificação são altamente isoladas para ter um desempenho térmico 20% superior ao das normas de construção atuais. Por questões de boas práticas, o edifício foi testado quanto à estanqueidade do ar (apesar de essa não ser uma exigência legal na Escócia) e a infiltração de ar, medida: 7,55 m³/m² @ 50 Pa, o que excede a meta mínima de 10 m³/m² @ 50 Pa. Entradas de ar são utilizadas para atenuar as perdas térmicas. Os brises usados na fachada oeste e os vidros de alto desempenho reduzem os ganhos térmicos nos escritórios do segundo pavimento. A configuração das vidraças e sombreadores foi exaustivamente estudada para se alcançar um equilíbrio entre vistas, penetração de luz natural e controle da temperatura interna.

Iluminação natural. O clerestório e as janelas panorâmicas permitem ver os jardins do entorno e também a entrada de luz natural, o que reduz os custos com iluminação e aumenta o conforto visual. Claraboias curvas de ETFE termicamente eficientes deixam a luz natural chegar ao centro da edificação, estimulando o crescimento de plantas e iluminando o centro do prédio. Ao atingir as claraboias, chuvas intensas ressoam como tambores, o que promove uma celebração acústica da natureza – aprovada pelos funcionários do RBGE por estar de acordo com os princípios de "trazer o exterior para dentro" e "conectar-se com o meio ambiente". O aproveitamento da luz natural em toda a edificação, onde a iluminação elétrica aumenta ou diminui automaticamente, diminui a energia consumida pela eletricidade. Sensores de luz externos monitoram os níveis de iluminação ambiente, dimerizando ou desligando a iluminação elétrica quando há luz natural adequada disponível. Os sensores de movimento automáticos nos banheiros e espaços de serviço são desligados quando tais recintos não estão em uso, o que também economiza energia. Espelhos de água externos funcionam como estantes de luz, pois refletem a luz nos forros dos beirais e demais forros, além de proporcionar certo resfriamento e umidificação.

Figura 5.32 A cobertura acomoda painéis solares, painéis fotovoltaicos, lanternins com claraboias de ETFE, uma cobertura verde com capim e uma turbina eólica. MATT LAVER PHOTOGRAPHY

Figura 5.33 Tábuas de lariço com juntas verticais criam um anteparo contra chuva acima e abaixo das janelas dos escritórios. Os brises com 20 cm de profundidade foram espaçados a cada 50 cm para assegurar o sombreamento adequado das janelas voltadas para oeste. EDWARD CULLINAN ARCHITECTS

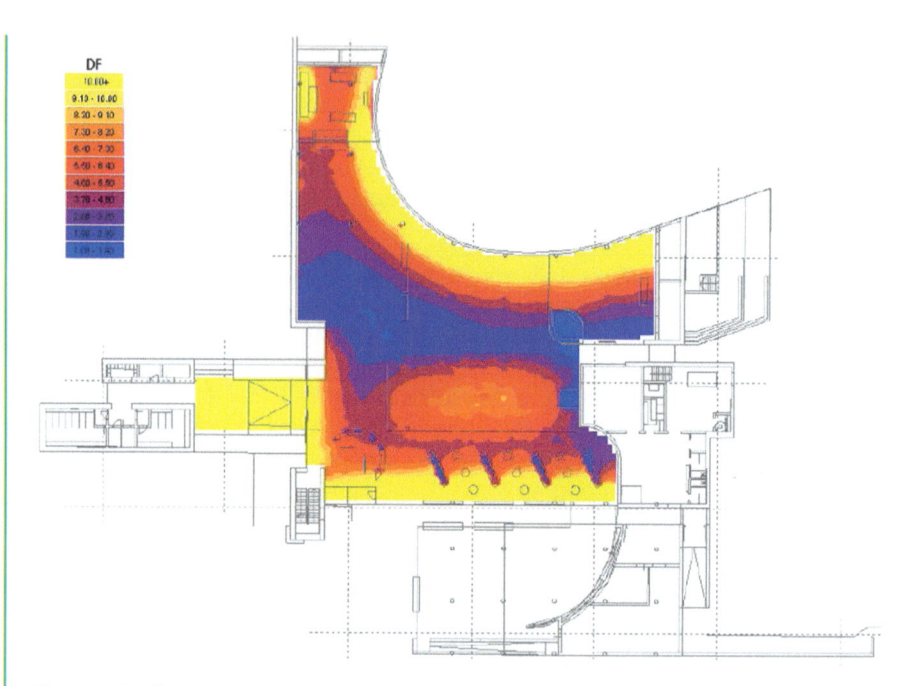

Figura 5.34 Coeficientes de luz diurna da planta baixa do pavimento térreo. EDWARD CULLINAN ARCHITECTS

Conservação de água. O edifício tem dois sistemas de coleta de água, cada um com um reservatório com 7 mil litros de capacidade, totalizando um volume de coleta de 14 mil litros. O reservatório mais visível, localizado acima dos banheiros da entrada principal, coleta água da extremidade norte da cobertura principal. Para melhor ilustrar a coleta de água, dois tubos de queda não chegam a tocar o reservatório, de modo que a descarga de água fica perfeitamente visível.

Figura 5.36 A iluminação natural foi pensada para iluminar as extremidades ocupadas e o átrio central, e, ao mesmo tempo, deixar a área de exposições relativamente escura. Os escritórios (com o clerestório) e o restaurante (com a meia parede) no segundo pavimento também aproveitam a luz natural do átrio.
MATT LAVER PHOTOGRAPHY

Figura 5.35 A cobertura verde (mostrada à esquerda) drena água a uma cisterna (mostrada à direita) e, em seguida, deixa evidente o transporte da água por gravidade da cobertura à cisterna e, então, às bacias sanitárias. MATT LAVER PHOTOGRAPHY / MAX FORDAM LLP

Essa água é clarificada por centrifugação e alimentada por gravidade às bacias sanitárias abaixo. Um segundo sistema coleta água da outra metade da cobertura em uma caixa d'água sob o pátio de serviço sul. A água filtrada atende os lavatórios da edificação principal. Com base em dados pluviométricos anuais e ocupação estimada, a coleta de águas pluviais reduzirá em pelo menos 36% ao ano a quantidade de água potável que é desperdiçada com a descarga de bacias sanitárias.

Coberturas verdes. Uma cobertura de capim foi utilizada por causa das vantagens relacionadas à biodiversidade e porque ela ajuda a atenuar o escoamento pluvial. Embora a cobertura verde possa fazer com que a água pluvial fique turva (e, possivelmente, manche as bacias sanitárias), o RBGE não considerou isso um problema, mas sim parte do processo de coleta de águas pluviais e do ciclo hidrológico.

Figura 5.37 A laje de concreto do pavimento térreo possui tubos hidrônicos para aquecimento por radiação. EDWARD CULLINAN ARCHITECTS

Sistemas mecânicos. A combinação de caldeira a biomassa e sistema térmico solar reduzirá a emissão de CO_2 relacionada à calefação e à água quente em 85% se comparado a um sistema comum de caldeira de condensação a gás. O aquecimento por radiação é usado na laje do pavimento térreo e nos perímetros da edificação, em ambos os pavimentos, para permitir a diminuição das temperaturas do ar interno; isso economiza energia e, ao mesmo tempo, proporciona condições confortáveis para os visitantes e funcionários. O escritório e o restaurante do segundo pavimento são dotados de um sistema de calefação e ventilação por deslocamento sob o piso. O sistema de automação predial (BMS) ajusta a temperatura e a vazão do sistema de calefação e ventilação natural dependendo das condições climáticas externas, para que se possa economizar o máximo possível na energia gasta com a calefação.

Caldeira a biomassa. No Portal, a principal fonte de energia com baixas emissões de carbono para calefação e água quente vem de uma caldeira a biomassa abastecida por madeira preparada coletada no local. Uma caldeira a biomassa Binder de 200 kW e queima limpa atende a 90% da carga de calefação durante o ano. Combustíveis obtidos no local (em um raio de 80 km) são armazenados em um silo de 66 m³ debaixo do pátio de serviço. O sistema de apoio da caldeira a biomassa consiste em duas caldeiras de condensação a gás extremamente eficientes, o que garante um sistema de calefação confiável.

Materiais. Para minimizar as distâncias de transporte e reduzir a energia incorporada, a origem dos materiais foi priorizada: em primeiro lugar materiais escoceses, em seguida britânicos e, então, europeus. A meta inicial era adquirir 80% dos materiais no Reino Unido. "Engenheirados" de madeiras europeias duráveis (vigas de madeira laminada e colada, madeira microlaminada estrutural e tabuados de madeira laminada cruzada) foram amplamente empregados na estrutura e nos acabamentos da edificação, demonstrando a utilidade, a beleza e a importância da madeira e das árvores por serem um material renovável e com baixa emissão de carbono, em comparação com materiais que emitem muito carbono, como o aço e o concreto. A durável ardósia escocesa Caithness com revestimento rústico, com acabamento rústico em fiadas, reveste três muros de arrimo de concreto – a longa parede do terraço, a torre da escada e o cilindro dos banheiros. Tábuas de lariço escocês não tratadas e com juntas verticais agem como um anteparo contra a chuva, protegendo a parede isolada estanque. A parede de vidro do jardim da biodiversidade, que está voltada para o leste e bastante protegida do sol, é feita de painéis com vidros duplos, facetados, de baixa emissividade (baixo valor E) e preenchidos com argônio; eles excedem a "prática inovadora" quanto ao desempenho térmico. Algumas pa-

Figura 5.38 Ardósia escocesa Caithness reveste o longo muro de arrimo do terraço. BRUCE HAGLUND

Figura 5.39 Cadeiras e mesas feitas sob encomenda foram construídas a partir de árvores tombadas nos quatro Royal Botanic Gardens da Escócia. MATT LAVER PHOTOGRAPHY

Figura 5.40 Vigas de madeira laminada e colada apoiadas em esbeltas colunas de metal sustentam o tabuado de madeira laminada cruzada. EDWARD CULLINAN ARCHITECTS

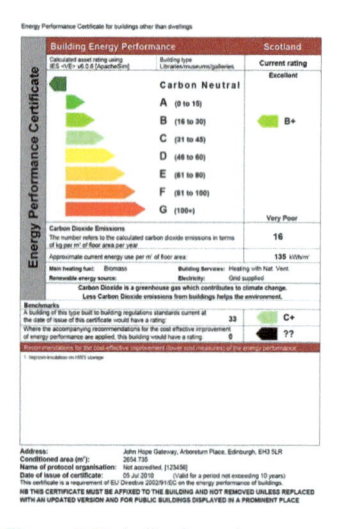

Figura 5.41 Indicadores de desempenho como o EPC – o Portal receberá uma classificação A, B ou C, caso se considere ou não a iluminação dos mostruários e as cargas de eletrodomésticos. MAX FORDAM LLP

redes internas são de blocos rebocados, proporcionando uma boa acústica e também massa térmica para amortecer as oscilações de temperatura diárias. Da mesma forma, o pavimento térreo é uma capa de concreto polido aparente que fornece massa térmica e durabilidade às áreas públicas, onde o tráfego é intenso. No segundo pavimento, o piso de madeira de conífera norte-americana (Douglas Fir) avança em direção à paisagem, formando o deque de cobertura e o elemento de sombreamento acima do salão de exposições. As mesas e cadeiras feitas sob medida para o restaurante são de madeira tratada de árvores anteriormente derrubadas dos quatro Royal Botanic Gardens da Escócia.

Construção. Os resíduos da construção foram minimizados pelo projeto – a estrutura predominantemente de madeira é um sistema de componentes pré-fabricados. O impacto da construção também foi reduzido evitando-se a ampla utilização de concreto e substituindo-se elementos que são tradicionalmente moldados *in loco* por elementos pré-moldados.

Desempenho

O governo escocês estabeleceu planos ambiciosos para diminuir radicalmente as emissões de gases com efeito estufa. Precisamos fazer nossa parte para cumprir essa agenda – não apenas colocando tecnologias renováveis em lugares públicos, para que se tornem familiares, como fizemos no Portal John Hope, mas reduzindo o impacto ambiental de tudo que fazemos. Temos, portanto, duas tarefas: a de ser promotores de mudanças na sociedade e a de ser contribuintes diretos para alcançar um relacionamento mais sustentável com o nosso planeta.

Stephen Blackmore, Curador Real

Apesar de os clientes terem considerado a avaliação BREEAM uma despesa desnecessária, a equipe de projeto buscou extrapolar os requisitos para a classificação "Excelente" de tal sistema de certificação. O objetivo é que o Portal receba a certificação "A" do Certificado de Desempenho Energético (EPC), com uma pontuação de 7 $kg/CO_2/m^2$/ano. Esse valor não inclui a iluminação dos mostruários (nas áreas de exposições) ou pequenas cargas (computadores e cargas de eletrodomésticos). Se não for possível excluir a iluminação dos mostruários, a classificação prevista poderia chegar a "C" (31–45 $kg/CO_2/m^2$/ano). Todos os edifícios públicos do Reino Unido devem apresentar um EPC, que mostra o desempenho real nos últimos três anos. A partir de outubro de 2010, os visitantes devem ser informados do desempenho da edificação em termos de emissões de carbono, consumo de energia e geração de energia renovável. Embora ainda não tenham sido implementados, mostradores da produção de energia em tempo real e acumulada a cada fonte renovável, bem como da medição das emissões totais de carbono, devem ocupar um lugar de destaque no átrio.

Os medidores de água medem o consumo de água dos seguintes itens: consumo geral de água (bacias sanitárias, duchas, lavatórios), água usada especificamente para a descarga dos sanitários (tanto pluvial quanto potável), cozinha e irrigação e lago com biodiversidade. Medidores instalados em todos os quadros de distribuição elétrica principais e locais monitoram com cuidado o consumo de eletricidade, biomassa e gás do edifício, a geração de eletricidade pela turbina eólica e pelo arranjo fotovoltaico, e o aquecimento de água pelo sistema térmico solar. Além da análise de alguns dados climáticos pelo BMS, o RBGE tem uma estação meteorológica no local. Ela fornece dados detalhados, sendo que o resultado gráfico dos dados do mês anterior é exibido no Jardim.

A contratação de especialistas nos vários sistemas estava prevista no contrato para a edificação, mas ela não foi completada. Um especialista independente foi posteriormente contratado e o término de sua avaliação sazonal estava previsto para o final do verão de 2010. A calibragem dos equipamentos ainda está sendo feita. O importante é que o gerente de instalações do RBGE está empenhado com o monitoramento do desempenho do Portal ao longo do tempo e está buscando fazer o ajuste das condições e dos sistemas internos, a fim de otimizar o desempenho.

Mais informações

Beatty, R. 2010. "Green Begins at Home," *Botanics*, 41, 4–6 (*Botanics* é a revista trimestral distribuída aos amigos e membros do RBGE.)

Edward Cullinan Architects. www.edwardcullinanarchitects.com/projects/rbge.html (O *site* do arquiteto, que inclui fotografias e uma descrição do projeto.)

RGBE. www.rbge.org.uk/about-us/corporate-information/environmental-responsibility/ (A página da Internet do RGBE sobre responsabilidade ambiental, a qual inclui *links* com documentos e relatórios relacionados com as estratégias e políticas da instituição.)

RGBE. www.rbge.org.uk/the-gardens/edinburgh/the-gateway (O principal *site* do RBGE, que inclui informações aos visitantes, fotografias e respostas às perguntas mais frequentes, informações sobre o restaurante e o calendário de eventos do Portal John Hope.)

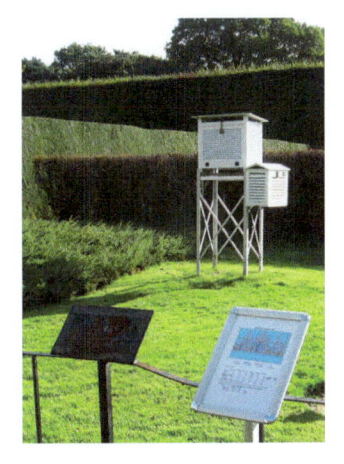

Figura 5.42 A estação meteorológica do RBGE, com os dados do mês anterior. BRUCE HAGLUND

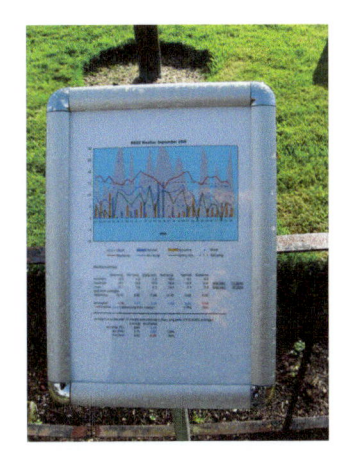

Figura 5.43 Dados da estação meteorológica exibidos no RBGE. BRUCE HAGLUND

NOTAS

NOTAS

KENYON HOUSE

Apresentação do projeto e contexto

Kenyon House é um projeto de habitação popular localizado na Kenyon Street, região sudeste de Seattle, Washington, Estados Unidos. O condomínio contém 18 unidades de habitação para pessoas com renda extremamente baixa, muitas das quais já foram sem-teto e têm problemas significativos de saúde mental ou física, incluindo HIV/AIDS. O projeto foi concebido e iniciado pela Building Changes, uma organização que busca ajudar os moradores de rua de Washington. Ele foi construído pelo Housing Resources Group (HRG), que é o empreendedor e atual proprietário, e pela Sound Mental Health, administradora e futura proprietária de parte do projeto. A Kenyon House oferece aos moradores uma atmosfera caseira e segura, onde eles têm autonomia e acesso a serviços.

O edifício ocupa um terreno de 0,2 hectare que antes acomodava quatro casas abandonadas e invasores ilegais. Ele substituiu esses imóveis degradados por um condomínio de 1.180 m² que contém 18 apartamentos, um refeitório e espaços de estar de uso comum, escritórios para funcionários e uma lavanderia. O edifício oferece acesso seguro, além de "quintais" externos para socialização, jardinagem e lazer. As fachadas mais longas estão orientadas no eixo leste-oeste, com a frente da edificação voltada para o sul, ao longo da Kenyon Street.

Figura 5.45 Entrada principal da Kenyon House. HOUSING RESOURCES GROUP

LOCALIZAÇÃO
Seattle, Washington, Estados Unidos
Latitude 47,5 °N
Longitude 122,3 °O

GRAUS-DIA DE AQUECIMENTO
2.627 graus-dia, com base em 18,3°C

GRAUS-DIA DE RESFRIAMENTO
1.130 graus-dia, com base em 10°C

TEMPERATURA DE BULBO SECO PARA PROJETO – INVERNO (99%)
-1,6°C [29,1°F]

TEMPERATURA DE BULBO SECO PARA PROJETO E TEMPERATURA DE BULBO ÚMIDO COINCIDENTE MÉDIA – VERÃO (1%)
27,4/17,6°C [81,3/63,6°F]

RADIAÇÃO SOLAR
Jan 0,83 kWh/m²/dia
[262 Btu/pés²/dia]
Jun 7,09 kWh/m²/dia
[2.248 Btu/pés²/dia]

PRECIPITAÇÕES ANUAIS
940 mm

Figura 5.44 A Kenyon House vista da Kenyon Street. JOSH PARTEE

Objetivos do projeto e validação

A Kenyon House foi idealizada, projetada e construída como uma habitação permanente para pessoas que estão saindo das ruas ou em estado de pobreza extrema. O cliente foi bastante claro ao dizer que o condomínio não deveria ser uma habitação temporária similar a casas de passagem ou abrigos, mas sim um "tipo de lugar mais agradável", onde os moradores

TIPO DE EDIFICAÇÃO
Habitação multifamiliar

ÁREA
1.180 m²

CLIENTE
Empreendedor/Proprietário: Housing Resources Group (HRG)
Administrador/Proprietário: Sound Mental Health

EQUIPE DO PROJETO
Arquitetos: SMR Architects

Engenharia Mecânica: SIDER + BYERS Associates Inc.

Projeto de Iluminação: Cierra Electrical Group

Consultoria em Sustentabilidade: O'Brien & Company

Acessibilidade Universal: ADAPTations, Inc.

Paisagismo: Graysmith Landscape Architects

Empreiteiro Geral: Walsh Construction Company

CONCLUSÃO
Setembro de 2008

MEDIÇÃO DO DESEMPENHO
Índice de Utilização de Energia (IUE): Real

271 kWh/m²/ano
[86.000 Btu/pés²/ano]

Emissões de Carbono:
Indisponível

Consumo de Água:
Indisponível

pudessem ter privacidade e autonomia em um ambiente que também oferecesse acesso a serviços, oportunidades sociais e supervisão.

Os principais objetivos do projeto eram fornecer habitações populares que fossem simples de construir, duráveis, confortáveis para os usuários e eficientes em energia. Para atingir essas metas, a equipe de projeto focou em uma grande variedade de considerações.

Para o projeto, foi usada uma construção simples com estrutura de madeira sobre radier. No entanto, a equipe de projeto selecionou certos materiais de qualidade mais elevada (como no revestimento da cobertura e nas paredes externas) para garantir a durabilidade e o desempenho a longo prazo. O processo de certificação LEED for Homes (Multi-family) v. 1.0 exigiu que determinados materiais fossem substituídos durante a construção – o que não teria sido possível sem uma colaboração eficiente entre a equipe de projeto e o empreiteiro. A equipe de projeto se baseou bastante em dados de outros projetistas (que haviam feito projetos de moradias populares semelhantes) para ajudar a validar as decisões de acordo com os condicionantes impostos pelo orçamento.

A acessibilidade universal era importantíssima para o processo em função da saúde frágil de muitos moradores. A equipe de projeto trabalhou junto com assistentes sociais, médicos e enfermeiras do Bailey-Boushay Adult Day Health Center and Lifelong AIDS Alliance a fim de garantir que o condomínio fosse fácil de acessar, circular e adaptar, para atender moradores com uma grande variedade de necessidades e capacidades. Todas as escalas da interface entre a edificação e o usuário foram investigadas, desde o leiaute geral do prédio até os mecanismos de abertura de janelas.

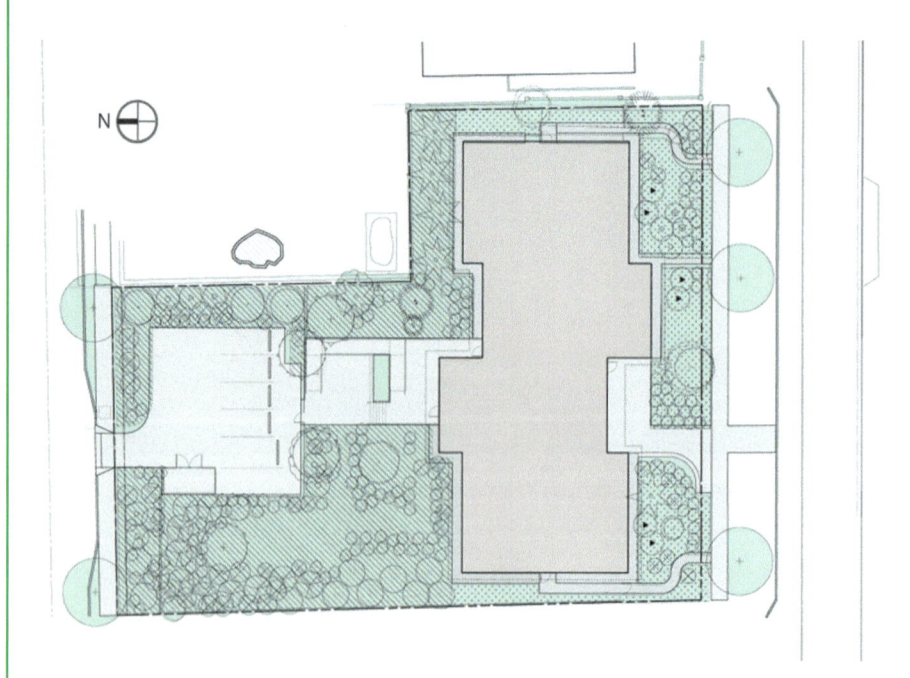

Figura 5.46 Planta de localização que mostra a orientação do edifício, com a fachada maior ao longo da Kenyon Street criando um pátio frontal público e um pátio posterior privado. SMR ARCHITECTS

A equipe de projeto enfrentou vários desafios para poder oferecer um prédio que se parecesse com um lar e fosse considerado como tal pelos moradores. Um dos problemas era o fato de a Kenyon House precisar ser consideravelmente maior que a maioria das residências do bairro, de modo a acomodar 18 unidades de habitação, espaços de uso comum e escritórios. Com o objetivo de criar um pátio frontal público e um pátio posterior privado, o edifício precisaria ter uma extensa elevação ao longo da Kenyon Street. Essa orientação ideal não era permitida pelas normas municipais, mas a equipe submeteu o projeto a um longo processo de revisão para que ele fosse aprovado. Também envolveu a comunidade no processo para trabalhar as preocupações do bairro referentes ao projeto. O resultado é uma grande edificação dividida em quatro volumes ou seções, que responde à escala do entorno e se parece mais com uma residência do que um edifício de apartamentos.

Figura 5.47 Fotografia da construção mostrando a estrutura de madeira. SMR ARCHITECTS

Figura 5.48 A Kenyon House vista da Kenyon Street. JOSH PARTEE

O consumo eficiente de energia era um dos principais objetivos do cliente, uma vez que os moradores não pagam suas próprias contas de energia elétrica. Como os proprietários de moradias populares normalmente têm mais acesso ao financiamento da construção que às operações e à manutenção, a equipe de projeto buscou incorporar, desde o início, elementos que ajudassem a economizar energia e recursos após a ocupação do prédio. A validação foi obtida após a documentação de tais elementos do projeto no processo de certificação LEED for Homes.

Estratégias

Com frequência, os orçamentos apertados dos projetos de moradias populares impedem as equipes de projeto de usar as estratégias sofisticadas ou inovadoras de projeto sustentável que predominam em outros tipos de edificações. Contudo, a equipe de projeto da Kenyon House utilizou uma variedade de estratégias simples e de baixo custo e tirou proveito dos subsídios e incentivos disponíveis para criar um ambiente habitacional exemplar que se preocupa com a eficiência em energia e a saúde dos usuários.

Figura 5.49 O prédio foi projetado para dar a impressão de um lar e inclui espaços de estar comuns onde os moradores podem socializar. JOSH PARTEE

Terreno. A intenção era orientar a edificação para o sul para aproveitar as oportunidades de iluminação natural e calefação solar passiva (hemisfério norte). O código de edificações local, no entanto, não permitia essa orientação ideal por causa dos limites referentes à largura do prédio. A equipe de projeto acreditava que uma edificação mais longa voltada para a rua forneceria mais oportunidades para os moradores olharem para fora a partir de suas janelas, além de gerar um "pátio posterior" mais privado atrás do edifício. A orientação sul proporcionaria mais acesso à iluminação natural e à radiação solar (hemisfério norte). Seria possível poupar várias árvores adultas, o que ajudaria a fornecer sombras para a edificação e os espaços externos nos meses mais quentes; além disso, o pátio e os espaços para socialização e jardinagem ficariam no lado norte da edificação, que é mais fresco. A equipe optou por um complicado processo de revisão do projeto com o objetivo de tirar proveito da orientação ideal. As "mudanças consideráveis" só seriam justificáveis se conseguissem abordar muitas considerações ou problemas de projeto diferentes.

Ventilação natural. Os usuários têm acesso a janelas de abrir nos apartamentos e espaços de uso comum em toda a edificação. A possibilidade de abrir uma janela quando as condições internas estão desconfortáveis dá aos moradores e funcionários algum controle sobre o conforto térmico. Os espaços de estar interconectados e janelas em três lados da sala de jantar promovem uma ventilação cruzada nas áreas internas de uso comum. As áreas de uso comum têm ventiladores de teto. As unidades de habitação foram projetadas para ter ventiladores de teto, sendo que vários moradores já instalaram tais aparelhos.

Calefação solar passiva. A elevação frontal, com 36,6 m de comprimento, está voltada para o sul para poder aproveitar as oportunidades de calefação solar passiva (hemisfério norte). As janelas grandes e altas do lado sul da edificação permitem que a radiação solar aqueça os espaços internos durante os meses frios. Os beirais e as árvores decíduas do terreno ajudam a sombrear essa orientação durante os meses quentes. Menos vidraças foram empregadas no lado norte do edifício a fim de minimizar as perdas térmicas nos meses frios.

Figura 5.51 A pele de vidro do refeitório está voltada para um pátio externo e um espaço nos fundos.
JOSH PARTEE

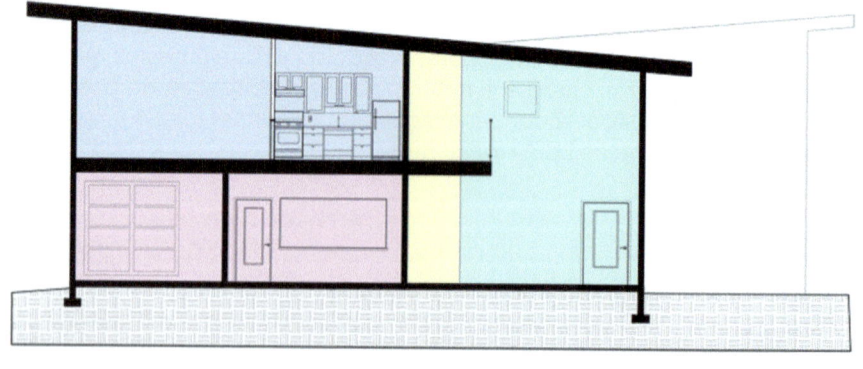

Figura 5.50 Corte da edificação mostrando a cumeeira da cobertura de uma água junto à fachada sul, bem como o espaço de estar de uso comum com pé-direito duplo junto à elevação norte. SMR ARCHITECTS

Iluminação natural. A orientação do terreno oferece muitas oportunidades de iluminação natural, o que ajuda a reduzir o consumo de energia com a iluminação elétrica e cria espaços internos alegres e iluminados para os moradores. O leiaute do corredor duplo faz com que metade das unidades esteja voltada para o norte e a outra metade, para o sul. A forma da arquitetura e a fenestração respondem a essas duas orientações e oferecem aos moradores diferentes tipos de iluminação natural nos espaços habitáveis. As coberturas com uma água são típicas, no contexto com caimento do norte para o sul, o que faz com que as unidades voltadas para a rua tenham pés-direitos e janelas mais altos. Nessas unidades, a luz natural consegue penetrar profundamente na planta baixa. No lado norte da edificação, os pés-direitos são mais baixos; já as janelas menores permitem a entrada de luz difusa no espaço. Poucas janelas foram colocadas nas elevações leste e oeste para ajudar a controlar as respostas ao ofuscamento que poderia resultar do sol baixo em tais orientações.

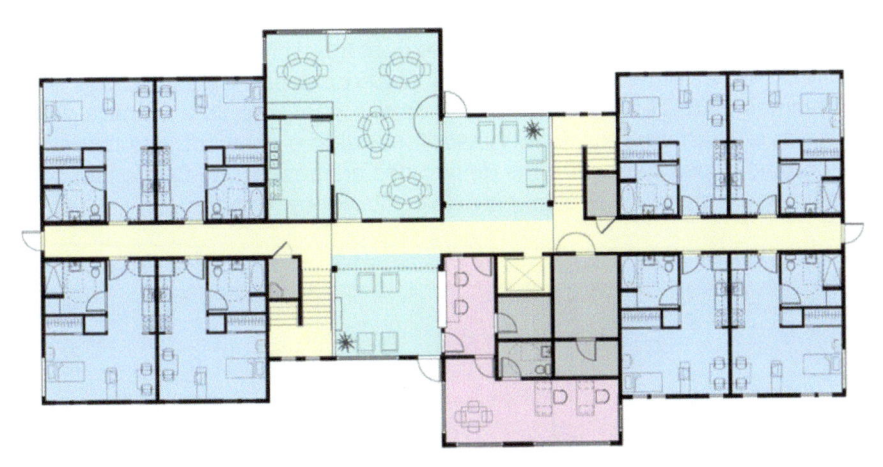

Figura 5.52 Planta baixa do pavimento térreo, mostrando o corredor duplo com espaços de uso comunitário entre as unidades habitacionais. SMR ARCHITECTS

Conservação de recursos. Um sistema sofisticado de automação predial e controle da iluminação não foi possível devido ao orçamento do projeto, mas a equipe empregou diversas estratégias simples e de baixo custo para minimizar o consumo de água e energia. Um par de caldeiras a gás de alta eficiência (95%) foi utilizado para fornecer água quente para consumo doméstico e calefação ambiente. Cada caldeira pode ser operada na capacidade do projeto ou abaixo. A equipe escolheu o sistema porque exigiria o mínimo de manutenção com o passar do tempo, reduzindo os custos gerais indiretos para os proprietários – e seria possível aproveitar um subsídio da empresa de distribuição de gás. A edificação não tem condicionamento de ar; janelas de abrir e ventiladores de teto são usados para fins de resfriamento e ventilação. Grandes janelas em toda a edificação fornecem bastante luz natural para os espaços internos, diminuindo a necessidade de iluminação elétrica – que é reduzida ainda mais graças aos sensores de ocupação distribuídos por todo o condomínio. Os moradores não pagam diretamente pela calefação, água ou eletricidade. Entretanto, foi instalada fiação em cada uma das unidades para permitir a colocação de medidores individuais no futuro.

Aparelhos sanitários de baixa vazão, incluindo torneiras, bacias sanitárias e duchas, foram especificados para diminuir o consumo de água. Os jardins do terreno não são irrigados. Os ventiladores de teto do banheiro funcionam continuamente para exaurir o ar viciado das unidades, uma vez que muitos moradores fumam. Esses ventiladores provocam perdas térmicas, mas são essenciais para fornecer ar interno com qualidade adequada. As coifas sobre os fogões foram projetadas para funcionar apenas quando o

Figura 5.53 As janelas altas das unidades de habitação e as grandes áreas de pele de vidro nos espaços de uso comum fornecem ampla iluminação natural à edificação. JOSH PARTEE

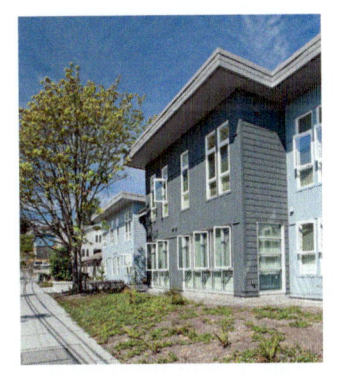

Figura 5.54 O projeto de paisagismo do condomínio inclui uma vegetação de fácil manutenção e que não precisa ser irrigada. JOSH PARTEE

fogão está em uso, o que ajuda a economizar energia, pois não é necessário que os usuários desliguem os aparelhos. Os ventiladores dos banheiros e as coifas dos fogões têm certificação Energy Star. Foram feitos vários testes de barreira de ar usando-se portas insufladoras de ar.

Qualidade do ar dos interiores (QAI). A qualidade do ar dos interiores era uma das maiores preocupações do cliente devido aos problemas de saúde de muitos moradores. Janelas de abrir em todo o prédio permitem que os usuários tenham acesso a ar fresco. Os materiais foram cuidadosamente escolhidos para não serem tóxicos. A equipe usou carpetes e tintas com baixo índice de VOCs, bem como adesivos, madeira compensada, balcões e armários livres de VOCs. Nas unidades e espaços de uso comum, a calefação é feita por radiadores de palheta. Com a utilização de um sistema central de aquecimento de água, foi possível eliminar os dutos; além disso, fica mais fácil controlar os alérgenos e contaminantes aéreos sem o insuflamento de ar em cada unidade. Os corredores são pressurizados e as portas das unidades têm frestas inferiores, o que permite a entrada de ar fresco nos apartamentos. O ar viciado ou úmido é exaurido das unidades de habitação pelos ventiladores de teto dos banheiros, que funcionam continuamente, e pelo uso intermitente de coifas sobre os fogões.

Figura 5.55 As unidades de habitação são espaçosas, iluminadas e projetadas visando à acessibilidade universal. JOSH PARTEE

Controle climático. Controles com termostatos simples em todas as unidades permitem que os usuários ajustem a temperatura de cada espaço em uma escala de 1 a 5. As janelas de abrir dão aos moradores controle das condições individuais de conforto térmico, o que é especialmente importante nos meses de verão, pois as unidades não têm condicionamento de ar.

Materiais. Ao selecionar materiais para a Kenyon House, a durabilidade foi uma das principais preocupações. O financiamento municipal exige que os projetos de moradias populares durem pelo menos 50 anos. A equipe de projeto decidiu usar uma cobertura de metal com juntas verticais e um sistema de fachada de chuva com painéis cimentícios no lado de fora da edificação – materiais completamente adequados para o clima úmido de Seattle. Com o objetivo de diminuir os custos, o isolamento rígido com poliestireno foi usado apenas na cobertura. Nas cavidades de parede do restante da edificação, foi empregado isolamento com manta de fibra de vidro.

Figura 5.56 Sistema externo de fachada de chuva. SMR ARCHITECTS

Evitou-se que mais de 65% dos resíduos gerados durante a construção fossem enviados a depósitos de lixo. Durante a construção, o orçamento para contingências foi usado para substituir materiais necessários para o processo de solicitação de LEED. O cliente, o empreiteiro geral e os arquitetos trabalharam em conjunto para fazer essas alterações dentro do cronograma da obra. Como resultado, a Kenyon House recebeu o número máximo de créditos LEED para materiais e recursos, na seção MR2.2.

Transporte alternativo. O terreno ocupado pela Kenyon House foi cuidadosamente escolhido por estar bastante próximo do transporte público. Além das rotas de ônibus na área, o edifício está convenientemente localizado a menos de 0,8 km da Estação de Metrô Leve Othello. Modalidades de transporte alternativas eram uma consideração importante para o cliente, pois muitos dos moradores eram sem-teto antes de se mudarem para o local e, portanto, não possuíam veículos. Um pequeno estacionamento nos fundos do terreno contém quatro vagas para funcionários. Atualmente, apenas um morador possui um veículo para estacionar ali. Paraciclos para os funcionários foram instalados do lado de fora da edificação. Os moradores guardam suas bicicletas dentro das unidades, por questões de segurança.

Figura 5.57 Instalação da cobertura de metal com juntas verticais. SMR ARCHITECTS

Desempenho

O orçamento não permitiu uma avaliação pós-ocupação (APO) do edifício em uso. A SMR Architects visitou e analisou a edificação um ano após o término das obras. As "lições aprendidas" foram documentadas e compartilhadas com outros projetistas da firma como uma forma de transferência de conhecimento. Embora a edificação aparente ter um bom desempenho e o retorno dos usuários seja predominantemente positivo, a equipe de projeto reconhece que o isolamento acústico entre as unidades poderia ser melhor; os carpetes em geral deveriam ter sido evitados; e os ventiladores dos banheiros exaurem ar condicionado demais durante o inverno.

Esse projeto foi a primeira edificação de Washington a receber o Certificado Platinum do LEED para Moradias (Multifamiliares) v. 1.0, fornecido pelo U.S. Green Building Council. A Kenyon House também recebeu o Prêmio Melhor Habitação do Noroeste de 2009. O Northwest EcoBuilding Guild também conferiu o prêmio 2009 10 x 10 x 10 Green Building Slam Selection.

Os moradores têm demonstrado interesse pelas características "ecológicas" do edifício e querem saber o que pode ser feito para ajudar. A Sound Mental Health vem realizando reuniões a cada dois meses na residência para discutir, entre outras coisas, como os inquilinos estão usando a edificação. Desenvolvido pela SMR Architects, o "Kenyon Healthy Home Guide" auxilia os moradores com relação a questões operacionais. A Sound Mental Health, que é a administradora do condomínio, usa as características "ecológicas" da edificação para envolver os inquilinos em discussões sobre como usar e cuidar de seus ambientes de moradia. Essa abordagem ajudou os moradores a desenvolver rotinas eficazes.

Além de um manual para os moradores, a SMR Architects desenvolveu um manual separado para mostrar aos funcionários como usar e fazer a manutenção da edificação. A Walsh Construction Company, empreiteiro responsável, chegou a desenvolver um treinamento em vídeo, focado nas operações e na manutenção, para auxiliar futuras transições na administração do condomínio.

Mais informações

Building Changes. http://www.buildingchanges.org/our-work/the-buzz/Kenyon-House-Green-Building-at-its-Best.html (*Site* com um comunicado à imprensa descrevendo o projeto da Kenyon House, com *links* para os *sites* da equipe do projeto e dos parceiros.)

Housing Resources Group (HRG). http://www.hrg.org/htm/about/press.htm (*Site* com um comunicado à imprensa que contém uma descrição e uma fotografia do projeto da Kenyon House.)

Northwest Construction. http://northwest.construction.com/northwest_construction_projects/2009/1201_KenyonHouse.asp (Artigo online que descreve o projeto: "Kenyon House: Best Green Housing.")

SMR Architects. http://www.smrarchitects.com/?p=affordable_housing (Artigo online com fotografias e uma descrição do projeto.)

ESCRITÓRIOS DO GRUPO BANCÁRIO KFW, FRANKFURT

Apresentação do projeto e contexto

O Grupo Bancário KfW foi fundado em 1948 pelo governo alemão, com verbas do Plano Marshall e das Nações Unidas, para auxiliar na recuperação após a Segunda Guerra Mundial. Há mais de 60 anos, o KfW é um banco totalmente estatal – condição que claramente diferencia o KfW dos demais bancos de desenvolvimento e que permitiu que a empresa estabelecesse políticas de financiamento bastante flexíveis. Hoje, o KfW é o maior financiador mundial de projetos de energia renovável realizados em países em desenvolvimento. Com sede em Frankfurt, na Alemanha, o Grupo Bancário KfW conta com mais de 4 mil funcionários divididos em 50 agências por todo o mundo.

A forte noção de responsabilidade ambiental dentro da edificação vai muito além das políticas de financiamento para projetos e energia renovável. O banco implementou um programa de "proteção ambiental própria" que permite avaliar e administrar o impacto ambiental das operações comerciais dentro dos escritórios alemães. O programa foca em transporte e viagens a negócios; consumo de energia, água e papel; e emissões de carbono. Tais considerações ambientais foram muito importantes para a reforma e a construção do edifício-sede do banco nos últimos 10 anos.

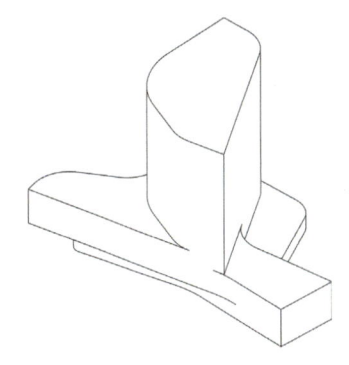

Figura 5.59 Um diagrama conceitual de volumetria mostrando a torre implantada sobre um pódio baixo. SAUERBRUCH HUTTON

Figura 5.58 O edifício visto da Zeppelinallee, uma movimentada via arterial adjacente ao terreno. JAN BITTER FOTOGRAFIE

Em 2004, o KfW promoveu um concurso de arquitetura para um novo edifício de escritórios, o Westarkade, com capacidade para 700 funcionários. O objetivo era construir o prédio no *campus* corporativo preexistente situado na zona oeste de Frankfurt, ao lado do jardim botânico Palmengarten. O concurso foi vencido pela Sauerbruch Hutton, cuja proposta incluía uma torre de escritórios esbelta, com 15 pavimentos, acima de um pódio curvo de três pavimentos que se conectava aos prédios vizinhos preexistentes, construídos nas décadas de 1970, 1980 e 1990. Um depósito que havia no terreno não pôde ser reaproveitado e acabou sendo demolido para dar lugar à nova edificação.

LOCALIZAÇÃO
Frankfurt am Main, Alemanha
Latitude 50,1 °N
Longitude 8,7 °L

GRAUS-DIA DE AQUECIMENTO
3.143 graus-dia, com base em 18,3°C

GRAUS-DIA DE RESFRIAMENTO
1.180 graus-dia, com base em 10°C

TEMPERATURA DE BULBO SECO PARA PROJETO – INVERNO (99%)
-7,8°C [17,9°F]

TEMPERATURA DE BULBO SECO PARA PROJETO E TEMPERATURA DE BULBO ÚMIDO COINCIDENTE MÉDIA – VERÃO (1%)
28,9/18,7°C [84,0/65,6°F]

RADIAÇÃO SOLAR
Jan 0,88 kWh/m²/dia
[279 Btu/pés²/dia]
Jun 4,88 kWh/m²/dia
[1.547 Btu/pés²/dia]

PRECIPITAÇÕES ANUAIS
658 mm

TIPO DE EDIFICAÇÃO
Torre de escritórios alta e centro de convenções

ÁREA
38.000 m²

CLIENTE
Grupo Bancário KfW, Frankfurt

EQUIPE DO PROJETO
Arquitetos: Sauerbruch Hutton Architekten

Engenharia de Energia/Climática: Transsolar Energietechnik

Engenharia de Climatização: Zibell, Willner & Partner

Engenharia Estrutural: Werner Sobek Frankfurt

Fachada: Werner Sobek Stuttgart

Engenharia Elétrica: Reuter/ Mosbacher & Roll Rührgartner GmbH

Proteção contra Incêndio: hhpberlin Ingenieure für Brandschutz GmbH

Sistemas de Transporte: Jappsen + Stangier Oberwesel GmbH

Paisagismo: Sommerlad Haase Kuhli

Acústica e Física: Müller-BBM

Iluminação: Licht Kunst Licht

Planejamento de Tráfego: Durth Roos Consulting GmbH

Gestão de Projeto: Weber Baumanagement, Architekten Theiss

CONCLUSÃO
Julho de 2010

MEDIÇÃO DO DESEMPENHO
Índice de Utilização de Energia (IUE):
Meta:
100 kWh/m²/ano

Real:
Indisponível

Emissões de Carbono:
Indisponível

Consumo de Água:
Indisponível

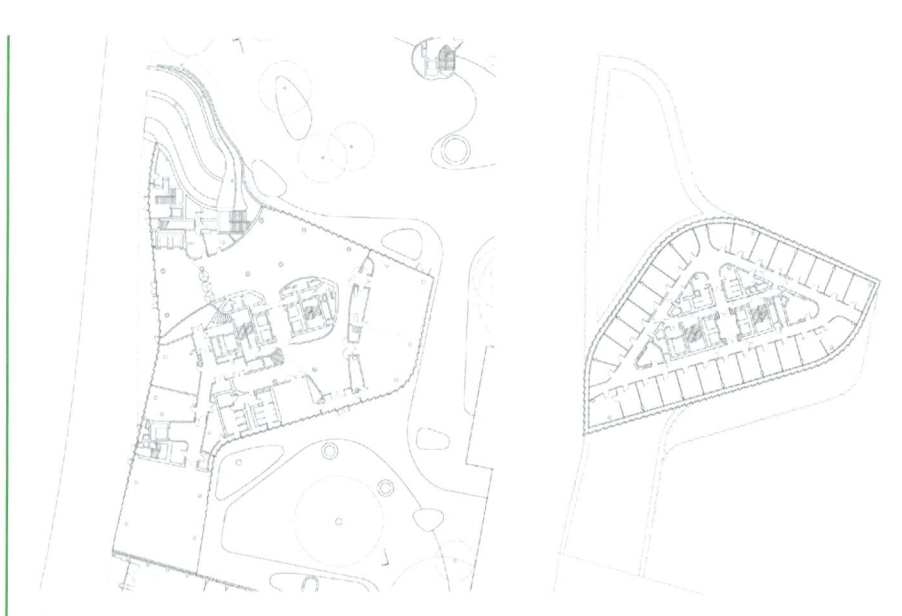

Figura 5.60 Os primeiros quatro pavimentos formam um pódio amplo ao longo da Zeppelinallee (à esquerda); a torre de 10 pavimentos (à direita) foi construída sobre ele para tirar proveito dos ventos dominantes no terreno. SAUERBRUCH HUTTON

Objetivos do projeto e validação

Estando de acordo com o interesse do Grupo Bancário KfW pelo impacto e responsabilidade ambientais, o principal objetivo de projeto para a nova edificação era estabelecer um novo padrão de consumo de energia em edifícios de escritórios altos. Pretendia-se construir uma edificação que consumisse menos de 100 kWh/m²/ano de energia primária e que incluísse janelas de abrir para o controle do usuário e ventilação natural, além de ter, no verão, uma temperatura interna máxima de 26°C.

Para atingir a ambiciosa meta de energia, a equipe de projeto recorreu muito a modelagens e simulações, que serviram de ferramentas de projeto e permitiram validar as decisões. A análise das condições eólicas dominantes, a modelagem de dinâmica de fluidos computacional (DFC) e testes em túneis aerodinâmicos possibilitaram que os projetistas otimizassem a forma e a orientação do prédio a fim de aproveitar ao máximo as estratégias de controle ambiental passivas e de baixo consumo de energia. Como as fachadas da torre estão voltadas principalmente para o leste e o oeste, utilizou-se a modelagem térmica e de iluminação natural para avaliar as estratégias de controle solar e assegurar ao cliente que o conforto térmico e visual dos usuários seria possível. Os testes comprovaram, para a equipe de projeto e para o cliente, que soluções de projeto inovadoras satisfariam todas as metas e os objetivos.

A equipe de projeto também analisou com cuidado a relação entre o novo edifício e o contexto urbano. Volumetria, esquema de cores, recuos e alturas dos componentes da edificação respondem a condições preexistentes específicas do perímetro do terreno. Sem ignorar o tecido urbano do entorno, a arquitetura do novo prédio faz uma ousada declaração.

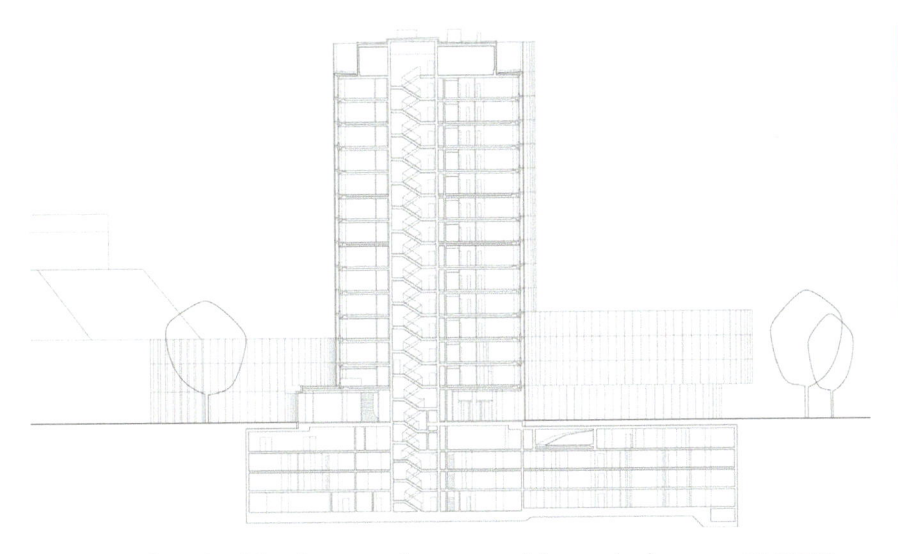

Figura 5.61 Corte da edificação mostrando a torre, o pódio e o subsolo. SAUERBRUCH HUTTON

Estratégias

O contexto do terreno foi crucial para as estratégias ecológicas utilizadas no projeto do Westarkade. A forma e a orientação da edificação responderam diretamente às condições solares e eólicas locais, o que permitiu que a equipe de projeto utilizasse uma diversidade de estratégias que buscam otimizar a eficiência em energia e a satisfação dos usuários.

Terreno. O edifício responde a três condições urbanas distintas na periferia do terreno. No oeste, ao longo da movimentada via arterial Zeppelinalle, um comprido pódio de três pavimentos forma uma barreira urbana e serve de base para a torre. No sul, o pódio de três pavimentos está conectado a um edifício preexistente do KfW. A nova edificação acompanha os entrepisos do prédio vizinho. No nordeste, o edifício está voltado para um jardim botânico. Esse elemento paisagístico verde é incluído no terreno do projeto, criando um oásis urbano externo que é separado dos ruídos e dos veículos da paisagem urbana ao oeste pelo elemento do pódio e, ao sul, pelos prédios preexistentes no *campus* do KfW.

Vedações duplas. A equipe de projeto elaborou um sistema de fachada dupla exclusivo para a edificação, que ficou conhecido como "anel de pressão". A torre está orientada na direção dos ventos dominantes, enquanto a forma da planta baixa do pavimento térreo se assemelha a um aerofólio. Conforme o ar se desloca em torno das vedações, surge uma área de pressão positiva (lado de barlavento) e uma área maior, de pressão negativa (lado de sotavento). A fachada consiste em uma camada interna de vidraças com isolamento térmico separadas de uma camada externa de vidros simples por uma cavidade que tem 710 mm no ponto mais profundo. As lajes de piso avançam até a camada externa de vidro, fechando a cavidade entre os pavimentos. A camada interna de vidro utiliza um sistema convencional de parede-cortina de alumínio dotado de janelas com isolamento térmico (IGUs) e película de baixa emissividade (baixo valor E). Os vidros externos consistem em projeções triangulares com janelas simples largas e fixas e flapes de abrir estreitos. O objetivo é que a fachada funcione de três maneiras diferentes: os flapes são fechados no inverno para criar um amortecedor térmico e direcionar o vento em torno das vedações; os flapes são abertos na "meia-estação" para trazer ar para o interior da cavidade,

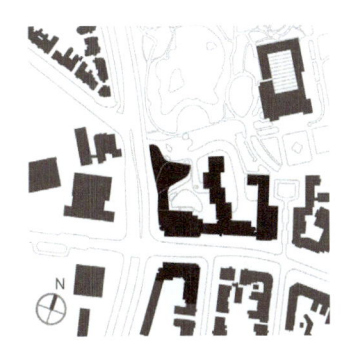

Figura 5.62 Planta de situação mostrando o novo edifício em relação ao *campus* preexistente do KfW, o Palmengarten e a interseção de duas vias arteriais movimentadas. SAUERBRUCH HUTTON

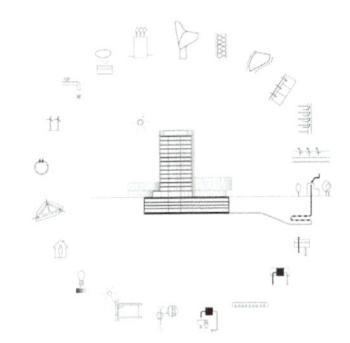

Figura 5.63 Diagrama ilustrando os conceitos de energia que a equipe de projeto incorporou no edifício Westarkade. SAUERBRUCH HUTTON

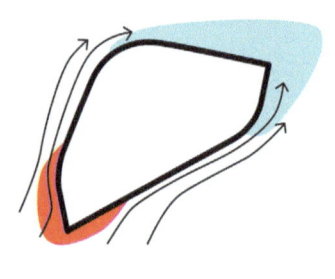

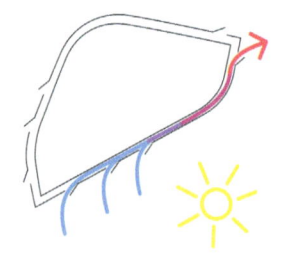

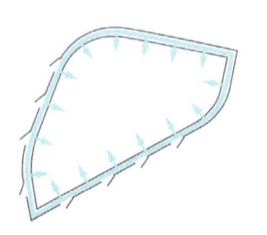

Figura 5.65 Diagramas mostrando o conceito de "anel de pressão" para as vedações duplas. SAUERBRUCH HUTTON / TRANSSOLAR

Figura 5.66 As vedações duplas são compostas por um grande plano de estreitos painéis de abrir de vidro corado para fins de ventilação. JAN BITTER FOTOGRAFIE

permitindo ventilar naturalmente os espaços internos; os flapes são abertos no verão, o ar não entra no interior e os diferenciais de pressão tiram o ar quente da cavidade.

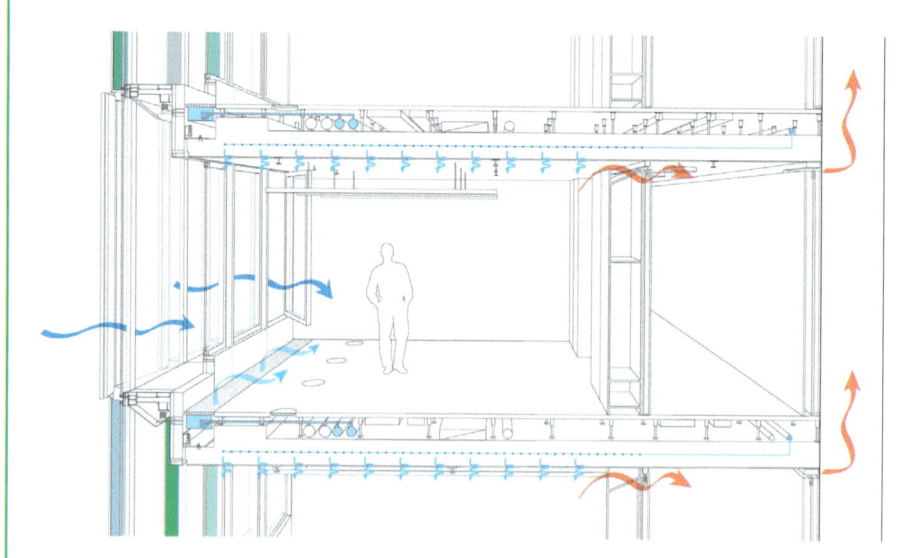

Figura 5.64 O diagrama da ventilação natural mostra o ar passando pelos escritórios e sendo exaurido por um *shaft* no núcleo da edificação. SAUERBRUCH HUTTON

Ventilação natural. A edificação foi projetada para funcionar em modo de ventilação natural ou em modo de ventilação mecânica, dependendo da temperatura externa. No modo de ventilação natural, os ventos dominantes entram na cavidade da fachada dupla por flapes de abrir localizados na camada externa de vidro. Esses flapes automáticos se ajustam para criar uma pressão eólica de distribuição homogênea na camada interna de vidro, o que ajuda a minimizar o excesso de ventilação cruzada no interior. O ar para ventilação entra no edifício por janelas de abrir controladas pelos usuários ou por entradas de ar. O objetivo do projeto era que o ar passasse da fachada pelos escritórios e, então, para os corredores, onde seria exaurido por um *shaft* por meio do efeito chaminé. A colocação das janelas de abrir na camada interna de vidro permite um grau de controle individual da ventilação natural, sem correntes e distúrbios acústicos causados por outros funcionários.

Calefação solar passiva. A massa termoacumuladora das lajes de piso de concreto absorve a radiação solar e armazena e reirradia calor nos meses de inverno, o que ajuda a aquecer passivamente os espaços internos e a diminuir a necessidade de calefação mecânica. Elementos automáticos de proteção solar dentro da cavidade das vedações duplas ajudam a controlar ganhos térmicos solares indesejados nos meses de verão. As lajes presentes dentro da cavidade das vedações duplas absorvem a radiação solar direta, ajudando a preaquecer o ar para ventilação antes que ele entre no edifício pelas janelas de abrir ou tomadas de ar para ventilação nas "meias-estações", isto é, no outono e na primavera.

Iluminação natural. Todos os escritórios estão situados no perímetro da edificação, o que proporciona aos funcionários amplo acesso à iluminação natural em seus postos de trabalho e diminui a quantidade de energia consumida pela iluminação elétrica. Os postos de trabalho – onde os usuários passam a maior parte de seu tempo – são os lugares com mais acesso à luz natural. Os espaços onde os funcionários passam pouco tempo (como elevadores, escadas, banheiros e corredores) estão localizados no núcleo da edificação, longe das fachadas. Os corredores para circulação chegam até a fachada em três pontos diferentes de cada pavimento de escritórios, a fim de permitir a entrada de luz natural no núcleo da edificação.

Figura 5.67 Os corredores para circulação interna chegam até a fachada em três pontos diferentes em cada pavimento da torre, a fim de permitir a entrada de luz natural no núcleo da edificação. JAN BITTER FOTOGRAFIE

Dutos geotérmicos. Quando as temperaturas do ar externo ultrapassam 25°C ou ficam abaixo de 10°C, os espaços internos são ventilados mecanicamente. O ar externo é puxado por dutos geotérmicos com 30 m de comprimento, localizados junto à divisa do terreno. Esse local – adjacente ao jardim botânico Palmengarten – foi escolhido porque oferecia menos risco de trazer ar contaminado para o sistema. A temperatura constante do solo é usada para pré-condicionar o ar antes de enviá-lo para o sistema de ventilação do edifício. No verão, as temperaturas do solo são mais baixas que as do ar ambiente, o que resfria o ar que é puxado pelo sistema. No inverno, elas são mais altas que as do ar ambiente, aquecendo o ar antes que este entre no sistema. O ar pré-condicionado é levado aos pavimentos por meio de uma série de *shafts* verticais que se conectam com os plenos sob o piso elevado. O ar para ventilação é introduzido nos escritórios perto da fachada e exaurido pelos corredores exatamente como acontece no modo de ventilação natural.

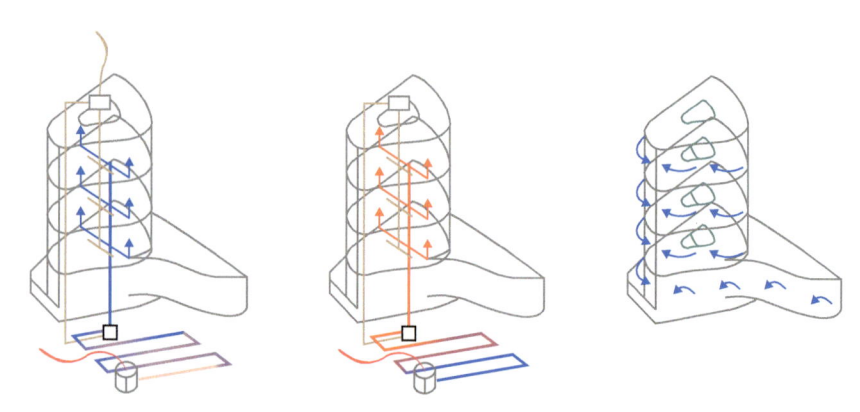

Figura 5.68 Diagramas conceituais mostrando o sistema de dutos geotérmicos para pré-condicionar o ar para ventilação (à esquerda e no centro) e o modo de ventilação natural (à direita). SAUERBRUCH HUTTON / TRANSSOLAR

Calefação e resfriamento. A edificação está conectada a um sistema de água quente e fria extremamente eficiente, capaz de atender às cargas de base da calefação e do resfriamento do local. Lajes termoativadas fornecem calefação e resfriamento por radiação ao prédio. Esse sistema radiante eficiente em energia mantém as temperaturas internas confortáveis sem a necessidade de dutos com ar forçado nos forros. Unidades de convecção elétricas ajudam a mitigar as condições de frio nas fachadas durante os meses de inverno. Uma torre de resfriamento na cobertura realiza o resfriamento noturno "gratuito" da massa termoacumuladora das lajes durante a noite; estas podem absorver calor no dia seguinte para manter as condições de conforto térmico. O calor recuperado do ar de ventilação é utilizado para aquecer a água para os pisos radiantes por um sistema de troca de calor. Resfriadores descentralizados no Westarkade satisfazem qualquer carga de resfriamento de pico.

Equipamento de apoio eficiente em energia. O edifício utiliza um sistema inovador de elevador inteligente para conservar eletricidade e diminuir o tempo de espera dos funcionários. Em vez de simplesmente apertar a botoeira do elevador, os usuários digitam o pavimento de destino em um teclado ou escaneiam seus crachás. O sistema reúne ou agrupa funcionários em elevadores específicos, diminuindo o número de paradas e o deslocamento de carros vazios, e, portanto, economizando energia.

Conservação de água. Aparelhos sanitários de baixa vazão são utilizados em todo o projeto Westarkade. Um sistema de coleta de águas pluviais captura a água da chuva e a armazena em um reservatório. A água coletada não é empregada como fonte de água não potável nos aparelhos sanitários do prédio, mas sim para outras finalidades.

Coberturas verdes. Um sistema intensivo de cobertura verde foi usado no pódio de três pavimentos visando entrar em harmonia com o jardim botânico Palmengarden vizinho, proteger e isolar a membrana de cobertura e fornecer espaço verde para os funcionários olharem a partir de vários outros pátios externos.

Transporte alternativo. A edificação está convenientemente localizada a 400 metros da estação de metrô e dos bondes de Brockenheimer Warte. Diversas opções de transporte público diminuem a necessidade de os funcionários dirigirem até o trabalho.

Materiais. A estrutura da edificação é de concreto. Pisos elevados são usados em todo o edifício, formando um pleno para ventilação. As pare-

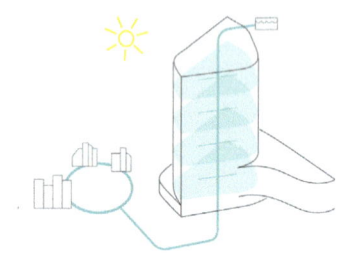

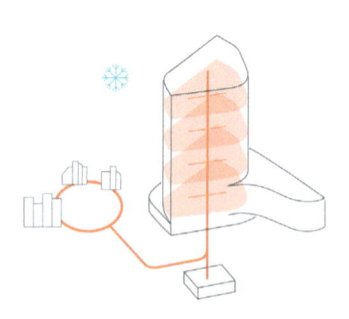

Figura 5.69 As cargas de calefação e resfriamento são atendidas por um sistema de água quente e fria do bairro. SAUERBRUCH HUTTON / TRANSSOLAR

des internas dos escritórios são construídas com materiais laminados de compostos de madeira, de modo a facilitar modificações futuras. A equipe de projeto fez amplo uso da parede-cortina de alumínio convencional na camada interna das vedações duplas. A camada externa das vedações duplas utiliza painéis cegos para os flapes de ventilação. As cores desses flapes estão em harmonia com as cores presentes no contexto urbano – tons vermelhos para as fachadas ao longo da Zeppelinalle, tons azuis na fachada voltada para os edifícios preexistentes do KfW e tons verdes na fachada voltada para o jardim botânico Palmengarten.

Figura 5.70 Vedações externas do edifício Westarkade com flapes para ventilação reguláveis e coloridos. O esquema de cores corresponde especificamente às orientações das fachadas.
JAN BITTER FOTOGRAFIE

Desempenho

Ainda não foi feita uma avaliação pós-ocupação da edificação em uso. No entanto, uma organização terceirizada será responsável por monitorar o desempenho e as operações correntes do edifício. Os dados reais de desempenho serão comparados com previsões feitas por meio dos modelos, simulações e cálculos durante a fase de projeto para determinar se os resultados estão de acordo com o planejado.

A equipe de projeto avaliou vários sistemas de certificação de edificações específicos de alguns países, como o sistema Leadership in Energy and Environmental Design (LEED), empregado nos Estados Unidos, o Research Establishment Environmental Assessment Method (BREEAM), empregado na Grã-Bretanha, e o Solarbau, da Alemanha. Embora as várias metodologias, procedimentos, cálculos e diretrizes de certificação tenham se mostrado úteis durante o projeto do Westarkade, nenhuma foi considerada abrangente o suficiente para que pudesse ser utilizada sozinha e selecionada como um sistema adequado para a certificação do prédio.

Mais informações

Gonchar, J. 2010. "More Than Skin Deep." *Architectural Record* July 2010: 102–104. (Artigo impresso que descreve o projeto e o sistema de fachada com vedações duplas.)

KfW Bankengruppe. www.kfw.de/EN_Home/KfW_Bankengruppe/Our_Actions/Sustainability/In-house_environmental_protection.jsp (*Site* da Internet que descreve em linhas gerais o programa "de proteção ambiental interno" do banco KfW, incluindo informações sobre a nova torre de escritórios de Frankfurt.)

Sauerbruch Hutton. www.sauerbruchhutton.de/images/kfwbanking_group_en.pdf (Documento com duas páginas que pode ser baixado e que inclui informações sobre o projeto, as estratégias de projeto empregadas e imagens e diagramas a cores.)

MANITOBA HYDRO PLACE

Apresentação do projeto e contexto

A Manitoba Hydro é a quarta maior fornecedora de eletricidade e de gás natural do Canadá. Sua administração é feita pela província e a maior parte da eletricidade vendida vem de fontes de energia hidrelétrica renovável. A Manitoba Hydro oferece alguns dos preços de energia mais baixos disponíveis no mundo.

Antes do término deste novo edifício-sede, os funcionários ficavam espalhados em diversos escritórios localizados nos subúrbios de Winnipeg. O objetivo para a nova edificação era consolidar tais escritórios em um complexo que permitisse a reunião de funcionários dos endereços suburbanos no centro de Winnipeg – onde teriam mais acesso a opções de transporte e às atrações da região. O terreno foi escolhido especificamente por causa da proximidade com as rotas de transporte público da cidade e pelo potencial de projetar e construir uma edificação que fortalecesse e revitalizasse o núcleo urbano.

Figura 5.72 Croqui conceitual do início do projeto, cortando as duas torres e os jardins de inverno sobre o pódio da galeria. BRUCE KUWABARA / KPMB ARCHITECTS

Figura 5.71 Elevações norte e leste do Manitoba Hydro Place mostrando a torre implantada sobre um pódio de três pavimentos e a chaminé solar se elevando acima da cobertura. EDUARD HUEBER / ARCHPHOTO INC.

LOCALIZAÇÃO
Winnipeg, Manitoba, Canadá
Latitude 49,9 °N
Longitude 97,1 °L

GRAUS-DIA DE AQUECIMENTO
5.750 graus-dia, com base em 18,3°C

GRAUS-DIA DE RESFRIAMENTO
1.011 graus-dia, com base em 10°C

TEMPERATURA DE BULBO SECO PARA PROJETO – INVERNO (99%)
-29,9°C [-21,8°F]

TEMPERATURA DE BULBO SECO PARA PROJETO E TEMPERATURA DE BULBO ÚMIDO COINCIDENTE MÉDIA – VERÃO (1%)
28,9/20,3°C [84,1/68,6°F]

RADIAÇÃO SOLAR
Jan 1,45 kWh/m²/dia
[461 Btu/pés²/dia]
Jun 6,39 kWh/m²/dia
[2.025 Btu/pés²/dia]

PRECIPITAÇÕES ANUAIS
483 mm

TIPO DE EDIFICAÇÃO
Uso misto (escritórios, varejo)

ÁREA
64.591 m²

CLIENTE
Manitoba Hydro

EQUIPE DO PROJETO
Arquitetos Responsáveis pelo Projeto: Kuwabara Payne McKenna Blumberg Architects (KPMB)

Arquitetos Responsáveis pelos Levantamentos: Smith Carter Architects and Engineers

Arquitetos para Questões Jurídicas: Prairie Architects, Inc.

Engenharia de Energia/Climática: Transsolar Energietechnik

Engenharia Mecânica/Elétrica: Earth Tech Canada, Inc.

Engenharia Estrutural: Crosier Kilgour

Vedações: Brook Van Dalen & Associates

Gestor da Construção: PCL Constructors Canada, Inc.

CONCLUSÃO
Setembro de 2009

MEDIÇÃO DO DESEMPENHO
Índice de Utilização de Energia (IUE):
Meta:
100 kWh/m²/ano
Real
92 kWh/m²/ano
Emissões de Carbono:
5,4 kg CO_2/m²
Consumo de Água:
Indisponível

O complexo de 64.591 m² do Manitoba Hydro Place, concluído em setembro de 2009, consiste em duas torres de escritórios de 18 pavimentos para 1.800 funcionários, acima de uma galeria pública de três pavimentos que inclui lojas de vários tamanhos. Uma chaminé solar foi colocada sobre o lado norte da edificação e se eleva acima das torres de 18 pavimentos, deixando o topo da chaminé e as outras fachadas do prédio com acesso desobstruído à radiação solar e aos ventos dominantes.

Objetivos do projeto e validação

Por ser uma grande produtora de energia renovável, a Manitoba Hydro concebeu um edifício que estabeleceria novos padrões para a eficiência em energia, consumindo no mínimo 60% menos que os edifícios de escritórios convencionais em climas mais amenos. A Manitoba Hydro também queria criar um marco de arquitetura para melhorar o entorno urbano e contribuir para o conforto e a produtividade dos funcionários que utilizam a edificação.

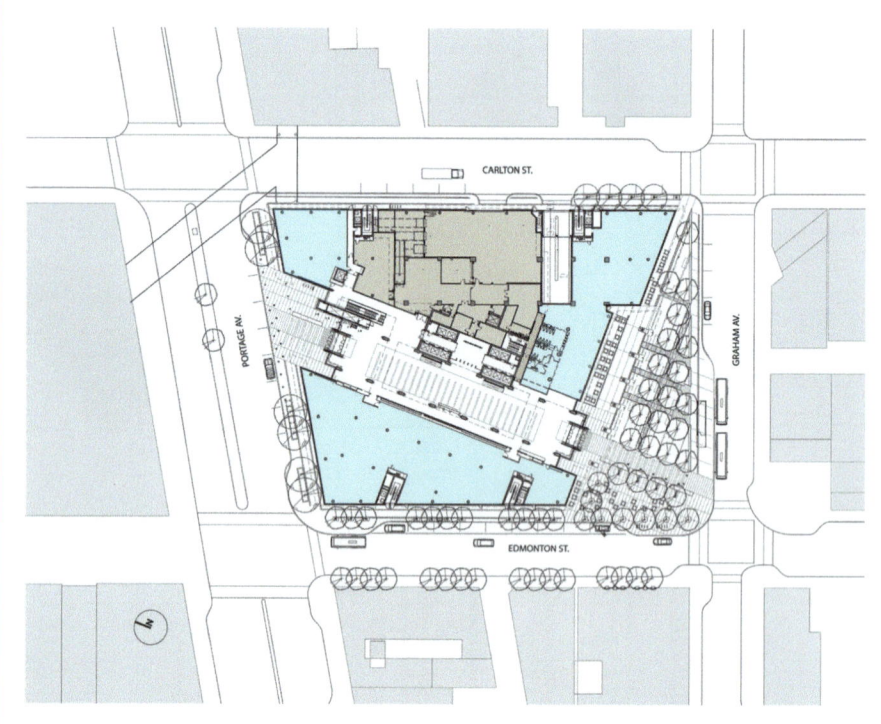

Figura 5.73 Planta de situação do Manitoba Hydro Place mostrando a galeria pública no pavimento térreo e a praça pública na esquina. KPMB ARCHITECTS

A Kuwabara Payne McKenna Blumberg Architects (KPMB) foi escolhida dentre uma longa lista de firmas de arquitetura renomadas para projetar a edificação. Outros consultores (uma grande equipe de projetistas, engenheiros e especialistas) também foram entrevistados e selecionados pelo cliente. Depois de reunida, a equipe de projeto completa deu início a um demorado processo de projeto integrado.

Um dos aspectos mais desafiadores do projeto foi a localização. Winnipeg tem um clima severo que pode variar de –34°C, com ventos de 8,9 m/s no inverno, a 35°C no verão. Uma análise detalhada das condições climáticas revelou que Winnipeg pode ser extremamente fria no inverno, mas também é mais ensolarada que a maioria das cidades em climas muito frios e severos. A equipe de projeto percebeu que essa cidade era o local ideal para empregar estratégias de calefação solar passiva (e iluminação natural). A orientação e a volumetria do complexo foram cuidadosamente pensadas para aproveitar o potencial solar do terreno.

A validação das decisões de projeto envolveu caras modelagens e simulações em computador. A modelagem térmica das temperaturas nos locais de trabalho (temperaturas tanto radiantes como do ar) permitiu que a equipe de projeto justificasse o uso de vedações duplas dinâmicas em função dos benefícios que estas trariam para o conforto térmico dos usuários. Modelos de dinâmica de fluidos computacional (DFC) foram utilizados para estudar as condições eólicas no perímetro da edificação e também o fluxo de ar para ventilação – tanto horizontalmente, nas lajes de piso, como verticalmente, na chaminé solar. A iluminação solar também foi estudada por meio do uso de maquetes para reforçar a ideia de que os trabalhadores teriam mais acesso às fachadas, resultando em menor necessidade de iluminação elétrica, que consome muita energia, e melhor acesso às vistas.

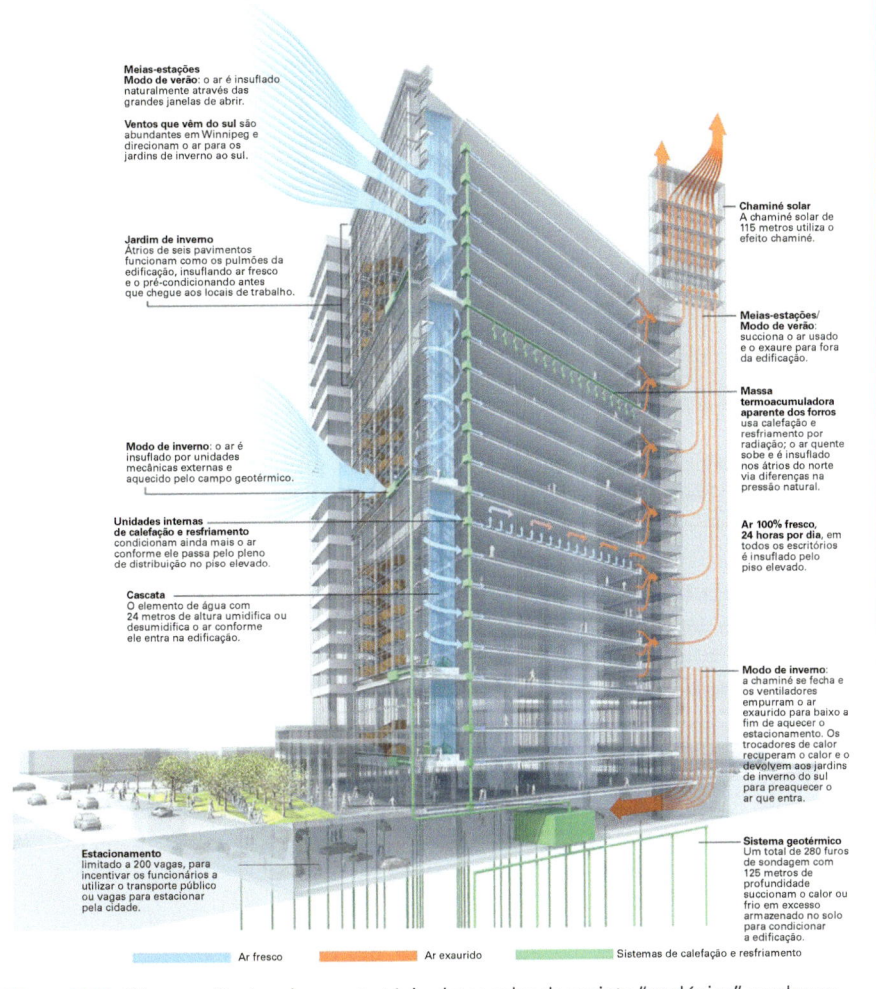

Figura 5.74 Diagrama ilustrando as estratégias integradas de projeto "ecológico" usadas no projeto. BRYAN CHRISTIE DESIGN

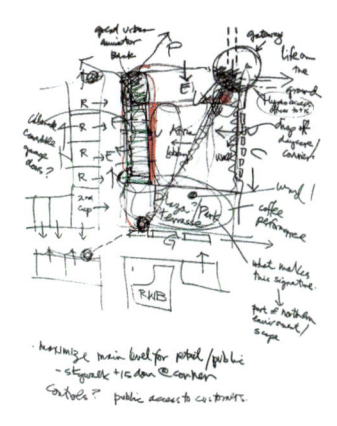

Figura 5.75 Croqui conceitual feito durante o processo de projeto integrado. KPMB ARCHITECTS

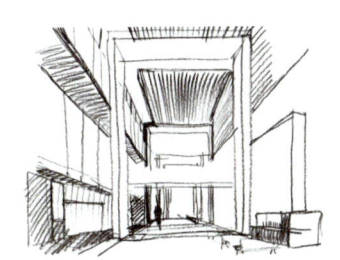

Figura 5.76 Croqui conceitual da galeria pública no pavimento térreo. KAEL OPIE / KPMB ARCHITECTS

Estratégias

O Manitoba Hydro Place utiliza uma série de estratégias desenvolvidas para aproveitar os recursos climáticos de Winnipeg e a orientação específica do terreno do projeto a fim de produzir um ambiente de trabalho que seja eficiente em energia e confortável para os usuários.

Terreno. A relação entre o Manitoba Hydro Place e seu terreno no centro de Winnipeg era fundamental para a equipe de projeto e também para o cliente. A Manitoba Hydro decidiu reunir diversos escritórios suburbanos em um complexo central para oferecer aos trabalhadores mais acesso ao transporte público. Atualmente, a maioria dos funcionários da Manitoba Hydro usa esse tipo de transporte para ir para o trabalho e voltar para casa, o que diminui o impacto dos quilômetros viajados por veículo no meio ambiente. A edificação também ocupa um lugar de destaque no coração da cidade, o que buscava afetar positivamente a revitalização do núcleo urbano central. Uma galeria pública com lojas e escritórios permite que o público em geral utilize o edifício. A equipe de projeto estudou com cuidado o impacto do volume da edificação no entorno. As marquises ajudam a redirecionar os ventos da edificação para proteger os passeios onde os pedestres caminham. A Praça Air Canada vizinha, onde os funcionários frequentemente sentam-se para almoçar, foi protegida de possíveis sombras projetadas pelo Hydro Place durante os meses de verão.

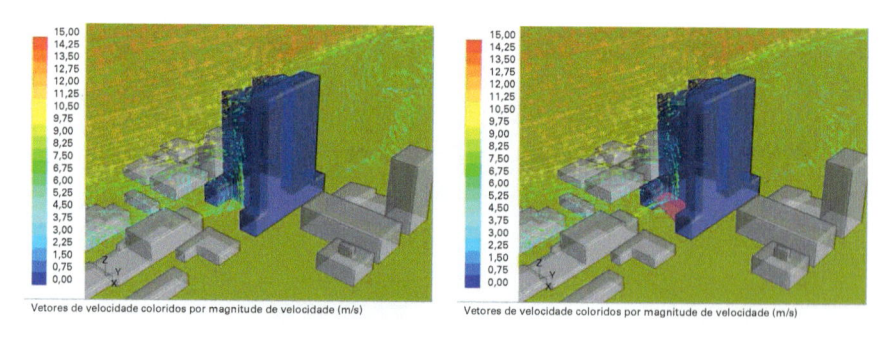

Figura 5.77 Modelos de dinâmica de fluidos computacional (DFC) mostrando o impacto da forma da edificação nos efeitos eólicos do contexto urbano. Uma marquise (à direita) foi introduzida para afastar os ventos dos passeios que circundam o terreno. TRANSSOLAR

Ventilação natural. Janelas de abrir no interior da fachada dupla proporcionam aos usuários certo controle pessoal das condições térmicas em seus locais de trabalho durante as meias-estações, isto é, a primavera e o outono. Três jardins de inverno de seis pavimentos coletam os ventos dominantes vindos do sul e pré-condicionam o ar externo antes que este seja usado pelo sistema de ventilação por diferenças de pressão que fica nos pisos elevados. A umidificação e a desumidificação do ar insuflado são feitas mediante o uso de jogos de água com fitas de papel vegetal nos átrios. No inverno, água quente umidifica o ar insuflado seco; já no verão, água resfriada desumidifica o ar insuflado úmido. Na extremidade norte da edificação, seis átrios de três pavimentos coletam o ar de recirculação dos escritórios e o direcionam para a chaminé solar com 115 m de altura. Nos meses de verão, o sol aquece os elementos no topo do volume da chaminé, o que aumenta a leveza do ar no interior e o empurra para cima. Tubos de areia no alto da chaminé absorvem a radiação solar durante o dia e liberam o calor resultante à noite para aquecer o ar dentro da chaminé quando as temperaturas estão mais baixas.

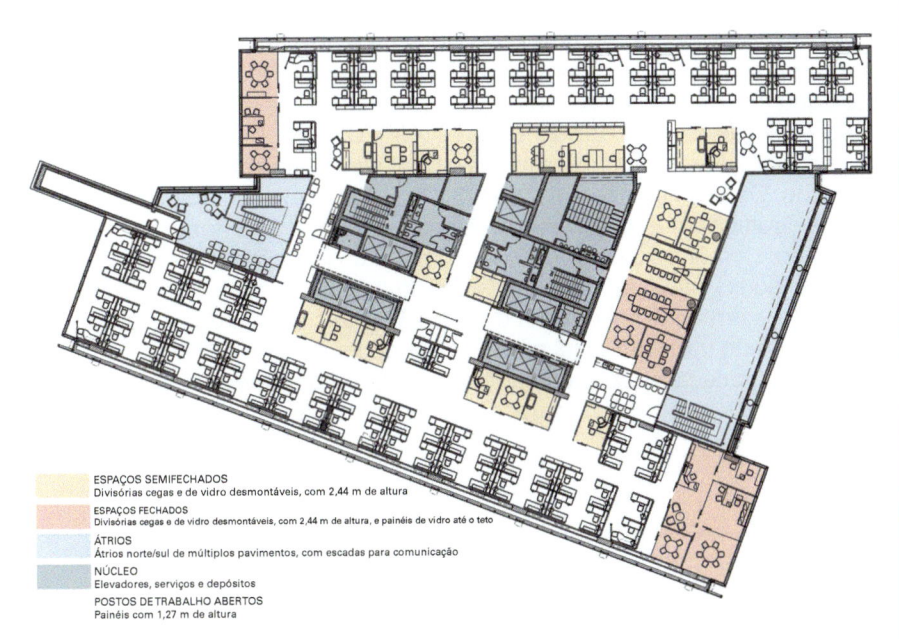

ESPAÇOS SEMIFECHADOS
Divisórias cegas e de vidro desmontáveis, com 2,44 m de altura
ESPAÇOS FECHADOS
Divisórias cegas e de vidro desmontáveis, com 2,44 m de altura, e painéis de vidro até o teto
ÁTRIOS
Átrios norte/sul de múltiplos pavimentos, com escadas para comunicação
NÚCLEO
Elevadores, serviços e depósitos
POSTOS DE TRABALHO ABERTOS
Painéis com 1,27 m de altura

Figura 5.78 Planta baixa do pavimento tipo da torre mostrando os jardins de inverno e a chaminé solar, posicionados entre duas alas retilíneas de escritórios. KPMB ARCHITECTS

Calefação solar passiva. Winnipeg tem uma característica vantajosa, pois é ensolarada quando as temperaturas estão extremamente baixas. Por esse motivo, uma estratégia de calefação solar passiva foi considerada apropriada para o Manitoba Hydro Place. Os três jardins de inverno da fachada sul (hemisfério norte) buscam funcionar como estufas, onde as lajes de piso de concreto absorvem radiação solar e liberam calor para preaquecer o ar insuflado. Esse ar se move pelas estufas e entra nos plenos de ventilação por diferença de pressão (localizados sob os pisos elevados nos escritórios) antes de ser distribuído. A calefação ou o resfriamento adicional do ar insuflado é realizado, quando necessário, por meio do uso de *fan coils* nas venezianas das tomadas de ar; entretanto, a equipe de projeto espera que o preaquecimento solar passivo economize energia. Tubos radiantes embutidos nas lajes de concreto das cavidades da fachada dupla e nos átrios também foram projetados para coletar e armazenar calor dentro dos elementos de massa termoacumuladora e transmiti-lo a um depósito geotérmico por um sistema de troca de calor.

Vedações duplas. As fachadas dinâmicas dos lados leste e oeste da edificação consistem em duas camadas de vidro separadas por uma cavidade de 0,9 m. A camada externa consiste em janelas de abrir e fixas com vidros com isolamento térmico (IGU) e película de baixa emissividade (baixo valor E) e baixo teor de ferro. A camada interna consiste em janelas de abrir e fixas com vidros simples com película e baixa emissividade (baixo valor E). Na camada externa da fachada, as janelas são abertas e fechadas pelo sistema de automação predial (BMS) de modo a ventilar a cavidade, enquanto as janelas da camada interna de vidro são operadas manualmente pelos usuários. O vidro com película de baixa emissividade (baixo valor E) e baixo teor de ferro busca maximizar a transmissão de luz natural para o interior e, ao mesmo tempo, manter uma resistência térmica alta.

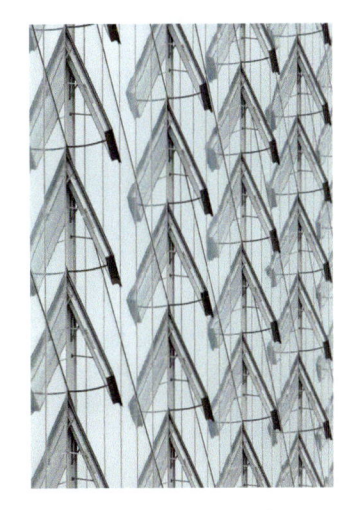

Figura 5.79 Janelas de abrir controladas pelo sistema de automação predial (BMS) na camada externa das vedações duplas. TOM ARBAN / TOM ARBAN PHOTOGRAPHY

Figura 5.81 Persianas automáticas dentro da cavidade das vedações duplas. KPMB ARCHITECTS

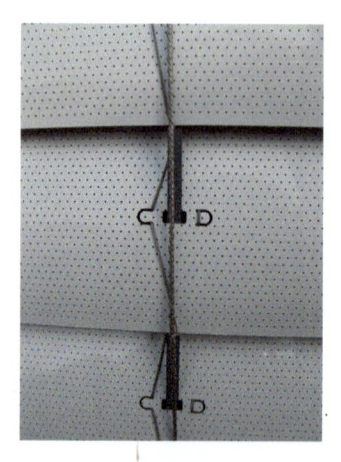

Figura 5.82 Detalhe das persianas microperfuradas (mostradas na posição fechada). KPMB ARCHITECTS

Figura 5.83 Fotografia da construção mostrando os furos de sondagem para as bombas de calor geotérmico sendo feitos. MANITOBA HYDRO

Iluminação natural. A ventilação natural foi amplamente utilizada para reduzir a quantidade de energia consumida pelas lâmpadas elétricas. Os jardins de inverno do Manitoba Hydro Place (usados para calefação solar passiva e ventilação natural) ocupam o lado sul da edificação. Como resultado, as duas lajes de piso dos escritórios estão orientadas para o oeste e o nordeste. As lajes de piso são longas e estreitas para que nenhum funcionário fique a mais de 9 m de uma janela. Além disso, os escritórios fechados foram colocados afastados da fachada, perto do núcleo de circulação vertical e instalações, para aumentar a distribuição de luz natural nos postos de trabalho. Os pés-direitos são altos (3,3 m), para permitir que a luz natural incida profundamente no prédio. Persianas automáticas foram integradas ao sistema de fachada para ajudar a controlar o ofuscamento que poderia resultar do sol baixo nas orientações leste e oeste, assim como para impedir ganhos térmicos solares em excesso. Elas são perfuradas para permitir certo grau de transparência, mesmo quando totalmente fechadas. Os sistemas de iluminação elétrica e sombreamento respondem às mudanças nas condições de iluminação natural no decorrer do dia.

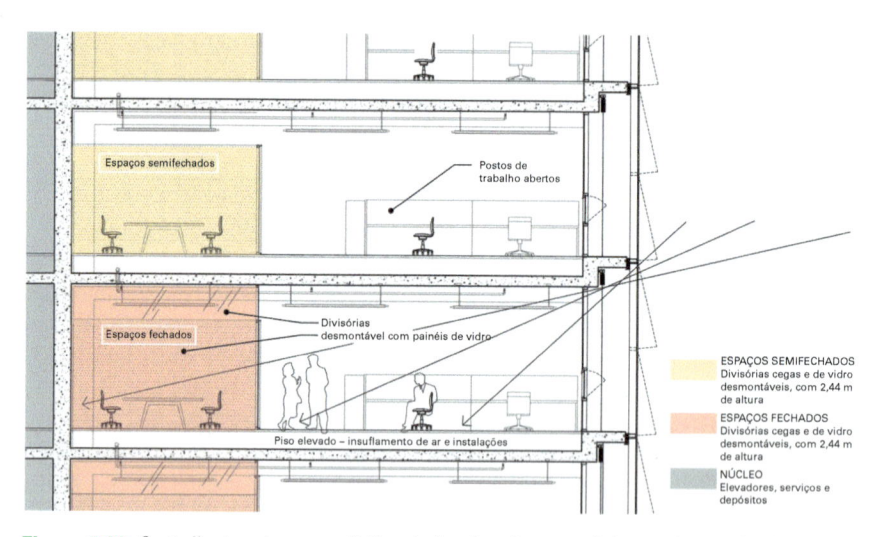

Figura 5.80 Corte ilustrando as condições de iluminação natural dentro dos escritórios no inverno e no verão. Os pés-direitos altos e as divisórias de vidro permitem que a luz incida profundamente no prédio. KPMB ARCHITECTS

Bombas de calor geotérmico. Um sistema de troca de calor no solo alimenta o resfriador da edificação e, posteriormente, os forros radiantes dos escritórios. O sistema com circuito fechado consiste em 280 furos de sondagem de 125 m que foram feitos verticalmente no solo sob a edificação. Ele aproveita as temperaturas consistentes do solo durante o ano e incorpora um depósito térmico de longo prazo no qual o calor coletado no verão é armazenado para uso no inverno. Um sistema de forro radiante absorve o calor dos espaços internos, aumentando o conforto térmico no verão por meio da modificação da temperatura radiante média. No inverno, aproximadamente 60% da calefação do edifício é feita pelo depósito térmico subterrâneo.

Recuperação de energia. Nos meses de inverno, o ar de exaustão que entra na chaminé solar é enviado para baixo por ventiladores, em vez de conseguir subir, por meio do efeito chaminé, até o topo e então sair da edificação. Um sistema de recuperação de calor extrai parte do calor do ar de exaustão, o envia para aquecer os *fan coils* nas unidades de insuflamento de ar dos jardins de inverno (para fins de preaquecimento) e o distribui na galeria pública do pavimento térreo.

Qualidade do ar dos interiores (QAI). A edificação usa ar totalmente fresco. Isso significa que o ar para o insuflamento (e a ventilação) se move pelo interior da edificação somente uma vez antes de ser exaurido pela chaminé solar. Tal estratégia busca reduzir o risco de ar contaminado ou viciado afetar negativamente a saúde e a produtividade dos usuários; além disso, difere do projeto padrão de sistemas de climatização, no qual uma porcentagem do ar no interior da edificação é frequentemente reaproveitada, filtrada e misturada com o ar fresco insuflado. A "penalidade" energética associada a um sistema de ventilação que utiliza apenas ar fresco foi mitigada por meio do uso de um sistema de recuperação de calor e vedações de alto desempenho que reduzem os ganhos e perdas térmicos.

Cobertura verde. Uma cobertura verde foi instalada sobre o pódio de três pavimentos. O sistema ajuda a proteger a membrana de cobertura embutida da degradação ultravioleta (UV) e funciona como isolamento térmico adicional.

Figura 5.84 Fotografia do canteiro de obras com uma perfuratriz fazendo os furos de sondagem para instalação das bombas de calor geotérmico. MANITOBA HYDRO

Desempenho

O Manitoba Hydro Place foi inaugurado em setembro de 2009. Em geral, são necessários um ou dois anos de calibração para que uma edificação cujos sistemas não foram terceirizados e feitos por especialistas apresente o desempenho desejado. Entretanto, de acordo com todos os relatos, o desempenho da edificação é melhor que o esperado. Os dados de energia limitados disponíveis mostram economias de 66% em relação ao consumo de energia de um edifício de escritórios típico, o que ultrapassa a meta de 60% estabelecida pelo cliente e pela equipe de projeto.

A edificação recebeu diversos prêmios de projeto desde a conclusão. Entre eles:

- Os Dez Melhores Projetos Sustentáveis, 2010 AIA COTE
- Melhor Edifício Alto das Américas, 2009 Council on Tall Buildings and Urban Habitat (CTBUH)
- Prêmio Internacional de Tecnologia de Pele de Edificação (IBS) 2008, com todos os méritos
- Prêmio 2006 Mipim Architectual Review, Mérito pela Inovação
- Prêmio de Excelência 2006 Canadian Architect

Atualmente, o projeto está tentando obter uma certificação LEED NC 3.0 por meio do U.S. Green Building Council. Está prevista a obtenção da certificação Platinum.

Figura 5.85 Cobertura verde sobre o pódio de três pavimentos com a torre e a chaminé solar ao fundo. EDUARD HUEBER / ARCHPHOTO, INC.

Figura 5.86 Usuários desfrutando de uma quina do átrio norte de três pavimentos, ao lado da chaminé solar. TOM ARBAN / TOM ARBAN PHOTOGRAPHY

Figura 5.87 Um dos três átrios de seis pavimentos voltados para o sul (hemisfério norte). EDUARD HUEBER | ARCHPHOTO INC.

Mais informações

Gonchar, J. 2010. "More Than Skin Deep", *Architectural Record*. July, 2010: 104–110.
(Artigo impresso que descreve o projeto e o sistema de fachada dupla.)

Kuwabara Payne McKenna Blumberg. www.kpmbarchitects.com (*Site* do arquiteto, incluindo fotografias, fatos sobre o projeto, prêmios recebidos e uma descrição do projeto.)

Linn, C. 2010. "Cold Comfort: Manitoba Hydro Place–One of North America's Most Complex Energy-efficient Buildings is also Sited in One of its Most Challenging Climates." *Greensource*, 5, No. 2, 52–57.
(Artigo impresso que inclui medições feitas na edificação, as fontes dos materiais e as descrições das características de projeto sustentável.)

Manitoba Hydro. www.manitobahydroplace.com/ (*Site* do proprietário, o qual inclui informações relacionadas com o desempenho do prédio, a equipe de projeto e as estratégias de sustentabilidades do projeto.)

Transsolar Energietechnik. www.transsolar.com/download/e/pb_manitoba_hydro_winnipeg_e.pdf (Documento que inclui fotografias e informações relativas à equipe do projeto, ao processo de projeto, às estratégias de climatização e ao desempenho previsto para o prédio.)

CENTRO DE RECURSOS DE APRENDIZADO DA ESCOLA DE ENSINO FUNDAMENTAL DO CONDADO DE MARIN

Apresentação do projeto e contexto

A Escola de Ensino Fundamental do Condado de Marin (MCDS) está localizada em Corte Madera, Califórnia – aproximadamente 16 km ao norte de São Francisco, do outro lado da Ponte Golden Gate. Ela atende mais de 500 alunos, desde o jardim de infância até a oitava série. O *campus* de 14,2 hectares está situado em um terreno limitado pela Baía de São Francisco, ao norte, e pelo distrito Open Space do Condado de Marin colina acima, ao sudoeste e ao leste. O terreno do *campus* – que tinha diversos patamares para uso agrícola antes da construção da escola – constitui uma bacia de drenagem autônoma que apoia os hábitats para a flora e a fauna locais. A proximidade e a beleza do contexto natural estão intimamente ligadas a uma das missões educacionais da escola: incentivar os alunos a se conectar e aprender com o ambiente natural ao seu redor.

Em vez de um prédio grande, a MCDS tem a forma de um *campus* em que as séries superiores (da quinta à oitava série) e as séries inferiores (do jardim de infância à quarta série) são organizadas em edificações menores, sendo que cada uma acomoda várias funções educacionais. As conexões entre o interior e o exterior são enfatizadas por meio do uso de espaços educacionais externos e da circulação externa entre as edificações.

O Centro de Recursos de Aprendizado (LRC) foi concluído em 2009 como parte da segunda fase (Etapa 2) de um plano diretor de 25 anos, que foi iniciado pela EHDD Architecture em 1999. O edifício de 2.192 m² do LRC inclui espaço para uma biblioteca, salas de aula, laboratórios e ateliês de arte. A planta baixa tem forma de L e foi organizada em torno de um pátio. O desnível do terreno permite que a edificação seja zoneada verticalmente de acordo com os usos – as salas de aula das séries superiores ficam no pavimento superior, com fácil acesso aos outros edifícios das séries superiores na parte alta do *campus*, enquanto as salas de aula das séries inferiores ficam no pavimento térreo, com acesso aos demais prédios das séries inferiores espalhados pelo *campus*. A biblioteca e o anfiteatro escalonado do pátio ligam verticalmente as áreas das séries superiores e inferiores.

Figura 5.89 Croqui conceitual mostrando o LRC em relação ao córrego, o pátio com arquibancadas e as edificações preexistentes do *campus*. EHDD ARCHITECTS

Figura 5.88 Entrada da biblioteca do Centro de Recursos de Aprendizado ao anoitecer. JOSH PARTEE

LOCALIZAÇÃO
Corte Madera, Califórnia, Estados Unidos
Latitude 37,9 °N
Longitude 122,5 °O

GRAUS-DIA DE AQUECIMENTO
1.504 graus-dia, com base em 18,3°C
Dados de São Francisco, Califórnia

GRAUS-DIA DE RESFRIAMENTO
1.681 graus-dia, com base em 10°C
Dados de São Francisco, Califórnia

TEMPERATURA DE BULBO SECO PARA PROJETO – INVERNO (99%)
49°C [-40,8°F]
Dados de São Francisco, Califórnia

TEMPERATURA DE BULBO SECO PARA PROJETO E TEMPERATURA DE BULBO ÚMIDO COINCIDENTE MÉDIA – VERÃO (1%)
25,7/16,7°C [78,3/62,1°F]
Dados de São Francisco, Califórnia

RADIAÇÃO SOLAR
Jan 2,23 kWh/m²/dia
[708 Btu/pés²/dia]
Jun 7,55 kWh/m²/dia
[2.392 Btu/pés²/dia]
Dados de São Francisco, Califórnia

PRECIPITAÇÕES ANUAIS
864 mm
Dados de São Rafael, Califórnia

TIPO DE EDIFICAÇÃO
Escola

ÁREA
2.192 m²

CLIENTE
Escola de Ensino Fundamental do Condado de Marin

EQUIPE DO PROJETO
Arquitetos: EHDD Architecture

Engenharia Industrial: Stantec Consulting

Engenharia Civil: Sherwood Engineers

Engenharia Estrutural: Tipping + Mar Associates

Paisagismo: CMG Landscape Architecture

Acústica: Charles M. Salter Associates, Inc.

Empreiteiro: Oliver & Company

CONCLUSÃO
2009

MEDIÇÃO DO DESEMPENHO
Índice de Utilização de Energia (IUE):
Previsto:
66,2 kWh/m²/ano

Real
Indisponível

Emissões de Carbono:
Indisponível

Consumo de Água:
Indisponível

Objetivos do projeto e validação

Os objetivos do projeto do Centro de Recursos de Aprendizado eram integrar o entorno natural, para proporcionar uma experiência de aprendizado por imersão aos alunos, com o currículo e o ambiente físico. Implantada dentro de uma bacia de drenagem natural, a escola não seguiu a abordagem típica com orientação leste-oeste. Os edifícios que acompanham o córrego são sombreados por uma colina vizinha no lado leste, enquanto o lado oeste apresenta passeios abertos e profundos que oferecem ampla proteção contra o sol.

Figura 5.90 Fotografia aérea do *campus* da MCDS voltado para o sul, na direção do distrito Open Space do Condado de Marin. CHARLES C. BENTON

Os arquitetos adotaram uma abordagem de "energia líquida zero" tanto para planejar o *campus* da MCDS como para incluir tais princípios no currículo escolar. As metas específicas de projeto incluíam:

♦ A utilização de estratégias de arquitetura específicas para o terreno a fim de minimizar o consumo de recursos para calefação, resfriamento, ventilação, iluminação e abastecimento e desperdício de água, sem deixar de oferecer aos usuários conforto térmico e recursos de controle durante o ano.

♦ A utilização de recursos de energia renovável disponíveis *in loco* para produzir mais energia que a consumida pela edificação durante o ano. Essa meta foi motivada pelas preocupações com as mudanças climáticas na Califórnia e pelo desejo de usar os recursos de geração de energia do edifício como ferramenta de ensino, conscientizando os alunos sobre seu impacto no ambiente natural. A EHDD conseguiu convencer o cliente de que uma edificação com "energia líquida zero" poderia ser obtida mesmo controlando o custo.

♦ A integração de um novo edifício ao contexto de um *campus* preexistente por meio do uso de materiais naturais, escala e volumetria sensíveis dos elementos da edificação, relação com as estruturas vizinhas preexistentes e conexões com as características naturais do terreno.

Foram três os meios principais para a equipe de projeto validar os objetivos e metas desse projeto específico. Em primeiro lugar, modelagens de energia mostraram que a energia produzida pelas fontes renováveis do local excede o consumo total de energia do edifício por ano. O resultado é uma edificação com "energia líquida zero". Em segundo lugar, as condições de conforto térmico foram simuladas durante o processo de projeto com o intuito de demonstrar ao cliente que os usuários ficariam satisfeitos com as condições ambientais do edifício usando-se estratégias de arquitetura passivas, como a ventilação natural. Finalmente, o processo de projeto integrado utilizado pela equipe e pelo cliente resultou em uma edificação completa que se insere facilmente no *campus* preexistente e na vida intelectual da escola. Na realidade, o LRC ficou tão bem conectado com o entorno que é difícil saber quais elementos de arquitetura e paisagismo já existiam no local e quais são novos.

Para projetar o LRC, utilizou-se um processo de projeto integrado. O segredo do projeto integrado é que os membros da equipe – arquitetos, engenheiros, orçamentistas, especialistas, administradores do *campus* e outros – participam ativamente do processo, desde o início. A colaboração, a troca de ideias/informações e a síntese de considerações complexas de projeto são pontos-chave do processo de projeto integrado e permitem que a equipe avalie as decisões de maneira contínua e preveja o desempenho. Eis um exemplo: a Stantec e a EHDD coordenaram os sistemas mecânicos desde o início do processo de projeto com o objetivo de colocar os equipamentos de calefação na extremidade norte da edificação, que é a mais fria (hemisfério norte), o que afetou o leiaute da planta baixa.

A validação por terceiros veio na forma de uma certificação LEED for Schools 2.0 Platinum. A equipe pretendia receber todos os créditos de Energia e Atmosfera – uma meta que as equipes de projeto geralmente têm dificuldades para atingir.

Figura 5.92 Espaços de encontro e salas de aula externos oferecem aos alunos oportunidades de ficar ao ar livre e se relacionar com o terreno do *campus* da MCDS. JOSH PARTEE

Figura 5.93 O *campus* da MCDS está situado em uma bacia de drenagem natural, que oferece um hábitat rico para a flora e a fauna locais. JOSH PARTEE

Figura 5.91 Corte longitudinal norte-sul pelo terreno. EHDD ARCHITECTURE

Estratégias

A equipe de projeto empregou várias estratégias simples de arquitetura e de comportamento adaptativo para produzir uma edificação com energia líquida zero que responda às metas institucionais, ofereça conforto aos usuários e funcione como uma ferramenta para ensinar as crianças sobre seu impacto no meio ambiente.

Figura 5.94 Um córrego recuperado percorre o lado leste do LRC e canaliza o escoamento pluvial da bacia de drenagem do *campus* até a Baía de São Francisco. EHDD ARCHITECTURE

Figura 5.96 As águas pluviais são levadas por um córrego recuperado no *campus* da MCDS até o pântano junto à Baía de São Francisco. JOSH PARTEE

Figura 5.97 O pátio com arquibancada/escada permite a circulação vertical entre as séries inferiores e as séries superiores na MCDS. JOSH PARTEE

Figura 5.98 Galerias cobertas criam espaços de transição entre a ala de salas de aula e o pátio com anfiteatro externo. JOSH PARTEE

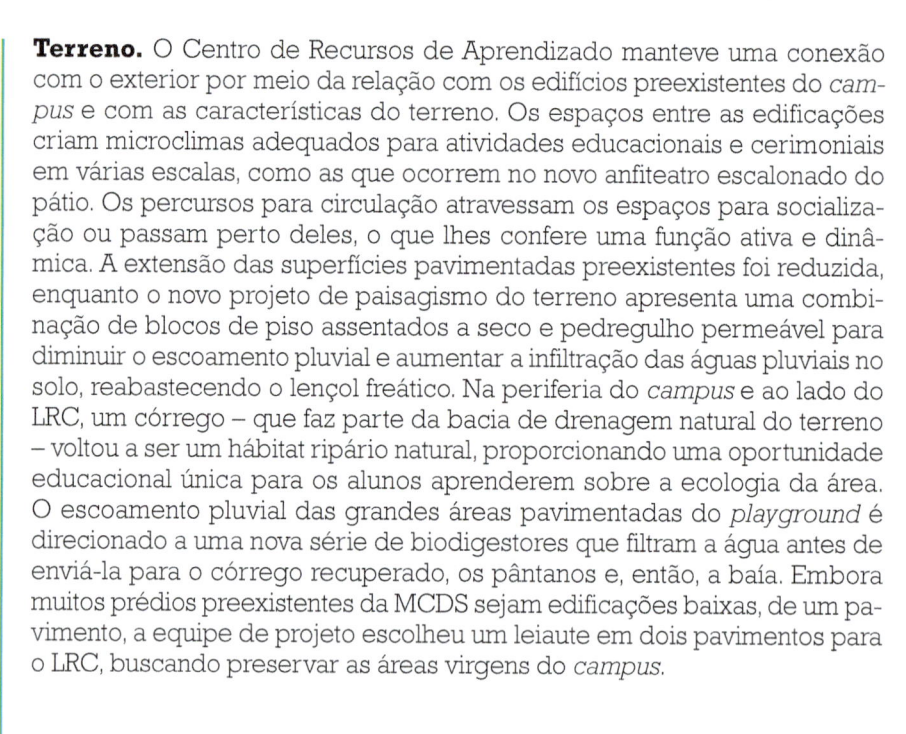

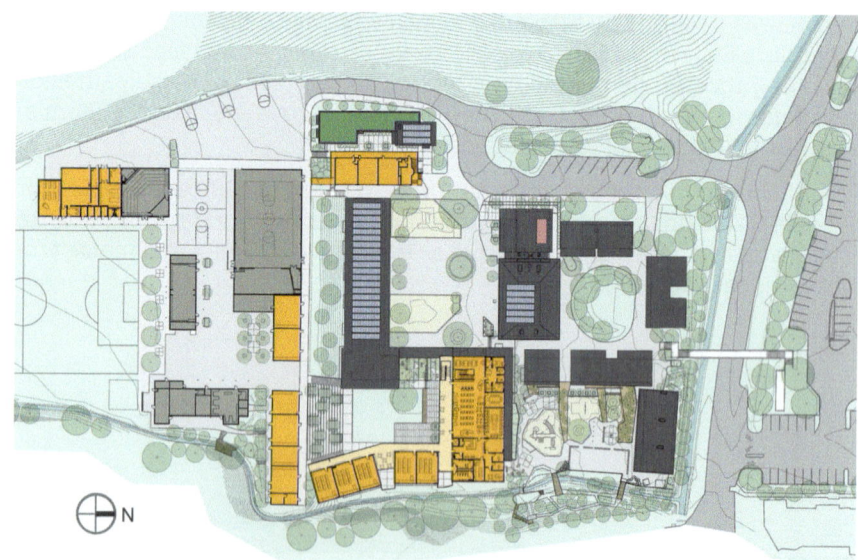

Terreno. O Centro de Recursos de Aprendizado manteve uma conexão com o exterior por meio da relação com os edifícios preexistentes do *campus* e com as características do terreno. Os espaços entre as edificações criam microclimas adequados para atividades educacionais e cerimoniais em várias escalas, como as que ocorrem no novo anfiteatro escalonado do pátio. Os percursos para circulação atravessam os espaços para socialização ou passam perto deles, o que lhes confere uma função ativa e dinâmica. A extensão das superfícies pavimentadas preexistentes foi reduzida, enquanto o novo projeto de paisagismo do terreno apresenta uma combinação de blocos de piso assentados a seco e pedregulho permeável para diminuir o escoamento pluvial e aumentar a infiltração das águas pluviais no solo, reabastecendo o lençol freático. Na periferia do *campus* e ao lado do LRC, um córrego – que faz parte da bacia de drenagem natural do terreno – voltou a ser um hábitat ripário natural, proporcionando uma oportunidade educacional única para os alunos aprenderem sobre a ecologia da área. O escoamento pluvial das grandes áreas pavimentadas do *playground* é direcionado a uma nova série de biodigestores que filtram a água antes de enviá-la para o córrego recuperado, os pântanos e, então, a baía. Embora muitos prédios preexistentes da MCDS sejam edificações baixas, de um pavimento, a equipe de projeto escolheu um leiaute em dois pavimentos para o LRC, buscando preservar as áreas virgens do *campus*.

Figura 5.95 Planta de localização mostrando as melhorias no *campus* da MCDS (em laranja), incluindo a nova edificação em L do LRC, na parte central inferior. EHDD ARCHITECTURE

Espaços de transição. Como a edificação está intimamente relacionada aos espaços externos adjacentes, pátios com tratamento paisagístico e espaços externos para salas de aula/ateliês de arte oferecem oportunidades para que os usuários substituam os ambientes de dentro pelos de fora. Essa estratégia tira proveito do clima ameno da área da baía para aumentar o espaço útil do programa e proporcionar conforto para os usuários. Árvores, passeios cobertos, conexões de pátios e edificações preexistentes, e elementos de sombreamento em várias laterais do LRC criam microclimas e espaços de transição exclusivos que podem ser desfrutados em diversos horários do dia e ao longo do ano.

Figura 5.99 Pátio com anfiteatro visto de cima. CHRIS PROEH, para EHDD ARCHITECTURE

Figura 5.100 Brises de madeira externos reduzem o risco de ofuscamento e bloqueiam ganhos térmicos solares indesejados.

Figura 5.101 Os tubos radiantes embutidos nas lajes de concreto são unidos e conectados ao sistema de aquecimento e resfriamento hidrônico. EHDD ARCHITECTURE

Ventilação natural. A edificação foi projetada com "soluções passivas para usuários ativos". Janelas de abrir permitem que os usuários interajam com o ambiente e tenham certo controle. Em alguns espaços, claraboias se abrem para permitir ventilação por efeito chaminé. Modelagens térmicas extensivas feitas durante a fase de projeto demonstraram para o cliente que as condições de conforto térmico seriam mantidas na edificação com o uso de estratégias de ventilação tanto naturais quanto mecânicas.

Iluminação natural e calefação solar. As diferentes orientações contam com estratégias de sombreamento apropriadas e aproveitam ao máximo as oportunidades de iluminação natural. Elementos de sombreamento e telas de madeira projetados estrategicamente minimizam os ganhos térmicos da radiação solar direta durante os meses de verão, quando o sol está mais alto no céu, e viabilizam a calefação solar durante os meses de inverno, quando o sol está mais baixo. Uma encosta de colina íngreme ao longo do córrego e ao lado da edificação ajuda a proteger o lado leste do prédio do sol baixo (reduzindo o potencial de ofuscamento e os ganhos térmicos solares em excesso). O objetivo do projeto era fornecer luz a pelo menos dois lados de cada espaço interno. A ausência de dutos junto ao teto nas salas de aula permitiu que a equipe de projeto eliminasse o uso de forros, o que elevou os pés-direitos e as vergas das janelas, permitindo que a luz natural avançasse mais ainda no interior da edificação. Claraboias com brises reguláveis foram usadas para fornecer iluminação natural mais perto das mesas dos professores.

Resfriamento noturno. Para manter as condições de conforto térmico no decorrer do ano, a edificação utiliza um regime de resfriamento noturno em que a água circula entre um reservatório subterrâneo com capacidade para 56.780 litros e uma torre de resfriamento por evaporação instalada na cobertura. A torre de resfriamento funciona de maneira similar a um resfriador evaporativo, em que a água é pulverizada em um ventilador, o calor é devolvido para o ar noturno mais fresco e a água resfriada é bombeada de volta para o reservatório, para ser usada no dia seguinte. Durante o dia, a água resfriada circula pelos tubos radiantes inseridos nas lajes de piso a fim de lidar com as cargas de resfriamento da edificação. O sistema não utiliza

Figura 5.102 Tubos com isolamento térmico levam água para as lajes radiantes entre as edificações do *campus*. EHDD ARCHITECTURE

um compressor mecânico para resfriar a água para o sistema hidrônico, o que resulta em menos consumo de energia. O resfriamento noturno também é realizado por meio do uso de janelas de abrir altas e baixas. Os ganhos térmicos são absorvidos pelas lajes de piso durante o dia, irradiados novamente para os espaços durante a noite e retirados pelo vento para fora da edificação através das janelas de abrir. O *campus* também utiliza dois reservatórios na superfície – cada um com capacidade para 1.893 litros de água para emergências –, mas esse sistema fica separado do sistema de resfriamento noturno usado no Centro de Recursos de Aprendizado (LRC).

Figura 5.104 Casa de máquinas mostrando os tubos hidrônicos e os painéis elétricos. EHDD ARCHITECTURE

Figura 5.105 Arranjo fotovoltaico sobre uma edificação preexistente da MCDS. JOSH PARTEE

Figura 5.106 Vista do terreno com destaque para os painéis fotovoltaicos na cobertura.

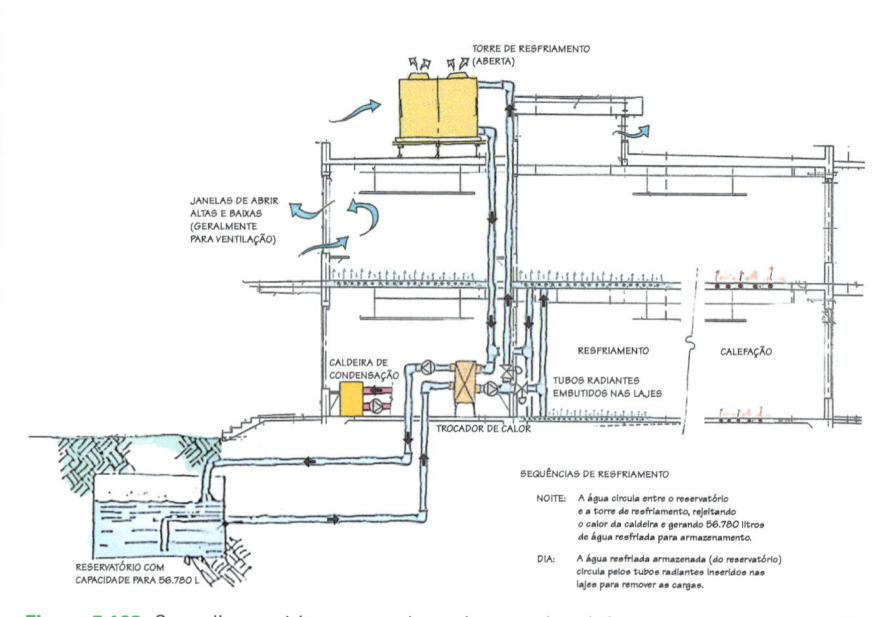

Figura 5.103 Corte diagramático mostrando os sistemas de calefação e resfriamento no LRC. STANTEC

Painéis fotovoltaicos. Um arranjo fotovoltaico de 95,5 kW (carga de pico) com painéis cristalinos de 190 W foi instalado nas coberturas voltadas para o sul (hemisfério norte) de quatro edificações preexistentes do *campus* e funciona como principal meio de geração de energia *in loco*. Ele foi projetado para produzir mais energia do que as edificações do *campus* consomem ao longo do ano. Essa estratégia, conhecida como energia líquida zero, se tornou uma importante referência para as edificações de alto desempenho que respondem a preocupações com o consumo de energia e as mudanças climáticas. O sistema fotovoltaico conectado à rede pública da MCDS foi projetado para gerar 168.536 kWh/ano, o que equivaleria a mais de 115% da energia anual consumida pelo Centro de Recursos de Aprendizado. O sistema não possui uma bateria de apoio.

Coletores solares. Um sistema térmico-solar com coletor plano, localizado na cobertura de uma edificação mais antiga do *campus*, foi instalado durante a Fase 1 do plano diretor para fornecer 50% da água quente necessária em uma nova cozinha industrial. A água quente restante é esquentada por um aquecedor de água a gás natural. Aliás, a cozinha comercial usa alimentos cultivados no local para o almoço dos alunos.

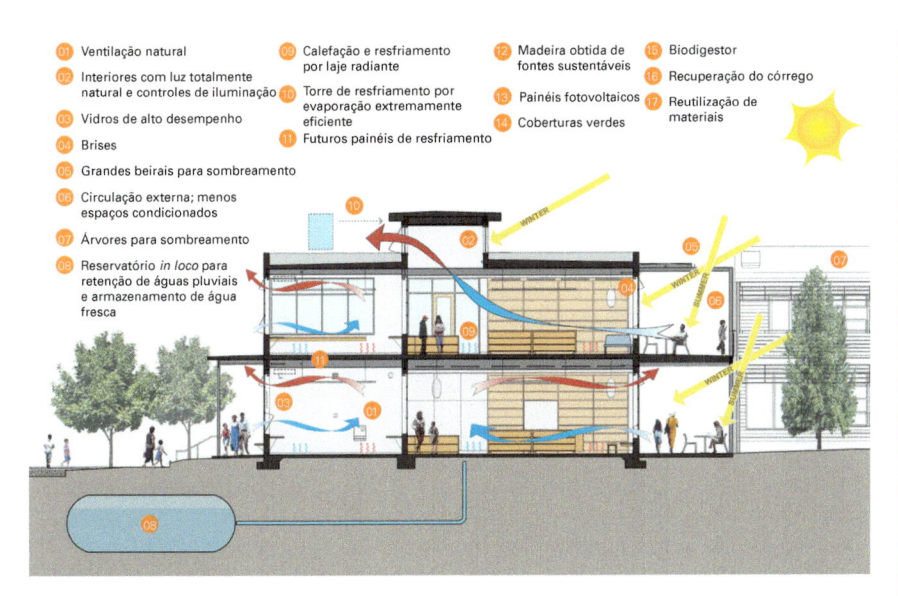

Figura 5.107 Corte esquemático mostrando as estratégias de projeto de alto desempenho adotadas para o LRC. EHDD ARCHITECTURE

Conservação de água. A água pluvial que cai sobre a cobertura do LRC é coletada em um reservatório com capacidade para 56.780 litros, em vez de ser descarregada no terreno. Essa abordagem atenua os efeitos adversos do escoamento pluvial e funciona como uma importante fonte de águas (não potável) para ser usadas na descarga de bacias sanitárias e em dissipadores de calor, assim o calor em excesso gerado ou coletado pelos sistemas prediais (incluindo a caldeira e as lajes radiantes) é transferido para a água por um trocador de calor. Devido à falta de espaço no terreno, a cisterna não foi dimensionada para o verão, que é uma estação seca.

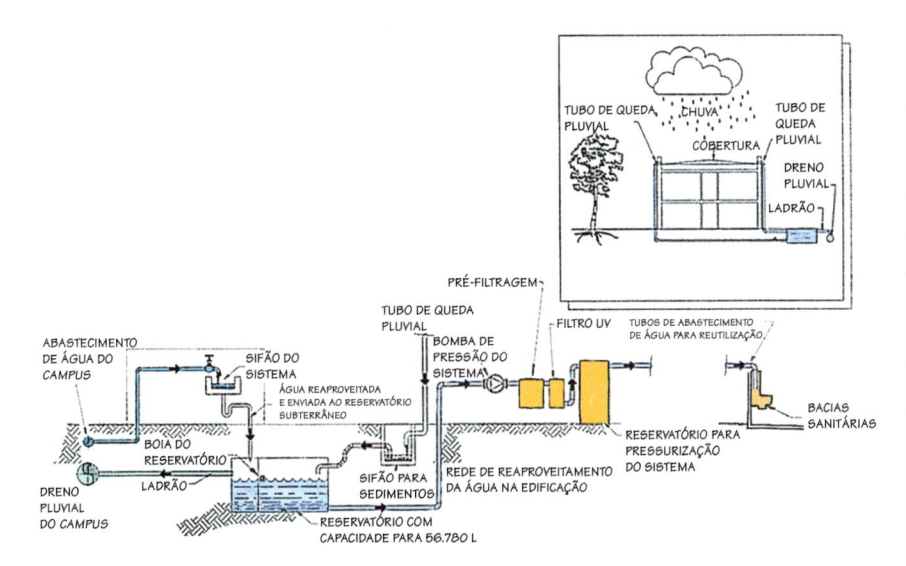

Figura 5.108 Diagrama conceitual mostrando a coleta, a armazenagem e o reaproveitamento das águas pluviais no LRC. STANTEC

Figura 5.109 Caixas com frutas cultivadas no local, oferecidas gratuitamente aos alunos, são encontradas do lado de fora do refeitório.

Figura 5.110 Fotografia do canteiro de obras mostrando a instalação do reservatório subterrâneo. EHDD ARCHITECTURE

Figura 5.111 Alunos da MCDS participando da coleta de adubo do *campus*. FUNCIONÁRIOS DA MCDS

Figura 5.112 Gráfico de setores mostrando a composição do consumo total de energia previsto pelo sistema da edificação. STANTEC

Materiais. O cedro e o mogno usados no LRC foram certificados pelo Forest Stewardship Council (FSC). Os modernos códigos de proteção contra incêndio impediram a equipe de projeto de revestir as paredes externamente com telhas chatas de cedro – um material comum nas edificações preexistentes do *campus*. Em vez disso, decidiu-se utilizar persianas de madeira, brises e sistemas de fachada de chuva para contextualizar o edifício da MCDS. Várias edificações foram demolidas para dar lugar à nova instalação, mas a equipe reutilizou as lajes de concreto como pisos externos e as tábuas de sequoia para criar uma série de singulares bancos externos. Tintas e carpetes com baixo índice de VOCs foram usados em toda a edificação. A poeira de borralho – um produto residual da fundição do aço – foi usada no lugar do cimento nas novas lajes de concreto, embora a porcentagem do material utilizado tenha sido limitada para produzir uma mistura de concreto com boa trabalhabilidade para o empreiteiro.

Monitoramento em tempo real. O LRC foi projetado visando o monitoramento e a exibição em tempo real da produção e do consumo de energia; porém, a escola ainda não instalou o sistema de automação predial que possibilitará isso. Quando for implementado, o sistema fornecerá informações de desempenho para os alunos, funcionários e administradores por meio dos computadores do *campus*. O objetivo a longo prazo é promover a conscientização e a compreensão do impacto ambiental dos edifícios no *campus* da MCDS.

Integração curricular. Muitos professores e funcionários aderiram ao novo ambiente e desenvolveram exercícios e projetos, como medir e comparar as temperaturas de superfície de coberturas (de cor clara e escura) e cultivar plantas nativas, frutas, legumes e verduras para a cozinha. Caixas com frutas frescas gratuitas estão disponíveis para os alunos durante o dia e a escola adota dias de "luzes apagadas" diversas vezes por mês, nos quais todos trabalham usando apenas iluminação natural.

Desempenho

As modelagens de energia realizadas durante o processo de projeto estimaram que a edificação consumiria 0,54 kWh/m²/ano e que os painéis fotovoltaicos e sistemas térmico-solares produziriam 0,64 kWh/m²/ano, o que resultaria em uma produção superior ao consumo. Acredita-se que o LRC será o primeiro prédio escolar com energia líquida zero da América do Norte. A edificação concluída apresenta um bom desempenho; no entanto, os sistemas de automação predial e monitoramento em tempo real ainda não foram instalados. Espera-se que ambos comecem a funcionar em um futuro próximo, o que permitirá que a equipe de projeto e o cliente comparem o consumo e a produção de energia previstos e reais.

A 2ª Etapa da MCDS, que inclui o Centro de Recursos de Aprendizado, recebeu a certificação LEED for Schools 2.0 Platinum do U.S. Green Building Council – o que significa que foi validada por terceiros como sendo um projeto de edificação exemplar.

Segundo a diretoria da escola, a assiduidade aumentou na MCDS desde a conclusão do LRC e os espaços de transição externos são populares entre os alunos e funcionários. A equipe do projeto espera realizar uma avaliação pós-ocupação (APO) na edificação depois que ela estiver ocupada há alguns anos.

Mais informações

CMG Landscape Architecture. www.cmgsite.com/projects/campuses/marin-country-day-school/ (O *site* do paisagista, que inclui uma breve descrição do projeto, além de uma longa série de fotografias e croquis/desenhos do projeto de paisagismo.)

EHDD Architecture. www.ehdd.com/#/2296 (O *site* do arquiteto, que inclui fotografias, informações e uma descrição do projeto. Também há um *link* para um Estudo de Caso de Edificação com Consumo de Energia Líquido Zero.)

Sherwood Design Engineers. www.sherwoodengineers.com/projects.html (O *site* do engenheiro civil, que inclui uma planta de localização e uma breve descrição do terreno, das águas pluviais e das características topográficas do projeto.)

NOTAS

ONE BRIGHTON

Apresentação do projeto e contexto

A histórica cidade litorânea de Brighton, na Inglaterra, está localizada aproximadamente 130 km ao sul de Londres. No Bairro New England – perto do centro da cidade, em uma pequena área anteriormente degradada – fica o One Brighton, um dos empreendimentos habitacionais mais inovadores do Reino Unido. O projeto é uma colaboração entre a BioRegional Quintain e a Crest Nicholson. Projetado pela Feilden Clegg Bradley Studios, o One Brighton adota uma abordagem holística em relação à sustentabilidade, com um resultado que é econômico tanto para o empreendedor quanto para os compradores; além disso, aborda o impacto de um empreendimento habitacional inovador em questões municipais, nacionais e globais.

O projeto foi concebido como o primeiro de uma série de empreendimentos habitacionais mundiais a adotar os princípios do One Planet Living, desenvolvidos pela BioRegional Quintain e pela WWF (ex-World Wildlife Fund). Os 10 princípios incluem: emissão zero de carbono; produção zero de resíduos; acesso a transporte sustentável; uso de materiais sustentáveis; alimentos locais e sustentáveis; consumo sustentável de água; oferta de hábitats naturais para a vida selvagem; contribuição para a herança natural do terreno; equidade e comércio justo com a economia local; e contribuição para a saúde e a felicidade dos moradores.

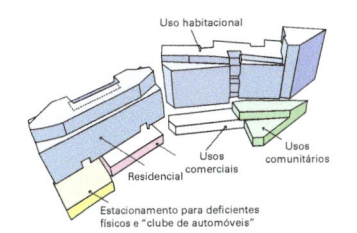

Figura 5.114 Croqui ilustrando o conceito volumétrico da edificação. FEILDEN CLEGG BRADLEY STUDIOS

Figura 5.113 Terraços no pavimento térreo do One Brighton. TIM CROCKER

O One Brighton consiste em dois prédios lineares de oito pavimentos em um terreno urbano exíguo. As 172 unidades de moradia estão situadas acima de espaços comerciais, de uso comunitário e garagens no pavimento térreo. Diversos tipos e tamanhos de apartamentos estão disponíveis: 19 "ecoquitinetes" pequenas, destinadas àqueles que compram uma moradia pela primeira vez; 68 unidades de um dormitório; 81 unidades de dois dormitórios; e quatro unidades de três dormitórios. Aproximadamente um terço das unidades de habitação foi projetado como moradias populares, o que possibilita a criação de uma comunidade diversificada de moradores dentro do condomínio.

LOCALIZAÇÃO
Brighton, East Sussex, Reino Unido
Latitude 50,8 °N
Longitude 0,1 °O

GRAUS-DIA DE AQUECIMENTO
2.788 graus-dia, com base em 18,3°C

GRAUS-DIA DE RESFRIAMENTO
916 graus-dia, com base em 10°C

TEMPERATURA DE BULBO SECO PARA PROJETO – INVERNO (99%)
-1,4°C [29,5°F]

TEMPERATURA DE BULBO SECO PARA PROJETO E TEMPERATURA DE BULBO ÚMIDO COINCIDENTE MÉDIA – VERÃO (1%)
22,8/18,3°C [73,0/64,9°F]

RADIAÇÃO SOLAR
Jan 0,90 kWh/m²/dia
[285 Btu/pés²/dia]
Jun 5,55 kWh/m²/dia
[1.759 Btu/pés²/dia]

PRECIPITAÇÕES ANUAIS
790 mm

TIPO DE EDIFICAÇÃO
Uso misto (habitacional/comercial)

ÁREA
14.640 m²

CLIENTE
Crest Nicholson BioRegional Quintain LLP

EQUIPE DO PROJETO
Arquitetos: Feilden Clegg Bradley Studios (FCBS)
Engenharia Mecânica/Elétrica: Fulcrum/MLM
Engenharia Estrutural: Scott Wilson
Gerente do Projeto: Crest Nicholson – BioRegional Quintain – LLP
Consultor em Paisagismo: Nicholas Pearson Associates
Orçamentista: Jones Lang Lasalle
Empreiteiro: Denne Construction

CONCLUSÃO
Setembro de 2009 (Fase 1), julho de 2010 (Fase 2)

MEDIÇÃO DO DESEMPENHO
Índice de Utilização de Energia (IUE): Indisponível
Emissões de Carbono: Indisponível
Consumo de Água: Indisponível

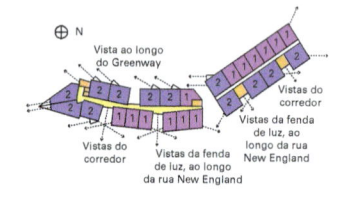

Figura 5.116 Diagrama da planta baixa mostrando as "fendas" de espaços abertos inseridas entre as unidades de habitação. FEILDEN CLEGG BRADLEY STUDIOS

Objetivos do projeto e validação

O objetivo geral do One Brighton era demonstrar que é possível construir um complexo habitacional bem projetado e de alto desempenho que seja de baixo custo e atraente para os compradores em potencial, além de economicamente viável para os empreendedores. Os 10 princípios desenvolvidos pela iniciativa One Planet Living ajudaram a equipe de projeto a abordar uma ampla gama de considerações ambientais e validar decisões específicas do projeto no decorrer do processo.

Figura 5.115 Elevação dos prédios ao longo das ruas Fleet e New England. FEILDEN CLEGG BRADLEY STUDIOS

Um Perfil para Emissão Zero de Carbono para o One Brighton foi preparado pelo Zero Carbon Hub, uma organização sem fins lucrativos que busca ajudar o Reino Unido a atingir a meta de que todas as novas residências tenham emissão zero de carbono até 2016. O documento do perfil descreve as estratégias ambientais utilizadas e prevê o desempenho esperado.

A validação adicional do projeto veio na forma de uma designação Eco-Homes "Excellent", concedida por satisfazer 19 das 20 oportunidades de crédito disponíveis na categoria Energia do programa.

Estratégias

Os princípios do One Planet Living serviram como um sistema de referência para a equipe de projeto e fizeram com que várias estratégias de projeto ambiental fossem exploradas e utilizadas no One Brighton. Ocorreram diversas sinergias entre a abrangente lista de estratégias específicas descritas abaixo. Além disso, cabe ressaltar que um "coordenador de sustentabilidade" *in loco* mora no complexo, auxiliando os moradores com os muitos recursos ecológicos da edificação e administrando as iniciativas correntes de sustentabilidade no condomínio.

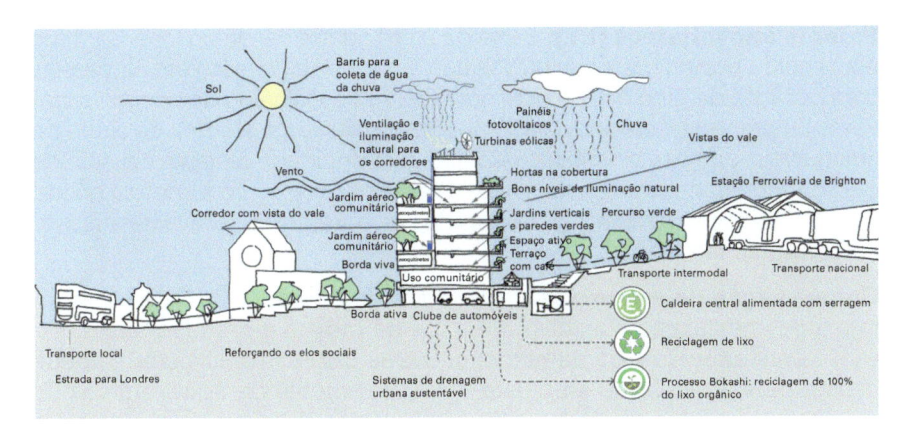

Figura 5.117 Diagrama ilustrando as conexões ambientais com o contexto urbano. FEILDEN CLEGG BRADLEY STUDIOS

Terreno. O One Brighton está intimamente relacionado ao contexto do terreno. Para responder ao denso entorno urbano, o condomínio ocupa um terreno anteriormente baldio e negligenciado. Os espaços comerciais no pavimento térreo, que incluem um café no terraço externo, permitem que o público tenha acesso à edificação e a utilize. O projeto também foi propositalmente implantado de modo a estar perto de opções de transporte público e alternativo. Um "clube de automóveis" permite que os moradores tenham acesso a um veículo quando necessário, sem precisar oferecer vagas para cada unidade de habitação. Um bicicletário de uso comum no pavimento térreo oferece aos moradores acesso fácil às suas bicicletas, sem que seja necessário carregá-las até o prédio e guardá-las dentro dos apartamentos. As pequenas áreas de vegetação dentro do terreno urbano exíguo usam plantas nativas que não precisam ser irrigadas. Junto com as paredes verdes verticais e os "jardins aéreos", essas áreas oferecem hábitats para a vida selvagem local. As praças no pavimento térreo, os jardins aéreos para cultivar alimentos e os balcões privados dos apartamentos proporcionam bastante acesso ao exterior. Os balcões são posicionados de modo a proporcionar vistas das ruas, e não das edificações adjacentes.

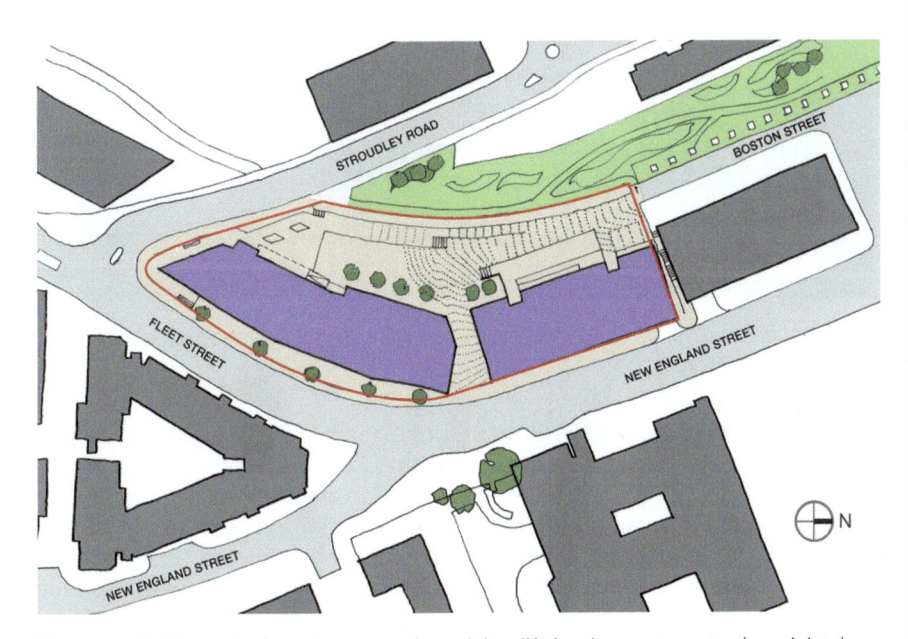

Figura 5.118 Planta de situação mostrando os dois edifícios de apartamentos (em violeta) com o terraço externo ao oeste. FEILDEN CLEGG BRADLEY STUDIOS

Figura 5.119 Perspectiva interna das unidades de moradia do tipo "ecoquitinete". FEILDEN CLEGG BRADLEY STUDIOS

Painéis fotovoltaicos (FV). Parte da eletricidade usada no One Brighton é fornecida por um sistema fotovoltaico *in loco* que consiste em 52 painéis com geração de pico de 9,36 kW, gerando 7.600 kWh/ano de energia renovável. Futuramente, ele será usado nos pontos de carga elétrica do clube de automóveis, que fica no estacionamento. A eletricidade restante consumida pelo condomínio vem de fontes renováveis externas, como a energia eólica. Essa combinação de energia renovável *in loco* e externa resulta na emissão líquida anual zero de CO_2.

Conservação de energia. As estratégias de conservação de energia foram fundamentais para auxiliar a equipe de projeto a produzir uma edificação com emissão zero de carbono. O One Brighton utiliza uma caldeira central para a calefação ambiente e o aquecimento de água, em vez de sistemas separados em cada unidade. O sistema de recuperação de calor e os trocadores de calor capturam o calor residual do ar de exaustão. Um reservatório é utilizado para armazenar água quente para as unidades de habitação, mas também funciona como um dissipador de calor ao absorver a energia térmica em excesso da edificação por meio de um sistema de troca de calor. A equipe projetou vedações com boa estanqueidade térmica para minimizar as perdas de calor. Janelas com isolamento térmico alto (valor R) e alto desempenho (vidros triplos, baixo valor E e preenchidas com argônio) foram usadas em todo o condomínio. Nos corredores e espaços de uso comum da edificação, foram usadas iluminação natural e luminárias eficientes em energia para diminuir o consumo de eletricidade.

Figura 5.120 Planos da cobertura mostrando a "cobertura marrom" (uma espécie de cobertura verde) e o arranjo fotovoltaico. TIM CROCKER

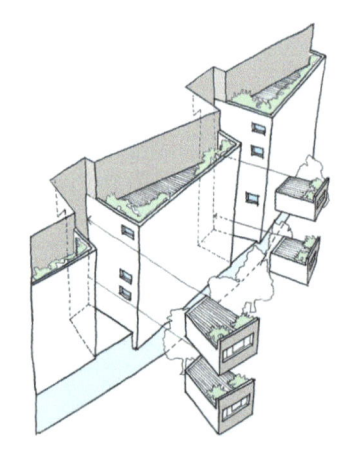

Figura 5.121 Diagrama conceitual mostrando como os jardins aéreos sobre as unidades de moradia foram inseridos em "fendas" nos volumes da edificação. FEILDEN CLEGG BRADLEY STUDIOS

Coberturas verdes. Jardins aéreos e coberturas marrons são os dois tipos de elementos de cobertura verde usados no One Brighton. Os "jardins aéreos" proporcionam hortas em que os moradores podem cultivar seus próprios alimentos. A água da chuva é empregada para irrigar esses jardins, enquanto a compostagem do lixo orgânico dos moradores proporciona fertilizantes. Outras superfícies receberam coberturas marrons, que são uma espécie de cobertura verde em que o meio ou solo para plantio é obtido no próprio terreno.

Conservação de água. A água pluvial coletada nas coberturas e nos pisos secos é armazenada e utilizada para irrigar os jardins aéreos. A coleta de águas pluviais diminui a necessidade de utilizar água potável e cara para a jardinagem do terreno. Aparelhos sanitários de baixa vazão e eletrodomésticos com baixo consumo de água (como lavadoras de roupa e lavadoras de louça) também foram colocados em todas as unidades de habitação. Todas essas estratégias de conservação de água oferecem um benefício extra, pois reduzem a quantidade de águas servidas enviada para o sistema municipal.

Materiais. Materiais locais, reciclados e não tóxicos foram amplamente utilizados no One Brighton. O concreto usou agregados 100% reciclados, enquanto 50% do cimento foi substituído por escória de minério moída (GGBS). Isso resultou no sistema estrutural de concreto mais sustentável do Reino Unido. Os produtos de madeira utilizados nos interiores e nos revestimentos externos foram certificados pelo FSC e obtidos localmente, em florestas britânicas. Para ambos os edifícios, foram especificadas tintas e acabamentos com baixo índice de VOCs. A construção das paredes externas consistiu-se em painéis de fibra de madeira com isolamento térmico instalados sobre panos de tijolo vazado, com reboco interno à argila, o que resultou em uma parede respirável e vedações térmicas mais estanques. Vidro moído reciclado foi usado sob os pisos externos e em elementos de paisagismo. Na cobertura, usou-se uma membrana de betume Bakor com 25% de conteúdo reciclado pós-consumo.

Combustíveis alternativos. Uma caldeira a biomassa com geração de pico de 500 kW é usada para calefação ambiente e aquecimento de água. O sistema usa como combustível serragem obtida localmente. O empreendedor fundou uma empresa de fornecimento de energia comunitária chamada ESCO para adquirir o combustível e administrar o sistema. Uma caldeira a gás natural funciona como sistema de apoio.

Gestão de lixo. O programa de reciclagem completo do One Brighton inclui sistemas de compostagem Bokashi que permitem que os moradores façam a compostagem em contêineres pequenos e inodoros que decompõem o material orgânico por meio de um processo anaeróbico. É um método diferente da compostagem tradicional, que demora mais e utiliza organismos e oxigênio para decompor a matéria orgânica. O composto gerado é empregado para fertilizar os jardins aéreos, mas a compostagem também diminui a quantidade de lixo orgânico enviada para o sistema municipal de águas servidas. Além disso, as caldeiras a biomassa usam serragem local que deixa de ser enviada aos depósitos de lixo.

Construção. A proteção ambiental também foi parte essencial do processo de construção do One Brighton. Equipamentos, como as gruas, usaram biodiesel. O empreiteiro criou um "Café Ecológico" que forneceu alimentos locais e orgânicos para a equipe de construção. Foi tomado muito cuidado com relação à separação e à reciclagem dos resíduos da construção no terreno. Os trêileres empregados pelas equipes tinham isolamento térmico total. O empreiteiro também começou a utilizar a eletricidade gerada pelos painéis fotovoltaicos assim que o sistema entrou em operação (antes do término da construção).

Desempenho

A primeira fase do One Brighton foi concluída em setembro de 2009. Como a edificação está ocupada há pouco tempo, os dados de desempenho disponíveis são limitados e ainda não foi realizada uma avaliação pós-ocupação (APO). O empreendimento venceu o Planning Institute (RTPI) Planning Awards: Sustainable Communities Award 2009 e concorreu no Building Awards 2010: Housing Project of the Year.

Figura 5.122 Vista dos balcões e das "fendas" com jardins aéreos. TIM CROCKER

Mais informações

Feilden Clegg Bradley Studios. www.fcbstudios.com (O *site* do arquiteto, que inclui informações e fotografias profissionais do projeto One Brighton na seção Housing/Private.)

Zero Carbon Hub Profile. www.zerocarbonhub.org/downloads/Profile003-OneBrighton.pdf (Documento de sete páginas que pode ser baixado e que contém informações, descrições das estratégias de sustentabilidade e o desempenho previsto para o projeto.)

Camco. www.camcoglobal.com/en/onebrighton.html (*Site* da Internet que inclui uma breve descrição do projeto One Brighton.)

One Planet Living. www.oneplanetliving.com (Página da Internet com descrições dos 10 princípios da iniciativa One Planet Living [OPL] e *links* aos *sites* da WWF e da Bioregional.)

CASA PASSIVA – ESTADOS UNIDOS

Apresentação do projeto e contexto

O conceito de Casa Passiva incorpora um rígido padrão de energia e um método de projeto/construção que promete diminuir em 90% o consumo de energia em comparação com edificações convencionais. O método da Casa Passiva estabelece critérios de desempenho almejados que devem ser atingidos durante a construção antes que as paredes sejam fechadas, praticamente elimina a necessidade de um sistema ativo de controle climático e exige testes de verificação após a vedação das paredes. Conforme esses critérios, "o diabo está nos detalhes", o que exige caras modelagens usando o software Passive House Planning Package (PHPP), a consideração de detalhes para evitar pontes térmicas, a especificação de componentes de alto desempenho para a edificação e a conformidade com normas de estanqueidade ao ar e de ventilação. Embora a maioria das Casas Passivas nos Estados Unidos seja residencial, há mais de 20 mil Casas Passivas comerciais e residenciais na Europa. As tecnologias/práticas eólicas e solares atuais não têm condições de satisfazer sozinhas as expectativas do Desafio 2030. A abordagem da Casa Passiva é uma maneira agressiva de abordar uma redução almejada de 100% nas emissões de carbono até 2030.

O Passive House Institute U.S. (PHIUS), com sede em Urbana, Illinois, Estados Unidos, é uma organização sem fins lucrativos apoiada e supervisionada pelo Dr. Wolfgang Feist, que fundou, em 1996, o Passivhaus Institut (PHI) na Alemanha. Nos Estados Unidos, o PHIUS promove e realiza pesquisas sobre tópicos científicos para a Casa Passiva; oferece capacitação e treinamento para projetistas, construtores, engenheiros, empreendedores e legisladores; treina, testa e certifica consultores da Casa Passiva; certifica Casas Passivas; e apoia demonstrações de projeto/construção de Casas Passivas para fins de pesquisa e capacitação.

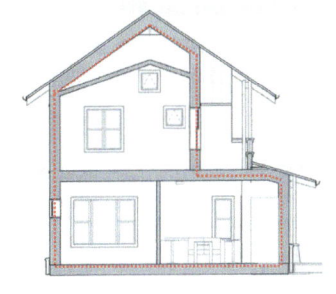

Figura 5.124 Diagrama do conceito de isolamento térmico contínuo para uma casa unifamiliar em Eugene, Oregon, Estados Unidos. STUDIO-E ARCHITECTURE

Figura 5.123 A equipe alemã, vencedora do Decatlo Solar 2009, revestiu totalmente um cubo de dois pavimentos com um sistema fotovoltaico de 11,1 kW – utilizando painéis na cobertura (de silício monocristalino), laterais e fachada (de película de disseleneto de cobre-índio-gálio). Projetada segundo as normas da Casa Passiva, a edificação produzia toda a sua energia consumida.

LOCALIZAÇÃO
Variável

GRAUS-DIA DE AQUECIMENTO
Varia conforme o local

GRAUS-DIA DE RESFRIAMENTO
Varia conforme o local

TEMPERATURA DE BULBO SECO PARA PROJETO – INVERNO (99%)
Varia conforme o local

TEMPERATURA DE BULBO SECO PARA PROJETO E TEMPERATURA DE BULBO ÚMIDO COINCIDENTE MÉDIA – VERÃO (1%)
Varia conforme o local

RADIAÇÃO SOLAR
Varia conforme o local

PRECIPITAÇÕES ANUAIS
Variam conforme o local

TIPO DE EDIFICAÇÃO
Habitações unifamiliares e multifamiliares, escolas, prédios comerciais

ÁREA
Plantas baixas compactas são mais indicadas para seguir as normas da Casa Passiva

CLIENTE
Muitos

EQUIPE DO PROJETO
Uma equipe de projeto comprometida e colaborativa, disposta a desenvolver práticas inovadoras de projeto/construção que funcionem bem no local.

CONCLUSÃO
Há um número cada vez maior de exemplares nos Estados Unidos

MEDIÇÃO DO DESEMPENHO
Índice de Utilização de Energia (IUE):
Varia (mas é muito bom)

Emissões de Carbono:
Variam (mas são muito baixas)

Consumo de Água:
Varia conforme o local

Uma Casa Passiva é uma edificação estanque ao ar e com bom isolamento térmico que é aquecida principalmente por ganhos solares e ganhos internos (pessoas, equipamentos, animais, etc.). As perdas de energia devido às aberturas e às pontes térmicas são minimizadas. O sombreamento e a orientação das janelas ajudam a reduzir os ganhos térmicos com o objetivo de minimizar a carga de resfriamento da edificação. Um ventilador para recuperação de calor ou energia funciona como fonte constante de ar fresco.

Este estudo de caso engloba os aspectos da fase de definição de partido da abordagem de Casa Passiva, descreve diversos projetos em construção nos Estados Unidos e fornece detalhes e imagens para ilustrar a construção. Um processo de definição de partido bem-sucedido, associado com construção e detalhes de qualidade, resultará em uma edificação de alto desempenho.

Figura 5.125 O segundo colocado do Decatlo Solar 2009, oriundo da Universidade de Illinois, foi projetado para alcançar as normas da Casa Passiva e respondeu à tipologia das edificações rurais vernaculares ao reutilizar madeira de um celeiro de Illinois. FOTOGRAFIA DE JIM TETRO PARA O DEPARTAMENTO DE ENERGIA DOS ESTADOS UNIDOS.

Objetivos do projeto e validação

O objetivo de projeto da Casa Passiva é otimizar as vedações e o conforto térmico da edificação para que ela possa satisfazer suas necessidades de calefação e resfriamento apenas por meio do condicionamento do volume de ar fresco insuflado necessário para uma boa qualidade do ar dos interiores. A capacidade de fazê-lo é validada (ou invalidada) exigindo o cumprimento dos padrões de desempenho para os componentes da edificação avaliados na planilha do PHPP.

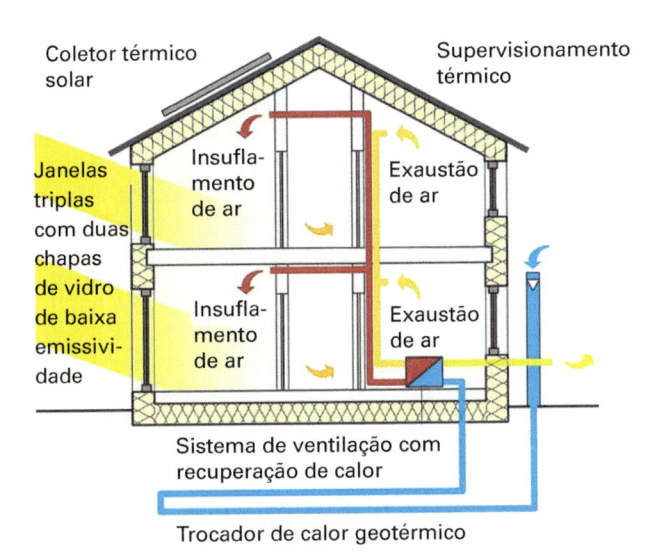

Figura 5.126 Corte transversal mostrando o conceito da Casa Passiva. WIKIMEDIA COMMONS (licenciada por um acordo com a GFDL)

Figura 5.127 Estrutura das paredes duplas mostrando a parede interna portante (e com resistência ao cisalhamento) e a estrutura externa que irá acomodar o isolamento térmico.

Em resumo, uma Casa Passiva deve alcançar os seguintes padrões de referência em energia baseados no desempenho antes da instalação de sistemas solares ativos:

Consumo de energia para calefação < 15 kWh/m²/ano
[4.750 Btu/pé²/ano]

Carga de pico da calefação < 10 W/m² [3,2 Btu/hora/pé²]

Estanqueidade ao ar < 0,6 ACH a 50 Pascal
(em uma residência comum é 5)

Consumo total de energia primária < 120 kWh/m²/ano
[38 mil Btu/pé²/ano]

Além disso, os elementos externos e as vidraças da edificação devem satisfazer ou exceder os requisitos específicos de fator U; a estanqueidade ao ar das vedações da edificação deve ser verificada por um teste *in loco*; e os sistemas de ventilação devem estar em conformidade com a certificação de eficiência em energia do Passive House Institute. O limite de energia primária mencionado acima descreve a quantidade de energia primária não renovável que pode ser usada em um projeto. A energia primária (energia da fonte) inclui extração, distribuição, conversão e fornecimento ao usuário final. As normas da Casa Passiva definiram requisitos para níveis mínimos de ventilação com base nas normas DIN da Alemanha. Em termos de resfriamento, o PHPP atual não estabelece limites superiores para o uso do resfriamento, como faz para o aquecimento, embora as cargas sejam calculadas no software de planejamento. Os projetistas podem examinar o desempenho das vedações da edificação usando o software ORNL/IBP, que prevê a transferência de umidade dentro em tais vedações ao longo do tempo.

Figura 5.128 O teste com porta insufladora de ar é empregado para determinar a estanqueidade ao ar. BILYEU HOMES, INC.

Figura 5.129 Todos os planos externos são estanques ao ar. BILYEU HOMES, INC.

Estratégias

Oito princípios orientadores ajudam a reduzir o consumo de energia e aumentar o conforto térmico em edificações construídas de acordo com as normas da Casa Passiva. Embora todos os princípios orientadores precisem agir em conjunto, os três primeiros são essenciais na fase esquemática do projeto. Conforme o projeto avança, é possível testar as pontes térmicas e a estanqueidade ao ar, bem como otimizar o projeto, por meio do PHPP. Os princípios são:

1. **Forma compacta da edificação:** Projete visando formas compactas, e não formas longas e estreitas, para obter relações de superfície e volume baixas (<1).

2. **Orientação solar ideal e sombreamento:** Maximize os ganhos solares no inverno com o uso de aberturas transparentes e minimize os ganhos solares no verão por meio do sombreamento.

3. **Isolamento térmico contínuo:** Crie temperaturas internas estáveis, que não fiquem abaixo de 10°C quando não houver calefação, ao projetar vedações com alto isolamento térmico e usar janelas sem pontes térmicas.

4. **Construção sem pontes térmicas:** Minimize toda e qualquer transferência de calor e umidade através das vedações para impedir a perda de energia, a condensação e a deterioração da edificação. É possível conferir a eficácia dos detalhes da construção usando o THERM (um programa gratuito oferecido pelo Lawrence Berkeley National Laboratory que analisa a transferência de calor bidimensional através dos sistemas da edificação).

5. **Estanqueidade ao ar:** Minimize a infiltração de ar nos sistemas de parede.

6. **Ventilação equilibrada com recuperação de calor:** Especifique um ventilador para recuperação de calor ou de energia a fim de proporcionar eficiência excepcional, qualidade do ar dos interiores e conforto térmico.

7. **Eletrodomésticos e luminárias eficientes em energia:** Especifique eletrodomésticos e luminárias extremamente eficientes, para minimizar o consumo geral de energia.

8. **Manual do usuário:** Elabore um manual de operações da edificação que seja de fácil compreensão e ofereça-o ao proprietário.

Figura 5.131 Croqui esquemático do projeto da Casa Lonefir, uma Casa Passiva em Portland, Oregon, Estados Unidos. BEN GATES, MARGO RETTIG

Figura 5.132 Construção das fundações da Casa Lonefir com um leito de plástico esponjoso. BEN GATES, MARGO RETTIG

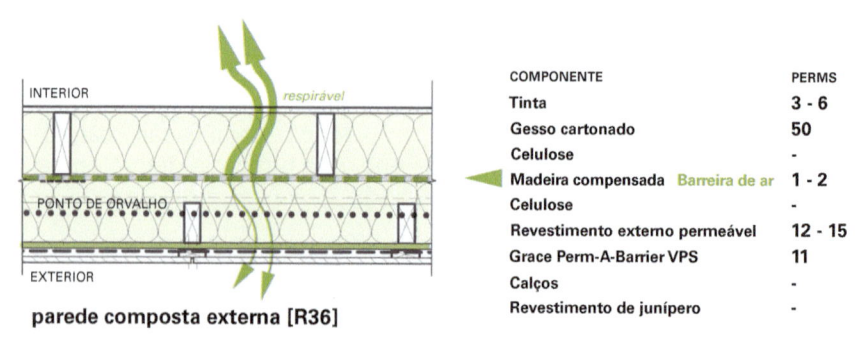

parede composta externa [R36]

COMPONENTE	PERMS
Tinta	3 - 6
Gesso cartonado	50
Celulose	-
Madeira compensada Barreira de ar	1 - 2
Celulose	-
Revestimento externo permeável	12 - 15
Grace Perm-A-Barrier VPS	11
Calços	-
Revestimento de junípero	-

Figura 5.130 Diagrama do sistema de parede mostrando a barreira de ar e a classificação quanto à permeabilidade. BEN GATES, MARGO RETTIG

Figura 5.133 Estrutura alternativa com redes isolantes instaladas logo antes do enchimento com isolamento de celulose densa. BILYEU HOMES, INC.

Figura 5.134 (Esquerda) Armário para instalações mostrando o aquecedor de água, a unidade de recuperação de calor (acima) e a tomada de ar com isolamento térmico através da parede externa. (Direita) Tubulações de água identificadas (água quente e temperada) são "controladas pela casa" e indicam o aparelho sanitário ou equipamento conectado. O Power-Pipe® de cobre recupera calor da ducha e dos aparelhos da lavanderia, no recinto acima. BILYEU HOMES, INC.

Figura 5.135 Casa unifamiliar em Salem, Oregon, Estados Unidos – depois de terminada e antes de receber a certificação de Casa Passiva. BILYEU HOMES, INC.

Desempenho

Os usuários das Casas Passivas são os mais indicados para fazer a avaliação pós-ocupação e determinar se seus investimentos valeram a pena. Katrin Klingenberg, diretora do Passive House Institute (Estados Unidos), concluiu recentemente uma avaliação pós-ocupação de sua própria residência no Illinois. O software de modelagem PHPP estimou com precisão (com margem de erro de 10%) o consumo real de energia – 70% mais baixo que o de uma casa americana comum. As perguntas mais frequentes sempre incluem: "É viável em termos de custo?" Há vários projetos de Casas Passivas em construção no noroeste dos Estados Unidos e, como acontece com outras edificações com certificação de sustentabilidade, o aumento no custo inicial relatado varia de 0–18%. A análise de custo do ciclo de vida mostra que isso é compensado pela economia com energia – e, conforme o preço da energia aumenta e nossos recursos diminuem, a justificativa de custo de longo prazo de uma Casa Passiva ficará mais forte.

Recentemente, durante a construção de uma Casa Passiva registrada em Salem, Oregon, Estados Unidos, a Blake Bilyeu (Bilyeu Homes, Inc.) realizou um teste com porta insufladora de ar para determinar a estanqueidade ao ar de uma casa de 167 m^2 antes da instalação do isolamento térmico com plástico esponjoso (mas com revestimento de compensado cuidadosamente vedado com fita) e, desse modo, identificar quaisquer pontos restantes de vazamento de ar nas vedações. Com um diferencial de pressão de 50 Pascal, a casa teve um desempenho de 0,26 ACH – bem abaixo dos 0,6 ACH mínimos exigidos pela norma da Casa Passiva. Ao término das vedações, o teste foi realizado novamente e resultou em 0,20 ACH50. Esse tipo de teste pré-ocupação/pós-ocupação assegura o desempenho durante a ocupação. Os proprietários também participaram do processo e fizeram um blog a respeito do planejamento, construção e ocupação.

Mais informações

Gordon, J. 2009. "The Aggressive Standard of a Passive House", *Dwell*, November 2009. www.passivehouse.us/passiveHouse/Articles_files/Dwell.PassiveAcceptance.pdf

Jenkins, J. 2010. Certified PH Consultant responds: "Passive House: Isn't it a bit of overkill?" June 16, 2010, *Building Capacity Blog*, buildingcapacity.typepad.com/blog/

Klingenberg, K., M. Kernagis & M. James. 2009. *Homes for a Changing Climate, Passive Houses in the U.S.*, Passive House Institute US, Urbana, IL.

Kolle, J. 2010. "The Passive House: Green Without Gizmos", *Fine Homebuilding*, April/May 2010, no. 210. www.passivehouse.us/passiveHouse/Articles_files/passivehouse.pdf

Passive House Institute US (PHIUS): www.passivehouse.us/passiveHouse/PHIUSHome.html

Passivhaus Institut (PHI): www.passiv.de/

THERM: software para modelagem em duas dimensões dos efeitos da transferência térmica nos componentes da edificação. windows.lbl.gov/software/therm/therm.html

WUFI-ORNL/IBP: software para modelagem do transporte de calor e umidade nas vedações da edificação. www.ornl.gov/sci/btc/apps/moisture/index.html

COMPLEXO COMUNITÁRIO DE YODAKANDIYA

Apresentação do projeto e contexto

Tissamaharama está situada no distrito de Hambantota, região sudeste do Sri Lanka, voltada para o antigo reservatório Yoda Wewa e para o Parque Nacional Yala, um santuário da vida selvagem. A aldeia pesqueira litorânea de Kirinda, onde trabalham muitos habitantes, fica aproximadamente 11 km ao sudeste. O clima de Hambantota é caracterizado por uma longa estação seca, que vai de fevereiro a setembro, e uma estação de chuvas curta, que vai de outubro a janeiro. Essa região, sujeita às monções do nordeste, foi uma das mais devastadas pelo tsunami de 2004. Foram registrados mais de 1.300 mortos, 6.600 feridos e 12.000 desabrigados em função do desastre. Praticamente metade das moradias na área foi destruída ou inutilizada.

Parte da enorme iniciativa de reconstrução envolveu a criação do novo povoado de Yodakandiya, nos arredores de Tissamaharama, para abrigar 218 famílias afetadas pelo tsunami. O planejamento e a construção se focaram parcialmente na comunidade, com auxílio do UN-Habitat, um programa apoiado pelas Nações Unidas que promove assentamentos humanos ambientalmente sustentáveis e é financiado pelo governo italiano.

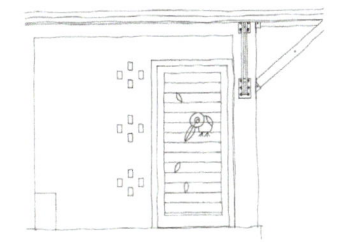

Figura 5.137 Croqui da entrada principal da pré-escola. SUSI PLATT / ARCHITECTURE FOR HUMANITY

Figura 5.136 O centro comunitário é uma das três edificações do Complexo Comunitário de Yodakandiya. SUSI PLATT / ARCHITECTURE FOR HUMANITY

O Complexo Comunitário de Yodakandiya foi projetado pela Architecture for Humanity, uma organização sem fins lucrativos que oferece serviços de projeto e construção para comunidades, em colaboração íntima com o UN-Habitat, fazendo com que os cidadãos locais sejam os mais beneficiados pelos prédios novos. O projeto envolveu diretamente a comunidade em todas as etapas do processo – desde a elaboração do programa de necessidades, passando pela construção das edificações e o paisagismo, até a manutenção contínua e as operações do complexo.

O complexo comunitário consiste em três edificações situadas em um terreno de 1,3 hectare. Há espaço externo para um campo de críquete, quadras de voleibol e áreas de convívio sombreadas. O espaço interno foi dividido em três prédios separados: um centro comunitário de 295 m² com espaço

LOCALIZAÇÃO
Tissamaharama, Hambantota, Sri Lanka
Latitude 6,3°N
Longitude 81,3°L

GRAUS-DIA DE AQUECIMENTO
0 graus-dia, com base em 18,3°C
Dados de Katunayake, Sri Lanka

GRAUS-DIA DE RESFRIAMENTO
6.454 graus-dia, com base em 10°C
Dados de Katunayake, Sri Lanka

TEMPERATURA DE BULBO SECO PARA PROJETO – INVERNO (99%)
22°C [71,5°F]
Dados de Katunayake, Sri Lanka

TEMPERATURA DE BULBO SECO PARA PROJETO E TEMPERATURA DE BULBO ÚMIDO COINCIDENTE MÉDIA – VERÃO (1%)
32,6/25,5°C [90,6/77,8°F]
Dados de Katunayake, Sri Lanka

RADIAÇÃO SOLAR
Jan 4,50 kWh/m²/dia
[1.427 Btu/pé²/dia]
Jun 5,08 kWh/m²/dia
[1.610 Btu/pé²/dia]

PRECIPITAÇÕES ANUAIS
1.092 mm

TIPO DE EDIFICAÇÃO
Uso misto: centro comunitário, pré-escola, biblioteca/posto médico, campos de atletismo

ÁREA
Centro comunitário: 295 m²
Biblioteca/posto médico: 161 m²
Pré-escola: 169 m²
Total: 624 m²

CLIENTE
Conselhos para o Desenvolvimento Comunitário da Federação Pinsara

EQUIPE DO PROJETO
Arquitetos: Architecture for Humanity / Susi Jane Platt

CONCLUSÃO
2007

MEDIÇÃO DO DESEMPENHO
Índice de Utilização de Energia (IUE):
Indisponível

Emissões de Carbono:
Indisponível

Consumo de Água:
Indisponível

para um salão, um palco, uma cozinha, escritórios, um depósito e banheiros; uma biblioteca e posto de saúde com 161 m²; e uma pré-escola de 169 m² com espaço para culto, escritórios, enfermaria, banheiros e uma área de recreação externa. O financiamento para a biblioteca, posto de saúde e pré-escola foi obtido pela Do Something, uma organização que se dedica a engajar os jovens em serviços comunitários – e os fundos foram angariados principalmente por meio de iniciativas de alunos da Pace Academy, em Atlanta, Geórgia, Estados Unidos.

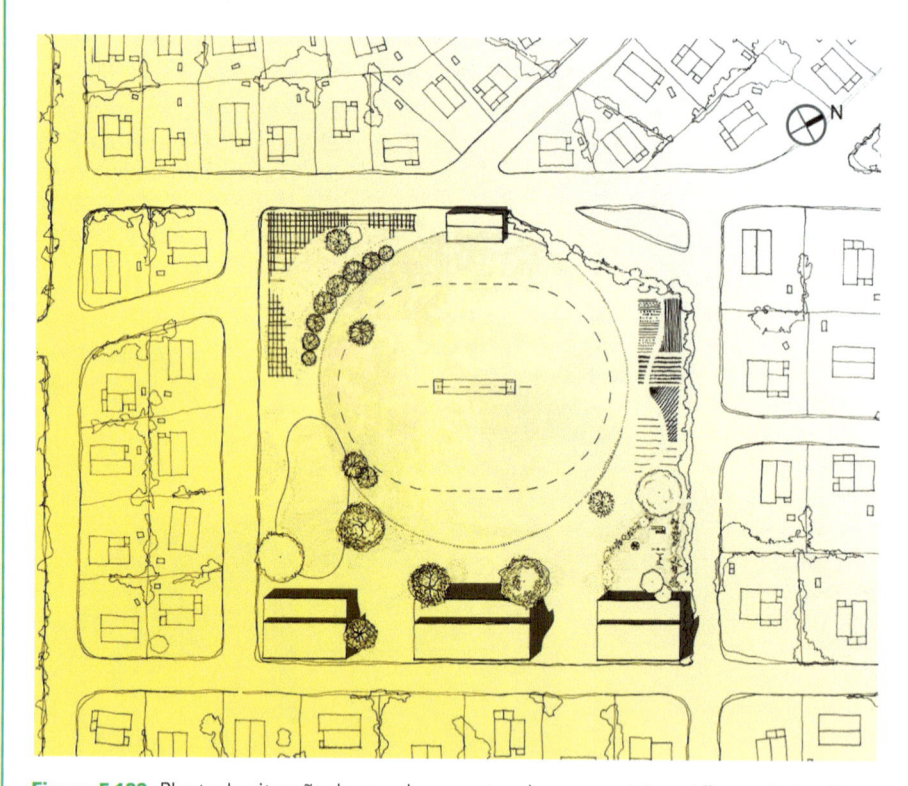

Figura 5.138 Planta de situação do complexo mostrando como os três prédios estão localizados no perímetro sudeste do lote e estão voltados para o espaço esportivo externo no norte.
SUSI PLATT / ARCHITECTURE FOR HUMANITY

Objetivos do projeto e validação

Três metas principais orientaram o projeto do Complexo Comunitário de Yodakandiya:

♦ Fazer com que a comunidade local participasse do processo de projeto.

♦ Tirar proveito de estratégias de controle climático passivas e de baixo custo.

♦ Respeitar a rica história da arquitetura do Sri Lanka.

Para a equipe de projeto, era fundamental que a comunidade participasse ativamente do planejamento e da construção do novo complexo. Após um desastre natural tão devastador, pretendia-se unir os cidadãos locais a fim de ajudar a resgatar relações sociais que haviam sido afetadas ou interrompidas em consequência de morte, ferimento ou deslocamento. Os membros da comunidade elaboraram o programa de necessidades, o que garantiu que o complexo satisfizesse seus desejos e necessidades específícios. Os cidadãos também investiram "suor" considerável na construção do complexo. Treinamentos ajudaram pessoas a desenvolver habilidades de construção que puderam ser usadas no projeto e após o término deste. Com a aquisição de novas habilidades de construção, diversos membros da comunidade deram início a novos negócios depois da finalização do complexo. O resultado da participação da comunidade nos processos de projeto e construção foi uma forte sensação de responsabilidade e propriedade.

O clima tropical quente e úmido do Sri Lanka apresentou desafios singulares para a equipe de projeto porque o orçamento e a pauta ambiental do complexo não permitiam condicionadores de ar nas edificações. O objetivo era maximizar oportunidades de resfriamento passivo por meio da ventilação natural – usando estratégias comuns na arquitetura vernacular tradicional do Sri Lanka, que incluem muita atenção às condições do terreno, orientação solar, ventos dominantes, volumetria das edificações e a utilização de materiais de alvenaria para o isolamento térmico e a massa termoacumuladora. Materiais locais de baixo custo e baixa tecnologia foram amplamente empregados na construção do complexo. Isso resultou em edificações e elementos do terreno intimamente conectados com o clima, a geografia, a história e a economia local do sudeste do Sri Lanka.

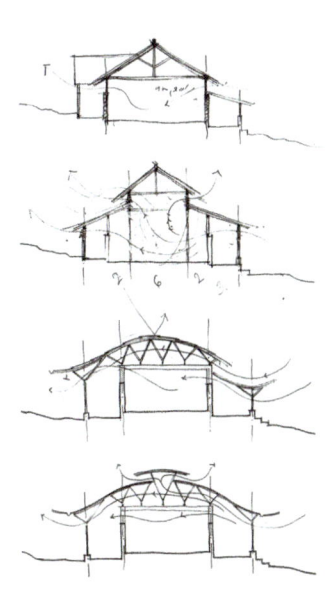

Figura 5.140 Croquis conceituais mostrando a ventilação natural nos vários perfis possíveis para as edificações. SUSI PLATT / ARCHITECTURE FOR HUMANITY

Figura 5.139 Croqui perspectivado das três edificações no complexo de Yodakandiya. SUSI PLATT / ARCHITECTURE FOR HUMANITY

Figura 5.141 Um morador local construindo um muro de arrimo de tijolos. SUSI PLATT / ARCHITECTURE FOR HUMANITY

Estratégias

As estratégias de controle ambiental enfatizaram a eficiência em energia e a ventilação natural em vez do uso de sistemas mecânicos sofisticados. Utilizou-se propositalmente uma abordagem de baixa tecnologia para responder às limitações orçamentárias e às tradições das edificações locais.

Terreno. No projeto do Complexo Comunitário de Yodakandiya, muita atenção foi dedicada à análise do terreno. Ele tem vistas espetaculares das florestas do Parque Nacional Yala, a sudeste. No entanto, a proximidade com o parque exigiu que a implantação das edificações e dos elementos do terreno levasse em consideração as rotas de migração dos elefantes. Dessa forma, os conflitos entre humanos e elefantes foram minimizados. A equipe também posicionou as edificações buscando uma orientação solar benéfica e o acesso aos ventos dominantes. O tamanho do terreno permitiu um campo de críquete, quadras de voleibol, jardins orgânicos e locais de encontro para a comunidade. Muros de arrimo e escadas de alvenaria têm

Figura 5.142 Cidadãos locais lançando concreto nas fôrmas para a arquibancada que leva das edificações aos campos de atletismo. SUSI PLATT / ARCHITECTURE FOR HUMANITY

a função dupla de arquibancadas para os espectadores quando ocorrem atividades atléticas no terreno.

Figura 5.143 Construção dos elementos de paisagismo. SUSI PLATT / ARCHITECTURE FOR HUMANITY

Figura 5.145 Cidadãos reunidos no Principal Salão Comunitário. SUSI PLATT | ARCHITECTURE FOR HUMANITY

Figura 5.144 Corte da edificação da pré-escola mostrando os beirais da cobertura, as paredes portantes de alvenaria e as treliças tubulares de aço sustentando a cobertura. SUSI PLATT / ARCHITECTURE FOR HUMANITY

Resfriamento passivo. Diversas estratégias de projeto sustentável trabalham em conjunto para resfriar passivamente as edificações do Complexo Comunitário de Yodakandiya. Grandes beirais sombreiam as paredes de alvenaria externas e as aberturas de janelas, ajudando a controlar os ganhos térmicos internos durante o dia. As paredes de alvenaria portantes (compostas de panos internos e externos de tijolos preenchidos com caliça argamassada) proporcionam o isolamento térmico. As paredes de alvenaria, lajes de piso de concreto e telhas de argila funcionam como massa termoacumuladora, absorvendo lentamente a radiação solar durante o dia e irradiando-a de novo à noite, quando o calor é coletado pelo ar noturno mais fresco. A orientação cuidadosa dos prédios tira proveito dos ventos dominantes no terreno para ventilação cruzada. Forros abobadados com aberturas na cumeeira e nas empenas permitem a ventilação por efeito chaminé dos espaços internos.

Figura 5.146 Cobertura de telhas de barro e saída para a ventilação por efeito chaminé. SUSI PLATT / ARCHITECTURE FOR HUMANITY

Ventilação natural. Já no início do processo de projeto, tomaram-se providências para maximizar a ventilação natural nos três prédios. Os espaços previstos no programa de necessidades foram distribuídos entre três edificações para que todos ficassem ao longo de uma parede externa com acesso a janelas ou aberturas. As edificações retangulares estão orientadas com as fachadas longas perpendiculares aos ventos dominantes, que se invertem sazonalmente. Aberturas grandes nas paredes externas de alvenaria – muitas das quais não têm esquadrias ou vidraças – e plantas baixas estreitas permitem ventilação cruzada nos espaços internos. No interior dos prédios, pés-direitos altos e abertos e grandes aberturas nas cumeeiras promovem ventilação por efeito chaminé. O espaço entre o topo das paredes portantes de alvenaria e os caibros da cobertura permaneceu aberto para contribuir ainda mais para a ventilação e ajudar a prevenir os problemas de umidade que podem resultar da umidade noturna nesse clima tropical. As telhas de barro se apoiam em ripas fixadas nos caibros da cobertura; não se empregou qualquer forro ou tabuado sob o telhado. Os beirais sem forro e as aberturas nas cumeeiras ajudam a exaurir o ar quente do espaço junto à cobertura.

Figura 5.148 Pequenas aberturas nas alvenarias de tijolo filtram a luz natural nas fachadas leste e oeste. SUSI PLATT / ARCHITECTURE FOR HUMANITY

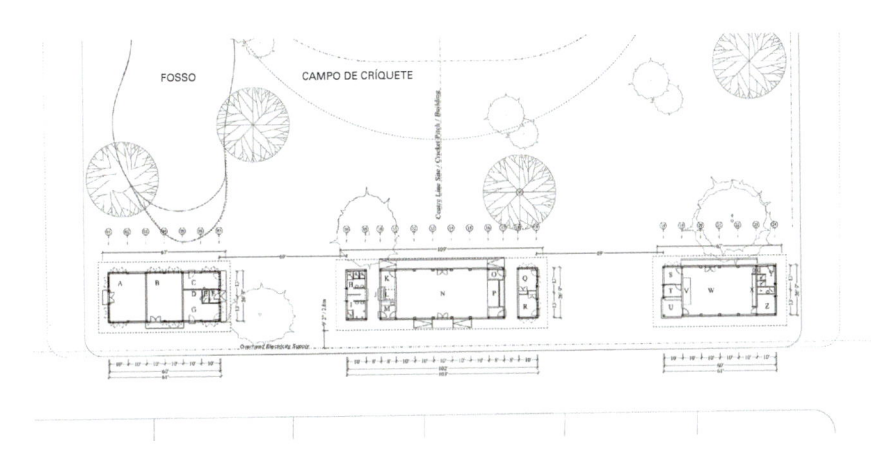

Figura 5.147 Plantas baixas da Biblioteca/Posto de Saúde (esquerda), Centro Comunitário (meio) e Pré-Escola (direita), que foram distribuídos em linha reta ao longo da extremidade do terreno. SUSI PLATT / ARCHITECTURE FOR HUMANITY

Figura 5.149 Paredes portantes de alvenaria sustentam as mísulas de madeira da cobertura e não tocam os caibros do telhado para permitir a movimentação de ar entre o interior e o exterior. SUSI PLATT / ARCHITECTURE FOR HUMANITY

Controle solar. Telhados esconsos com grandes beirais sombreiam as paredes externas das três edificações. Os beirais são maiores nas extensões leste e oeste para lidar com os complicados ganhos térmicos solares e os riscos de ofuscamento associados a essas fachadas. As aberturas são minimizadas nas fachadas leste e oeste por meio do uso de pequenas aberturas nas alvenarias de tijolos, que filtram a luz natural que entra nas edificações. Durante o dia, as áreas sombreadas sob os beirais criam microclimas mais frescos em torno do perímetro da edificação. Bancos criam espaços de encontro sombreados no exterior. Os beirais também afastam a chuva das paredes dos prédios, o que ajuda a manter os interiores secos durante a estação das chuvas.

Conservação de energia. O aproveitamento de estratégias de resfriamento por ventilação natural resultou em edificações que consomem pouquíssima energia. Medidas de conservação de energia foram incluídas no projeto desde o início. Isso resultou em custos de construção mais baixos (porque equipamentos caros não foram necessários) e custos operacionais mais baixos (uma consideração importante para uma comunidade pobre e com poucos recursos que se recuperava de um desastre natural catastrófico).

Figura 5.150 Uma criança da comunidade frente a um coletor de água da chuva; correntes conectam os coletores às calhas. SUSI PLATT / ARCHITECTURE FOR HUMANITY

Figura 5.151 Materiais locais foram utilizados na construção: tijolo de barro (acima) e cerâmica reciclada (abaixo). SUSI PLATT / ARCHITECTURE FOR HUMANITY

Figura 5.152 Motivos artísticos incorporados por artesãos da comunidade nos muros de arrimo de alvenaria em pedra do terreno. SUSI PLATT / ARCHITECTURE FOR HUMANITY

Figura 5.153 Uma criança da comunidade ao lado de uma parede de tijolos portante sob construção. SUSI PLATT / ARCHITECTURE FOR HUMANITY

Conservação de água. O complexo respondeu diretamente à severa falta de água potável na área utilizando um sistema de coleta de águas pluviais. Calhas coletam a água da chuva das coberturas por meio de correntes, em vez dos tubos de queda pluviais tradicionais, que a levam das calhas para recipientes no nível do terreno, em torno do perímetro das edificações. A água coletada é armazenada em dois reservatórios subterrâneos e usada durante a estação seca como água potável e para irrigar o terreno. As correntes exibem visualmente o processo de coleta da água da chuva.

Materiais. As limitações orçamentárias e a preferência por métodos de construção tradicionais levou a equipe de projeto a utilizar materiais predominantemente locais ao construir o complexo. Os tijolos foram feitos à mão usando barro local que foi cozido em valas, queimando-se casca de arroz obtida em fazendas próximas. As paredes de tijolo e as telhas de barro proporcionam a massa termoacumuladora que mantém o interior das edificações fresco no clima tropical. Os tijolos também têm um benefício extra, pois são materiais modulares simples, o que permitiu que os cidadãos locais ajudassem a construir as edificações mesmo com pouca experiência prévia em construção em alvenaria. A caliça das edificações demolidas no terreno foi usada como agregado para as fundações dos três prédios novos.

Construção. O complexo foi construído pelos cidadãos de Yodakandiya, o que possibilitou a incorporação de obras de arte, motivos e detalhes singulares na alvenaria, carpintaria e nos pisos. Uma série de sessões de treinamento – voltadas para a administração de contratos, técnicas de construção em alvenaria e conhecimentos de carpintaria – deu aos membros da comunidade a habilidade necessária para concluir o projeto. As edificações foram projetadas para utilizar materiais de construção simples e, ao mesmo tempo, duráveis: paredes internas e externas de tijolos, lajes de concreto, caibros e mísulas de beirais de madeira, treliças tubulares leves de aço e telhas de barro.

Desempenho

Fundos adicionais, obtidos após a conclusão das obras, permitiram que a equipe de projeto realizasse uma avaliação pós-ocupação (APO) da edificação em uso e pagasse os ajustes ou modificações necessários no complexo. Infelizmente, medidas e dados detalhados do desempenho das edificações não estão disponíveis no momento.

O complexo foi o primeiro projeto da Architecture for Humanity a garantir uma licença de "Nações em Desenvolvimento" da Creative Commons, o que permite a proteção dos direitos de propriedade intelectual em países desenvolvidos e, ao mesmo tempo, autoriza a distribuição de informações para o mundo em desenvolvimento. Além disso, informações sobre o projeto foram disponibilizadas na Open Architecture Network, um *site* da Internet que viabiliza a troca livre de ideias, projetos e planos como forma gratuita de transferência de conhecimento.

O projeto do Complexo Comunitário de Yodakandiya foi um dos 19 selecionados para o Prêmio de Arquitetura Aga Khan de 2010.

Mais informações

Aga Khan Development Network. www.akdn.org/architecture/project.asp?id=3955 (Inclui imagens, informações e uma descrição do projeto que podem ser baixadas.)

Architecture for Humanity. architectureforhumanity.org/node/781 (Inclui fotografias, uma descrição detalhada do processo de projeto e informações sobre o projeto.)

Architecture for Humanity. architectureforhumanity.org/updates/2010-05-25-susi-platt-and-architecture-for-humanity-shortlisted-forthe (Artigo online que inclui uma decrição, um vídeo e notícias sobre o projeto.)

Architecture for Humanity. architectureforhumanity.org/files/four_seasons_article.pdf (Artigo online da revista Four Seasons Magazine [Issue Four 2009] sobre o Complexo Comunitário de Yodakandiya.)

Open Architecture Network. openarchitecturenetwork.org/node/385 (Inclui fotografias que podem ser baixadas, uma descrição detalhada do projeto e um *link* para novidades do projeto.)

Figura 5.154 Cidadãos reunidos no Principal Salão Comunitário. SUSI PLATT | ARCHITECTURE FOR HUMANITY

Figura 5.155 As coloridas mesas de estudo das crianças no prédio da Pré-Escola. SUSI PLATT | ARCHITECTURE FOR HUMANITY

NOTAS

APÊNDICE 1

ESTIMATIVA DAS PERDAS TÉRMICAS E DA CARGA DE RESFRIAMENTO DO PROJETO

O pré-dimensionamento dos sistemas de calefação e resfriamento durante a definição do partido de arquitetura depende de se ter uma estimativa razoável das perdas térmicas e da carga de resfriamento do projeto. Manuais bem desenvolvidos e metodologias baseadas no uso de computadores para o cálculo dessas cargas são fáceis de conseguir – mas exigem mais informações do que aquelas que estão (ou deveriam estar) disponíveis durante a definição do partido. Para evitar esse problema, são apresentadas as seguintes estimativas. Elas devem ser utilizadas com cautela e bom senso – e apenas para fins de projeto preliminar.

Perdas térmicas estimadas para o projeto

Os valores a seguir pressupõem um desempenho em consumo de energia que atenda às prescrições do código de edificações norte-americano e são "conservadores" (algo que não é ruim para a etapa de definição do partido); quando um desempenho superior é previsto (para edificações sustentáveis que focam a eficiência em energia, por exemplo), sugere-se que esses valores sejam *divididos* por 1,3. A área (m^2 ou $pé^2$) se refere à área de piso climatizada.

Climas quentes: 63 W/m^2 [20 Btu h/$pé^2$]

Climas temperados: 95 W/m^2 [30 Btu h/$pé^2$]

Climas frios: 125–160 W/m^2 [40–50 Btu h/$pé^2$]

Carga de resfriamento estimada para o projeto

Os valores a seguir pressupõem um desempenho em consumo de energia que atenda às prescrições do código de edificações norte-americano e são "conservadores" (mais uma vez, algo que não é ruim para a etapa de definição do partido); quando um desempenho superior é previsto (para edificações sustentáveis que focam a eficiência em energia, por exemplo), sugere-se que esses valores sejam *multiplicados* por 1,3. A área (m^2 ou $pé^2$) se refere à área de piso climatizada.

Edificações com ocupação baixa (habitacionais e similares):
14,8 m^2/kW [560 $pé^2$/ton]

Edificações com ocupação média (escritórios, institutos):
9,5 m^2/kW [360 $pé^2$/ton]

Edificações com ocupação alta (teatros e similares):
5,8 m^2/kW [220 $pé^2$/ton]

Outros valores para a estimativa da carga de resfriamento podem ser encontrados na Tabela 4.15 (na estratégia Resfriadores de Absorção).

NOTAS

NOTAS

APÊNDICE 2

CARTAS PSICROMÉTRICAS

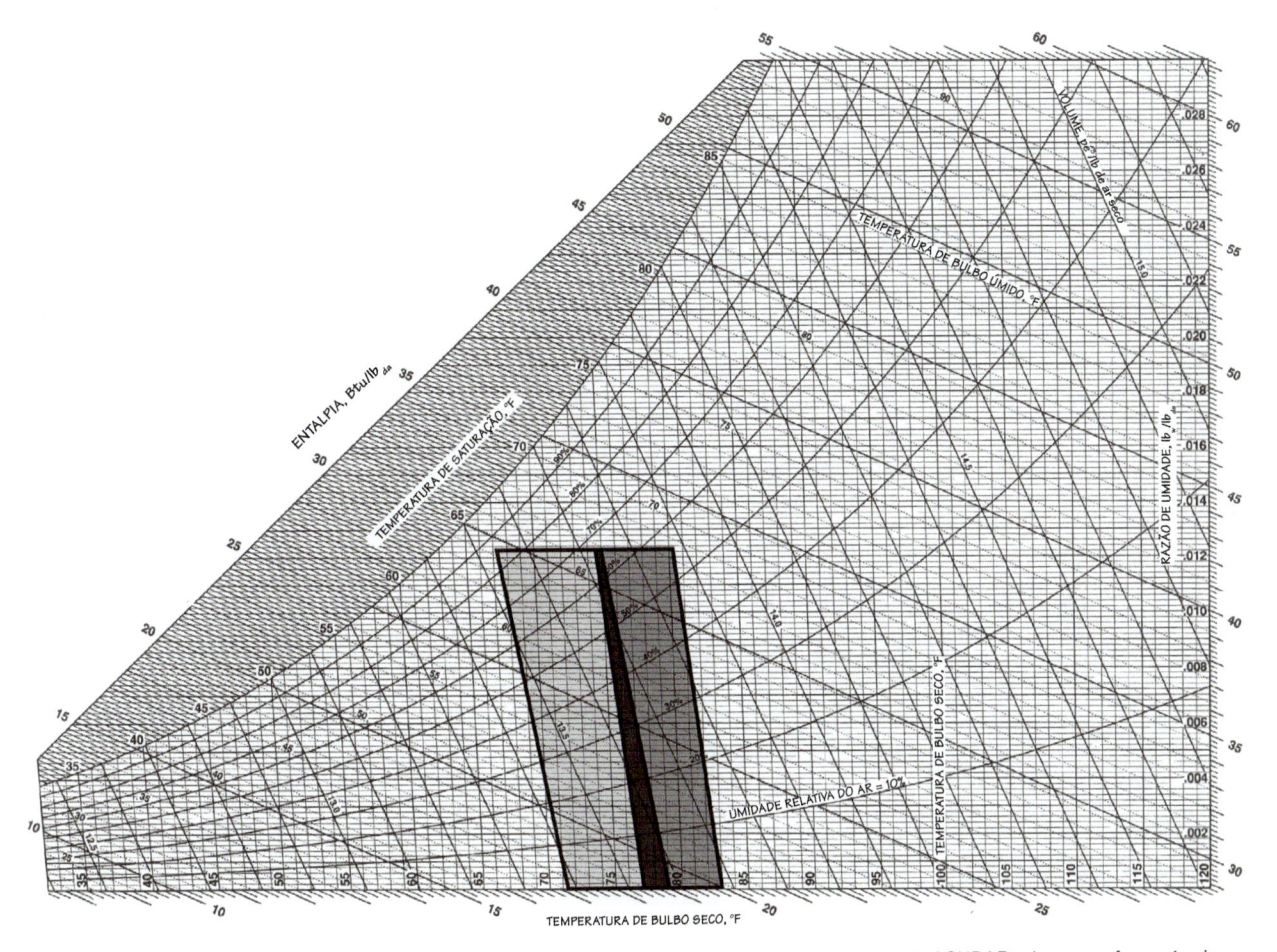

Figura A.1 Carta psicrométrica (em unidades do sistema norte-americano) mostrando a Norma 55 do ASHRAE sobre o conforto térmico.
© Reimpressa sob permissão da American Society of Heating, Refrigerating and Air-Conditioning Engineers, Inc., Atlanta, Geórgia.

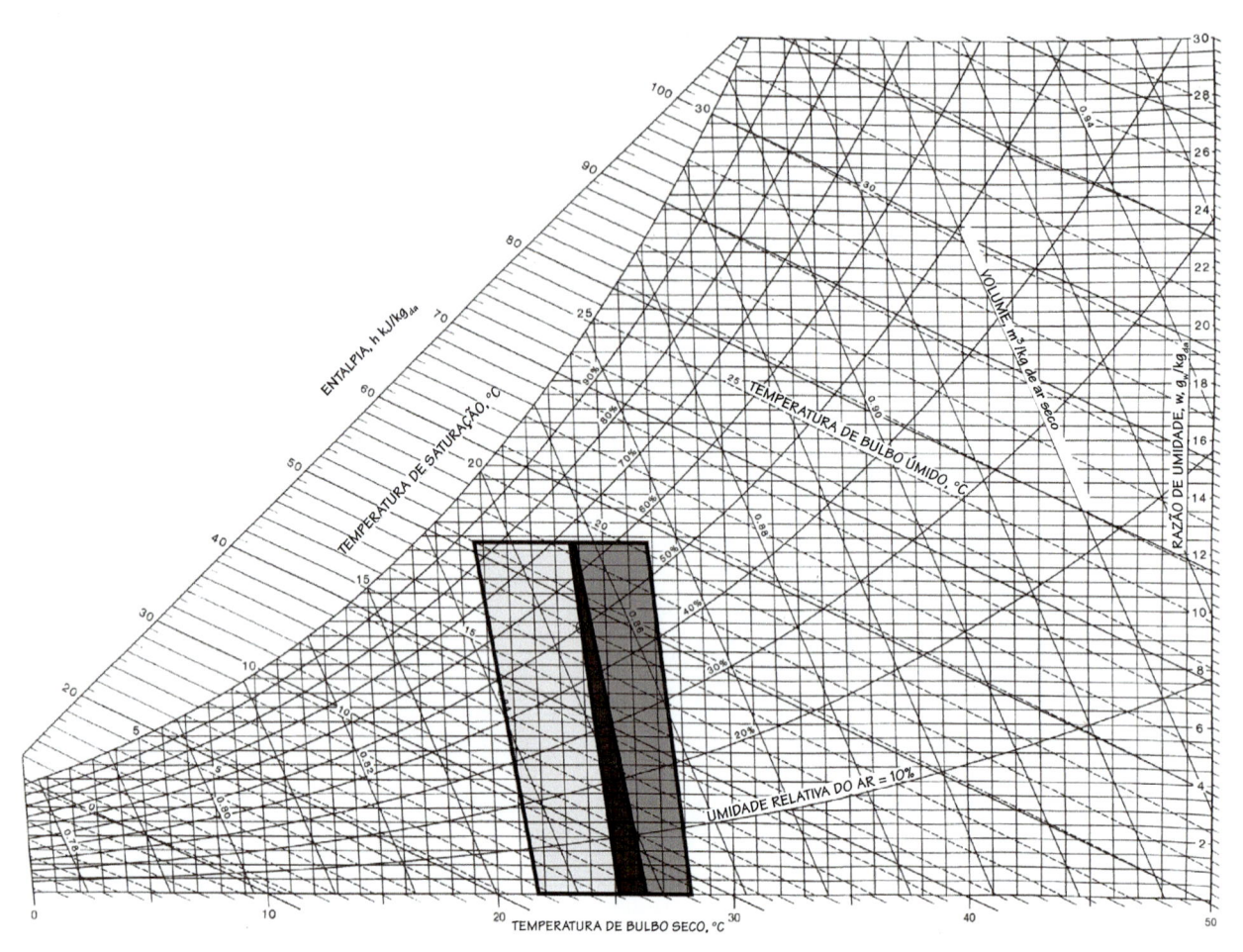

Figura A.2 Carta psicrométrica (em unidades do Sistema Internacional de Medidas) mostrando a Norma 55 do ASHRAE sobre o conforto térmico. © Reimpressa sob permissão da American Society of Heating, Refrigerating and Air-Conditioning Engineers, Inc., Atlanta, Geórgia.

APÊNDICE 3

GLOSSÁRIO DE EDIFICAÇÕES

As edificações descritas nas estratégias e nos estudos de caso estão listadas aqui juntamente com a sua localização e com o principal arquiteto do projeto.

EDIFICAÇÃO	LOCALIDADE	ARQUITETO
1 Finsbury Square	London, UK	Arup Associates
4 Times Square (Condé Nast)	New York, NY, USA	FXFOWLE Architects
Adam J. Lewis Center for Environmental Studies	Oberlin, OH, USA	William McDonough & Partners
Aldo Leopold Legacy Center	Baraboo, WI, USA	The Kubala, Washatko Architects, Inc
Armour Academic Center, Westminster School	Simsbury, CT, USA	GUND Partnership
Arup Campus Solihull	Blythe Valley Park, Solihull, England, UK	Arup Associates
Arup Headquarters Building	London, England, UK	Arup Associates
Ash Creek Intermediate School	Independence, OR, USA	BOORA Architects
Bad Aibling Spa	Bavaria, Germany	Behnisch Architekten
Bayerische Vereinsbank	Stuttgart, Germany	Behnisch, Behnisch & Partner
Becton Engineering and Applied Science Center, Yale University	New Haven, CT, USA	Marcel Breuer
Beddington Zero Energy Development	Beddington, Sutton, England, UK	Bill Dunster Architects
Biodesign Institute, Arizona State University	Tempe, AZ, USA	Gould Evans
Blue Ridge Parkway Destination Center	Asheville, NC, USA	Lord, Aeck & Sargent
Building Research Establishment (BRE) Offices	Garston, Hertfordshire, England, UK	Feilden Clegg Architects
British Museum of London – Glass Shell	London, UK	Foster and Partners with Buro Happold
Burton Barr Central Library	Phoenix, AZ, USA	Will Bruder Architects, Ltd
California Polytechnic University-San Luis Obispo Solar Decathlon House 2005	San Luis Obispo, CA, USA	California Polytechnic University-San Luis Obispo
Cambridge Public Library Main Branch	Cambridge, MA, USA	William Rawn Associates
Casa Nueva, Santa Barbara County Office Building	Santa Barbara, CA, USA	Blackbird Architects, Inc.
Center for Global Ecology, Stanford University	Stanford, CA, USA	EHDD
Chesapeake Bay Foundation	Annapolis, MD, USA	SmithGroup
Christopher Center, Valparaiso University	Valparaiso, IN, USA	EHDD
Clackamas High School	Clackamas, OR, USA	BOORA Architects
Cornell Solar Decathlon House 2005	Ithaca, NY, USA	Cornell University

EDIFICAÇÃO	LOCALIDADE	ARQUITETO
Cornell Solar Decathlon House 2009	Ithaca, NY, USA	Cornell University
Dockside Green	Victoria, British Columbia, Canada	Busby Perkins + Will
Domaine Carneros Winery (Pinot Noir Facility)	Napa, CA, USA	Valley Architects of St. Helena
Druk White Lotus School	Shey, Ladakh, India	ARUP + ARUP Associates
EcoHouse	Oxford, England, UK	Susan Roaf
Eden Project	Outside St. Austell, Cornwall, England, UK	Sir Nicholas Grimshaw
Emerald People's Utility District Headquarters	Eugene, OR, USA	Equinox Design, Inc.
Fisher Pavilion	Seattle, WA, USA	Miller/Hull Partnership
Ford Premier Automotive Group Headquarters	Irvine, CA, USA	LPA with William McDonough + Partners
GAAG Architecture Gallery	Gelsenkirchen, Germany	Pfeiffer, Ellermann und Partner
Genzyme Center	Cambridge, MA, USA	Behnisch Architekten
Germany Solar Decathlon House 2007	Darmstadt, Germany	Darmstadt University of Technology
Global Ecology Research Center, Stanford University	Palo Alto, CA, USA	EHDD
Goodlife Fitness Club	Toronto, Canada	unknown
Guangdong Pei Zheng Commercial College	Huadi, China	Mui Ho Architect
Habitat Research and Development Centre	Windhoek, Namibia	Nina Maritz Architect
Hearst Memorial Gym, University of California Berkeley	Berkeley, CA, USA	Julia Morgan and Bernard Maybeck
The Helena Apartment Tower	New York, NY, USA	FXFOWLE Architects, PC
Hong Kong and Shanghai Bank	Hong Kong, China	Foster and Partners
Honolulu Academy of Arts	Honolulu, HI, USA	John Hara & Associates
Hood River Public Library	Hood River, OR, USA	Fletcher, Farr, Ayotte
Hyatt Olive 8 Hotel	Seattle, WA, USA	Gluckman Mayner Architects
IBN-DLO Institute for Forestry and Nature Research	Wageningen, The Netherlands	Behnisch, Behnisch & Partner Architects
Ironmacannie Mill Holiday Cottage	Castle Douglas, Scotland	unknown
Islandwood Campus	Bainbridge Island, WA, USA	Mithūn Architects
Jean Vollum Natural Capital Center (The Ecotrust Building)	Portland, OR, USA	Holst Architecture PC
John E Jaqua Academic Center for Student Athletes, University of Oregon	Eugene, OR, USA	Zimmer Gunsul Frasca Architects
John Hope Gateway at RBGE	Edinburgh, Scotland, UK	Edward Cullinan Architects
Kenyon House	Seattle, WA, USA	SMR Architects
KfW Banking Group Offices	Frankfurt am Main, Germany	Sauerbruch Hutton Architekten

EDIFICAÇÃO	LOCALIDADE	ARQUITETO
Kindergarten, 2008 Olympic Village	Beijing, China	Beijing Tianhong Yuanfang Architecture Design Co., Ltd
Kroon Hall, Yale School of Forestry and Environmental Studies	New Haven, CT, USA	Hopkins Architects
Kunsthaus Bregenz	Bregenz, Austria	Peter Zumthor
Laban Centre	London, UK	Herzog and de Meuron
Lady Bird Johnson Wildflower Center	Austin, TX, USA	Overland Partners Architects
Lanchester Library, Coventry University	Coventry, UK	Short & Associates
Lillis Business Complex	Eugene, OR, USA	SRG Partnership
Logan House	Tampa, FL, USA	Rowe Holmes Associates
Manitoba Hydro Place	Winnipeg, Manitoba, CA	Kuwabara Payne McKenna Blumberg Architects
Marin Country Day School, Learning Resources Center	Corte Madera, CA, USA	EHDD Architecture
Martin Luther King Jr. Student Union	Berkeley, CA, USA	Vernon DeMars
Menara Mesiniaga	Subang Jaya, Malaysia	T.R. Hamzah & Yeang International
Mod 05 Living Hotel	Verona, Italy	Studio Fusina 6
Mt. Angel Abbey Annunciation Academic Center	St. Benedict, OR, USA	SRG Partnership
Mt. Angel Abbey Library	St. Benedict, OR, USA	Alvar Aalto
Multnomah County Central Library	Portland, OR, USA	Carleton Hart Architecture
The Not So Big House	Orlando, FL, USA	Sarah Susanka
New York Institute of Technology Solar Decathlon House 2005	New York, NY, USA	New York Institute of Technology
Nine Canyon Wind Project	Kennewick, WA, USA	Energy Northwest
Oak Lodge, Our Lady of the Oaks Retreat Center	Applegate, CA, USA	Siegel & Strain Architects
ODS School of Dental Hygiene	Bend, OR, USA	GBD Architects
One Brighton	Brighton, England, UK	Feilden Clegg Bradley Studios
One Peking Road	Hong Kong, China	Rocco Design Ltd
Oregon Health Sciences University Center for Health & Healing	Portland, OR, USA	GBD Architects various
Passive House US	variadas	
Patagonia Headquarters, Ventura	Ventura, CA, USA	Miller/Hull Partnership
Penn State Solar Decathlon House 2009	University Park, PA, USA	Pennsylvania State University
Queen's Building at De Montfort University	Coventry, England, UK	Short and Associates
Raffles Hotel	Singapore	Renovation: Fredrick Gibberd and Partners
Ridge Vineyard – Lytton Springs Winery	Healdsburg, CA, USA	Freebairn-Smith & Crane

EDIFICAÇÃO	LOCALIDADE	ARQUITETO
RiverEast Center	Portland, OR, USA	Group MacKenzie
Roddy/Bale Garage/Studio	Seattle, WA, USA	Miller/Hull Partnership
Ronald Reagan Library	Simi Valley, CA, USA	Pei Cobb Freed & Partners
Royal Danish Embassy	Berlin, Germany	Nielsen, Nielsen & Nielsen A/S
Sabre Holdings Headquarters	Southlake, TX, USA	HKS, Inc.
San Francisco Public Library	San Francisco, CA, USA	Pei Cobb Freed & Partners
Shaw Residence	Taos, NM, USA	John Shaw
Sokol Blosser Winery	Dundee, OR, USA	SERA Architects
Springs Preserve	Las Vegas, NV	Lucchesi Galati Architects
St. Ignatius Chapel at Seattle University	Seattle, WA, USA	Steven Holl Architects
Tanfield Mill	West Tanfield, UK	desconhecido
Texas A&M Solar Decathlon House 2007	College Station, TX, USA	Texas A&M University
Water Pollution Control Laboratory	Portland, OR, USA	Miller/Hull Partnership
Westhaven Tower	Frankfurt, Germany	Schneider + Schumacher
Woods Hole Research Center	Falmouth, MA, USA	William McDonough + Partners
University of Texas-Austin Solar Decathlon House 2005	Austin, TX, USA	University of Texas-Austin
Virginia Polytechnic Institute Solar Decathlon House 2009	Blacksburg, VA, USA	Virginia Polytechnic Institute
Yodakandiya Community Complex	Tissamaharama, Sri Lanka	Susi Jane Platt (Architecture for Humanity)
Yokohama National University	Yokohama, Japan	unknown
Zion National Park Visitor's Center	Springdale, UT, USA	James Crockett, AIA

APÊNDICE 4

ESTUDOS DE CASO DA PRIMEIRA EDIÇÃO

Os estudos de caso das edificações a seguir faziam parte da primeira edição deste livro. Eles não estão incluídos nesta edição, mas estão disponíveis no site da Editora Bookman (www.bookman.com.br), com acesso livre.

EDIFICAÇÃO	LOCALIZAÇÃO	ARQUITETO
Arup Campus Solihull	Blythe Valley Park, Solihull, Inglaterra	Arup Associates
Beddington Zero Energy Development	Beddington, Sutton, Inglaterra	Bill Dunster Architects
Casa do Decatlo Solar 2005 da Cornell University	Ithaca, Nova York, Estados Unidos	Cornell University
Escola Druk White Lotus	Shey, Ladakh, Índia	ARUP + ARUP Associates
Centro de Pesquisa e Desenvolvimento do Hábitat	Windhoek, Namíbia	Nina Maritz Architect
Torre de Apartamentos Helena	Nova York, NY, Estados Unidos	FXFOWLE Architects, PC
Centro Administrativo Lillis	Eugene, Oregon, Estados Unidos	SRG Partnership
Sede da Associação Nacional dos Corretores de Imóveis dos Estados Unidos	Washington, DC, Estados Unidos	Gund Partnership
Edifício de Escritórios One Peking Road	Hong Kong, China	Rocco Design, Ltd

NOTAS

NOTAS

APÊNDICE 5

COMO SER CADA VEZ MAIS SUSTENTÁVEL

Quantas estratégias de sustentabilidade você consegue identificar na seguinte proposta para uma pequena casa no hemisfério norte projetada com base em contêiner para o transporte marítimo e quais outras estratégias você poderia acrescentar?

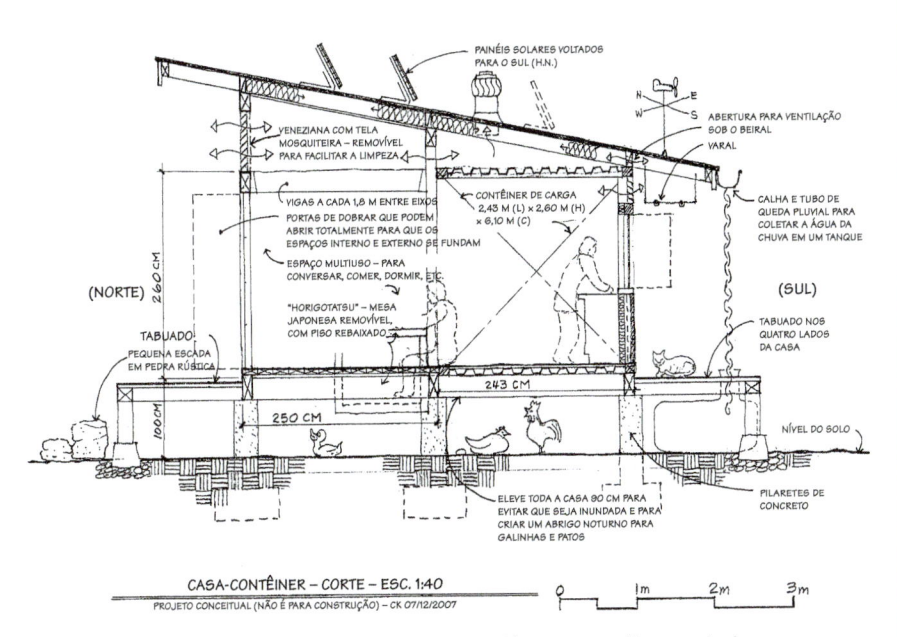

Figura A.3 Projeto esquemático para uma casa-contêiner em um clima tropical. CLEMENT KING

NOTAS

APÊNDICE 6

GLOSSÁRIO DE TERMOS

abertura para ventilação higiênica – abertura na vedação de uma edificação que permite a entrada de um fluxo restrito de ar.

água não potável – água inadequada para o consumo humano.

água pluvial – água da chuva que não é absorvida imediatamente pelo terreno e que deve ser direcionada para algum local no terreno ou fora dele.

água potável – água adequada ao consumo humano.

altura solar – um ângulo que relaciona a posição do sol ao plano da vidraça; definido como o ângulo entre um plano perpendicular ao plano da vidraça e os raios do sol traçados em um plano paralelo ao plano da janela; a altura solar é utilizada no projeto de elementos de sombreamento.

ambiente – refere-se às condições no entorno imediato; às vezes o termo é empregado para descrever condições que ocorrem de modo natural (ou não são alteradas); na iluminação, o termo geralmente se refere às condições gerais ou de toda uma área.

análise do ciclo de vida – no projeto de uma edificação, uma análise das questões energéticas e ambientais de um material do "berço ao túmulo".

área da garganta – a menor área em seção transversal não obstruída por meio da qual o ar passa ao se deslocar da entrada até a saída de um sistema de ventilação natural.

área de entrada – o tamanho coletivo das entradas por meio das quais o ar é admitido para a ventilação natural; em geral, é a área líquida (menos o efeito das esquadrias, telas mosquiteiras, etc.) que importa; é expressa em metros quadrados (ou pés quadrados).

área varrida – área delineada pela rotação das pás de uma turbina eólica; é igual a $(\pi)(r^2)$, onde r é o raio das pás.

arranjo fotovoltaico – conjunto de módulos fotovoltaicos; os fabricantes de sistemas FV vendem módulos que são montados em conjunto *in loco*, compondo sistemas com capacidade maior chamados de arranjos.

ASHRAE – American Society of Heating, Refrigerating and Air-Conditioning Engineers (Sociedade Norte-Americana de Engenheiros de Calefação, Refrigeração e Condicionamento de Ar).

avaliação pós-ocupação – investigação formal de determinado aspecto do desempenho de uma edificação conduzida após o momento no qual ela entrou em uso normal.

azimute – ângulo solar que indica a posição do sol com relação a uma orientação de referência (em geral, o norte solar, no hemisfério sul).

barlavento – na direção (ou no lado) do qual o vento sopra.

biocombustível – combustível derivado de matéria vegetal não fossilizada (como madeira, lixo, semente de colza, esterco, soja).

biodegradável – matéria (orgânica) que irá se decompor sob a ação de micro-organismos; em geral, descreve um material que irá se decompor naturalmente ao longo de um período de tempo não muito longo.

biodiversidade – a existência de grande número e variedade de espécies em determinada área geográfica; o termo é frequentemente utilizado como indicador da saúde ecológica.

biomassa – matéria biológica não fossilizada (madeira, palha, esterco) que pode ser processada (queimada, decomposta) para produzir energia (geralmente calor).

biorremediação – processo que usa micro-organismos para decompor poluentes ambientais.

bomba de calor – um equipamento de calefação ou refrigeração eletromecânico que transfere o calor de um condensador a um evaporador por meio da condensação e vaporização cíclica de um refrigerante circulado por um compressor.

bomba de calor com fonte geotérmica – uma bomba de calor que transfere o calor do subsolo em vez do ar ambiente; é mais eficiente em termos de consumo de energia do que uma bomba de calor convencional; às vezes é chamada bomba de calor geotérmica, um termo impreciso que sugere o uso de profundos reservatórios de calor da terra.

brownfield – terreno originariamente industrial ou comercial abandonado ou subutilizado que está contaminado ambientalmente, o que limita sua possibilidade de reúso.

Building Use Survey – meio formal para a coleta de informações com os usuários sobre o desempenho de uma edificação (veja www.usablebuildings.co.uk/).

Calculadora de Ângulo Solar – produto patenteado que apresenta cartas solares horizontais para várias latitudes.

caldeira – equipamento mecânico ativo que aquece a água (ou o vapor de água) para calefação de ambientes ou aquecimento de água para uso doméstico.

calor específico – uma propriedade termofísica fundamental dos materiais; a quantidade de calor necessária para elevar a temperatura de uma unidade de massa em um grau em relação à quantidade de calor necessária para elevar em um grau a temperatura de uma massa de água similar; o calor específico (assim como a densidade do material) é um fator da capacidade térmica.

calor latente – calor relacionado a um aumento ou decréscimo do nível de umidade do ar dentro de uma edificação; o calor é absorvido pela evaporação da umidade e liberado pela condensação da umidade; o calor necessário à mudança de fase (ou estado) de um material; o calor latente da vaporização se relaciona com a mudança do estado líquido para o gasoso, o calor latente da condensação se relaciona com a mudança de fase oposta; nas edificações, o calor latente geralmente é percebido como um aumento ou decréscimo do conteúdo de umidade do ar.

calor residual – o calor produzido como um derivado de determinado processo e que geralmente é desperdiçado.

calor sensível – o calor relacionado ao aumento ou à diminuição da temperatura do ar ou dos objetos de uma edificação.

capacidade de refrigeração – uma medida da carga de refrigeração que pode ser atendida por determinado sistema; expressa em Watts [Btu/h].

capacidade térmica – a capacidade termoacumuladora de um material; a quantidade de calor armazenada por uma massa térmica.

carga de base – uma carga elétrica média "típica" de edificação ou sistema gerador.

carga de pico – a carga elétrica máxima de uma edificação ou sistema de geração de energia em determinado período.

carga de refrigeração do projeto – uma carga de refrigeração significativa em termos estatísticos (um ganho térmico) que serve como base para o projeto de um sistema e o dimensionamento de equipamentos; expressa em Watts [Btu/h].

carga fantasma – uma carga elétrica que parece ocorrer sem explicação, em geral devido à energia elétrica de fundo solicitada por eletrodomésticos e equipamentos que aparentemente não estão em uso (como a energia consumida por lâmpadas de partida rápida e televisões).

cargas coincidentes – cargas que ocorrem ao mesmo tempo; termo utilizado para descrever as cargas térmicas que contribuem para as exigências de capacidade do sistema; termo utilizado para descrever padrões de carga térmica e elétrica (para sistemas de cogeração).

cargas solares – cargas de refrigeração resultantes do impacto da radiação solar sobre uma edificação.

carta solar – representação bidimensional da posição do sol na abóbada celeste ao longo de um ano; cartas solares horizontais e verticais são fáceis de se obter; a calculadora de ângulo solar é uma forma de carta solar; o termo também se refere aos diagramas solares utilizados com maquetes convencionais de estudo; um ponteiro da carta projeta uma sombra que corresponde à data e ao horário do dia selecionado.

célula – uma unidade de painel coletor fotovoltaico; as células fotovoltaicas são instaladas em módulos pelo fabricante e estes são reunidos em um arranjo pela equipe de projeto.

célula de combustível a hidrogênio – um equipamento que gera eletricidade por meio de uma reação química do hidrogênio com o oxigênio.

célula de combustível a ácido fosfórico (PAFC) – uma célula de combustível que utiliza ácido fosfórico como eletrólito (que atua como uma barreira diferencial e permite que uma carga positiva a cruze e ao mesmo tempo iniba a carga negativa e gere corrente elétrica).

célula de combustível com troca de prótons (PEM) – uma célula de combustível que utiliza um polímero plástico como eletrólito (o qual atua como uma barreira diferencial e permite que uma carga positiva passe por ela e, ao mesmo tempo, inibe a carga negativa e, portanto, cria uma corrente elétrica).

células fotovoltaicas integradas às vidraças – um tipo de sistema fotovoltaico integrado à edificação no qual as células são parte integral de uma vidraça (uma janela ou claraboia, por exemplo).

céu encoberto – um céu considerado para o projeto (com nebulosidade total, sem radiação solar direta e com distribuição total da luz difusa) que é utilizado como base para muitos projetos de iluminação natural; um céu encoberto é mais brilhante no zênite do que no horizonte (tornando uma abertura horizontal – ou zenital – mais eficiente do que uma abertura vertical – uma janela).

chaminé solar – um elemento de arquitetura que coleta a radiação solar para melhorar o efeito chaminé (geralmente faz parte de um sistema de ventilação natural).

classe de transmissão sonora (CTS) – índice com número inteiro que representa a perda de transmissão sonora em várias frequências; indica a viabilidade de um sistema de isolamento acústico como barreira contra o som.

clarificador – um tanque de sedimentação que separa os resíduos sólidos do esgoto sanitário tratado.

cobertura verde extensiva – cobertura verde com plantas bastante baixas e solo com profundidade limitada.

cobertura verde intensiva – uma cobertura verde com algumas plantas altas e uma camada de solo bastante profunda.

coeficiente de depreciação devido à sujeira superficial de um cômodo – um coeficiente de ajuste que considera o impacto negativo da sujeira, do pó e do envelhecimento das superfícies de um cômodo (que resulta na redução da refletância com o passar do tempo); é expresso como um valor decimal.

coeficiente de desempenho (CD) – número adimensional utilizado para expressar a eficiência de resfriadores (e bombas de calor); o CD é a razão da refrigeração gerada em relação ao consumo de energia (em unidades compatíveis).

coeficiente de luz diurna (CLD) – a razão da iluminância da luz natural em determinado ponto de uma edificação em relação à iluminância em um ponto de referência externo; o coeficiente de luz diurna representa a eficiência de um sistema de iluminação natural em um local específico; é expresso como um decimal ou percentual.

coeficiente de manutenção do fluxo luminoso da lâmpada (LLMF) – um fator de ajuste que considera a perda de iluminância (em sistemas de iluminação elétrica ou natural) devido à deterioração das superfícies reflexivas e das lâmpadas, bem como ao acúmulo de sujeira nos vidros; expresso como um valor decimal.

coeficiente de sombreamento (CS) – a razão da radiação solar (o calor) transferida pela porção transparente de uma janela ou claraboia à radiação incidente na janela ou claraboia; expresso como um valor decimal; o coeficiente de ganho térmico solar (CGTS) vem substituindo o coeficiente de sombreamento em muitas aplicações.

cogeração – processo de geração elétrica que produz calor útil (e não residual) como produto derivado; o processo de cogeração de eletricidade e calor em um mesmo local.

coletor de luz – elemento de arquitetura utilizado para coletar a luz e levá-la para dentro de uma edificação.

coletor fotovoltaico de silício amorfo – um módulo fotovoltaico manufaturado usando-se uma película de silício; os módulos de silício amorfo não têm a estrutura circular característica dos módulos fotovoltaicos de silício monocristalino.

coletor zenital anidólico – uma claraboia que coleta a luz natural de uma vista com orientação norte e leva-a a um espaço interno por meio de um elemento difusor; a luz natural é refletida e redirecionada à medida que passa pelo sistema.

combustível de hidrocarboneto – qualquer combustível composto principalmente de moléculas que contêm hidrogênio e carbono; os combustíveis fósseis são hidrocarbonetos.

compostos orgânicos voláteis (VOCs) – compostos que vaporizam (evaporam) à temperatura ambiente; os VOCs são liberados por muitos materiais de construção, móveis e acessórios; um poluente do ar dos interiores; há opções com baixo nível de VOCs ou mesmo sem VOCs para muitos produtos.

condução – a transferência de calor por meio do contato molecular direto dentro de objetos sólidos ou entre eles.

conduto – o canal de água em uma microusina hidrelétrica.

conectado à rede – um sistema de geração de energia elétrica que está conectado à rede de distribuição pública.

consumo líquido de energia zero – uma edificação com consumo líquido de energia zero consegue equilibrar (considerando-se o ano inteiro) a energia não produzida *in loco* consumida com a geração de energia *in loco* a partir de recursos renováveis; às vezes é chamado de "energia líquida zero".

conteúdo de umidade do solo – uma medida do conteúdo de água do solo; afeta a condutividade do solo e impacta no desempenho de tubos subterrâneos, de sistemas de aproveitamento da geotermia, de bombas de calor com fonte subterrânea e da vegetação de coberturas verdes.

contraste – medida da diferença de luminância (brilho) entre dois objetos dentro do campo de visão; o contraste permite a visão, mas seu excesso pode causar o ofuscamento.

controlador de carga – um equipamento que regula o fluxo da voltagem e da corrente elétrica.

convecção – a transferência de calor por meio da ação de um fluido (geralmente o ar, no projeto de edificações); a convecção natural ocorre sem o auxílio mecânico, enquanto a convecção forçada envolve o auxílio mecânico.

corrente alternada (CA) – o fluxo de eletricidade de um potencial alto a um potencial baixo em uma corrente que varia senoidalmente em amplitude e direção com o passar do tempo; a energia elétrica da rede pública é em CA.

corrente contínua (CC) – o fluxo contínuo e unidirecional de eletricidade do potencial alto ao baixo; a eletricidade contida em uma bateria ou que sai diretamente de um módulo fotovoltaico é em CC.

custo do ciclo de vida – o custo para obter, operar, consertar e decompor (ou reciclar) uma edificação após um período de tempo determinado.

custo inicial – o custo de aquisição de um equipamento, não incluindo os custos de operação, manutenção e reparo.

Decibel – unidade não dimensional utilizada para expressar o nível de pressão ou potência sonora.

defasagem térmica – retardo no fluxo térmico através de um material causado pela capacidade térmica do material; a defasagem térmica pode ser utilizada para deslocar cargas térmicas com o passar das horas.

depressão de bulbo úmido – a diferença entre a temperatura de bulbo úmido e a temperatura de bulbo seco.

desconstrução – a filosofia e a prática de projetar uma edificação de modo a facilitar sua desmontagem e a encorajar o reúso de seus componentes.

desenvolvimento biorregional – desenvolvimento consistente com os condicionantes de um ecossistema (uma área geográfica com processos e sistemas ecológicos comuns).

desenvolvimento do projeto – a fase do processo de projeto na qual as decisões preliminares já foram tomadas; nela, os equipamentos e materiais são selecionados, detalhados e especificados; os documentos de construção (o projeto executivo) são iniciados ou preparados; o desenvolvimento de projeto segue a definição do partido.

desmatamento – a remoção em larga escala e a longo prazo das árvores de uma região, em geral devido ao excesso de corte da madeira para ser utilizada como combustível ou material de construção.

dessecante – material com alta absorção de vapor de água; usado como composto desumidificante ou como pintura em uma roda de energia (entalpia).

DFC – dinâmica de fluidos computacional; refere-se à simulação numérica dos movimentos de um fluido (geralmente o ar) em um espaço; costuma ser utilizada para prever o desempenho de sistemas de ventilação natural e sistemas ativos de distribuição do ar.

diferença de potencial hidráulico – a altura vertical (ou queda) da água que exerce uma pressão em uma turbina; fator determinante no potencial de geração de energia elétrica de um sistema hidráulico.

diurno – que se refere a um ciclo de 24 horas.

edificação dominada pela carga de pele – uma edificação cujas necessidades de controle ambiental são determinadas principalmente pelas condições climáticas externas que agem sobre as vedações; também chamada de "edificação dominada pela carga das vedações".

efeito chaminé – um fenômeno de ocorrência natural no qual o ar quente sobe e provoca a circulação do ar; é empregado em alguns sistemas de ventilação natural.

efeito de ilha térmica urbana – a tendência das áreas urbanas de manter as temperaturas do ar mais elevadas do que as dos subúrbios ou das áreas rurais; é causado pela absorção da radiação solar pelas superfícies construídas e pelas emissões de calor das edificações.

eficácia luminosa – medida da eficiência de uma fonte de luz; a razão entre a produção de luz pela fonte e o gasto com energia; expressa em Watts ou lumens.

eletroquímico – processo químico que resulta em uma carga elétrica.

emissões de CO_2 – a liberação de dióxido de carbono na atmosfera; essas emissões são identificadas como a principal causa do aquecimento global e são o foco de muitos objetivos de projeto ecológico.

energia cinética – a energia incorporada a um objeto ou fluido em função de seu movimento.

energia incorporada – a energia necessária para produzir um produto (incluindo a extração das matérias-primas, a fabricação e o transporte ao local de uso); é expressa em kJ/k [Btu/lb g].

energia parasita – "perdas" de energia de um sistema em função dos componentes necessários para a operação do sistema (como a energia de bombeamento utilizada em um sistema térmico solar); as demandas de energia parasita reduzem a eficiência do sistema.

energia renovável – a energia produzida por um recurso que pode ser rapidamente substituído por um processo natural (entre os exemplos estão a madeira, os biocombustíveis, o vento e a radiação solar).

Energy Star – sistema de certificação para eletrodomésticos eficientes em energia; equivale ao Selo Procel, no Brasil.

entalpia – uma medida do conteúdo total de energia do ar (sensível e latente); expressa em kJ/kg [Btu/lb].

equilíbrio do sistema – refere-se aos componentes de um sistema fotovoltaico além dos módulos propriamente ditos (geralmente inclui baterias, inversores e controladores).

equinócio – quando o dia e a noite têm a mesma duração (aproximadamente os dias 21 de março e 21 de setembro).

esgoto sanitário – as águas servidas que contêm poluentes biológicos e devem ser tratadas antes do descarte; esgoto cloacal.

estante de luz – um equipamento que é instalado na fachada de uma edificação para introduzir luz natural mais homogênea em um espaço e melhorar a distribuição da luz natural; podem ser externas, internas ou em ambos os lados das aberturas.

estratificação – a separação natural de um volume vertical de fluido (por exemplo, em um átrio ou reservatório de água) em zonas de temperatura (o fluido quente fica na parte alta; o frio, na baixa).

estratificação de temperaturas – a distribuição de um fluido em camadas devido à densidade diferencial que resulta de um gradiente de temperatura vertical (por exemplo, o ar quente sobe, enquanto o frio desce).

estrutura de montantes leves – método de construção predominante na América do Norte no mercado das habitações unifamiliares que emprega elementos de madeira de pequena dimensão montados no local, formando uma estrutura independente.

evaporação – o processo de mudança da fase ou estado líquido ao gasoso; a evaporação pode ser um processo de resfriamento eficaz em função da quantidade de calor necessária para romper os vínculos moleculares e fazer essa mudança.

fachada ativa – fachada que responde às variações do clima modificando seu desempenho (variando aberturas, elementos de sombreamento, etc.).

fator de utilização (FU) – medida da capacidade de uma luminária e do espaço de enviar a luz oriunda de uma lâmpada ao plano de trabalho; a eficiência de emissão da combinação entre uma luminária e o espaço; é expressa como um valor decimal.

fator U – o coeficiente geral de transferência térmica; uma medida da condutância térmica de um sistema de construção; o inverso da soma das resistências térmicas de um sistema de construção; expresso em W/m^2 [Btu/h pé^2°F K].

fluorescente – lâmpada elétrica de descarga com gás de baixa pressão que opera a partir de um fluxo de elétrons através de um tubo de arco.

fluxo de ar que sai da torre – o volume de ar que deixa uma torre de resfriamento por unidade de tempo; medida parcial da capacidade da torre.

fluxo luminoso – um fluxo de luz; expresso em lumens.

fonte fria – um lugar com temperatura inferior que aceitará o fluxo térmico de outro lugar com temperatura mais elevada; um lugar no qual se lança o calor residual de uma edificação que está sendo refrigerada.

Forest Stewardship Council (FSC) – ONG internacional que promove técnicas sustentáveis de cultivo florestal e uso da madeira.

fotossensor – um sensor sensível a luz empregado no controle de operação de um sistema de iluminação elétrico; é frequentemente utilizado em sistemas de iluminação elétrica integrados à iluminação natural e para controle de elementos de iluminação externa.

fotovoltaicas integradas às edificações (BIPV) – módulos fotovoltaicos integrados a um elemento de vedação de edificação (como uma telha chata, uma vidraça ou um painel de tímpano).

frio – termo utilizado para descrever um fluxo benéfico de calor durante a estação de resfriamento, como, na seguinte frase: "o *roof pond* oferece uma fonte de frio durante as horas da manhã".

ganho térmico – um fluxo de calor que aumentará a temperatura de uma edificação ou um espaço; os ganhos térmicos podem ser decorrentes de radiação, convecção ou condução que passa pelas vedações de uma edificação ou pelo calor emitido por lâmpadas, pessoas e equipamentos de dentro de um prédio; a carga de refrigeração é o ganho térmico que afeta diretamente a temperatura do ar (excluindo os ganhos por radiação armazenados).

ganho térmico diário – a quantidade de calor de várias fontes ganha ao longo de um período de 24 horas.

grau-dia de aquecimento (GDA) – uma medida do rigor de um clima no inverno (ou das condições climáticas correntes); os GDA de um período de 24 horas equivalem à temperatura de referência menos a temperatura diária média (a temperatura de referência é geralmente 18°C [65°F] e representa a temperatura de ponto de equilíbrio de uma edificação).

grau-dia de resfriamento (GDR) – uma medida do rigor de um clima no verão (ou de condições climáticas de calor); os GDR de um dia equivalem à temperatura diária média menos uma temperatura de referência (geralmente 18°C [65°F]), a qual representa a temperatura de ponto de equilíbrio de uma edificação.

hipótese – uma assertiva formal que prevê o comportamento de um sistema; uma assertiva que pode ser testada.

húmus – substância orgânica que consiste em matéria vegetal ou animal em decomposição; o produto de uma bacia de compostagem; o húmus pode fornecer nutriente para as plantas.

iluminação natural bilateral – sistema de iluminação natural que introduz a luz em um espaço a partir de duas direções (geralmente opostas).

iluminação natural unilateral – sistema de iluminação natural que introduz em um espaço interno a luz oriunda de apenas uma direção.

iluminação sobre o plano de trabalho – iluminação sobre uma área ou para um uso específico (ao contrário da iluminação geral).

iluminância – a densidade da luz incidente em determinada superfície; expressa em lux [fc], que são lumens por unidade de área.

iluminância da luz natural externa – a iluminância da luz natural em um ponto de referência fora de uma edificação.

iluminância interna da luz diurna – a iluminância causada apenas pela luz diurna em determinado local de dentro de uma edificação.

impermeável (superfície) – um material que evita a passagem ou difusão de um fluido (como a água).

índice de reprodução de cores (IRC) – medida de capacidade de determinada fonte de luz de representar de modo preciso a cor dos objetos; é expresso como um número inteiro.

insolação – a intensidade da radiação solar que incide sobre determinada superfície (parede, piso, coletor solar) em um momento específico; geralmente é expressa em W/m^2 [$W/pé^2$].

inter-reflexões – luz refletida de superfície para superfície.

inversor – um equipamento que converte corrente contínua (CC) em corrente alternada (CA); é usado em sistemas de geração de energia elétrica *in loco*, como sistemas eólicos ou fotovoltaicos.

isolux – uma linha que conecta os pontos de iluminância igual (ou com o mesmo fator de luz diurna).

lado do ânodo – o lado com carga negativa de uma célula de combustível.

lado do cátodo – o lado com caga positiva de uma célula de combustível.

lâmpada – qualquer fonte de luz artificial (fabricada).

lâmpada a vapor de mercúrio – lâmpada de descarga de alta intensidade, com um gás, que funciona a partir de um fluxo de elétrons em um tubo de arco; essas lâmpadas vêm sendo substituídas pelas lâmpadas de halogeneto metálico.

lâmpada de halogeneto metálico – lâmpada de descarga de alta intensidade, com um gás, que funciona a partir de um fluxo de elétrons em um tubo de arco.

lâmpada de sódio de alta pressão – lâmpada elétrica de descarga a gás de alta intensidade que opera à base de um fluxo de elétrons que passam por um tubo de arco.

lâmpada fluorescente compacta – uma pequena lâmpada fluorescente, comercializada principalmente como substituta para lâmpadas incandescentes menos eficientes.

lâmpada halógena – lâmpada incandescente relativamente pequena e de vida longa; os termos "lâmpada de halogeneto metálico" ou "lâmpada de tungstênio-halógeno" também são empregados.

lâmpada incandescente padrão – uma lâmpada elétrica que funciona à base de um filamento incandescente; é chamada de "padrão" para distinção da lâmpada halógena.

luminância – a densidade da luz que deixa uma superfície ou fonte; expressa em candelas (lumens por steradiano) ou lumens por pé quadrado; a avaliação qualitativa da luminância é chamada de "brilho".

luminária – suporte para uma lâmpada.

lux – unidade de iluminância do Sistema Internacional de Medidas; lumens por metro quadrado.

luz – radiação visível (que pode ser vista pelo olho humano).

manutenção de lumens – uma medida da consistência do fluxo luminoso ao longo do tempo; usada para descrever o desempenho de uma luminária ou de um sistema de produção de luz.

massa térmica (ou termoacumuladora) – um material que é selecionado e/ou utilizado devido à sua capacidade de armazenar calor; as massas térmicas úteis têm boa capacidade térmica (densidade vezes calor específico).

materiais com conteúdo reciclado – materias novos que contêm um percentual significativo de sua composição oriundo da reciclagem.

materiais reciclados – materiais que estão sendo reutilizados, mas que não foram alterados significativamente na forma física de sua aplicação prévia.

medição líquida – sistema pelo qual o consumidor de um sistema de geração de energia *in loco* é cobrado com base em uma medição do consumo de eletricidade "líquido", que representa a diferença entre a energia obtida da rede (a "energia comprada") e a energia enviada a ela (a "energia vendida").

microclima – área restrita de clima diferenciado em relação ao macroclima do entorno; os exemplos incluem o clima sob a sombra de uma árvore (em relação à área ao sol), o clima em uma face de colina voltada para o norte (no hemisfério sul), em relação ao lado voltado para o sul, o clima de um aeroporto (em relação ao centro da mesma cidade).

módulo (fotovoltaico) – painel fotovoltaico; os módulos são montados *in loco*, formando arranjos.

nave terrestre – uma abordagem de projeto de arquitetura que se baseia na calefação ou refrigeração passiva e na energia renovável, na coleta de água da chuva, no tratamento de esgoto *in loco*, na produção de alimentos e no uso de refugos da sociedade como materiais de construção.

neutro em carbono – uma edificação neutra em carbono equilibra a quantidade de dióxido de carbono emitido anualmente com uma quantidade equivalente (ou superior) de produção de energia de fontes renováveis e livre de emissões de carbono e/ou créditos comprados de terceiros.

ofuscamento – uma sensação visual negativa causada pelo excesso de brilho ou contraste; o ofuscamento pode ser classificado como direto ou refletido e causa desconforto, impossibilidade de trabalho ou cegueira temporária.

otimização – processo de projeto que busca determinar o tamanho ideal de um sistema ou componente com base no equilíbrio de gastos e economias; a otimização busca o máximo retorno sobre o investimento durante o ciclo de vida.

parque eólico – um grupo de turbinas eólicas (aerogeradores) empregado para a geração de energia elétrica; geralmente tem fins comerciais.

pegada ecológica – uma medida da área de solo necessária para sustentar um indivíduo, uma comunidade ou um país; geralmente é expressa em acres [ha] *per capita*.

película com baixo valor E – uma película com baixa emissividade aplicada ao vidro para melhorar seu desempenho térmico por meio da redução das transferências térmicas por radiação através do vidro.

perda na transmissão (PT) – a redução da pressão do som (em uma frequência particular) provocada por um sistema; a PT é um indicador da efetividade de uma barreira contra o som.

perda térmica – um fluxo de calor que reduzirá a temperatura de uma edificação ou de um espaço; as perdas térmicas incluem os fluxos de calor por radiação, convecção ou condução através das vedações de uma edificação e/ou os fluxos térmicos devido à evaporação.

permeável (superfície) – um material que permite a passagem ou difusão imediata de um fluido (como a água).

pés-vela – unidade de iluminância do Sistema Internacional de Medidas; lumens por pé quadrado.

pico do petróleo – termo utilizado para descrever a ocorrência da produção máxima de petróleo como função da disponibilidade de recursos; quando o pico do petróleo é atingido, a produção (e a disponibilidade de petróleo) irão necessariamente diminuir.

plano de transporte ecológico – política de administração que promove o transporte ecológico dos empregados.

poliestireno extrudado (XEPS) – uma forma de isolante térmico manufaturado pela extrusão de poliestireno expandido; o XEPS tem valor-R mais elevado, assim como maior resistência à compressão do que o poliestireno expandido moldado (MEPS).

processo psicrométrico – um dos vários processos que mudam a condição do ar úmido; os processos psicrométricos incluem o calor sensível, o resfriamento sensível e resfriamento latente, o resfriamento por evaporação e a desumidificação (entre outros).

qualidade do ar dos interiores – a condição coletiva do ar dentro de uma edificação com relação à saúde dos usuários e ao conforto olfativo; a boa qualidade do ar dos interiores geralmente é um objetivo fundamental do projeto.

radiação – a transferência de calor entre dois objetos que não se tocam (mas que estão visíveis entre si) por meio da radiação eletromagnética.

radiação infravermelha – radiação próxima ao espectro visível (luz), mas com comprimentos de onda maiores; a radiação emitida pelos objetos que estão com temperatura próxima à do ambiente.

radiação ultravioleta – radiação próxima ao espectro visível (luz), mas com comprimentos de onda menores; a radiação ultravioleta é parte do espectro da radiação solar.

Radiance – software utilizado para a modelagem das condições de iluminação; oferece recursos de simulação de última geração.

reator hidropônico – um elemento em um sistema de tratamento de esgoto no qual plantas aquáticas que flutuam no topo de um tanque com líquido tratam o esgoto com suas raízes.

refletância – a propriedade característica de um material (ou de um revestimento de superfície) que lhe permite redirecionar a radiação incidente sem mudar a natureza desta; é expressa como um percentual da radiação incidente.

reflexão difusa – a reflexão de uma superfície fosca (não especular), na qual a luz (ou a radiação solar) deixa uma superfície em direções geralmente aleatórias, não diretamente relacionadas ao ângulo de incidência; a imagem resultante de uma reflexão difusa não é nítida.

reflexão especular – uma reflexão de uma superfície espelhada na qual a luz (ou a radiação solar) deixa uma superfície no mesmo ângulo de incidência; a reflexão especular pode produzir uma imagem nítida da fonte ou do objeto.

reservatório – uma caixa para armazenagem de água potável ou da chuva.

resfriador – equipamento mecânico que resfria a água para a refrigeração de ambientes.

retorno – o tempo que um sistema (ou investimento) leva para se pagar em função das economias obtidas (geralmente economias com eletricidade); tanto o retorno econômico quanto o da energia podem ser interessantes para o projeto ecológico; o retorno da energia é o tempo que um equipamento ou sistema leva para economizar ou gerar a quantidade de energia necessária para produção ou instalação do equipamento ou sistema.

roda de entalpia – tipo de trocador de calor rotatório que transfere calor e umidade.

sistema de climatização – calefação, refrigeração, ventilação e condicionamento de ar; um sistema ativo de controle climático.

sistema de recuperação de calor – um sistema que coleta o calor "residual" (que seria rejeitado) como meio de aumento da eficiência em energia de uma edificação.

sistema de refrigeração a compressão de vapor – equipamento de refrigeração eletromecânico que transfere o calor de um evaporador a um condensador por meio da condensação e vaporização cíclica de um refrigerante circulado por um compressor; é acionado pela energia elétrica enviada ao compressor.

sistema de refrigeração com modo misto – solução de refrigeração que emprega estratégias ativas e passivas para alcançar o conforto térmico (por exemplo, um sistema com ventilação natural e climatização mecânica).

sistema de refrigeração por absorção – equipamento de refrigeração química que transfere o calor de um evaporador a um condensador por meio da condensação e vaporização cíclica de uma solução aquosa com sal. O sistema é acionado pela entrada de calor.

sistema fotovoltaico com rastreador solar – um módulo fotovoltaico instalado sobre uma estrutura móvel que gira e segue o percurso aparente do sol, otimizando a insolação total e, portanto, a produção de energia elétrica.

sistema fotovoltaico independente – um sistema de geração *in loco* de energia elétrica que não está ligado a uma rede pública; também conhecido como "sistema não conectado à rede pública" (de distribuição de energia elétrica).

sistema híbrido – um sistema de geração de energia elétrica *in loco* que inclui equipamentos alternativos (como painéis fotovoltaicos, aerogeradores ou células de combustível), além dos equipamentos convencionais (como um gerador a diesel).

solar transit – instrumento utilizado para observar e medir os ângulos das obstruções da radiação solar direta incidente em um terreno.

superfície seletiva – uma tinta de revestimento aplicada aos coletores solares para aumentar a absortância e diminuir a emissividade, resultando no aumento da eficiência da superfície do absorvente.

superisolamento – o uso de isolamento extensivo nas vedações da edificação (ultrapassando significativamente os mínimos exigidos pelos códigos) de modo que ela se torne uma edificação dominada pela carga interna.

sustentável – projeto, edificação ou filosofia baseada na redução dos impactos ambientais relacionados ao uso de energia, água e materiais; as edificações sustentáveis respeitam os usuários, bem como aqueles indiretamente afetados pela construção e operação da edificação.

taipa de pilão – técnica de construção na qual se produzem paredes por meio da compressão do solo (ao qual também se adicionam aditivos) em fôrmas e *in loco*.

talude – um volume de terra que se eleva em relação ao plano do solo circundante; geralmente é construído para barrar a visibilidade, canalizar o vento, a água ou a circulação de pessoas ou mesmo para proteger parcialmente uma edificação com o solo.

taxa de ventilação – medida da quantidade de ar que passa por uma área determinada (janela, duto) por unidade de tempo; é expressa em L/s (litros por segundo).

temperatura – medida da densidade do calor de uma substância (e não da quantidade absoluta de calor); o fluxo térmico é proporcional à diferença de temperatura; expressa em graus C [F].

temperatura de bulbo seco – medição de temperatura tirada usando-se um termômetro de bulbo seco; um indicador da densidade do calor sensível; expressa em graus C [F].

temperatura de bulbo úmido – medida de temperatura feita com um termômetro de bulbo úmido; um indicador da densidade do calor sensível e do conteúdo de umidade do ar; as temperaturas de bulbo úmido e de bulbo seco são idênticas quando o ar está saturado (com 100% de umidade relativa); é expressa em graus C [F].

temperatura mínima da massa – a temperatura mínima alcançada por uma massa termoacumuladora em um sistema passivo de refrigeração; um indicador da viabilidade e capacidade da estratégia da ventilação noturna de massas.

terceirização de especialistas – um processo que garante que as exigências do proprietários foram atendidas; envolve a validação do projeto, a testagem dos equipamentos e sistemas, o treinamento de pessoal e a documentação.

torre de resfriamento por evaporação com fluxos descendentes – nome alternativo para uma torre de resfriamento.

transmitância – a quantidade de luz (ou radiação solar) que passa por uma substância; expressa como percentual da luz indicente (ou radiação solar).

transmitância visível (TV) – a transmitância de uma vidraça em relação à radiação da porção visível do espectro (excluindo-se a radiação infravermelha e ultravioleta); a transmitância visível pode diferir da transmitância solar em algumas vidraças.

trocador de calor – equipamento que transfere calor de um meio (ar, água, vapor) a outro sem misturar os dois meios.

trocador de calor com meio permeável – um trocador de calor que permite a transferência de umidade, assim como de calor.

trocador de calor de casco e tubos – um trocador de calor que emprega tubos cheios de um refrigerante para a troca de calor entre dois meios, feita pela condensação e vaporização cíclica do refrigerante que está nos tubos.

trocador de calor de placas – um trocador de calor que utiliza placas planas para separar e transferir calor entre dois meios.

trocador de calor rotativo – um trocador de calor que emprega uma roda que gira para transferir calor entre dois fluxos de ar adjacentes; existem rodas apenas para o calor sensível e rodas de entalpia (para o calor sensível e o calor latente).

trocador de calor tipo serpentina – serpentinas conectadas que são utilizadas para trocar calor entre duas correntes de ar afastadas entre si por meio da ação de um circuito de água que conecta as serpentinas.

turbina de impulso – um tipo de microusina hidrelétrica que se baseia na energia cinética de jatos de água para a rotação da turbina; a turbina pode ser aberta e não estar totalmente submersa.

turbina de reação – um tipo de microusina hidrelétrica que se baseia na diferença de pressão entre a entrada e saída de água para a rotação da turbina; a turbina deve estar fechada e submersa.

turbina eólica de eixo horizontal – aerogerador com o eixo de rotação paralelo ao solo (ao contrário de uma máquina com eixo vertical, que tem seu eixo de rotação perpendicular ao solo).

turbina eólica de eixo vertical – aerogerador com o eixo de rotação perpendicular ao solo (ao contrário de uma turbina eólica de eixo horizontal, cujo eixo de rotação é paralelo ao solo).

umidade relativa do ar – uma medida do conteúdo de umidade do ar; a quantidade de umidade que de fato está presente no ar em relação à quantidade máxima de umidade que ele poderia conter; é expressa como um percentual.

valor R – uma medida da resistência térmica; o inverso da condutância térmica de um material; expresso em m^2 K/W [$pé^2$ h °F/Btu].

variação de temperatura diurna – a oscilação diária da temperatura; a temperatura máxima diária menos a temperatura mínima diária; expressa em graus C [F].

vazão – o volume de fluido que passa por determinado ponto por unidade de tempo; um fator na determinação da geração potencial de energia de um sistema hidráulico ou eólico; a vazão ou o fluxo de ar é um fator-chave no projeto da ventilação natural e da maioria dos sistemas de climatização.

ventilação natural – o fluxo de ar externo que cruza uma edificação em um sistema passivo, geralmente usando forças naturais (vento, estratificação do ar, diferenças de pressão); a ventilação natural pode proporcionar o resfriamento e/ou melhorar a qualidade do ar dos interiores.

ventilador com recuperação de calor (VRC) – equipamento (em geral independente) que transfere o calor entre um fluxo de ar que entra e outro que sai, como parte de um sistema de ventilação de uma edificação.

ventilador com recuperação de energia (ERV) – equipamento (geralmente independente) que transfere calor e umidade entre o fluxo de ar que entra e o que sai, como parte de um sistema de ventilação de uma edificação.

vento dominante – a direção dominante da qual o vento sopra; ela muitas vezes é sazonal e às vezes muda ao longo do dia.

vidraça dinâmica – uma vidraça que consegue mudar uma de suas propriedades (como a transmitância visível) em resposta a diferentes condições ambientais ou a um comando humano.

zona – área de uma edificação com características ou necessidades substancialmente diversas de outras áreas; por exemplo, uma zona de iluminação natural, zona térmica ou zona de fogo.

ÍNDICE

4 Times Square (Condé Nast), 391
A&P Fresh Market, 258
Aalto, Alvar, 13-14, 393
abertura bilateral, 104
abertura para ventilação higiênica, 66, 399-412
aberturas, 33, 80, 83, 85-87, 91-93, 96-100, 103-104, 112, 131, 133-134, 140-141, 147, 399-412
aberturas (entradas de ar), 65, 167, 172, 186, 194, 215-217, 221, 241-243, 274, 352-353, 355, 377
abóbada celeste, 117
absorção, 132, 164, 203-204, 209, 286, 399-412
acabamentos de superfície, 123
acabamentos internos, 77, 105, 129, 321
acesso solar, 15-16, 34, 86, 139, 145-146, 152, 171-172, 199, 310
Adam J. Lewis Center for Environmental Studies, 276, 391
Aeroporto de Haneda, 109
água fecal, 267, 269
água não potável, 267, 346, 363, 399-412
água pluvial, 23, 34-35, 71-73, 279, 281-282, 285-286, 291, 294, 297, 298, 329
   armazenagem, 267-271, 279-284
   captação da, 261, 279-284, 329, 346, 363, 384, 399-412
   cisternas, 268, 279-284, 328, 346, 370, 383
   redução da velocidade de escoamento, 69
   retenção, 267-271
água potável, 152, 247, 263, 267-268, 274, 279-281, 329-330, 346, 363, 371, 399-412
água quente, 23, 151, 153-157, 203, 213, 221-222, 249-251, 253, 255-256, 327, 329-330, 337, 338, 362-363, 370, 399-412
água quente para uso doméstico, 23, 151, 153-155, 221, 249-251, 255, 399-412
água servida, 16-17, 261, 267-270, 363
Águas Termais de Bad Aibling, 305, 307-314, 391
Air Krete, 39, 43-44
Aldo Leopold Legacy Center, 2, 131, 195, 391
alternador, 233
altura solar, 117, 399-412
amperagem, 213, 226
ampères-horas, 228

análise do ciclo de vida, 399-412
análise do terreno, 12-14, 31-38, 57-58, 61, 242, 305, 381
anticongelante, 152-153
aparelhos sanitários, 261, 267, 300, 337, 346, 371
aparelhos sanitários de baixa vazão, 261, 269, 281, 320, 337, 346, 371
aquecimento da água da piscina, 151, 154
aquecimento de água para uso doméstico, 130, 151, 153-154, 157, 253
aquecimento solar, 31, 33-34, 57-58, 61, 131-133, 137, 139-140, 145-146, 166, 265, 311, 316-317, 319, 336, 344, 351, 353-354, 361
ar fresco (do exterior), 59, 65, 151-152, 165-168, 171, 173, 177-178, 185-186, 191-193, 215, 217, 222, 399-412
ar para combustão, 205, 254
Architecture for Humanity, 379-385, 394
área da garganta, 172-173, 399-412
área de captação, 263, 265, 279, 281-282
área livre, 167, 172
área varrida, 233, 399-412
Arizona State University, Biodesign Institute, 391
armazenagem da água: *Veja* parede termoacumuladora; sistema de captação de água
armazenagem de calor em tanque de pedras, 152
armazenagem em bateria, 209, 226, 228, 245
armazenagem secundária, 133
armazenagem térmica, 130, 132, 133-134, 137-141, 143, 145, 147, 150, 186-187, 189, 198, 257
Armour Academic Center, Westminster School, 160-161, 391
arranjo fotovoltaico, 61, 226-230, 326, 330, 362-363, 370, 399-412
arranjo solar com sistema de rastreamento, 227
Arup, 64, 316
Arup Associates, 31, 93, 391, 395
Arup Campus Solihull, 31, 93, 116, 391, 395
Arup Headquarters Building, 391
aterramento, 203
átrio, 34, 85, 106, 113, 145, 172-173, 175, 225, 324-325, 328, 330, 355-356, 399-412

avaliação pós-ocupação (APO), 14-15, 20, 82, 321, 339, 347, 365, 371, 378, 384, 399-412
azimute, 399-412

bacia de biorretenção, 297-301
bacia de detenção, 261, 268, 273-275, 291-292, 297-301
bacia de retenção, 279, 297-301, 305
bacia sanitária, 263-265, 267-269, 281, 329
   com descarga dupla, 261
   de compostagem, 263-266
   de compostagem, 263-266, 399-412
   de compostagem contínua, 264
   de compostagem independente, 263-265
   de compostagem por lotes, 263
   de compostagem centralizadas, 263-266
   secas, 263-266
   sem água, 263-266
baixo fator-ε, 59, 318, 329, 344, 353, 370, 375, 399-412
baixo nível (emissão) de VOCs, 321, 338, 364, 371, 399-412
Banham, Reyner, 15-16
barlavento, 166, 171, 343, 399-412
barreira acústica, 46, 399-412
barreira de vapor, 46, 71
barreiras radiantes, 40
bateria, 225, 228, 239, 242-243, 362, 399-412
Bayerische Vereinsbank, 66, 391
Becton Engineering and Applied Science Center, Yale University, 238, 391
Beddington Zero Energy Development, 148, 391, 395
Behnisch, Behnisch & Partner, 391-92
Behnisch Architekten, 63, 113, 307-314, 391-392
Beijing Tianhong Yuanfang Architecture Design Co., Ltd, 393
beirais, 14-16, 29, 46-47, 77, 120, 165, 310-311, 326, 334, 336, 363, 382-383
Berry, Wendell, 20
Biblioteca Central de Burton Barr, 120, 391
Biblioteca da Abadia de Mount Angel, 89, 91, 101, 393
Biblioteca Lanchester, Coventry University, 174, 393
Biblioteca Pública de Cambridge, 305, 315-322, 391

Biblioteca Pública de Hood River, 95, 392
Biblioteca Ronald Reagan, 253, 394
bilateral (iluminação natural), 100, 102, 399-412
Bill Dunster Architects, 391, 395
biocombustível, 257, 399-412
biodegradável, 39, 399-412
Biodesign Institute, Arizona State University, 57, 391
biodigestores, 261, 273, 279, 291-297, 305, 360, 363
biomassa, 324, 326-327, 329-330, 371, 399-412
BioRegional Quintain, 367-372
biorremediação, 261, 291-292, 297-298, 301, 399-412
biorretenção, 291, 295, 297-301
Blackbird Architects, Inc., 391
Blue Ridge Parkway Destination Center, 142, 391
bomba de calor, 130, 157-161, 197, 354, 399-412
bomba de calor geotérmica, 130, 157-161, 197, 354, 399-412
BOORA Architects, 391-392
BRE offices, 391
breadbox (caixa), 152
BREEAM (Building Research Establishment Environmental Assessment Method), 1, 33, 44, 325, 330, 348
brise, 71, 72, 103, 118, 327, 363
brises reguláveis, 116, 133
brometo de lítio, 203-204
brownfield, 399-412
(Building Research Establishment) BRE, 3, 44, 89, 171, 174, 190
Building Use Survey, 399-412
Buro Happold, 324, 391
Busby, Perkins + Will, 267, 270-271, 392

caixa de coleta, 264
calculadora de ângulo solar, 117, 122, 399-412
calefação ativa, 41, 63, 115, 130-131, 137, 145, 147, 151, 158, 165, 171, 203, 221, 253
calefação de ambientes, 130, 151, 154, 191, 198, 221, 255, 337, 370, 399-412
calefação de apoio, 139, 147, 151
calefação e refrigeração, centrais de, 223, 257
calefação passiva (solar), 13-14, 31, 33-34, 38, 46, 58, 61, 63, 98, 131-133, 136-137, 139-140, 142-143, 145-147, 199, 265, 311, 316-317, 319, 336, 344, 351, 353-354
calefação por resistência elétrica, 158
calefação solar por ganho direto, 98, 129, 131-137, 139, 143, 146, 186
calefação solar por ganho isolado, 137, 139, 145-150, 305
calor específico, 132, 286, 399-412
calor latente, 215-217, 399-412
calor residual, 203-204, 221, 224, 247, 251, 253, 258, 370, 399-412
calor sensível, 215-216, 221, 399-412
capacidade de armazenagem, 133, 139-140, 154, 186-187, 228, 241, 281
capacidade de armazenagem da massa térmica, 187
capacidade de refrigeração (resfriamento), 157, 159, 165-168, 173, 192-194, 204, 206, 399-412
capacidade térmica, 399-412
capacidade termoacumuladora, 132, 141, 147
capacitância térmica, 69
Capela de Santo Inácio, 112, 394
carga base de energia, 249
carga de pico, 209, 249
carga de refrigeração, 39, 43, 59, 77, 91, 93, 97, 103-104, 115, 118, 122, 129, 159, 161, 165, 167-168, 172-173, 179, 185-187, 189, 191, 193, 197-198, 205-206, 211, 215, 221, 253, 346, 362, 374-375, 387, 399-412
carga elétrica, 204, 212, 225, 228, 230, 233, 241, 243, 247, 251, 256, 258, 399-412
carga fantasma, 212, 399-412
carga térmica, 186, 199, 204, 256-257, 399-412
cargas de eletrodoméstico, 211-214, 226, 242, 305, 324, 330
cargas sensíveis, 167
cargas solares, 29, 185, 399-412
Carleton Hart Architecture, 393
carta solar, 62, 117, 119, 399-412
Casa do Decatlo Solar de 2005 da University of Texas-Austin, 151, 394
casa do Texas A&M do Decatlo Solar 2007, 238, 394
Casa Logan, 173-175, 393
Casa Nueva, Centro Administrativo do Condado de Santa Barbara, 121, 391
Casa Passiva, 5, 305, 373-378
Casa Shaw, 135, 394

casa-modelo Not-So-Big, 54
cavidade ventilada (fachada dupla): *Veja* fachada dupla
célula de combustível, 203, 209, 211, 225, 233, 247-251, 253-256, 305, 399-412
célula de combustível a ácido fosfórico, 247-248, 399-412
células de combustível a hidrogênio, 247-251, 253-256, 305, 399-412
células de combustível com membrana para troca de prótons (PEMFC), 247
células fotovoltaicas (FV), 61, 225, 399-412
células fotovoltaicas integradas à edificação (BIPV), 59, 61, 226, 231, 399-412
celulose, 40, 377
Center for Global Ecology, 177, 391
Centro Administrativo Lillis, 107, 175, 393, 395
Centro de Pesquisa e Desenvolvimento do Hábitat, 60, 170, 181-182, 392, 395
céu artificial, 83
céu encoberto (nublado), 58, 79, 82, 84, 91, 105, 154, 399-412
céu noturno, 33, 138
CFC (clorofluorcarbono), 39, 203, 321
CFD: *Veja* dinâmica de fluidos computacional (DFC)
chaminé de exaustão, 254
chaminé solar, 174, 349-355, 399-412
chaminés invertidas, 177
Chesapeake Bay Foundation, 283, 300, 391
Christopher Center, Valparaiso University, 100, 127-128, 392
ciclos de retroalimentação, 12-15, 82, 339, 364
circuito aberto, 89, 157-158, 191
circuito de convecção, 145-147
circuito fechado, 89, 152, 157, 191, 216, 354
claraboia, 91-94, 101, 115-116, 209, 310, 399-412
claraboias de abrir, 309
clarificador, 273-275, 399-412
clerestório, 92, 94-95, 110, 143, 327-328
clima árido, 177-178
clima frio, 5, 15-16, 133, 140-141, 147, 215, 387
Climate Consultant, 33, 36-38
climatização, 19-20, 23, 207, 215-216, 223, 248, 355, 399-412

Índice

cobertura verde, 16-17, 29, 69-75, 200, 231, 312-313, 320, 324, 327-329, 346, 355, 370, 399-412

cobertura verde intensiva, 69, 320, 346, 399-412

coberturas verdes extensivas, 69-73, 399-412

código de edificações, 5, 12, 39, 42, 45, 53, 58, 65, 81, 172, 218, 268

coeficiente de carga líquida, 134, 141, 147

coeficiente de desempenho (CD) 204, 399-412

coeficiente de ganho térmico solar (CGTS), 29, 59-62, 92, 98, 115-116, 133, 399-412

coeficiente de luz diurna (CLD), 67, 79-84, 91-92, 97-99, 105, 109, 123, 305, 399-412

coeficiente de manutenção, 110, 399-412

coeficiente de perda de luz, 126

coeficiente de sombreamento (CS), 116, 399-412

cogeração, 209, 247-249, 253, 255, 313, 399-412

cogeração de energia térmica e elétrica, 204, 209, 221, 247, 253-259

coleta de informações, 20-21

coletor, 23, 64, 130, 139, 145-147, 149, 151-156, 231, 266, 279, 324, 327, 362, 399-412

coletor de energia térmica solar comum por lote, 152

coletor de luz, 92, 399-412

coletor fotovoltaico de silício amorfo, 399-412

coletor solar, 64, 139, 146, 152-154, 266, 324, 399-412
    com tubos a vácuo, 151-155, 327
    perfurado, 152
    plano, 149, 152, 154, 362

coletor zenital anidólico, 104, 399-412

combustão *in loco*, 254

combustíveis residuais, 256

combustível, 204, 209, 233, 241, 247, 253, 255-257, 313, 321, 329, 371, 399-412

Complexo Comunitario de Yodakandiya, 305, 379-385, 394

compostos orgânicos voláteis (VOCs), 3, 39-40, 321, 338, 364, 371, 399-412

comprometimento do proprietário, 20-21, 321

conceito do projeto, 12

concreto poroso de cimento Portland, 285-286

condições de projeto, 23, 168, 179, 187

condução, 116, 134, 137, 141, 145, 147, 399-412

conduto, 241-243, 399-412

conforto, 7, 15-21, 37, 39, 41, 57, 123, 131, 137, 139, 145, 163-166, 177-178, 185, 308, 310, 325, 350, 356, 359-360, 399-412

conforto térmico, 37, 57, 85-86, 118, 157, 171, 309, 311, 316, 325, 336, 338, 346, 351, 354, 358-359, 361, 374, 376, 389-390

conforto visual, 67, 85, 103, 109, 115, 118, 123, 327, 342

conjunto habitacional ecológico, 293, 340

consequências imprevistas, 18-19

conservação de água, 263, 267, 270, 279-280, 328, 346, 363, 370-371, 384

construção, 1-6, 8, 12-13, 15-17, 20-20, 29, 40, 41-42, 46, 51-53, 55, 64-67, 69, 72, 74, 91, 134, 161, 194-195, 197-199, 201, 255, 285, 296, 315, 318, 321, 329-330, 334-335, 338-341, 354-355, 357, 364, 371, 373-374, 376-384, 399-412

construção com fardos de palha, 45-51, 305

construção com montantes leves, 51

construção subterrânea ou contra taludes, 133, 140, 197-199

consumo de água per capita, 280

consumo de energia, 3, 5, 17-18, 45, 59, 72, 123, 125, 157, 185, 200, 204, 211-213, 325-326, 336, 342, 355, 362, 364, 378

conteúdo de umidade, 47, 177, 191, 194, 399-412

conteúdo reciclado, 5, 40, 321, 371, 399-412

contraste, 92-93, 103-105, 110, 132, 308, 399-412

controle automático, 123

controle da demanda (de energia elétrica), 211-212

controle do ofuscamento, 77, 99, 104, 126

controle do usuário, 133, 342

controle manual, 125

controle sazonal, 139, 146, 319-320

controle solar, 29, 60, 119, 122, 135, 319, 342, 383

controles, 14-15, 21, 23, 65, 77, 89, 91, 96-98, 102, 107, 123, 125-126, 128, 131, 137, 145, 156, 221, 228, 231, 259, 261, 338, 363, 399-412

controles de circuito aberto, 89

controles de circuito fechado, 89

controles de iluminação, 23, 77, 96, 123, 125, 128, 363

controles integrados, 126

convecção, 60, 116, 134, 137, 141, 145, 147, 151, 171, 399-412

convecção natural, 171, 399-412

cor, 72, 109, 111-112, 132, 308, 313-314, 324, 342, 347-348

Cornell University, casa do Decatlo Solar, 155, 392, 395

corrente alternada (CA), 225, 236, 242, 399-412

corrente contínua (CC), 225-226, 236, 242, 399-412

critérios de perda térmica, 134, 141, 150

critérios de projeto, 31, 35, 57, 61, 66-67, 83, 85, 124-125, 303

Crockett, James, 394

cronograma, 8, 18-19, 51, 85-87, 107, 125, 139, 186, 211, 257, 339

custo do ciclo de vida, 17-18, 41, 124-125, 231, 239, 399-412

custo inicial, 17-18, 29, 66, 125-127, 155, 255, 257, 261, 378, 399-412

Darmstadt University of Technology, 392

Decatlo Solar, 155, 218

defasagem térmica, 141, 146-147, 197, 399-412

definição do conceito, 11, 20-21, 27

definição do partido, 11, 20-21, 23-25, 27, 29, 38-39, 42, 44, 46-47, 50, 53, 55, 57-60, 68, 77, 83-87, 92, 96, 102, 107, 114, 125-126, 133, 136, 139-140, 143, 147, 159, 161, 163, 168, 172, 175, 178, 183, 186, 190, 196, 198-199, 202, 204-206, 212, 214, 219, 222, 229-231, 243, 245, 251, 257, 259, 264, 266, 271, 274, 277, 280, 284, 290, 293, 296, 299, 301, 310, 274, 376, 387, 397, 399-412

definidores da forma, 13-14

DeMars, Vernon, 393

densidade, 35, 47, 157, 399-412

Departamento de Energia dos Estados Unidos (USDOE), 96, 102, 107, 128, 136, 143, 150, 156, 183, 192, 207, 211, 213-214, 218, 231, 237, 239, 245, 247, 251

depreciação pela sujeira das superfícies dos cômodos, 110, 399-412

depressão de bulbo úmido, 178-180, 399-412
derivados agrícolas, 256
descongelamento, 215
desconstrução, 399-412
desempenho da edificação, 12, 15-20, 57-58, 330, 347, 356, 384, 399-412
desenvolvimento biorregional, 399-412
desenvolvimento do projeto, 11, 20-21, 44, 60, 68, 75, 84, 89, 96, 102, 104, 107, 114, 122, 125, 128, 133, 136, 140, 147, 156, 161, 170, 175, 183, 190, 196, 199, 202, 207, 219, 224, 231, 237, 239, 244-245, 251, 259, 266, 271, 280, 284, 290, 301, 399-412
desmatamento, 399-412
desmontagem, 51, 399-412
dessecante, 193, 217, 258, 399-412
desumidificação, 19-20, 193, 209, 255, 352, 399-412
desumidificação dessecantes, equipamentos de, 255
deterioração de lúmen da lâmpada, 124
diferença de potencial hidráulico, 241-245, 399-412
diferença diurna de temperatura, 185
dimensionamento da casa de máquinas, 204-205
dimerização, 89, 98, 125
dinâmica de fluidos computacional (DFC), 68, 170, 308-309, 311, 316, 342, 351-352, 399-412
direção dominante do vento, 165-166, 238
dissipador de calor, 33, 130, 185, 204, 363, 370, 399-412
distribuição difusa (da luz), 77, 92, 104, 399-412
Dockside Green, 267, 270-271, 392

Eames, 12-13
EcoHomes, 1, 44, 81, 368
Ecohouse, 149, 392
ecologia, 8, 11, 17-18, 75, 165, 177, 181, 183, 360, 391-392
edificação comercial, 3, 5, 163, 167, 209, 215, 237
Edifício 1 Finsbury Square, 120, 391
Edifício de Escritórios de Serviços Públicos de Emerald People, 189, 392
Edifício de Escritórios One Peking Road, 32, 394-395
Edward Cullinan Architects, 323-331, 393

efeito de ilha térmica urbana, 29, 69, 399-412
eficácia luminosa, 97, 123-124, 399-412
eficiência (FV), 226-229
eficiência, 5, 29, 45, 51, 66, 79, 93, 123-126, 137, 152, 157, 159, 204, 215, 217, 221, 226-229, 243, 247-249, 255, 329, 337, 346, 363, 376, 399-412
eficiência energética, 3, 5, 12-13, 17-18, 39, 51, 59, 66-67, 77, 80, 85, 91, 97, 109, 115, 123, 125, 131, 137, 145, 151, 197, 209, 211-212, 215, 217, 221, 226, 234, 253, 310, 318, 335, 343, 350, 375, 381, 387, 399-412
efluentes, 267-269, 271
EHDD Architecture, 165, 357-365, 393
elemento de proteção solar (sombreamento), 29, 33, 48, 58, 62, 64-66, 86, 91-92, 97-99, 104, 115-122, 127, 131, 167, 225-226, 305, 318-320, 327, 330, 344, 354, 360-361, 364, 399-412
elementos de proteção solar fixos, 65, 116, 118
elementos prismáticos, 104
eletricidade, 17-18, 24, 77, 91, 97, 123, 203, 209, 211-212, 221, 225, 227-230, 233-234, 236-237, 241-243, 247-251, 253-254, 256-259, 320, 330, 337, 346, 349, 370-371, 399-412
eletrocrômicas, 60
eletrodomésticos, 211-214, 226, 236, 242-243, 371, 376, 399-412
eletroquímico(a), 247, 256, 399-412
Embaixada Real da Dinamarca, Berlim, 115, 394
emissão de gases com efeito estufa, 8, 256, 330
emissões de carbono, 8-9, 16-17, 308, 316, 324, 330, 334, 341-332, 350, 358, 368, 373-374, 380
emissões de dióxido de carbono, 8, 123, 200
enchimento, 45-48, 65, 286
energia cinética, 233, 241, 399-412
energia distribuída, 253
energia elétrica, 123, 233, 237, 247, 253, 399-412
energia incorporada, 29, 40, 326, 399-412
energia limpa, 253
energia parasita, 154, 399-412
energia renovável, 4, 24, 209, 225, 229, 234, 237, 244, 274, 324-325, 330, 341, 358-359, 370, 399-412

energia solar, 64, 131-132, 134, 136-138, 140, 143, 145, 150, 152, 171, 175, 233
Energy Northwest, 235, 393
Energy Star, 213, 338, 399-412
entalpia, 177, 217, 399-412
entrada de ar, 58-59, 64, 138, 152, 165-168, 171-172, 175, 189, 195, 198, 241-242, 254, 344-345, 399-412
equilíbrio do sistema, 233
equinócio, 118, 392, 399-412
Equinox Design, Inc., 392
equipamento, 3, 14-15, 18-19, 33, 42, 84, 96, 102, 111, 129, 139, 147, 155-158, 161, 163, 186, 205, 211-213, 215, 217, 218-219, 221-224, 226, 228, 230-231, 237, 239, 242-243, 245, 248-249, 251, 254-255, 257, 263-264, 266, 269, 271, 275, 296, 331, 346, 359, 364, 371, 374, 383, 399-412
equipamentos mecânicos, 14-15, 158, 399-412
equipe de projeto, formação, 19-20
escoamento, 16-17, 29, 34, 105, 197, 261, 279, 285, 287, 291-295, 297-300, 318, 324, 329, 360, 363
    coeficiente de, 293-294, 299
escola, Mississippi, 160
Escola de Comércio Guandong Pei Zheng, 94
Escola de Ensino Fundamental do Condado de Marin, Centro de Recursos de Aprendizado, 305, 357-365, 393
Escola de Ensino Médio Ash Creek, 106, 391
Escola de Ensino Médio Clackamas, 123, 392
Escola de Higiene Dental ODS, 102, 394
Escola Druk White Lotus, 100, 266, 392, 395
escritórios, 32, 61, 64, 77, 82, 85, 87, 98, 103, 105, 119, 121, 129, 138, 59, 163, 170, 174, 179, 186, 189, 193, 205-206, 209, 237, 268, 326-327, 329, 339, 341-342, 345, 347-348, 350-355, 387, 391
Escritórios do Grupo Bancário KfW, 305, 341-348, 393
esgoto cloacal, 273, 399-412
esgoto sanitário, 222, 224, 267, 270, 273-274, 277, 371, 399-412
espaço de transição, 15-16, 360-361, 364
espaço intermediário da fachada dupla, 63-64, 67

Índice

especialistas, contratação de 7, 14-16, 20, 35, 61-62, 96, 128, 161, 183, 190, 207, 239, 245, 251, 266, 271, 277, 320, 331, 399-412
espuma cimentícia, 39, 43
estacionamento (PARKING LOT), 230-231, 285-286, 291, 293, 295-298, 300, 339
estante de luz, 97, 99, 103, 399-412
estilo Nebraska, 45-46
estradas, 285, 287, 315, 343
estratégia, 7, 12-14, 17-18, 23-24, 27, 39-40, 45, 52, 63, 66-67, 73, 77, 82-83, 85-87, 91-92, 97-100, 109, 126, 131, 147, 151, 158, 163-166, 171, 175, 185-187, 189, 199, 209, 221-222, 243, 247, 249, 267-268, 271, 279, 281, 285, 292-293, 295, 297, 305, 317, 353, 355, 360, 362, 399-412
estratificação, 171, 399-412
estrutura, 14-17, 29, 46, 64-65, 70-73, 75, 122, 142, 186, 198-199, 265, 280, 285, 308, 315-316, 324-326, 329-330, 342, 347, 399-412
estudos de caso, 14-15, 23-24, 88, 98, 114, 259, 268, 303-385, 391-395
estufa anexa (jardim de inverno), 130, 145-149, 274
exaustão, 65-66, 69, 171, 174, 215-218, 221-222, 241, 243, 254-255, 264, 309, 337, 339, 351, 354-355, 370
Exigências de Projeto do Proprietário, 15-16, 35, 61, 399-412

fachada, 33, 57-68, 97-98, 103-105, 116-117, 120, 129, 132, 134, 172, 174, 225, 227, 308-311, 315-320, 322, 324, 326-327, 333, 342-345, 347-348, 352-355, 399-412
fachada ativa, 399-412
fachada dupla, 63-68, 98, 305, 316-318, 322, 343-345, 347, 351, 353-354
fachada dupla aberta e com ventilação natural, 65
fachada dupla com *shafts* para ventilação, 63
fachada-corredor, 63, 65, 67
fachadas com isolamento térmico, 63-64, 317-320, 322, 348, 355
fator de fluxo luminoso (FFL), 124
fator de utilização (FU), 124, 399-412
fator-U, 41-42, 53, 57, 59-61, 98, 133, 141, 147, 326, 375, 399-412
Feilden Clegg Architects, 391
Feilden Clegg Bradley Studios, 367-372, 394

ferramentas computadorizadas, 14-15
fibra de vidro, 40-42, 280, 338
filtro, 12, 36, 71, 73, 194, 215, 217, 242, 273, 275, 285, 308, 360, 383
Fletcher, Farr, Ayotte, 95, 392
Floyd Bennett Field, 254
Fluorescente (lâmpada), 104, 126, 310, 399-412
fluxo (vazão), 159, 179, 189, 194, 218, 221, 243, 293, 329
fontes de fornecimento ininterrupto, 253
Forest Stewardship Council (FSC), 4, 29, 364, 399-412
formaldeído, 4, 39-40, 51
Foster and Partners, 391-392
foto olho de peixe, 117-118, 122
fotossensor, 83-84, 123, 107, 399-412
fotovoltaico (FV), 4, 17-18, 48, 59-61, 155, 183, 209, 211, 225-231, 241, 243, 305, 324-327, 330, 362-364, 369-371, 373, 399-412
Fredrick Gibberd and Partners, 394
Freebairn-Smith & Crane, 47-49, 394
frio, 185, 197, 215, 346, 399-412
Fuller, Buckminster, 11
função, 12-13, 20-20, 72, 85, 93, 110, 146, 158, 165, 168, 171-172, 178-180, 192, 194, 197, 199, 211, 221, 228-229, 234-235, 297, 298, 311, 320, 353, 399-412
FV: *Veja* células fotovoltaicas (FV)
FXFOWLE Architects, 391-392, 395

Galeria de Arquitetura GAAG, 64, 392
Galeria de Arte Kunsthaus, 67, 393
ganho indireto (calefação solar), 129, 137-143, 145, 147, 305
ganho térmico, 93, 97, 103, 116, 131, 167, 186-187, 193, 308-311, 319, 326-327, 345, 354, 383, 399-412
ganho térmico solar, 91, 97, 308-310, 319, 345, 354, 361, 383, 399-412
ganhos térmicos internos, 64, 119, 163, 185
garagem, 172, 320-321, 367, 369-370
GBD Architects, 394
Genzyme Center, 63, 65, 113, 392
geotermia, 197-202, 305, 399-412
geração de eletricidade *in loco*, 233, 247, 253
geração de energia *in loco*, 212
geração de energia térmica, 227
gerador (absorção), 253-259

gerador (elétrico), 203, 228, 233, 236, 241-244, 248, 255-257, 399-412
gerador com motor a pistão, 254
gerenciamento de água pluvial, 291, 293, 295
Germany Solar Decathlon House, 392
gestão, 270
Global Ecology Research Center, 165, 181, 183, 392
Gluckman Mayner Architects, 392
Goodlife Fitness Club, 224, 392
Gould Evans, 391
graus-dia de aquecimento, 134, 141, 148, 150, 307, 315, 323, 350, 357, 367, 373, 379, 399-412
grelhas plásticas (pavimentação), 285-286
Group MacKenzie, 394
GUND Partnership, 160-161, 391, 395

habitação (abrigo), 73, 242, 264, 273, 290, 293, 333-336, 338-340, 357, 368, 372, 379, 399-412
HCFC (hidroclorofluorcarbono), 39, 203
Hearst Memorial Gymnasium, University of California Berkeley, 97, 392
Herzog and de Meuron, 393
hipótese, 12-13, 15-16, 18-19, 25, 399-412
Holst Architecture, 393
Hong Kong and Shanghai Bank, 106
Honolulu Academy of Arts, 169, 288, 392
Hopkins Architects, 393
hotel Hyatt Olive, 8, 74, 392
Hotel Raffles, 101, 394
humanos e elefantes, interação entre, 381
húmus, 73, 263-264, 399-412

ilha térmica, 29, 69, 73, 318, 399-412
iluminação, 123-129, 163, 242-243, 305, 308, 310-311, 320-321, 323-327, 330, 334, 336-337, 342, 345, 351, 354, 358, 363-364, 370, 376, 399-412
iluminação bilateral, 100, 102
iluminação elétrica, 33, 77, 81-82, 85, 87, 89, 91, 93, 96, 98, 103, 109, 114, 123-128, 211, 305, 310-311, 320, 327, 336-337, 345, 351, 354, 399-412
iluminação elétrica integrada à natural, 123, 399-412
iluminação geral, 399-412
iluminação lateral, 77, 80, 83, 86-88, 92, 94, 97-105, 305, 308, 310

iluminação natural, 13-17, 29, 31, 33, 35, 38, 48, 58, 60-63, 67, 77, 79-81, 83-89, 91-93, 96-100, 102-103, 106-107, 109-110, 114-115, 117, 119, 123, 126, 128, 131, 137, 142, 145, 197-198, 244, 308, 310-311, 314-317, 320, 325, 327-328, 336-337, 345, 351, 354, 361, 370, 399-412

iluminação sobre o plano de trabalho, 364, 399-412

iluminação zenital, 58, 77, 80, 83, 86-87, 91-96, 98, 101, 305, 308, 310, 399-412

iluminância, 58, 77, 79-82, 86-89, 92, 97-99, 103, 105, 110, 123, 125, 399-412

impacto ambiental, 2, 8-9, 17-18, 39, 42, 45, 203, 209, 298, 330, 341, 42, 364, 399-412

impermeabilização, 71, 199, 202

impermeável (superfície), 393

incandescente, 123, 310, 399-412

inclinação, 12-13, 115, 151, 225-226, 229

infiltração:
    ar, 3, 16-17, 51-52, 60, 133-134, 140-141, 147, 167, 190, 197, 218, 376, 399-412
    umidade/água, 46, 287, 291-292, 296-298, 300, 360

infravermelha (radiação), 71, 115, 399-412

insolação, 13-14, 134, 140, 227, 229, 399-412

Instituto de Pesquisa Florestal e Natural IBN-DLO, 171, 185, 392

interruptores, 89, 125

inversor, 228, 233, 236, 239, 245, 399-412

irrigação, 47, 69-71, 73, 261, 267, 269-270, 279, 330, 338, 270, 384

IslandWood Campus, 135, 169, 263, 273, 276, 279, 289, 393

isolamento, 2-3, 5, 16-17, 29, 39-44, 63, 69, 71, 73, 132, 134, 137, 140-141, 198-199, 202, 305, 316-317, 338, 355, 370-371, 373, 375-378, 381-382, 399-412

isolamento acústico, 63-64, 67

isolamento com algodão, 40, 43

isolamento com painéis rígidos, 39, 42

isolamento em espuma pulverizada, 39

isolux, 85, 399-412

janela, 29, 46, 49, 57-64, 66, 77, 82, 86-87, 89, 97-100, 104-105, 110, 115-118, 131, 164, 167, 174, 319, 324, 334, 336, 354, 361, 374, 376, 382-383, 399-412

janela para ventilação higiênica, 66

janelas com vidro duplo e ventilação natural, 64-65

janelas da verdade, 46

janelas de abrir, 58-59, 61, 101, 116, 169, 318, 336-338, 342, 344-345, 352-353, 361-362

janelas de alto desempenho, 370

Jardins de cobertura, 72

Jean Vollum Natural Capital Center (Ecotrust), 295, 393

John E Jaqua Academic Center for Student Athletes, 62, 393

John Hara & Associates, 392

jornal reciclado, 40

Kahn, Louis, 15-16

Kenyon House, 305, 333-340, 393

Kindergarten, 2008 Olympic Village, 393

Kroon Hall, Yale School of Forestry and Environmental Studies, 94, 126, 393

Kubala Washatko Architects, Inc, 195, 391

Kuwabara Payne McKenna Blumberg Architects, 349-356, 393

lã mineral, 40

lã pulverizada, 40

Laban Centre, 112, 393

Lady Bird Johnson Wildflower Center, 282, 283, 393

lâmpada fluorescente compacta, 399-412

lanternim, 77, 91-92, 327

latrinas de compostagem assistidas pelo sol, 266

latrinas de compostagem ventiladas e sem água (VIP), 266

LEED (Leadership in Energy and Environmental Design), 1, 3-5, 19-20, 81, 321, 339, 347
    LEED for Homes, 6, 334-335, 339
    LEED for schools, 359, 364
    LEED Platinum, 271, 339, 355, 359, 364
    LEED-NC, 58, 77, 81, 83, 321, 355

lençol freático, 198, 287, 293-294, 298, 360

loja, Ketchum, Idaho, 138

Lord, Aeck & Sargent, 142, 391

Lovins, Amory, 19-20

LPA, 392

Lucchesi Galati Architects, 394

luminária, 124-126, 399-412
    eficiência de luminária, 124

luz, 12-18, 21, 59, 61, 67, 72, 77, 91-93, 96-99, 103-105, 109-111, 113-118, 123-126, 308, 310, 320, 323, 326-327, 354, 361, 368-369, 399-412

luz natural, 11, 15-16, 21, 32-33, 57-58, 60-61, 64, 66-67, 77, 79-80, 82-83, 85-87, 91-99, 102-107, 109-110, 112-113, 118, 125, 131, 198-199, 209, 308-309, 311, 317, 320, 324, 327, 336-337, 345, 353-354, 361, 364, 369, 383, 399-412

Manitoba Hydro Place, 305, 349-356, 393

manta de isolamento, 39-43, 338

Manual do Usuário, 107, 114, 143, 150, 156, 175, 183, 190, 196, 219, 231, 239, 245, 251, 259, 266, 271, 277, 284, 296, 301, 376

maquete convencional, 110, 117, 170, 399-412

maquetes de iluminação natural, 13-15, 82-83, 105, 310

Máquina Viva, 261, 273-277, 305

Martin Luther King Jr. Student Union, University of California, 230, 393

massa termoacumuladora, 13-16, 58, 129, 131-135, 137, 139, 163, 174, 185-188, 190, 198-199, 311, 329, 344, 346, 353, 381-382, 384, 399-412

materiais:
    apropriados, 47, 198
    obtidos localmente, 371

materiais reciclados, 399-412

Maybeck, Bernard, 392

McHarg, Ian, 36, 38

medição líquida, 209, 226, 399-412

meio de separação permeável, 216

Menara Mesiniaga, 120, 393

métodos de projeto, 12-15, 298

microclima, 13-14, 33, 186, 286, 399-412

microturbina, 253-256

microusina hidrelétrica, 241-245, 399-412

mictório, 261, 263, 267-268, 281

mictório sem água, 261, 263

Miller/Hull Partnership, 201, 230, 392, 394

mistura do ar, 193

Mod 05 Living Hotel, 121, 393

módulo, 61, 225-227, 229, 247, 399-412

mofo, 3, 47, 178, 193, 280

Moinho Ironmacannie, 244, 393

Moinho Tanfield, 244-245, 394

moradia popular, 333-335, 337-338, 368

Morgan, Julia, 392

Mount Angel Abbey Annunciation Academic Center, 96, 393
móveis, 103-104, 111, 123, 132
Mui Ho Architect, 392
Multnomah County Central Library, 393
Museu Britânico, 95, 391

National Renewable Energy Laboratory (NREL), 55, 107, 137, 143, 145, 231, 236, 239
nave terrestre, 399-412
New York Institute of Technology Solar Decathlon House 2005, 393
Nina Maritz Architect, 60, 170, 181, 392, 395
Norma 62.2 da ASHRAE, 218-219
Norma 90.1 ASHRAE, 42
normas de iluminação, 81

Oak Lodge, Our Lady of the Oaks Retreat Center, 46, 393
ocupação (fase), 20, 114, 211, 214, 263, 378
ocupação (implantação) do terreno, 41, 46, 63, 98, 115, 136, 165-166, 171, 204, 248, 264-265, 273, 297, 399-412
ofuscamento, 58, 77, 81, 91, 93, 97, 99, 103-105, 109-110, 115, 125-126, 129, 132, 310, 319, 337, 354, 361, 383, 399-412
Olgyay, Victor, 36, 38, 122, 170
One Brighton, 305, 367-372, 394
Oregon Health Sciences University, Center for Health & Healing, 394
orientação, 11, 13-16, 23, 58, 61, 63, 85, 91-92, 97, 100, 103-104, 115-117, 134, 136, 139-140, 146, 151-152, 165, 167, 171, 185, 197-199, 225-226, 229, 307, 318, 335-336, 342-343, 351-352, 358, 374, 376, 381-382, 399-412
OSB (aglomerado de partículas longas e orientadas), 51
oscilação diária média de temperatura, 187
oscilações diurnas de temperatura, 15-16, 163, 172, 326, 399-412
otimização, 13-14, 251, 399-412
Overland Partners Architects, 393

painéis fotovoltaicos de silício cristalino, 225, 362
painéis solares, 324
painel estrutural isolado, 44, 51-55
paisagismo, 5, 72-73, 75, 201, 261, 268-269, 273-274, 286, 312, 315-316, 318, 323-325, 330, 334, 342-343, 346, 358-359, 364-365, 368, 371, 381-382, 384
palha, 45-47, 50-51, 263, 399-412
Panteon, 13-14
parede de água, 137-141
parede termoacumuladora, 137-139
parede Trombe, 129, 137-138, 140-143, 147
parede-cortina modulada, 65-66
paredes e divisórias internas, 62, 86, 104, 123, 131, 185, 189, 354
Parque Eólico de Nine Canyon, 236, 393
parreiras, 48-49
partido de arquitetura, 5, 20
Patagonia Headquarters, 230, 394
pátio interno, 11, 96, 98, 198, 288, 357, 360-361
Pavilhão Fisher, 201, 392
pavimentação porosa, 288
pavimento, 166, 269, 293-297, 298, 368, 379, 392
pavimentos asfálticos porosos, 285-286
pavimentos de materiais granulares, 285
pegada ecológica, 399-412
Pei Cobb Freed & Partners, 394
pele de vidro, 59, 65, 336-337
Penn State Solar Decathlon House 2009, 394
pensamento nos sistemas, 21
perda térmica, 24, 133-134, 140-141, 147, 148, 150, 197, 327, 336, 370, 387
perdas térmicas no inverno, 67, 197
Perlita, 40, 73
permeabilidade do solo, 287
pesquisa, 5, 12-13, 15-16, 18-19, 35, 75, 237, 247, 268, 373
Pfeiffer, Ellermann und Partner, 392
pisos (lajes) radiantes, 249, 346, 362-363
plano de cobertura, 91, 199, 279, 370
plano de transporte ecológico, 399-412
plantas (vegetação), 2, 16-17, 70-74, 118, 146, 172, 223, 273-275, 297, 300, 323, 364, 399-412
Platt, Susi Jane, 379-385, 394
poço de luz, 86, 97
poliestireno expandido, 39, 51, 399-412
poliestireno expandido moldado (MEPS), 39, 399-412
poliestireno extrudado (expandido), 39, 41, 51, 399-412
poli-isocianureto, 41, 51
poliuretano, 39-40, 51
poluente, 34, 40, 285, 292, 297-298, 399-412
ponte térmica, 42, 376
Portal John Hope, 33, 305, 323-331, 393
potabilidade, 267
potencial hidráulico líquido, 243
preaquecimento do ar de ventilação, 151
preço da energia elétrica conforme o horário, 211-212, 257
pré-resfriamento, 193
pressão de água, 177, 241
primeiros movimentos do projeto, 12
processo de projeto, 12-20, 23, 25, 31, 34-35, 55, 57, 59, 62, 79, 91, 110, 134, 139, 146, 198-199, 205, 211, 268, 280, 293, 297, 303, 308, 315-318, 334-335, 350-351, 356, 359, 364, 368, 374, 380, 382, 385, 399-412
processo psicrométrico, 399-412
produção de energia, 209-259, 326, 330, 364, 399-412
produtividade, 19-21, 77, 350, 355
programa de necessidades, 324, 379-380
projeto (processo) executivo, 20-21, 399-412
projeto ecológico, 8, 11-12, 17-18, 20, 23, 25, 27, 34, 42, 51, 77, 198, 203, 211, 303, 305, 322, 335, 351, 356, 382, 399-412
Projeto Éden, 70, 392
projeto integrado, 2, 17-21, 23, 25, 323, 350-351, 356, 359
projeto, objetivos 12-13, 20-21, 31, 35, 39, 57, 61, 66-67, 81, 85, 91, 97-98, 123, 126, 131, 137, 139-140, 145, 199, 225, 227-228, 234, 237, 265, 273, 275, 303, 307-308, 315, 324, 333, 342, 344, 350, 358-359, 368, 374, 380, 399-412
propriedades térmicas, 132
proteção contra o congelamento, 151-153
proteção solar externa, 65, 92, 117

qualidade da água, 267, 270, 275, 280, 293
qualidade da energia elétrica, 257
qualidade do ar, 5, 12, 34-35, 39-40, 52, 69, 165, 167, 171-172, 178, 186, 189, 191, 197, 215, 219, 222, 337-338, 355, 374, 376, 399-412
qualidade do ar do interior, 39-40, 52, 167, 171, 178, 186, 189, 191, 215, 219, 222, 337-338, 355, 374, 376, 399-412

Queen's Building, DeMontfort University, 88, 394
queima indireta, 203

radiação solar, 33-35, 57, 60, 71, 91-93, 97, 98, 104, 115-117, 129, 131, 133-135, 137-138, 151-154, 166, 171, 185, 198, 225-228, 236, 286, 291, 311, 320, 333, 336, 341, 344-345, 350, 352-353, 361, 382, 399-412
radiação solar direta, 33, 57-58, 91-93, 97-98, 104, 115, 117, 133, 166, 345, 361, 399-412
radiação ultravioleta, 115, 355, 399-412
Radiance, 82, 87, 399-412
reator, 70, 124
reator hidropônico, 274, 399-412
reciclagem (de materiais), 52
reciclagem da água, 267-271, 280, 297
reciclagem de lixo, 52
recobrimentos nativos, 82
recuperação de calor, 5, 215, 221-224, 355, 370, 375-377, 399-412
recurso de água servida, 269
rede pública de distribuição de energia elétrica, 225, 253, 255
rede pública de energia elétrica, 209, 228-229, 236
refletâncias, 80-81, 83, 109-111, 114, 124
   da tinta, 110-111
   materiais de construção, 111
   na sala de aula, 111
   nas residências, 111
   no escritório, 111
refletâncias internas, 98, 109-114, 305
reflexão, 61, 399-412
reflexão difusa, 399-412
reflexão especular, 399-412
refrigeração (resfriamento), 16-17, 29, 38, 45-46, 59, 63-64, 98, 115, 123, 129-132, 138-139, 151, 154-155, 157-159, 161, 163-207, 209, 211, 215, 221-223, 248, 253, 255, 257-258, 326-327, 337, 346, 351, 353, 358, 362, 374-375, 383, 399-412
refrigeração à compressão de vapor, 157, 164, 399-412
refrigeração ativa, 164, 203, 212, 253
refrigeração com modo misto, 309, 399-412
refrigeração da estrutura, 165-166
refrigeração de ambientes, 123, 154, 191-192, 221, 253, 399-412
refrigeração de processos, 258

refrigeração passiva, 23, 33, 35, 58, 63, 131-132, 137-138, 145, 164-165, 170-171, 177, 185, 191, 197, 199, 211, 279, 381-382, 399-412
refrigerante, 158, 203, 216, 399-412
regra (de iluminação natural) da altura da janela vezes 2,5, 82, 86-87, 91
regra (de iluminação natural) dos 4,5/9 (metros), 86-87
relação entre a área de vedações e o volume, 86
reprodução de cores, 124, 126, 399-412
reservatório de água, 23, 183, 268, 279-284, 318, 320, 328, 346, 361-364, 384, 399-412
resfriador de absorção, 154, 203-207, 253-255, 258, 305
resfriadores de queima direta, 203, 205-206
resfriamento por evaporação, 177-179, 183, 192, 198, 361, 363, 399-412
resfriamento por radiação, 138, 346
resfriamento sensível, 166-167, 177, 179
residência, Calgary, Alberta, 194
residência, Dublin, New Hampshire, 145
residência, Kanazawa, Japão, 288
residência, Kauai, Havaí, 169
residência, Ketchum, Idaho, 138
residência, Santa Fé, Novo México, 148
resíduos da construção, 330, 371
resistência a incêndio, 46
resistência térmica, 41, 47, 59, 69, 192, 353, 399-412
retenção de água pluvial, 69-70, 72, 297
retorno (do investimento financeiro), 222, 227, 399-412
reúso da água, 267-271, 305
Richard Stockton College, 250
Ritz-Carlton Hotel, 254
RiverEast Center, 68, 296, 394
Roaf, Susan, 392
Rocco Design Ltd, 32, 394-395
roda de calor, 216-217, 399-412
roda dessecante, 215-219
Roddy/Bale Garage/Studio, 74, 394
roof pond (cobertura termoacumuladora com água), 129, 137, 138, 140-141, 399-412
rotor, 233-235, 237-238, 255
rua, 2, 293, 295-297, 336-337, 343, 347
ruídos, 13-14, 34-36, 53, 60, 167, 172, 186, 197, 205, 217, 234, 243-244, 253-255, 327, 343

saída de ar (abertura), 59, 138, 152, 166-168, 171-172, 189, 198, 382, 399-412
Sauerbruch Hutton Architekten, 341-348, 393
Schneider + Schumacher, 63, 394
Sede da Associação Nacional dos Corretores de Imóveis dos Estados Unidos, 385
Sede da Sabre Holdings, 289, 394
Sede do Ford Premier Automotive Group, 251, 392
segunda fachada sobreposta (de vidro), 64, 66
segurança, 165, 171-172, 185-186, 189, 227, 319
sensor de ocupação, 125, 337
SERA Architects, 394
serpentina de água, 216
sheds, 91-93
Short and Associates, 394
Siegel & Strain Architects, 46, 393
sifão térmico, 65
simulação em computador, 14-15, 68, 82-83, 105, 119, 170, 175, 230
Sir Nicholas Grimshaw, 392
sistema conectado à rede pública, 225-226, 229-230, 236, 362, 399-412
sistema de apoio, 133, 153, 371
sistema de ar-água, 152
sistema de automação predial (BMS), 116, 329, 353, 364
sistema de calefação, 34, 41, 58, 98, 130-133, 137, 139-140, 143, 145-147, 151, 153-154, 158, 249, 265, 329, 338, 376
sistema de captação de água, 279-284
sistema de circulação direta, 151, 153
sistema de circulação indireta, 151-152, 154
sistema de climatização eficiente no consumo de energia, 223
sistema de energia térmica solar, 23, 130, 151-156, 203, 305, 324, 326, 327, 329-330, 362, 364, 375, 399-412
sistema de energia total, 253
sistema de recuperação de calor, 221, 223-224, 355, 399-412
sistema de recuperação de calor água--água, 224
sistema de recuperação de calor de contrafluxo simples, 221-222
sistema de recuperação de energia, 215, 221-224

sistema de refrigeração (resfriamento), 23, 33, 58, 167, 189, 211, 213, 222, 346, 361-362, 399-412
sistema de refrigeração por absorção, 399-412
sistema de tomada de ar com amortecimento acústico, 64
sistema fotovoltaico independente, 83, 225-229, 231, 236-237, 249, 399-412
sistema híbrido, 14-15, 45, 47, 125, 191, 236-237, 399-412
sistema passivo (estratégia), 13-14, 24, 32, 80, 137, 143, 150, 191, 399-412
sistemas ativos, 24
sistemas de controle climático, 16-17, 67, 197, 373, 399-412
SmithGroup, 391
SMR Architects, 333-340, 393
solar transit, 117-118, 122, 399-412
solucionar por padrões, 20-21
Springs Preserve, 182, 231, 394
SRG Partnership, 107, 175, 393, 395
Steven Holl Architects, 394
Studio Fusina 6, 393
superaquecimento, 133, 139, 142, 146, 153-154, 325-326
superfície especular, 109, 399-412
superfície fosca, 109
superfície permeável, 285-290, 297, 300, 305
superfície seletiva, 152, 399-412
superfícies de reflexão inclinadas, 91
superisolamento, 399-412
Susanka, Sarah, 393
sustentabilidade, 1-2, 8, 68, 324-325, 348, 368
sustentável:
　habitação: Veja conjunto habitacional ecológico
　projeto, 8, 44, 75, 89, 314, 324

T.R. Hamzah & Yeang International, 393
taipa de pilão, 399-412
taludes, 166, 197-199, 399-412
tanque aeróbico, 273-275
tanque anaeróbico, 273, 275, 371
tanque de pedras, 145
tarefas visuais, 85-86
temperatura de bulbo seco, 177-179, 399-412
temperatura de bulbo úmido, 178-179, 399-412
temperatura mínima da massa, 187, 399-412

temperaturas das superfícies, 64, 98, 286, 364
temporizadores programáveis, 212
termografia, 71
termossifão, 151
terra (solo), 49, 197-198
testagem, 16-17, 20-21, 25, 173, 193, 277, 287, 338, 342, 373, 399-412
teto, 52, 72, 77, 87, 91, 97, 103-105, 110-112, 125-127, 132, 134, 165, 169, 174, 189, 308, 319-320, 327, 336-338, 346, 351, 353-354, 361, 382-383
textura, 109
torre, 60, 63, 177-183, 201, 204-205, 233-234, 237-238, 282, 305, 327, 329, 341-343, 345-346, 348-349, 353, 355, 361, 363, 392, 394-395, 399-412
Torre de Apartamentos Helena, 60, 392, 395
torre de resfriamento, 204-205, 346, 361, 363
torre de resfriamento por evaporação, 177-183
torre de resfriamento por evaporação com fluxos descendentes, 399-412
Torre Westhaven, 63, 394
tráfego de pedestre, 286
transferência de calor, 137, 146-147, 151, 216-217, 376, 378, 399-412
trânsito (tráfego), 34-35, 285-287, 290, 296, 342
transmissão, 60, 65, 133, 242-244, 320, 353, 399-412
transmitância visível (TV), 29, 59-62, 80, 92, 98, 399-412
tratamento de água, 261, 267-268, 284, 294, 297
tratamento do esgoto, 270, 273-274, 277, 399-412
trocador de calor, 152, 157, 215-219, 221-222, 255, 363, 370, 375, 399-412
trocador de calor ar-água, 152, 221
trocador de calor ar-ar, 215-219, 221
trocador de calor de placas, 216-217, 399-412
trocador de calor rotativo, 216, 399-412
trocador de calor tipo serpentina, 216, 399-412
tubo de luz, 83, 104, 198
tubos de resfriamento subterrâneos, 191-196, 305, 399-412
tubos perfurados, 292, 294
turbina: *Veja* turbina eólica, microusina hidrelétrica

turbina a gás, 253-256
turbina a vapor, 253-256
turbina de impulso, 399-412
turbina de reação, 241-242, 399-412
turbinas axiais, 241-242

umidade relativa do ar, 37, 163, 166, 178, 191, 311, 399-412
unilateral, 104, 399-412
United States Green Building Council (USGBC), 43, 77, 355, 364
Universidade Nacional de Yokohama, 71-72, 394
University of Oregon, 62, 96, 107, 122, 296, 393
University of Toronto, 258
uso misto, 233, 269, 350, 368, 380

valetas de drenagem, 291, 297
validação, 12-13, 170, 175, 303, 307-308, 316, 324, 333, 335, 342, 350-351, 358-359, 364, 368, 374, 380, 399-412
Valley Architects of St. Helena, 392
valor-R, 40-42, 53, 370, 399-412
vapor de mercúrio, 123, 399-412
várias camadas (paredes externas), 63
vatagem, 124, 212-213, 226
vatagens típicas, 213
vedações, 14-17, 29, 33, 39-40, 44, 58, 67, 97, 115-116, 118-119, 133-134, 139, 141, 147-148, 153, 156, 163, 197, 217, 225, 249, 327, 351, 374-375, 399-412
vedações, 5, 13-17, 21, 29-75, 91, 98, 107, 115-116, 118-119, 133-134, 139, 41, 147-148, 153, 156, 163, 167, 171, 177, 186, 197, 217, 225, 249, 305, 316-318, 322, 325, 327, 343-345, 347, 351, 353-355, 370-371, 374, 378, 399-412
vedações da edificação, 33, 47, 57, 225, 399-412
vegetação (paisagismo), 70, 131, 158, 172, 227, 267, 279, 285-286, 288, 297, 301, 337, 369, 371, 379
vegetação, 13-16, 36, 71, 111, 132, 166, 192, 199, 274, 285-286, 291-292, 294, 298-299
ventilação cruzada, 33, 58, 61, 165-170, 174, 185, 187-188, 191, 198, 305, 336, 344, 382-383
ventilação mecânica, 188
ventilação natural, 21, 61, 63, 66, 95, 107, 115, 146, 170, 175, 185, 198, 309, 316-319, 324, 326, 329, 342, 344, 346, 352, 354, 359, 361, 363, 381-383, 399-412
ventilação noturna, 165, 326

ventilação noturna de massas térmicas, 174, 185-190
ventilação por efeito chaminé, 58, 64-65, 163, 165, 171-175, 185, 187-188, 191, 197, 266, 305, 319, 326, 361, 382-383
ventilador com recuperação de calor (VRC), 215, 217, 376, 399-412
ventilador com recuperação de energia (ERV), 215, 217-218, 399-412
ventiladores de teto, 169, 213, 336-338
vento:
  direção do, 33, 35, 58, 132, 165-166, 237
  energia eólica, 209, 233-239, 326
  para-vento, 72
  pressão do, 165, 344
  túnel aerodinâmico, 170, 173, 342
  turbina eólica, 233-239, 324, 327, 330, 399-412
  velocidade do, 13-14, 33, 165-168, 178, 233-237
verificação, 1, 290, 373

vidraças, 5, 13-14, 29, 53, 57-67, 77, 80, 83, 85-86, 91-92, 98-100, 102-105, 115-116, 119, 131-135, 138-141, 145-147, 198, 225-226, 305, 308-310, 318-320, 237, 336-337, 343-344, 353, 363, 375, 383, 399-412
vidraças de abrir, 66
vidraças dinâmicas, 60, 62
Vinícola Domaine Carneros, 200, 392
Vinícola Lytton Springs, 48-49, 394
Vinícola Ridge, 230
Vinícola Sokol Blosser, 200, 202, 394
Virginia Polytechnic Institute Solar Decathlon House 2009, 394
vista (conexão visual), 35, 57-58, 60-62, 67, 69, 77, 83, 92, 97-100, 103-104, 115, 117, 119, 167, 197, 307-308, 310, 317-319, 327, 346, 351, 368-369, 381, 399--412
voltagem, 213, 226, 228, 242, 399-412

Water Pollution Control Laboratory, 291, 297, 300, 394
Wells, Malcolm, 12, 197, 202
Will Bruder Architects, 391
William McDonough & Partners, 391
William Rawn Associates, 315-322, 391
Woods Hole Research Center, 152, 394
Wright, Frank Lloyd, 15-16

Zimmer Gunsul Frasca Architects, 393
Zion National Park, Centro de Visitantes, 55, 137, 143, 178, 180, 183, 394
zona de conforto, 14-15, 37, 130, 146, 389-390
zona de transição, 24, 71-72, 140, 145, 327, 351
zonas térmicas, 172, 311-312
zoneamento da iluminação natural, 85-89, 305
zoneamento térmico, 307
Zoológico de Los Angeles, 250
Zumthor, Peter, 393